Tess Mallos

DIE KÜCHE DES ORIENT

Pawlak

Fotos: Reg Morrison
Illustrationen: Walter Stackpool
Übersetzung und Bearbeitung: Sibylle Czinczel
Umschlaggestaltung: Bine Cordes
ISBN: 3-88199-160-3

Inhalt

Vorwort

Die Küche des Orient hat immer ihre Liebhaber gehabt, und in den letzten Jahren haben viele Menschen Gefallen daran gefunden, in libanesischen, syrischen, türkischen oder griechischen Restaurants zu speisen. Relativ wenige jedoch haben versucht, diese Gerichte selbst zuzubereiten. Tess Mallos zeigt Ihnen in diesem Kochbuch, wie Sie die köstlichen Gerichte aus der exotischen Welt Homers und Tausendundeiner Nacht zubereiten können – anhand von Rezepten, die sorgfältig erprobt wurden und in übersichtlichen Schritten dargestellt sind. Achtzig hervorragende Farbphotos vermitteln einen Eindruck von diesen Gerichten.

Wenn Sie die Küche des Orient bisher als eine Ansammlung von Kebabs, Dolmas, Kibbi und Baklavas mit zahlreichen Varianten betrachtet haben, werden Sie angenehm überrascht sein. Schon beim Durchblättern dieses Buches bekommt man einen Eindruck von der Vielfalt der orientalischen Küche, in der herkömmliche Nahrungsmittel auch auf neue exotische Art verarbeitet werden. Die griechische Küche bietet mehr als Taramosalata und Spanakopita; in der Türkei gibt es nicht nur Kebabs, Auberginen und Pilavs, und die libanesischen und syrischen Gerichte setzen sich nicht nur aus Tahini, Tabouleh und Kibbi zusammen. Alle diese Rezepte und zahllose andere Gerichte sind hier enthalten; darüber hinaus hat die Autorin auch die weniger bekannten regionalen Gerichte dieser Länder sowie die weithin unbekannten Speisen anderer Länder der Region wie Afghanistan, Irak, Iran, Saudi-Arabien, Bahrain, Kuwait, Oman und Jemen erkundet. Gleichsam auf den Spuren Alexanders des Großen hat Tess Mallos für uns die Küche dieser Region erforscht und erobert. Insgesamt werden 19 Länder in 12 Kapiteln behandelt.

Die Einleitung zu jedem Kapitel gibt einen Überblick über die Nahrungsmittel, die Lebensart und die Kochmethoden des betreffenden Landes und enthält einige historische Anmerkungen. Im Anhang ist eine wertvolle Informationsquelle hinsichtlich der Zutaten für die orientalische Küche.

Wenn die Autorin sich auch bemüht hat, die Gerichte authentisch wiederzugeben, hat sie doch in vielen Fällen die Zubereitungsmethoden modernisiert und empfiehlt den Einsatz moderner Küchengeräte. Sie ist sich auch bewußt, daß viele Hausfrauen heute ihr eigenes Brot backen, selbst Gemüse einlegen und Marmeladen und Kompotte einmachen, und hat entsprechende Rezepte aufgenommen. Anleitungen für die Konservierung von Oliven, die Herstellung von Käse, Joghurt und herrlichen Broten machen dieses Buch zu einer wertvollen Ergänzung Ihrer Kochbuchsammlung.

Dieses Kochbuch soll nicht nur in der Küche Verwendung finden, sondern darüber hinaus für jeden, der an den exotischen Speisen des Orient interessiert ist, vielfältige Informationen bieten.

Einführung

Kochen sollte Spaß machen. Mehr noch – es sollte den Zugang zu vielen Kulturen und Religionen eröffnen, und die Annahme und Würdigung fremdartiger Gerichte sollte nicht durch Politik oder Vorurteile beeinträchtigt werden. Über die nahöstliche Küche, so wie sie in diesem Buch dargestellt wird, kann man verschiedener Meinung sein, jedoch nicht aus diesen Gründen.

Da ist zuerst einmal die Auswahl der Länder. Das behandelte Gebiet umfaßt Griechenland, Zypern, die Türkei und Armenien in der UdSSR. Der Titel hätte vielleicht eher »Kochbuch des Nahen und Mittleren Ostens« lauten müssen, da Griechenland und ein Teil der Türkei als die östlichen Grenzen Europas angesehen werden. Es gab für mich nur eine Möglichkeit – mich mit der Frühgeschichte der Region zu befassen und bestimmte Länder unter diesem Aspekt mit einzubeziehen. Auch die Geographie hat eine Rolle gespielt, da das Gebiet eine Einheit bildet, die von den Längengraden 20° Ost und 70° Ost und den Breitengraden 15° Nord und 45° Nord eingerahmt wird.

In dieser Region stand die Wiege der Zivilisation, deren Geschichte im Jahr 3500 v. Chr. beginnt und deren Vorgeschichte bis auf das Jahr 10000 v. Chr. zurückreicht. Die Kulturen der Mesopotamier, Assyrer, der Alten Ägypter, Phönizier, Hebräer, Minoer, Mykener, der Alten Griechen und der Perser erreichten alle in dieser Region ihre Blütezeit, und ihre Beiträge zum menschlichen Wissen sind über alle Zweifel erhaben. Im Verlauf der Vorgeschichte lernte der Mensch als erstes, sich die Natur nutzbar zu machen. Die ersten zaghaften Anfänge des Ackerbaus wurden in dem Gebiet gemacht, das heute als Kurdistan bekannt ist und sich vom Nordosten der Türkei bis zum Norden Persiens erstreckt.

Auf dieser Grundlage habe ich die Länder ausgewählt, in denen sich die Küche des Nahen Ostens über mehrere tausend Jahre hin entwickelt hat.

Ein anderer Anlaß für Meinungsverschiedenheiten liegt in den Rezepten selbst, nämlich wenn es um die Frage geht, in welchem Land die einzelnen Gerichte ihren wahren Ursprung haben. Die Antwort auf diese Frage ist zum Teil wiederum in der Geschichte zu suchen; es hat jedoch einen derartig umfangreichen kulturellen Austausch durch Besiedlung, Völkerwanderungen, Invasionen und Gegeninvasionen gegeben, daß sich auch hier Schwierigkeiten ergeben. Im kulinarischen Repertoire der verschiedenen Länder tauchen so viele ähnliche Rezepte auf, daß es bei vielen beinahe unmöglich ist, bis auf ihren Ursprung vorzustoßen. So gibt es Dolmas mit Abweichungen sowohl in der Bezeichnung wie in den Zutaten von Griechenland bis Afghanistan und im Süden bis zu den Staaten am Arabischen Golf; Keftethes in Griechenland tauchen in anderer Zusammensetzung und unter dem Namen Kofta in Afghanistan auf; eine eingemachte Süßspeise aus grünen Walnüssen wird in Griechenland und Zypern hergestellt – dieselbe Delikatesse wird im Iran zubereitet, aber nirgendwo sonst zwischen diesen beiden Gebieten; griechische Kourabiethes, in den Golfstaaten Ghiraybah, tauchen in abgewandelter Form in jedem anderen Land der Region auf.

Nun glauben Sie bitte nicht, daß dieses Buch aus einer Ansammlung von einzelnen Rezepten mit endlosen Variationen ist. Ich habe versucht, dies so weit wie möglich zu vermeiden, und die Vielfalt der nahöstlichen Küche hat mich genauso überrascht, wie sie wohl auch Sie überraschen wird.

Nahrungsmittel und ihre Zubereitung auf der ganzen Welt haben beinahe einen vollen Kreis beschrieben. (Ich sage »beinahe«, denn viele Aspekte haben sich natürlich geändert und werden so bleiben – das ist die Grundlage der Zivilisation. Die Methoden von Ackerbau und Viehzucht haben sich geändert, obwohl es Gebiete in der Region gibt, in denen noch nach primitiven Methoden gearbeitet wird; schließlich haben sich auch die Kochgewohnheiten geändert.)

Der heutige Mensch ist sich bewußt geworden, daß stark verfeinerte Nahrungsmittel für eine Anzahl seiner Leiden verantwortlich gemacht werden können. Die Ernährungsfachleute unserer Zeit befürworten eine Ernährungsweise auf der Grundlage einfacher, natürlicher Nahrungsmittel – Fleisch, Fisch, Geflügel, naturbelassene Getreide, Hülsenfrüchte, pflanzliche Öle, reine Butter und Butterfett, Gemüse, Obst, Nüsse, Joghurt und Käse. Und es sind gerade diese Bestandteile, zusammen mit Kräutern und Gewürzen, die die Küche des Nahen Ostens ausmachen – eine Ernährungsweise, die im Grunde seit Tausenden von Jahren unverändert geblieben ist.

In der westlichen Küche, die über eine Vielfalt von elektrischen Geräten verfügt, kann die Zubereitungszeit wesentlich verkürzt werden. Viele Zutaten haben Sie bereits vorrätig, oder sie sind Ihnen vertraut; die anderen kann man ohne Mühe bei orientalischen, griechischen und armenischen Lebensmittelläden und in Geschäften für natürliche Nahrungsmittel erhalten. Das Glossar im Anhang wird Ihnen eine große Hilfe sein, es enthält die verschiedenen Namen bestimmter Zutaten und Hinweise darauf, welche Ersatzstoffe, wenn überhaupt, anstelle ungewöhnlicher oder schwer erhältlicher Zutaten verwendet werden können.

Lassen Sie uns nun den fliegenden Teppich besteigen und zu einer kulinarischen Reise durch die geheimnisvolle, exotische Welt von Homer, Tausendundeiner Nacht und Omar Khayyam aufbrechen! Ahlan wasah'lan – Willkommen!

Abbildung Seite 9:
Koupepia (Gefüllte Weinblätter) Rezept Seite 86
Abbildung Seite 10:
Rangina (Dessert aus frischen Datteln) Rezept Seite 257

Grundlagen der Küche im Nahen Osten

Viele Speisen sind der Mehrzahl der Länder des Nahen Ostens gemeinsam. Wenn auch in den meisten Rezepten alle nötigen Angaben für die Zubereitung enthalten sind, so ist es doch nützlich, einige grundlegende Informationen zur besseren Übersicht zu geben.

Die Zubereitung exotischer Gemüse

Okra (Ladyfinger)
Gut waschen, vorsichtig mit den Okra-Früchten umgehen. Stiel abschneiden, ohne die Schote zu verletzen. Falls gewünscht, die konische Kappe an der Schote abschneiden, nur eine dünne Schicht entfernen. Dies ist die richtige Art, Okra vorzubereiten, sie ist jedoch sehr langwierig und dient nur dazu, den feinen braunen Ring unmittelbar oberhalb der Schote und die äußere Schicht der Kappe zu entfernen. Von den Köchen im Nahen Osten wird diese Methode vorzugsweise angewandt, da so das ganze Gemüse genießbar ist.

Der Flaum kann auf Wunsch durch vorsichtiges Abreiben der Schote mit einer feinen Nylonbürste entfernt werden, am besten unter fließendem Wasser. Bei jungem Okra ist das nicht erforderlich. Okra mit einem Tuch gut abtrocknen oder ausgebreitet liegenlassen, bis er trocken ist. In eine Schüssel geben und je eine halbe Tasse Essig auf 500 g Okra gießen. Leicht mit der Hand vermischen, so daß alle Schoten mit Essig überzogen sind. 30 Minuten stehenlassen, abtropfen und gut spülen. Trocknen und je nach Rezept verwenden. Die Behandlung mit Essig verhindert, daß Okra während des Kochens schleimig wird.

Einfrieren von Okra
Da Okra nur kurzzeitig angeboten wird, lohnt es sich, eine gewisse Menge einzufrieren, wenn keine Okrakonserven oder tiefgefrorenes Okra zur Verfügung stehen.

Methode I

Wie oben vorbereiten und trocknen lassen. In einer Pfanne mit hohem Rand 2 Eßlöffel Öl auf jeweils 500 g Okra erhitzen und die Okrafrüchte 5 Minuten schmoren, dabei vorsichtig mit einem Holzlöffel umrühren. Abkühlen lassen, in Gefrierbeutel füllen, Luft herausdrücken, verschließen und beschriften. In Gefrierschrank legen.

Methode II

Vorbereitung wie oben. Einen großen Topf mit Wasser zum Kochen bringen. Eine Schüssel mit Eiswasser bereitstellen. Das vorbereitete Okra in einen Fritierkorb füllen und in das kochende Wasser geben. 3 Minuten kochen lassen, gerechnet vom Zeitpunkt, an dem das Wasser wieder zu kochen beginnt. Herausnehmen und 3 Minuten lang in Eiswasser legen. Gut abtropfen lassen, verpacken und in Gefrierschrank legen.

Artischocken
Artischocken gründlich waschen und Stiel am Boden abschneiden. Eine Schüssel mit kaltem Wasser und dem Saft einer Zitrone und einigen Zitronenscheiben bereitstellen. Auf Wunsch 2 bis 3 Eßlöffel Mehl einrühren, dies ist ein wirksames Mittel, um die Verfärbung zu verhindern.

Sobald eine Artischocke vorschriftsmäßig vorbereitet ist, Schnittflächen mit einer Zitronenscheibe aus der Schüssel einreiben und die Artischocke in die Schüssel legen, bis alle fertig sind. Sobald wie möglich nach der Vorbereitung kochen.

Ganze Artischocken: Die äußeren holzigen Blätter entfernen und sorgfältig um den Boden herum abschneiden, nur soviel, daß er glatt ist. 3 cm von der Spitze der oberen Blätter abschneiden und die restlichen Blattspitzen mit der Schere zurechtschneiden. Wenn die Artischocken eine schöne Form haben und von guter Qualität sind, ist es nicht nötig, die Blattspitzen abzuschneiden.

Artischockenherzen: Wie bei den ganzen Artischocken nur 3 oder 4 Schichten von Blättern entfernen, bis die zarten inneren Blätter übrigbleiben. Das Herz und die dornenartigen rosa Blätter aus der Mitte mit einem Löffel oder einem Kugellöffel, wie er für Melonen benutzt wird, herauslösen. Ganz lassen oder halbieren.

Artischockenböden: Alle Blätter abzupfen. Herz herauslösen und Boden in eine ansprechende Form schneiden. Nicht zuviel abschneiden, sonst geht zuviel vom besten Teil der Artischocke verloren.

Auberginen
In den meisten Rezepten wird die Vorbereitung ausführlich beschrieben. Als allgemeine Regel gilt jedoch, die Schale nicht zu entfernen, sondern bei normaler Verwendung nur den grünen Stiel. Dieser wird dagegen nicht entfernt, wenn die Auberginen gebacken oder gegrillt werden, da er dann eine bequeme Möglichkeit zum Anfassen bietet.

Die Auberginen in Scheiben oder Würfel schneiden oder nach den Angaben des Rezepts aufschneiden und entweder reichlich mit Salz bestreuen oder in reichlich gesalzenes kaltes Wasser legen. 30 Minuten stehenlassen, so daß die Bitterstoffe entzogen werden. Abtropfen lassen und mit einem sauberen Stoff- oder Papiertuch trockentupfen.

Gebackene Auberginen für Pürees.
Die Rezepte enthalten ausführliche Anleitungen, da die

Abbildung Seite 11:
Hülsenfrüchte für Gerichte der nahöstlichen Küche
Abbildung Seite 12:
Bamyes Tiganites (Geschmorte Okra), Rezept Seite 45

Methoden in den verschiedenen Ländern unterschiedlich sind. Wenn Sie jedoch einen Mikrowellenherd besitzen, können Sie ihn sehr gut für das Garen ganzer Auberginen benutzen. Mehrmals mit einer Gabel oder einem dünnen Holzstäbchen einstechen, in eine passende Form geben und 3–5 Minuten, je nach Größe, backen. Das Auberginenfleisch bekommt eine weiche und cremige Konsistenz und bleibt von heller Farbe.

Auf welche Art auch immer Auberginen gebacken werden, die Haut muß immer schnell entfernt werden und dem Fleisch etwas von dem im Rezept angegebenen Zitronensaft oder Essig zugefügt werden, um eine Verfärbung zu verhindern.

Spinat und Mangold

Spinat sollte nicht mit Mangold verwechselt werden – die beiden Gemüse sind nicht einmal botanisch verwandt. Spinat ist ein im Iran heimisches Gewächs und wird dort und in anderen Ländern der Region viel verwendet. Da Spinat nur eine kurze Erntezeit hat – von der Mitte des Winters bis zum späten Frühjahr –, kann zu anderen Zeiten tiefgefrorener Blattspinat verwendet werden. Anstelle von Spinat kann man auch Mangold nehmen, das Ergebnis ist jedoch bei einigen Rezepten nicht dasselbe, besonders bei persischen Rezepten. Es gibt jedoch auch Beispiele, bei denen Mangold verlangt wird und schlecht durch Spinat ersetzt werden kann. In den jeweiligen Rezepten wird angegeben, ob das eine Gemüse durch das andere ersetzt werden kann oder nicht.

Es ist auf jeden Fall ratsam, sowohl Spinat als auch Mangold in einem Edelstahl-, Emaille- oder Zinntopf zu kochen, da sich das Gemüse in Aluminiumtöpfen verfärben kann. Da die Bündelgrößen unterschiedlich sind, habe ich in den Rezepten das jeweilige Gewicht angegeben. Wenn Sie ein Bündel haben, dessen Gewicht das im Rezept angegebene übersteigt, wird das Ergebnis des Rezepts nicht beeinträchtigt, wenn das ganze Bündel gebraucht wird. In einigen Rezepten werden die Mengen in Tassen gehackter Spinatblätter oder als Anzahl von Mangoldblättern angegeben.

Eingemachte Weinblätter

Die Blätter während der frühen Wachstumsperiode pflücken, wenn die Weinstöcke voll belaubt sind.

Blätter von mittelheller Färbung wählen, nicht zu junge nehmen. Wenn die Weinstöcke gespritzt worden sind, die vom Hersteller des Mittels empfohlene Zeit abwarten. Beim Pflücken den Stiel abschneiden.

Blätter waschen und zu Päckchen von je 24 Stück stapeln, mit der glänzenden Seite nach oben. Zusammenrollen und mit einer Schnur zusammenbinden.

8 Tassen Wasser mit ¼ Tasse Salz zum Kochen bringen. Jeweils vier Bündel hineingeben, wieder zum Kochen bringen und 3 Minuten blanchieren, dabei die Rollen wenden, damit sie gleichmäßig blanchiert werden. Herausnehmen und abtropfen lassen. Die restlichen Rollen ebenso behandeln.

Eine Salzlake aus 8 Tassen Wasser und 1 Tasse Steinsalz, die zusammen aufgekocht werden, herstellen.

Die Rollen senkrecht in warme sterilisierte Gläser setzen und die heiße Lake über die Blätter gießen. Luftblasen herauslassen und Gläser verschließen, wenn alle abgekühlt sind.

Die Lake reicht für 20 Blätterbündel und ist je nach der einzumachenden Menge zu vergrößern.

Petersilie

In allen Rezepten wird glattblättrige Petersilie (gelegentlich italienische Petersilie genannt) verwendet. Krause Petersilie kann zum Garnieren verwendet werden.

Hülsenfrüchte oder Leguminosen

Beide Bezeichnungen sind richtig – Hülsenfrüchte sind die eßbaren Samen von hülsentragenden Pflanzen. Im Glossar werden sie einzeln mit ihren botanischen Namen und den Bezeichnungen, unter denen sie in den verschiedenen Ländern der Region bekannt sind, aufgeführt. Nachfolgend eine Anleitung für ihre generelle Vorbereitung.

Einweichen oder nicht einweichen? Einige Hülsenfrüchte erfordern vorheriges Einweichen, andere nicht, genauso wie manche Köche aufs Einweichen schwören und andere nicht. Das hängt alles von der Art der Hülsenfrüchte und ihrem Alter ab. Eine getrocknete Bohne, die weniger als ein Jahr alt ist, wird schneller gar als eine, die lange in der Speisekammer oder anderswo gelagert wurde. Da Hülsenfrüchte überall zu haben sind und die Lager aufgrund der hohen Nachfrage einen großen Umschlag haben, werden Sie wohl relativ frische Hülsenfrüchte bekommen. Um Ihnen einen Überblick zu geben, habe ich folgende Einteilung vorgenommen.

Linsen, Trockenerbsen, Mung-Bohnen

Vorheriges Einweichen nicht erforderlich, es sei denn, dies wird in einem Rezept besonders verlangt. Braune Linsen werden für bestimmte Gerichte häufig eingeweicht, damit vor dem Kochen die Haut entfernt werden kann (Einzelheiten später). Als allgemeine Regel die erforderliche Menge in ein Sieb geben und gründlich unter fließendem kalten Wasser durchspülen. Wenn Sie das Gefühl haben, daß sich unter den Hülsenfrüchten kleine Steine befinden, sollten Sie die trockenen Erbsen oder Linsen auf einem Tablett ausbreiten, Steine und verfärbte Körner auslesen, dann spülen.

»Schwarzäugige«, weiße, rote, Lima- und Cannellini-Bohnen

Verlesen und gründlich unter fließendem kalten Wasser waschen. Zu jeder Tasse Bohnen 3 Tassen kaltes Wasser zufügen und langsam zum Kochen bringen. Zwei Minuten kochen, dann zudecken, von der Herdplatte nehmen und stehenlassen, bis die Bohnen aufgequollen sind. Je nach Angaben des Rezeptes kochen, dabei die Flüssigkeit, in der sie eingeweicht wurden, mitverwenden.

Wenn Sie es vorziehen, die Bohnen über Nacht einzuweichen, die Bohnen gründlich waschen und das Verhältnis von 3 Tassen Wasser auf eine Tasse Bohnen anwenden. Bei warmem Wetter zum Einweichen in den Kühlschrank stellen. Oft fermentieren Bohnen, die bei Zimmertemperatur über Nacht eingeweicht werden – Grund genug, diese Methode für die obengenannten Bohnensorten nicht zu empfehlen.

Eine andere Methode, die ich besonders bei den schneller gar werdenden schwarzäugigen, Lima- und weißen Bohnen anwende: die Bohnen waschen und mit sehr heißem Wasser aufgießen. Nach zwei Stunden sind sie genügend aufgequollen, um gekocht zu werden.

Getrocknete Dicke Bohnen (große und kleine Sorten) und Kichererbsen (Garbanzo-Bohnen).

Gut waschen und 3 Tassen Wasser auf 1 Tasse Bohnen geben. 12 bis 48 Stunden einweichen, bei warmem Wetter im Kühlschrank. Die Einweichzeit hängt vom Rezept ab.

Enthäuten von Hülsenfrüchten (in bestimmten Rezepten vorgeschrieben)

Nach dem Einweichen von Kichererbsen, grünen oder braunen Linsen eine Handvoll nehmen und mit den Innenflächen beider Hände gegeneinander reiben. Wieder in die Schüssel geben und mit der nächsten Handvoll ebenso verfahren. Die oben schwimmenden Häute abschöpfen.

Eine andere Methode zum Enthäuten von Kichererbsen besteht darin, die abgetropften Erbsen nebeneinander in einer Lage in eine flache Schale geben und mit einer Flasche oder einem Rollholz kräftig darüberrollen. Dann mit Wasser übergießen, bis die Häute oben schwimmen, Häute abschöpfen und den Vorgang wiederholen, bis alle Erbsen enthäutet sind.

Für das Enthäuten großer Dicker Bohnen gibt es keine kürzere Methode als die folgende, zumindest kenne ich keine. Nachdem die Bohnen 48 Stunden im Wasser gelegen haben, jeweils eine Bohne nehmen und mit den Fingern fest zusammendrücken: sie müßte leicht aus ihrer Schale gleiten. Wenn nicht, die Schale mit dem Fingernagel oder einem Messer aufschlitzen und dann die Bohne herausdrücken.

Manchmal sind diese Bohnen bereits geschält erhältlich – fragen Sie nach geschälten »ful nabed«, wenn der Ladeninhaber nicht weiß, was Sie wollen.

Wie Sie sehen, bin ich kein Befürworter der langwierigen Methode des Einweichens, Abtropfens und Kochens, es sei denn, dies ist für den Erfolg der zuzubereitenden Speise absolut notwendig. Der Grund ist einfach: neben dem Gehalt an Proteinen und Mineralien sind Hülsenfrüchte eine reichhaltige Quelle verschiedener Vitamine, besonders der B-Gruppe wie zum Beispiel Niacin, Riboflavin und Thiamin. Diese sind wasserlöslich: wenn Sie also die Hülsenfrüchte einweichen und das Wasser wegschütten, gehen wertvolle Nährstoffe verloren. Da bei den meisten Rezepten für Hülsenfrüchte die Kochflüssigkeit Bestandteil des Gerichts ist, empfehle ich, sie vor dem Einweichen gründlich zu waschen, so daß das Einweichwasser zur Kochflüssigkeit zugegeben werden kann. Aus demselben Grund bin ich nicht für den Zusatz von Natriumbikarbonat zum Einweichwasser, da hierdurch ebenfalls Nährstoffe zerstört werden.

Reis

In vielen Ländern des Nahen Ostens ist Reis ein ebenso wichtiger Bestandteil der täglichen Nahrung wie in Asien. In einem Haushalt des Nahen Ostens werden Sie jedoch nie ein Reisgericht finden, das lediglich aus gekochtem Reis besteht.

In seiner einfachsten Form ist er leicht und locker, mit einem leichten goldenen Schimmer von Butter, Butterfett oder Öl, und jedes Reiskorn ist einzeln zu erkennen. Dies ist der Roz oder Timman der arabischen Welt, das Pilav in der Türkei, Pilafi in Griechenland, der Chelou im Iran und Chalau in Afghanistan.

Dann gibt es noch die exotischen Polous und Palaus im Iran und Afghanistan; die verfeinerten Versionen des Timman und Roz und zahllose andere Reisgerichte der arabischen Welt; die phantasievollen und duftenden Pilavs und Pilafis der Türkei, Armeniens, Griechenlands und Zyperns.

Eins haben alle diese Länder gemeinsam: man wird kaum jemals zwei Köche finden, die sich über die Zubereitung eines bestimmten Reisgerichts einig sind. In einem Punkt stimmen sie jedoch alle überein: nämlich daß der Reis gründlich zu waschen ist, bis das ablaufende Wasser klar bleibt. Von da an gehen die Meinungen auseinander.

Beim Ausprobieren der Reisrezepte habe ich versucht, die einfachsten Methoden herauszufinden, um die geforderten Resultate zu erreichen. Das Waschen der Reiskörner ist zwar bei den meisten Rezepten nötig, es gibt aber Ausnahmen; ich finde, der im Westen erzeugte Reis ist so sauber, wie man ihn sich nur wünschen kann, und einige Gerichte profitieren durchaus von der Stärke, die sonst beim Waschen verlorengeht. Was das Einweichen der Körner vor dem Kochen betrifft, so fand ich beim Vergleich der Resultate keinen erkennbaren Vorteil dieser Methode. Viele Köche halten das Einweichen für unbedingt erforderlich und weigern sich, ein Reisgericht ohne eine Einweichzeit von 10 Minuten bis zu mehreren Stunden zuzubereiten.

Mit der Reissorte nehmen es nicht alle Länder besonders genau. Griechenland, Zypern und Ägypten sind bei der Auswahl flexibel, allgemein wird hier Reis mit kurzem Korn vorgezogen. In der Türkei wird Langkornreis von guter Qualität für Pilavs bevorzugt, für Dolmas, Suppen und Puddings wird jedoch jede erhältliche Sorte verwendet.

Die meisten arabischen Länder verwenden nur den hochwertigen, aromatischen Langkornreis, den Basmati-Reis aus Pakistan. Jeder gute Langkornreis kann mit Erfolg verwendet werden, wenn auch andere Sorten das besondere Aroma des Basmati vermissen lassen.

Im Iran hat der Reis eine solche Bedeutung für die tägliche Ernährung, daß von seinem Reisertrag nichts exportiert wird. Er gilt als der feinste aller Reissorten – delikat im Geschmack und Aroma und mit festem Korn. Unabhängig von der Beschaffenheit des Korns gibt es Reis in drei hauptsächlichen Qualitäten: Berenje Domsiah, Berenje Sadri und Berenje Champa. Die erste Reisart besteht aus dem ganzen, langen und schmalen Korn, bei der zweiten wird das Korm beim Polieren leicht gebrochen, und die dritte Art besteht aus gebrochenen Körnern. Für persische Reisgerichte kann Basmati oder jeder andere hochwertige Langkornreis mit Erfolg verwendet werden.

Nüsse

In der nahöstlichen Küche werden Nüsse in rauhen Mengen verwendet: In feinem Gebäck, Kuchen, Saucen, Füllungen und Reisgerichten – Nüsse, Nüsse und nochmal Nüsse.

Mandeln
Kaufen Sie Mandeln in Schalen oder ohne Schalen, aber nicht blanchiert, wenn sie eine Weile aufbewahrt werden sollen. Die Haut verhindert, daß der Kern austrocknet und aromatische Öle verliert. In einem verschlossenen Gefäß aufbewahren. Im Sommer, wenn es mehr Insekten gibt, im Kühlschrank.

Blanchieren: Kochendes Wasser über die Mandeln gießen, 2–3 Minuten stehenlassen und abtropfen. Nach dem Abkühlen die Mandeln mit den Fingern aus ihrer Haut drücken.

Mandelhälften: die beiden Hälften mit einem dünnen Küchenmesser voneinander trennen.

Mandelstifte: Mandeln etwas länger einweichen lassen als beim Blanchieren, damit der Kern weicher wird, dann in 3 oder 4 Stifte schneiden. Wenn die Mandeln zu mürbe sind, können die Stifte brechen. Stifte im Backofen bei niedriger Temperatur trocknen.

Gehackte Mandeln: mit einem Hackmesser für Nüsse oder in der Küchenmaschine bis zur gewünschten Feinheit zerkleinern.

Gemahlene Mandeln: eine Mandelmühle oder Küchenmaschine benutzen. In einem Mixer kommt es leicht vor, daß sich die Öle abscheiden. Zum Feinmahlen sollten die Mandeln trocken und mürbe sein.

Walnüsse
Wenn Ihnen viel am Aroma liegt, kaufen Sie die Walnüsse mit Schalen. Wenn Sie einen guten Händler kennen, können Sie sie auch in geschälter Form kaufen. Für Rezepte, die Walnußhälften vorschreiben, sollte man die Nüsse in dieser Form kaufen, was mir jeder frustierte »Nußknacker« bestätigen kann. Aufbewahrung und Vorbereitung wie bei Mandeln.

Pistazienkerne
Zum Kochen werden ungesalzene Pistazienkerne verwendet, die meist mit Schalen angeboten werden. Aufbrechen und Kern herausnehmen. Aufbewahrung und Zerkleinerung wie bei Mandeln.

Haselnüsse
Haselnüsse sind schwer zu knacken. Kaufen Sie sie daher ohne Schale. Wie Mandeln blanchieren und im Backofen bei niedriger Temperatur trocknen lassen oder 15–20 Minuten bei mittlerer Temperatur (180° C) in den Backofen geben. In einem Küchentuch reiben, um die Haut zu entfernen. Wie Mandeln lagern, hacken und mahlen.

Alles über Brot

Dieses älteste aller Nahrungsmittel hat die Menschheit seit undenklichen Zeiten erhalten. Man sagt, daß Brot oder der Mangel daran Geschichte mache. Eine tiefgründige Feststellung. Es ist jedoch nicht meine Absicht, mich mit der Geschichte des Brotes zu beschäftigen, sondern mit den Grundlagen des Brotbackens, damit Ihre Versuche, Brot nach nahöstlichen Rezepten herzustellen, von Erfolg gekrönt werden. Die folgenden Tips gelten im übrigen für die Zubereitung von Brot allgemein.

Das Mehl
Weizenmehl – vom Weißmehl bis zum Vollkornmehl – ist das meistverwendete Mehl. Das Gluten, ein im Mehl enthaltenes Protein, bildet beim Mischen und Kneten ein elastisches Gitter, das die von der Hefe erzeugten Gase umschließt. Der Glutenanteil im Mehl ist verschieden; je höher er ist, desto besser eignet sich das Mehl für die Brotherstellung. Da die Mehlpackungen selten einschlägige Angaben enthalten, können Sie nur auf den Glutengehalt schließen, wenn Sie wissen, wo das Mehl gemahlen wurde, was meist in der Nähe der Anbaugebiete geschieht.

Weizen, der in den wärmeren Gebieten Ihres Landes angebaut wird, hat ein härteres Korn und damit einen höheren Glutenanteil; suchen Sie sich daher das Mehl aus, das aus solchen Gebieten stammt. Im Zweifelsfall können Sie den Glutengehalt durch Zusetzen eines Teelöffels Gluten (bei speziellen Lebensmittelgeschäften erhältlich) pro Tasse Mehl erhöhen. Um eine gleichmäßige Mischung zu erhalten, das Gluten mit dem Mehl zweimal durchsieben.

Hefe
Wegen der einfachen Verarbeitung, langen Lagerfähigkeit und der guten Ergebnisse habe ich in den Rezepten aktive Trockenhefe verwendet – 1 Beutel (7 g) entspricht der Menge von 2 Teelöffeln. Anstelle der Trockenhefe kann auch Preßhefe verwendet werden, und zwar 30 g statt 1 Beutel Trockenhefe. Wo getrocknete Hefe in Stücken angeboten wird, sollte sie nicht mit Preßhefe verwechselt werden; 1 Stück dieser Hefe (etwa 15 g) kann anstelle eines Beutels verwendet werden.

Jede Hefesorte sollte zuerst in warmem Wasser aufgelöst werden: Stück- oder Preßhefe in lauwarmem Wasser (30° C) und aktive Trockenhefe in etwas wärmerem Wasser (nicht mehr als 45° C). Stück- oder Preßhefe nicht mit Zucker verrühren, da Zucker die Aktivität der Hefe hemmt. Den Rest der Flüssigkeit zur aufgelösten Hefe geben, dann den Zucker – falls verlangt – zugeben und in das Mehl schütten. Etwas Mehl mit der Hefeflüssigkeit verrühren und 10–15 Minuten an einem warmen Ort zugedeckt stehenlassen, bis der Vorteig schaumig wird. Wenn Fett verwendet wird, sollte es erst zugefügt werden, wenn schon etwas Mehl eingearbeitet wurde; noch besser ist es, den Vorteig mit dem Mehl zu vermengen und das Fett hinterher einzuarbeiten.

Wenn Sie diese Tips befolgen, wird Ihr Hefeteig viel schneller aufgehen.

Frischetest bei Hefe
Wenn Sie Zweifel haben, ob die Hefe frisch ist, lösen Sie sie in ¼ Tasse warmem Wasser auf, rühren zwei Teelöffel Mehl hinein und lassen den Ansatz zugedeckt an einem warmen Ort stehen. Wenn der Hefeansatz nicht innerhalb von 15 Minuten aufgeht, ist die Hefe nicht mehr zu gebrauchen.

Backen von Fladenbrot
Grundsätzlich gibt es zwei Arten von Fladenbroten, Brote mit Tasche und ohne Tasche. Um eine Tasche zu bilden, muß das Brot nach dem Formen und vor dem Backen eine Zeitlang ruhen, dann muß es an der heißesten Stelle im Ofen gebacken werden. Die Hitze muß gleichmäßig sein, sonst bläht sich das Brot nicht richtig auf. Wenn die im Ofen erzeugte Hitze

ungleichmäßig ist, können Sie auch eine elektrische Bratpfanne benutzen. In den Rezepten werden dazu Angaben gemacht.

Bei Broten, die keine Tasche bilden sollen, den geformten Teig mit einer Gabel oder einem Schneiderrädchen einstechen oder während des Backens das Brot mit einem zusammengefalteten Tuch zusammendrücken. Auch dazu enthalten die entsprechenden Rezepte detaillierte Angaben.

Einige Brote haben einen höheren Wassergehalt als normal, damit sich das Brot besser kauen läßt. Dafür ist Mehl mit einem hohen Glutenanteil erforderlich, und da der Teig lange geschlagen werden muß, um alles Wasser aufzunehmen, ist eine leistungsfähige elektrische Küchenmaschine mit Knethaken zu empfehlen. Meine 12 Jahre alte Kenwood-Maschine wurde mit der vielen Kneterei sehr gut fertig.

Aufbewahrung von Fladenbroten

Beim Backen von Fladenbroten ist es vorteilhaft, genug Brote zuzubereiten, um einen Teil davon im Gefrierschrank für späteren Bedarf aufzuheben. Abgekühlte Brote in Gefrierbeutel packen, gut verschließen. Zum Wiederaufwärmen die gefrorenen Brote einzeln in Folie wickeln und 10 Minuten im heißen Ofen erwärmen.

Strudelteig

Fillo ist die griechische Bezeichnung für dieses delikate, hauchdünne Gebäck. Oft wird es auch Phyllo geschrieben, was vielleicht eine genauere Transkription des griechischen Wortes für »Blatt« ist, ich bevorzuge jedoch die vereinfachte Schreibweise. Die Türken nennen diesen Teig Yufka, und in den arabischen Ländern ist er allgemein als Ajeen bekannt, was ziemlich verwirrend ist, da mit Ajeen jeder Teig oder jedes Gebäck gemeint ist.

Fertiger Strudelteig ist am einfachsten zu verwenden und hält sich wochenlang im Gefrierschrank. Ich bin darauf allerdings nicht besonders erpicht, da er durch das Tiefgefrieren an Qualität verliert. Wenn der Teig im Gefrierschrank infolge von Temperaturschwankungen weich wird (wenn warme Nahrungsmittel daneben eingelagert werden oder der Gefrierschrank sich unbeabsichtigt für eine Zeitlang ausschaltet), schmelzen die Eiskristalle in der Verpackung und machen den Teig feucht. Auch wenn er wieder gefriert, kleben die einzelnen Lagen zusammen, können nachher nicht mehr voneinander getrennt werden und sind damit unbrauchbar.

Vorbereitung von fertigem Strudelteig

Den Strudelteig aus der Verpackung nehmen und öffnen. Die Lagen auf einem gefalteten trockenen Küchentuch ausbreiten und mit einem anderen gefalteten Küchentuch bedecken. Ein drittes Küchentuch mit Wasser anfeuchten und gut auswringen, damit sich die Feuchtigkeit gleichmäßig verteilt, und über das obere Tuch breiten. Jeweils eine Lage herausnehmen und den übrigen Strudelteig wieder abdecken. Wenn das Rezept vorschreibt, daß der Teig in Stücke geschnitten wird, alle Lagen schneiden, aufeinanderstapeln und abdecken. Da Strudelteig in der Küchenwärme schnell austrocknet, ist das Zudecken wichtig, besonders wenn das Formen von einzelnen Teigstücken länger dauert.

Selbstgemachter Strudelteig

Erforderliche Ausrüstung

Kuchenschüssel, Rollholz, ein Holzstab von mindestens 60 cm Länge und 2 cm Durchmesser, eine große Arbeitsfläche, ein großes Tuch und Wachspapier.

4 Tassen Weizenmehl und 1 Teelöffel Salz in die Kuchenschüssel sieben und 1⅓ Tassen lauwarmes Wasser mit ¼ Tasse Oliven-, Mais- oder Erdnußöl zugeben. Zu einem weichen Teig verrühren, dann in der Schüssel mit der Hand 10 Minuten kneten, ähnlich wie Brotteig. Es ist leichter, wenn Sie sich zum Kneten mit der Schüssel auf dem Schoß hinsetzen. Der Teig fühlt sich zuerst klebrig an, mit dem Kneten jedoch kommt das Gluten im Mehl zur Wirkung, und der Teig wird glatt und geschmeidig.

Wenn der Teig gut durchgeknetet und glatt ist, ihn in Plastikfolie einwickeln und bei Raumtemperatur mindestens eine Stunde ruhen lassen. Falls für das betreffende Rezept nicht der ganze Teig gebraucht wird, die nicht benötigte Menge einwickeln und in den Kühlschrank legen, wo er bis zu einer Woche aufbewahrt werden kann. Bevor er ausgerollt wird, auf Raumtemperatur bringen.

Den Teig in 12 gleichgroße Portionen aufteilen, jedes Stück zu einer Kugel formen. Mit einem Tuch abdecken.

Die Arbeitsfläche leicht mit Mehl bestäuben. Eine Teigkugel nehmen und zu einem Quadrat formen. Auf die Arbeitsfläche legen und mit Mehl bestäuben. Mit dem Rollholz ein Quadrat mit 15 cm Seitenlänge ausrollen. Wieder mit Mehl bestäuben. Den Holzstab auf ein Ende des Teigstücks legen und den Teig sauber auf den Stab rollen, dabei kräftig drücken. Mit den Händen seitlich vom Teig bleiben. Den Teig wieder zurückrollen und die Arbeitsfläche und den Teig wieder mit Mehl bestäuben. Nun das Teigstück von der entgegengesetzten Richtung aufrollen, wieder kräftig drükken. Sorgfältig zurückrollen. Nach dem zweiten Ausrollen sollte die Teigoberfläche etwa 25×30 cm groß sein.

Mit dem Handrücken nach oben (vorher eventuell Ringe abnehmen!) die Hände unter den Teig schieben und diesen vorsichtig dehnen, auf die Ränder zu arbeiten. Die Ränder können mit den Fingerspitzen bis zur endgültigen Länge gedehnt werden. Man erhält schließlich eine Teigfläche von etwa 36×46 cm. Auf ein Tuch legen, mit Wachspapier abdecken, das Tuch zusammenfalten und über die Oberseite decken.

Auf diese Weise auch die anderen Teigstücke bearbeiten und jede Lage mit einem Wachspapier dazwischen auf die vorherige legen. Nach dem Zubereiten bald nach Vorschrift verwenden. Für Pasteten und Schichtgebäck, für die eine bestimmte Anzahl von Lagen erforderlich ist, nur halb soviele selbstgemachte Strudelteiglagen verwenden wie bei gekauften.

Wenn der Teig während des Dehnungsvorgangs reißt, ist dies nicht weiter schlimm. Risse können bei der endgültigen Zubereitung behoben werden; man kann sie auch vermeiden, wenn man den Teig in Stücke oder Streifen schneidet.

Dünnes Ausrollen von Teig

In vielen Rezepten wird dünn ausgerollter Teig verlangt. Da Kuchenteig meist elastisch ist, können sich normale Ausrollmethoden als ziemlich frustrierend erweisen. Die folgende Methode, die in Griechenland, der Türkei, Armenien und dem Iran weitverbreitet ist, wird in den entsprechenden Rezepten erwähnt und ist eine Fähigkeit, die zu erlernen sich lohnt. Dazu ist ein runder Holzstab von 60 cm Länge und 1 cm Durchmesser erforderlich, es kann auch ein Holzstab benutzt werden, wie er für Strudelteig verwendet wird.

Den Teig zu einer Kugel oder einem Quadrat formen. Arbeitsfläche und Teig mit Mehl bestäuben und den Teig mit dem Rollholz zu einem Kreis oder Quadrat mit etwa 20 cm Durchmesser ausrollen.

Arbeitsfläche und Teig wieder mit Mehl bestäuben und den Holzstab auf das Ihnen zugewandte Ende legen. Den Teig auf den Stab rollen, dabei fest andrücken. Sorgfältig zurückrollen, den Teig um 180° drehen, Arbeitsfläche und Teig wieder mit Mehl bestäuben. Wieder auf den Stab rollen und sorgfältig wieder ausrollen. Der Teig ist nun gebrauchsfertig; richten Sie sich nach den angegebenen Maßen und wiederholen Sie das Auf- und Zurückrollen, wenn sehr dünner Teig vorgeschrieben ist.

Umfassen Sie den Stab nicht wie die Griffe eines Rollholzes. Legen Sie die Handflächen auf jede Seite des Teiges und lassen Sie den Stab unter Ihren Händen rollen. Mit den Händen gehen Sie weiter nach außen, wenn der Teig auf dem Stab in die Breite geht.

Vielleicht sollte noch eine andere Methode erwähnt werden, die eine Variante der eben beschriebenen ist.

Teig auf den Holzstab bis 5 cm vor das Ende des Teigs rollen. Handflächen mit ausgebreiteten Fingern auf den Teig legen und mit 4 oder 5 schnellen Bewegungen hin- und herrollen, wobei die Hände den Teig entlang nach außen geführt werden. Bis zum Ende der Teigfläche aufrollen, dann vorsichtig zurückrollen. Den Teig um 180° drehen, mit Mehl bestäuben und wieder aufrollen. Der Vorteil dieser Methode besteht darin, daß der Teig sehr dünn ausgerollt werden kann und Strudelteig damit gut auseinandergezogen wird; der Nachteil allerdings ist, daß die Mitte viel dünner werden kann als die Ränder und oft Falten bekommt. Ich nenne dies die »Rock-and-Roll«-Methode, eine treffende Beschreibung für die Art der Bewegung, die hier verlangt wird.

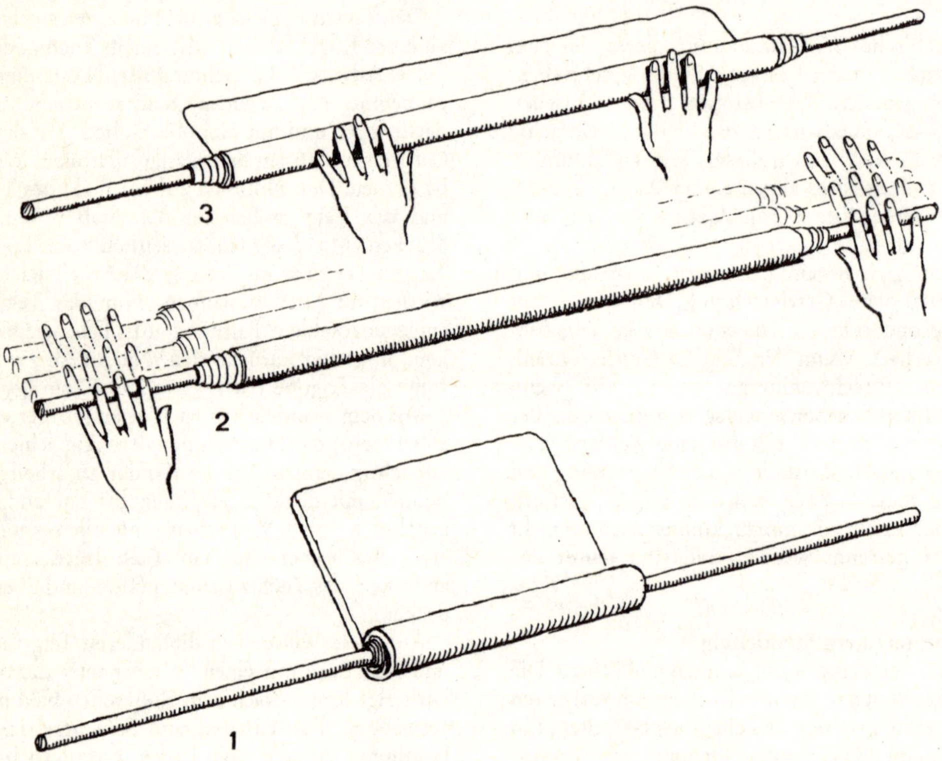

Schneide- und Formtechniken

Viele Rezepte schreiben vor, die Gerichte vor dem Servieren in rautenförmige Stücke zu schneiden. Dies ist bei rundem, quadratischem und rechteckigem Backwerk möglich (siehe Abbildungen).

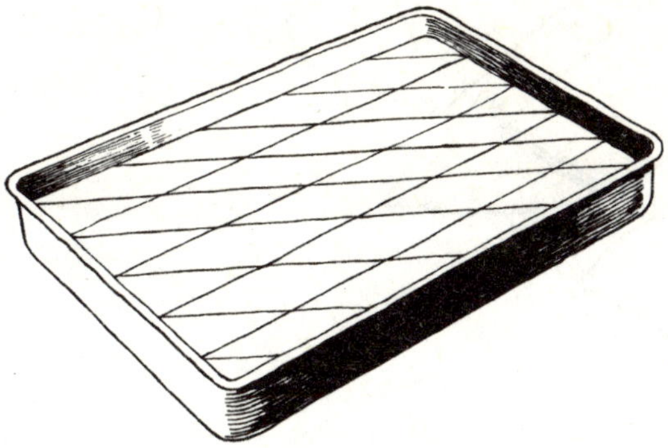

In besonderen Rezepten verweise ich auf den Einschlag nach Apothekerart, da er einzeln in Strudelteig verpackten Speisen ein sehr interessantes Aussehen gibt (siehe Arnaki se Fillo, Seite 55, und Talaş Kebap 139).

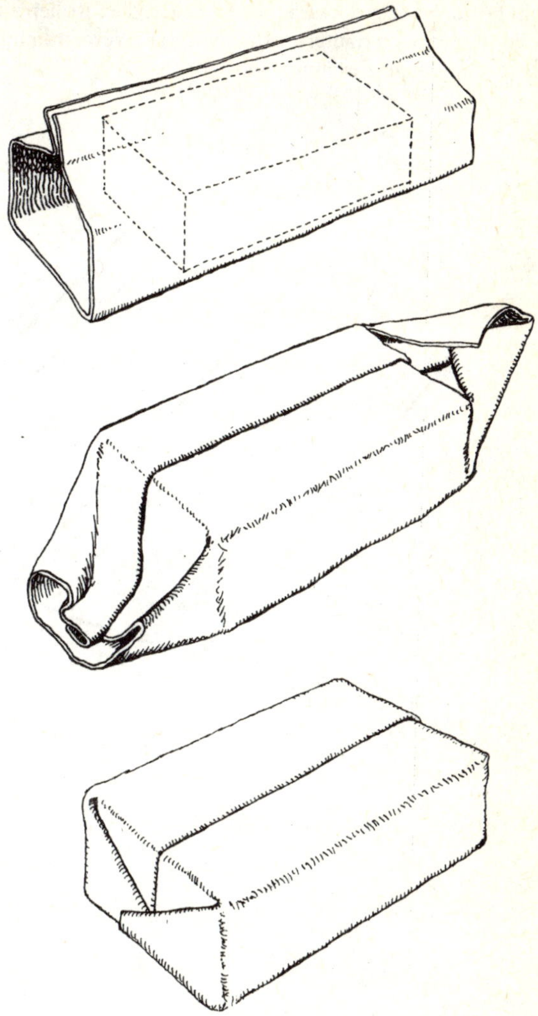

Das Formen von Backwerk zu Dreiecken oder Rollen wird in den Rezepten erläutert. Zur besseren Verdeutlichung nachstehend einige Zeichnungen.

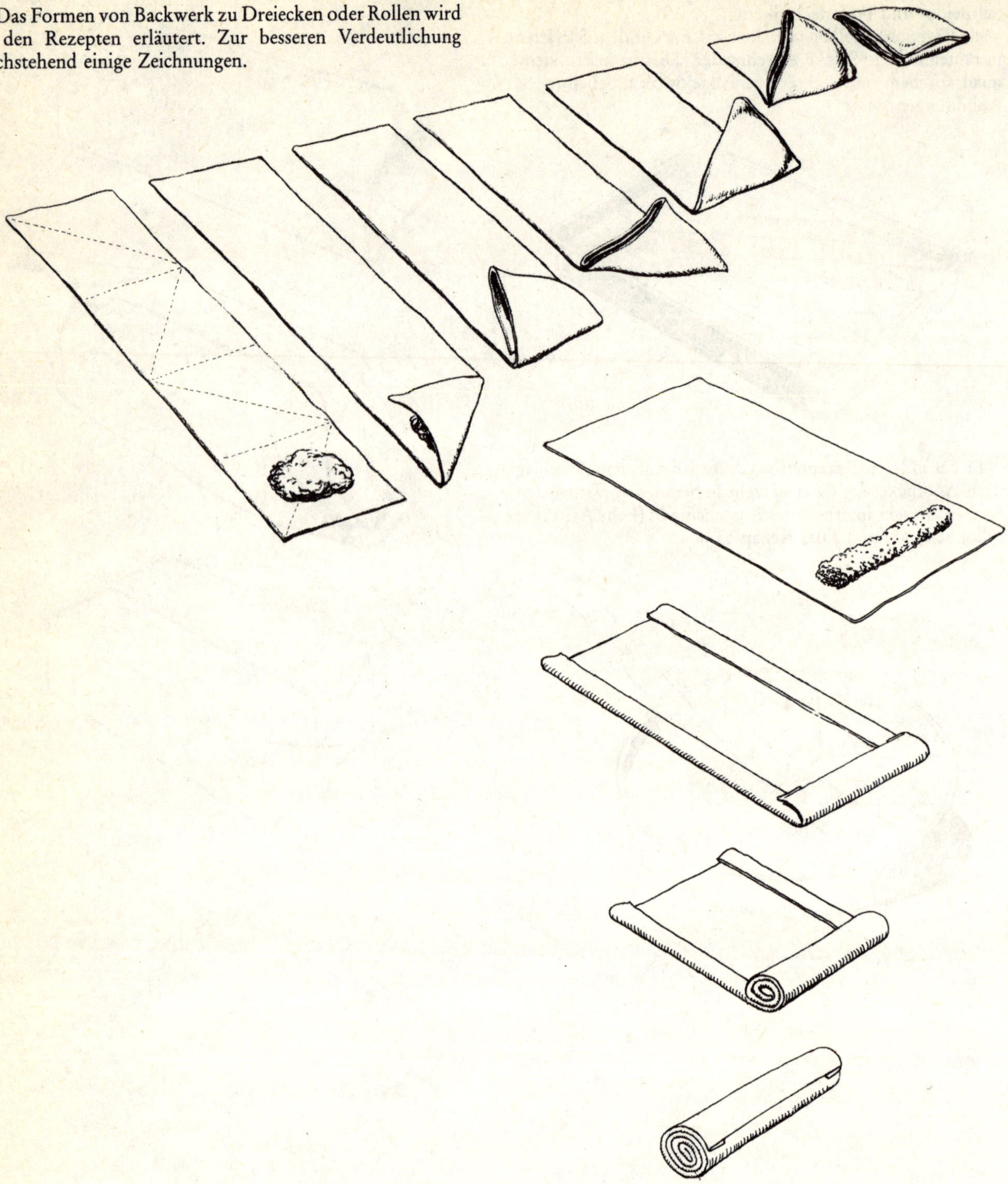

Abbildung Seite 21:
Strudelteig ist die Grundlage für viele köstliche Gebäcke
Abbildung Seite 22:
Fasulye Plakisi (Weiße Bohnensuppe), Rezept Seite 128

Sirup

Sirup wird weitverbreitet für Obstkonserven, feines Gebäck und Kuchen verwendet. Die Rezepte enthalten ausführliche Anweisungen, es ist jedoch nützlich, die Grundlagen zu kennen.

In einer schweren Pfanne bei mittlerer Hitze Zucker in Wasser auflösen und gelegentlich umrühren. Das Kochen sollte erst einsetzen, wenn sich alle Zuckerkristalle aufgelöst haben. Wenn die Lösung erst einmal kocht, nicht mehr umrühren, da der Sirup dann Schlieren bekommt oder sogar kristallisiert. Wenn Sie dicken Sirup brauchen, können Sie dies an der Art der Blasenbildung beurteilen. Wenn der Sirup kocht, werden die Blasen kleiner und das Kochgeräusch ändert sich; die Wände der Pfanne sind mit winzigen Siruptropfen übersät.

Wenn Sie ein geeignetes Thermometer besitzen, können Sie die Temperatur messen: dünner Sirup sollte eine Temperatur von 105° C haben, dicker Sirup 110° C.

Erfahrene Köche haben ihre eigenen Methoden, um festzustellen, wann der Sirup richtig ist: sie geben einen Tropfen auf den Daumennagel oder eine kalte Untertasse – wenn der Sirup dick genug ist, breitet sich der Tropfen nicht aus; andere lassen ihn von einem Löffel laufen: wenn er dick genug ist, bleibt der letzte Tropfen an der Spitze des Löffels hängen; wieder andere geben einen Eßlöffel voll Sirup auf eine Untertasse und kühlen ihn schnell ab, indem sie ihn mit einem kleinen Löffel hochnehmen und wieder herunterlaufen lassen, bis er abgekühlt ist.

Wenn Sie die Konsistenz prüfen wollen, nehmen Sie den Sirup von der Kochstelle, denn Sie sollten nicht riskieren, daß er überkocht, wenn er gerade die richtige Konsistenz hat.

Die Küchenmaschine

Wenn es ein Gerät gibt, das wie geschaffen ist für die nahöstliche Küche, dann ist es die Küchenmaschine. Auch wenn die Schüssel nicht groß genug ist, kann die Zubereitungszeit so abgekürzt werden, daß Sie immer noch viel Zeit sparen, auch wenn Sie die Zutaten in mehreren Portionen zubereiten müssen. Neben der herkömmlichen Methode enthalten die Rezepte Angaben zum Gebrauch der Küchenmaschine und des Mixers.

Benutzen Sie Ihre Küchenmaschine zum Zerkleinern und Mahlen von Nüssen zu jedem beliebigen Feinheitsgrad, zum Zerkrümeln von Brot, Zerkleinern großer Mengen von Kräutern und Zwiebeln, Reiben von Käse und Gemüse, Durchdrehen von Fleisch, Mahlen von Hülsenfrüchten, gleichgültig, ob sie eingeweicht, roh oder gekocht sind, und zum Pürieren aller Zutaten, die püriert werden sollen.

Mit der Küchenmaschine werden die beste Taramosalata, das feinste Baba Ghannouj oder Melitzanosalata, die cremigsten Tahini- und Taratorsaucen zubereitet, und bei der Zubereitung von Kibbi spart man eine Menge Zeit und Mühe. Jeder, der sich mit der mittelöstlichen Speisenzubereitung befassen will, sollte erwägen, ob er nicht seine Küche mit dieser universellen Maschine ausstatten sollte.

Joghurt

Für den Koch im Nahen Osten gehört die Herstellung von Joghurt zur täglichen Routine. Weil Joghurt so oft hergestellt wird und diese Fertigkeit so hoch entwickelt ist, wird jede Partie so gut wie die vorige; die überlieferte Methode bringt in der nahöstlichen Küche immer gutes Joghurt hervor.

Da Joghurt in der westlichen Küche vielleicht nicht so häufig verwendet wird, habe ich eine zweite Methode angeführt, die auch zu guten Ergebnissen führt und die ungleichmäßigen Ergebnisse vermeidet, die man nach den im Westen angewandten Methoden erhält.

Joghurt I (Yaourti, Yogurt, Madzoon, Laban, Mast, Maust, Yurt, Leben Hamid)
6 Tassen Vollmilch mit ¾ Tasse Vollmilch- oder Magermilchpulver vermischen und aufkochen. Von der Kochstelle nehmen und abkühlen lassen, bis die Temperatur etwas über Körpertemperatur liegt. Die bevorzugte Methode, die Temperatur zu prüfen, besteht darin, den kleinen Finger in die Milch zu halten und bis 10 zu zählen, bevor man die Wärme spürt. Es ist jedoch zu empfehlen, mit dem Thermometer zu messen: die gewünschte Temperatur ist 45° C.

¼ Tasse der warmen Milch mit ¼ Tasse frischem (handelsüblichen) Joghurt mischen. Das Joghurt vorsichtig in die Milch einrühren und in eine Kasserolle oder hohe Schüssel geben. Mit Deckel oder Brett abdecken, dann in dicke Handtücher oder eine Decke einwickeln. Ungestört an einem zugfreien Platz mindestens 6 Stunden bei Raumtemperatur stehenlassen. Umhüllung entfernen und probieren. Das Joghurt ist fertig, wenn es eine Konsistenz wie Dickmilch hat. Wenn ein etwas schärferes Joghurt gewünscht wird, den Ansatz 12 Stunden stehenlassen.

Die Hüllen entfernen, das geschlossene Gefäß in den Kühlschrank stellen und vor dem Gebrauch 2 Stunden kühlen.

Abbildung Seite 23:
Spanakopites apo ti Samos (Spinatpasteten aus Samos), Rezept Seite 33
Abbildung Seite 24:
Taramosalata (Fischrogenpüree), Rezept Seite 36

Wenn Sie mit diesem Joghurt neues Joghurt ansetzen wollen, sollte das innerhalb von 3 Tagen geschehen, sonst ändert sich das Gleichgewicht der Bakterien in der Kultur, was zu ungleichmäßigen Resultaten führt.

Joghurt II

Erforderliche Ausrüstung

Ein großes Gefäß für 6 Tassen Inhalt; 6 sterilisierte Gläser mit 1 Tasse Inhalt oder 3 Gläser mit 2 Tassen Fassungsvermögen; Einmachtopf oder großer Topf, Thermometer, Decke oder dicke Handtücher.

¾ Tasse Vollmilch- oder Magermilchpulver mit 6 Tassen Vollmilch mischen, vorzugsweise homogenisierte Milch. In ein sauberes Glas mit 6 Tassen Fassungsvermögen gießen, mit Deckel verschließen und in einen Topf mit Wasser stellen. Das Wasser erhitzen, bis die Temperatur der Milch 80° C erreicht hat. Das Glas aus dem Wasserbad nehmen und auf 45° C abkühlen. ¼ Tasse der warmen Milch entnehmen und mit ¼ Tasse frischem handelsüblichen Joghurt mischen. Die Mischung in die Milch im Glas einrühren, dann auf die kleinen Gläser verteilen. Die Gläser mit Deckeln verschließen und in den Einmachtopf setzen. Wasser in den Topf füllen, bis dicht unter den Deckel. Erhitzen, bis die Wassertemperatur 50° C erreicht hat, und von der Kochstelle nehmen. Topf mit Deckel verschließen, dann in dicke Handtücher oder eine Decke wickeln. 3 Stunden ungestört ruhen lassen. Gläser herausnehmen, Deckel festschrauben und in den Kühlschrank stellen.

Joghurt, das auf diese Weise hergestellt wurde, läßt sich gut 7–10 Tage lang aufbewahren, wobei sich das Gleichgewicht der Kultur wenig ändert. Einen Teil können Sie für das nächste Joghurt verwenden. Nach 3 oder 4 Partien ist es jedoch ratsam, mit einem frisch gekauften Joghurt neu zu beginnen.

Ein thermostatisch geregeltes Joghurtgerät ist eine gute Anschaffung, wenn man oft Joghurt machen will, da es einfach in der Handhabung ist und gute Resultate gewährleistet.

Magerjoghurt

Entrahmte Milch und entrahmtes Milchpulver anstelle von Vollmilch und Vollmilchpulver verwenden. Ansonsten kann man nach beiden Anleitungen verfahren.

Entwässertes Joghurt

In vielen Rezepten wird entwässertes Joghurt verlangt. Geben Sie einfach das Joghurt in ein Käsetuch oder ein gefaltetes Stück Buttermusselin, binden Sie es mit einem Bindfaden zusammen und hängen Sie das Säckchen über einem Gefäß auf, das die abtropfende Flüssigkeit auffängt. Nach dem Entwässern sollte das Joghurt die Konsistenz von weichem Sahnekäse haben.

Sterilisieren von Gläsern

Eingelegte Gemüse, Konserven und Marmeladen sollten in sterile Gläser gefüllt werden, um eine gute Qualität und lange Haltbarkeit zu erreichen. Gläser gründlich in heißem Spülwasser abwaschen, spülen und trocknen. Aufrecht auf ein Backblech stellen und in den kalten Ofen schieben. Tür schließen und Ofentemperatur auf 140° C einstellen. Wenn diese Temperatur erreicht ist, Ofen abschalten und die Gläser im Ofen lassen, bis sie gebraucht werden. Als allgemeine Regel gilt: heiße Speisen in heiße Gläser, kalte Speisen in kalte Gläser füllen, um das Platzen der Gläser zu verhindern.

Griechenland

Nachdem ich mir meinen ersten Zahn an einem Paximathi ausgebissen hatte und viele Kinderkrankheiten mit etlichen Schüsseln voll Avgolemono Soupa überstanden hatte, nahm ich die griechische Küche als selbstverständlich hin. Als einmal Freunde von einer Reise nach Griechenland zurückkehrten und eine wahre Leidenschaft für griechische Speisen mitbrachten, begann ich, dies durch die Augen meiner nichtgriechischen Freunde zu betrachten. Was ich erblickte, war eine Kochkunst, die sich über eine dreitausendjährige Geschichte hinweg entwickelt hat, beeinflußt durch die Geographie und das Klima einer Landschaft, die sich zwischen azurblauer See ausbreitet, der Gebirge, die von Hügeln bis hinauf zu himmelhohen Bergen reichen, wo Mensch und Natur miteinander um die Vorherrschaft ringen, geprägt auch durch die Menschen des Landes, denen man die Lebensfreude jeden Abend in den Uferstraßen, den Tavernen, auf Plätzen und in den Cafes ansehen kann.

Aufgrund dieser großen Unterschiede in der Geographie und im Klima hat die griechische Küche eine unglaubliche Vielfalt erlangt; doch gibt es immer noch einige Speisen, die überall zubereitet und geliebt werden: Avgolemono, diese delikate, scharfe Kombination aus Ei und Zitrone, die in Saucen für Fleisch-, Fisch- und Gemüsegerichte verwendet wird, als Suppe mit Huhn, Lamm oder Fisch, gepriesen als wahre Krönung der griechischen Küche; das ist Taramosalata, der Kaviar der Griechen, er symbolisiert die See und ihre Bedeutung für die Griechen; Moussaka, die Komposition aus Auberginen, Lamm und einer mit Käse bestreuten Sauce, bei der der orientalische Einfluß auf die griechische Küche deutlich wird; Tintenfisch und Kalmar, die von Menschen, die noch nicht gewagt haben, sie zu probieren, gemieden, doch von denen, die diese Meeresfrüchte einmal gegessen haben, mit Genuß verzehrt werden; Spanakopita, eine köstliche Kombination aus Spinat, Kräutern, Eiern und Käse mit regionalen Abwandlungen und Varianten, und viele, viele Gerichte mehr.

Während es in Griechenland keine Tabus hinsichtlich irgendwelcher bestimmter Speisen gibt, ist doch das Fasten ein wichtiger Bestandteil des orthodoxen Glaubens – nach dem Fasten aber folgen die Feste! Während der Fastenzeit dürfen keine tierischen Produkte eingenommen werden – Fleisch, Butter, Käse, Milch oder Eier –, und so bietet die griechische Küche viele Speisen für Leute, die bei ihrer Ernährung den Anteil dieser Nahrungsmittel verringern möchten.

Spanakopita ist eine sehr beliebte, sehr typische griechische Pastete, auf deren Genuß man beim Fasten nicht zu verzichten braucht. Sie wird in ähnlicher Weise wie beim Rezept für Spanakopita Peloponnisos zubereitet, obwohl ihre endgültige Form eine Rolle, kleinere Rollen oder eine flache Pastete sein kann, das hängt ganz von der Stimmung des Kochs ab. Dies ist ein Lieblingsessen von Chantal Countouri, einer bekannten Schauspielerin griechischer und australischer Abstammung, deren Familie im südlichen Peleponnes beheimatet war. Chantal fügt dem Rezept oft noch Eier und Feta-Käse zu, was eine weitere Variante der Spinatpastete ergibt.

Die Abwandlungen und Kombinationsmöglichkeiten der griechischen Speisenzubereitung sind endlos. Wenn irgendein Rezept vermißt wird, könnte das Grundrezept unter einem anderen Namen enthalten sein. Wenn Sie zum Beispiel in Griechenland Trigona probiert haben, ein süßes, mit Walnüssen gefülltes Gebäck, ist es einfach, das Rezept für Baklava abzuwandeln. Schneiden Sie einfach den Teig in Streifen, bestreichen ihn mit Butter, geben etwas von der Füllung darauf und falten die Stücke zu Dreiecken. Der Backvorgang ist kürzer, und der abgekühlte Sirup wird auf die heißen Gebäckstücke verteilt. Wenn Sie Floyeres (Mandelröhrchen) bevorzugen, nehmen Sie einfach Mandeln statt Walnüssen und rollen die Streifen zylinderförmig zusammen. Floyeres haben Ähnlichkeit mit Sarigi Burma im Kapitel über die Türkei, wenn man die Gebäckstücke nach den Anweisungen am Ende des betreffenden Rezeptes formt. Tatsächlich könnte jedes andere griechische Rezept, das Sie suchen, mit bei den türkischen, zyprischen oder armenischen Rezepten enthalten sein.

Aroma und Würze griechischer Speisen

Duft und Würze griechischer Speisen sind eher zart als überwältigend. Bevorzugte Kräuter sind Petersilie – immer die glattblättrige –, Rosmarin, Dill, Lorbeerblätter, Minze, Rigani (eine Art wilder Majoran, nicht zu verwechseln mit Oregano) und Sellerieblätter. Basilikum wächst in allen griechischen Gärten, wurde jedoch selten zum Kochen verwandt; erst in letzter Zeit nahm die Verwendung von Basilikum zu. Dieses Kraut hat religiöse Bedeutung, da es nach der griechischen Überlieferung am Ort des Kreuzes wuchs. Es ist üblich, einem Gast beim Verlassen des Hauses zum Zeichen der Freundschaft einen Zweig Basilikum zu überreichen.

Die meistverwendeten Gewürze sind Zimt, Nelken, Muskatnuß, Masticha und Mahlepi (Mahleb ist das Innere des Steins der schwarzen Kirsche und wird aus Syrien importiert); außer Masticha und Mahlepi kommen alle diese Gewürze in pikanten und süßen Speisen vor.

Das Blatt der Rosengeranie verleiht eingemachten Süßspeisen ein besonderes Aroma und ersetzt oft Zimt und Zitronenschale.

Unter den Früchten ist die Zitrone die Königin, und ein griechischer Garten ist ohne einen Zitronenbaum undenkbar. Früchte des Meeres und Gemüse ohne Zitrone? Das kommt beinahe nie vor. Nicht einmal Lammfleisch wird verschont. Die Schale ergibt eine köstliche eingemachte Süßspeise und wird bei allen anderen süßen Konserven mitverwendet, zusammen mit dem Saft, damit der Zucker nicht kristallisiert. Es gäbe natürlich auch kein Avgolemono ohne die Zitrone – nichts kann sie ersetzen, obwohl man annimmt, daß für die saure Sauce im Alten Griechenland der Saft der »Zitronatzitrone« verwendet wurde, da die eigentliche Zitrone erst viel später eingeführt wurde.

Wenn man es genau nimmt, herrscht die Zitrone gar nicht so unumstritten – denn was wäre Griechenland ohne die Olive? Unzählige Jahrhunderte hindurch war der Olivenbaum das Symbol des Lebens in Griechenland, das alle Widrigkeiten überdauerte. Ihr duftendes Öl hat von frühesten Zeiten an zur Ernährung der Menschen hier beigetragen, ist immer ein wichtiges Handelsobjekt und ein wesentlicher Bestandteil der griechischen Küche gewesen.

Mahlzeiten nach Art der Griechen

Griechenland ist ein Land innerhalb des europäischen Kulturkreises und pflegt einen Lebensstil, der dem der meisten Küstenländer des Mittelmeers ähnlich ist; Essen ist ein gesellschaftliches Ereignis, es erinnert an die Symposien der Alten Griechen.

Für die Griechen ist das Essen selbst nebensächlich. Was zählt, ist das Beisammensein mit Freunden, das lebhafte Diskutieren vieler verschiedener Themen – mit einer gelegentlichen Pause, um ein Stück Brot in die Taramosalata-Sauce zu tauchen oder eine Olive in den Mund zu schieben und dazu vom Ouzo zu nippen oder ein Bier zu trinken. Von mittags an baut sich diese Szenerie an vielen Orten auf: in einem Restaurant im Freien, auf dem Marktplatz, in der farbenfrohen Plaka der Altstadt von Athen oder in irgendwelchen Tavernen an irgendeiner Küste Griechenlands. Solche Gelegenheiten können sich bis in die frühen Morgenstunden ausdehnen. Das ist es im Grunde, was die Griechen unter Essen verstehen – es ist Bestandteil eines glücklich-geschäftigen Lebens.

Die Hauptmahlzeit des Tages wird mittags eingenommen; die Speisen werden in westlicher Art serviert: an einem mit einem Tuch gedeckten Tisch mit Geschirr, Besteck und Gläsern. Zu Beginn der Mahlzeit werden die Speisen in ihren Schüsseln auf den Tisch gestellt. Es könnte geröstete Lammkeule mit Kartoffeln geben, die in derselben Form mitgebakken werden, um das Aroma des Fleischs, verfeinert durch Rigani, Zitrone und Butter, aufzunehmen. Ein griechischer Salat aus milden roten Tomaten, knackigen Gurken und Paprika, Feta-Käse, Oliven und vielleicht grünem Salat würde das Fleischgericht begleiten. Brot wird zu jedem Essen gereicht und dient dazu, die Salatsauce oder den Fleischsaft aufzustippen. Zum Essen wird Wein getrunken, meistens ein Retsina. Oft werden noch andere Gänge gereicht, wie zum Beispiel einer der Gemüseeintöpfe, für die die Griechen berühmt sind.

Nachtisch gibt es selten, wenn, vielleicht ein einfaches Joghurt oder ein Rizagolo (Sahnereis). Frisches Obst und Käse vervollständigen das Mahl. Im Sommer wird das Mittagessen im Freien auf der Terrasse, im Innenhof, auf dem Balkon oder im Garten eingenommen.

Nach dem Mittagessen wird Siesta gehalten, auch einem Gast wird ein Schlafanzug und ein Bett angeboten. Das ist wirkliche Gastfreundschaft! Nach der Siesta werden die exotischen Süßspeisen und Gebäcke gegessen, wenn nicht zu Hause, dann beim örtlichen Zaharoplastio, der mit einer französischen Patisserie vergleichbar ist.

Am frühen Abend wiederholt sich die symposionartige Versammlung, die oben beschrieben wurde und oft als Abendessen ausreicht, da der Vielfalt der in Griechenland gereichten Mezethakia nur durch die Phantasie des Kochs und die Verfügbarkeit der Zutaten Grenzen gesetzt sind.

Wenn ein Abendessen eingenommen wird, geschieht dies irgendwann zwischen 20.00 und 23.00 Uhr und besteht im allgemeinen aus einem leichteren Mahl. Oft wird es, besonders in den Sommermonaten, in einem Restaurant oder einer Taverne eingenommen. Kinder brauchen während der Sommerferien selten früh ins Bett zu gehen – sie würden es auch gar nicht tun, es gibt einfach zuviel zu erleben.

Kochmethoden

Griechenland ist mehr dem Westen als dem Osten zugewandt, und selbst das einfachste Dorfhaus besitzt einen modernen Herd. Trotzdem ist es sowohl in Städten als auch in ländlichen Dörfern und auf den Inseln üblich, das vorbereitete Mittagessen in seinem Tapsi (runde Backform) oder Tsoukali (Kasserolle) zur örtlichen Bäckerei zu bringen, damit die Küche von der Hitze des Herdes nicht zu heiß wird – ein sehr beliebter Brauch während der Sommermonate. Berufstätige Frauen profitieren ebenfalls vom Ofen des Bäkkers, liefern ihre vorbereitete Speise auf ihrem Weg zur Arbeit ab und holen sie mittags wieder ab. Der Bäcker nimmt sich der Speisen an, prüft, rührt um und wendet die Gerichte. Nach der Bäckerei am frühen Morgen kochen die Speisen langsam in der Resthitze des Ofens – eine wunderbare Dienstleistung, die dazu noch wenig kostet. Herde mit langsamer Garzeit werden sich nie in Griechenland durchsetzen, solange der Bäcker so entgegenkommend ist.

Die Kücheneinrichtung ist so modern wie überall, auch wenn man noch so traditionelle Gegenstände findet wie den Mörser, ein Briki zum Kaffeekochen, Tapsi und Tsoukalia (oben erwähnt), Saganaki (Bratpfanne mit zwei Handgriffen), einen langen runden Holzstab zum Teigausrollen und vielleicht einen Kakavi, einen großen Kupfertopf, den man früher zum Kochen über den Herd hängte, der heute aber nur noch selten gebraucht wird, meist für Dekorationszwecke.

Zutaten in der griechischen Küche

Zum Glück können Sie heute alles, was Sie brauchen, in Ihrem gewohnten Geschäft kaufen und alle besonderen griechischen Zutaten in griechischen, armenischen und orientalischen Lebensmittelläden. Unbedingt notwendig sind Rigani, Feta-Käse, Olivenöl, Strudelteig, Makkaroni, getrocknete Bohnen und Erbsen. Aber warum sie alle aufführen? Die Rezepte sprechen für sich, und die einführenden Kapitel und das Glossar werden noch vorhandene Lücken schließen. Was ich damit ausdrücken will: Sie brauchen nun keine großen Anstrengungen auf sich zu nehmen, um die Zutaten für die griechischen Rezepte zusammenzusuchen – die meisten haben Sie wahrscheinlich sowieso schon in Gebrauch.

Aussprache

Die Rezepttitel wurden aus dem Griechischen in die lateinische Schrift übertragen. Jede Silbe ist mit der gleichen Betonung auszusprechen, z. B. To-ma-tes, mit einem ›o‹ wie bei »Osten«, ›a‹ wie in »Saal«, ›ou‹ wie in »Mut«, ›i‹ wie in »sitzen« und ›y‹ wie »i«, wenn es zwischen Konsonanten steht, und wie »j«, wenn ihm ein Vokal folgt.

Tomata Peltes

Tomatenmark

Ergibt etwa 1 kg

5 kg Tomaten
2 Eßlöffel Salz

1. Wählen Sie reife, gesunde Tomaten. Nehmen Sie keine, die irgendwelche Anzeichen von Fäulnis aufweisen. Gründlich waschen, den Stielansatz herausschneiden. Tomaten in Stücke schneiden und in einen großen Einmachtopf geben.
2. Zudecken und langsam erhitzen, bis die Tomaten weich sind. Durch ein Sieb streichen.
3. Den Saft wieder in den Topf gießen und bei ziemlich niedriger Hitze unbedeckt stehenlassen, bis die Menge auf die Hälfte zurückgegangen ist (in diesem Stadium ist es Tomatenpüree).
4. Das Tomatenpüree in zwei große Schüsseln gießen (Backschüsseln reichen für diesen Zweck) und in die Sonne stellen; mit Gazeschutz abdecken.
5. 2 bis 4 Tage in der Sonne trocknen lassen, dabei gelegentlich umrühren. Eine andere Möglichkeit: die Schüssel in einen kalten Backofen stellen, diesen auf 100° C stellen und das Püree verdunsten lassen; dies wird 4–6 Stunden dauern.
6. Wenn die Paste dieselbe Konsistenz wie handelsübliches Tomatenmark hat, Salz einrühren und die Paste in sterile Gläser füllen, etwas Öl daraufträufeln und verschließen. An einem kühlen Ort aufbewahren. Wenn ein Glas mit Tomatenmark einmal angebrochen ist, muß es im Kühlschrank weiter aufbewahrt werden.

Saltsa Avgolemono

Ei-Zitronensauce

Ergibt 2½ Tassen
Kochzeit: 10 Minuten

1½ Tassen Brühe
1 Eßlöffel Maismehl
3 Eier, getrennt
Saft 1 Zitrone
Salz
frisch gemahlener weißer Pfeffer

1. Brühe zum Kochen bringen.
2. Maismehl mit etwas kaltem Wasser anrühren und in die Brühe geben, rühren, bis sie dick wird und aufwallt. 1 Minute kochen lassen.
3. Das Eiweiß in einer Schüssel schlagen, bis es steif ist, Eigelb zufügen und solange schlagen, bis die Masse leicht und locker ist. Zitronensaft allmählich und unter ständigem Schlagen hineingeben.
4. Nach und nach die kochende, angedickte Brühe unter ständigem Schlagen in die Eimasse gießen.
5. Die Sauce in den Topf gießen und unter dauerndem Rühren bei niedriger Hitze 1 bis 2 Minuten garen lassen. Die Sauce darf nicht kochen. Vom Herd nehmen und noch 1 Minute lang rühren. Nach Wunsch abschmecken.
6. Sofort zu gedünstetem Fisch, gekochtem oder gedämpftem Gemüse, Fleisch- und Huhngerichten servieren.

Anmerkung: Verwenden Sie Brühe, die das Gericht ergänzt, für das die Sauce bestimmt ist: Fischsud für gedünsteten Fisch, Hühnerbrühe für gekochte oder gedämpfte Gemüse, oder verwenden Sie die Kochflüssigkeit der Speise, zu der die Sauce gereicht werden soll.

Mayonneza

Mayonnaise

Ergibt 1½ Tassen

2 Eigelb
1 kleine Knoblauchzehe, zerdrückt
½ Teelöffel Senf
½ Teelöffel Zucker
Salz
frisch gemahlener weißer Pfeffer
½ Tasse Zitronensaft
1 Tasse Olivenöl
1 Eßlöffel kochendes Wasser

1. Einen kleinen Napf und einen Holzlöffel oder Schneebesen oder die Schüssel eines elektrischen Rührgeräts benutzen.
2. Mit einem Stück Eierschale alle Spuren von Eiweiß vom Eigelb entfernen. Eigelb in die Schüssel geben und gründlich mit Knoblauch, Senf, Zucker, etwa ½ Teelöffel Salz und etwas Pfeffer verquirlen, bis die Masse leicht und glatt ist.
3. 2 Teelöffel des Zitronensafts und etwa ¼ des Öls zugeben, jeweils einen Tropfen. Den restlichen Zitronensaft und Öl abwechselnd untermischen, diesmal das Öl vorsichtig einlaufen lassen.
4. Wenn die Mayonnaise fest ist, Aroma und Würze mit zusätzlichem Zitronensaft, Salz und Pfeffer, wenn gewünscht, abschmecken.
5. Zum Schluß das kochende Wasser unterrühren, damit die Mayonnaise sich nicht zersetzt, wenn sie vor dem Gebrauch eine Zeitlang aufbewahrt werden soll. Mit gedämpftem Fisch, gekochtem Hummer und Garnelen oder nach Anweisung des Rezeptes servieren.

Anmerkung: Wenn die Mayonnaise gerinnt, wieder mit einem Eigelb beginnen, das in einer sauberen Schüssel geschlagen wird. Allmählich die geronnene Mayonnaise zufügen, die Mischung wird sofort glatt werden.

Mizithra

Frischkäse (Quark)

Ergibt etwa 600 g

10 Tassen Vollmilch, nicht homogenisiert
3 Teelöffel Salz
2 Labtabletten
1 Eßlöffel kaltes Wasser

1. Die Milch in einem schweren Topf erwärmen, bis sie lauwarm ist, und das Salz einrühren. Von der Herdplatte nehmen.
2. Die Labtabletten in einem kleinen Napf zerdrücken, kaltes Wasser zufügen und umrühren, bis sie sich aufgelöst haben.
3. Langsam die Labflüssigkeit in die Milch gießen, dabei die Milch leicht umrühren. Den Topf verschließen und neben dem Herd ungestört 30 Minuten lang stehenlassen.
4. Wenn die Milch fest wird, die Quarkmasse mit einem Schneebesen oder Löffel umrühren. Setzen lassen.
5. Einen Durchschlag oder ein großes Sieb mit einer doppelten Lage Musselin oder Käseleinen auslegen. Die Quarkmasse mit dem Schöpflöffel in den Durchschlag füllen. Wenn erforderlich, die Molke in einer Schüssel auffangen (Verwendung siehe unten).
6. Die Quarkmasse eine Weile trocknen lassen, dann die Krümel an den Seiten des Tuchs herunterkratzen und die Enden des Tuchs zusammenbinden. An einem Haken aufhängen und weitere 6 Stunden bei Zimmertemperatur abtropfen lassen, dann in den Kühlschrank mit einer Schale darunter aufhängen, um die restliche Molke aufzufangen. Weitere 12 Stunden gründlich abtropfen lassen.
7. Aus dem Tuch nehmen und in einem verschlossenen Behälter in den Kühlschrank stellen. Der Frischkäse wird sich 4–5 Tage halten.

Anmerkung: Die Molke kann zur Zubereitung von Molkekäse wie z. B. Anari verwendet werden, ein Käse, der in Zypern normalerweise im Anschluß an die Herstellung von Haloumi-Käse gemacht wird. Auch die Syrer stellen einen Molkekäse her, der Kareeshee bi Limoun genannt wird. Wegen der Rezepte im Register nachschlagen. In der Molke kann auch Feta-Käse im Haus aufbewahrt werden. Der Glossareintrag über Feta-Käse enthält Einzelheiten.

Melitzanosalata
Auberginentunke

Ergibt 2 Tassen
Kochzeit: 30–50 Minuten
Ofentemperatur: 180° C

1 große oder 2 mittlere ovale Auberginen, insgesamt etwa 500 g
1 Knoblauchzehe
Salz
¾ Tasse weiche Weißbrotkrumen
¼ Tasse Zitronensaft
½ Tasse Olivenöl
1 kleine Zwiebel, gerieben
¼ Tasse gehackte Petersilie
frisch gemahlener schwarzer Pfeffer

1. Die ganze, ungeschälte Aubergine auf ein Backblech legen und bei mittlerer Hitze im Backofen 30–50 Minuten backen, je nach Größe, bis sie sich weich anfühlt. Solange sie noch warm ist, Haut entfernen und das Fleisch grob hacken. Überschüssige Flüssigkeit abtropfen lassen.
2. Knoblauchzehe mit ½ Teelöffel Salz in einem Mörser zerdrücken. Nach und nach das warme Auberginenfleisch abwechselnd mit den Brotkrumen in den Mörser geben.
3. Abwechselnd Zitronensaft und Olivenöl zufügen, mit dem Mörserstab gründlich durchmischen. Zwiebel, Petersilie, zusätzliches Salz je nach Geschmack und Pfeffer daruntermischen.
4. In eine Schüssel geben und gut abkühlen. Die Mischung wird steif, wenn sie gründlich abgekühlt ist.
5. Mit schwarzen Oliven garnieren und mit Crackern, Toaststückchen oder knusprigem Brot servieren.

Bei Zubereitung im Mixer oder Küchenmaschine: Alle Zutaten außer Öl in den Mixer oder die Küchenmaschine geben. Rühren, bis die Mischung glatt ist, und nach und nach Olivenöl zugeben; diese Zubereitungsart ergibt ein glatteres Püree.

Variante: 1 große reife Tomate schälen und mit dem Auberginenfleisch zur Mischung geben.

Anmerkung: Da Auberginenfleisch sich an der Luft schnell verfärbt, ist es wichtig, das Fleisch rasch mit den anderen Zutaten zu vermischen.

Tiropita
Käsepastete

Ergibt 6 Portionen als leichte Mahlzeit
(Als Vorspeise: 12 Portionen)
Ofentemperatur: 200° C
Backzeit: 30 Minuten

2 Tassen Milch
½ Tasse feiner Grieß
2 Eßlöffel Butter
1 Tasse grob geriebener, scharfer Cheddar-Käse
1 Tasse zerkrümelter Feta-Käse
⅓ Tasse geriebener Kefalotiri- oder Parmesan-Käse
3 Eier
¼ Teelöffel geriebene Muskatnuß
2 Eßlöffel fein gehackte Petersilie, nach Wahl
Salz
weißer Pfeffer nach Geschmack
10 Lagen Strudelteig
½ Tasse geschmolzene Butter

1. Die Milch zusammen mit dem Grieß in einen Topf mit schwerem Boden geben, Butter zufügen und ständig auf heißer Herdplatte rühren, bis der Brei dick wird und aufwallt. Hitze zurückstellen und die Mischung 2 Minuten lang leicht kochen lassen.
2. Alle Käsesorten zufügen und umrühren, bis alles gut vermischt ist. Von der Herdplatte nehmen und abkühlen lassen. Dabei gelegentlich umrühren.
3. Die Eier gründlich verrühren und in die Käsesauce einrühren. Muskatnuß, Petersilie und Salz und Pfeffer nach Geschmack zufügen.
4. Eine Backform von 25×30 cm Größe mit Butter einfetten und mit 5 Strudelteiglagen auslegen, jede Lage mit Butter bepinseln.
5. Die Füllung zugeben, glattstreichen und mit den restlichen Strudelteiglagen belegen, wiederum jede einzelne mit Butter bestreichen. Die Oberseite mit der restlichen Butter bepinseln und die Ränder in die Füllung umbiegen.
6. Die Oberseite in Quadrate oder Rauten einschneiden, je nach Anzahl der gewünschten Portionen – kleine Stücke für Vorspeisen und Snacks, größere Stücke für eine leichte Mahlzeit oder als 1. Gang.
7. Die Oberseite leicht mit Wasser benetzen, damit sie sich nicht wellt, und im heißen Ofen 30 Minuten lang backen, bis die Pastete aufgegangen ist und eine goldene Färbung angenommen hat.
8. In der Form 10 Minuten abkühlen lassen. In Portionen schneiden und heiß oder warm servieren.

Anmerkung: Statt fertigem Strudelteig kann Mürbteig oder selbstgemachter Strudelteig verwendet werden (Seite 17).

Spanakopita Peleponnisos

Peleponnesische Spinatrollen

Für 6–8 Personen
Ofentemperatur: 180° C
Zubereitungszeit: 50 Minuten

1 kg Spinat
1 mittelgroße Zwiebel, gehackt
1 Stange Lauch, gehackt
1 Tasse gehackte Frühlingszwiebeln
⅓ Tasse Olivenöl
½ Tasse gehackte Petersilie
3 Teelöffel gehackter Dill oder Fenchel
¼ Teelöffel Muskatnuß, gemahlen
Salz
frisch gemahlener schwarzer Pfeffer
8 Lagen Strudelteig
Olivenöl oder Butter zum Formen der Rollen

1. Spinat gründlich waschen und dicke Stiele abschneiden. Grob hacken und in einen großen Topf geben. Topf zudecken und 7–8 Minuten auf die heiße Herdplatte stellen, dabei ab und zu schütteln oder den Spinat mit einer Gabel umwenden. Solange auf der heißen Platte lassen, bis der Spinat zusammenfällt und der Saft ausläuft. In einem Durchschlag gut abtropfen lassen, gelegentlich mit einer Gabel zusammendrücken.
2. Die Zwiebel in Olvenöl bei milder Hitze 10 Minuten anbraten, gehackten Lauch und Frühlingszwiebeln zugeben und weitere 5 Minuten dünsten, bis alles glasig ist.
3. Den gut abgetropften Spinat in eine Mixerschüssel geben und die Mischung aus Öl und Zwiebeln, Kräutern und Muskat zufügen. Gründlich mischen, Salz und Pfeffer nach Geschmack zugeben.
4. Eine Platte Strudelteig auf die Arbeitsfläche legen und leicht mit Olivenöl bestreichen. Mit drei weiteren Lagen Strudelteig bedecken, dabei jede mit Öl bepinseln.
5. Die oberste Lage leicht mit Öl bepinseln und die Hälfte der Spinatmischung entlang der Längsseite auf den Teig geben, an jeder Seite 4 cm freilassen.
6. Den unteren Rand des Teigs über die Füllung klappen, einmal rollen, die Seiten einklappen und ganz aufrollen. Von beiden Enden die Rolle mit den Händen leicht wie eine Zieharmonika zusammendrücken. Den restlichen Teig und die restliche Füllung ebenso verarbeiten.
7. Die Rollen in eine mit Öl ausgepinselte Backform geben, zwischen den Rollen etwas Platz lassen. Die Oberseiten leicht mit Öl bepinseln und bei mittlerer Hitze im Ofen etwa 30 Minuten backen, bis sie eine goldene Färbung angenommen haben. Heiß servieren, in Portionen geschnitten.

Spanakopita

Spinatpastete

Für 8 Personen als 1. Gang, 4 als leichte Mahlzeit
Ofentemperatur: 180° C
Zubereitungszeit: 1 Stunde

1 kg Spinat
1 mittelgroße Zwiebel, gehackt
½ Tasse Olivenöl
1 Tasse gehackte Frühlingszwiebeln
½ Tasse gehackte Petersilie
2 Teelöffel gehackter Dill oder Fenchel
¼ Teelöffel gemahlene Muskatnuß
½ Tasse Mizithra oder Frischkäse
1 Tasse feinkrümeliger Feta-Käse
¼ Tasse fein geriebener Kefalotiri- oder Parmesan-Käse
4 Eier, leicht geschlagen
Salz
frisch gemahlener schwarzer Pfeffer
10 Lagen Strudelteig
geschmolzene Butter zum Zusammensetzen der Pastete

1. Spinat wie in Stufe 1 des vorhergehenden Rezepts (Spanakopita Peloponnisos) beschrieben vorbereiten.
2. Die Zwiebel 10 Minuten lang vorsichtig in Öl dünsten, Frühlingszwiebel zugeben und weitere 5 Minuten dünsten.
3. Den abgetropften Spinat zusammen mit der Zwiebel-Öl-Mischung in eine große Mixerschüssel geben. Kräuter, Muskat, Käse und Eier zugeben und alles umrühren. Geschmack der Mischung prüfen, dann Salz und Pfeffer nach Wunsch zufügen.
4. Eine Backform von 25× 30 cm Größe mit Butter einfetten und mit einer Lage Strudelteig auslegen. 4 weitere Lagen drüberlegen, jede mit Butter bepinseln.
5. Die Füllung auf den Teig streichen und mit dem restlichen Strudelteig belegen, wieder jede Lage mit Butter bepinseln. Wenn nötig, die Kanten beschneiden und die Decke an allen Seiten andrücken.
6. Die Decke leicht mit Butter bepinseln und vorsichtig mit einem scharfen Messer oder einer Rasierklinge in Quadrate schneiden. Mit etwas kaltem Wasser benetzen, damit sich die Oberfläche nicht wellt.
7. Im Backofen bei mittlerer Hitze 45 Minuten backen, bis die Pastete aufgegangen ist und eine goldbraune Färbung angenommen hat. Aus den Ofen nehmen und 5 Minuten stehenlassen, bevor die Pastete in Portionen geschnitten wird.

Spanakopites apo ti Samos

Spinatpasteten aus Samos

20 Stück
Ofentemperatur: 190° C
Zubereitungszeit: 40 Minuten

750 g frischer Spinat oder 500 g tiefgefrorener Blattspinat
1 Tasse feingehackte Frühlingszwiebeln
¼ Tasse Olivenöl
2 Tassen zerkrümelter Feta-Käse
¼ Tasse feingehackter Dill oder Fenchel
2 Eier, geschlagen
¼ Teelöffel Muskatnuß, gemahlen
Salz
frisch gemahlener Pfeffer
10 Lagen Strudelteig
½ Tasse Olivenöl

1. Spinat wie im Rezept für Spanakopita Peloponnisos, Schritt 1, beschrieben vorbereiten. Bei Verwendung von Gefrierspinat diesen auftauen, gut abtropfen lassen und hacken. In Mixerschüssel geben.
2. Öl in einer Bratpfanne erhitzen und Frühlingszwiebeln vorsichtig dünsten, bis sie weich sind.
3. Öl, Zwiebeln, Käse, Kräuter, Eier und Muskatnuß zugeben. Gut vermischen, dann je nach Wunsch salzen und pfeffern.
4. Die Strudelteiglagen ausbreiten und halbieren, es ergeben sich Stücke von etwa 20×30 cm Größe. Stapeln und mit einem Tuch bedecken.
5. Eine Lage nehmen und leicht mit Öl bepinseln. Zur Hälfte zusammenfalten, um einen Streifen von etwa 10 cm Breite zu erhalten. Wieder mit Öl bepinseln und etwa 2 Eßlöffel der Füllung entlang einer Längsseite aufstreichen, die Seiten frei lassen. Die Seiten einklappen, dann fest einrollen. Zu einer Schnecke formen und in eine geölte Backform legen. Die restlichen Zutaten ebenso verarbeiten und die schneckenförmige Pasteten nebeneinander in die Backform legen.
6. Die Pasteten leicht mit Öl bepinseln und 25 Minuten bei mäßiger Hitze im Backofen backen, bis sie goldbraun sind. Warm oder kalt als Vorspeise oder leichte Mahlzeit servieren. Wenn sie kalt serviert werden sollen, Butter anstelle von Olivenöl verwenden, wenn das Öl nicht von hoher Qualität ist.

Aginares me Anitho

Dill-Artischocken

Ergibt: 4 Portionen für eine leichte Mahlzeit, 8 Portionen als 1. Gang
Kochzeit: 45–50 Minuten

12 mittelgroße Artischocken (Vorbereitung s. S. 13)
½ Tasse gehackte Frühlingszwiebeln, nur die weißen Teile
¼ Tasse Olivenöl oder anderes Öl
Saft einer Zitrone
3 Tassen Wasser
Salz
frisch gemahlener weißer Pfeffer
2 Eßlöffel fein gehackter Dill
3 Teelöffel Maismehl
kaltes Wasser
2 Eier
zusätzlich gehackter Dill zum Garnieren

1. Artischocken wie in der Anweisung für Artischockenherzen beschrieben vorbereiten und jeweils in zwei Hälften schneiden.
2. In einem großen Topf die Frühlingszwiebeln vorsichtig in Öl dünsten, bis sie weich sind. Den Saft ½ Zitrone, Wasser, etwa 2 Teelöffel Salz und eine reichliche Prise Pfeffer zufügen. Zum Kochen bringen.
3. Die vorbereiteten Artischocken abtropfen lassen und zusammen mit dem Dill in den Topf geben. Erhitzen, bis das Wasser wieder kocht, zudecken und 30 Minuten schwach kochen lassen, bis die Artischocken gar sind.
4. Die Kochflüssigkeit in einen Topf seihen und solange kochen lassen, bis die Hälfte der ursprünglichen Menge verdampft ist (etwa 1½ Tassen). Die Artischocken in einem Ofen bei mäßiger Temperatur warmhalten.
5. Das Maismehl mit etwas kaltem Wasser verrühren und in die kochende Flüssigkeit rühren. Weiterrühren, bis sie andickt und aufwallt, und weiter schwach kochen lassen.
6. Die Eier in einer Mixerschüssel schlagen, bis sie leicht und schaumig sind, dann nach und nach den restlichen Zitronensaft zugeben. Allmählich unter ständigem Schlagen die kochende Brühe einrühren. Wieder in den Topf gießen und bei schwacher Hitze 1 bis 2 Minuten rühren, damit das Ei gar wird.
7. Die Artischocken auf einer warmen Platte anordnen, die Sauce darübergießen und mit gehacktem Dill bestreuen. Als leichte Mahlzeit oder 1. Gang servieren.

Aginares me Avgolemono

Artischocken mit Ei-Zitronen-Sauce

Für 6 Personen
Zubereitungszeit: 40 Minuten

6 Artischocken
Saft 1 Zitrone
1 Eßlöffel Olivenöl
Ei-Zitronensauce (Seite 29)
frisch gehackter Dill oder Petersilie zum Verzieren

1. Ganze Artischocken vorbereiten (siehe Seite 13). In kochendem Salzwasser zusammen mit dem Zitronensaft und dem Öl 30 Minuten kochen oder länger, bis sie gar sind. Dies kann man feststellen, wenn man ein Blatt abzupft: wenn es sich leicht lösen läßt, sind die Artischocken gar.
2. Mit einem Schaumlöffel herausnehmen und umdrehen, um sie abtropfen zu lassen. In eine Servierschüssel legen und warmhalten.
3. Ei-Zitronensauce unter Verwendung von Hühnerbrühe oder je zur Hälfte Hühnerbrühe und Kochflüssigkeit der Artischocken zubereiten. Über die Artischocken gießen und mit gehacktem Dill oder Petersilie bestreuen, falls gewünscht. Als 1. Gang reichen.

Varianten: Sie können die Artischocken durch Spargel, Brokkoli, Rosenkohl oder Sellerieherzen ersetzen. Das jeweilige Gemüse wie gewohnt garen und die Sauce mit Hühnerbrühe zubereiten.

Avgotaraho

Getrockneter Meeräschenrogen

Eine meiner stärksten Kindheitserinnerungen ist das Bild meiner Mutter, wie sie Avgotaraho zubereitete. Für den Uneingeweihten ist dies der gesalzene und getrocknete Rogen der Meeräsche, mit der Farbe des Honigs und von köstlichem Geschmack – obwohl er einen Nachteil hat: er bleibt gern an den Zähnen kleben. Immerhin hält so der Geschmack länger an!
Zuerst einmal müssen Sie auf gutem Fuß mit Ihrem Fischhändler stehen, besonders wenn er eine große griechische Kundschaft hat. Pflegen Sie die Freundschaft, so daß sie bis zum Frühsommer oder Herbst gereift ist – je nachdem, wo Sie leben. Dies ist die Zeit, wenn die Meeräsche bereit ist zum Laichen und der Fang große Rogenpaare erbringen wird. Ein guter Fischhändler weiß, wie man den Fisch ausnimmt, ohne den Rogen zu verletzen: wenn ihm das passieren würde, würde er seinen Gewinn schmälern und obendrein zufriedene Kunden verlieren.
Meine Mutter hatte Glück; sie hatte nicht viel Konkurrenz, da es in unserer Stadt sehr wenige Griechen gab. Für unseren Vater war das natürlich ebenfalls von Vorteil. (Der Fischhändler war sowieso Grieche).

Frischer Seeäschenrogen in Paaren
gutes, feines Kochsalz
Bienenwachs oder Paraffin, wahlweise

1. Auf jedem Rogen die roten Adern entfernen, indem man sie vorsichtig mit der Kante eines Löffels oder einer Münze abkratzt. Die Löffelkante darf nicht scharf sein, da sonst die feine Haut verletzt würde. Den Rogen in Paaren zusammenlassen.
2. Nebeneinander in einer flachen Schale anordnen, dick mit Salz bestreuen und eine neue Schicht Rogen darüberlegen, wenn Sie genug haben. Wieder mit viel Salz bedecken, der Rogen darf unter der Salzschicht nicht mehr zu sehen sein. 6 Stunden stehenlassen.
3. Eine große Schüssel mit kaltem Wasser bereitstellen und jedes Rogenpaar ins Wasser tauchen, sofort wieder herausnehmen und flach auf ein Gestell legen. Den Rogen mit den Fingern glattstreichen und 10 Minuten abtropfen lassen.
4. Nach dem Abtropfen flach auf ein sauberes Holzbrett legen und vorsichtig ein anderes Brett darauflegen. Das obere Brett mit einem schweren Gegenstand beschweren, wenn es selbst nicht schwer genug ist. 30 Minuten ruhen lassen.
5. Den Rogen auf ein Gitter legen (Edelstahl oder verchromt) und 1 Woche lang an einem luftigen, schattigen Platz trocknen lassen, dabei den Rogen täglich einmal umdrehen. Zum Schutz leicht mit Musselin bedecken. Nach dem Trocknen wird der Rogen fest und honigfarben sein, der Farbton hängt von der ursprünglichen Färbung ab.
6. Den Rogen an einem kühlen Ort aufbewahren – nicht in einem verschlossenen Gefäß. Je länger er lagert, desto fester wird er, und er wird so etwa bis zu 6 Monaten haltbar sein. Um eine längere Haltbarkeit zu erzielen, kann der Rogen in geschmolzenes Bienenwachs oder Paraffin getaucht werden und auf flache Tabletts gelegt werden, bis er fest wird. Dadurch ist der Rogen besser geschützt, er trocknet aber nicht in dem Maße aus wie der andere Rogen. Kenner bevorzugen sehr festen Rogen.
7. Zum Essen den Wachsüberzug, falls vorhanden, entfernen und den Rogen in dünne Scheiben schneiden. Ausgezeichnet mit knusprigem Brot und Butter als Vorspeise. Der getrocknete Rogen kann für die Zubereitung von Taramosalata verwendet werden. Die gewünschte Menge zerreiben und gründlich mit ein wenig Zitronensaft mischen, bis er weich ist. Für Taramosalata die Anweisungen des Rezepts befolgen (Seite 36)

Tiropitakia

Käse-Dreiecke

Ergibt etwa 5 Dutzend
Ofentemperatur: 190° C
Backzeit: 20 Minuten

Käsefüllung:
375 g Feta-Käse
1 Tasse Ricotta-Käse oder Mizithra (Seite 30) (Quark)
¼ Tasse feingehackte Petersilie
2 Teelöffel feingehackte Minze, wenn gewünscht
frisch gemahlener schwarzer Pfeffer
2–3 Eier

Teig:
500 g Strudelteig
¾ Tasse zerlassene Butter

1. Den Feta-Käse in eine Schüssel krümeln, den Ricotta- oder Mizithra-Käse zufügen, dann gründlich mit einer Gabel durchquetschen, um eine gründliche Mischung zu erhalten. Petersilie zufügen, dazu die Minze, falls gewünscht, und nach Geschmack pfeffern.
2. 2 Eier leicht schlagen und in den Käse rühren. Die Mischung sollte weich sein, aber ihre Form behalten. Wenn sie zu fest ist, noch ein Ei zufügen.
3. Jede Strudelteiglage in 3 Streifen schneiden, jede soll etwa 13×30 cm groß 0815sein. Auf einem Tuch stapeln und mit einem weiteren zusammengefalteten trockenen Tuch bedecken. Ein feuchtes Tuch oben darüberlegen.
4. Einen Streifen Strudelteig nehmen und leicht mit Butter bepinseln. Noch einmal der Länge nach falten und wieder mit Butter bepinseln. Einen reichlichen Teelöffel von der Käsemischung nahe der Schmalseite auf den Teig geben und die Schmalseite diagonal über die Füllung klappen, so daß die Schmalseite auf der gefalteten Seite liegt und ein Dreieck bildet. Noch einmal in Längsrichtung des Strudelteigstreifens klappen, dann diagonal zur anderen Seite. Bis zur anderen Schmalseite des Strudelteigstreifens so fortfahren. Mit den übrigen Zutaten ebenso verfahren.
5. Die fertig vorbereiteten Dreiecke auf leicht eingefettete Backbleche legen und die Oberseiten leicht mit Butter bepinseln. Bei mäßiger Hitze 20 Minuten im Ofen backen, bis sei eine goldene Färbung angenommen haben. Warm servieren.

Bourekakia apo Tiri

Käserollen

Dieselben Zutaten wie beim Rezept für Tiropitakia verwenden. Die Teigscheiben halb durchschneiden, es ergeben sich Streifen von etwa 25×30 cm. Mit Butter bepinseln und der Länge nach zusammenklappen. Wieder mit Butter bepinseln. Etwa einen Eßlöffel der Füllung am unteren Rand entlang verstreichen, dabei die Ränder freilassen. Den Rand des Teigs über die Füllung klappen und die Längsseiten des Streifens einklappen, um die Füllung zu halten. Fest aufrollen und mit der Naht nach unten auf eingefettete Backbleche legen. 20–25 Minuten backen, bis die Rollen goldbraun und aufgebläht sind.
Anmerkung: Anstelle der angegebenen Käsefüllung kann die Füllung für Tiropita, Seite 31, verwendet werden. Fügen Sie 2 Eier hinzu, so daß die Füllung fester wird und leichter zu verarbeiten ist.

Spanakopitakia

Spinatpastetchen

Die Hälfte der im Rezept für Spanakopita, Seite 32, angegebenen Spinatfüllung verwenden. Zu Dreiecken oder Rollen formen, wie in den Rezepten für Käse-Dreiecke und Käserollen angegeben.
Einfrieren von Käse- und Spinatgebäck: Die Gebäckstücke wie zum Backen vorbereiten, auf mit Folie ausgelegte Backbleche legen. Oberseiten leicht mit Butter bepinseln und solange in den Gefrierschrank stellen, bis sie völlig eingefroren sind. Vorsichtig herausnehmen und in Gefrierdosen füllen, zwischen die einzelnen Schichten Plastikfolie einlegen. Verschließen und im Gefrierschrank lagern. Zum Verbrauch die Gebäckstücke auf eingefettete Backbleche setzen und bei mittlerer Hitze backen, bis sie goldbraun und aufgebläht sind.

Taramosalata

Fischrogenpüree

Tarama ist der gesalzene Rogen der grauen Meeräsche und bildet die Grundlage für diese beliebte griechische Delikatesse. Da verschiedene Sorten erhältlich sind, müssen Sie ausprobieren, welche Sorte Ihnen am meisten zusagt; dabei werden Sie vielleicht das Rezept entsprechend ändern müssen.

Meiner Meinung nach ist das beste Tarama das aus Griechenland importierte. Normalerweise im Stück oder in Gläsern angeboten, besteht es aus einer sehr festen staubig-rosa Paste. Manchmal wird es von einem Händler »verbessert«, der es irgendwie weicher macht (womit, weiß ich nicht) und die Farbe mit Lebensmittelfarbe aufhellt. Dieses Produkt ist zu meiden.

Kleine Dosen mit örtlich hergestelltem Tarama sind leichter zu bekommen und können gut im Kühlschrank aufbewahrt werden. Es ist eine feste, orangenfarbene Paste und für meinen Geschmack ein bißchen bitter, dieser Geschmack läßt jedoch erheblich nach, wenn die Taramosalata vor dem Servieren im Kühlschrank gekühlt wird.

Avgotaraho, gesalzener, getrockneter, honigfarbener Rogen, ist häufig bei Fischhändlern und in Delikatessenläden zu haben. Hieraus kann man eine ausgezeichnete Taramosalata zubereiten, wählen Sie aber eine Sorte, die nicht zu fest ist.

Das strenge Aroma von Tarama muß mit altbackenem Weißbrot (ohne Kruste) vorzugsweise von einem griechischen oder europäischen Weißbrot gemildert werden. Als Faustregel gilt: diese beiden Zutaten in Mengen mit gleichem Gewicht verwenden. Einige Köche fügen anstelle des Brotes auch Kartoffelbrei oder eine Kombination aus beidem zu, was der eigentlichen Taramosalata schadet.

Ergibt etwa 2½ Tassen

125 g Tarama
4–5 dicke Scheiben Weißbrot ohne Kruste
kaltes Wasser
1 Knoblauchzehe, zerdrückt
½ kleine Zwiebel, fein geschabt oder gerieben
etwa ¼ Tasse Zitronensaft, durchgeseiht
1 Eigelb oder 1 ganzes Ei
½ bis ¾ Tasse Olivenöl

Serviervorschlag:
schwarze Oliven zum Verzieren
knuspriges Brot
Radieschen, Sellerie- und Gurkenstücke

1. Tarama in die Schüssel des Elektromixers geben und schlagen, bis es weich ist.
2. Das Brot in kaltem Wasser einweichen, ausdrücken und fein zerkleinern. Nach und nach dem Tarama zusammen mit dem zerdrückten Knoblauch und der feingeriebenen Zwiebel zugeben. Schlagen, bis alles glatt vermischt ist, während des Schlagens die Hälfte des Zitronensafts zufügen.
3. Wenn die Mischung glatt ist, das Eigelb zugeben, gründlich schlagen, dann langsam ½ Tasse Öl zufügen. Abschmecken und noch Zitronensaft zugeben, wenn die Mischung zu salzig ist. Das restliche Olivenöl allmählich zufügen, bis die Taramosalata leicht und cremig ist. Wenn sie zu steif ist, das Eiweiß zufügen und gut einrühren. (Einige Taramasorten könnten das Eiweiß gut gebrauchen, während andere auch ohne es eine befriedigende Konsistenz erhalten.)
4. Wenn es fertig ist, sollte Tarama seine Form behalten; durch Kaltstellen wird es noch fester. Bis zum Verbrauch in geschlossenem Behälter im Kühlschrank aufbewahren.
5. Zum Servieren Tarama in eine hohe Schüssel geben und mit einer schwarzen Olive garnieren. Zusammen mit knusprigem Brot, verschiedenen Crackern und einer Schale knackiger Selleriestücke, Radieschen und festen Gurkenstücken servieren. Die Beigabe von Gemüse entspricht nicht der Tradition, schmeckt aber zusammen mit der Taramosalata vorzüglich.

Zubereitung in der Küchenmaschine oder im Mixer: die Küchenmaschine ist hervorragend für die Zubereitung von Taramosalata geeignet. Die Zutaten eingeben – Tarama, eingeweichtes und ausgedrücktes Brot, die ganze oder zerdrückte Knoblauchzehe, die ganze oder grob gehackte Zwiebel und die Hälfte des Zitronensaftes. Verarbeiten, bis die Mischung glatt ist, dann Eigelb zufügen und allmählich das Öl zugeben. Würze und Konsistenz wie unter Schritt 3 prüfen. Mit dem Mixer ähnlich vorgehen, jedoch Vorsicht, ein zu langes Mixen erhitzt die Mischung und verändert damit die Konsistenz.

Psomi

Griechisches Brot

Dies ist das knusprige, torpedoförmige Brot, das es in griechischen und kontinentaleuropäischen Feinkostläden zu kaufen gibt. Die Feuchtigkeit im Backofen und das Benetzen des Brotes mit Wasser ergibt eine dicke, knusprige Kruste.

Ergibt 2 Brote
Ofentemperatur: 190° C
Backzeit: 35–40 Minuten

6 Tassen Weizenmehl
1 Beutel aktive Trockenhefe
2 Tassen warmes Wasser
2 Teelöffel Salz
3 Teelöffel Zucker
1 Eßlöffel zerlassene warme Butter oder Öl
1 Eßlöffel feiner Grieß
Wasser

1. Das Mehl in eine Schüssel sieben und im Backofen bei niedriger Hitze erwärmen.
2. Die Hefe in ¼ Tasse warmem Wasser auflösen, das restliche Wasser einrühren, Salz und Zucker zufügen.
3. Etwa 2 Tassen Mehl aus der Schüssel nehmen und beiseite stellen. In das restliche Mehl eine Mulde machen und die Hefeflüssigkeit eingießen.
4. Die Flüssigkeit mit etwas Mehl verrühren, bis sie dick ist, abdecken und an einem warmen Ort stehenlassen, bis der Vorteig schaumig ist – etwa 10 Minuten.
5. Das restliche Mehl mit dem Vorteig verrühren, Butter oder Öl allmählich zufügen. Mit einem Holzlöffel oder mit der Hand etwa 10 Minuten schlagen, bis der Teig glatt ist, oder 5 Minuten mit dem Knethaken eines elektrischen Rührgeräts rühren.
6. In der Schüssel oder auf einem Brett nach und nach das beiseitegestellte Mehl unterkneten, nur so viel, daß der Teig nicht mehr klebt. Der Teig ist fertig, wenn er glänzt und eine runzlige Oberfläche hat. Zu einer Kugel formen.
7. Die Schüssel mit Öl bestreichen, den Teig mit der glatten Seite nach unten hineinlegen und umdrehen, so daß er rundum eingeölt ist. Die Schüssel mit einer Plastikfolie abdecken und an einem warmen Ort 1–1½ Stunden ruhen lassen, bis sich der Teig verdoppelt hat.
8. Den Teig zusammenschlagen und halbieren. Jede Hälfte auf einem bemehlten Brett zu einem länglichen Laib formen.
9. Ein Backblech einfetten und mit Grieß bestreuen. Die Laibe nicht zu nah nebeneinander auf das Blech setzen und jeden Laib viermal diagonal einritzen. Mit einem Tuch abdecken und an einem warmen Platz stehenlassen, bis sich die Brote im Umfang verdoppelt haben – etwa 1 Stunde. Den Ofen vorheizen.
10. Eine Schale mit kochendem Wasser auf den Boden oder den niedrigsten Rost des Ofens stellen. Die Brote leicht mit Wasser besprühen und 35–40 Minuten im Ofen bei mittlerer Hitze backen lassen. Nach den ersten 15 Minuten die Brote wieder mit Wasser besprühen, dann noch einmal nach weiteren 20 Minuten.
11. Auf einem Rost in der Nähe eines offenen Fensters abkühlen lassen.

Spanakorizo

Reisgericht mit Spinat

6 Portionen
Kochzeit: 25 Minuten

750 g Spinat
½ Tasse Olivenöl
1 Tasse gehackte Frühlingszwiebeln
1 Stange Lauch, gehackt, nach Wunsch
2 Tassen Kurzkornreis
¼ Tasse Zitronensaft
2 Eßlöffel gehackte Petersilie
1 Teelöffel gehackter Dill
3 Tassen Wasser
Salz
frisch gemahlener schwarzer Pfeffer

1. Wurzeln und beschädigte Blätter beim Spinat entfernen. Mehrmals gründlich in Wasser waschen. Abtropfen lassen, die Blätter in Stücke reißen, die Stiele hacken.
2. Das Öl in einem hohen Topf erhitzen und die Zwiebel und den Lauch – falls verwendet – vorsichtig dünsten, bis sie weich sind.
3. Den Reis waschen, gut abtropfen lassen und zur Zwiebel geben. 5 Minuten dünsten, häufig umrühren.
4. Die restlichen Zutaten zufügen und zum Kochen bringen. Dann den vorbereiteten Spinat zugeben, gut umrühren und den Topf mit einem Deckel verschließen. Die Hitze herunterschalten und bei schwacher Hitze 15 Minuten kochen lassen.
5. Von der Herdplatte nehmen, fest zugedeckt lassen und 5–10 Minuten vor dem Auftragen ruhen lassen. Dient heiß als Beilage zu Hauptgerichten, besonders zu gegrilltem Fleisch und Fisch. Schmeckt auch kalt gut.

Anmerkung: Anstelle von Spinat kann Mangold verwendet werden. Stiele entfernen, die besseren Stiele waschen und fein hacken. 5 Minuten in Salzwasser aufkochen, abtropfen lassen und mit den gehackten Blättern zum Reis geben.

Avgolemono Soupa

Ei-Zitronensuppe

6 Portionen
Kochzeit: 25 Minuten

6 Tassen Hühner- oder Fischbrühe
⅓ Tasse Rundkornreis oder kleine Suppennudeln
Salz nach Geschmack
3 Eier, getrennt
Saft einer großen Zitrone
weißer Pfeffer

1. Brühe zum Kochen bringen und Reis oder Nudeln dazugeben, je nach Geschmack salzen. Umrühren, bis die Brühe wieder schwach kocht, zudekken und bei schwacher Hitze 20 Minuten kochen lassen, bis der Reis oder die Nudeln gar sind. Während des Kochens Schaum abschöpfen, wenn nötig.
2. Das Eiweiß in einer Schüssel schlagen, bis es steif ist, Eigelb zufügen und schlagen, bis es leicht und cremig ist. Nach und nach den Zitronensaft hineinschlagen.
3. Etwa ein Viertel der schwach kochenden Suppe zu den Eiern geben, dabei ständig schlagen.
4. Nach und nach die Eiermischung in die Suppe geben, dabei kräftig rühren. Die Suppe von der Herdplatte nehmen. Weiter 1 Minute lang rühren und mit Salz und weißem Pfeffer abschmecken. Sofort servieren.

Anmerkung: Da sich diese Suppe nicht gut aufwärmen läßt, muß sie unmittelbar vor dem Servieren zubereitet werden. Lediglich die Brühe kann im voraus hergestellt werden. Reis oder Nudeln müssen in der Brühe kurz vor dem Auftragen gekocht werden.

Fassoulatha

Bohnensuppe

6–8 Portionen
Kochzeit: 2½–3 Stunden

2 Tassen Trockenbohnen, weiße, schwarzäugige, Cannellini- oder Lima-Bohnen
8 Tassen Wasser
1 große Zwiebel, fein gehackt
1½ Tassen geschälte und gehackte Tomaten
2 Eßlöffel Tomatenmark
1 Tasse gehackte Sellerie, einschließlich Blätter
1 Tasse gewürfelte Karotten
¼ Tasse gehackte Petersilie
⅓ Tasse Olivenöl
frisch gemahlener schwarzer Pfeffer
½ Teelöffel Zucker
Salz
Zum Garnieren: gehackte Petersilie

1. Die Bohnen gründlich waschen, Wasser mehrmals wechseln. Mit den 8 Tassen Wasser in einen großen Topf geben und zum Kochen bringen. 2 Minuten lang kochen lassen, von der Kochplatte nehmen und den Topf zugedeckt stehenlassen, bis die Bohnen aufgequollen sind. Die Zeit hängt von den Bohnen ab, die kleinen brauchen 1 Stunde, die großen etwa 2 Stunden.
2. Die restlichen Zutaten außer dem Salz zufügen und zum Kochen bringen. Den Topf zudecken und bei schwacher Hitze 1½ Stunden kochen lassen. Nach Geschmack salzen und weitere 30–60 Minuten kochen lassen, bis die Bohnen gar sind. Die Garzeit hängt von der Bohnensorte ab.
3. Heiß in Suppentellern servieren, jede Portion mit gehackter Petersilie bestreuen. Knuspriges Brot, schwarze Oliven, Käse und Wein können Fassoulatha zu einer vollständigen Mahlzeit ergänzen.

Koukia Tiganita

Gebratene Dicke Bohnen

6 Portionen
Kochzeit: 15 Minuten

500 g sehr junge Dicke Bohnen
kochendes Salzwasser
Mehl zum Panieren
Olivenöl zum Braten
Zitronenschnitze zum Servieren

1. Die Dicken Bohnen gründlich waschen. Spitzen und Stiele entfernen und dabei die Fäden mit abziehen. Ganz lassen.
2. In kochendes Salzwasser geben und bei starker Hitze 5 Minuten kochen lassen. Vom Herd nehmen und gut abtropfen lassen. Warten, bis sie trocken sind.
3. Die Bohnen in Mehl wenden. Genug Öl in einer Bratpfanne erhitzen, daß die Bohnen halb bedeckt sind. Die Bohnen bei mittlerer Hitze braten, bis sie auf beiden Seiten goldbraun sind. Heiß mit Zitronenschnitzen servieren, die man über den Bohnen ausdrückt.

Mayeritsa

Ostersuppe

Das Osterlamm, das beim Feiern des griechischen Ostersonntags eine wichtige Rolle spielt, wird gewöhnlich mit Kopf und eßbaren Innereien aufgetragen. Der Kopf wird drangelassen und trägt zur besseren Befestigung des Lamms am Spieß bei. Die Innereien werden entweder für die Mayeritsa oder für die Zubereitung von Kokoretsi tis Souvlas (Seite 58) verwendet. Oft werden für beide Gerichte noch zusätzliche Zutaten genommen.
Eine Schüssel Mayeritsa ist die erste Mahlzeit, die nach Beendigung der Fastenzeit gereicht wird, dies geschieht unmittelbar nach der Mitternachtsmesse zwischen Ostersamstag und Ostersonntag.
Da Sie wahrscheinlich kein Lamm mit allen seinen Teilen bekommen, sind im Rezept Zutaten und Mengen angegeben, die Sie leicht bei Ihrem Metzger erhalten.

6–8 Portionen
Kochzeit: 3½ bis 4 Stunden

500 g Innereien vom Lamm (Kutteln)
Wasser
2 Lungen vom Lamm
1 Herz vom Lamm
1 Leber vom Lamm
Saft 1 Zitrone
¼ Tasse Butter
2 Tassen gehackte Frühlingszwiebeln
2 Eßlöffel gehackte Petersilie
2 Teelöffel gehackter frischer Dill
Salz
frisch gemahlener weißer Pfeffer
⅓ Tasse Rundkornreis
Zur Verfeinerung:
3 Eier
Saft 1 Zitrone (etwa ¼ Tasse)

1. Die Kutteln gründlich spülen, in einen Topf geben und mit kaltem Wasser bedecken. Zum Kochen bringen, dann abtropfen lassen.
2. Lungen, Herz und Leber spülen, mit kaltem Wasser bedecken und den Saft einer Zitrone zufügen. 30 Minuten einweichen, dann abtropfen lassen.
3. Die gebrühten Kutteln in einen hohen Topf geben und 8 Tassen Wasser zugießen. Zum Kochen bringen, 1 Stunde bei schwacher Hitze kochen lassen. Lungen, Herz und Leber zugeben und bei offenem Topf weitere 10 Minuten schwach kochen lassen, abschäumen nach Bedarf.
4. Alle Innereien herausnehmen und in sehr kleine Stücke schneiden, dabei alle Röhren usw. aus Herz und Leber entfernen. Die Brühe aufbewahren.
5. In einem anderen Topf die Zwiebel in Butter dünsten, bis sie glasig ist. Die gehackten Innereien zugeben und bei mittlerer Hitze 5 Minuten rühren. Den Inhalt des Topfes in die Brühe geben.
6. Petersilie, Dill, Salz und Pfeffer nach Geschmack zugeben, bedecken und bei milder Hitze 2 Stunden kochen, bis die Innereien zart sind. Den gewaschenen Reis zufügen und bei offenem Topf weitere 20 Minuten kochen lassen, wenn nötig, ein wenig Wasser zugeben.
7. Die Eier in einer Schüssel schlagen, bis sie schaumig sind, und allmählich den Zitronensaft hineinschlagen. Mit der Schöpfkelle etwa 2 Tassen kochende Brühe in die Eiermischung füllen, dabei ständig schlagen. In die Suppe füllen und bei niedriger Hitze etwa 1 Minute oder 2 umrühren, damit das Ei gart. Die Suppe nicht mehr aufkochen lassen. Den Topf von der Herdplatte nehmen und noch eine Minute rühren, damit das Ei nicht von der Hitze des Topfes gerinnt. Sofort auftragen.

Anmerkung: Die Suppe kann bis zum Schritt 6 vorbereitet und vom Herd genommen werden, bevor der Reis zugefügt wird. Vor der Mahlzeit den Reis zufügen und die Suppe fertigstellen.

Aginares ala Polita

Geschmorte Artischocken

6 Portionen
Kochzeit: 30 Minuten

12 Artischockenherzen
½ Tasse gehackte Frühlingszwiebeln
500 g junge Karotten geschabt
12 junge Zwiebeln, enthäutet
12 kleine neue Kartoffeln, geschabt
Saft 1 Zitrone
¾ Tasse Olivenöl
Wasser oder Hühnerbrühe
Salz
frisch gemahlener schwarzer Pfeffer
frischer Dill oder Petersilie, gehackt
4 Teelöffel Maismehl

1. Artischockenherzen vorbereiten (siehe Seite 13).
2. Einen Topf mit großem Boden mit den gehackten Frühlingszwiebeln auslegen. Darauf die Karotten und die ganzen Zwiebeln, Kartoffeln und Artischockenherzen anordnen.
3. Zitronensaft, Olivenöl und soviel Wasser oder Hühnerbrühe zugeben, daß das Gemüse gerade bedeckt ist. Nach Geschmack salzen und pfeffern und einen Eßlöffel Dill oder Petersilie über das Gemüse streuen.
4. Zudecken und bei milder Hitze 30 Minuten kochen lassen, bis die Gemüse gar sind.
5. Die großen Gemüsestücke mit einem Schaumlöffel herausnehmen und auf einer vorgewärmten Platte ansprechend anordnen. Warmhalten.
6. Maismehl mit etwas Wasser verühren und die Flüssigkeit im Topf damit andicken, 2 Minuten leicht kochen lassen. Die Sauce über das Gemüse gießen und mit gehackten Kräutern bestreuen.

Tomates yemistes

Gefüllte Tomaten

6 Portionen
Kochzeit: 45 Minuten
Ofentemperatur: 180° C

12 mittelgroße reife Tomaten
Zucker
Salz
frisch gemahlener schwarzer Pfeffer
½ Tasse Olivenöl
1 große Zwiebel, gehackt
¼ Tasse Pinienkerne, nach Wunsch
1½ Tassen Rundkornreis
½ Tasse Rosinen
1½ Tassen heißes Wasser
2 Eßlöffel gehackte Petersilie
2 Eßlöffel gehackte Minze
Wasser oder trockener Weißwein

1. Von den Tomaten einen Deckel abschneiden und aufheben. Das Innere aushöhlen und die Tomaten innen mit etwas Zucker bestreuen. Beiseitestellen.
2. Das Innere in einer Kasserolle mit Salz, Pfeffer und ½ Teelöffel Zucker dünsten, bis es weich ist. Durch ein Sieb streichen und aufheben.
3. In der Hälfte des Öls die Zwiebel dünsten, bis sie glasig ist. Pinienkerne (falls verwendet) zufügen und weitere 5 Minuten dünsten.
4. Den Reis, die Rosinen, heißes Wasser, Petersilie, Minze einrühren und nach Geschmack würzen. Zum Kochen bringen, zudecken und bei milder Hitze 10 Minuten kochen lassen, bis die Flüssigkeit eingezogen ist.
5. Die Tomaten füllen, etwas Platz lassen, damit der Reis quellen kann. Die Deckel aufsetzen und die Tomaten in eine feuerfeste Form setzen.
6. Das pürierte Tomatenfleisch mit der gleichen Menge Wasser oder Weißwein in die Form gießen. Das restliche Öl auf die Tomaten geben und unbedeckt bei mittlerer Hitze 30 Minuten lang im Ofen backen. Heiß oder kalt servieren.

Anmerkung: Eine schmackhafte Zwischenmahlzeit oder eine verlockende Beilage zu Hauptgerichten.

Briami

Gemüseeintopf

6 Portionen
Kochzeit: 1½ Stunden
Ofentemperatur: 180° C

1 kg Zucchini
500 g Kartoffeln
2 grüne milde Paprika
2 Knoblauchzehen, zerdrückt
2 Tassen geschälte, gehackte Tomaten
½ Teelöffel Zucker
2 Zwiebeln, in Scheiben geschnitten
Salz
frisch gemahlener schwarzer Pfeffer
2 Eßlöffel gehackte Petersilie
2 Teelöffel gehackter frischer Dill oder Fenchel
½ Tasse Olivenöl
gehackte Petersilie, Dill oder Fenchel zum Garnieren

1. Zucchini und Kartoffeln in 1 cm dicke Scheiben schneiden. Die Samen und weißen Häute aus den Paprika entfernen und Paprika in Streifen schneiden. Den zerdrückten Knoblauch mit den Tomatenstücken und dem Zucker vermischen
2. Eine feuerfeste Form mit Öl ausstreichen und einige Zwiebelscheiben hineinlegen. Eine Schicht Zucchini, Kartoffeln und Paprika (vermischt) darübergeben und etwas von der Tomatenmischung darauf verteilen. Mit Salz und Pfeffer würzen und einen Teil der Kräuter und des Olivenöls daraufstreuen bzw. -tropfen lassen. Den Vorgang wiederholen, bis alle Zutaten aufgebraucht sind, je nach Größe der Form 3 bis 4 Schichten. Zum Schluß noch einmal mit Kräutern bestreuen und mit Öl beträufeln.
3. Zudecken und im Ofen bei mäßiger Hitze 1–1½ Stunden backen lassen, bis das Gemüse gar ist, während der letzten 15 Minuten den Deckel abnehmen.
4. Mit noch mehr gehackten Kräutern garnieren und sofort als vollständigen Gang oder als Beilage zu gebratenem und gegrilltem Fleisch, Fisch oder Fleischpastetchen servieren.

Variante: Zucchini auf 500 g reduzieren und die gleiche Menge Auberginen zugeben, die in dicke Scheiben geschnitten und gesalzen werden. 30 Minuten einwirken lassen, dann spülen und trockentupfen, bevor sie weiterverwendet werden.

Abbildung Seite 41:
Avgolemono Soupa (Ei-Zitronensuppe), Rezept Seite 38
Abbildung Seite 42:
Tomates Yemistes (Gefüllte Tomaten), Rezept Seite 40

Bamyes Tiganites

Geschmorte Okra

6 Portionen
Kochzeit: 20 Minuten

500 g Okra (Vorbereitung siehe Seite 13)
¼ Tasse Olivenöl
Salz nach Geschmack
Zitronenschnitze zum Servieren

1. Okra nach Anweisung vorbereiten. Gut mit Papiertüchern oder einem Küchentuch abtrocknen.
2. In einer großen Bratpfanne mit Deckel das Öl erhitzen. Vorbereitetes Okra hineingeben und bei mittlerer Hitze schmoren, dabei vorsichtig mit einer Gebäckzange wenden, damit es gleichmäßig bräunt.
3. Wenn es hellbraun ist, Hitze herunterschalten, die Pfanne mit dem Deckel schließen und bei schwacher Hitze 10 Minuten weiterkochen, bis das Okra gar ist. Leicht mit Salz bestreuen.
4. Heiß als Gemüsebeilage mit Zitronenschnitzen servieren, die darüber ausgedrückt werden. Auf diese Art zubereitet schmeckt Okra wie Spargel.

Salates

Salate

Für die Griechen reicht Salat vom pürierten Taramosalata und Melitzanosalata über die verschiedenen Salate aus gekochen Gemüsen, die einfach mit Olivenöl und Zitronensaft angemacht und normalerweise lauwarm serviert werden, bis zu den traditionellen Salaten aus rohen Zutaten.
Die Salate aus gekochten und rohen Gemüsen werden mit Saucen angerichtet, die bei den Serviervorschlägen angegeben werden. Diese sind ebenfalls für die zyprische Küche anzuwenden.

Latholemono

Salatsauce aus Öl und Zitrone

½ Tasse Olivenöl
¼ Tasse Zitronensaft
2 Teelöffel gehackter frischer Oregano oder Petersilie, nach Wahl
1 Knoblauchzehe, zerdrückt, nach Wahl
½ Teelöffel Salz
frisch gemahlener schwarzer Pfeffer

1. Die Zutaten zusammen in eine Schüssel geben und gründlich mit einer Gabel durchschlagen oder in ein Schraubglas füllen, zuschrauben und gut schütteln.
2. Vor der Verwendung noch einmal durchschlagen oder schütteln.

Verwendung: Über heiße, gekochte Gemüse wie grüne Bohnen, Endivien, Zucchini (besonders gut, wenn sie noch ihre Blüte haben), Brokkoli, Artischocken, Blumenkohl, sonstigen Kohl, Spinat, Mangold, wilde Grünpflanzen wie Löwenzahn und Senf gießen. Warm oder mit Zimmertemperatur servieren. Diese Sauce kann auch auf Fisch, Schellfisch, Lamm oder Hühnchen zum Grillen aufgepinselt werden. Sie eignet sich auch vorzüglich für Hummer und Garnelen.

Salata Horiatiko

Ländlicher Salat

6 Portionen

4 mittelgroße Tomaten
2 schmale, junge grüne Gurken
1 milder grüner Paprika
1 mittelgroße Zwiebel, in Scheiben geschnitten
125 g Feta-Käse
½ Tasse schwarze Oliven
1 Portion Lathoxitho (Seite 45)

1. Wenn Sie geschälte Tomaten haben wollen, Tomaten mit kochendem Wasser übergießen und 10 Sekunden stehenlassen. Abtropfen und die Haut abziehen. Die Tomaten in Achtel schneiden.
2. Die Gurken dünn schälen und der Länge nach halbieren. In 1 cm dicke Stücke schneiden.
3. Den Paprika waschen, Samen und weiße Häute herausnehmen. Halbieren und in dicke Streifen schneiden. Die Zwiebelscheiben in Ringe trennen.
4. Die vorbereiteten Zutaten in eine Schüssel geben, den Feta-Käse würfeln und zusammen mit den Oliven darüber streuen. Die Salatsauce unmittelbar vor dem Servieren darübergießen.

Abbildung Seite 43:
Soupies Me Spanaki (Sepie mit Spinat), Garithes Yiouvetsi (Gebackene Garnelen), Rezepte Seite 47 und 48
Abbildung Seite 44:
Pastitso (Makkaroni-Fleischauflauf), Rezept Seite 50

Lathoxitho
Salatsauce aus Essig und Öl

Den Zitronensaft durch Weinessig ersetzen und ½ Teelöffel Senfpulver zugeben. Zubereitung wie bei Latholemono (Seite 45) und zu jedem rohen Salat, Salat aus gekochten Trockenbohnen, Kartoffel- und Rote-Beete-Salat servieren.

Salata Eliniki
Griechischer Salat

Welche Zutaten und in welchen Mengen diese verwendet werden, ist Sache des Kochs. Die grünen Salatsorten, der Käse und Oliven sind vorgeschrieben, und ohne Sardellen wird er von vielen nicht als griechischer Salat anerkannt. Die Zusammenstellung hängt davon ab, welche Zutaten gerade erhältlich sind und zu welchem Gericht er gereicht werden soll – für reichhaltige Mahlzeiten ist er einfacher, während er als Beilage zu gegrilltem Fleisch, Huhn oder Fisch aus sehr vielen Zutaten bestehen kann.

Grüne Salate wie Cos (Lattich), Kaiser- oder Eisbergsalat, Endivien, Chicoré usw.
Zwiebelringe oder gehackte Frühlingszwiebeln
in Scheiben geschnittene Radieschen
Tomatenachtel
Gurkenscheiben
milde Paprika in Streifen
Selleriescheiben
Feta-Käse
schwarze Oliven
Sardellenfilets
gehackte, frische Petersilie oder Dill
eingelegte Kapern
Lathoxitho (Seite 45)

1. Die grünen Salate gründlich waschen, Feuchtigkeit abschütteln und in einem Küchentuch einwickeln. 1–2 Stunden in den Kühlschrank legen, damit die Salate trocknen und knusprig werden. Die Blätter zerreißen oder mit einem sehr scharfen Messer grob schneiden (dies ist die griechische Methode, sie ist zu empfehlen, da der Salat so weniger Druckstellen bekommt)
2. Die grünen Salatsorten in eine Schüssel geben und alle anderen Zutaten zufügen. Die Kräuter darüberstreuen und die Salatsauce unmittelbar vor dem Servieren darübergießen. Erst bei Tisch den Salat vermischen.

Oktapothi Toursi
Eingelegter Tintenfisch

6–8 Portionen
Kochzeit: 45–60 Minuten

1 Tintenfisch, etwa 1 kg
1 Knoblauchzehe, zerdrückt
½ Tasse Olivenöl
½ Tasse Essig
Salz und Pfeffer nach Geschmack

1. Um den Tintenfisch zu säubern, die Fangarme abziehen, die Eingeweide und den Tintenbeutel entfernen. Die Augen und das Kalkblatt herausschneiden. Enthäuten und gründlich abspülen.
2. Kopf und Fangarme ohne Zugabe von Flüssigkeit in einen Topf legen. Zudecken und den Tintenfisch im eigenen Saft bei milder Hitze kochen lassen, bis er dunkelrosa und gar ist (etwa 45–60 Minuten).
3. Abtropfen lassen und, wenn er kühl genug ist, die Saugnäpfe von den Fangarmen abstreifen, wenn dies gewünscht wird. Kopf und Fangarme in mundgerechte Stücke schneiden und in eine Schüssel geben.
4. Knoblauch, Olivenöl, Essig, Salz – falls erforderlich – und Pfeffer nach Geschmack zugeben. Gut mischen, und vor der Verwendung 12 Stunden im Kühlschrank marinieren. Gelegentlich umwenden.
5. Zum Servieren aus der Marinade nehmen, in eine Schale geben, mit Zitronenschnitzen und Petersilie garnieren. Für die Gäste Cocktailstäbchen bereitlegen.

Oktapothi Krasato

Tintenfisch in Rotwein

5–6 Portionen
Kochzeit: 2 Stunden

1 Tintenfisch, etwa 1 kg
½ Tasse Olivenöl
1 große Zwiebel, gehackt
2 Knoblauchzehen, zerdrückt
½ Tasse trockener Rotwein
Tinte vom Tintenfisch, nach Wahl
1½ Tassen geschälte, gehackte Tomaten
Salz
frisch gemahlener schwarzer Pfeffer
2 Eßlöffel fein gehackte Petersilie

1. Den Tintenfisch wie unter Nr. 1 des vorhergehenden Rezepts (Oktapothi Toursi) angegeben säubern. Auf Wunsch den Tintenbeutel aufheben.
2. Den Tintenfisch in einen Topf ohne den Zusatz von Flüssigkeit geben, zudecken und 15 Minuten bei milder Hitze kochen lassen. Der Tintenfisch erzeugt genug eigenen Saft zum Kochen. Abtropfen und ein wenig abkühlen lassen.
3. Kopf und Fangarme in kleine Stücke schneiden und, wenn gewünscht, die Saugnäpfe abstreifen.
4. Das Öl in einem Topf erhitzen und die Zwiebel dünsten, bis sie glasig ist. Knoblauch und Tintenfisch zugeben und noch 5 Minuten bei gleicher Hitze rühren. Den Wein zugeben und weiterkochen lassen, bis der meiste Wein verdampft ist.
5. Die Hitze herunterschalten und die Tinte, wenn gewünscht, und die Tomaten zufügen, nach Geschmack salzen und pfeffern. Zudecken und bei schwacher Hitze 1½ Stunden kochen lassen, bis der Tintenfisch weich ist. Notfalls während des Kochens Wasser zugeben, aber nur soviel, daß der Inhalt nicht anbrennt.
6. Den größten Teil der Petersilie zugeben, eine weitere Minute kochen lassen, dann heiß mit gekochten Nudeln oder Reis servieren. Die restliche Petersilie darüberstreuen.

Anmerkung: Die Tinte des Tintenfisches kann in einer Bratpfanne in Olivenöl gebrutzelt werden; mit Zitronensaft vermischt ergibt dies eine köstliche Tunke für Brot.

Soupies me Spanaki

Blackfisch (Sepie) mit Spinat

Für dieses Gericht werden Soupies (Sepie) der Kalamaria (Kalmar) vorgezogen, obwohl beide verwendet werden können. Die Reinigung von Blackfisch kann eine ziemlich unsaubere Angelegenheit sein, da diese Weichtiere einen Tintenbeutel besitzen, aus dem der Farbstoff Sepia gewonnen wird. Der Beutel reißt leicht, meistens ist er bereits gerissen, wenn Sie den Blackfisch kaufen. Lassen Sie sich nicht von der Farbe abschrecken – die Tinte läßt sich leicht abspülen.

6 Portionen
Kochzeit: 1¼ Stunden

750 g Blackfisch oder Kalmar
⅓ Tasse Olivenöl
Wasser
Salz
frisch gemahlener schwarzer Pfeffer
750 g Spinat
1 Tasse gehackte Frühlingszwiebeln
Saft ½ Zitrone

1. Blackfisch oder Kalmar abspülen und den Kopf mit den Fangarmen und Innereien herausnehmen; die Innereien wegwerfen. Die Schulpe (Kalkblatt) oder beim Kalmar den feinen durchsichtigen Knochen herausziehen. Enthäuten und abspülen. Die Augen und den Kiefer entfernen, den Kopf an den Fangarmen lassen und soviel Haut von den Fangarmen abziehen oder abreiben, wie sich leicht entfernen läßt.
2. Den Körper in Streifen schneiden. Wenn die Kalmare groß sind, Kopf und Fangarme in Scheiben schneiden – die Fangarme beim Blackfisch sind meist klein und werden ganz gelassen.
3. Den vorbereiteten Blackfisch oder Kalmar in einen Topf legen und bei mittlerer Hitze zugedeckt 15 Minuten im eigenen Saft kochen lassen.
4. Die Hälfte des Öls, soviel Wasser, daß der Inhalt bedeckt ist, und Salz und Pfeffer nach Geschmack zufügen; zudecken und 45 Minuten bei milder Hitze kochen lassen, bis der Blackfisch oder Kalmar weich ist.
5. In der Zwischenzeit den Spinat putzen und gründlich waschen. Gut abtropfen lassen und Blätter und Stiele grob hacken.
6. Das restliche Öl in einem anderen Topf erhitzen und die Frühlingszwiebel darin dünsten, bis sie weich ist, den Spinat zugeben und über der heißen Platte rühren, bis er zusammenfällt.
7. Die Spinatmischung zum Blackfisch oder Kalmar zusammen mit Zitronensaft geben und mit Salz und Pfeffer abschmecken. Zudecken und weitere 10–15 Minuten schwach kochen lassen. Heiß servieren.

Garithes Yiouvetsi

Gebackene Garnelen

6 Portionen
Ofentemperatur 250° C
Kochzeit: 50 Minuten

1 kg große, ungekochte Garnelen
1 mittelgroße Zwiebel, fein gehackt
½ Tasse Olivenöl
1 Tasse gehackte Frühlingszwiebeln
2 Knoblauchzehen, zerdrückt
2 Tassen geschälte, gehackte Tomaten
½ Tasse trockener Weißwein
¼ Tasse gehackte Petersilie
½ Teelöffel getrockneter Rigani oder Oregano
Salz
frisch gemahlener schwarzer Pfeffer
125 g Feta-Käse

1. Die Garnelen aus den Schalen lösen, dabei den letzten Schalenabschnitt und den Schwanz dranlassen. Den Darmstrang herausnehmen und abspülen. Abtropfen lassen und mit Küchenkrepp trockentupfen und kühlstellen, bis sie gebraucht werden.
2. In einer Kasserolle die Zwiebel in Öl dünsten, bis sie glasig ist, die Frühlingszwiebel und den Knoblauch zugeben und noch zwei Minuten dünsten. Tomaten, Wein, den größten Teil der Petersilie, Rigani zugeben und nach Geschmack salzen und pfeffern. Zudecken und bei milder Hitze 30 Minuten kochen lassen, bis die Masse dick wird.
3. Die Hälfte der Tomatensauce in 6 einzelne feuerfeste Förmchen oder eine große Form füllen. Die Garnelen hineingeben und die restliche Sauce darüber verteilen. Den Feta-Käse grob zerkrümeln und darüberstreuen.
4. Bei starker Hitze im Ofen 10–12 Minuten lang backen lassen, bis die Garnelen rosa und der Feta-Käse geschmolzen und leicht gebräunt ist. Mit der restlichen Petersilie bestreuen und sofort mit knusprigem Brot als 1. Gang servieren.

Pilafi me Mythia

Reisgericht mit Muscheln

6 Portionen
Kochzeit: 45 Minuten

1,5 kg frische Muscheln
Wasser
Salz
¼ Tasse Olivenöl
¼ Tasse Butter
1 große Zwiebel, fein gehackt
½ Tasse trockener Weißwein
frisch gemahlener schwarzer Pfeffer
2 Tassen Rundkornreis
¼ Tasse gehackte Petersilie
Petersilienzweige und Zitronenschnitze zum Garnieren

1. Die Muscheln mit einer groben Bürste schruppen, die Schalen mit einem Messer abkratzen, um sie gründlich zu säubern. Den »Bart«, das schwarze Faserbüschel, zum spitzen Ende hin abziehen. Die Muscheln in eine Schüssel mit lauwarmem Salzwasser legen, bis sie sich öffnen. Wenn einige Muscheln schon von vornherein offen sind, die Schale anstoßen – wenn sie sich nicht schließen, diese Muscheln wegwerfen. Wenn sich die Muscheln geöffnet haben, lauwarmes Wasser in die Schüssel fließen lassen, damit eventuell vorhandener Sand aus den Muscheln herausgespült wird. Die Muscheln abtropfen lassen.
2. In einem hohen Topf Öl und Butter erhitzen und die Zwiebel zugeben. Dünsten, bis sie glasig ist. Die Muscheln zugeben, den Topf verschließen und 5 Minuten lang dünsten, bis die Schalen sich wieder geöffnet haben. Muscheln, die sich jetzt nicht öffnen, wegwerfen.
3. 3 Tassen kaltes Wasser, Wein, 1 ½ Teelöffel Salz und Pfeffer nach Geschmack zufügen. Den Topf schließen und vorsichtig zum Kochen bringen. 10 Minuten bei milder Hitze kochen lassen, dann die Muscheln mit einem Schaumlöffel aus dem Topf nehmen.
4. Den Reis waschen, bis das Wasser klar bleibt, dann mit der Petersilie in den Topf mit der Kochflüssigkeit geben. Unter gelegentlichem Umrühren zum Kochen bringen. Die Hitze herunterschalten, den Topf fest verschließen und bei milder Hitze 15 Minuten kochen lassen.
5. Währenddessen die Muscheln aus ihren Schalen lösen und beiseitestellen. Zum Garnieren 6 Muscheln in der Schale lassen.
6. Die schalenlosen Muscheln auf den Reis legen. Zwei Papiertücher über den Rand des Topfes legen und den Deckel fest daraufdecken. Bei schwacher Hitze weitere 5 Minuten auf der Herdplatte lassen, dann auf die Seite schieben und 10 Minuten stehenlassen.
7. Die Muscheln mit einer Gabel mit dem Reis vermischen und das Reisgericht in eine Schüssel füllen. Mit den aufbewahrten Muscheln, Petersilienzweigen und Zitronenschnitzen garnieren.

Anmerkung: Um eine andere Geschmacksrichtung zu erhalten, kann ½ Tasse Wasser durch ½ Tasse Tomatenpüree (nicht Tomatenmark) ersetzt werden.

Pilafi me Garithes

Reisgericht mit Garnelen

Nach den Anweisungen für »Pilafi me Mythia« vorgehen, wobei die Muscheln durch 1 kg rohe Garnelen ersetzt werden. Gut abspülen und bei milder Hitze in der Schale kochen, bis die Garnelen rosa werden (Schritt 2 und 3). Die Garnelen aus der Schale nehmen und Darmstrang herausnehmen; zum Garnieren 6 Stück in der Schale lassen. Weiter dem vorigen Rezept folgen, bei Schritt 6 die Garnelen in ihren Schalen auf den Reis legen. Auch bei diesem Gericht kann ein Teil des Wassers durch Tomatenpüree ersetzt werden.

Kotopoulo me Bamyes

Hähnchen mit Okra

Nach dem Rezept für Kotopoulo Kapama (Seite 49) verfahren. 500 g vorbereitetes Okra (siehe Seite 13) in etwas Butter leicht anbräunen. 20 Minuten vor Ende der Garzeit dem Hähnchen zugeben (Schritt 3). Mit Salzkartoffeln oder Kartoffelpüree servieren.

Kotopoulo Kapama

Geschmortes Huhn

6 Portionen
Kochzeit: 1 ½ Stunden

1 Huhn, etwa 2 kg
¼ Tasse Butter
1 Zwiebel, fein gehackt
1 Knoblauchzehe, zerdrückt
1 ½ Tassen enthäutete, gehackte Tomaten
1 Eßlöffel Tomatenmark
½ Tasse trockener Weißwein
1 Lorbeerblatt
2 Zimtstangen
½ Teelöffel Zucker
Salz
frisch gemahlener schwarzer Pfeffer

1. Das Huhn in Portionsstücke teilen und trockentupfen. In einer schweren Kasserolle oder feuerfesten Form Butter schmelzen lassen und die Hühnerteile auf allen Seiten bräunen. Wenn sie gebräunt sind, auf eine Platte legen.
2. Die Hitze herunterschalten und Zwiebel und Knoblauch zugeben. Dünsten, bis die Zwiebel glasig ist, und die restlichen Zutaten zufügen. Zudecken und 20 Minuten bei milder Hitze kochen lassen.
3. Die Hühnerteile zurück in den Topf geben, zudecken und 45 Minuten bei schwacher Hitze schmoren lassen, oder bis das Fleisch gar ist.
4. Das Lorbeerblatt und die Zimtstangen herausnehmen und Kapama mit gekochten Makkaroni oder Spaghetti und geriebenem Käse servieren.

Anmerkung: Geschmortes Huhn kann auch im Ofen bei mittlerer Hitze (160° C) in 1–1 ½ Stunden zubereitet werden.

Kotopoulo Stifatho

Huhn mit Zwiebeln

Nach den Anweisungen des Rezepts Kotopoulo Kapama (oben) vorgehen. 750 g kleine, ganze Zwiebeln (geschält und auf der Unterseite kreuzweise eingeschnitten, um zu verhindern, daß das Innere herausquillt) und 3 ganze Nelken in die Sauce mit den gebräunten Hühnerstücken geben (Schritt 3). 45 Minuten bis 1 Stunde schmoren. Die Nelken herausnehmen. Mit Kartoffelpüree und einem Salat aus gekochtem Gemüse oder gemischten Salat servieren.

Hina Yemisti me Kastana

Gänsebraten mit Kastanienfüllung

Für 8–10 Personen
Kochzeit: 3 ½ Stunden
Ofentemperatur: 180° C

1 Gans von etwa 4 kg
½ Zitrone
Salz und Pfeffer
Äpfel und Kastanien zum Garnieren

Kastanienfüllung:
250 g Kastanien
1 kleine Zwiebel, gehackt
¼ Tasse Butter
4 Kochäpfel, geschält und gewürfelt

1. Das Fett aus der Gans herausnehmen. Innen und außen gut abtrocknen und innen mit Salz und Pfeffer einreiben.
2. Mit der Füllung füllen (Anweisungen unten), die Öffnung sichern und zusammennähen. Die Gans außen mit Zitrone einreiben, gut salzen und pfeffern und auf einen Rost über die Ofenpfanne legen.
3. Im Ofen bei mittlerer Hitze 3 ½ Stunden braten, oder so lange, bis sie gar ist.
4. Die Gans auf eine vorgewärmte Platte legen und 20 Minuten an einem warmen Ort stehenlassen.
5. Das Fett aus dem Bratensaft der Pfanne abschöpfen und ein wenig Weißwein in den Bratensaft rühren. Wieder erhitzen, abschmecken und in eine Sauciere durchseihen.
6. Den Gänsebraten mit in Butter geschmorten Apfelstücken und ganzen Kastanien garnieren.

Füllung: Die Kastanien von der Schale befreien und enthäuten, halbieren. Die gehackte Zwiebel langsam in Butter dünsten, bis sie weich ist, die Kastanien zugeben und noch einige Minuten schmoren. Von der Platte nehmen und die vorbereiteten Äpfel zufügen. Gut mischen und die Gans damit füllen.

Pastitso

Makkaroni-Fleischauflauf

Für 12 Personen als 1. Gang, 6–8 Personen als Hauptgericht
Kochzeit: 1 ½ Stunden
Ofentemperatur: 180° C

500 g Makkaroni
4 Eßlöffel Butter
¾ Tasse geriebener Kefalotiri- oder Parmesankäse
¼ Teelöffel Muskatnuß
Salz und Pfeffer
3 Eier, leicht geschlagen

Fleischsauce:
1 große Zwiebel, gehackt
1 Knoblauchzehe, zerdrückt
2 Eßlöffel Butter
750 g Rinderhack
¼ Tasse Tomatenmark
½ Tasse trockener Rot- oder Weißwein
½ Tasse Brühe
2 Eßlöffel Petersilie, gehackt
½ Teelöffel Zucker
Salz und Pfeffer

Béchamelsauce:
⅓ Tasse Butter
½ Tasse Mehl
3 Tassen Milch
¼ Teelöffel Muskatnuß
Salz und Pfeffer
1 Ei, leicht geschlagen

1. Makkaroni in kochendem Salzwasser garen. Abtropfen lassen und wieder in den Topf geben.
2. Butter zerlassen, bis sie goldbraun ist, und über die Makkaroni gießen. ½ Tasse vom geriebenen Käse, Muskatnuß, Salz und Pfeffer nach Geschmack zugeben und gut vermischen. Abkühlen lassen, die Eier darübergießen und wieder vermischen. Beiseitestellen.
3. Fleischsauce zubereiten. Zwiebel und Knoblauch in Butter dünsten, bis die Zwiebel weich ist, die Hitze höherstellen und das Rinderhack dazugeben. Gut rühren und schmoren lassen, bis das Fleisch zu bräunen beginnt.
4. Die restlichen Zutaten zur Fleischsauce geben, zudecken und über milder Hitze 20 Minuten lang dünsten.
5. Béchamelsauce zubereiten. Butter in einer Kasserolle zerlassen, das Mehl einrühren und 2 Minuten dünsten. Die ganze Milch hineingießen und unter ständigem Rühren zum Kochen bringen. 1 Minute schwach kochen lassen.
6. Muskatnuß, Salz und Pfeffer nach Geschmack zufügen und ein wenig abkühlen, bevor das geschlagene Ei hineingerührt wird.
7. ½ Tasse dieser Sauce zur fertigen Fleischsauce geben.
8. Für den Auflauf eine feuerfeste Form mit 33 × 23 × 8 cm Größe mit Butter ausstreichen. Etwa die Hälfte der vorbereiteten Makkaroni gleichmäßig auf dem Boden der Form verteilen und die Fleischsauce darüber füllen. Mit den restlichen Makkaroni abdecken, Oberseite glätten.
9. Die Béchamelsauce über die Makkaroni gießen und gleichmäßig darauf verteilen. Die Makkaroni müssen völlig davon bedeckt sein. Den restlichen Käse daraufstreuen und im Ofen bei mittlerer Hitze 50 Minuten backen, bis der Auflauf goldbraun ist.
10. 10 Minuten stehenlassen, bevor er in Portionen aufgeschnitten wird.

Lambratis Andros

Osterlamm »Andros«

Das Hauptproblem bei der Zubereitung dieser Spezialität von der lieblichen Insel Andros liegt darin, ob man einen Backofen besitzt, der groß genug für das Lamm ist. Vielleicht läßt ein freundlicher Restaurantbesitzer oder Bäcker in Ihrem Viertel Sie seinen Ofen benutzen, wenn es ihm in seinen Zeitplan paßt.
Auf Andros benutzt man eine besondere Abdeckung aus Lehm, um das Lamm feucht und saftig zu erhalten. Eine Alufolie ist ein angemessener Ersatz, sie muß jedoch entfernt werden, um die Bräunung zu ermöglichen, die mit der traditionellen Abdeckung entsteht.

Für 20 Personen
Ofentemperatur: 180° C
Kochzeit: 4–5 Stunden

1 junges Lamm von etwa 10–12 kg
Salz
frisch gemahlener schwarzer Pfeffer
2 Zitronen
¼ Tasse zerlassene Butter
¼ Tasse Olivenöl

Füllung aus Spinat und Feta:
2,5 kg Spinat
3 Tassen gehackte Frühlingszwiebeln
¾ Tasse Olivenöl
1 Tasse Rundkornreis
1,5 kg Feta-Käse
¼ Tasse gehackter frischer Dill
¼ Tasse gehackte frische Minze
Salz
frisch gemahlener schwarzer Pfeffer

1. Das Lamm innen und außen mit einem feuchten Tuch abreiben. Innen und außen mit Zitronensaft, Salz und Pfeffer einreiben. Abdecken und beiseitestellen, bis die Füllung zubereitet ist.
2. Die Wurzeln vom Spinat abschneiden und verfärbte und beschädigte Blätter entfernen. Den Spinat mit mehrmaligem Wasserwechsel waschen, gut abtropfen lassen und grob hacken.
3. In einem großen Topf mit hohem Rand (nicht Aluminium) die Frühlingszwiebeln in Öl dünsten, bis sie weich sind, den Spinat zugeben und rühren, bis er zusammenfällt. Gewaschenen Reis einrühren, den Topf verschließen und bei niedriger Hitze 10 Minuten kochen lassen, bis der größte Teil der Flüssigkeit vom Reis aufgenommen worden ist. Von der Herdplatte nehmen und abkühlen lassen.
4. Den Feta-Käse in kleine Brocken brechen und mit den Kräutern zu der Spinatmischung geben. Gut mischen, abschmecken, wenn nötig, salzen und ordentlich pfeffern. Gründlich vermischen.
5. Die Öffnung des Lammes mit weißem Garn teilweise zunähen, die Füllung hineinstopfen und die Öffnung ganz zunähen.
6. Die Unterschenkel der Vorderbeine beugen und an den Körper binden, die Schnur über den Rücken führen. Die Hinterbeine zusammenbinden, dabei einen kleinen Abstand zwischen ihnen lassen – das Zusammenbinden verhindert, daß sie sich auseinanderspreizen.
7. Das Lamm außen wieder mit Zitronensaft, Salz und Pfeffer einreiben und auf einen großen Rost mit passender Bratenpfanne legen.
8. Die zerlassene Butter mit dem Olivenöl mischen und mit der Hälfte davon das Lamm bestreichen. Mit einer großen Lage Alufolie abdecken, die Gelenke doppelt einwickeln. Die Folie unter den Rändern der Bratenpfanne andrücken, damit das Lamm rundherum abgedeckt ist.
9. Im Ofen bei mittlerer Hitze 4–5 Stunden braten. Nach 2 Stunden die Folie anheben und das Lamm mit der Mischung aus Butter und Öl bepinseln. Weitere 1 ½–2 Stunden braten, die Folie entfernen, das Lamm wieder bepinseln und unbedeckt weitere 30 Minuten braten lassen, oder so lange, bis das Fleisch durchgebraten und gebräunt ist.
10. Aus dem Ofen nehmen, mit der Folie und einem dicken Tuch abdecken und 30 Minuten ruhen lassen, bevor der Braten aufgeschnitten wird.
11. Den Lammbraten auf ein großes Holzbrett legen, den Bindfaden entfernen und die Füllung auf eine Platte füllen. Den Braten auf den Rücken legen und von innen am Rückgrat entlang mit einem Hackmesser spalten. Dann jede Hälfte in Stücke schneiden und auf Platten anordnen. Das Fleisch an den Beinen kann in Scheiben geschnitten werden.

Keftethes

Fleischpastetchen

Für 6 Personen

2 Eier
4–5 Scheiben trockenes Weißbrot
Wasser
1 große Zwiebel, gerieben
Saft 1 Zitrone
2 Eßlöffel gehackte Petersilie
1–2 Teelöffel gehackte Minze, nach Wahl
2 Eßlöffel geriebener Kefalotiri- oder Parmesankäse
2 Teelöffel Salz
frisch gemahlener schwarzer Pfeffer
1 kg fein gehacktes Rind- oder Lammfleisch
Mehl zum Bestäuben
Öl zum Braten

1. Die Eier in einer hohen Schüssel verrühren. Von den Brotscheiben die Krusten entfernen, das Brot in kaltes Wasser tauchen und ausdrücken. In die verrührten Eier krümeln und Zwiebel, Zitronensaft, Kräuter, Käse und Gewürze zugeben. 10 Minuten ruhenlassen.
2. Das Hackfleisch zugeben und leicht und gründlich mischen, notfalls mit der Hand. Abdecken und 1 Stunde in den Kühlschrank stellen.
3. Mit angefeuchteten Händen die Fleischmasse zu Kugeln in Eiergröße formen. In Mehl wälzen und zu einem dicken Pastetchen flachdrücken.
4. In viel heißem Öl braten, bis sie schön gebräunt sind (3–4 Minuten auf jeder Seite). Herausnehmen und auf Küchenkrepp abtropfen lassen.
5. Wenn sie gebraten und abgetropft sind, in eine Schüssel legen und warmhalten, bis alle Pastetchen fertig sind. Heiß mit einem Salat aus gekochten Gemüsen und Kartoffelpüree oder mit einem gemischten Salat und Bratkartoffeln servieren.
Anmerkung: Tomatensauce (Seite 80) zubereiten, jedoch ohne Zimt, und vor dem Servieren über die Pastetchen gießen.

Keftethakia

Cocktail-Fleischbällchen

Dieselbe Mischung wie im vorhergehenden Rezept zubereiten, oder den Zitronensaft durch 1 Eßlöffel Ouzo ersetzen. Walnußgroße Bällchen formen, in Mahl wälzen und in heißem Öl mehrere Bällchen gleichzeitig ausbacken. Abtropfen lassen und warm oder kalt als Vorspeise reichen. Mit Zitronenschnitzen und Petersilie garnieren und für die Gäste Cocktailstäbchen bereitlegen.

Keftethes apo ton Pontos

Fleischpastetchen aus Pontos

Für 5–6 Personen
Kochzeit: 8–10 Minuten

500 g Kalbfleisch zum Schmoren
250 g Schweinefleisch zum Schmoren
3 dicke Scheiben trockenes Weißbrot ohne Krusten
1 Zwiebel, fein gehackt
1 Knoblauchzehe, fein gehackt
3 Eßlöffel gehackte Petersilie
1 Teelöffel gehackte Minze
1 Teelöffel gehacktes Basilikum
1 mittelgroße Tomate, enthäutet und gehackt
1 Ei
1 Eßlöffel Essig
1 Teelöffel Natron
1 ½ Teelöffel Salz
frisch gemahlener Pfeffer
Mehl zum Panieren
Öl zum Braten

1. Das Schweinefleisch und Kalbfleisch fein durchdrehen, etwas Fett am Schweinefleisch lassen. Die Fleischsorten mischen.
2. Das Brot in kaltem Wasser einweichen. Ausdrücken und in eine Schüssel krümeln.
3. Zwiebel, Knoblauch, Kräuter, Tomate, Ei und Essig zugeben; Natron, Salz und Pfeffer untermischen.
4. Das Hackfleisch zugeben und leicht und gründlich durchmischen, notfalls mit der Hand. 1 Stunde lang kaltstellen.
5. Gleichzeitig die Menge von etwa 2 Eßlöffeln nehmen, zu Bällchen rollen. Die Hände gelegentlich anfeuchten.
6. Die Bällchen in Mehl wälzen und zu runden Stücken von 5 cm Durchmesser zusammendrücken.
7. In heißem Öl braten, jede Seite etwa 4–5 Minuten. Die Pastetchen gehen beim Braten auf. Vorsichtig mit einem Spatel oder einer Küchenzange wenden.
8. Auf Küchenkrepp abtropfen lassen und sofort mit Bratkartoffeln und Gemüse oder Salat servieren.

Psito Katsarolas Lemonato

Rollbraten mit Zitrone

Für 6 Personen
Kochzeit: 3 Stunden

1 Lamm- oder Kalbsschulter ohne Knochen, etwa 1,5 kg
⅓ Tasse Zitronensaft
Salz
frisch gemahlener schwarzer Pfeffer
2 Teelöffel Rigani oder Oregano
3 Eßlöffel Olivenöl
2 Knoblauchzehen, zerdrückt

1. Wenn nötig, beim Lamm überschüssiges Fett abschneiden. Die Schulter öffnen und das Fleisch mit etwas Zitronensaft einreiben. Mit Salz und Pfeffer und etwa ½ Teelöffel Rigani bestreuen. Zusammenrollen und fest mit einer Schnur zusammenbinden.
2. Die äußere Oberfläche des Fleisches mit Zitronensaft, Salz, Pfeffer und Rigani einreiben.
3. Öl in einem Topf mit schwerem Boden erhitzen und das Fleisch von allen Seiten anbraten. Die Hitze herunterschalten und den restlichen Zitronensaft, Knoblauch und restlichen Rigani zufügen.
4. Den Topf fest verschließen und bei schwacher Hitze 2 ½ Stunden schmoren lassen, oder so lange, bis das Fleisch gar ist. Während des Schmorens den Braten gelegentlich wenden.
5. Die Schnur entfernen und den Braten in Scheiben schneiden. Den Bratensaft in eine Schüssel gießen und getrennt servieren.

Anmerkung: 750 g kleine geschälte Kartoffeln, in Öl angebraten, können 1 Stunde vor Ende der Garzeit zum Braten gegeben werden.

Stifatho

Geschmortes Rindfleisch mit Zwiebeln

Für 5–6 Personen
Ofentemperatur: 160° C
Kochzeit: 2–2 ½ Stunden

1 kg Rinderbraten
¼ Tasse Butter oder Öl
1 mittelgroße Zwiebel, fein gehackt
2 Knoblauchzehen, zerdrückt
1 Tasse Tomatenpüree
½ Tasse Rotwein
2 Eßlöffel Weinessig
1 Lorbeerblatt
2 Zimtstangen
4 ganze Nelken
1 Teelöffel Zucker
Salz
frisch gemahlener schwarzer Pfeffer
750 g kleine Zwiebeln
2 Eßlöffel Rosinen, nach Wunsch

1. Das Rindfleisch in 3 cm dicke Würfel schneiden. Die Hälfte der Butter in einer Bratpfanne erhitzen und das Fleisch anbraten, jeweils eine Schicht Fleischwürfel in die Pfanne geben. Dann das Fleisch in eine Kasserolle geben.
2. Die gehackte Zwiebel und den Knoblauch in der Pfanne mit der restlichen Butter dünsten, bis die Zwiebel weich ist.
3. Tomatenpüree, Wein und Weinessig zufügen und mit dem Bratensaft verrühren. Über das Fleisch in der Kasserolle gießen.
4. Lorbeerblatt, Gewürze, Zucker zugeben und nach Geschmack würzen. Zudecken und im Ofen bei mittlerer Hitze 1 Stunde schmoren.
5. Während das Fleisch schmort, von den kleinen Zwiebeln die Spitzen und Wurzeln abschneiden und in eine Schüssel geben. Die Unterseiten kreuzweise einschneiden, um zu verhindern, daß das Innere der Zwiebel beim Schmoren herausquillt. Mit kochendem Wasser übergießen, 2 Minuten warten und abtropfen lassen. Die Schalen lassen sich leicht abstreifen.
6. Die Zwiebeln zusammen mit den Rosinen (falls verwendet) in die Kasserolle zum Fleisch geben und weitere 1–1 ½ Stunden schmoren, bis Fleisch und Zwiebeln gar sind und die Sauce dick ist. Die Zimtstangen herausnehmen und das Fleisch zu Kartoffelpüree oder Pilaf servieren.

Anmerkung: Dieses Gericht kann auch auf der Herdplatte geschmort werden.

Melitzanes Moussaka

Auberginen-Moussaka

Für 6–8 Personen
Kochzeit: 2 Stunden
Ofentemperatur: 180° C

1 kg Auberginen
Öl

Für die Fleischsauce:
1 große Zwiebel, gehackt
2 Knoblauchzehen, zerdrückt
2 Eßlöffel Öl
1 kg gehacktes Rind- oder Lammfleisch
1 Tasse enthäutete, gehackte Tomaten
2 Eßlöffel Tomatenmark
½ Tasse Weißwein
2 Eßlöffel gehackte Petersilie
1 Teelöffel Zucker
¼ Teelöffel Zimt
Salz und Pfeffer
Für die Béchamelsauce:
¼ Tasse Butter
⅓ Tasse Mehl
2 Tassen Milch
⅛ Teelöffel Muskatnuß oder Zimt
¼ Tasse geriebener Kefalotiri oder Parmesan
Salz und Pfeffer
1 Ei, leicht geschlagen

1. Die Auberginen nicht schälen, in 5 mm dicke Scheiben schneiden. Die Scheiben mit Salz bestreuen und 1 Stunde stehenlassen. Mit Küchenkrepp trockentupfen.
2. Eine feuerfeste Form mit Öl ausstreichen, eine Schicht Auberginenscheiben hineinlegen und mit Öl bepinseln. Unter einem heißen Grill leicht bräunen, umdrehen, wieder mit Öl bepinseln und die andere Seite bräunen. Eine andere Möglichkeit ist, die Auberginenscheiben in Öl zu braten. Die Scheiben auf einem Teller stapeln, wenn sie gar sind.
3. Zwiebel und Knoblauch 10 Minuten in heißem Öl dünsten. Das Hackfleisch zugeben und bei starker Hitze bräunen, dabei gut umrühren. Die restlichen Zutaten für die Fleischsauce zugeben, nach Geschmack würzen. Zudecken und bei milder Hitze 30 Minuten schmoren lassen.
4. In einer Kasserolle Butter zerlassen, das Mehl einrühren und 2 Minuten lang sanft schmoren. Die Milch auf einmal zugießen und zum Kochen bringen, ständig dabei rühren. Die Sauce 1 Minute schwach aufwallen lassen.
5. Von der Herdplatte nehmen, Muskatnuß oder Zimt einrühren, 1 Eßlöffel geriebenen Käse untermischen, nach Geschmack salzen und pfeffern. Die Oberfläche der Sauce mit eingefettetem Pergamentpapier abdecken, wenn sie nicht sofort gebraucht wird.
6. Eine feuerfeste Form (etwa 33 × 23 × 5 cm groß) einfetten und eine Lage Auberginenscheiben auf dem Boden ausbreiten. Die Hälfte der Fleischsauce darüber verteilen, eine weitere Lage Auberginenscheiben darübergeben, dann den Rest der Fleischsauce und als letzte Schicht Auberginenscheiben verwenden.
7. Das geschlagene Ei in die Béchamelsauce rühren und über den Auflauf gießen. Mit dem restlichen Käse bestreuen. Im Ofen bei mittlerer Hitze 1 Stunde backen. Vor dem Aufschneiden 10 Minuten stehenlassen.

Arni Fricasse

Lamm-Frikassee

Für 4–6 Personen
Kochzeit 1 ¾–2 Stunden

1 große Zwiebel, gehackt
2 Eßlöffel Butter
1 kg mageres Lammfleisch ohne Knochen, in Würfel geschnitten
1 Tasse heißes Wasser
2 Eßlöffel gehackte Petersilie
1 Teelöffel gehackter Dill oder Fenchel, nach Wunsch
Salz und Pfeffer
vorbereitetes Gemüse (im Anschluß an das Rezept angegeben)
Ei-Zitronensauce (Seite 29)
gehackte Petersilie oder Dill zum Garnieren

1. In einer Kasserolle mit schwerem Boden die Zwiebel in Butter dünsten, bis sie glasig ist.
2. Die Hitze höherstellen und die Lammfleischwürfel dazugeben. Unter ständigem Rühren schmoren, bis der Fleischsaft verdampft ist. Das Fleisch sollte nicht braun werden.
3. Die Hitze herunterschalten und heißes Wasser, Kräuter und Salz und Pfeffer nach Geschmack zufügen. Zudecken und bei milder Hitze 1–1 ½ Stunden schmoren.
4. Das vorbereitete Gemüse zugeben und weiter schmoren, bis das Lammfleisch und das Gemüse gar sind.
5. Vorsichtig die Flüssigkeit aus der Kasserolle in einen Meßbecher gießen und mit heißem Wasser oder Brühe auf 1 ½ Tassen auffüllen. Den Inhalt der Kasserolle warmhalten.
6. Ei-Zitronensauce nach Anweisung zubereiten. Über das Fleisch und das Gemüse gießen, zudecken und 5 Minuten neben dem Herd stehenlassen.
7. Lammfleisch und Gemüse in einer Schale anordnen und mit gehackten Kräutern bestreuen. Sofort mit knusprigem Brot und gekühltem Weißwein servieren.

Eine der folgenden Gemüsesorten zugeben:
8–12 Artischockenherzen (siehe Artischocken, Seite 13). Nach 1 Stunde zum Fleisch geben und weitere 30–45 Minuten mitschmoren.
500 g Selleriestiele, in 8 cm lange Stücke geschnitten und 5 Minuten in kochendem Salzwasser blanchiert. Abtropfen lassen, nach 1 Stunde zum Fleisch geben und weitere 45 Minuten mitschmoren. Bei diesem Gemüse kann statt Lamm Schweinefleisch verwendet werden.
4 Köpfe Endivien, gründlich waschen und von allen groben Blättern befreit. Die Köpfe der Länge nach halbieren und in kochendem Salzwasser 2 Minuten lang blanchieren. Abtropfen lassen, dem Fleisch nach 1 ½ Stunden zugeben und weitere 15 Minuten mitschmoren.
4 kleine feste Salatköpfe, gründlich gewaschen und geviertelt. In einen Durchschlag legen und mit kochendem Wasser überbrühen. Dem Fleisch nach 1 ½ Stunden zugeben und weitere 15 Minuten mitschmoren.

Arni Lemonato

Lammkeule mit Zitrone

Für 6–8 Personen
Ofentemperatur: 180° C
Garzeit: 2 ½ Stunden

1 Lammkeule, etwa 2 kg
2–3 Knoblauchzehen
Saft von 2 Zitronen
Salz
frisch gemahlener schwarzer Pfeffer
1 Teelöffel getrockneter Rigani oder Oregano
2 Eßlöffel Butter oder Margarine
1 Tasse heißes Wasser

1. Die Lammkeule mit einem feuchten Tuch abwischen. Schmale Schlitze in das Fleisch schneiden. Die Knoblauchzehen in Splitter schneiden und in die Schlitze stecken.
2. Die gesamte Oberfläche mit Zitronensaft einreiben und mit Salz und Pfeffer bestreuen. Mit Kräutern bestreuen und in eine Bratenpfanne legen.
3. Im Ofen bei mittlerer Hitze 1 Stunde lang schmoren. Das Fett abschöpfen und heißes Wasser in die Pfanne geben. Die Keule mit Butter bestreichen und wieder in den Ofen schieben.
4. Weitere 1 ½ Stunden schmoren, oder so lange, bis das Lamm nach Geschmack gegart ist. Während des Schmorens wenden, damit die Keule gleichmäßig bräunt.
5. Die Lammkeule vor dem Tranchieren an einem warmen Ort 15–20 Minuten ruhen lassen. Überschüssiges Fett vom Bratensaft abschöpfen, den Bratensaft einkochen, wenn nötig, und zum Braten reichen.

Anmerkung: 1 kg Kartoffeln, geschält und geviertel, können mit dem Lamm während der letzten Stunde mitgeschmort werden. Mit zusätzlichem Zitronensaft, Kräutern, Salz und Pfeffer bestreuen.

Arnaki se Fillo

Lammsteaks in Strudelteig

Dies ist ein Beispiel dafür, wie ein griechisches Grundrezept umgewandelt werden kann und ein wirklich köstliches Gericht hervorbringen kann. Eigentlich handelt es sich hier um Arni Palikari (Lamm nach Banditenart). Die Banditen pflegten vor dem Kochen oder Braten ihre Gerichte in Papier einzuwickeln, damit sie nicht durch die aufsteigenden Düfte verraten wurden. Heutzutage ist das Papier durch Alufolie ersetzt worden. Dieses Rezept geht noch einen Schritt weiter, indem es eine eßbare Verpackung vorschreibt – Strudelteig. In vielen griechischen Restaurants wird Strudelteig auf ähnliche Weise verwendet.

Für 6 Personen
Ofentemperatur: 200° C
Garzeit: 25–30 Minuten

6 Lammsteaks ohne Knochen, etwa 2 cm dick
frisch gemahlener schwarzer Pfeffer
2 Eßlöffel Butter oder Öl
2 mittelgroße Zwiebeln, in Scheiben geschnitten
1 Knoblauchzehe, zerdrückt
12 Lagen Strudelteig
½ Tasse zerlassene Butter
Salz
3 mittelgroße Tomaten, enthäutet
1 Teelöffel Rigani oder Oregano
125 g Feta-Käse, in 6 Scheiben geschnitten

1. Die Steaks vom größten Teil ihres Fetts befreien und in eine schöne Form schneiden – die dabei anfallenden Stückchen können für ein Hackfleischgericht verwendet werden. Pfeffern.
2. Butter oder Öl in einer Pfanne erhitzen und die Steaks auf jeder Seite schnell bräunen – nicht durchbraten lassen. Herausnehmen und auf einer Platte abkühlen lassen.
3. In der Pfanne die Zwiebel dünsten, bis sie glasig ist, Knoblauch zugeben und von der Herdplatte nehmen.
4. Eine Lage Strudelteig mit der zerlassenen Butter bestreichen und eine andere Lage darüberlegen, die ebenfalls mit Butter bestrichen wird. Zur Hälfte umklappen, so daß sich beinahe ein Quadrat aus Strudelteig ergibt. Beiseitestellen und mit einem trockenen Küchentuch abdecken, darüber ein mit warmem Wasser angefeuchtetes Tuch legen. Aus dem restlichen Strudelteig weitere 5 Quadrate herstellen und ebenso abdecken.
5. Ein Quadrat herausnehmen und die Oberseite mit Butter bepinseln – die restlichen Teiglagen zugedeckt lassen.
6. Ein Lammsteak in die Mitte legen und leicht salzen. Etwas von der Zwiebel-Knoblauch-Mischung darauf verteilen und 2 Scheiben Tomaten darüberlegen. Mit etwas Rigani, Salz und Pfeffer bestreuen und zum Schluß eine Scheibe Feta-Käse darauflegen.
7. Die Ränder des Strudelteigs über dem Steak wie bei einem Päckchen zusammenschlagen und die Enden auf der Unterseite andrücken. Diese Art der Verpackung ist als »Apothekerverpackung« bekannt. Das verpackte Steak auf ein gebuttertes Backblech setzen. Die übrigen Steaks in der gleichen Weise vorbereiten.
8. Die Päckchen leicht mit zerlassener Butter bestreichen und in einem vorgeheizten Ofen 15 Minuten backen. Wenn möglich, sofort servieren, obwohl sie bei abgestellter Hitze noch etwa 10 Minuten im Ofen bleiben können, ohne Schaden zu nehmen. Mit Petersilienzweigen garnieren und mit gedünsteten grünen Bohnen oder Zucchini servieren, die mit Olivenöl und Zitronensaft angemacht sind.

Anmerkung: Anstelle der Steaks können Lamm-Medaillons aus der Lende verwendet werden. Davon werden jeweils zwei zusammen in Strudelteig verpackt.

Skembe Yahni

Geschmorte Kutteln

Für 4–5 Personen
Kochzeit: 2 ¼ Stunden

750 g Kutteln
Saft 1 Zitrone
Wasser
2 Eßlöffel Butter
1 große Zwiebel, gehackt
¼ Tasse gehackte Petersilie
¼ Tasse Tomatenmark
1 Tasse Wasser
½ Tasse trockener Weißwein
Salz
frisch gemahlener schwarzer Pfeffer
gehackte Petersilie zum Garnieren

1. Die Kutteln gründlich waschen, abtropfen lassen und in kleine Vierecke oder Streifen schneiden. In eine Schüssel geben, Zitronensaft zufügen, umrühren und 1 Stunde stehenlassen.
2. Die Kutteln in einen Topf geben, soviel Wasser zugeben, daß sie bedeckt sind, und zum Kochen bringen. Dann das Wasser abgießen und die Kutteln auf eine Platte geben.
3. Den Topf säubern und Butter hineingeben. Über mittlerer Hitze zerlassen und die gehackte Zwiebel darin dünsten, bis sie glasig ist.
4. Die Petersilie einrühren, 1 Minute dünsten, dann Tomatenmark, Wasser, Wein und Salz und Pfeffer nach Geschmack zufügen und zum Kochen bringen.
5. Die Kutteln in den Topf geben, verschließen und bei schwacher Hitze 2 Stunden lang kochen oder so lange, bis die Kutteln gar sind. Sie können prüfen, ob die Kutteln gar sind, indem Sie ein Stück herausnehmen und auseinanderziehen. Wenn es leicht zerreißt, sind die Kutteln gar.
6. Zum Servieren in eine Schüssel füllen, mit Petersilie garnieren und heiß mit Pilaf und gemischtem Salat auf den Tisch bringen.

Yemista me Lahano
Gefüllte Kohlblätter

Für 6 Personen
Kochzeit: 1 ½ Stunden

1 große Zwiebel, fein gehackt
1 Eßlöffel Olivenöl
1 kg gehacktes Rind- oder Lammfleisch
⅓ Tasse Rundkornreis
1 Tomate, enthäutet und gehackt
2 Eßlöffel gehackte Petersilie
1 Teelöffel gehackter Dill oder Minze
⅛ Teelöffel gemahlener Zimt
frisch gemahlener schwarzer Pfeffer
24 Kohlblätter
Salzwasser
1 Eßlöffel Butter
2 Tassen heiße Brühe oder Wasser
Salz
1 Eßlöffel Maismehl
2 Eier, getrennt
Saft 1 Zitrone
gehackter Dill oder Petersilie zum Garnieren

1. Die Zwiebel in Öl dünsten, bis sie weich ist. Zusammen mit dem Reis, der Tomate, den Kräutern und Zimt mit dem Fleisch vermischen, nach Geschmack salzen und pfeffern. In 24 Portionen aufteilen.
2. Die Kohlblätter in kochendem Salzwasser 5 Minuten blanchieren, bis sie weich sind. Abtropfen lassen und aus größeren Blättern die Rippe herausschneiden (sehr große Blätter können auch geteilt werden).
3. Eine Portion auf den unteren Rand des Blattes legen, den Rand hochnehmen, die Seiten nach innen falten und die Füllung mit dem Blatt zu einer festen Rolle wickeln. Die anderen Portionen ebenso zubereiten.
4. Die Rollen mit der Naht nach unten in einen hohen, mit den Resten der Kohlblätter ausgelegten Topf schichten. Brühe oder Wasser zugeben, Butter, Salz und Pfeffer nach Geschmack.
5. Einen schweren Teller umgedreht auf die Rollen legen und den Topf dicht verschließen. Bei schwacher Hitze 1 ½ Stunden schmoren.
6. Die Brühe vorsichtig in eine kleine Kasserolle abgießen. Auf der heißen Platte zu 1 ½ Tassen einkochen und mit angerührtem Maismehl binden. 1 Minute kochen lassen.
7. Das Eiweiß in einer Schüssel zu steifem Schnee schlagen, Eigelb zugeben und gründlich durchschlagen. Nach und nach den Zitronensaft, dann die kochende Brühe hineingeben.
8. Die Sauce in einen kleinen Topf gießen, auf eine Platte mit niedriger Hitze stellen und ständig rühren, bis das Ei gar ist – nicht kochen.
9. Die Rollen auf einer vorgewärmten Platte anrichten und etwas Sauce darübergeben. Mit gehacktem Dill oder Petersilie garnieren und die restliche Sauce getrennt servieren. Zusammen mit Kartoffelpüree reichen.

Anmerkung: Anstelle von Kohl können Weinblätter verwendet werden – davon allerdings 40, da sie weniger Füllung aufnehmen.

Kolokithakia Yemista
Gefüllte Zucchini

Die Anweisungen des Rezeptes für Yemista me Lahano befolgen, dabei die Kohlblätter durch 24 mittelgroße Zucchini ersetzen. Die Stiele abschneiden, Zucchini waschen und am Stielende noch einmal 1 cm abschneiden. Die Enden aufheben. Das Innere der Zucchini mit einem kleinen Löffel oder einem Speziallöffel herauslösen. Mit der Fleischmischung füllen. Aus den abgeschnittenen Enden Stopfen schneiden und die Öffnungen damit verschließen. In einen Topf schichten und wie im vorigen Rezept beschrieben zubereiten.

Arni Souvlaki
Lammspieße

Für 6–8 Personen
Garzeit: 15 Minuten

1 Lammkeule ohne Knochen, etwa 2 kg
½ Tasse Olivenöl
½ Tasse trockener Weißwein
Saft 1 Zitrone
2 Teelöffel getrockneter Rigani oder Oregano
2 Knoblauchzehen, zerdrückt oder gehackt
3–4 Lorbeerblätter, in Stücke zerdrückt
Salz und Pfeffer

1. Das Lammfleisch in 4 cm dicke Würfel schneiden und in ein Glas oder einen Steinguttopf legen. Die restlichen Zutaten zufügen, gut mit den Fleischwürfeln vermischen und zudecken. 12–24 Stunden im Kühlschrank marinieren, das Fleisch gelegentlich umrühren.
2. Die Fleischstücke aus der Marinade nehmen und auf Metallspieße stecken. Zwischen die Fleischwürfel können Stücke vom Lorbeerblatt gesteckt werden.
3. Unter einem heißen Grill oder über Holzkohle grillen, häufig umdrehen und mit Marinade bestreichen. 15 Minuten oder länger grillen, je nach Geschmack. Auf eine Platte legen und mit Petersilie und Zitronenschnitzen garnieren. Heiß servieren.

Yahni me Koukia

Fleischtopf mit Dicken Bohnen

Für 5–6 Personen
Kochzeit: 2–2 ½ Stunden

1 kg Rindfleisch oder Lammfleisch ohne Knochen, zum Schmoren
2 Eßlöffel Öl oder Butter
1 große Zwiebel, fein gehackt
2 Knoblauchzehen, zerdrückt
½ Tasse gehackte Sellerie
1 mittelgroße Karotte, in Scheiben geschnitten
1 Tasse enthäutete, gehackte Tomaten
¼ Tasse Tomatenmark
¼ Tasse trockener Rotwein
1 Tasse Wasser
3 Nelken
1 Lorbeerblatt
¼ Tasse gehackte Petersilie
Salz
frisch gemahlener schwarzer Pfeffer
½ Teelöffel Zucker
500 g sehr junge Dicke Bohnen

1. Das Fleisch von Sehnen und Fett befreien und in 3 cm dicke Würfel schneiden.
2. Die Hälfte des Öls oder der Butter in einem schweren Topf erhitzen und das Fleisch auf allen Seiten schnell anbraten, immer nur eine Schicht Fleischwürfel auf einmal in den Topf geben. Wenn das Fleisch angebraten ist, in einer Schüssel beiseitestellen.
3. Die Hitze herunterschalten, das restliche Öl hineingeben und die Zwiebel darin dünsten, bis sie glasig ist. Knoblauch, Sellerie und Karottenstücke zugeben und noch einige Minuten schmoren.
4. Tomatenstücke, Tomatenmark, Wein, Wasser, Nelken, Lorbeerblatt und den größten Teil der Petersilie zugeben. Das Fleisch wieder in den Topf geben und nach Geschmack salzen und pfeffern, den Zucker zugeben. Zudecken und bei milder Hitze 45 Minuten (Lammfleisch), bzw. 1 ¼ Stunden (Rindfleisch) schmoren.
5. Die Dicken Bohnen gut waschen, Spitze und Stielansatz abschneiden, dabei Fäden mit abziehen. In 8 cm lange Stücke schneiden. Zum Fleisch geben, den Topf verschließen und weitere 30–45 Minuten bei schwacher Hitze schmoren, bis das Fleisch gar ist.
6. Den Eintopf in eine Schüssel füllen und mit der restlichen Petersilie bestreuen. Heiß mit frischem Salat und knusprigem Brot servieren.

Anmerkung: Die Dicken Bohnen können durch andere Gemüse ersetzt werden; die gleiche Mengen nehmen, wenn nicht anders vorgeschrieben.
Grüne Bohnen: Wenn nötig, Spitze, Stielansatz und Fäden entfernen, in der Mitte durchschneiden.
Grüne Erbsen: 1 kg Erbsen enthülsen und zum Fleisch geben; anstelle frischer Erbsen können zwei Tassen tiefgefrorene Erbsen verwendet werden.
Sellerie: Sellerie im Grundrezept weglassen. ½ Bündel Sellerie in 8 cm lange Streifen schneiden und 5 Minuten in kochendem Salzwasser blanchieren; abtropfen lassen und zum Fleisch geben.
Zucchini: Spitze und Stielende abschneiden und in 1 cm dicke Scheiben schneiden.
Blumenkohl: 1 kleinen Blumenkohl in einzelne Röschen zerteilen, in Salzwasser tauchen, abtropfen lassen, spülen und zum Fleisch geben.
Kartoffeln: 750 g mittelgroße Kartoffeln schälen, vierteln und zum Fleisch geben.
Okra: Nach Anweisung (Seite 13) vorbereiten und zum Fleisch geben.

Paithakia ala Hasapiko

Lammkoteletts nach Metzgerart

Für 6 Personen
Ofentemperatur: 180° C
Garzeit: 1 ½ Stunden

1 kg Lammschulterkoteletts
¼ Tasse Olivenöl oder anderes Öl
Salz
frisch gemahlener schwarzer Pfeffer
½ Teelöffel Rigani oder Oregano
2 Zwiebeln, in Scheiben geschnitten
500 g Kartoffeln, geschält und in Scheiben geschnitten

1. Das überschüssige Fett von den Lammkoteletts abschneiden.
2. Eine feuerfeste Form mit 1 Eßlöffel des Öls auspinseln und die Koteletts nebeneinander hineinlegen. Mit Salz und Pfeffer würzen und Rigani oder Oregano darüberstreuen.
3. Die Zwiebelringe auf die Koteletts legen und mit einer Schicht Tomatenscheiben bedecken. Die Tomatenscheiben leicht würzen.
4. Mit dem restlichen Öl beträufeln und im Ofen bei mittlerer Hitze 1 Stunde schmoren. Dann die Kartoffelscheiben auf die Tomaten legen, leicht salzen und pfeffern und mit etwas Öl bepinseln, wieder in den Ofen schieben und weitere 30 Minuten schmoren. Heiß mit grünem Gemüse, Salat und Brot servieren.

Variante: Zu den Zwiebeln eine geschnittene Karotte und zu den Kartoffeln eine Tasse grüne Erbsen geben. Das ergibt eine vollständige Mahlzeit.

Kokoretsi tis Souvlas

Gemischte Fleischspieße

Für 6 Personen, oder mehr als Vorspeise
Garzeit: 15–20 Minuten

250 g Lammbries
Wasser
1 ½ Zitronen
500 g Lammleber
2 Lammherzen
2 Lammnieren

Marinade:
1 kleine Zwiebel, gerieben
Saft von 2 Zitronen
½ Tasse Olivenöl
3 Lorbeerblätter, jedes in 3 Stücke zerteilt
1 Teelöffel getrockneter Rigani oder Oregano
2 Eßlöffel gehackte Petersilie
1 Teelöffel Salz
frisch gemahlener schwarzer Pfeffer

Zum Fertigstellen:
Wursthülle

1. Das Lammbries abspülen, in einen Topf legen und mit Wasser auffüllen. Den Saft ½ Zitrone zufügen. Aufkochen, dann abtropfen lassen.
2. Die Leber, Herzen und halbierte Nieren in eine Schüssel mit kaltem Wasser legen und den Saft 1 Zitrone zufügen. 30 Minuten stehenlassen, dann abtropfen. Von der Leber die Haut abziehen und von Leber und Herz größere Röhren herausschneiden; von den Nieren das fettige Innere herausschneiden.
3. Fleisch und Bries in 3 cm dicke Stücke schneiden und in ein Glas oder eine Keramikschüssel legen.
4. Die Zutaten für die Marinade mischen und über die vorbereiteten Fleischstücke gießen. Zudecken und mindestens 2 Stunden im Kühlschrank stehenlassen. Währenddessen die Wursthüllen in kaltes Wasser legen und solange einweichen.
5. Die Fleischstücke abwechselnd auf 6 Spieße stecken, bei jedem Spieß zwei Lorbeerblattstücke zwischen das Fleisch stecken. Die Wursthüllen abtropfen lassen und das Fleisch auf jedem Spieß mit der Hülle überziehen, die Enden befestigen.
6. Über glühender Holzkohle langsam grillen, dabei die Spieße öfters drehen und gelegentlich mit Marinade bepinseln. Etwa 15–20 Minuten grillen, notfalls die Höhe des Rostes verstellen oder die Spieße an eine weniger heiße Stelle legen, da sie langsam gegart werden müssen. Heiß servieren.

Kreatopita

Lammpastete

Für 6 Personen
Ofentemperatur: 200° C
Garzeit: 1 ½ Stunden

Teig:
3 Tassen Weizenmehl
1 Prise Salz
½ Tasse Butter
¾ Tasse kaltes Wasser

Lammfüllung:
1 kg mageres Lammfleisch von der Keule, ohne Knochen
¼ Tasse Butter
1 große Zwiebel, fein gehackt
1 Tasse Wasser
Salz
frisch gemahlener schwarzer Pfeffer
1 Tasse Mizithra- oder Ricotta-Käse (Frischkäse)
½ Tasse zerkrümelter Feta-Käse
¼ Tasse gehackte Petersilie
1 Teelöffel gehackter Dill

Zur Fertigstellung:
1 kleines Ei
1 Eßlöffel Milch
Sesamkörner

1. Das Mehl mit dem Salz in eine Schüssel sieben und die Butter mit den Fingerspitzen untermischen, bis die Mischung krümelig ist. Das Wasser dazugeben und zu einem geschmeidigen Teig kneten. Abdecken und ruhenlassen, bis die Füllung fertig ist.
2. Das Lammfleisch in 2 cm dicke Würfel schneiden.
3. Die Butter in einem Topf zerlassen und die Zwiebel darin glasig dünsten. Die Hitze höherstellen, das Fleisch hineingeben und bei starker Hitze 5 Minuten rühren, bis es die rote Farbe verliert. Die Hitze herunterschalten.
4. Das Wasser und Salz und Pfeffer nach Geschmack zufügen. Zudecken und 45 Minuten bei milder Hitze schmoren lassen. Es sollte wenig Flüssigkeit übrigbleiben. Wenn nötig, die Flüssigkeit verringern.
5. Das Fleisch in eine Schüssel geben und Käse und Kräuter untermischen, mit Salz und Pfeffer abschmecken.
6. Den Teig in zwei Portionen teilen, wovon die eine etwas größer ist als die andere. Das größere Stück ausrollen und eine Pastetenform mit 23 cm Durchmesser damit auslegen. Die Füllung auf dem Teig verteilen.
7. Den restlichen Teig ausrollen, bis er einen Durchmesser von etwa 23 cm hat. Die Ränder des Teigs in der Form mit Wasser anfeuchten und die Teigdecke darauflegen. Die Ränder andrücken, eventuell überstehende Stücke abschneiden und die Decke rundherum kräuseln.
8. Das Ei mit Milch verquirlen und die Pastetendecke damit bestreichen. Mit Sesamkörnern bestreuen und im heißen Ofen 30 Minuten backen, bis die Pastete goldbraun ist. Heiß servieren, in Stücke schneiden.

Melopita
Honig-Käsekuchen

Ofentemperatur: 200° C, dann 170° C
Backzeit: 45 Minuten

Teig:
1 ½ Tassen Weizenmehl
1 Prise Salz
1 Eßlöffel feiner Zucker
⅓ Tasse Butter
1 Ei, getrennt
2 Teelöffel Zitronensaft
2 Eßlöffel kaltes Wasser
Käsemasse:
500 g Mizithra oder Ricotta (Quark)
½ Tasse Honig
1 Eßlöffel feiner Zucker
1 Prise Salz
3 Eier
2 Teelöffel Zitronensaft
2 Teelöffel Zimt

1. Das Mehl mit dem Salz und dem Zucker in eine Schüssel sieben. Die Butter in Stücke schneiden und mit den Fingerspitzen mit dem Mehl zerdrücken, bis die Mischung krümelig ist. Das Eigelb mit dem Zitronensaft und kaltem Wasser schlagen und in den Teig mischen. Wenn der Teig klebt, leicht kneten, bis er geschmeidig ist, abdecken und 30 Minuten ruhen lassen.
2. Den Käse glatt rühren, nach und nach den Honig und den Zucker zugeben; die Eier, den Zitronensaft und 1 Teelöffel Zimt zugeben und kräftig schlagen.
3. Den Teig auf einem bemehlten Brett kreisförmig ausrollen (30 cm Durchmesser). Eine gefettete Springform von 25 cm Durchmesser mit dem Teig auslegen. Das Eiweiß leicht schlagen und den Teig mit einem Teil davon bestreichen.
4. Die Käsemasse über den Teig gießen und die Oberseite glattstreichen.
5. Im heißen Ofen 15 Minuten backen, dann auf Mittelhitze schalten und weitere 30 Minuten backen, bis die Käsemasse durchgebacken ist. Den Ofen abschalten und die Ofentür ein wenig öffnen. Den Kuchen im Ofen lassen, bis er abgekühlt ist. Mit dem restlichen Zimt bestäuben und in Stücke schneiden.

Anmerkung: Dieser Kuchen kann in geschlossenen Behältern im Kühlschrank aufbewahrt werden. Vor dem Servieren auf Zimmertemperatur bringen.

Galatoboureko
Vanillekuchen

Für 12 Personen
Backzeit: 1 Stunde
Ofentemperatur: 180° C

4 Tassen Milch
¾ Tasse Zucker
¾ Tasse feiner Grieß
¼ Tasse Butter
geriebene Schale von ½ Zitrone
1 Stück Stangenzimt
1 Prise Salz
5 Eier, leicht verquirlt
1 Teelöffel Vanille-Essenz
10 Lagen Strudelteig
¾ Tasse zerlassene Butter

Sirup
1 Tasse Zucker
¾ Tasse Wasser
1 Stück Zimtstange
2 Teelöffel Zitronensaft

1. Die Milch mit Zucker, Grieß, Butter, Zitronenschale, Stangenzimt und Salz in einer Kasserolle mit schwerem Boden vermischen und unter ständigem Rühren erhitzen, bis die Masse dick wird. Den Grießbrei bei milder Hitze 5 Minuten kochen lassen.
2. Von der Herdplatte nehmen und die Zimtstange herausnehmen. Mit einem Stück eingefettetem Papier bedecken, damit sich keine Haut bilden kann. Wenn der Brei abgekühlt ist, Eier und Vanille untermischen.
3. Eine feuerfeste Form von 33 × 23 cm mit Butter einfetten. Die Hälfte der Blätterteiglagen in die Form legen, jede Lage mit zerlassener Butter bestreichen.
4. Den Vanillebrei hineingießen und mit den restlichen Blätterteiglagen abdecken, dabei wieder jede Lage mit Butter bepinseln und die Decke in 8 cm große Rechtecke oder Rauten einschneiden.
5. Die überstehenden Ränder abschneiden und den Kuchen bei mittlerer Hitze 45 Minuten backen, bis der Teig goldbraun und die Füllung fest ist (mit einem Messer prüfen). Aus dem Ofen nehmen und in der Form gut abkühlen lassen.
6. Bei milder Hitze Zucker in Wasser auflösen, die Hitze auf mittlere Stufe stellen und zum Kochen bringen. Die Zimtstange und den Zitronensaft zugeben und 10 Minuten kochen.
7. Den Sirup abkühlen lassen, bis er lauwarm ist, und durch ein Sieb auf den abgekühlten Kuchen gießen. Kalt servieren.

Kataifi me Krema I

Gebäck mit Vanillecreme

Ofentemperatur: 190° C
Backzeit: 1 Stunde

Vanillecreme:
4 Tassen Milch
¾ Tasse Maismehl
4 Eier, geschlagen
1 Prise Salz
½ Tasse Zucker
1 Teelöffel Vanille-Essenz

Teig:
500 g Kataifi (fadenartiger Teig)
¾ Tasse zerlassene Butter

Sirup:
2 Tassen Zucker
1 ½ Tassen Wasser
1 dünner Streifen Zitronenschale
1 Stück Stangenzimt
3 Teelöffel Zitronensaft

1. Milch und Maismehl in einem schweren Topf verrühren. Geschlagene Eier, Salz und Zucker untermischen. Bei mittlerer Hitze ständig rühren, bis die Masse dick wird und aufwallt. Von der heißen Platte nehmen, Vanille-Essenz unterrühren und die Vanillecreme mit einem eingefetteten Papier abdecken, damit sich keine Haut bildet.
2. Den Kataifi-Teig in eine große Schüssel geben und die Fäden vorsichtig mit den Fingern lockern.
3. Eine feuerfeste Form von 20 × 28 cm Größe mit etwas Butter einfetten. Die Hälfte des Teiges hineinlegen und etwas andrücken. ¼ Tasse zerlassene Butter gleichmäßig daraufträufeln.
4. Die Vanillecreme über den Teig gießen und gleichmäßig verstreichen. Mit dem restlichen Kataifi bedecken. Den Teig gleichmäßig verteilen und vorsichtig andrücken. Die restliche Butter darauf verteilen.
5. Im Ofen bei mittlerer Hitze 45 Minuten backen, bis das Backwerk goldbraun ist. Aus dem Ofen nehmen und abkühlen lassen.
6. In einem Topf bei mittlerer Hitze den Zucker in Wasser auflösen, die Zitronenschale und Zimtstange zufügen und aufkochen lassen. Den Zitronensaft zugeben und bei mittlerer Hitze 15 Minuten kochen; wenn nötig, Schaum abschöpfen. Den kochenden Sirup nicht mehr umrühren.
7. Den heißen Sirup durch ein Sieb auf das abgekühlte Backwerk träufeln. Abkühlen lassen und zum Servieren in rautenförmige Stücke schneiden.

Kataifi me Krema II

Gebäck mit Vanillecreme II

Das vorhergehende Rezept beschreibt die traditionelle Art, in der dieses Dessert zubereitet wird. Da die Vanillecreme und der Sirup den Kataifi-Teig aufweichen, wenden viele gute Köche die folgende Methode an, mit der man ein knuspriges Gebäck erhält.

1. Den Sirup zubereiten und abkühlen lassen (Schritt 7).
2. Den Kataifi-Teig in eine Schüssel geben und die Fäden lockern. ½ Tasse zerlassene Butter daraufgießen und mit den Fingern mischen, damit sich die Butter gut in den Fäden verteilt.
3. Den Teig in zwei mit Butter eingefettete, rechteckige Backformen verteilen und andrücken.
4. Im Ofen bei mittlerer Hitze 20–25 Minuten backen, bis der Teig goldgelb ist – er darf nicht zu braun werden.
5. Aus dem Ofen nehmen und den abgekühlten Sirup gleichmäßig auf beiden heißen Teigstücken verteilen. Jede Form mit einem Küchentuch abdecken, so daß der Kataifi etwas weicher wird, da er sonst schwer zu schneiden ist.
6. Die Vanillecreme nach der Anweisung des vorhergehenden Rezepts (Schritt 1) herstellen und noch heiß auf den Kataifi in der einen Backform gießen. Den anderen Kataifi umgedreht auf die Vanillecreme legen. Unbedeckt stehenlassen, bis alles abgekühlt ist, dann in rautenförmige Stücke schneiden und servieren.

Abbildung Seite 61:
Aginares me Avgolemono (Artischocken mit Ei-Zitronensauce), Rezept Seite 33
Abbildung Seite 62:
Yahni Me Koukia (Fleischtopf mit Dicken Bohnen) Rezept Seite 57

NAOUS
1879
bout

Kourabiethes

Mürbteigplätzchen

40 Stück
Backzeit: 20 Minuten
Ofentemperatur: 160° C

1 Tasse Butter
3 Eßlöffel Puderzucker, gesiebt
1 Eigelb
1 Eßlöffel Brandy
½ Tasse fein gehackte geröstete Mandeln, nach Wunsch
2 ½ Tassen Weizenmehl
1 Teelöffel Backpulver
ganze Nelken
2 Tassen Puderzucker

1. Die Butter schmelzen und erhitzen, bis sie aufhört zu schäumen und der Bodensatz goldbraun ist – nicht verbrennen. Die Butter in eine Schüssel gießen.
2. Wenn die Butter wieder fest geworden ist, die zuerst angegebene Menge Puderzucker zugeben und mit dem elektrischen Rührgerät schlagen, bis die Masse leicht und locker ist. Eigelb und Brandy zugeben und gründlich schlagen.
3. Die Mandeln in den Teig geben, falls sie verwendet werden. Das Mehl mit dem Backpulver zweimal durchsieben und schnell mit der Buttermischung vermischen. Mit den Händen zu einem geschmeidigen Teig kneten.
4. Vom Teig walnußgroße Stücke abbrechen. Zu Hörnchen oder Kugeln formen, auf eine ebene Fläche setzen und von oben zweimal mit zwei Fingern hineinkneifen. Das ergibt vier Mulden und macht die Plätzchen etwas flacher.
5. In jedes Plätzchen eine Nelke stecken und die Plätzchen auf ungefettete Backbleche setzen.
6. Im Ofen bei mittlerer Hitze 20 Minuten backen, bis sie hellgelb sind. Nicht bräunen. Auf einem Tablett 10 Minuten abkühlen lassen.
7. Auf ein Wachspapier Puderzucker sieben, die warmen Plätzchen daraufsetzen und mit Puderzucker bestreuen.
8. Wenn die Plätzchen abgekühlt sind, in ein Gefäß legen und den restlichen Puderzucker darauf sieben. Das Gefäß verschließen und die Plätzchen darin 2 Tage aufbewahren, um das Aroma noch zu verstärken.
9. Zum Servieren jedes Plätzchen auf einen kleinen Papieruntersetzer legen.

Anmerkung: Das Zerlassen und leichte Bräunen der Butter entspricht nicht der Tradition, verleiht den Plätzchen aber ein köstliches Aroma. Viele ausgezeichnete griechische Köche backen sie auf diese Art; wenn Sie wollen, können Sie diesen Schritt jedoch weglassen.

Koulourakia

Sesamplätzchen

70 Stück
Backzeit: 15–20 Minutan
Ofentemperatur: 190° C

1 Tasse Butter
1 Tasse feiner Zucker
1 Teelöffel Vanille-Essenz
3 Eier
5 Tassen Weizenmehl
3 Teelöffel Backpulver
½ Teelöffel Zimt
¼ Teelöffel gemahlene Nelken
½ Tasse Sesamkörner
¼ Tasse Milch

1. Die Butter mit dem Zucker und der Vanille-Essenz schaumig rühren.
2. Die Eier schlagen – 1 Eßlöffel für die Glasur aufbewahren – und nach und nach in die Buttermischung einrühren, kräftig schlagen.
3. Die trockenen Zutaten zweimal durchsieben und mit der Eier-Buttermischung verrühren, so daß ein weicher Teig entsteht. Ein wenig mit den Händen durchkneten. Wenn der Teig klebrig ist, 1 Stunde lang kaltstellen, kein Mehl mehr zugeben.
4. Auf ein Backbrett Sesamsamen streuen. Teigstücke zu Rollen in Bleistiftstärke formen und in den Sesamkörnern wälzen.
5. Die Rollen zu Ringen, Achtern oder Schnecken formen. Die Plätzchen auf gefettete Backbleche setzen und mit etwas Milch, die mit dem aufbewahrten Ei verrührt wurde, bestreichen.
6. Im Ofen bei mittlerer Hitze 15–20 Minuten backen, bis die Plätzchen goldbraun sind. Auf einem Rost abkühlen und in einem luftdichten Behälter aufbewahren.

Variante: Den Teig in Hagelzucker anstelle von Sesamkörnern wälzen. Dünn mit Milch bestreichen.

Abbildung Seite 63:
Kourabiethes (Mürbteigplätzchen), Rezept Seite 61
Abbildung Seite 64:
Kataifi (Nußgebäck aus Fadenteig), Rezept Seite 67

Melomakarona

Honigplätzchen

60 Stück
Backzeit: 25–30 Minuten
Ofentemperatur: 180° C

1 Tasse Butter
¾ Tasse feiner Zucker
geriebene Schale von 1 Orange
¾ Tasse Mais- oder Erdnußöl
6 Tassen Weizenmehl
4 Teelöffel Backpulver
¾ Tasse Orangensaft

Nußfülle, nach Wunsch:
1 Eßlöffel Honig
1–2 Teelöffel Orangensaft
1 ½ Teelöffel Zimt
1 ½ Tasse fein gehackte Walnüsse
2 Tropfen Mandelöl

Honigsirup:
1 Tasse Zucker
1 Tasse Wasser
¼ Tasse Honig
1 Stück Stangenzimt
2 Teelöffel Zitronensaft

1. Die Butter mit dem Zucker und der geriebenen Orangenschale schaumig rühren. Nach und nach das Öl zugeben und weiter schlagen, bis die Mischung sehr leicht und locker ist.
2. Das Mehl mit dem Backpulver sieben und abwechselnd mit dem Orangensaft in die Buttermischung rühren. Den Teig 1 Minute leicht mit den Händen kneten.
3. Für die Nußfülle den Honig mit Orangensaft verdünnen und mit den restlichen Zutaten vermischen.
4. Einen knappen Eßlöffel Teig nehmen und etwas flachdrücken. Einen Teelöffel von der Nußfülle in die Mitte setzen und den Teig darüberklappen, zu einem Oval formen und die Enden spitz zudrücken.
5. Die Oberseiten mit den Spitzen einer Gabel eindrücken oder viermal mit einer speziellen »Kräuselvorrichtung« (Anleitung nachstehen) viermal diagonal eindrücken.
6. Die Plätzchen auf leicht gefettete Backbleche setzen und im Ofen bei mittlerer Hitze 25–30 Minuten backen, bis sie goldgelb sind. Auf einem Rost abkühlen.
7. Für den Honigsirup Zucker, Wasser und Honig in eine Kasserolle geben und über der heißen Herdplatte rühren, bis alles aufgelöst ist. Aufkochen lassen, Stangenzimt und Zitronensaft zufügen und 10 Minuten bei mittlerer Hitze kochen lassen.
8. Jeweils vier Plätzchen in den kochenden Sirup tauchen, einmal wenden. Insgesamt 10 Sekunden im Sirup lassen, auf Wunsch auch länger. Auf einen Rost legen und abkühlen lassen. Wenn der Sirup nach einer Weile dicker wird, mit ein wenig Wasser verdünnen.
9. Wenn die Plätzchen nicht gefüllt werden, mit zerdrückten Walnüssen oder gerösteten Sesamkörnern und Zimt bestreuen. Nur die Plätzchen in Sirup eintauchen, die gleich gegessen werden; den Rest in luftdichten Behältern aufbewahren und in Sirup tauchen, wenn sie gebraucht werden.

»Kräuselvorrichtung«: Ein solches Gerät ist sicherlich vielen Konditoren und Bäckern vertraut, die Glasuren verarbeiten. Wenn Sie keins besitzen (oder noch nie gesehen haben), lassen Sie sich von einem handwerklich begabten Familienmitglied ein Stück Alublech ausschneiden, das etwa 2,5 × 10 cm groß ist. Das Blech über einer dünnen Stange zur Hälfte umbiegen und in die Schmalseiten 6 bis 8 Zähne wie bei einer Säge einschneiden. Die Zähne leicht nach innen biegen.

Kataifi

Nußgebäck aus Fadenteig

40 Stück
Ofentemperatur: 180° C
Backzeit: 50–55 Minuten

500 g Kataifi (Fadenteig)
1 Tasse zerlassene Butter

Nußfülle:
1 Tasse grob gemahlene Walnüsse
1 Tasse grob gemahlene Mandeln
½ Tasse feiner Zucker
1 Teelöffel Zimt
¼ Teelöffel gemahlene Nelken
1 Eiweiß, leicht geschlagen
1 Eßlöffel Brandy

Sirup:
2 Tassen Zucker
1 ½ Tassen Wasser
1 Teelöffel Zitronensaft
1 dünner Streifen Zitronenschale
4 Nelken
1 Stück Stangenzimt
1 Eßlöffel Honig

1. Ein Achtel des Fadenteigs nehmen und auf einem Brett zu einem Rechteck von 18 × 26 cm ausbreiten; die Fäden sollten möglichst parallel in Längsrichtung liegen.
2. Mit einem Kuchenpinsel etwas Butter über die Fäden streichen.
3. Die Zutaten der Nußfülle vermischen und etwa 2 Eßlöffel davon an einer Schmalseite auf den Teig streichen.
4. Zu einer festen Rolle aufrollen. Die restlichen Zutaten ebenso verarbeiten.
5. Die Rollen dicht nebeneinander in eine feuerfeste Form von 20 × 30 cm Größe legen. Die Oberseite mit der restlichen Butter einpinseln.
6. Im Ofen bei mittlerer Hitze auf der oberen Schiene etwa 50–55 Minuten backen, bis das Gebäck goldbraun ist.
7. Inzwischen in einem Topf auf der Herdplatte den Zucker in Wasser auflösen, Zitronensaft und -schale, Nelken und Zimt zufügen. Aufkochen und bei mittlerer Hitze 10 Minuten kochen lassen. Den Honig einrühren, durchseihen und abkühlen lassen.
9. Jede Rolle in 5 Stücke schneiden, auf Wunsch auch diagonal.

Eine andere Möglichkeit, die Gebäckstücke zu formen: Eine kleine Handvoll des Fadenteigs nehmen und ziemlich dicht auf dem Brett ausbreiten, mit der Längsrichtung senkrecht zu Ihnen, und mit Butter bestreichen. Einen Eßlöffel der Nußfülle zu einer kleinen Wurst formen und fest in den Fadenteig einrollen. In die Backform setzen und noch etwa 29 weitere Rollen mit etwa 5 cm Länge formen. Weiter siehe oben ab Schritt 6.

Vasilopita

Neujahrsbrot

Das Neujahrsbrot wird nach der Tradition an Silvester um Mitternacht aufgeschnitten. Nach dem Backen wird durch einen Schlitz an der Unterseite eine Münze in das Brot gesteckt. Die Person, die die Münze dann findet, wird im Neuen Jahr Glück haben. Ganz früher war dies eine Goldmünze, später eine Silbermünze. Diese konnten schon vor dem Backen in den Teig gegeben werden. Da die heutigen Münzen Nickel enthalten, ist es nicht zu empfehlen, eine Münze mitzubacken.

Backzeit: 45 Minuten
Ofentemperatur: 190° C

1 Beutel aktive Trockenhefe
¾ Tasse lauwarme Milch
3 Eier, geschlagen
1 ½ Teelöffel geriebene Orangenschale
¾ Tasse feiner Zucker
4 ½ Tassen Weizenmehl
½ Teelöffel Salz
½ Teelöffel Zimt
¼ Teelöffel gemahlenes Masticha (s. Glossar)
½ Tasse zerlassene Butter
Ei zum Glasieren
Blanchierte Mandelhälften

1. Die Anweisungen für Osterbrot des Rezepts Seite 68 Schritt 1 bis 4 befolgen.
2. Wenn der Teig sich verdoppelt hat, zusammenschlagen und auf eine leicht bemehlte Arbeitsfläche legen. Noch einmal leicht durchkneten und zu einem runden Laib formen.
3. Auf ein großes, eingefettetes Backblech oder in eine gefettete Kuchenform mit 25 cm hohem Rand setzen. Abdecken und an einem warmen Ort noch einmal gehen lassen, bis sich der Teig verdoppelt hat – etwa 1 ½–2 Stunden.
4. Mit dem gründlich verquirlten Ei glasieren und die blanchierten Mandelhälften als Jahreszahl anordnen, leicht eindrücken.
5. Im Ofen bei mittlerer Hitze 45 Minuten backen, bis das Brot goldbraun ist. Prüfen, ob es durchgebacken ist. Wenn das Brot zu schnell bräunt, ein Stück eingefettetes Papier darüberlegen. Auf einem Rost abkühlen lassen.

Tsoureki tou Paska

Osterbrot

Backzeit: 30 Minuten
Ofentemperatur: 190° C

1 Beutel aktive Trockenhefe
½ Tasse warme Milch
2 Eier, geschlagen
1 Teelöffel geriebene Zitronenschale
½ Tasse feiner Zucker
3 ½ Tassen Weizenmehl
¼ Teelöffel Salz
1 Teelöffel gemahlenes Mahlepi oder Piment
½ Tasse zerlassene Butter
1 Ei zum Glasieren
Sesamkörner

1. Die Hefe in ¼ Tasse der Milch auflösen. Die restliche Milch, Eier, Zitronenschale und Zucker zufügen.
2. 3 Tassen Mehl, Salz und Gewürz in eine warme Schüssel sieben und in der Mitte eine Mulde machen. Die Hefelösung hineingießen und mit dem Mehl verrühren, nach und nach die geschmolzene Butter mit unterrühren.
3. Den Teig mit den Händen vermengen, bis er sich vom Schüsselrand löst. Auf eine bemehlte Arbeitsfläche legen und weiterkneten, bis er glatt und elastisch ist, nach Bedarf noch mehr Mehl unterkneten. Der Teig muß 10 Minuten geknetet werden.
4. Die Teigkugel in eine saubere Schüssel, die mit zerlassener Butter ausgestrichen wurde, legen; einmal umdrehen, so daß er überall mit Butter überzogen ist, und die Schüssel mit einem Tuch abdecken. An einem warmen Ort gehen lassen, bis der Teig seinen Umfang verdoppelt hat.
5. Den Teig zusammenschlagen und noch einmal auf einer bemehlten Arbeitsfläche leicht durchkneten; in drei gleiche Teile reißen. Jedes Stück zu einer Rolle von 30 cm Länge formen.
6. Die Enden zusammendrücken und lose zu einem Zopf flechten; die Enden zusammendrücken und unter den Laib drücken. Den Zopf auf ein gefettetes Backblech legen, mit einem Tuch abdecken und noch einmal gehen lassen, bis er sich verdoppelt hat – etwa 1–2 Stunden, je nach der Zimmertemperatur.
7. Die Oberseite mit dem verquirlten Ei bestreichen und mit Sesamkörnern bestreuen.
8. Im Ofen bei mittlerer Hitze 30 Minuten backen, bis es goldbraun ist. Prüfen, ob es durchgebacken ist (auf die Unterseite klopfen – wenn es hohl klingt, ist es durchgebacken).

Variante: Wie oben beschrieben vorgehen, jedoch die Rollen 50 cm lang machen. Flechten und zu einem Ring formen, die zwei Enden zusammendrücken. Auf ein gefettetes Backblech setzen und in regelmäßigen Abständen vier Paskalina Avga (rotgefärbte Eier) in den Zopf drücken. Nach den obigen Anweisungen gehen lassen, glasieren und backen – Sesamkörner können weggelassen werden.

Paskalina Avga

Rotgefärbte Ostereier

Das Eierfärben ist in jedem griechischen und zypriotischen orthodoxen Haushalt traditioneller Brauch, und zwar am Gründonnerstag. Meist wird dies nicht mit besonderer Sorgfalt ausgeführt, und so manche Eier platzen beim Färben, was sie für das traditionelle Spiel am Ostersonntagmorgen unbrauchbar macht, bei dem ausprobiert wird, wer mit seinen Eiern die meisten anderen Eier zum Platzen bringt – ein Spiel, das bei Kindern besonders beliebt ist. Die ungleichmäßigen Färbungen sind darauf zurückzuführen, daß die Eier meist im Färbebad gekocht werden. Ich empfehle daher, die Eier zuerst hart zu kochen und dann kurz im Farbbad aufzukochen.

12 Eier
Wasser
½ Teelöffel (1 Päckchen) rotes Färbepulver
(von einem griechischen Lebensmittelladen)
½ Tasse weißer Essig
Öl zum Polieren

1. Die Eier vorsichtig in einen Topf legen und mit kaltem Wasser bedecken. Bei schwacher Hitze vorsichtig zum Kochen bringen, damit die Eierschalen nicht platzen. Ohne Deckel bei mittlerer Hitze 15 Minuten kochen lassen. Die Eier sollten beim Kochen gelegentlich gewendet werden, damit das Eigelb in der Mitte bleibt.
2. 4 Tassen Wasser in einen anderen Topf geben, in dem die Eier nebeneinander Platz haben. Zum Kochen bringen und ½ Tasse heißes Wasser aus dem Topf zum Farbpulver in eine Schüssel geben. Das Farbpulver auflösen und mit dem Essig in den Topf mit dem kochenden Wasser gießen. Das Farbbad kochen lassen, bis die Eier fertig sind.
3. Die heißen Eier aus dem ersten Topf in das Farbbad legen. Die Hitze höherschalten und die Eier 2 Minuten gleichmäßig kochen lassen, gelegentlich vorsichtig rühren, damit die Eier sich gleichmäßig färben.
4. Die Eier mit einem Schaumlöffel herausnehmen und auf mehrere Lagen Küchenkrepp legen, damit sie trocknen. Etwas abkühlen lassen, dann mit einem in Öl getränkten Tuch einreiben, um ihnen einen schönen Glanz zu geben.
5. Im selben Farbbad können weitere 6 Eier gefärbt werden. Dazu noch 2 Eßlöffel Essig zugeben.

Baklava

Strudelteigdessert mit Nußfüllung

30 Stück
Ofentemperatur: 160° C
Backzeit: 1 Stunde

20 Lagen Strudelteig
¾ Tasse zerlassene Butter
2 Tassen fein gehackte Walnüsse
1 Tasse fein gehackte Mandeln
¼ Tasse feiner Zucker
2 Teelöffel Zimt
⅛ Teelöffel gemahlene Nelken

Sirup:
1 ½ Tassen Zucker
1 ½ Tassen Wasser
¼ Tasse Honig
1 dünner Streifen Zitronenschale
1 kleines Stück Stangenzimt
3 Nelken
2 Teelöffel Zitronensaft

1. Eine feuerfeste Form (33 × 23 × 5 cm) mit Butter einfetten und mit 9 Lagen Strudelteig auslegen, von denen jede mit zerlassener Butter bepinselt wird.
2. Nüsse, Zucker und Gewürze mischen und die Hälfte davon auf dem Teig verteilen. Mit zwei Lagen Strudelteig abdecken, wieder jede Lage mit Butter einpinseln.
3. Die andere Hälfte der Nußmischung darauf ausbreiten und mit dem restlichen Strudelteig abdecken, wieder jede Lage mit Butter bepinseln.
4. Überstehende Ränder abschneiden und die Decke mit Butter einpinseln, dann mit einem scharfen Messer rautenförmig einschneiden. Mit etwas Wasser benetzen, damit sich die oberen Lagen nicht nach oben biegen.
5. Auf der mittleren Schiene im Ofen bei mäßiger Hitze 30 Minuten lang backen. Dann eine Schiene höher setzen und weitere 30 Minuten backen. Mit eingefettetem Papier oder Alufolie bedecken, wenn die Oberseite sich zu schnell färbt. Das Gebäck muß gut durchbacken.
6. Wenn das Baklava in den Ofen geschoben wird, den Sirup zubereiten. Zucker, Wasser und Honig in einen schweren Topf geben und bei mittlerer Hitze umrühren, bis der Zucker aufgelöst ist. Die restlichen Sirup-Zutaten zufügen und 15 Minuten kochen. Durchseihen und abkühlen lassen.
7. Den Sirup mit einem Löffel gleichmäßig über dem heißen Baklava verteilen. Vor dem Aufschneiden in Portionen mehrere Stunden ruhen lassen.

Thiples

Gebackene Röschen

30 Stück
Backzeit etwa 45 Sekunden pro Röschen

3 Eier
1 Eßlöffel feiner Zucker
1 Prise Salz
1 ½ Tassen Weizenmehl
Erdnußöl oder Maisöl zum Ausbacken
erwärmter Honig
geröstete Sesamkörner
Zimt

1. Die Eier schlagen, bis sie schaumig sind, Zucker und Salz zufügen und schlagen, bis die Masse dick wird.
2. Das Mehl sieben und mit einem Holzlöffel nach und nach in die Eiermasse rühren. Der Teig sollte etwas klebrig sein.
3. Den Teig auf eine bemehlte Arbeitsfläche legen, mit Mehl bestäuben und leicht durchkneten. In zwei Hälften teilen.
4. Eine Teighälfte auf die bemehlte Arbeitsfläche legen, mit Mehl bestäuben und dünn ausrollen (siehe Seite 18).
5. Mit einem Kuchenrädchen oder scharfen Messer den ausgerollten Teig in Streifen von 2 cm Breite und 50 cm Länge schneiden.
6. Das Öl zum Ausbacken mit 200° C bereitstellen.
7. Einen Teigstreifen nehmen und in Abständen von 2 cm die Seiten zusammendrücken, so daß sie kleine schiffchenförmige Eindrücke erhalten. Auf einer ebenen Fläche den Streifen zu einer flachen Schnecke formen, in der Mitte beginnen. Die Schnecke lose formen und den Teigstreifen in Abständen fest zusammendrücken, damit er die Form hält.
8. 4 weitere Streifen so vorbereiten, dann jeweils 2 Rosetten gleichzeitig im heißen Öl ausbacken. Wenden, damit sie gleichmäßig durchgebacken werden. Die Gebäckstücke sollten leicht goldgelb sein, wenn sie fertig sind. Auf Küchenkrepp abtropfen lassen. Den übrigen Teig ebenso verarbeiten.
9. Wenn alle Rosetten fertig sind, eine Lage auf ein Tablett legen und erwärmten Honig in die Vertiefungen träufeln, den Honig von einer Gabel heruntertropfen lassen. Mit gerösteten Sesamkörnern bestreuen und mit Zimt bestäuben. Weitere Rosetten über die erste Lage schichten, jede Lage mit Honig beträufeln, mit Sesamkörnern bestreuen und mit Zimt bestäuben. Warm oder kalt servieren. Übrigbleibende Rosetten in einem verschlossenen Behälter bei Zimmertemperatur aufbewahren.

Halvas Fourno

Grießkuchen

Ofentemperatur: 180° C
Backzeit: 50 Minuten

125 g Butter
¾ Tasse feiner Zucker
geriebene Schale von 1 Zitrone
3 Eier
1 ½ Tassen feiner Grieß
1 Tasse Weizenmehl
4 Teelöffel Backpulver
½ Tasse Milch
½ Tasse fein gehackte, geröstete Mandeln
blanchierte Mandelhälften
Sirup:
2 ½ Tassen Zucker
3 Tassen Wasser
2 Eßlöffel Zitronensaft

1. Butter, Zucker und Zitronenschale zusammen schaumig rühren, bis die Mischung leicht und locker ist. Die Eier einzeln zugeben und gut verquirlen.
2. Den Grieß, das Mehl und Backpulver zweimal sieben und abwechselnd mit der Milch in die Buttermischung einrühren. Die gehackten Mandeln dazugeben.
3. Den Teig in ein mit Butter eingefettetes Kuchenblech (18 × 18 cm) geben und glattstreichen. Die Mandelhälften in Reihen auf dem Teig anordnen.
4. Im Ofen bei mittlerer Hitze 50 Minuten backen, bis der Kuchen goldbraun ist und sich etwas von den Seiten des Backblechs gelöst hat.
5. Inzwischen in einer Kasserolle auf der heißen Herdplatte den Zucker in Wasser auflösen, den Zitronensaft zugeben und aufkochen. Bei mittlerer Hitze 20 Minuten kochen, dann abkühlen lassen.
6. Wenn der Kuchen fertig ist, den abgekühlten Sirup über den heißen Kuchen gießen. Der Kuchen wird gleichmäßiger mit dem Sirup getränkt, wenn die Oberfläche vorher mit einem feinen Spieß eingestochen wird.
7. Den Kuchen im Blech abkühlen lassen, dann in Vierecke oder rautenförmige Stücke schneiden.

Karithopita

Walnußkuchen

Backzeit: 45 Minuten
Ofentemperatur: 180° C

125 g Butter
¾ Tasse feiner Zucker
4 Eier, getrennt
1 ½ Tassen Weizenmehl
4 Teelöffel Backpulver
1 Teelöffel Zimt
1 Prise Salz
2 Tassen fein gehackte Walnüsse

Sirup:
1 ½ Tassen Zucker
1 ½ Tassen Wasser
1 Stück Stangenzimt
1 Teelöffel Zitronensaft
1 Eßlöffel Brandy

1. Die Butter mit dem Zucker schaumig rühren, Eigelb zugeben und gut verquirlen.
2. Das Mehl, Backpulver, Zimt und Salz zweimal sieben.
3. Das Eiweiß steifschlagen.
4. Das gesiebte Mehl in die schaumige Mischung rühren, dann etwa 1 Drittel des steifgeschlagenen Eischnees untermischen.
5. Die geriebenen Walnüsse zugeben, zum Schluß den restlichen Eischnee, der mit einem Metallöffel gleichmäßig und schnell untergemischt wird.
6. Den Teig gleichmäßig in einer mit Butter eingefetteten feuerfesten Form (23 × 30 cm) verteilen und im Ofen bei mittlerer Hitze 45 Minuten backen oder länger, bis er durchgebacken ist.
7. Inzwischen den Zucker mit Wasser in einem Topf auf der heißen Herdplatte auflösen, die Zimtstange und den Zitronensaft zufügen und aufkochen. 10 Minuten lang kochen lassen, von der Herdplatte nehmen, den Brandy unterrühren, abkühlen lassen und in einen Krug seihen.
8. Den kalten Sirup gleichmäßig auf dem warmen Kuchen verteilen und den Kuchen abkühlen lassen. In Vierecke oder rautenförmige Stücke schneiden. Schmeckt köstlich mit ungesüßter Schlagsahne.

Kopenhai

Kopenhagener Mandeltorte

28–30 Stück
Ofentemperatur: 190° C, dann 180° C
Backzeit: 1 Stunde

Teig:
¾ Tasse Butter
¼ Tasse Zucker
geriebene Schale von 1 Orange
2 Eigelb
2 ½ Tassen Mehl
1 Prise Salz

Mandelfüllung:
6 Eier, getrennt
½ Tasse feiner Zucker
¼ Teelöffel Mandelöl
¼ Tasse Weizenmehl
½ Teelöffel Backpulver
2 Tassen gemahlene Mandeln
1 Prise Salz

Für die Fertigstellung der Torte:
8 Lagen Strudelteig
¼ Tasse zerlassene Butter
2 Tassen grober Zucker
1 Tasse Wasser
1 dünner Streifen Orangenschale
1 dünner Streifen Zitronenschale
2 Teelöffel Zitronensaft
2 Stücke Stangenzimt

1. Butter und Zucker zusammen mit der geriebenen Orangenschale schaumig rühren; das Eigelb einrühren. Mehl und Salz sieben und in die Buttermischung zu einem weichen Teig rühren.
2. Eine Backform (Tapsi) von 20 cm Durchmesser oder eine feuerfeste Form von 25 × 30 cm Größe leicht einfetten. Den Teig auf einem bemehlten Brett ausrollen und in die Form legen. Man kann den Teig auch ohne Ausrollen in der Form verteilen und ihn mit den Fingern auf den Boden und an den Seiten andrücken und mit einem Glas glätten.
3. Im Ofen bei mittlerer Hitze 15–20 Minuten backen, bis der Teig etwas Farbe angenommen hat. Aus dem Ofen nehmen und abkühlen lassen.
4. Für die Mandelfüllung das Eigelb mit Zucker und dem Mandelöl schlagen, bis die Masse dick und leicht ist.
5. Das Mehl mit dem Backpulver sieben und mit den gemahlenen Mandeln mischen; diese Mischung leicht mit dem geschlagenen Eigelb verrühren.
6. Das Eiweiß mit der Prise Salz steifschlagen und vorsichtig unter die Mandelmischung heben. Über den vorgebackenen Teig gießen.
7. Auf einer ebenen Fläche eine Lage Strudelteig mit Butter bestreichen, mit einer weiteren Lage bedecken und diese ebenfalls mit Butter bestreichen. So fortfahren, bis alle Lagen Strudelteig aufgebraucht sind. Die oberste Lage nicht mit Butter bestreichen.
8. Die Strudelteiglagen auf die Mandelfüllung legen und die Ränder mit einer Küchenschere zurechtschneiden, daß sie auf die Torte passen.
9. Die Oberseite mit der restlichen Butter bestreichen. Mit einem scharfen Messer oder einer Rasierklinge die obersten 2 oder 3 Lagen in Abständen von 4 cm einschneiden.
10. Im Ofen bei mittlerer Hitze 45 Minuten backen, bis die Oberseite goldgelb und die Füllung durchgebacken ist.
11. Inzwischen in einem Topf bei mittlerer Hitze den Zucker in Wasser auflösen, Orangen- und Zitronenschale, Zitronensaft und Stangenzimt zufügen und aufkochen. 10 Minuten kochen lassen, durchseihen und abkühlen.
12. Wenn die Torte gebacken ist, durch die Schlitze im Strudelteig bis zur Teigunterlage durchschneiden. Den abgekühlten Sirup über die heiße Torte gießen, abkühlen lassen. Die Torte dann noch mehrmals diagonal durchschneiden, um rautenförmige Stücke zu erhalten.

Pastelli

Sesam-Honig-Bonbons

30 Stück
Kochzeit: 35–40 Minuten

1 Tasse Zucker
¼ Tasse Wasser
1 Tasse Honig
2 Tassen Sesamkörner

1. In einem schweren Topf den Zucker mit Wasser und Honig vermischen. Bei niedriger Hitze gelegentlich rühren, bis sich der Zucker auflöst.
2. Die Herdplatte auf Mittelhitze stellen und die Zuckermischung zum Kochen bringen. Etwa 15 Minuten kochen lassen, dann sollte der Sirup ein Stadium erreicht haben, daß ein Tropfen davon in kaltem Wasser ein weiches Kügelchen bildet. Die Temperatur sollte 115° C betragen.
3. Die Sesamkörner einrühren und wieder zum Kochen bringen. 15 Minuten lang kochen lassen, bis die Körner goldgelb sind und der Sirup in kaltem Wasser eine feste Kugel bildet, 130° C. Vorsicht, nicht zu lange kochen lassen: wenn die Sesamkörner zu stark bräunen, geht das Aroma verloren.
4. Die Masse in ein mit Öl bestrichenes flaches Kuchenblech (18 × 28 cm) oder auf eine geölte Marmorplatte gießen, wo die Masse mit Hilfe eines Spachtels zu einem Rechteck dieser Größe geformt wird.
5. Wenn die Masse fast erkaltet ist, in Quadrate, Dreiecke oder Rechtecke schneiden. Noch einmal zerschneiden, wenn die Masse ganz kalt ist, und die Stücke in Wachspapier oder Zellophan einwickeln.

Tahinopita

Tahini-Kuchen

Dieser Kuchen wird häufig während der Fastenzeit gebacken, da er keine tierischen Produkte enthält. Anstelle von Tahina kann Erdnußbutter, die weiche, cremige Sorte, verwendet werden.

Ofentemperatur: 180° C
Backzeit: 45–60 Minuten

1 Eßlöffel pflanzliche Margarine oder Erdnußöl
1 Tasse Tahina (siehe Glossar)
1 Tasse feiner Zucker
geriebene Schale von 1 Orange
¾ Tasse durchgeseihter Orangensaft
2 ¼ Tassen Weizenmehl
1 Prise Salz
3 Teelöffel Backpulver
½ Teelöffel Natron
½ Teelöffel gemahlenes Piment
½ Tasse fein gehackte Walnüsse
½ Tasse Sultaninen (weiße Rosinen)

1. Eine Rehrückenform von 20 cm Länge oder ein Kuchenblech mit 20 × 30 cm Größe mit zerlassener Margarine oder Öl einstreichen. Bis zum Gebrauch im Kühlschrank kaltstellen.
2. Das Tahina mit Zucker und Orangenschale 10 Minuten lang schlagen, dann nach und nach den Orangensaft hineinrühren.
3. Das Mehl mit den anderen trockenen Zutaten zweimal durchsieben und in die Tahina-Mischung rühren. Walnüsse und Sultaninen untermischen.
4. Das kalte Kuchenblech mit Mehl bestäuben und den Teig hineingeben. Den Teig gleichmäßig verteilen und mit der Unterseite des Kuchenblechs auf die Tischplatte klopfen, damit sich der Teig setzt.
5. Im Ofen bei mittlerer Hitze 55–60 Minuten (Rehrückenform) bzw 45 Minuten (Kuchenblech) backen. Dann den Kuchen mit der Form auf einen Rost stürzen und 2–3 Minuten ruhen lassen, bevor die Form vom Kuchen gehoben wird. Den Kuchen abkühlen lassen und in Scheiben oder Vierecke schneiden. Übriggebliebene Stücke in einem geschlossenen Behälter aufbewahren.

Finikia

Grieß-Honig-Plätzchen

60 Stück
Ofentemperatur: 180° C
Backzeit: 25 Minuten

125 g Butter
½ Tasse feiner Zucker
geriebene Schale von 1 Orange
½ Tasse Mais- oder Erdnußöl
2 ½ Tassen Weizenmehl
4 Teelöffel Backpulver
1 ½ Tassen feiner Grieß
1 Teelöffel Zimt
1 Prise gemahlene Nelken
½ Tasse Orangensaft
geröstete Sesamkörner oder gehackte Walnüsse zum Servieren

Sirup:
1 Tasse Wasser
1 Tasse Zucker
½ Tasse Honig
1 Stück Stangenzimt
2 Teelöffel Zitronensaft

1. Die Butter mit dem Zucker und der geriebenen Orangenschale schaumig rühren. Nach und nach das Öl zugeben und weiter mit höchster Geschwindigkeit schlagen, bis die Mischung die Konsistenz von Schlagsahne hat.
2. Das Mehl mit dem Backpulver zweimal durchsieben und mit dem Grieß und den Gewürzen mischen. Abwechselnd mit dem Orangensaft in die cremige Mischung rühren. Dann mit den Händen zu einem festen Teig kneten.
3. Jeweils 1 Eßlöffel des Teigs zu einem Oval formen, auf ungefettete Backbleche legen und die Enden zusammendrücken (Torpedoform).
4. Im Ofen bei mittlerer Hitze 25 Minuten backen, bis die Plätzchen goldbraun und knusprig sind. Auf dem Backblech abkühlen lassen.
5. In einem Topf auf der heißen Herdplatte Wasser und Zucker verrühren, bis sich der Zucker aufgelöst hat. Honig, Zimtstange und Zitronensaft zufügen und zum Kochen bringen. 10 Minuten bei mittlerer Hitze kochen lassen, dann die Zimtstange herausnehmen.
6. Während der Sirup kocht, jeweils 3 Plätzchen gleichzeitig in den Sirup tauchen, darin wenden und auf einen Rost legen, der auf einer Schale liegt. Alle Plätzchen in Sirup tauchen, die serviert werden sollen. Den Rest in einem geschlossenen Behälter für späteren Gebrauch aufbewahren.
7. Die getränkten Plätzchen mit Sesamkörner oder gehackten Walnüssen bestreuen und servieren.

Amigthalota

Mandel-Birnen

Amigthalota ist eine Spezialität der Insel Ithra (Hydra). Das Würzen dieser Mandeldelikatessen mit Rosen- oder Orangenblütenwasser ist Geschmackssache. Wenn Sie diese Aromen mögen, lassen Sie die Zitronenschale bei der Zubereitung weg. Mit jedem Aroma ist Amigthalota eine ausgezeichnete Beilage zum After-Dinner-Kaffee. In kleinen Gebäckschalen reichen.

30 Stück
Backzeit: 20 Minuten
Ofentemperatur: 160° C

3 Tassen gemahlene Mandeln
½ Tasse Puderzucker, gesiebt
¼ Tasse Eiweiß (von ca. 2 Eiern)
½ Teelöffel geriebene Zitronenschale, nach Wunsch
2 Tropfen Mandelöl
ganze Nelken
zusätzlicher Puderzucker
Rosen- oder Orangenblütenwasser, nach Wunsch

1. Die gemahlenen Mandeln mit dem Puderzucker, der nach dem Durchsieben abgemessen wird, vermischen.
2. Das leicht geschlagene Eiweiß mit der Zitronenschale – falls verwendet – und Mandelöl zugeben. Mit den Händen zu einem festen Teig vermischen.
3. Die Hände waschen und mit etwas Butter einreiben, damit der Teig beim Formen nicht klebt. Walnußgroße Stückchen vom Teig abbrechen und zu kleinen Birnen formen.
4. In jede Birne eine ganze Nelke als Stiel stecken und die Birnen aufrecht auf ein eingefettetes und bemehltes Backblech stellen.
5. Im Ofen bei mäßiger Hitze 20 Minuten backen, mit Papier abdecken, wenn sich die Oberseiten zu bräunen beginnen.
6. 2 Tassen Puderzucker in eine Schüssel sieben und die heißen Birnen darin eintauchen. Auf Wunsch die Birnen vorher mit etwas Rosen- oder Orangenblütenwasser bestreichen. Zum Abkühlen auf einen Rost legen.
7. Den restlichen Puderzucker aus der Schüssel in einen Behälter sieben und die abgekühlten Mandel-Birnen aufrecht nebeneinander hineinstellen.
8. Noch mehr Puderzucker über die Mandel-Birnen sieben, den Behälter verschließen und einen oder zwei Tage stehenlassen, bevor das Konfekt serviert wird.

Glyko Portokali

Eingemachte Orangenrollen

6 große Orangen mit dicker Schale
Wasser
3 Tassen Zucker
1 Eßlöffel Zitronensaft

1. Die ganze Oberfläche jeder Orange leicht abreiben. Die Schale tief in 6 Abschnitte einschneiden und die Schalenstücke vorsichtig abziehen.
2. Jedes Schalenstück fest einrollen, durch jede Rolle eine Nadel mit einem langen Faden führen, an der ersten Rolle befestigen. Wenn 12 Rollen aufgefädelt sind, die Enden zusammenbinden, so daß sich ein Kreis aus Rollen bildet.
4. Die Rollen in einem Topf mit kaltem Wasser bedecken und zum Kochen bringen. Bei milder Hitze 45–60 Minuten kochen lassen, bis die Schalen gar sind. Abtropfen lassen und auf Küchenkrepp legen.
5. In einem sauberen Topf den Zucker in 3 Tassen Wasser auflösen und zum Kochen bringen. Zitronensaft zufügen und den Sirup 5 Minuten kochen lassen.
6. Die aufgezogenen Orangenrollen hineingeben und 10 Minuten kochen. Wenn nötig, den Schaum abschöpfen. Von der Herdplatte nehmen, zudekken und über Nacht stehenlassen.
7. Am nächsten Tag den Topfinhalt wieder zum Kochen bringen und bei milder Hitze 15–20 Minuten kochen lassen, oder bis der Sirup fest wird, wenn man ihn auf eine kalte Untertasse gibt.
8. Ein wenig abkühlen, die Fäden entfernen und die Rollen mit dem Sirup in sterilisierte Gläser füllen. Nach dem Erkalten verschließen und an einem kühlen Ort aufbewahren.

Kythoni Peltes

Quittengelee

Die folgende Methode kommt Ihnen vielleicht kompliziert vor. Schalen und Gehäuse werden getrennt gekocht, um das Pektin zu erhalten, das für das Gelieren erforderlich ist. Natürlich können Sie ohne große Mühe die Quitten mit Schalen und Gehäuse kochen, doch die Griechen werfen nichts weg: das Fruchtfleisch, das nach der Geleeherstellung übrigbleibt, ergibt ein köstliches Konfekt: Kythonopasto (Quittenmark), so daß es sich lohnt, das Fruchtfleisch für diesen Zweck frei von Schalen und Gehäusen zu erhalten.

Kochzeit: 2 Stunden

1 kg Quitten
4 Tassen Wasser
grobkörniger Zucker
2 Teelöffel Zitronensaft
2 Rosengeraniumblätter

1. Die Quitten gründlich waschen, um den Flaum zu entfernen. Schälen und das Gehäuse herausschneiden. Die Quitten in den Einmachtopf schneiden und 2 Tassen Wasser zugeben. Beiseitestellen, machen Sie sich keine Sorgen, wenn die Quitten sich verfärben.
2. Die Schalen und Gehäuse in einen Topf zusammen mit den restlichen 2 Tassen Wasser geben und 30 Minuten kochen. Durchseihen und die Flüssigkeit mit Wasser wieder auf die Menge von 2 Tassen auffüllen.
3. Die Flüssigkeit von den Schalen und Gehäusen zu den Quittenstücken im Topf geben. Zum Kochen bringen und bei milder Hitze 1 Stunde kochen lassen, bis das Quittenfleisch sehr zart ist.
4. Ein großes Stück Käseleinen oder doppelten Buttermusselin überbrühen, auswringen und über eine hohe Schüssel legen.
5. Die gekochen Quitten mit der Flüssigkeit in das Tuch gießen und die Enden hochnehmen. Mit einer Schnur zubinden und über der Schüssel aufhängen, so daß der Saft langsam in die Schüssel tropfen kann. 24 Stunden stehenlassen. Den Beutel nicht ausdrücken, um das Abtropfen zu beschleunigen, das würde das Gelee trüben.
6. Den Saft abmessen und in einen sauberen Einmachtopf gießen. Auf jede Tasse Saft 2 ½ Tassen Zucker zufügen. Auf der heißen Herdplatte rühren, bis sich der Zucker aufgelöst hat, Zitronensaft und die gewaschenen Geraniumblätter zufügen und zum Kochen bringen.
7. Bei starker Hitze 25 Minuten lang kochen, öfters den Schaum abschöpfen. Einen Teelöffel des Gelees prüfen, das man auf eine Untertasse gibt und abkühlen läßt. Mit dem Finger über die Oberfläche des Gelees auf der Untertasse streichen: der Gelierpunkt ist erreicht, wenn sich die Oberfläche kräuselt. Es ist zu empfehlen, währenddessen den Topf mit dem Gelee von der Herdplatte zu nehmen, damit das Gelee nicht zu lange gekocht wird.
8. Die Blätter aus dem Gelee nehmen und das heiße Gelee mit einer Schöpfkelle in heiße, sterilisierte Gläser füllen. Nach dem Abkühlen die Gläser verschließen.

Kythoni Xysto

Geriebenes Quittenmark

Kochzeit: 1 ½ Stunden

4 Quitten, etwa 1 kg
3 Tassen Wasser
4 Tassen Zucker
2 Streifen dünn geschälte Zitronenschale
1 Stück Stangenzimt oder
 2 Rosengeraniumblätter
¼ Tasse blanchierte Mandelhälften, geröstet
2 Eßlöffel Zitronensaft

1. Die Quitten gründlich waschen und den Flaum vollständig abreiben. Schälen, vierteln und das Gehäuse herausschneiden.
2. Schalen und Gehäuse mit 2 Tassen Wasser in einen Topf geben und 20 Minuten kochen.
3. Die Quittenviertel reiben und mit dem restlichen Wasser in einen schweren Einmachtopf geben. Beiseitestellen, bis die Schalen gekocht sind. Machen Sie sich keine Sorgen, wenn sich die geriebenen Quitten verfärben.
4. Die Flüssigkeit vom Auskochen der Schalen in einen Meßbecher durchseihen und mit Wasser auf die Menge von 2 Tassen auffüllen. Diese Flüssigkeit zusammen mit dem Zucker, der Zitronenschale, dem Stangenzimt oder den gewaschenen Rosengeraniumblättern zu den geriebenen Quitten geben.
5. Auf einer Herdplatte bei mittlerer Hitze gelegentlich mit einem Holzlöffel umrühren, bis der Zucker aufgelöst ist.
6. Zum Kochen bringen und bei starker Hitze 1 Stunde oder so lange kochen, bis die Flüssigkeit geliert (Untertassenprobe).
7. Mandeln und Zitronensaft einrühren und noch 1 Minute kochen. Mit einer Schöpfkelle in heiße, sterilisierte Gläser füllen und verschließen, wenn das Gelee abgekühlt ist.

Anmerkung: Da die Schalen und das Gehäuse Pektin enthalten, das Geliermittel für Gelees und Marmeladen, ist es zu empfehlen, diese auszukochen, um das Pektin zu erhalten.

Glyko Karpouzi
Marmelade aus Wassermelonenschalen

Kochzeit 1 ½–1 ¾ Stunden

1 kg Wassermelonenschalen
Wasser
3 Tassen Zucker
2 kleine Stücke Stangenzimt
1 dünner Streifen Zitronenschale
2 Eßlöffel Zitronensaft
¼ Tasse Honig
½ Tasse blanchierte Mandelhälften, geröstet

1. Von der Wassermelonenschale alle rosa Fruchtfleischreste entfernen. Die grüne Schale schälen. Das feste weiße Fleisch in 2 cm dicke Würfel schneiden.
2. Die Würfel in einen Einmachtopf geben und mit kaltem Wasser bedecken. Zum Kochen bringen und eine Stunde kochen lassen, bis die Schalenstücke glasig sind. Abtropfen lassen.
3. 3 Tassen Wasser mit Zucker, Stangenzimt, Zitronenschale, 1 Eßlöffel Zitronensaft und Honig in den Topf geben und auf der heißen Herdplatte rühren, bis sich der Zucker aufgelöst hat. Zum Kochen bringen und Schaum abschöpfen, wenn nötig.
4. Die abgetropften Wassermelonenschalenstücke zugeben, wieder zum Kochen bringen und 15 Minuten bei milder Hitze kochen lassen. Von der Herdplatte nehmen, zudecken und 12 Stunden oder über Nacht stehenlassen.
5. Bei mittlerer Hitze wieder zum Kochen bringen und solange kochen, bis der Sirup fest wird, wenn man ihn auf einer kalten Untertasse prüft. Zimtstange und Zitronenschale herausnehmen.
6. Den restlichen Zitronensaft und die gerösteten Mandelhälften zugeben, 1 Minute kochen lassen, dann mit der Schöpfkelle in warme, sterilisierte Gläser füllen. Nach dem Abkühlen die Gläser schließen.

Lemoni Glace
Kandierte Zitronenschale

Die Anweisung für Portokali Glace befolgen, anstelle der Orangen 4–6 dickschalige Zitronen, je nach Größe, verwenden. Die Schalen zu Dreiecken schneiden, wie im Rezept für Lemoni Glyko (Seite 76) angegeben.

Kythonopasto
Quittenmark

Kochzeit: 45–50 Minuten

Fruchtfleisch vom Quittengelee (Seite 74)
grobkörniger Zucker
Wasser
Lorbeerblätter
feiner Zucker

1. Das Quittenfruchtfleisch in der Küchenmaschine pürieren oder durch ein Sieb streichen.
2. Das Püree abmessen und in einen schweren Topf geben. Auf jede Tasse Quittenpüree 1 Tasse Zucker und ¼ Tasse Wasser zufügen.
3. Auf eine Herdplatte mit mittlerer Hitze stellen und gelegentlich umrühren, bis sich der Zucker aufgelöst hat.
4. Zum Kochen bringen, dann 40–45 Minuten gleichmäßig kochen lassen, gelegentlich umrühren, damit das Mark gleichmäßig durchkocht. Vorsicht, daß es nicht anbrennt!
5. Wenn das Mark gar ist, löst es sich von der Topfwand und hat eine dunkelrote Farbe. Solange es noch heiß ist, etwa 2 cm dick auf ein eingeöltes Backblech streichen.
Bei Zimmertemperatur mit einem leichten Tuch bedeckt etwa 2–3 Tage auf dem Blech stehenlassen.
6. Wenn das Mark trocken und fest ist, mit einem eingeölten Messer in kleine rautenförmige Stücke schneiden. Die Stücke herausnehmen und mit Lorbeerblättern dazwischen in einen Behälter geben. Dicht verschließen.
7. Vor dem Servieren die Oberseiten der Markstücke leicht in feinen Zucker tauchen. Kythonopasto hält sich bei Zimmertemperatur praktisch unbegrenzt und wird gewöhnlich anstelle einer Süßspeise, die mit dem Löffel gegessen wird, mit einem Glas Eiswasser gereicht.

Frapa Glyko
Eingemachte Grapefruit-Rollen

Anstelle der Orangen 4 dickschalige Grapefruit verwenden (Rezept für Glyko Portokali, Seite 73). Nach dem Abreiben die Schale in Sechstel oder Achtel schneiden, je nach Größe der Früchte. Den Anweisungen nach vorgehen, mit einer Ausnahme: die Rollen müssen viermal statt dreimal gekocht werden (siehe Schritt 3).

Lemoni Glyko
Eingemachte Zitronenschale

Wieder das Rezept für Glyko Portokali befolgen, die Orangen durch 6 dickschalige Zitronen ersetzen. Die Schale nach dem Abreiben in Viertel schneiden, dann jedes Viertel halbieren, das ergibt 8 Dreiecke aus jeder Zitronenschale. Die Dreiecke nicht einrollen und auffädeln – das Rezept erst von Schritt 3 an befolgen. Als Alternative können auch Rollen hergestellt werden. Dazu werden die Schalenviertel ganz gelassen, gekocht und abgetropft wie in Schritt 3 beschrieben. Sie sind dann weich genug, um eingerollt und aufgefädelt zu werden. Mit Schritt 4 fortfahren.

Portokali Glace
Kandierte Orangenschale

4 große, dickschalige Orangen
4 Tassen grobkörniger Zucker
2 Tassen Wasser
2 Eßlöffel flüssiger Traubenzucker oder
¼ Tasse leichter Maissirup

1. Die Orangenschalen vorbereiten, wie im Rezept für Glyko Portokali (Seite 73), Schritt 1 bis 4, vorgeschrieben.
2. In einem Topf bei mittlerer Hitze den Zucker in 2 Tassen Wasser auflösen. Den flüssigen Traubenzucker oder Maissirup zugeben und zum Kochen bringen. Die aufgefädelten Rollen zugeben und erneut zum Kochen bringen.
3. 10 Minuten bei milder Hitze kochen lassen, wenn nötig den Schaum abschöpfen. In eine Schüssel geben und 24 Stunden stehenlassen, so daß die Schalen den Zucker aufnehmen können.
4. Den Sirup zurück in den Topf abgießen, bei mittlerer Hitze 10 Minuten kochen lassen.
5. Die Fäden aus den Rollen entfernen und den Sirup über die Rollen in der Schüssel gießen. Einen umgedrehten Teller auf die Rollen legen, damit sie vom Sirup bedeckt bleiben, und weitere 24 Stunden stehenlassen.
6. Den Sirup wieder zurück in den Topf gießen und 5 Minuten kochen lassen. Die Rollen zugeben, wieder zum Kochen bringen und weitere 5 Minuten kochen lassen. Wieder in die Schüssel füllen und, wie in Schritt 5 beschrieben, noch einmal 24 Stunden stehenlassen.
7. Einen Rost über eine Schale legen und die Rollen darauflegen, damit sie abtropfen. An einem warmen Ort 48 Stunden lang trocknen lassen. Dann in einem verschlossenen Behälter aufbewahren.

Frapa Glace
Kandierte Grapefruitrollen

Die Anweisungen für kandierte Orangenschale befolgen; anstelle von Orangen 3 Grapefruit verwenden. Kochen und das Wasser viermal wechseln, bevor die Schale weich gekocht wird. Weiter mit Schritt 2.

Zypern

Da meine Eltern von der griechischen Insel Kythera stammen, habe ich mich immer zu den Bewohnern Zyperns hingezogen gefühlt, denn beide Inseln erheben Anspruch auf die Göttin Aphrodite als »ihre« Göttin. Nach der Legende entstieg Aphrodite dem Meer und ging nach Kythera, später nach Zypern. Die Zyprer berufen sich auf eine andere Version. Für die Romantiker unter ihnen ist Zypern die Insel der Aphrodite – und wirklich könnte es für eine Insel, die mit solcher Schönheit gesegnet ist, kein besseres Symbol geben.

Bevor ich das erstemal nach Zypern kam, war ich der irrigen Meinung, daß die zyprische und griechische Küche ein und dasselbe seien. Mir wurde das Gegenteil bewiesen – ich wurde angenehm überrascht.

Eine der interessantesten Speisen auf Zypern ist sicherlich Afelia. Die Grundzutaten können Schweinefleisch, neue Kartoffeln, Pilze oder Artischockenherzen sein; geschmort wird das Gericht mit Rotwein. Unabhängig von den verwendeten Zutaten wird es immer Afelia genannt, also habe ich die Varianten numeriert und richte mich nach der übersetzten Beschreibung, um zwischen ihnen zu unterscheiden.

Ich fand es auch nett, daß gefüllte Weinblattrollen nicht wie in Griechenland Dolmathakia genannt werden, sondern Koupepia, kleine Zigarren.

Die zyprische Küche erscheint als eine glückliche Mischung der griechischen, libanesisch-syrischen und türkischen Küche, allerdings mit einem unverkennbar zyprischen Anstrich. Aufgrund meiner Abstammung ist mir natürlich die griechische Küche am bekanntesten, und ich war froh, in die zyprischen Rezepte viele griechische Rezepte aufnehmen zu können – obwohl beide, Griechenland und Zypern, eine große Vielfalt von Speisen aufweisen, vielleicht aufgrund ihrer Geschichte und ihrer Nähe zum europäischen Kontinent. Nichtsdestoweniger sind die Rezepte in diesem Kapitel typisch zyprisch in ihrer Ausführung, da sie von einer großen Leidenschaft für bestimmte Zutaten wie Zimt und Koriander zeugen.

Um die zyprische Küche und ihre Verarbeitung von Rezepten aus anderen Ländern erkunden zu können, macht man am besten einen Besuch in einer Taverne. Eine Taverne, die wir in Nikosia aufsuchten, serviert ausschließlich »Mezethakia« – davon aber 25 verschiedene Sorten. Sie kamen im Lauf des Abends in unaufhörlicher Folge auf den Tisch: Koupepia, Koupes, Feta- und Haloumi-Käse, Oliven, Tabouleh, Hummus, Tahinosalata, Talattouri, Souvlakia, Miala, Lounza (gegrillt und mit schmelzendem Haloumi belegt), Stifatho, Tavas, Marides (kleine gebratene Fische), Panjaria Salata, rohe Artischockenherzen, Selleriestengel, Gurke, Tomate, Tintenfisch in Wein... Man teilte uns mit, daß wir danach ein gegrilltes Filetsteak bestellen könnten! Die Rezepte für die meisten der ebengenannten Speisen finden Sie im vorliegenden Kapitel über Zypern oder auch in verschiedenen anderen Kapiteln. Die obige Beschreibung sollte für den Rest genügen.

Ein Ausflug auf den Markt von Nikosia bereicherte mich mit weiteren Einblicken in die Einzigartigkeit zyprischer Speisen. Unsere Führerin, die behauptete, keine gute Köchin zu sein, erzählte mir eine Menge über die Zubereitung von Gemüsen. Ein Rezept, das mich besonders fesselte, war Kolokassi, das Sie im Rezeptteil finden.

Die Vorliebe der Zyprer für Schweinefleisch spiegelt sich auf ihren Fleischmärkten wider. Die Zyprer machen einen Schinken, den sie Hiromeri nennen und der dem italienischen »Prosciutto« sehr ähnlich ist, und Lounza, gepökeltes und geräuchertes Schweinefilet. Die obige Erwähnung von Lounza mit Haloumi-Käse ist eigentlich schon das ganze Rezept, und Lounza gibt es in griechischen und zyprischen Lebensmittelläden zu kaufen.

In dem kleinen Dorf Kakopetria erfuhr ich etwas über die Herstellung zyprischer Würste. Die in diesem Dorf angewandte Methode verlangt das tagelange Tränken des Schweinefleisches und der Gewürze in Rotwein – und das bei Zimmertemperatur! Mit Rücksicht auf Ihre Gesundheit gebe ich das Rezept an, das von zyprischen Metzgern angewandt wird; Sie können es vertrauensvoll befolgen.

Dieselbe Köchin gab mir ihr Rezept zur Herstellung von eingemachten grünen Walnüssen. Das Verfahren ist langwierig, es lohnt sich aber, es auszuprobieren. Einer unserer Freunde erinnerte sich an seine Kindertage in Zypern, wenn er und seine Freunde zum Schälen der Walnüsse abkommandiert wurden. Für sie war es ein Riesenspaß, vier Tage lang mit schwarzen Händen herumzulaufen. Mir ist das auch passiert – ich fand es aber gar nicht spaßig! Gummihandschuhe sind also dringend zu empfehlen.

Die Brote auf Zypern weisen einige interessante Varianten auf, obwohl sie den griechischen Broten ähnlich sind. Haloumopsomi wird mit Brocken von Haloumi-Käse gefüllt. Diesen Käse kann man selbst herstellen. Sie finden anschließend ein Rezept dafür; er ist jedoch auch in griechischen und zyprischen Lebensmittelläden und in Käsefachgeschäften erhältlich. Derselbe Käse wird – mit Cheddam und anderen Zutaten kombiniert – als Füllung für Flaounes (Osterkäsegebäck) mit einer Kruste aus Hefeteig verwendet. Ein anderes typisches zyprisches Brot ist Elioti mit eingebackenen Zwiebeln und schwarzen Oliven. Sowohl Haloumopsomi als auch Elioti können aus tiefgefrorenem Brotteig zubereitet werden; die Rezepte enthalten die entsprechenden Angaben.

Würze und Duft zyprischer Speisen

Während die Verwendung von Olivenöl fast genauso weit verbreitet ist wie in Griechenland, zieht die zyprische Hausfrau für die Zubereitung vieler Speisen Maisöl vor. Butter wird als Luxusnahrungsmittel betrachtet und nur für die Herstellung griechischer Gebäcke und Kuchen verwendet. Typisch zyprische Kuchen und Plätzchen enthalten oft Schmalz oder Maismehl, zum Beispiel die Lokoumia Parayemista, ähnlich wie das Ma'amoul im Libanon, die in großen Mengen hergestellt werden, besonders für die Festlichkeiten vor einer Hochzeit. In Zypern werden diese Gebäckstücke mit Schmalz zubereitet, ausgewanderte Zyprer ziehen jedoch die Verwendung von Butter vor, was auch für mich zutrifft.

Während in Griechenland die Verwendung von Kassienrinde anstelle von Zimt üblich ist, wird in Zypern Stangenzimt mit seinem etwas feineren Aroma bevorzugt. Dieser wird in Stangen oder Röhrchen verkauft, so wie er auch im allgemeinen in der westlichen Küche verwendet wird. Eine gute zyprische Hausfrau zieht es vor, die Rinde zu einem Pulver zu zerstoßen, anstatt gemahlenen Zimt zu kaufen.

Koriander, ein in Südeuropa heimisches Gewürz, ist das

beliebteste Gewürz. Sowohl die Blätter als auch die getrockneten Körner werden in Mengen verwendet.

Die Zyprer sind stolz darauf, daß sie Selbstversorger sind, und in ländlichen Gegenden bereiten sie ihren eigenen Pourgouri (Burghul), Haloumi- und Anari-Käse, Schinken und eine Mehlspeise mit der Bezeichnung Trahana zu. Diese wird aus gesäuerter Milch und gemahlenem Weizen zubereitet, ein langwieriges Verfahren. Das Ergebnis sind kleine, viereckige Nudeln. Trahana bildet die Grundlage für Wintersuppen, die mit Hühnerbrühe gekocht, vielleicht mit etwas Tomatenmark gewürzt und zum Schluß noch mit Würfeln von Haloumi-Käse angereichert werden, die in die Suppe gegeben werden, kurz bevor der Topf vom Feuer genommen wird. Trahana wird auch in Griechenland hergestellt, doch wird anstelle des gemahlenen Weizens Grieß verwendet. Trahana ist in griechischen und zyprischen Geschäften erhältlich.

Essen auf zyprische Art

Angesichts ihrer Geschichte ist es für die Zyprer selbstverständlich, ihre Mahlzeiten auf westliche Art einzunehmen. Die Gerichte werden allerdings nicht in verschiedenen Gängen auf den Tisch gebracht. Ein Fleisch-, Fisch- oder Geflügelgericht bildet meist den Hauptteil der Mahlzeit; manchmal wird vorher eine Suppe gereicht. In der Fastenzeit kann ein Gemüsegericht wie Polypikilo, Louvana oder Louvia Mavromatika me Lahana das Fleisch oder Geflügel ersetzen. Als Beilage kann ein Salat aus gekochten grünen Gemüsen mit einer Sauce aus Öl und Zitrone oder eine Mischung von rohen Gemüsen gereicht werden. Oliven, Käse, eingelegtes saures Gemüse, Brot, frisches Obst und Wein vervollständigen das Mahl.

Die zyprische Lebensart ist der der Griechen und Türken sehr ähnlich, was eigentlich nicht überrascht. Ein schöner Brauch in Griechenland und auf Zypern ist das Anbieten von Glyko (Kompott). Diese köstlichen eingemachten Früchte werden von den griechischen und zyprischen Hausfrauen mit Liebe zubereitet, die jeweils die Früchte der Jahreszeit dazu verwenden. Wenn ein Besucher kommt, wird Glyko in kleinen Glas- oder Silbertellerchen mit einem Löffel gereicht, dazu gibt es ein Glas Eiswasser – was sicherlich nötig ist, denn das Kompott ist immer sehr süß. Nach dieser traditionellen Einleitung gibt es dann Kaffee und eine Auswahl von feinem Gebäck.

Kochmethoden

Für das Kochen auf zyprische Art benötigt eine westliche Küche keine besonderen Gerätschaften, denn alle Arten von Töpfen, Pfannen oder Kasserollen können benutzt werden. Auf Zypern können die Küchen ebenso modern wie die Ihre sein oder aber eine Bauernküche mit einem offenen Herd, in dessen Rauchfang Würste und Schinken geräuchert werden können. Hier gibt es auch große Töpfe für die Zubereitung von Zalatina und Haloumi-Käse und Talaria, Flechtkörbe zum Abtropfen von frischem Käse. In ländlichen Gebieten, wo man seine eigenen eingelegten Gemüse, Brote, Trahana, Kompotte und gepökelten Oliven herstellt, sind die Küchen mit großen Geräten und Vorratsgefäßen ausgestattet, die meist aus glasiertem oder unglasiertem Steingut sind, je nach Verwendungszweck.

Der Tapsi, eine runde feuerfeste Form, wird für Braten und süße gebackene Speisen verwendet; in einer Tava, einer unglasierten Terrakotta-Kasserolle, wird ein Gericht dieses Namens zubereitet; ein Saganaki, eine Bratpfanne mit zwei Handgriffen zum Braten von Mezes, kann auf den Tisch gebracht werden. An ihrer Stelle kann jede andere feuerfeste Form, Kasserolle oder Bratpfanne verwendet werden.

Zum Ausrollen von Teig ist ein langer runder Holzstab von Vorteil, da die zyprische Hausfrau Gebäck in großen Mengen zubereitet und ein solcher Holzstab die Verarbeitung wesentlich erleichtert.

Zutaten für die zyprische Küche

Die Rezepte enthalten alle Angaben, und die Zutaten sind leicht erhältlich. Burghul, Reis, Hülsenfrüchte, Nudeln, Grieß sowie Zimt, Korianderblätter und -körner und Haloumi-Käse sind notwendige Bestandteile. Sie werden sehen, daß es nicht schwierig ist, in Ihrer Küche zyprische Gerichte zuzubereiten.

Haloumi

Haloumi-Käse

Haloumi ist ein beliebter Käse in Zypern, Griechenland und im Libanon. In Zypern wird er häufig selbst gemacht, wenn viel Milch vorhanden ist. Normalerweise wird Schafmilch verwendet, aber auch Kuhmilch ergibt ein befriedigendes Resultat.
Für die Käseherstellung im eigenen Haushalt werden in Zypern geflochtene Körbe, Talaria genannt, für das Abtropfen der Quarkmasse verwendet. Ein mit feinem Musselin ausgelegter Durchschlag dient diesem Zweck genauso gut.
Die mit der im folgenden Rezept angegebenen Milchmenge hergestellte Käseportion ist für die damit verbundene Mühe recht klein; wenn Sie jedoch größere Mengen herstellen wollen, nehmen sie 1 Labtablette pro Liter Milch.
Wenn Sie Haloumi-Käse auf libanesische Art haben wollen, bestreuen Sie den Käse nach dem Salzen mit Schwarzkümmel anstelle von getrockneter Minze.

Für 250 g Haloumi
3 Labtabletten
2 Eßlöffel kaltes Wasser
8 Tassen Vollmilch, nicht homogenisiert
gutes Kochsalz
1 Teelöffel getrocknete Minze

1. Die Labtabletten in einem kleinen Napf zerdrücken, kaltes Wasser zufügen und umrühren, bis die Tabletten sich aufgelöst haben.
2. Die Milch in einen großen Topf gießen und auf Körperwärme (nicht mehr als 38° C) erwärmen. Die aufgelösten Labtabletten zufügen und kurz umrühren (nur einige Sekunden). Den Topf zudecken und an einem warmen Ort 30 Minuten stehenlassen, bis die Milch fest wird.
3. Mit einem Schneebesen umrühren und abwarten, bis sich die Masse wieder gesetzt hat.
4. Einen Durchschlag mit einem zusammengefalteten Stück feinem Musselin auslegen und über ein hohes Gefäß stellen. Die Quarkmasse in den Durchschlag füllen, die Molke sammelt sich im Gefäß darunter an.
5. Wenn die Quarkmasse gut abgetropft ist, das Tuch mit der Quarkmasse auf ein sauberes Hackbrett legen, das man über die Spüle legt. Den Quark mit der Hand zu einem etwa 2 cm dicken Quadrat formen, das Tuch darüber einschlagen und mit der Hand sanft drücken. Das Brett an einem Ende etwas anheben, so daß die restliche Molke ablaufen kann. 1 ½ bis 2 Stunden stehenlassen.
6. Die gesammelte Molke in den zuerst verwendeten Topf geben und zum Kochen bringen.
7. Wenn die Quarkmasse gut abgetropft und fest ist, das Stück in vier Teile schneiden und diese Stücke vorsichtig in die kochende Molke geben. Solange kochen lassen, bis die Käsestücke schwimmen, von der Herdplatte nehmen und 5 Minuten ruhen lassen.
8. Etwa ¼ Tasse Salz auf einem Teller bereitstellen und die Minze zu Flocken zerbröseln.
9. Die Käsestücke einzeln mit einer Eierkelle herausnehmen und auf ein Brett legen. Noch während sie heiß sind, die Stücke mit der Hand etwas flacher drücken. Mit Küchenkrepp trockentupfen. Die Stücke mit jeder Seite in das Salz legen, auf jede Seite etwas Minze streuen, das Käsestück dreifach zusammenklappen, damit die Minze eingeschlossen ist, und den Käse mit der Hand zusammendrücken, damit er in Form bleibt. Dieser Schritt muß ausgeführt werden, solange der Käse warm und formbar ist.
10. Den Käse in ein steriles Glas packen. 2 Eßlöffel Salz in 2 Tassen Molke auflösen und über den Käse gießen. Verschließen und an einem kühlen Ort aufbewahren. Der Käse kann gegessen werden, wenn er frisch gemacht ist, oder in der salzigen Molke 6 Wochen lang aufgehoben werden, um zu reifen.

Anari

Hüttenkäse

Anari ist ein Molkekäse ähnlich dem italienischen Ricotta. Wenn in der zyprischen Küche Haloumi zubereitet wird, wird die Molke für Anari verwendet, bevor der Haloumi fertig ist.

Molke von der Zubereitung von Haloumi-Käse
4 Tassen Vollmilch, nicht homogenisiert
3 Teelöffel Zitronensaft, durchgeseiht

1. Bevor die Molke zum Kochen des Haloumi (Schritt 6 des Haloumi-Rezeptes oben) verwendet wird, zum Kochen bringen und Milch und Zitronensaft zugeben.
2. Wieder zum Kochen bringen, dabei ständig mit dem Schneebesen rühren. Die Milch gerinnt oben auf der Molke. Wenn sie nicht gerinnen will, etwas mehr durchgeseihten Zitronensaft zufügen. Von der Herdplatte nehmen und 10 Minuten ruhenlassen.
3. Durch einen mit einem doppelt gefalteten Stück dünnen Musselins ausgelegten Durchschlag durchseihen, die Molke in einem anderen Gefäß auffangen.
4. Wenn die meiste Molke abgetropft ist, den Quark von den Seiten des Tuchs herunterschaben, die Enden zusammennehmen und das Tuch mit einem Bindfaden zusammenbinden. Etwa 2 Stunden oder länger über die Spüle hängen, damit die Käsemasse gründlich abtropft.
5. Dann den Anari in eine Schüssel legen, abdecken und im Kühlschrank kühlstellen. Innerhalb von 2 bis 3 Tagen aufbrauchen.
6. Die aufgefangene Molke in den Topf zurückgeben und mit dem Haloumi-Rezept fortfahren. Eventuell müssen von der Molkeoberfläche feine geronnene Milchteile vom Anari abgeschöpft werden, bevor der Haloumi wieder hineingegeben wird.

Skorthalia

Knoblauchsauce

Ergibt 1 ½ Tassen

4–5 Knoblauchzehen
¼ Tasse weißer Essig
Salz
125 g altbackenes Weißbrot ohne Kruste
½ Tasse gemahlene Mandeln
½ Tasse Olivenöl
1 Eßlöffel Zitronensaft
frisch gemahlener weißer Pfeffer

1. Die halbierten Knoblauchzehen 10 Minuten in Essig legen. Dann den Knoblauch in einen Mörser geben, ½ Teelöffel Salz zufügen und zu einer Paste zerstoßen.
2. Das Brot in kaltem Wasser einweichen und ausdrücken. Fein zerkrümeln und nach und nach mit dem Knoblauch vermischen, dabei etwas Essig dazugeben, damit eine glatte Mischung entsteht.
3. Wenn die Mischung gründlich zerkleinert und glatt ist, in eine Schüssel geben, wenn der Mörser zu klein ist. Nach und nach die gemahlenen Mandeln und das Olivenöl abwechselnd mit dem restlichen Essig hineinrühren. Den Zitronensaft hineinschlagen und nach Geschmack salzen. Wenn die Sauce sehr dick ist, etwas mehr Öl oder Zitronensaft zufügen, je nach gewünschter Würze. Die Sauce sollte die Konsistenz von steifer Mayonnaise haben.
4. In eine Servierschüssel geben und zu gebratenem Fisch, Tintenfisch, geschmorten oder gekochten Gemüsen oder nach Angaben der Rezepte reichen.

Zubereitung in der Küchenmaschine oder im Mixer: Den Knoblauch wie oben angegeben einlegen. Alle Zutaten außer Öl in die Schüssel geben und mit der Maschine verarbeiten, bis die Mischung glatt ist. Nach und nach das Öl hineinschlagen. Abschmecken und in der Maschine rühren, bis die Mischung die gewünschte Konsistenz hat. Nicht zu lange rühren, da die Sauce dadurch zu warm werden und gerinnen könnte.

Saltsa Tomata

Tomatensauce

Ergibt etwa 2 Tassen
Kochzeit: 40 Minuten

1 große Zwiebel, fein gehackt
¼ Tasse Maisöl oder Butter
1 Tasse enthäutete, gehackte Tomaten
½ Tasse Tomatenmark
1 Tasse Brühe oder Wasser
1 Lorbeerblatt
1 großes Stück Stangenzimt
1 Teelöffel Zucker
Salz
frisch gemahlener schwarzer Pfeffer

1. In einem schweren Topf die Zwiebel in Öl oder Butter vorsichtig dünsten. Wenn sie glasig ist, die Tomatenstücke zugeben und weichdünsten.
2. Tomatenmark, Brühe oder Wasser, Lorbeerblatt, Stangenzimt, Zucker und Salz sowie Pfeffer nach Geschmack zufügen. Aufkochen lassen, zudekken und bei schwacher Hitze 30 Minuten kochen lassen, während der letzten 10 Minuten den Deckel abnehmen, so daß Wasser verdunsten kann und die Sauce dick wird.
3. Das Lorbeerblatt und den Stangenzimt herausnehmen und die Sauce zu gekochten Spaghetti oder nach Angabe des jeweiligen Rezeptes servieren.

Abbildung Seite 81:
Kythoni Xysto (Geriebenes Quittenmark), Rezept Seite 74
Kythoni Peltes (Quittengelee), Rezept Seite 74
Kythonopasto (Quittenmark), Rezept Seite 75
Abbildung Seite 82:
Vorspeisen: Aginares Oma (Rohe Artischocken), Rezept Seite 86, mit Sellerie und Gurken; Koupepia (Gefüllte Weinblätter), Rezept Seite 86; Panjaria Salata (Rote-Beete-Salat), Rezept Seite 94; Loukanika (Schweinswürste), Rezept Seite 106; Elies Tsakistes (Gespaltene grüne Oliven), Rezept Seite 85 Bakdounis bi Tahini (Tahinisauce mit Petersilie), Rezept Seite 177

TRADE
PRODUCT OF

Miala me Lemoni

Mariniertes Hirn

Für 6 Personen
Kochzeit: 20 Minuten

6 Portionen Lammhirn
Wasser
Salz
weißer Essig
1 Knoblauchzehe
Marinade:
Saft 1 Zitrone
⅓ Tasse Olivenöl
Salz
frisch gemahlener weißer Pfeffer
2 Eßlöffel fein gehackte Petersilie

1. Das Hirn in eine Schüssel legen und mit kaltem Wasser bedecken. Je 1 Eßlöffel Essig und Salz zufügen. 15 Minuten lang durchziehen lassen.
2. Das Wasser abgießen und, wenn möglich, die Haut abziehen. Wenn das Hirn eingefroren war, ist dies schwierig. Alle Adern sollten entfernt werden.
3. In einen Topf geben, mit frischem Wasser auffüllen, so daß das Hirn bedeckt ist, 1 Teelöffel Salz zugeben, 1 Eßlöffel Essig und die ganze, geschälte Knoblauchzehe. Den Topf zudecken und 15 Minuten lang schwach sieden lassen, bis das Hirn gar ist. Nicht aufkochen lassen.
4. Gut abtropfen, in Würfel schneiden und in eine Schüssel legen.
5. Die Zutaten für die Marinade miteinander verquirlen und über das gewürfelte Hirn gießen. Zugedeckt 2 Stunden oder länger im Kühlschrank marinieren. In der Marinade als »Meze« servieren.

Elies Tsakistes

Gespaltene grüne Oliven

frische grüne Oliven
Wasser
Steinsalz
Weinblätter
Zitronenscheiben
Zum Servieren:
Saft 1 Zitrone
1 Knoblauchzehe, zerdrückt
¼ Tasse Korianderkörner
¼ Tasse Olivenöl

1. Die Oliven durch einen Schlag mit einem Holzhammer oder einem glatten Stein einzeln aufbrechen. Nicht zu stark schlagen, da der Kern unverletzt bleiben soll.
2. Die aufgebrochenen Oliven in ein großes Glas (oder Gläser) füllen und mit kaltem Wasser auffüllen. Die Oliven mit einem kleinen schweren Teller oder einem sauberen flachen Stein unter Wasser drücken. Das Wasser alle 24 Stunden wechseln, insgesamt viermal.
3. Die letzte Wassermenge messen, bevor sie weggeschüttet wird. Dann dieselbe Menge frisches Wasser abmessen, in einen großen Topf geben und auf jeweils 4 Tassen Wasser ⅓ Tasse Steinsalz zufügen. Über milder Hitze umrühren, bis sich das Salz aufgelöst hat. (Wenn es abgekühlt ist, kann man die Stärke der Salzlake mit einem frischen Ei prüfen. Die richtige Stärke ist erreicht, wenn das Ei auf der Lake schwimmt und dabei auf einer Fläche von etwa 1,5 cm Durchmesser eintaucht.)
4. Die Lake über die Oliven im Glas gießen, die gewaschenen Weinblätter und Zitronenscheiben darauflegen und verschließen. Mindestens 3 Wochen an einem dunklen, kühlen Ort stehen lassen; sie können dann einige Monate aufgehoben werden.
5. Wenn sie gebraucht werden, etwa 2 Tassen Oliven herausnehmen. Eventueller Schimmel auf der Oberfläche ist ohne Bedeutung, solange die Oliven nicht weich sind und Zeichen der Fäulnis aufweisen. Wenn sie weich sind, werfen Sie sie weg – wahrscheinlich sind nur die an der Oberfläche liegenden Oliven betroffen. Den Schimmel entfernen.
6. Die Oliven unter kaltem Wasser spülen, abtropfen lassen und in eine Schüssel geben. Zitronensaft darüberträufeln. Zerdrückten Knoblauch, grob zerstoßenen Koriander und Olivenöl zugeben. Gut umrühren und 1–2 Stunden stehenlassen, bevor die Oliven als Vorspeise zusammen mit Brot oder als Beilage zum Essen gereicht werden.

Abbildung Seite 83:
Sheftalia (Gegrillte Würstchen), Rezept Seite 106
Abbildung Seite 84:
Haloumopsomi (Haloumi-Käse-Brot), Rezept Seite 91
Elioti (Olivenbrot), Rezept Seite 91
Flaounes (Oster-Käsepasteten), Rezept Seite 88

Aginares Oma

Rohe Artischocken

In Zypern wird die Artischocke öfter roh als gekocht gegessen. Nehmen Sie junge Artischocken und entfernen 3 oder 4 Schichten der Blätter, um die Herzen freizulegen. Den oberen Teil der Blätter abschneiden und den Boden sorgfältig zurechtschneiden. In Viertel schneiden und das Herz mit einem Löffel herauslösen. In eine Schüssel Wasser, dem der Saft von 2 Zitronen zugefügt wurde, geben. Vor dem Servieren gut abtropfen lassen und mit knackigen Selleriestückchen als Meze reichen. Je nach Geschmack können Zitronenschnitze dazugelegt werden, die über den Artischocken ausgedrückt werden. Die Artischocken können auch in Tahinasalata-Sauce (Seite 276) eingetaucht werden.

Koupepia

Gefüllte Weinblätter

Für 8 Personen als 1. Gang,
als Hauptgericht für 6 Personen
Kochzeit: 1 ½ Stunden

375 g eingemachte Weinblätter oder 60 frische Blätter
1 mittelgroße Zwiebel, fein gehackt
2 Eßlöffel Maisöl
500 g feingehacktes Lammfleisch
250 g feingehacktes Kalbfleisch
½ Tasse Reis
2 Eßlöffel fein gehackte Petersilie
1 Teelöffel fein gehackte Minze
1 ½ Teelöffel Salz
frisch gemahlener schwarzer Pfeffer
2 Eßlöffel Zitronensaft
1 Eßlöffel Butter
2 Tassen leichte Brühe

Ei-Zitronensauce:
2 Eßlöffel Butter
2 Eßlöffel Mehl
1 ½ Tassen Hühner- oder Lammbrühe
2 Eier
1–2 Eßlöffel Zitronensaft
Salz
frisch gemahlener weißer Pfeffer

1. Die Weinblätter (frisch oder eingemacht) in kaltem Wasser abspülen und in 3 oder 4 Portionen 3 Minuten in kochendem Wasser blanchieren. Mit einem Schaumlöffel in ein Becken mit kaltem Wasser legen, dann in einen Durchschlag zum Abtropfen geben.
2. Die Zwiebel weichdünsten. Das Lammfleisch, Kalbfleisch, den Reis, die Zwiebel und das Öl, Kräuter, Salz und Pfeffer miteinander vermischen.
3. Ein Weinblatt mit der glänzenden Seite nach unten auf die Arbeitsfläche legen. Wenn nötig, Stengel abschneiden. Einen Eßlöffel der Fleischmischung auf das Blatt in der Nähe des Stengelansatzes geben, den Rand und die Seiten darüberklappen und fest aufrollen. Die Füllung reicht für etwa 4 Dutzend Rollen.
4. Einen Topf mit schwerem Boden mit 6 Blättern (das können auch beschädigte sein) auslegen und die Koupepia in Schichten dicht hineinpakken. Jede Schicht mit etwas Zitronensaft beträufeln.
5. Die letzte Schicht der gefüllten Weinblattrollen mit den restlichen Weinblättern belegen. Die Butter und 2 Tassen Brühe mit dem restlichen Zitronensaft in den Topf geben. Die Rollen mit einem umgedrehten Teller beschweren, um sie während des Kochens in Form zu halten.
6. Den Topf zudecken und bei mittlerer Hitze zum Sieden bringen. Bei milder Hitze 1 ½ Stunden sieden lassen.
7. Für die Sauce die Butter in einer kleinen Kasserolle zerlassen und das Mehl hineinrühren. Zwei Minuten lang dünsten, ohne die Mischung braun werden zu lassen, und die 1 ½ Tassen Brühe hineingeben. Ständig rühren, bis die Sauce dick wird und aufwallt.
8. Die Eier in einer Schüssel schaumig rühren und 1 Eßlöffel Zitronensaft unterrühren. Die heiße Sauce nach und nach in die Eier gießen, dabei ständig rühren. Die Sauce wieder in die Kasserolle zurückgießen und bei schwacher Hitze noch 2 Minuten umrühren, damit das Ei gar wird. Vorsicht, die Sauce könnte gerinnen. Falls das passiert, etwas kaltes Wasser in die Sauce träufeln und mit dem Schneebesen schlagen.
9. Die fertigen Weinblattrollen abtropfen lassen und auf einer vorgewärmten Platte anrichten. Mit Petersilie und Zitronenscheiben garnieren. Die Ei-Zitronensauce getrennt in einer Sauciere servieren.

Anmerkung: Koupepia kann als Vorspeise kalt und ohne die Sauce gereicht werden. Stattdessen eine Schale Joghurt dazu stellen.

Koupes

»Zigarren« oder Burghul-Schiffchen mit Hackfleischfüllung

Ergibt etwa 35 Stück
Kochzeit: 6–8 Minuten pro Partie

2 Tassen feines Pourgouri (Burghul)
1 ½ Tassen kochendes Wasser

Füllung:
250 g gehacktes Lamm- oder Rindfleisch
1 große Zwiebel, fein gehackt
1 Eßlöffel Maisöl
¼ Tasse fein gehackte Petersilie
1 Prise Zimt
Salz
frisch gemahlener schwarzer Pfeffer
Öl zum Ausbacken

1. Es ist nicht nötig, das Pourgouri zu waschen; wenn Sie es wollen, können Sie es tun. Danach in einem feinen Sieb gut abtropfen lassen, mit einem Löffel die letzte Feuchtigkeit herausdrücken.
2. Das trockene oder feuchte Pourgouri in eine Schüssel geben und kochendes Wasser zufügen. Gut umrühren, abdecken und 2–3 Stunden stehenlassen.
3. In der Zwischenzeit die Füllung vorbereiten. Das Hackfleisch, die Zwiebel und Öl in eine Bratpfanne geben und bei starker Hitze rühren, bis alle Flüssigkeit verdampft ist und das Fleisch zu bräunen beginnt. Petersilie, Zimt und Salz und Pfeffer nach Geschmack zufügen. Vom Herd nehmen und abkühlen lassen.
4. Das Pourgouri zu einem groben Teig kneten. Ein walnußgroßes Stück abnehmen und in der angefeuchteten Hand zu einer ovalen, zigarrenartigen Form formen. Den Zeigefinger der anderen Hand anfeuchten und eine Mulde in den Teig drücken. Die Teighülle sollte so dünn wie möglich sein.
5. Die Höhlung mit einem Teelöffel der Fleischfüllung füllen und die Öffnung schließen, indem der Teig mit etwas Wasser angefeuchtet wird. Irgendwelche Risse im Teig können ebenfalls durch Betupfen mit Wasser geschlossen werden. Die Koupes mit angefeuchteten Händen glätten.
6. Jeweils 6–8 Koupes in heißem Öl ausbacken, etwa eine Minute backen, bevor sie umgedreht werden. Im ganzen etwa 6–8 Minuten unter gelegentlichem Wenden ausbacken, bis sie tief goldbraun und knusprig sind. Auf Küchenkrepp abtropfen lassen und heiß als Vorspeise reichen.

Talattouri

Gurkensalat mit Joghurt

Für 6 Personen

2 Tassen entwässertes Joghurt (Seite 25)
2 schmale grüne Gurken
Salz
2 Knoblauchzehen, zerdrückt
2–3 Teelöffel getrocknete Minze
1–2 Eßlöffel Olivenöl
Minzenzweige zum Garnieren

1. 2 ½ Becher Joghurt nach Anweisung 1 Stunde abtropfen lassen – dies ergibt 2 Tassen dickes Joghurt.
2. Die Gurken schälen, der Länge nach in Viertel schneiden und die Viertel dünn schneiden; in eine Schüssel geben. Etwa 3 Teelöffel Salz zugeben, untermischen und 1 Stunde ruhen lassen. Gut in einem Durchschlag abtropfen lassen.
3. Die Gurken mit Joghurt und Knoblauch und fein zerdrückter Minze nach Geschmack vermischen. Wenn nötig, noch Salz zufügen.
4. Nach und nach das Olivenöl zugeben, so daß aus dem Talattouri eine dicke, cremige Mischung wird. Gut abkühlen lassen und in einer hohen Schüssel, garniert mit Minzezweigen, servieren. Als Imbiß mit rohen Artischocken, knackigen Selleriestücken, gebratenem Stint und Sardinen und knusprigem Brot servieren. Talattouri ergibt auch eine ausgezeichnete Sauce zu gebratenem Fisch.

Saganaki Haloumi

Gebackener Haloumi-Käse

Für 4 Personen
Kochzeit: 1 Minute

250 g Haloumi-Käse
Mehl zum Panieren
Oliven- oder Maisöl zum Backen
1 Zitrone

1. Den Käse in 5mm dicke Scheiben schneiden und nach Wunsch mit Mehl panieren.
2. In einer kleinen Bratpfanne mit zwei Handgriffen (Saganaki) genug Öl erhitzen, daß es den Boden 5 mm hoch bedeckt, und den Käse auf jeder Seite etwa 1 Minute backen. Nach Geschmack die Käsestücke mit Zitronensaft beträufeln.
3. Die Pfanne auf eine feuerfeste Platte setzen und sofort auf den Tisch bringen. Mit Zitronenschnitzen und knusprigem Brot servieren, das in das mit Zitrone gewürzte Öl in der Pfanne getaucht wird. Ein sehr schnell zubereiteter, schmackhafter Imbiß.

Miala Tiganita

Gebratenes Hirn

Für 6 Personen
Kochzeit: 30 Minuten

Das Hirn nach dem Rezept für Miala Me Lemoni (Seite 85) bis Schritt 3 einschließlich vorbereiten. Abtropfen lassen und gut mit Küchenkrepp trockentupfen; in 1 cm dicke Scheiben schneiden. In Mehl wälzen und in heißem Maisöl oder Butter braten, bis es goldbraun ist. Heiß mit Zitronenschnitzen als Imbiß servieren.

Flaounes

Oster-Käsepasteten

Diese wohlschmeckenden Käsepasteten werden in enormen Mengen zubereitet, um am Ostersonntagmorgen gegessen zu werden. Das Rezept, das mir eine gute zyprische Köchin gab, begann mit 6 Pfund Cheddam, 3 Pfund Haloumi-Käse und 3 oder 4 Dutzend Eiern. Sie können sich die Mengen des restlichen Rezeptes vorstellen! Die besagte Köchin hatte eine große Familie und hatte bestimmt einige Helfer, um die Pasteten zuzubereiten. Ich habe in meinem Rezept die Mengen beträchtlich reduziert.
Zyprische Köchinnen in Australien finden, daß Cheddam-Käse, eine Kombination aus Cheddar und Edamer, ein guter Ersatz für den in Zypern verwendeten Käse ist. Sollte er bei Ihnen nicht erhältlich sein, versuchen Sie den griechischen Kasseri-Käse oder verwenden Sie einen milden Cheddar zusammen mit Edamer.
Das Würzen der Käsemischung ist ebenfalls unterschiedlich. Einige Hausfrauen verwenden die leicht erhältliche getrocknete Minze, andere bestehen auf frischer Minze, während wieder andere die Minze durch Sultaninen ersetzen. Ich ziehe die Würze mit Minze vor.

Etwa 30 Stück
Ofentemperatur: 220° C
Backzeit: 12–15 Minuten

Hefeteig:
6 Tassen Weizenmehl
1 Beutel aktive Trockenhefe
1 Tasse warmes Wasser
1 Tasse warme Milch
1 Teelöffel Salz
2 Teelöffel Zucker
¼ Tasse Maisöl
1 Teelöffel zerlassene Butter
Käsefüllung:
250 g Cheddam-Käse
125 g Haloumi-Käse (Seite 79)
4 Teelöffel feiner Grieß
1 Teelöffel Backpulver
4 Teelöffel zerdrückte, getrocknete Minze oder
2 Eßlöffel fein gehackte frische Minze
4 Eier, leicht verquirlt
Zum Fertigstellen:
1 Ei, verquirlt
Sesamkörner

1. Das Mehl in eine Rührschüssel sieben und im warmen Ofen erwärmen.
2. Die Hefe in ¼ Tasse warmem Wasser auflösen, das restliche Wasser, die Milch, Salz und Zucker zufügen und gründlich verrühren.
3. Etwa 2 Tassen Mehl aus der Rührschüssel nehmen und beiseitestellen. Die Hefemischung in die Mitte des Mehls gießen und ein wenig von dem Mehl hineinrühren. Die Schüssel mit einem Tuch abdecken und etwa 10 Minuten stehenlassen, bis der Vorteig aufgegangen ist.
4. Nach und nach das Mehl hineinrühren, dann langsam das mit der zerlassenen Butter vermischte Öl zugeben. Mit der Hand oder mit dem Knethaken der Küchenmaschine etwa 10 Minuten schlagen, dabei noch die Hälfte des beiseitegestellten Mehls zugeben.
5. Ein Brett mit Mehl bestäuben und darauf den Teig nochmals 5–10 Minuten mit der Hand kneten, dabei noch soviel Mehl einkneten, wie der Teig aufnimmt. Wenn er geschmeidig und glänzend ist, zu einer Kugel formen.
6. Die Schüssel leicht einölen, den Teig hineingeben und umdrehen, so daß er überall mit Öl überzogen ist. Eine Plastikfolie über die Schüssel ziehen und den Teig an einem warmen Ort gehen lassen, bis er sich verdoppelt hat – etwa 1–1 ½ Stunden.
7. Während der Teig geht, die folgende Käsefüllung herstellen: die verschiedenen Käsesorten grob in eine Schüssel reiben und den mit dem Backpulver vermischten Grieß zufügen. Mit einem Holzlöffel die Zutaten zu einer dicken Paste verarbeiten.
8. Nach und nach die Eier und die Minze zugeben und zu einer ziemlich steifen Paste rühren. Es kommt vor, daß nicht alle Eier gebraucht werden, da der Käse einen unterschiedlichen Feuchtigkeitsgehalt haben kann, die Mischung aber ihre Form behalten muß.
9. Den Teig niederschlagen und auf ein leicht bemehltes Brett legen. In zwei Hälften teilen und zu Kugeln formen. Jede Kugel ausrollen, bis der Teig 5 mm dick ist, und in 10 cm breite Kreise schneiden. Die kreisförmigen Teigstücke auf ein Tuch legen und zudecken, bis der ganze Teig verarbeitet ist.
10. In die Mitte eines jeden Teigstücks einen reichlichen Eßlöffel der Füllung geben und leicht auseinanderdrücken. Den Teig an 3 oder 4 Stellen nach oben ziehen, um ein Dreieck oder ein Quadrat herzustellen. Den Teig an 3, bzw. 4 Seiten über die Käsefüllung klappen, er sollte überall die Füllung um 2 cm bedecken (siehe auch die Abbildung). Die Ecken der Dreiecke oder Quadrate zusammendrücken, damit die Käsefüllung ganz umschlossen ist. Dazu die Finger oder die Zinken einer Gabel nehmen.
11. Die Teigränder mit verquirltem Ei bestreichen und mit Sesamkörnern bestreuen. Auf gefettete Backbleche legen und im heißen Ofen 12–15 Minuten backen, bis die Käsefüllung aufgebläht ist und das Gebäck goldgelb ist. Warm oder kalt servieren.

Saganaki ala Perea

Gebratene Garnelen und Artischocken

Vor Jahren habe ich diese köstliche Zusammenstellung im White Towers Restaurant in London gegessen, das von John Stairs, einem griechischen Zyprer, geleitet wurde. Die folgende Version kommt der des White Tower ziemlich nahe, wenn mich mein Gedächtnis nicht täuscht.

Für 2 Personen
Kochzeit: 25 Minuten

4 Artischockenböden
(Vorbereitung siehe Seite 13)
Salzwasser
¼ Tasse Olivenöl
250 g rohe Garnelen
125 g kleine Champignons
1 Eßlöffel Zitronensaft
Salz
frisch gemahlener schwarzer Pfeffer
¼ Tasse trockener Sherry
1 Eßlöffel fein gehackte Petersilie

1. Die Artischockenböden nach Anweisung vorbereiten und zur Hälfte durchschneiden. In kochendem Salzwasser garen – etwa 15 Minuten. Gut abtropfen lassen und stehenlassen, bis sie trocken sind.
2. Von den Garnelen die Schalen und den Darmstrang entfernen. Abspülen und trockentupfen. Die Champignons putzen und ganz lassen.
3. Das Öl in einer kleinen Bratpfanne mit zwei Handgriffen (Saganaki) erhitzen und die Artischockenböden zugeben. Schnell dünsten, bis sie auf beiden Seiten leicht gebräunt sind, auf die Seite schieben und die Garnelen, Champignons und Zitronensaft zugeben. Bei mittlerer Hitze unter ständigem Rühren dünsten, bis die Garnelen sich rosa färben – nicht zu lange braten.
4. Die Artischocken in die Mischung aus Garnelen und Champignons rühren und den Sherry zufügen. Die Hitze herunterschalten, Salz und Pfeffer nach Geschmack zufügen und noch 1 Minute leicht dünsten. Mit Petersilie bestreuen und sofort servieren, die Pfanne auf einer feuerfesten Platte auf den Tisch bringen. Mit knusprigem Brot als 1. Gang servieren.

Anmerkung: Für mehr als zwei Personen eine entsprechend größere Pfanne verwenden. Wenn das Gericht fertig ist, die einzelnen Portionen in kleine feuerfeste Formen geben und diese auf hitzefesten Platten auf den Tisch bringen.

Koloketes

Kürbistaschen

30 Stück
Ofentemperatur: 200° C, dann 180° C
Backzeit: 30 Minuten

Kürbisfüllung:
3 Tassen gewürfeltes Kürbisfleisch
2 Eßlöffel Pourgouri (grobes Burghul)
1 mittelgroße Zwiebel, gehackt
¼ Tasse Erdnuß- oder Maisöl
½ Teelöffel Zimt
1 Prise gemahlene Nelken
1½ Teelöffel Salz
frisch gemahlener schwarzer Pfeffer
Teig:
4 Tassen Weizenmehl
1 Prise Salz
¾ Tasse Erdnuß- oder Maisöl
½ Tasse kaltes Wasser
3 Teelöffel Zitronensaft
verquirlte Eiermilch zum Bestreichen

1. Den Kürbis schälen, Samen entfernen und in 5 mm dicke Würfel schneiden. Abmessen und in eine Schüssel geben. Die restlichen Zutaten zur Füllung zugeben, vermischen, abdecken und 12 Stunden oder über Nacht stehen lassen.
2. Das Mehl mit dem Salz in eine Rührschüssel sieben, das Öl zufügen und mit den Fingerspitzen vermischen, bis es gleichmäßig verteilt ist.
3. Wasser und Zitronensaft zugeben und zu einem festen Teig rühren. Leicht kneten, zudecken und 30 Minuten ruhen lassen.
4. Den Teig dünn ausrollen (etwa in der Stärke eines normalen Mürbteigbodens) und in Kreise mit 15 cm Durchmesser schneiden.
5. Ein kreisförmiges Teigstück nehmen und den Rand mit etwas Wasser befeuchten. Einen reichlichen Eßlöffel der Füllung auf die Mitte geben, das Teigstück über die Mitte zusammenklappen und die Ränder gut andrücken. Den Rand mit den Fingern oder den Zinken einer Gabel eindrücken.
6. Die fertig vorbereiteten Taschen auf leicht gefettete Backbleche legen und mit verquirlter Eiermilch bestreichen.
7. Im heißen Ofen 10 Minuten backen, dann auf Mittelhitze stellen und weitere 20 Minuten backen. Heiß oder kalt servieren.

Moungra
Eingelegter Blumenkohl

1 Beutel aktive Trockenhefe
1 Tasse warmes Wasser
1½ Tassen Weizenmehl
1 Teelöffel Salz
1 Blumenkohl, etwa 1,5 kg
Salz
Wasser
8–9 Tassen Wasser
¼ Tasse weiße Senfkörner

1. Die Hefe in ¼ Tasse warmem Wasser auflösen, das restliche warme Wasser zugießen und mit dem Mehl und dem Salz in einer großen Rührschüssel verrühren. Solange schlagen, bis der Teig geschmeidig ist. Die Schüssel mit einer Plastikfolie abdecken und 3 Tage zum Fermentieren stehenlassen.
2. Den Blumenkohl in Röschen zerteilen und 10 Minuten in kaltem Salzwasser einweichen. Abtropfen lassen.
3. Einen großen Topf halb mit Wasser füllen, einen Eßlöffel Salz zugeben und zum Kochen bringen. Die Hälfte des Blumenkohls zugeben, wieder zum Kochen bringen, dann den Blumenkohl mit einem Schaumlöffel herausnehmen. Sofort in eine Schüssel mit kaltem Wasser geben und in einem Durchschlag abtropfen lassen. Mit dem restlichen Blumenkohl ebenso verfahren.
4. 8–9 Tassen Wasser aufkochen, etwas abkühlen lassen, dann allmählich in den fermentierten Teig gießen, gut rühren, so daß eine dünne, milchige Flüssigkeit entsteht.
5. Die Senfkörner leicht zerstoßen und ein wenig davon auf den Boden eines großen Steinguttopfes oder eines sterilisierten Glasgefäßes streuen. Die Blumenkohlröschen in Schichten hineinlegen und jede Schicht mit Senfkörnern bestreuen.
6. Die milchige Flüssigkeit über den Inhalt gießen, der Blumenkohl muß vollständig bedeckt sein. Mit einem Deckel oder Plastikfolie verschließen.
7. Die Blumenkohlstücke täglich mit der Hand wenden (Hand und Unterarm vorher gründlich waschen). Dies muß 8 Tage lang wiederholt werden. Dann kann der Blumenkohl gegessen werden. Er hält sich einen Monat, wenn er alle zwei Tage gewendet wird.

Kouloura
Ringbrot

1 Laib
Ofentemperatur: 190° C
Backzeit: 30 Minuten

3 Tassen Weizenmehl
1 Beutel aktive Trockenhefe
½ Tasse warmes Wasser
½ Tasse warme Milch
1 Teelöffel Salz
2 Teelöffel Zucker
2 Eßlöffel Öl
Wasser
Sesamkörner

1. Das Mehl in eine Schüssel sieben und im warmen Ofen erwärmen.
2. Die Hefe in ¼ Tasse warmem Wasser auflösen, das restliche Wasser, die Milch, Salz und Zucker zugeben.
3. Etwa 1 Tasse Mehl aus der Schüssel nehmen und beiseitestellen. Die Hefemischung in die Mitte des Mehls gießen und soviel Mehl einrühren, daß es einen weichen Teig gibt. Zudecken und an einem warmen Ort gehen lassen, bis der Vorteig schaumig ist.
4. Den Rest des Mehls in die Schüssel einrühren, nach und nach das Öl zufügen, dann mit der Hand oder einem Holzlöffel 10 Minuten schlagen oder 5 Minuten mit dem Knethaken der Küchenmaschine kneten.
5. Das bereitgestellte Mehl entweder in der Schüssel oder auf einem Brett mit der Hand einkneten. Nur soviel hineinkneten, bis der Teig nicht mehr klebt, und etwa 10 Minuten kneten, bis er geschmeidig und glänzend ist. Zu einer Kugel formen.
6. Eine Schüssel einölen, den Teig hineingeben und umdrehen, so daß er ganz mit Öl bedeckt ist. Die Schüssel zugedeckt an einem warmen Ort stehenlassen, bis sich der Teig verdoppelt hat.
7. Den Teig zusammenschlagen und auf ein leicht bemehltes Brett legen. Zu einem Kreis flachdrücken, dann fest einrollen. Mit den Handflächen vor- und zurückrollen, so daß sich eine dicke Rolle von 50 cm Länge bildet, die an den Enden abgeschrägt ist.
8. Auf ein gefettetes Backblech legen und zu einem Ring formen, die Enden übereinanderlegen und unter dem Brot einschlagen. Mit einem Tuch bedeckt an einem warmen Ort gehenlassen.
9. Das Brot mit Wasser bepinseln und mit Sesamkörnern bestreuen. Im Ofen bei Mittelhitze 30 Minuten backen, bis es goldbraun und durchgebacken ist. Auf einem Rost abkühlen lassen.
Anmerkung: Dies ist auch in Griechenland ein beliebtes Brot.

Elioti

Olivenbrot

Nach der religiösen Überlieferung sollten während der Fastenzeit kein Fleisch, keine Eier und Molkereiprodukte gegessen werden. Das Olivenbrot bietet hier eine interessante Bereicherung des Speisezettels. Es schmeckt so köstlich, daß Sie es bestimmt oft zubereiten und essen wollen, ob Sie fasten oder nicht – es sei denn, Sie fasten, um abzunehmen.
Da es sich viele Hausfrauen nicht zutrauen, ihr eigenes Brot zu backen, kann tiefgefrorener Brotteig verwendet werden. Nach den Anweisungen auf der Packung auftauen und das Rezept ab Schritt 2 ausführen. Die Olivenmischung reicht für 2 Brote aus tiefgefrorenem Teig.

1 Brot
Ofentemperatur: 190° C
Backzeit: 35–45 Minuten

1 Brotteig wie für Kouloura (oben)
1 mittelgroße Zwiebel, fein gehackt
1 Eßlöffel Olivenöl
1 Tasse schwarze Oliven
Öl zum Einpinseln

1. Den Teig nach den Anweisungen herstellen, wenn nötig die Milch im Rezept durch warmes Wasser ersetzen. An einem warmen Ort gehen lassen.
2. Die Zwiebel in Öl glasig dünsten. Die Oliven halbieren und die Kerne entfernen. Die Zwiebel mit den Oliven mischen und abkühlen lassen.
3. Den Teig niederschlagen und auf ein leicht bemehltes Backbrett legen. Zu einem Rechteck mit 1 cm Dicke auseinanderdrücken. Bei Verwendung von tiefgefrorenem Teig nach dem Auftauen den Teig in Form drücken, 2 Portionen aufeinanderlegen, um einen großen Laib zu erhalten.
4. Die Mischung aus Zwiebel und Oliven auf dem Teig ausbreiten, die Seiten frei lassen. Von einer Längsseite fest aufrollen und zu einem Laib formen. Die Enden fest zusammendrücken.
5. Den Laib auf ein gefettetes Backblech legen und viermal diagonal einschneiden. Mit einem Tuch bedecken und an einem warmen Ort gehen lassen, bis er sich verdoppelt hat. Den Ofen vorheizen.
6. Das Brot leicht mit Öl bepinseln und im Ofen bei mittlerer Hitze 35–40 Minuten backen, bis es goldgelb ist. Warm oder kalt essen.

Haloumopsomi

Haloumi-Käse-Brot

1 Brot
Ofentemperatur: 190° C
Backzeit: 35–40 Minuten

1 Brotteig wie für Kouloura (Seite 90)
250 g Haloumi-Käse
Milch oder Ei zum Bestreichen
Sesamsamen

1. Den Teig nach Anweisung herstellen, zudecken und an einem warmen Ort gehen lassen, bis er sich verdoppelt hat.
2. Den Käse in 1 cm dicke Würfel schneiden.
3. Den Teig zusammenschlagen und auf ein leicht bemehltes Brett legen. Zu einem Rechteck mit 1 cm Dicke auseinanderdrücken.
4. Die Käsewürfel auf dem Teig verteilen, die Seiten frei lassen. Von einer Längsseite her fest aufrollen, die Enden zusammendrücken und zu einem ovalen Laib formen.
5. Ein Backblech einfetten und das Brot vorsichtig daraufsetzen. Auf der Oberseite mit einem scharfen Messer vier diagonale Einschnitte machen. Mit einem Tuch zugedeckt an einem warmen Ort stehenlassen, bis sich der Laib verdoppelt hat. Den Ofen vorheizen.
6. Den Brotlaib mit Milch oder Ei, das mit etwas Wasser verquirlt wurde, bestreichen und mit Sesamkörnern bestreuen.
7. Im Ofen bei mittlerer Hitze 35–40 Minuten backen, bis das Brot goldgelb und durchgebacken ist. Auf einem Rost abkühlen lassen und warm oder kalt servieren.

Louvia Mavromatika me Lahana

Weiße Bohnen mit Mangold

Obwohl dies eine ziemlich einfache Speise ist, ist die Verbindung aus weißen Bohnen und Mangold köstlich. Mit Olivenöl und Zitronensaft angemacht wird es oft als Hauptgericht gegessen, zusammen mit knusprigem Brot, Käse und einem Glas Wein.

Für 6 Personen
Kochzeit: 2½ Stunden

2 Tassen Louvia Mavromatika
(weiße Bohnen mit schwarzem Punkt)
6 Tassen Wasser
1 kg Mangold
Salz
2 Knoblauchzehen, nach Wunsch
½ Tasse Olivenöl
Saft 1 Zitrone
Zitronenschnitze zum Servieren

1. Die trockenen Bohnen gründlich waschen, in einen Topf geben und mit den 6 Tassen Wasser bedecken. Zum Kochen bringen, 2 Minuten im offenen Topf kochenlassen und vom Herd nehmen. Den Topf zugedeckt zwei Stunden stehenlassen, bis die Bohnen gequollen sind.
2. Den Topf mit den Bohnen wieder auf den Herd stellen und zum Sieden bringen. Zugedeckt 1½ Stunden oder länger leicht kochen lassen, bis die Bohnen gerade eben gar sind.
3. Den Mangold mit mehrmaligem Wasserwechsel waschen. Die Stiele abschneiden und unten beschneiden. In 1 cm lange Stücke schneiden und zu den Bohnen geben. Salzen nach Geschmack. Den Topf zudecken und weitere 10 Minuten kochen lassen.
4. Die Mangoldblätter grob hacken und zu den Bohnen geben. Bei zugedecktem Topf weitere 15 Minuten kochen lassen, bis die Bohnen und der Mangold gar sind. Gut abtropfen lassen und in eine hohe Schüssel geben.
5. Den Knoblauch, falls verwendet, mit etwas Salz zerdrücken. Mit dem Olivenöl und dem Zitronensaft vermischen und über das heiße Gemüse gießen. Gut miteinander vermischen und mit Zitronenschnitzen servieren, damit jeder nach Geschmack nachwürzen kann. Heiß oder warm servieren.

Patcha

Lammkopfsuppe

Patcha gibt es nicht nur in Zypern: In der Türkei, dem Irak und den Golfstaaten gibt es Versionen davon, in allen diesen Ländern werden allerdings die Lammfüße verwendet. Da diese in westlichen Ländern aus hygienischen Gründen nicht so leicht zu kaufen sind, wird hier nur das zyprische Rezept angegeben. Der Kopf ist ebenfalls nicht immer erhältlich, also wurde das Rezept entsprechend geändert, wobei das Resultat aber dem traditionellen Gericht sehr ähnlich ist.

Für 6 Personen
Kochzeit: 2½ Stunden

1 kg Suppenknochen vom Lamm
Wasser
6 Lammzungen
3 Portionen Lammhirn
¼ Tasse Essig
¼ Tasse Butter
¼ Tasse Weizenmehl
1 kleine Knoblauchzehe, zerdrückt
Lammbrühe von oben
2 Eier
2 Eßlöffel Zitronensaft
weißer Essig
6 Scheiben trockener Toast

1. Die Lammknochen in einen großen Topf geben und mit kaltem Wasser bedecken. Die Zungen putzen und in den Topf geben, auf mittlere Hitze stellen und zum Kochen bringen, wenn nötig, den Schaum abschöpfen.
2. Wenn die Brühe gut abgeschöpft ist und kocht, Salz nach Geschmack zugeben, den Topf zudecken und bei milder Hitze 1½ Stunden oder länger kochen, bis die Zungen gar sind. Mit einem Spieß testen, der am hinteren Ende der Zunge eingestochen wird.
3. Inzwischen das Hirn in Essig mit kaltem Wasser einweichen und 30 Minuten stehenlassen. Abtropfen lassen und die Haut abziehen, wenn das möglich ist (wenn das Hirn tiefgefroren war, ist dies nicht möglich), und alle dunklen Adern entfernen.
4. Wenn die Zungen gar sind, das Hirn in den Topf geben, zudecken und bei schwacher Hitze 15 Minuten lang sieden lassen, bis es gar ist. Nicht aufkochen lassen.
5. Die Zungen und das Hirn aus der Lammbrühe nehmen. Die Zungen enthäuten und vom Zungenansatz Knorpel und Knochen entfernen. Die Zungen und das Hirn in dicke Scheiben schneiden, in eine Schüssel geben und etwas Brühe darübergießen, um sie feucht zu halten. Die Schüssel zudecken und warmhalten.
6. Zwei Tassen Lammbrühe in einem Meßbecher durchseihen. Die restliche Brühe in einen kleinen Topf durchseihen und warmhalten.
7. Die Butter in einer Kasserolle zerlassen und das Mehl einrühren. Zwei Minuten dünsten, ohne daß das Mehl sich bräunt. Knoblauch zugeben, ein paar Sekunden dünsten, dann die Lammbrühe aus dem Meßbecher zugießen, dabei ständig rühren. Solange rühren, bis die Sauce kocht und dick wird. Die Hitze herunterschalten und die Sauce leicht kochen lassen, während die Eier vorbereitet werden.
8. Die Eier in einer Schüssel schaumig schlagen und nach und nach den Zitronensaft hineinrühren. In den Topf geben und 2–3 Minuten erhitzen, bis die Sauce zu kochen beginnt. Da die Sauce Mehl enthält, wird sie nicht gerinnen.
9. Eine Scheibe Toast in jeden tiefen Teller legen und mit 1 Teelöffel Essig beträufeln. Auf jede Scheibe Toast ¼ Tasse von der aufbewahrten heißen Lammbrühe gießen. Die Zungen- und Hirnscheiben auf dem Toast anordnen und die heiße Ei-Zitronensauce darübergießen. Sofort servieren.

Pourgouri Pilafi

Burghul-Pilaf

Für 6 Personen
Kochzeit: 1 Stunde

1 mittelgroße Zwiebel, fein gehackt
¼ Tasse Maisöl oder Butter
3¼ Tassen Hühnerbrühe oder Wasser
2 Tassen Pourgouri (grobes Burghul)
Salz
Joghurt zum Servieren

1. In einem hohen Topf die Zwiebel in Öl glasig dünsten. Die Hühnerbrühe oder Wasser zugeben und zum Kochen bringen.
2. Pourgouri in einem Sieb rasch unter fließendem kalten Wasser waschen. In die kochende Flüssigkeit gießen und nach Geschmack salzen.
3. Umrühren, bis es wieder kocht, die Hitze herunterschalten, zudecken und 20 Minuten bei milder Hitze kochen, bis die Flüssigkeit aufgesogen ist.
4. Den Topf vom Herd nehmen, ein Tuch oder zwei Papiertücher darüberlegen und den Deckel wieder aufsetzen. 15 Minuten stehenlassen, dann mit Joghurt als Beilage zu Afelia, gemischten Gemüsen, Kefthetes oder anderen Gerichten, die normalerweise zu Reis-Pilaf gereicht werden, servieren.

Anmerkung: Oft werden dem Pourgouri als Abwechslung Fadennudeln beigegeben. Dazu wird ½ Tasse zerkleinerte Fadennudeln zusammen mit der Zwiebel in den Topf gegeben und gedünstet, bis sie goldgelb sind. Eine zusätzliche Tasse Brühe oder Wasser zugeben und mit Schritt 2 weiterfahren.

Yourvarlakia Avgolemono

Fleischklößchensuppe

Für 6 Personen
Kochzeit: 1 Stunde

500 g feingehacktes Lammfleisch
1 kleine Zwiebel, feingehackt
1 Ei, verquirlt
⅓ Tasse Rundkornreis
2 Eßlöffel fein gehackte Petersilie
1 Eßlöffel fein gehackte Minze, nach Wunsch
Salz
frisch gemahlener schwarzer Pfeffer
Mehl zum Panieren
5 Tassen leichte Brühe
1 Eßlöffel Butter
2 Eier
Saft 1 Zitrone
gehackte Petersilie zum Garnieren

1. Das Lammfleisch mit Zwiebel, Ei, Reis, Petersilie, Minze – falls verwendet – und Salz und Pfeffer nach Geschmack vermischen. Zu kleinen, walnußgroßen Fleischbällchen formen und leicht in Mehl wälzen.
2. Die Brühe in einem Suppentopf zum Kochen bringen, würzen, falls nötig, und die vorbereiteten Fleischbällchen hineingeben; die Butter zufügen. Den Topf zudecken und bei schwacher Hitze 1 Stunde kochen lassen.
3. In einer Rührschüssel die Eier schaumig schlagen und nach und nach den Zitronensaft dazurühren. Unter ständigem Schlagen langsam 2 Tassen der siedenden Brühe zugeben.
4. Die Eiermischung in die Suppe gießen und bei niedriger Hitze 2 Minuten ständig rühren, damit das Ei gar wird, dann vom Herd nehmen und noch eine Minute rühren, damit das Ei nicht gerinnt.
5. Die Suppe in tiefe Teller füllen und mit etwas gehackter Petersilie bestreuen. Mit knusprigem Brot servieren.

Fakes Xithati

Saure Linsensuppe

Für 6 Personen
Kochzeit: 1½ Stunden

2 Tassen braune Linsen
8 Tassen Wasser
1 Tasse fein gehackte Frühlingszwiebeln
1 Knoblauchzehe, zerdrückt, nach Wunsch
¼ Tasse fein gehackte Korianderblätter oder Petersilie
⅓ Tasse Olivenöl
¼ Tasse kaltes Wasser
1 Eßlöffel Mehl
¼ Tasse Essig oder mehr, je nach Geschmack
Salz
frisch gemahlener schwarzer Pfeffer

1. Die Linsen mit mehrmaligem Wasserwechsel kalt waschen oder in einem Sieb unter fließendem Wasser waschen. Abtropfen lassen.
2. Die Linsen in einen großen Topf zusammen mit 8 Tassen Wasser, der Frühlingszwiebel, dem Knoblauch – falls verwendet –, Öl und Koriander oder Petersilie (oder eine Mischung aus beidem) geben.
3. Zum Kochen bringen, den Topf zudecken und bei schwacher Hitze 1 Stunde oder länger kochen, bis die Linsen weich sind.
4. Wasser und Mehl in ein Schraubglas geben, zuschrauben und schütteln, bis beides gründlich vermischt ist. Mit dieser Methode wird die Bildung von Klumpen verhindert. Nach und nach in die siedende Suppe gießen, dabei ständig rühren, bis die Suppe etwas angedickt ist. Essig, Salz und Pfeffer nach Geschmack zugeben. Wieder zum Kochen bringen, bei schwacher Hitze 5 Minuten kochen lassen, dann heiß servieren.

Louvana
Erbsenpüree

Für 6 Personen
Kochzeit: 2 Stunden

2 Tassen trockene gelbe Erbsen
5 Tassen Wasser
2 mittelgroße Kartoffeln
2 mittelgroße Zwiebeln, in Scheiben geschnitten
¼ Tasse Olivenöl
Salz

Zum Servieren:
Zitronenschnitze
Olivenöl
schwarze Oliven
Brot

1. Die Erbsen verlesen, alle verfärbten Erbsen wegwerfen. Mit mehrmaligem Wasserwechsel waschen, in einen hohen, schweren Topf geben und 5 Tassen kaltes Wasser zufügen.
2. Auf einer Herdplatte bei mittlerer Hitze zum Kochen bringen, den Schaum abschöpfen, wenn nötig. Wenn die Erbsen kochen, die Hitze herunterschalten, den Topf zudecken und bei schwacher Hitze ohne Rühren 1 Stunde kochen lassen.
3. Die Kartoffeln schälen und in kleine Würfel schneiden. In einem kleinen Topf die Zwiebel hellbraun dünsten. Die Kartoffeln, Zwiebel und Öl zu den Erbsen geben und eine weitere Stunde schwach kochen lassen, bis die Erbsen und Kartoffeln sehr weich sind. Während des Kochens nicht umrühren, damit die Erbsen nicht anbrennen.
4. Wenn die Erbsen gar sind, nach Geschmack salzen und pürieren. Das kann auch in kleinen Portionen im Mixer oder in der Küchenmaschine geschehen, die man dann wieder in den Topf zurückgibt.
5. In tiefen Tellern mit Zitronenschnitzen servieren, die nach Geschmack über dem Püree ausgedrückt werden können. Normalerweise wird noch zusätzlich Olivenöl auf das Püree geträufelt. Mit schwarzen Oliven und Brot servieren. Häufig wird ein Salat aus Tomaten, Gurken, milden Paprika und Zwiebeln dazu gereicht.

Psarosoupa Avgolemono
Fischsuppe mit Ei und Zitrone

Für 6 Personen
Kochzeit: 2½ Stunden

2 kg Fischköpfe, -gräten und -abfälle
Wasser
2 kleine Zwiebeln
4 kleine Karotten, geschabt und geviertelt
½ Tasse gehackte Sellerie, einschließlich Blätter
¼ Tasse grob gehackte Petersilie
Salz
frisch gemahlener schwarzer Pfeffer
⅓ Tasse Rundkornreis
3 Eier
Saft 1 Zitrone

1. Die Fischköpfe und -abfälle in kaltem Wasser waschen und in einen großen Topf geben. Acht Tassen Wasser dazugießen und zum Kochen bringen; wenn nötig, den Schaum abschöpfen.
2. Die ganzen, enthäuteten Zwiebeln, Karotten, Sellerie, Petersilie, etwa 2 Teelöffel Salz und Pfeffer nach Geschmack zufügen. Den Topf zudecken und bei schwacher Hitze 1½ Stunden kochen lassen.
3. Die Brühe in eine Schüssel durchseihen und alle würzenden Zutaten herausnehmen. Die Brühe in den inzwischen gesäuberten Topf füllen, abschmecken und zum Kochen bringen. Den gewaschenen und abgetropften Reis zufügen und unbedeckt 20 Minuten oder länger kochen lassen, bis der Reis gar ist.
4. Die Eier in einer Schüssel schaumig schlagen und allmählich den Zitronensaft einrühren. Etwa 2 Tassen kochende Brühe in die Schüssel geben, dabei ständig kräftig rühren und dann diese Mischung in die schwach kochende Brühe einrühren. Auf der Herdplatte noch 1 Minute rühren, vom Herd nehmen und eine weitere Minute rühren, damit das Ei nicht gerinnt. Sofort servieren.

Panjaria Salata
Rote-Beete-Salat

Für 6–8 Personen
Kochzeit: 35–50 Minuten

6 mittelgroße Rote Beete mit Blättern
Wasser
Salz
Skorthalia (Knoblauchsauce, Seite 80)
Salatsauce (nach Wunsch):
⅓ Tasse Olivenöl
2 Eßlöffel Essig
1 Eßlöffel fein gehackte Korianderblätter, nach Wunsch

1. Die Roten Beete gründlich waschen, Blätter abschneiden, dabei etwa 3 cm der Stiele dranlassen. Von den Blättern die zarten, unbeschädigten Exemplare aussuchen, den Rest wegwerfen.
2. Die Roten Beete in reichlich Salzwasser kochen, bis sie gar sind, etwa 30–45 Minuten. Die Blätter separat in Salzwasser etwa 15 Minuten kochen.
3. Die Roten Beete schälen und in Scheiben oder Würfel schneiden; in eine Schüssel geben. Die Blätter abtropfen lassen und – wenn gewünscht – in dieselbe Schüssel geben oder in einer anderen Schüssel lassen.
4. Entweder lauwarm mit Knoblauchsauce servieren oder die hier angegebene Salatsauce mischen, über die heißen Roten Beete und Blätter gießen und vor dem Servieren kaltstellen.

Polypikilo
Bunter Gemüsetopf

Für 6 Personen
Ofentemperatur: 170° C
Backzeit: 1½ Stunden

2 mittelgroße Auberginen
Salz
500 g Kartoffeln
500 g Zucchini
6 mittelgroße reife Tomaten
¾ Tasse Maisöl
½ Tasse weiche weiße Brotkrumen
3 Knoblauchzehen, fein gehackt
½ Tasse fein gehackte Petersilie
frisch gemahlener schwarzer Pfeffer
½ Tasse Wasser

1. Die Auberginen waschen, die Stiele entfernen und Auberginen in 1 cm dicke Scheiben schneiden. Mit Salz bestreuen und 30 Minuten ruhen lassen. Abspülen und gut mit Küchenkrepp trockentupfen.
2. Die Kartoffeln schälen und dünn schneiden. Die Zucchini in 1 cm dicke Scheiben schneiden. Die Tomaten enthäuten und in dünne Scheiben schneiden.
3. Etwas Öl auf dem Boden einer großen feuerfesten Form verteilen und die Hälfte der Brotkrumen, des Knoblauchs und der Petersilie verteilen.
4. Die Auberginen, Kartoffeln, Zucchini und Tomaten in die Form schichten, leicht mit Salz und Pfeffer würzen. Mit einer Tomatenschicht enden.
5. Das restliche Öl über das Gemüse gießen und das Wasser zugeben. Die oberste Tomatenschicht salzen und pfeffern und mit dem restlichen Knoblauch, der Petersilie und den Brotkrumen bestreuen.
6. Im Ofen bei mittlerer Hitze 1½ Stunden backen, bis das Gemüse gar ist. In der zweiten Hälfte der Garzeit das Gemüse mehrmals überprüfen und etwas Wasser zufügen, falls notwendig – Polypikilo sollte ziemlich saftig sein. Das Gericht heiß oder mit Zimmertemperatur servieren.

Afelia I
Kartoffeln mit Koriander

Die nächsten drei Gerichte werden alle Afelia genannt, obwohl die verwendeten Gemüse verschieden sind. Afelia ist eine zyprische Art, Gemüse oder Schweinefleisch mit Koriandersamen und Rotwein zuzubereiten. Weitere Einzelheiten im Fleischteil dieses Kapitels, Seite 108.

Für 6 Personen
Kochzeit: 30–40 Minuten

1 kg kleine neue Kartoffeln
¼ Tasse Maisöl
½ Tasse trockener Rotwein
Salz
frisch gemahlener schwarzer Pfeffer
3 Teelöffel zerstoßene Korianderkörner

1. Möglichst gleichmäßige Kartoffeln wählen. Gut waschen und mit Küchenkrepp trockentupfen. Die Kartoffeln durch einen Schlag mit dem Holzhammer aufbrechen.
2. Das Öl in einer großen Bratpfanne mit passendem Deckel erhitzen. Die Kartoffeln zugeben und bei starker Hitze hellbraun braten, dabei die Kartoffeln durch häufiges Schütteln wenden.
3. Die Hitze herunterschalten; wenn die Kartoffeln weniger heftig braten, den Rotwein und Salz und Pfeffer nach Geschmack hineingeben. Die Pfanne fest zudecken und bei schwacher Hitze 20–25 Minuten dünsten, bis die Kartoffeln gar sind. Die Pfanne ab und zu etwas schütteln.
4. Die Kartoffeln mit den zerdrückten Korianderkörnern bestreuen, zudekken und weitere 2 Minuten dünsten. Heiß als Gemüsebeilage zu gegrilltem oder gebratenem Lamm, Schweinefleisch, Kalbfleisch oder Huhn servieren.

Afelia II
Pilze mit Koriander

Das obige Rezept befolgen, die Kartoffeln durch 500 g mittelgroße Pilze ersetzen. Die Pilze putzen und mit einem trockenen Tuch sauber abwischen – nicht waschen. Ganz lassen und im Öl dünsten, bis der Saft verdampft ist. Die Hitze herunterschalten, Rotwein und Salz und Pfeffer nach Geschmack zugeben. Zudecken und 10 Minuten bei schwacher Hitze kochen lassen. Den zerstoßenen Koriander zugeben, weitere 2 Minuten kochen und servieren.

Afelia III

Artischockenherzen mit Koriander

Die Kartoffeln durch 12 Artischockenherzen ersetzen, die nach den Anweisungen auf Seite 13 vorbereitet werden.
Abtropfen lassen und gründlich abtrocknen, jedes Herz in Viertel schneiden. Im Öl dünsten, bis die Artischocken hellbraun sind. Die Hitze herunterschalten, den Wein, Salz und Pfeffer zufügen, zudecken und bei schwacher Hitze 15–20 Minuten kochen lassen, bis sie gar sind. Den zerstoßenen Koriander zugeben, noch ein wenig kochen lassen und heiß servieren.

Yemista

Gefülltes Gemüse

Für 6 Personen
Ofentemperatur: 180° C
Kochzeit: 1½ Stunden

6 mittelgroße grüne Paprikaschoten
6 mittelgroße Tomaten
6 mittelgroße lange Auberginen
Füllung:
1 große Zwiebel, fein gehackt
2 Eßlöffel Maisöl
1 kg feines Lamm- oder Rinderhack
½ Tasse Tomatenpüree
½ Tasse Rundkornreis
2 Eßlöffel gehackte Petersilie
1 Teelöffel getrocknete Minze, nach Wunsch
Salz
frisch gemahlener schwarzer Pfeffer
Zur Fertigstellung:
das Fleisch der Tomaten
½ Tasse Tomatenpüree
1 kleines Stück Stangenzimt
½ Tasse Wasser
¼ Tasse Maisöl oder Butter
½ Teelöffel Zucker
Salz
frisch gemahlener schwarzer Pfeffer

1. Das verschiedene Gemüse nach den Anweisungen des armenischen Rezeptes für gefülltes Gemüse (Seite 173), Schritt 1, vorbereiten.
2. In einer großen Bratpfanne die Zwiebel in Öl glasig dünsten. Das Fleisch zufügen und bei starker Hitze unter ständigem Rühren dünsten, bis es krümelig und leicht gebräunt ist.
3. Die Hitze herunterschalten, die restlichen Zutaten für die Füllung zugeben und zugedeckt leicht dünsten, bis die Flüssigkeit aufgesogen ist.
4. Die Tomaten, Paprika und Auberginen füllen, dabei etwas Platz lassen, damit sich die Füllung ausdehnen kann. Die Deckel aufsetzen. In einer feuerfesten Form in Reihen anordnen.
5. Das Tomatenfleisch weichkochen, die restlichen Saucenzutaten hineinrühren und die Sauce über das Gemüse gießen.
6. Das Gemüse mit Folie abdecken und im Ofen bei mittlerer Hitze 30 Minuten backen. Dann die Folie abnehmen und das Gemüse mit Sauce bestreichen. Weitere 15–20 Minuten backen, bis das Gemüse gar ist.
7. Heiß mit knusprigem Brot und Salat servieren.

Andere Gemüsesorten, die sich fürs Füllen eignen: Zucchini, Mangoldblätter, blanchierte Kohlblätter oder Artischocken können alle entsprechend vorbereitet und mit der Fleischmischung gefüllt werden. Die Zucchini können im Ofen gebacken werden, während die anderen Gemüse am besten in einem großen Topf mit einer leichten Brühe anstelle der Tomatensauce auf dem Herd gekocht werden. Bei dieser Zubereitung sollte das Tomatenpüree in der Füllung durch etwas Zitronensaft ersetzt werden. Diese Gemüse mit Ei-Zitronensauce reichen (Rezept für Koupepia, Seite 86).

Psari Savoro

Gebratener Fisch mit Rosmarin und Wein

Für 6 Personen
Kochzeit: 15–20 Minuten

1 kg kleine Fische im Ganzen, Fischfilets oder -steaks
Salz
Weizenmehl
Oliven-oder Maisöl zum Braten
3 Knoblauchzehen, fein gehackt
1 Teelöffel frischer oder getrockneter Rosmarin
¼ Tasse brauner Essig
¼ Tasse trockener Weißwein
frisch gemahlener schwarzer Pfeffer

1. Den Fisch säubern und, falls erforderlich, die Schuppen entfernen. Abspülen und trockentupfen. Den Fisch mit Salz bestreuen, zudecken und 20 Minuten stehenlassen.
2. Den Fisch in Mehl wälzen und in heißem Öl braten, bis er goldbraun und gar ist. Abtropfen lassen und in eine Schüssel legen.
3. Vom Öl in der Pfanne soviel herausnehmen, daß etwa ¼ Tasse Öl in der Pfanne bleibt. Knoblauch und Rosmarin in die Pfanne geben und ein paar Sekunden dünsten. 3 Teelöffel Mehl einstäuben und über mittlerer Hitze rühren, bis es hellgelb ist.
4. Die Pfanne vom Herd nehmen und den Essig hineingießen. Vorsicht, der Essig spritzt! Den Wein einrühren und wieder auf die Platte stellen, die Sauce rühren, bis sie aufwallt. Nach Geschmack salzen und pfeffern und die Sauce über den Fisch gießen. Heiß servieren oder an einem kühlen Platz, am besten im Kühlschrank, stehenlassen und kalt servieren.

Kalamaria Parayemista

Gefüllte Kalmare

Für 5–6 Personen als Vorspeise
Kochzeit: 1½ Stunden

1 kg kleine Kalmare
½ Tasse Maisöl
1 mittelgroße Zwiebel, fein gehackt
½ Tasse Rundkornreis
½ Tasse Tomatenpüree
¼ Tasse Wasser
1 kleines Stück Stangenzimt
2 Nelken
Salz
frisch gemahlener schwarzer Pfeffer
½ Tasse trockener Weißwein

1. Kalmare mit Hauben von etwa 10–12 cm Länge wählen.
2. Um die Kalmare zu säubern, den Kopf mit den angewachsenen Fangarmen abziehen. Die Augen und den Kiefer herausschneiden und wegwerfen. Die dunkle Haut vom Kopf und von den Fangarmen durch Abziehen oder Abreiben mit einem Tuch, das in grobes Salz getaucht wurde, entfernen. Abspülen, 3 oder 4 Stück in kleine Teile hacken und beiseitestellen. Der Rest der Kopfstücke kann aufgehoben und später gebraten werden.
3. Die Haube (Körper) innen säubern und das durchsichtige Rückgrat herausnehmen. Die Haut abziehen oder abreiben. Gut spülen, abtropfen lassen und abtrocknen.
4. Die Zwiebel in 1 Eßlöffel Öl in einem Topf glasig dünsten. Den Reis hineinrühren und auf der heißen Platte 2 Minuten rühren. Das Tomatenpüree, Wasser, den Stangenzimt, die Nelken, die gehackten Kalmare und Salz und Pfeffer nach Geschmack zugeben. Den Topf zudecken und den Inhalt bei schwacher Hitze 10 Minuten oder länger kochen lassen, bis die Flüssigkeit aufgesogen ist. Dann den Stangenzimt und die Nelken herausnehmen.
5. Die Hauben lose mit der Reismischung füllen, da der Reis sich noch ausdehnt und die Hauben sich beim Kochen zusammenziehen. Die Hauben mit hölzernen Cocktailstäbchen schließen oder mit einem starken Faden zusammennähen.
6. Das restliche Öl in einem hohen Topf erhitzen und die Kalmarhauben dünsten, bis sie leicht gebräunt sind, dabei häufig wenden. Die Hitze herunterschalten, den Wein zugeben und zugedeckt bei schwacher Hitze 1 Stunde oder länger kochen lassen, bis der Kalmar gar ist. Während des Kochens notfalls etwas Wasser zugeben. Heiß oder warm als Mezethaki (Vorspeise) servieren.

Oktapothi Stifatho

Geschmorter Tintenfisch mit Zwiebeln

Für 6 Personen
Kochzeit: 2 Stunden

1 Tintenfisch, etwa 1 kg
¼ Tasse Maisöl
1 mittelgroße Zwiebel, gehackt
2 Knoblauchzehen, fein gehackt
1 Tasse Tomatenpüree
¼ Tasse trockener Rotwein
¼ Tasse Weinessig
Salz
frisch gemahlener schwarzer Pfeffer
2 Nelken
1 großes Stück Stangenzimt
750 g kleine Zwiebeln

1. Die Fangarme vom Tintenfisch abziehen und beiseitelegen. Die Innereien, den Tintenbeutel, Augen und Kiefer entfernen und wegwerfen. Kopf und Fangarme waschen und vom Kopf die Haut abziehen.
2. Kopf und Fangarme in einen Topf geben, zudecken und bei mittlerer Hitze 10 Minuten kochen lassen, bis der ganze Saft ausgetreten ist. Abtropfen und abkühlen lassen und in kleine Stücke schneiden.
3. In einem schweren Topf die gehackte Zwiebel in Öl glasig dünsten. Den Knoblauch und den vorbereiteten Tintenfisch zugeben und bei mittlerer Hitze 5 Minuten dünsten.
4. Das Tomatenpüree, den Wein, Essig und Salz und Pfeffer nach Geschmack, Nelken und Zimt zufügen. Zudecken und bei schwacher Hitze 30 Minuten kochen lassen.
5. Die kleinen Zwiebeln enthäuten und auf der Unterseite kreuzweise einschneiden, damit das Innere beim Kochen nicht herausquillt. In den Topf geben, zudecken und eine weitere Stunde kochen lassen, bis der Tintenfisch gar ist. Wenn gewünscht, können die enthäuteten Zwiebeln 5 Minuten lang in kochendem Wasser blanchiert, abgetropft und dann zum Tintenfisch gegeben werden.
6. Die Nelken und den Stangenzimt entfernen, abschmecken und das Gericht mit einem einfachen Reis-Pilaf servieren.

Psari Tiganito

Bratfisch

Auf Zypern und den griechischen Inseln werden viele Fischgerichte mit Essigsaucen als Marinade vorbereitet, um gebratenen Fisch ein paar Tage haltbar zu machen. Psari Savoro hat eine einfache Sauce aus Knoblauch, Rosmarin, Essig und Wein; bei Psari Marinato kommen die allgegenwärtige Tomate und einige weitere Kräuter hinzu. Bei beiden Saucen lohnt sich der Versuch.

Psari Marinato

Fisch mit Tomaten-Kräutersauce

Zutaten wie für Psari Savoro

Zusätzliche Zutaten:
1 Lorbeerblatt
2 Eßlöffel fein gehackte Petersilie
½ Tasse Tomatenpüree
½ Tasse Wasser
½ Teelöffel Zucker

1. Den Fisch wie für Psari Savoro vorbereiten und braten. Warmhalten. Das Öl aus der Pfanne gießen und die Pfanne reinigen.
2. ¼ Tasse Öl wieder in die Pfanne gießen, auf diese Menge auffüllen, wenn nötig. Den Knoblauch und 2 Eßlöffel Mehl zugeben und bei mittlerer Hitze umrühren, bis sich das Mehl gelb färbt.
3. Den Essig, Wein, Rosmarin, das Lorbeerblatt, die Petersilie, das Tomatenpüree und Wasser einrühren. Unter ständigem Rühren aufkochen lassen. Die Sauce bei schwacher Hitze etwa 5 Minuten leicht kochen lassen.
4. Die Sauce mit Salz und Pfeffer abschmecken und den Zucker zufügen. Über den Fisch gießen und heiß oder kalt servieren.

Psari sto Fourno

Gebackener Fisch

Für 6 Personen
Ofentemperatur: 180° C
Backzeit: 35–40 Minuten

2 ganze Backfische, jeder etwa 1,5 kg schwer
Saft 1 Zitrone
Salz
frisch gemahlener schwarzer Pfeffer
½ Tasse Mais- oder Olivenöl
½ Tasse weiche Weißbrotkrumen
3 Knoblauchzehen, fein gehackt
½ Tasse fein gehackte Petersilie
20373 große Tomaten, enthäutet
2 große Kartoffeln, geschält

1. Den Fisch säubern und, wenn nötig, die Schuppen entfernen. Trockenreiben und innen und außen mit Zitronensaft, Salz und Pfeffer einreiben. Zudecken und 1–2 Stunden kaltstellen.
2. Eine ausreichend große feuerfeste Form mit Öl auspinseln. Die Brotkrumen auf den Boden streuen, darüber den gehackten Knoblauch und den größten Teil der Petersilie verteilen.
3. Den Fisch hineinlegen und etwas Öl darüberträufeln. Die Tomaten in Scheiben schneiden und auf dem Fisch verteilen.
4. Die Kartoffeln in fingerdicke Stäbchen (wie für Pommes Frites) schneiden und in die Form um den Fisch herum legen. Die Tomaten und Kartoffeln salzen und pfeffern und das restliche Öl über alle Zutaten in der Form träufeln.
5. Das Gericht im Ofen bei mittlerer Hitze 35–40 Minuten backen, während der ersten 15 Minuten abdecken. Dann die Folie wegnehmen und das Gericht solange im Ofen lassen, bis der Fisch und die Kartoffeln gar sind. Mit der restlichen Petersilie bestreuen und heiß servieren.

Gallos Yemistos

Gefüllter Truthahn

Für 8–10 Personen
Bratzeit: 4½ Stunden
Ofentemperatur: 180° C

1 Truthahn, etwa 4 kg schwer
1 Zitrone
Salz
frisch gemahlener schwarzer Pfeffer
½ Tasse Maisöl oder zerlassene Butter
½ Tasse Wasser
2 kleine Stückchen Stangenzimt
Füllung:
1 Zwiebel, fein gehackt
½ Tasse gehackter Sellerie
2 Eßlöffel Butter
250 g gehacktes Kalbfleisch
Truthahnleber, gehackt
1 Tasse Rundkornreis
½ Tasse trockener Weißwein
1 Tasse Brühe aus den Truthahninnereien und -resten
½ Tasse Rosinen
½ Tasse blanchierte Mandelstifte
½–1 Teelöffel Zimt
Salz
frisch gemahlener schwarzer Pfeffer

1. Den Truthahn innen und außen mit Papiertüchern abreiben. Die Zitrone vierteln und das Innere mit der geschnittenen Zitrone einreiben. Leicht mit Salz und Pfeffer bestreuen.
2. Den Hals und die Körperöffnung mit der Füllung füllen (siehe unten). Die Öffnungen sichern und zunähen.
3. Die Haut mit der zerschnittenen Zitrone einreiben, dann salzen und pfeffern. Den Truthahn in eine Bratenpfanne legen und Öl und zerlassene Butter darübergießen. Wasser und Zimtstange zugeben.
4. Den Truthahn im Ofen bei mittlerer Hitze 4 Stunden braten, alle 30 Minuten mit dem Bratensaft einpinseln. Während der ersten drei Stunden den Truthahn mit Folie bedecken, dann eine Stunde unbedeckt weiterbraten, damit er braun wird.
5. Wenn der Truthahn gar ist, auf eine vorgewärmte Platte legen, den Bratensaft abschöpfen und in eine Sauciere durchseihen.

Herstellung der Füllung: Die Zwiebel und den Sellerie 10 Minuten leicht in Butter dünsten. Das Hackfleisch und die gehackte Leber zugeben und 5 Minuten rühren. Den Reis und die Brühe hineinrühren, den Topf zudecken und 10 Minuten lang kochen lassen. Von der Herdplatte nehmen, die restlichen Zutaten untermischen und abschmecken.

Hirino me Melitzanes

Schweinefleisch mit Auberginen

Für 5–6 Personen
Ofentemperatur: 170° C
Kochzeit: 3 Stunden

1 kg Schweineschulter
1 große Zwiebel, gehackt
1 Knoblauchzehe, zerdrückt
¼ Tasse Mais- oder Erdnußöl
2 Tassen enthäutete und gehackte Tomaten
Salz
frisch gemahlener schwarzer Pfeffer
2 mittelgroße Auberginen
fein gehackte Petersilie zum Garnieren

1. Vom Schweinefleisch das Fett abschneiden, das Fleisch in ziemlich große Würfel schneiden.
2. Eine heiße Bratpfanne mit dem abgeschnittenen Schweinefett einfetten und das Fleisch auf allen Seiten anbraten, bis es gebräunt ist, dann in eine Kasserolle geben. Das Fett abgießen.
3. Die Zwiebel und den Knoblauch mit 1 Eßlöffel Öl in der Pfanne dünsten, bis die Zwiebel glasig ist.
4. Die Tomaten, Salz und Pfeffer nach Geschmack zugeben, gut rühren, damit sich der braune Satz von der Pfanne löst, und zum Kochen bringen. Über das Schweinefleisch in der Kasserolle gießen.
5. Den Topf mit Deckel schließen und das Fleisch bei mäßiger Hitze 1½ Stunden schmoren.
6. Inzwischen die Auberginen waschen, die Stengel entfernen und die Auberginen in Längsrichtung vierteln. In einen Durchschlag geben und die Schnittflächen mit reichlich Salz bestreuen. 30 Minuten stehenlassen. Dann abspülen und mit Küchenkrepp trockentupfen.
7. Das restliche Öl in einer sauberen Bratpfanne erhitzen und die Auberginenstücke auf allen Seiten darin bräunen.
8. Aus der Kasserolle das Fett abschöpfen und die Auberginenstücke auf das Fleisch legen. Den Topf zudecken, wieder auf die heiße Platte stellen und eine weitere Stunde schmoren.
9. Mit fein gehackter Petersilie bestreuen und in der Kasserolle auftragen. Mit Kartoffelpüree oder Bratkartoffeln und grünem Salat servieren.

Arni Psito

Lammbraten

Für 6 Personen
Ofentemperatur: 180° C
Bratzeit: 2½ Stunden

1 Lammkeule, etwa 2 kg schwer
2 Knoblauchzehen
Salz
frisch gemahlener schwarzer Pfeffer
1 kg mittelgroße Kartoffeln
Zitronensaft
2 große Zwiebeln, in Scheiben geschnitten
1½ Tassen enthäutete und gehackte Tomaten
½ Tasse Brühe oder Wasser
¼ Tasse Rot- oder Weißwein
1 Lorbeerblatt
1 kleines Stück Stangenzimt
2 Eßlöffel Butter

1. Die Keule mit Küchenkrepp abwischen und Schlitze einstechen. Den Knoblauch in Stifte schneiden und in die Schlitze stecken.
2. Die Lammkeule salzen und pfeffern und in eine Bratenpfanne legen. Im Ofen bei mittlerer Hitze 1 Stunde lang braten. Das Fett abschöpfen.
3. Die Kartoffeln schälen, in Längsrichtung halbieren und jede Kartoffelhälfte über die runden Seiten längs einschneiden. Mit der runden Seite nach oben um die Lammkeule legen und mit Zitronensaft, Salz und Pfeffer bestreuen.
4. Die Kartoffeln mit Zwiebelringen und Tomaten belegen. Das Lorbeerblatt und den Stangenzimt zugeben, Butterflöckchen auf die Lammkeule und die Kartoffeln geben und die Flüssigkeit in die Pfanne gießen.
5. Wieder in den Ofen schieben und weitere 1½ Stunden braten, dabei die Lammkeule gelegentlich wenden, damit sie gleichmäßig bräunt.
6. Die Lammkeule auf ein Tranchierbrett legen und warmhalten.
7. Überschüssiges Fett aus der Pfanne schöpfen. (Dieses Fett kann für heiße Spaghetti aufgehoben werden.)
8. Die Lammkeule tranchieren und mit den Kartoffeln, der Tomaten-Zwiebelsauce und einem frischen Salat oder grünen Gemüse servieren.

Tavas

Lamm mit Kreuzkümmel im Steinguttopf

Dieses Gericht ist nach dem Topf benannt, in dem es gebacken wird. Ein Tava ist aus unglasierter Terrakotta hergestellt und hat einen gut sitzenden Deckel. Vor der Einführung des Herdes wurde der Tava auf glühende Holzscheite in einer Erdmulde gesetzt und mit Lehm eingepackt. Das Lammfleisch wurde langsam gar und sehr zart. Vielleicht treiben Sie keinen zyprischen Tava auf – es gibt jedoch viele andere Terrakotta-Töpfe zu kaufen.
In Zypern wird der Tava niemals im Abwaschwasser mit Waschmitteln abgewaschen, sondern er wird lediglich ausgewischt, mit heißem Wasser gespült, abgetrocknet und bis zum nächsten Mal in einen luftdurchlässigen Schrank gestellt. Nur dieses Gericht wird im Tava zubereitet.

Für 6 Personen
Ofentemperatur: 150° C
Garzeit: 2½–3 Stunden

1,5 kg Lammschulter ohne Knochen oder Keule
3 große Zwiebeln, in Scheiben geschnitten
3 Tassen enthäutete und gehackte Tomaten
2 Teelöffel Artisha (Kreuzkümmel)
Salz
frisch gemahlener schwarzer Pfeffer
½ Tasse Wasser
Zum Servieren:
zusätzlicher Kreuzkümmel
Pourgouri Pilafi (Seite 93)

1. Das Lammfleisch in 3 cm dicke Würfel schneiden. In einen hohen Topf geben, am besten aus unglasierter Terrakotta. Die Zwiebelringe und gehackten Tomaten zugeben.
2. Die Kümmelkörner im Mörser zerstoßen und in den Topf über das Fleisch streuen; nach Geschmack salzen und pfeffern. Gut umrühren, dann das Wasser zugeben. Fest zudecken und bei niedriger Hitze im Ofen 2½–3 Stunden schmoren, bis das Lamm gar ist.
3. Nach 1½ Stunden nachschauen und noch Wasser zugeben, obwohl dies nicht nötig sein sollte. Das hängt davon ab, wie dicht der Deckel sitzt.
4. Wenn das Lammfleisch gar und die Sauce dick ist, im Topf auf den Tisch bringen. Zusätzlich noch Kümmel zerstoßen und in einem Schüsselchen reichen, damit sich jeder nach Geschmack seine Portion würzen kann. Dazu Pourgouri Pilafi servieren.

Abbildung Seite 101:
Kalamaria Parayemista (Gefüllte Kalmare) Rezept Seite 97
Psari sto Fourno (Gebackener Fisch), Rezept Seite 98
Abbildung Seite 102:
Arni Psito (Lammbraten) Rezept Seite 100

Kanellonia

Pfannkuchen mit Fleischfüllung

Für 6–8 Personen
Ofentemperatur: 180° C
Zubereitungszeit: 1½ Stunden

Pfannkuchen:
1 Tasse Weizenmehl
¼ Teelöffel Salz
4 Eier
1½ Tassen Milch

Fleischfüllung:
1 kleine Zwiebel, fein gehackt
2 Eßlöffel Butter
500 g fein gehacktes Rind- oder Kalbfleisch
1 Eßlöffel fein gehackte Petersilie
½ Teelöffel Zimt
½ Tasse Wasser
Salz
frisch gemahlener schwarzer Pfeffer
1 Eßlöffel Mehl
½ Tasse Milch
1 Ei
Zur Fertigstellung:
1 Tasse Saltsa Tomata (Seite 80)
¼ Tasse geriebener Haloumi- oder Kefalotiri-Käse

1. Das Mehl mit dem Salz in eine Rührschüssel sieben, zwei Eier in die Mitte schlagen und das Mehl nach und nach mit den Eiern verrühren. Wenn die Hälfte des Mehls mit den Eiern verrührt ist, die Hälfte der Milch zugeben. Zu einem weichen Teig rühren und ein paar Minuten mit einem Holzlöffel schlagen. Dann die restliche Milch unterrühren, die Schüssel zudecken und etwa 30 Minuten stehenlassen.
2. Inzwischen die Zwiebel in der Hälfte der Butter in einem Topf weich dünsten. Die Hitze höherstellen, das Hackfleisch zugeben und bei starker Hitze rühren, bis der Saft verdampft und das Fleisch krümelig ist.
3. Die Hitze herunterschalten und Petersilie, Zimt, Wasser und Salz und Pfeffer nach Geschmack zufügen. Zugedeckt bei schwacher Hitze etwa 20 Minuten kochen lassen, bis die Flüssigkeit verdampft ist. Den Topf beiseitestellen.
4. Den restlichen Eßlöffel Butter in einer kleinen Kasserolle zerlassen und das Mehl zufügen. Bei mittlerer Hitze etwa 2 Minuten rühren, ohne daß sich das Mehl färbt, dann die Milch hineingießen und ständig rühren, bis die Sauce dick wird und aufwallt. Die Sauce in die Hackfleischmischung rühren, etwas abkühlen lassen und dann das verquirlte Ei unterrühren.
5. Eine Bratpfanne von 15 cm Durchmesser erhitzen und mit einem in Öl getränkten Küchenkreppbausch einfetten. Etwa 2–3 Eßlöffel Teig in die Pfanne geben und die Pfanne etwas schwenken, damit sich der Teig verteilt. Wenn der Boden gebräunt ist, den Pfannkuchen umdrehen und auf der anderen Seite noch eine Minute backen, dann auf einen Teller geben. Weitere Pfannkuchen backen und auf dem Teller stapeln.
6. Etwa 2 Eßlöffel der Fleischfüllung auf die Mitte eines jeden Pfannkuchens geben und aufrollen. Die gefüllten Pfannkuchen nebeneinander in eine gefettete feuerfeste Form legen und die Tomatensauce darübergießen. Mit geriebenem Käse bestreuen und im Ofen bei mittlerer Hitze 15–20 Minuten backen. Als ersten Gang oder leichte Mahlzeit reichen.

Abbildung Seite 103:
Schweinefleisch, Pilze und neue Kartoffeln können getrennt oder zusammen für Afelia zubereitet werden, Rezepte Seite 95, 96, 108
Abbildung Seite 104:
Sis Kebap (Bunter Lammspieß), Rezept Seite 145

Loukanika

Schweinswürste

Etwa 1 kg

1 kg Schweineschulter ohne Knochen
¼ Tasse Portwein
1 Teelöffel ganze schwarze Pfefferkörner
½ Teelöffel gemahlener schwarzer Pfeffer
1½ Teelöffel gemahlener Koriander
¼ Teelöffel Zimt
¼ Teelöffel ganze Kreuzkümmelkörner
2 Teelöffel Salz
2 Knoblauchzehen
geriebene Schale 1 Orange
Wursthülle

1. Das Schweinefleisch sollte etwa 20% Fett enthalten. Wenn es mit Schwarte gekauft wurde, etwas mehr als 1 kg nehmen, da die Schwarte entfernt wird.
2. Das Fleisch fein hacken oder durch einen Fleischwolf mit grobem Einsatz drehen.
3. Das Fleisch in eine Rührschüssel aus Glas oder Keramik geben und den Portwein, die Gewürze, das Salz, den Knoblauch und die geriebene Orangenschale zugeben. Alles gründlich miteinander vermischen.
4. Zudecken und 1 Tag im Kühlschrank stehenlassen, die Mischung gelegentlich umrühren.
5. Die Wursthüllen in kaltes Wasser legen, so daß sie sich voneinander lösen. Ein Stück in der gewünschten Länge abtrennen.
6. Die Hülle mit Hilfe des Fleischwolfs und einem Spezialvorsatz füllen oder einen großen Trichter mit einem langen Mundstück verwenden und die Wursthülle auf das Mundstück schieben und nachlassen, wenn sie sich füllt. Das Fleisch mit dem Griff eines Holzlöffels durchdrücken. Das Ende der Hülle sollte verknotet werden, wenn das Fleisch anfängt, aus dem Trichter auszutreten.
7. Wenn die Hülle gefüllt ist, sie zu 15 cm langen Würstchen drehen, und zwar jeweils in die entgegengesetzte Richtung. Dann das andere Ende verknoten.
8. Leicht zugedeckt im Kühlschrank aufbewahren, bis sie gebraucht werden. Die Würstchen werden in etwas Schweinefett gebraten, bis sie durch sind. Wenn sie als Vorspeise gereicht werden, in kleine Stücke schneiden.

Sheftalia

Gegrillte Würstchen

Der wesentliche Bestandteil dieser schmackhaften Würstchen ist Panna, das Bauchfett vom Schwein. Wenn man es kauft, sieht Bauchfett wie lange Streifen von weichem, rosa Schweinefett aus. Wenn man es öffnet, entdeckt man spitzenartige Fäden von Fett auf sehr feinem Gewebe, feiner als Wursthüllen. Die einfach gewürzte Fleischmischung wird in Panna eingewickelt, so daß man kleine Würstchen erhält. Sheftalia müssen über glühender Kohle gegrillt werden – wenn sie gar sind, ist das Fett verschwunden und das köstliche Aroma in das Fleisch eingezogen.

50 Stück

500 g fein gehacktes, fetthaltiges Schweinefleisch
500 g fein gehacktes Kalb- oder Lammfleisch
1 große Zwiebel, fein gehackt oder gerieben
½ Tasse fein gehackte Petersilie
2 Teelöffel Salz
frisch gemahlener schwarzer Pfeffer
250 g Panna (Bauchfett vom Schwein)

1. Das Schweinefleisch mit dem Kalb- oder Lammfleisch, der Zwiebel, der Petersilie, Salz und reichlich schwarzem Pfeffer mischen.
2. Das Bauchfett in eine Schüssel mit warmem Wasser tauchen, etwa 1–2 Minuten drinlassen, herausnehmen und vorsichtig jeweils ein Stück aufschneiden, es dabei flach auf die Arbeitsfläche legen. Mit der Küchenschere in Stücke von etwa 10 cm Seitenlänge schneiden.
3. Einen reichlichen Eßlöffel der Fleischmischung nehmen und zu einem dicken Würstchen von etwa 5 cm Länge formen. An den Rand eines Stücks Bauchfett legen, den Rand und die Seiten über das Fleisch legen und fest aufrollen. Mit den restlichen Zutaten ebenso verfahren.
4. Die Würstchen auf lange Spieße stecken, zwischen ihnen Platz lassen. Die Anzahl der Würstchen auf jedem Spieß hängt von der Länge der Spieße ab.
5. Über glühender Holzkohle grillen, häufig wenden. Nicht zu dicht über die Holzkohle halten, da die Würstchen ziemlich langsam braten müssen, so daß das Innere gar wird und die Würstchen außen schön braun werden, ohne zu verbrennen. Während des Grillens schmilzt das Bauchfett, hält das Fleisch saftig und trägt zu dem besonderen Geschmack der Würstchen bei. Eine übermäßige Flammenbildung des Feuers kann durch Bespritzen der Kohlen mit Wasser eingedämmt werden. Sheftalia als Vorspeise oder Hauptgang servieren.

Zalatina
Sülze

Für das traditionelle Rezept wird der Schweinskopf verwendet. Da dieser Teil des Schweins nicht oft erhältlich ist und die meisten Hausfrauen sich bestimmt davor scheuen, ihn zu verarbeiten, können Sie auch aus anderen Teilen eine einwandfreie Sülze herstellen. Schweine- oder Kalbsfüße haben die nötigen Geliereigenschaften, ebenso die Schwarte und Knochen der Schweineschulter.

Kochzeit: 4 Stunden

2 Kalbsfüße, zerhackt
2 Schweinsfüße, zerhackt
1 kg frische Schweineschulter, in 4–5 Stücke geschnitten
2-3 Schweine- oder Lammzungen
kaltes Wasser
1 Teelöffel zerstoßene Pfefferkörner
1 großes Stück Stangenzimt
2-3 frische oder getrocknete Pepperoni
Salz
⅓ Tasse weißer Essig
½ Tasse Zitronensaft

1. Alles Fleisch waschen, in einen Topf geben und mit kaltem Wasser auffüllen, daß es bedeckt ist. Langsam zum Kochen bringen und, wenn nötig, den Schaum abschöpfen. Wenn das Wasser kocht und gut abgeschöpft ist, die Pfefferkörner, den Stangenzimt, die Pepperoni und etwa 3 Eßlöffel Salz zugeben, zudecken und bei schwacher Hitze 3 Stunden oder länger kochen lassen, bis das Fleisch gar ist.
2. Die Stücke herausnehmen und das Fleisch ablösen. Knochen, Fett und Schwarte wegwerfen. Das Fleisch in kleine Würfel schneiden und beiseitestellen. Die Zungen enthäuten und in Würfel schneiden.
3. Die Brühe einkochen, bis etwa die Menge von 6 Tassen übrigbleibt, notfalls Schaum abschöpfen. Durch ein mit dünnem Musselin ausgelegtes Sieb in einen sauberen Topf durchseihen und die gewürfelten Fleisch- und Zungenstücke in die Brühe geben.
4. Den Essig und Zitronensaft zugeben, dann mit Salz und Pfeffer abschmekken. Wieder zum Kochen bringen, dann in zwei Brotformen oder entsprechende andere Formen gießen und in den Kühlschrank stellen.
5. Zalatina wird in Scheiben geschnitten als Vorspeise oder als Teil eines kalten Buffets gereicht.

Zum Garnieren der Sülze: Lorbeerblätter, frische Kräuterzweige, Scheiben hartgekochter Eier, Streifen von blanchierten grünen und roten Paprika oder in Scheiben geschnittene Oliven, einzeln oder miteinander kombiniert, können als Garnierung verwendet werden. Etwas von der abgekühlten Brühe in jede Form gießen, die in einer Schüssel mit eiskaltem Wasser steht. Wenn die Brühe angedickt ist, die Garnierung zu einem ansprechenden Muster anordnen und etwas Brühe darübergeben. Im eiskalten Wasserbad lassen, bis die Brühe steif wird, dann vorsichtig mit der abgekühlten Sülzenmasse auffüllen. Wenn die Sülze steif ist, die Formen einige Sekunden in ziemlich heißes Wasser tauchen. Mit einem Messer die Ränder umfahren, um die Sülze zu lösen, und die Sülze vorsichtig auf einen flachen Teller oder eine flache Platte stürzen.

Kaloyrka
Nudeltaschen mit Fleischfüllung

Für 6 Personen
Kochzeit: 1½–2 Stunden

1 Portion Teig wie für Ravioles
Fleischfüllung:
500 g fein gehacktes Rind- oder Lammfleisch
1 große Zwiebel, fein gehackt
2 Eßlöffel Maisöl
¼ Tasse fein gehackte Petersilie
Salz
frisch gemahlener schwarzer Pfeffer
1 Tasse Wasser
Zur Fertigstellung:
kochendes Salzwasser
1 Portion Saltsa Tomata (Seite 80)

1. Den Teig wie im Rezept für Ravioles beschrieben zubereiten (Schritt 1 und 3).
2. Eine Bratpfanne erhitzen und das Hackfleisch, die Zwiebel und das Öl hineingeben. Bei starker Hitze rühren, bis sich das Fleisch leicht bräunt und krümelig wird. Die Hitze herunterschalten, Petersilie, Salz und Pfeffer nach Geschmack und das Wasser zugeben. Zugedeckt bei schwacher Hitze dünsten, bis die Flüssigkeit verdampft ist. Abkühlen lassen.
3. Den Teig ausrollen, schneiden, füllen und formen wie für Ravioles in Schritt 3, 4, 5 und 6 beschrieben.
4. Jeweils 15 Stück in kochendem Salzwasser 15–20 Minuten kochen, bis sie gar sind. In einen Durchschlag über siedendem Wasser geben. Die restlichen Kaloyrka kochen.
5. Die Nudeltaschen in eine Schüssel geben und mit heißer Tomatensauce (Saltsa Tomata) übergießen. Sofort servieren. Dazu kann geriebener Käse gereicht werden.

Afelia

Die Zyprer sagen, alle Gerichte, die mit Korianderkörnern zubereitet werden, seien zyprische Gerichte. Es gibt viele Leute, die das bestreiten – die Zyprer haben jedoch wirklich eine fast unmäßige Vorliebe für dieses Gewürz. Koriander ist im südlichen Europa und in der Mittelmeerregion heimisch, seine Verwendung läßt sich bis auf das Jahr 1552 v. Chr. zurückführen. Weitere Einzelheiten im Glossar.
Mit Afelia werden Schweinefleisch- und Gemüsegerichte bezeichnet, die die zerstoßenen Körner enthalten. Ob es sich um Schweinefleisch mit Koriander, Pilze mit Koriander oder eine Zusammenstellung daraus handelt – immer wird das Gericht Afelia genannt. Nachstehend finden Sie Rezepte für Afelia mit Schweinefleisch, solche mit Gemüse sind im Gemüseteil enthalten. Für den zyprischen Geschmack bin ich vielleicht ein bißchen zurückhaltend bei meinen Koriandermengen – Sie können ruhig mehr nehmen, wenn Sie wollen.

Afelia I

Geschmortes Schweinefleisch mit Koriander I

Für 4 Personen
Kochzeit: 15–20 Minuten

750 g Schweineschulter, -schlegel oder -lende
1 Tasse trockener Rotwein
1 Teelöffel Salz
frisch gemahlener schwarzer Pfeffer
2 Eßlöffel Maisöl oder Butter
2–3 Teelöffel zerstoßene Korianderkörner
Pourgouri Pilafi (Seite 93) als Beilage

1. Das Schweinefleisch in 2 cm dicke Würfel schneiden, alle Haut entfernen, das Fett jedoch dranlassen. In eine Glas- oder Keramikschüssel geben und den Wein, das Salz und reichlich schwarzen Pfeffer zufügen. Umrühren, zudecken und im Kühlschrank mehrere Stunden marinieren, dabei die Fleischwürfel öfters umwenden.
2. Das Fleisch abtropfen lassen, die Marinade aufheben. Öl oder Butter in einer schweren Bratpfanne erhitzen, das Schweinefleisch zugeben und bei starker Hitze braten, häufig umrühren, bis es gebräunt und gerade eben durchgebraten ist. Auf eine Platte geben.
3. Die Marinade in die Pfanne geben und auf die Menge von etwa ¼ Tasse einkochen. Das Fleisch dazugeben und mit Koriander bestreuen. In der heißen Pfanne das Fleisch solange rühren, bis es wieder heiß ist, und sofort mit Pourgouri Pilafi und einem frischen Salat oder grünen Gemüse servieren.

Afelia II

Geschmortes Schweinefleisch mit Koriander II

Für 4–5 Personen
Kochzeit: 1¼ Stunde

750 g Schweinefilet, -schlegel oder -lende
¼ Tasse Butter
500 g neue Kartoffeln, geschält
250 g kleine Champignons
1 Tasse Rotwein
Salz
frisch gemahlener schwarzer Pfeffer
2 Teelöffel zerstoßene Korianderkörner

1. Das Schweinefleisch in etwa 3 cm dicke Stücke schneiden, etwas Fett dranlassen.
2. Die Hälfte der Butter in einer schweren Pfanne erhitzen und die Kartoffeln bräunen. Die Kartoffeln herausnehmen und beiseitestellen.
3. Die restliche Butter in die Pfanne geben und das Fleisch auf allen Seiten bräunen, dann in der Pfanne auf die Seite schieben.
4. Die Champignons putzen und in der Pfanne neben dem Fleisch schnell dünsten. Mit dem Fleisch vermischen. Die Hitze herunterschalten.
5. Den Wein hineingießen, mit Salz und Pfeffer abschmecken und die Kartoffeln darüberlegen.
6. Mit Korianderkörnern bestreuen, den Deckel aufsetzen und bei schwacher Hitze 45 Minuten oder länger schmoren lassen, bis das Fleisch und die Kartoffeln gar sind.
7. Mit einem frischen grünen Salat servieren.

Ravioles

Nudeltaschen mit Käsefüllung

Es kann gut sein, daß Ravioles und Kaloyrka auf venezianische Einflüsse zurückzuführen sind, aus der Zeit, als die Insel von den Venezianern besetzt war (1489–1571). Allerdings gibt es ähnliche Nudelgerichte auch in Armenien, dem Iran und Aghanistan.
Wo und wann zuerst Nudeln zubereitet und gegessen wurden, läßt sich nicht mehr genau feststellen, wahrscheinlich haben sie in China ihren Ursprung. Ich setze auf den mongolischen Einfluß im 13. und 14. Jahrhundert, der sich über Persien oder den Kaukasus bis auf Europa ausgewirkt haben kann. Die Bezeichnung Ravioles könnte in Zypern genauso wie woanders durch den modernen italienischen Einfluß bestimmt worden sein, das Gericht ist heutzutage jedoch ebenso ein Bestandteil der zyprischen Küche wie Afelia, Koloketes usw.

Für 6 Personen
Kochzeit: 1–1¼ Stunden

Teig:
3 Tassen Weizenmehl
1 Teelöffel Salz
2 Eier, leicht verquirlt
½ Tasse kaltes Wasser
Käsefüllung:
1½ Tassen geriebener Haloumi-Käse
1 Tasse Anari (Seite 79) oder Ricotta-Käse (Quark)
2 Eier
1–2 Teelöffel getrocknete Minze
Zur Fertigstellung:
kochendes Salzwasser
½ Tasse zerlassene Butter
geriebener Haloumi oder Kefalotiri oder eine Mischung aus beidem

1. Das Mehl mit dem Salz in eine Schüssel sieben, die Eier und den größten Teil des Wassers zufügen. Zu einem weichen Teig vermischen; wenn nötig, noch Wasser zufügen. Auf ein bemehltes Brett legen und 10 Minuten durchkneten, bis der Teig elastisch und geschmeidig ist; etwas Mehl zugeben, wenn er klebt. Den Teig zugedeckt 1 Stunde ruhen lassen.
2. Inzwischen die Zutaten für die Käsefüllung gründlich vermischen und zerkleinerte Minze nach Geschmack zufügen. Die Mischung sollte ziemlich steif sein.
3. Den Teig in zwei gleichgroße Stücke teilen und beide sehr dünn ausrollen (siehe Beschreibung Seite 18).
4. Den Teig in 8 cm breite Streifen schneiden. Einen Streifen auf die Arbeitsfläche legen und in Abständen von 4 cm jeweils einen Teelöffel der Käsefüllung auf eine Seite des Streifens geben.
5. Mit einem in Wasser getauchten Kuchenpinsel den Teig am Rand neben der Füllung bogenförmig anfeuchten. Den Teig über die Füllung klappen, zwischen den Füllungen und am Rand gut andrücken.
6. Die Ravioles bogenförmig mit einem 5 cm breiten Keksförmchen ausstechen. Die Kanten mit den Zinken einer Gabel noch einmal zusammendrükken, die Ravioles auf ein Tuch legen und abdecken. Die restlichen Zutaten ebenso verarbeiten, auch die Teigreste.
7. Jeweils 15 Ravioles in einem großen Topf mit kochendem Salzwasser etwa 15–20 Minuten kochen, bis sie gar sind. Mit einem Schaumlöffel in einen Durchschlag geben, der in einem Topf über siedendem Wasser hängt.
8. Wenn alle Ravioles gekocht sind, in eine Schüssel geben und mit zerlassener Butter begießen. Mit geriebenem Käse bestreuen und heiß servieren.

Anmerkung: Gekochte Ravioles können in einem verschlossenen Behälter im Kühlschrank aufbewahrt werden und in einem Durchschlag über kochendem Wasser erhitzt werden, bevor sie auf den Tisch gebracht werden.

Hirino me Kolokassi

Schweinefleisch mit Taro

Als ich in Zypern Kolokassi kennenlernte, kannte ich diese Frucht noch nicht. Die Einheimischen sagten mir, daß es eine zyprische süße Kartoffel und nur dort erhältlich sei – sie sieht wirklich wie eine sehr große süße Kartoffel aus. Wie sich herausstellte, wird sie auch in Ägypten verwendet, ist aber in der Region sonst nicht anzutreffen.
Die Zubereitung von Kolokassi ist von einem gewissen Ritual begleitet. Die Knolle schruppen, gut trocknen, schälen – nach dem Schälen nicht mehr naßmachen. Von der Knolle Stücke abschneiden, aber nicht senkrecht heineinschneiden, sondern flache Stücke auf der Oberfläche von unten nach oben abschneiden. Da die Knolle sehr groß ist, muß man sich um die Knolle herum vorarbeiten, bis man zum Schluß Stücke wie Apfelschnitze erhält. Auf diese Art soll vermieden werden, daß die Knolle beim Kochen schleimig wird. Dieses Gemüse interessierte mich so, daß ich mich eingehender damit beschäftigte und herausfand, daß es sich um Taro handelte (Colocasia esculenta), die auf den Pazifischen Inseln heimisch ist.
Für 6 Personen
Kochzeit: 1½ Stunden

1 kg Schweinefleisch zum Schmoren ohne Knochen
¼ Tasse Maisöl
1 große Zwiebel gehackt
1½ Tassen Sellerie, in dicke Scheiben geschnitten
1 Tasse Tomatenpüree
Salz
frisch gemahlener schwarzer Pfeffer
1 kg Kolokassi (Taro)
Saft ½ Zitrone

1. Das Fleisch in 2 cm dicke Würfel schneiden, dabei etwas Fett dranlassen.
2. Die Hälfte des Öls in einem schweren Topf erhitzen und die Fleischwürfel darin bräunen, dann in einer Schale beiseitestellen.
3. Die Hitze herunterschalten, das restliche Öl, die Zwiebel und den Sellerie zugeben und dünsten, bis die Zwiebel glasig ist. Das Tomatenpüree zugeben und zum Kochen bringen, dabei umrühren, damit sich der Bodensatz löst.
4. Das Fleisch zurück in den Topf geben und etwa 2 Teelöffel Salz und Pfeffer nach Geschmack zufügen. Zudecken und 45 Minuten bei schwacher Hitze dünsten.
5. Die Kolokassi unter fließendem Wasser abbürsten, gut mit Küchenkrepp trockentupfen und schälen. Wenn die Kolokassi beim Schälen schmutzig wird, abspülen und gründlich abtrocknen. Wie in der Einführung zum Rezept beschrieben in Stücke schneiden.
6. Wenn das Fleisch halb gar ist, die Kolokassistücke auf dem Fleisch verteilen und mit Zitronensaft beträufeln. Den Topf etwas schwenken, damit die Flüssigkeit über die Kolokassistücke läuft, notfalls etwas Wasser zufügen. Den Topf fest zudecken und weitere 30–45 Minuten bei schwacher Hitze kochen, bis alles gar ist. Nicht mehr umrühren, wenn Kolokassi im Topf ist.
7. Überschüssiges Fett abschöpfen. Abschmecken und servieren.

Kolokassi Vrasto

Gekochte Taro

Die große Kolokassi-Knolle wird ebenfalls abgebürstet und in der Schale gar gekocht. Dann die Schale abziehen, das Fleisch in Würfel schneiden und mit geschnittenem Sellerie, Zitronensaft, Olivenöl, Salz und Pfeffer vermischen. Warm servieren.

Poulles Tiganites

Gebratene Tarosprossen

Die Taroknolle bildet an Ausläufern kleine Tochterknollen. Diese werden einfach abgebürstet und geschält (ebenfalls trockenhalten), dann mit Zitronensaft eingerieben und in heißem Öl langsam gebraten, bis sie goldbraun und gar sind. Bei Tisch werden sie mit Zitronensaft beträufelt und mit Salz bestreut. Eine Delikatesse, wenn sie mit Knoblauchsauce (Seite 80) gereicht werden. Oft werden sie auch zusammen mit gekochten Roten Beeten gegessen.

Yiouvetsi

Lammtopf mit Nudeln

Für 6 Personen
Ofentemperatur: 180° C
Garzeit: 2 Stunden

6 Lammkoteletts aus der Keule oder Schulter, dick geschnitten
¼ Tasse Butter oder Maisöl
1 große Zwiebel, fein gehackt
1 Tasse Tomatenpüree
1 Tasse enthäutete, gehackte Tomaten
3 Nelken
1 großes Stück Stangenzimt
Salz
frisch gemahlener schwarzer Pfeffer
4–5 Tassen kochendes Wasser oder Brühe
2 Tassen Orzo oder Krit haraki (reisförmige Nudeln)
¼ Tasse geriebener Kefalotiri oder Parmesan
½ Tasse gewürfelter Haloumi oder Fetakäse

1. Lassen Sie sich die Koteletts etwa 4 cm dick schneiden, oder kaufen Sie eine Lammkeule und lassen sie sich in 6 Stücke schneiden.
2. Die Lammkoteletts in eine feuerfeste Form legen und Öl oder Butter darüberträufeln. Im Ofen bei mittlerer Hitze 20 Minuten braten.
3. Die Zwiebel dazugeben und für weitere 10 Minuten in den Ofen schieben.
4. Das Tomatenpüree, die gehackten Tomaten, Nelken, Stangenzimt und Salz und Pfeffer nach Geschmack zugeben. Das Fleisch mit dem Bratensaft bestreichen und eine weitere Stunde schmoren, bis das Fleisch gar ist; wenn nötig, etwas Wasser oder Brühe zugeben.
5. Wenn das Fleisch gar ist, das Wasser oder die Brühe zugeben und die Nudeln dazugeben. Weitere 20 Minuten unter gelegentlichem Rühren schmoren. Etwas mehr Flüssigkeit zugeben, wenn die Mischung trocken aussieht.
6. Wenn die Nudeln gar sind, Käse darüberstreuen und noch einmal 5 Minuten in den Ofen schieben. Dann sofort servieren.

Anmerkung: Dies ist ein beliebtes Gericht in Restaurants in Griechenland, Zypern und Ägypten. Die Fleischstücke werden nach dem Anbraten in einzelne Formen gegeben und mit der Sauce, den Nudeln und Wasser oder Brühe vervollständigt. Dann werden die Portionen fertig geschmort. Für die Zubereitung zu Hause würde ich vorschlagen, die Portionen zu teilen, wenn Fleisch und Nudeln gar sind und bevor der Käse darübergestreut wird. Dann werden die einzelnen Portionen noch einmal in den Ofen geschoben, um den Käse schmelzen zu lassen.

Thaktila Kyrion

Ladyfinger

Etwa 4 Dutzend
Backzeit: 1–2 Minuten pro Partie

Teig: 3 Tassen Weizenmehl
¼ Teelöffel Salz
¼ Tasse Mais- oder Erdnußöl
¾ Tasse kaltes Wasser
Nußfüllung:
1 Tasse fein gehackte Mandeln
2 Eßlöffel feiner Zucker
½ Teelöffel Zimt
Sirup:
1½ Tassen Zucker
¾ Tasse Wasser
2 Teelöffel Zitronensaft
2 Eßlöffel Honig
1 Teelöffel Orangenblütenwasser, nach Wunsch
Zur Fertigstellung:
Mais- oder Erdnußöl zum Ausbacken
gehackte Mandeln zum Darüberstreuen

1. Das Mehl mit dem Salz in eine Rührschüssel sieben, Öl zugeben und in das Mehl einrühren, dann die Mischung mit den Fingerspitzen bearbeiten, um das Öl gleichmäßig zu verteilen. Das Wasser zugeben und zu einem weichen Teig verarbeiten. Den Teig kneten, bis er geschmeidig ist, die Schüssel zudecken und den Teig 1 Stunde ruhen lassen.
2. Die Zutaten für die Nußfüllung vermischen.
3. Den Sirup herstellen: in einem Topf auf der heißen Platte den Zucker in Wasser auflösen, den Zitronensaft und Honig zugeben und zum Kochen bringen. 5 Minuten kochen, das Orangenblütenwasser – falls verwendet – einrühren und den Sirup abkühlen lassen.
4. Den Teig leicht auf einem bemehlten Brett kneten und in drei Teile teilen. Jeweils ein Stück sehr dünn ausrollen und in 8 cm breite Quadrate schneiden.
5. Ein Teelöffel der Nußfüllung an den Rand eines Quadrates geben, die Seiten frei lassen. Dreimal zusammenklappen, die Verbindungsstelle und beide Enden fest andrücken. Die Enden zusätzlich mit einer Gabel zusammendrücken. Die fertig vorbereiteten Gebäckstücke auf ein mit einem Tuch belegtes Tablett legen und zugedeckt stehenlassen. Den Rest des Teigs und der Füllung ebenso verarbeiten.
6. Etwa 2 Tassen Öl in einen mittleren Topf geben und erhitzen. Jeweils ein paar Ladyfinger in 1–2 Minuten im schwimmenden Fett backen, dabei wenden, damit sie gleichmäßig bräunen. Wenn sie goldgelb sind, mit einem Schaumlöffel herausheben und sofort in den kalten Sirup tauchen. Im Sirup wenden, eine Minute drinlassen und auf einen Rost zum Abtropfen legen.
7. Wenn die Kekse kalt sind, mit gehackten und gerösteten Mandeln bestreuen. In einem verschlossenen Behälter sind sie gut haltbar.

Bourekia tis Anaris

Käseplätzchen

Etwa 6 Dutzend
Backzeit: etwa 2 Minuten pro Partie

Teig
3 Tassen Weizenmehl
¼ Teelöffel Salz
¼ Tasse Mais- oder Erdnußöl
¾ kaltes Wasser
Käsefüllung:
1½ Tassen weicher Hüttenkäse (Anari, Mizithra oder Ricotta)
¼ Tasse feiner Zucker
1 Ei, leicht verquirlt
1½ Teelöffel Zimt
Zur Fertigstellung:
Maisöl zum Ausbacken
Puderzucker zum Bestreuen

1. Das Mehl mit dem Salz in eine Rührschüssel sieben. Das Öl in die Mitte gießen, dann nach und nach das Mehl einarbeiten, bis die Mischung krümelig ist. Mit den Fingerspitzen das Öl gleichmäßig mit dem Mehl vermischen. Zusammen mit dem Wasser zu einem weichen Teig verarbeiten, leicht kneten und eine Stunde ruhen lassen.
2. Den Hüttenkäse (Quark) mit dem Zucker verrühren und das verquirlte Ei und den Zimt untermischen.
3. Die Hälfte des Teigs so dünn wie möglich ausrollen. Ein Rollholz oder, noch besser, einen etwa 60 cm langen Holzstab verwenden (eine in Griechenland und Zypern angewandte Methode, die sehr wirkungsvoll ist).
4. Den Teig in 8 cm breite Rundstücke mit einer Keksform ausstechen. Die Teigreste verkneten, ausrollen und ausstechen. Die Rundstücke stapeln und mit einem Tuch zudecken.
5. Den Rand der runden Teigstücke mit Wasser anfeuchten. Einen Teelöffel der Käsefüllung auf die Mitte geben, den Teig darüberklappen und den halbkreisförmigen Rand mit der Gabel zusammendrücken. Die fertig vorbereiteten Plätzchen auf ein mit einem Tuch belegtes Tablett setzen.
6. Das Öl auf 190° C erhitzen (oder bis ein Brotwürfel in 30 Skunden goldgelb wird). Jeweils ein paar Plätzchen ausbacken, dabei wenden, damit sie gleichmäßig braun werden – sie sollten in etwa 2 Minuten durchgebacken sein. Mit einem Schaumlöffel herausnehmen und auf Küchenkrepp abtropfen lassen.
7. Warm servieren, mit durchgesiebtem Puderzucker bestreut. Die Plätzchen, die nicht gleich gebraucht werden, sollten im Kühlschrank aufbewahrt werden und im Ofen bei mittlerer Hitze erwärmt werden, bevor sie serviert werden.

Lokoumia Parayemista

Grießplätzchen mit Mandelfüllung

Etwa 45 Stück
Ofentemperatur: 200° C
Backzeit: 20–25 Minuten

4½ Tassen feiner Grieß
1½ Tassen zerlassene Butter, entweder gesalzen oder ungesalzen
1 Tasse Wasser
1 großes Stück Stangenzimt
2 Teelöffel Orangenblütenwasser
Mandelfüllung:
1½ Tassen grob gemahlene Mandeln
¼ Tassen feiner Zucker
1½ Teelöffel Zimt
Zur Fertigstellung:
¼ Tasse Orangenblütenwasser
Puderzucker

1. Den Grieß in eine Rührschüssel geben, zerlassene Butter zugeben und mit einem Holzlöffel gründlich vermischen, bis die Butter gleichmäßig verteilt ist. Die Schüssel mit einer Haushaltsplastikfolie zudecken und 6–8 Stunden oder über Nacht stehenlassen.
2. Das Wasser und den Stangenzimt in einen kleinen Topf geben und zum Kochen bringen. Den Stangenzimt entfernen und das kochende Wasser auf den Grieß gießen. Das Orangenblütenwasser zufügen und gut unterrühren, bis es gleichmäßig verteilt ist. Ein paar Minuten abkühlen lassen, dann zu einem glatten Teig kneten. Der Teig sollte fest sein, wenn er krümelig ist, etwas Wasser zugeben.
3. Die Zutaten für die Mandelfüllung vermischen.
4. Vom Teig walnußgroße Stücke abnehmen und in eine ovale Form bringen. Mit dem Zeigefinger von einem Ende her ein Loch in das Teigstück machen und etwas ausweiten. Einen reichlichen Teelöffel der Füllung hineingeben und das Ende zudrücken. Sie können auch den Teig auf der Handfläche breitdrücken, die Füllung in die Mitte geben und den Teig um die Füllung herum schließen und in eine ovale Form bringen.
5. Die Plätzchen auf ein ungefettetes Backblech setzen und im heißen Ofen 20–25 Minuten backen (nicht braun werden lassen).
6. Sobald die heißen Plätzchen aus dem Ofen genommen werden, mit Orangenblütenwasser bepinseln.
7. Den Puderzucker auf ein großes Stück Wachspapier sieben und die heißen Plätzchen darauflegen. Reichlich Puderzucker darübersieben und abkühlen lassen. In einem verschlossenen Behälter aufbewahren. Vor dem Servieren noch einmal mit Puderzucker bestreuen.

Glyko Karithi

Eingemachte grüne Walnüsse

Die erste Voraussetzung für dieses Kompott ist ein Walnußbaum. Obwohl die Zubereitung langwierig ist, lohnt sich der Versuch – das Kompott ist köstlich! Ein ähnliches Kompott, jedoch mit Kardamon, wird im Iran hergestellt, wo es Morabaye Gerdu genannt wird.
Die Walnüsse müssen sehr früh im Sommer gepflückt werden, wenn die grüne Frucht noch nicht ausgewachsen ist und die innere Schale noch weich ist. Prüfen Sie eine Nuß, indem Sie sie an mehreren Stellen tief mit einer Stopfnadel einstechen, und achten Sie besonders auf die Einkerbung an der einen Seite; an dieser Stelle wird die Nahtstelle der künftigen Nußschale sitzen, die hier zuerst hart wird. Wenn man keinen Widerstand spürt, die Nuß durchschneiden. Die äußere, dicke grüne Umhüllung wird nach innen zu weiß. Das Nußfleisch selbst sollte zu erkennen sein – wenn es durchsichtig und geleeartig ist, sind die Nüsse richtig. Wenn das Nußfleisch noch nicht zu sehen ist, versuchen Sie es nach ein paar Tagen noch einmal.

2 kg grüne Walnüsse
(50 Nüsse)
kaltes Wasser
½ Tasse gelöschter Kalk
6 Tassen grobkörniger Zucker
1½ Tassen Wasser
dünne Schale 1 Zitrone
1 großes Stück Stangenzimt
3 Nelken
¼ Tasse Zitronensaft
¼ Tasse Honig

1. Bei der Vorbereitung der Walnüsse ist es zu empfehlen, Gummihandschuhe zu tragen, da der Farbstoff aus den Schalen die Hände schwarz färbt. Diese Flecken sind nicht zu entfernen, im Lauf der Zeit verlieren sie sich jedoch. Die Walnüsse mit einem scharfen Messer dünn schälen und die geschälten Nüsse in kaltes Wasser legen.
2. Mit kaltem Wasser bedeckt 8 Tage stehenlassen; täglich das Wasser wechseln.
3. Den Kalk in ein Gefäß mit 2 Tassen Wasser geben und umrühren. Wenn er aufgelöst ist, die Nüsse und genügend Wasser zugeben, so daß die Nüsse bedeckt sind. Umrühren, dann 4 Stunden stehenlassen.
4. Die Walnüsse abtropfen lassen und mit mehrmaligem Wasserwechsel kalt abspülen. In einen Durchschlag geben und kaltes Wasser darüberlaufen lassen, um alle Kalkspuren zu entfernen. Diese Behandlung dient dazu, die Außenhaut der Nuß fester zu machen, sie würde sonst beim Kochen auseinanderfallen.
5. Die Walnüsse in einen Einmachtopf geben und mit kaltem Wasser auffüllen, so daß sie bedeckt sind. Aufkochen und im offenen Topf bei schwacher Hitze etwa 1–1½ Stunden kochen lassen. Mit einer Nadel prüfen.
6. Die Walnüsse abtropfen lassen, dann (Gummihandschuhe anziehen) jede Walnuß an mehreren Stellen einstechen, damit der Sirup eindringen kann.
7. Die Walnüsse in Schichten in einen sauberen Topf legen, über jede Schicht 1 Tasse Zucker verteilen. Wasser darübergießen und 2 Stunden stehenlassen, damit sich der Zucker langsam auflösen kann.
8. Den Topf mit den Walnüssen auf die heiße Platte stellen, Zitronenschale, Stangenzimt und Nelken zugeben. Langsam erhitzen und den Topf ab und zu schütteln, damit sich die restlichen Zuckerkristalle auflösen. Wenn der Sirup zu kochen beginnt, den Zitronensaft zufügen und 5 Minuten kochen lassen. Vom Herd nehmen, zudecken und 24 Stunden stehenlassen.
9. Den Honig zugeben und wieder zum Kochen bringen. Ohne zu rühren bei mittlerer Hitze 10 Minuten kochen lassen. Falls nötig, Schaum abschöpfen.
10. Wenn der Sirup sehr dick ist – er muß die Konsistenz von Honig haben, wenn man etwas davon auf einer kalten Untertasse abkühlt –, ist das Kompott fertig. Die Zitronenschale, Zimtstange und die Nelken herausnehmen. In heiße sterilisierte Gläser füllen und vor dem Verschließen abkühlen lassen. Bei Zimmertemperatur aufbewahren.

Kafes

Kaffee

Die Angabe genauer Maße eignet sich irgendwie nicht für die Zubereitung von zyprischem und griechischem Kaffee, also bin ich hier von meiner normalen Methode abgewichen.
Sie brauchen einen Briki (einen Kaffeetopf mit langem Handgriff, unten breit und oben schmaler werdend), oder eine kleine Kasserolle.
Auf jede Mokkatasse kaltes Wasser, das in den Topf gegeben wird, 1 gehäuften Teelöffel Kaffeepulver (keinen Instant-Kaffee) und Zucker nach Geschmack dazugeben.
Für süßen Kaffee (glykos) dieselbe Menge Zucker wie Kaffeepulver zugeben, für mittelsüßen Kaffee (metrios) einen gestrichenen Teelöffel Zucker pro Löffel Kaffee, oder aber keinen Zucker, wenn Sie das mögen (sketos).
Auf der heißen Platte nur solange rühren, bis der Zucker sich aufgelöst hat, und zum Kochen bringen. Der Kaffee bildet an der Oberfläche einen cremigen Schaum, der Kaimak genannt wird. Wenn der Schaum in der Mitte zusammenfällt und der Kaffee anfängt, im Topf hochzukommen, sofort von der Platte nehmen und etwas in jede Tasse gießen, um den Schaum zu verteilen, dann die Tassen füllen.

Türkei

Istanbul erhebt sich majestätisch zwischen Europa und Asien – ein Symbol, das auch für die türkische Küche gilt. Eine einzige Brücke, die den Bosporus überspannt, verbindet zwei kulinarische Traditionen, von denen sich jede in jahrhundertelanger Geschichte entwickelt hat.

In den zwanziger Jahren dieses Jahrhunderts beschloß Atatürk, die Türkei und alles, was damit zusammenhängt, zu verwestlichen – einschließlich ihrer Küche. Ich bin wirklich froh, daß er diesen Teil seines Vorhabens nicht zu Ende führte, obwohl in Fett gebackene Plätzchen aus Brandteig und Dondurmas (Wassereis) den Eindruck machen, als sei ihm der Versuch zum Teil gelungen.

Ein Streifzug durch die Topkapi-Palaststadt in Istanbul, die einst Sultane, Prinzen, ihre Frauen und Konkubinen beherbergte, vermittelt weitere Einblicke in die türkische Küche. Ein Blick in die Rezepte genügt, um die romantische Ära aufleben zu lassen, in der die türkische Küche entstand: Hünkar Begendi (Sultans Entzücken), Kadin Göbegi (Frauennabel), Kadin Budu (Frauenschenkel), Dilber Dudagi (Süße Lippen), Hanim Parmagi (Zarte Finger), Imam Bayildi (Ohnmächtiger Imam) – dieser fiel bestimmt nicht wegen eines dieser Gerichte in Ohnmacht!

Das Meer und seine Gaben spielen eine wesentliche Rolle bei der Lebensart und Ernährung der Türken. Ein beliebtes Gericht, Kilic Sis (Schwertfisch am Spieß), ist eine türkische Delikatesse, an die sich Besucher lange erinnern werden. Das Aroma von Fisch, der über glühender Holzkohle oder sonstwie gegrillt wird, durchzieht die Luft an den Küsten des Bosporus – Sardalya Sarmasi, Midye Doemasi, Balik Plaki und viele andere Fischgerichte werden so zubereitet. Eine beliebte Sauce, die zu vielen Fischgerichten gereicht wird, ist Tarator, eine köstliche Zusammenstellung aus gemahlenen Nüssen, Knoblauch, Olivenöl und Essig. Meistens werden Haselnüsse dazu verwendet, manchmal aber auch Mandeln, Pinienkerne und Walnüsse.

Doner Kebap

Diese berühmte türkische Spezialität trifft man in der ganzen Türkei und anderen Ländern der Region an; sie hat ihren Ursprung aber sicherlich in der Türkei. Da sie sich nicht für die Zubereitung zu Hause eignet, muß eine Beschreibung genügen.

Gleichmäßige runde Lammfleischstücke ohne Knochen, die von einem ganzen Lamm herausgeschnitten werden, werden 24 Stunden lang in einer Mischung aus Olivenöl, Essig, Zwiebeln, Petersilie, Thymian, Oregano oder anderen Kräutermischungen mariniert. Ein langer, schwerer Bratspieß wird mit dem Fleisch bestückt, dazwischen werden Scheiben von Fett aus dem Schwanz des Lammes gesteckt. Der Spieß ist unten mit einer Scheibe ausgerüstet, um das Fleisch zu halten; das oberste Fleischstück wird mit einer ganzen grünen Paprikaschote und einer Tomate garniert. Der beladene Spieß wird dann vor ein senkrechtes Feuer aus Holzkohle oder elektrisch beheizte Elemente gestellt. Er ist mit einem Motor ausgestattet, der ihn gleichmäßig dreht. Wenn das Lammfleisch außen durchgebraten ist, wird es in Schnitzen in eine besondere Pfanne geschnitten und sofort mit Pide (Fladenbrot) und Salat serviert. Doner Kebap wird heute in vielen westlichen Städten von einzelnen Volksgruppen zubereitet, da es im Libanon, Syrien, Griechenland und dem Irak genauso beliebt ist wie in der Türkei. Dieser Fleischspieß wird im Libanon und in Syrien Chawarma, im Irak Gass und in Griechenland Doner Kebab genannt.

Aroma und Würze türkischer Speisen

Die türkische Küche mit ihrer bunten Geschichte ist eine Mischung aus orientalischen und byzantinischen Einflüssen, gemildert durch einen westlichen Einschlag. Joghurt ist eins ihrer wichtigsten Elemente, seine Verwendung geht bis auf vorgeschichtliche Zeiten zurück. Meist wird es in seiner einfachsten Form gegessen, vielleicht mit einer Prise Salz oder etwas Zucker, doch wird es auch als Grundlage für Suppen und Saucen verwendet und verleiht Kuchen und Nachspeisen ein köstliches Aroma.

Die zweite Säule der türkischen Küche ist vielleicht ihr Pilav, das in der ganzen Welt bekannt ist und seinen Rang mit Recht einnimmt. Bei den Nachforschungen, dem Niederschreiben und Ausprobieren der Rezepte wurde mir klar, daß – gleichgültig, wie sie formuliert würden – es immer Köchinnen geben würde, die mir zustimmen, und andere, die mir energisch widersprechen würden. Das ist das Schöne an der türkischen Küche: ein Gericht ist das Produkt einer einzelnen Köchin, ihrer Liebe zu den Nahrungsmitteln und ihrer Hingabe bei der Zubereitung zur Freude ihrer Familie.

Kräuter werden in der türkischen Küche zurückhaltend verwendet; am meisten gebraucht werden Petersilie, Dill, Minze, Lorbeerblätter, weniger Thymian und Oregano. Bei den Gewürzen sind Pfeffer, Bahar (Piment), Zimt und Paprikapulver die meistverwendeten. Eine beliebte Garnierung türkischer Speisen ist mit Öl getränktes Paprikapulver. Bei Cerkes Tavügü geht man noch einen Schritt weiter: eine hingebungsvolle Köchin preßt das Öl mühsam aus Walnüssen aus, um es mit Paprikapulver zu vermischen. Nebenbei gesagt, ist Cerkes Tavügü eins der köstlichsten Hähnchengerichte, die ich jemals gegessen habe.

Die Türkei erzeugt eine Vielfalt an Früchten und Gemüsen, die alle ausgezeichnet sind, Tomaten sind im Sommer jedoch ein besonderes Vergnügen. Eine gute türkische Köchin wird immer frische Tomaten dem Tomatenmark vorziehen, verwendet dieses jedoch auch, wenn es gerade keine frischen Tomaten gibt.

Die Zitrone wird in der Türkei ebenso häufig verwendet wie in Griechenland und Zypern; tatsächlich sind viele türkische Rezepte mit Zitronensaft griechischen Rezepten ähnlich, besonders wenn er noch mit Ei kombiniert wird. Terbiye, Terbiyeli Tavuk Suyu und Terbiyeli Kofte entsprechen der Ei-Zitronensauce, -suppe und der Fleischbällchensuppe Griechenlands und Zyperns.

Olivenöl und Butter werden zum Kochen allen anderen Ölen und Fetten vorgezogen, obwohl auch Erdnuß- oder Maisöl zum Braten allgemein verwendet werden können, vor allem für Gebäck. Olivenöl ist ein wesentlicher Bestandteil bei Gemüsegerichten, und zwar nicht nur wegen seines Aromas, sondern weil diese Gerichte oft kalt gegessen werden und andere Öle beim Abkühlen koagulieren.

Essen auf türkische Art

In den frühen Tagen des Osmanischen Reiches war Istanbul (damals Konstantinopel genannt) eine kosmopolitische Stadt von Türken, Griechen, Armeniern, Bulgaren, Tscherkessen, Venezianern, Genuesen, Juden, Serben und Arabern. Ist es dann ein Wunder, daß es Meinungsverschiedenheiten darüber gibt, was türkisch ist und was nicht?

Der springende Punkt ist der, daß die türkische Küche, wie die der meisten Länder, durch die Geschichte geprägt wurde, doch die Menschen des Landes ihr durch Generationen hindurch ihren Stempel aufgedrückt haben, so daß sie heute eine Küche mit eigenem nationalen Charakter ist.

Vielleicht verkörpert Istanbul heute alles, was türkisch ist. Seine Straßen sind voll von Verkäufern, die Sis Kebaps und Kofte in Pide (das türkische Fladenbrot) mit knackigen Gurken, Paprikaschoten und Tomaten oder Simit, knusprige Brotringe, die dick mit Sesam bestreut sind, an den Mann bringen wollen; da sind Limonaden- und Visine-Verkäufer (ein Sauerkirschgetränk), beladen mit glitzernden Glasbehältern, die mit Messing verziert sind, und die typischen türkischen Kaffeeverkäufer mit einem glänzenden Messinggefäß auf dem Rücken und einem Stapel henkelloser Tassen in der Hand, mit dem sie ständig herumjonglieren; ihr Klappern und ihre Rufe kündigen sie schon von weitem an.

Wenn ein Türke eine Erfrischung braucht – entweder von einem fliegenden Verkäufer oder in einem Laden –, so hat er jederzeit die Möglichkeit dazu.

Das Kaffeehaus ist ein beliebter Treffpunkt, eine vorwiegend männliche Domäne, denn das Kaffeetrinken ist ein äußerst beliebter Zeitvertreib. Der Kaffee wurde von den Arabern in die Türkei eingeführt, und die Türken wiederum brachten ihn nach Europa.

Die Konditoreien sind eine Freude für das Auge und eine Bedrohung für die schlanke Linie. Lokum (Türkische Wonne) wird in großen Mengen und in einer unglaublichen Vielfalt angeboten, vom typischen rosafarbenen Konfekt mit Rosenwasseraroma bis zu einer Süigkeit mit gehackten Nüssen und getrockneten Früchten, die in Gelee eingebettet sind.

Bei Einladungen in einem türkischen Haus werden reihenweise Vorspeisen angeboten. Diese werden in Mengen auf einem Tisch aufgebaut und so serviert. Dieser Tisch wird Raki-Tisch genannt, denn Raki, der starke türkische Anis-Schnaps, darf bei keiner Zusammenkunft fehlen. Obwohl eine solche Einladung auf den ersten Blick einer westlichen Cocktail-Party gleicht, kann sie bis zum frühen Morgen dauern, währenddessen eine endlose Reihenfolge warmer und kalter Vorspeisen gereicht wird.

Während sich die Einnahme von Mahlzeiten in der Türkei von Haus zu Haus und zwischen Stadt und Land unterscheidet, ist dies im Grunde doch überall ähnlich. Die Gerichte werden wie in westlichen Ländern auf einem Tisch serviert, wobei alle Schüsseln für die Mahlzeit gleichzeitig auf den Tisch kommen. Fleisch oder Huhn werden normalerweise mit Gemüsen zu einem Güvec, Türlü oder Plaki kombiniert. Wenn Kebap oder Kofte zubereitet werden, wird das Gemüse dazu getrennt gereicht. Ein Salat – entweder mit einer aufwendigen Zusammenstellung oder eine einfache Kombination aus ein oder zwei Zutaten –, dazu Essiggemüse und Joghurt und das unvermeidliche Pilav sind immer vorhanden. Käse, Brot und frisches Obst vervollständigen die Mahlzeit. Als Getränk wird meist Ayran (ein Joghurtgetränk) gereicht, vor allem im Sommer.

Wenn ein Türke eine große Feier veranstalten will, stehen ihm so viele Rezepte zur Verfügung, daß man ein Bankett vorbereiten kann, das den größten Feinschmecker zufriedenstellen wird. Es ist nicht unüblich, daß in der Türkei solche Einladungen gegeben werden, besonders von Leuten, die einen hohen gesellschaftlichen Status haben.

Kochmethoden

Wenn der Haushalt auch über einen modernen Herd verfügen mag, so wird doch immer noch das Kochen auf einem Holzkohlenfeuer vorgezogen. Der westliche Grill, welcher Art auch immer, wird zufriedenstellende Ergebnisse bieten. Für die Speisenzubereitung ist der Mörser ein wesentlicher Bestandteil der Küchenausstattung. Kochtöpfe sind entweder aus Kupfer mit Zinnüberzug oder Aluminium; darüberhinaus gibt es eine Vielfalt von Steingutformen für das Backen im Ofen.

Für die Zubereitung türkischer Speisen können alle westlichen Kochutensilien verwendet werden, dazu die Küchenmaschine oder der Mixer anstelle des Mörsers – obwohl der Gebrauch des Mörsers der Köchin große Befriedigung bereiten kann. Für die Zubereitung von türkischem Kaffee wird ein Jazve, ein kleiner Kaffeetopf mit einem langen Handgriff, benötigt. Sie sollten sich einen solchen Topf in einem orientalischen Laden besorgen, denn mit einem normalen Kochtopf wird nicht dasselbe Resultat erreicht.

Zutaten für die türkische Küche

Wenn überhaupt, gibt es nur wenige Zutaten in der türkischen Küche, die schwer zu bekommen sind. In den meisten westlichen Ländern gibt es so viele kosmopolitische Einflüsse, daß diese Dinge meist bekannt sind. Ein Gemüse, die Aubergine, die ein ganz wichtiger Bestandteil der türkischen Küche ist, ist inzwischen überall bekannt; die Rezepte enthalten die entsprechenden Anleitungen für die türkische Zubereitungsart. Die bevorzugte Auberginensorte ist die lange, purpurne Frucht; da es diese aber nur während des Sommers zu kaufen gibt, müssen Sie zu anderen Zeiten mit möglichst kleinen, ovalen Auberginen vorliebnehmen, um Gerichte wie Imam Bayildi zuzubereiten. Die einführenden Kapitel und das Glossar enthalten weitere Einzelheiten über Nahrungsmittel für türkische Speisen, und die Rezepte enthalten alle notwendigen Erklärungen.

Aussprache

In der Türkei wurde in den zwanziger Jahren die arabische Schrift abgeschafft. Die Schrift enthält bei bestimmten Buchstaben Akzente, und Q, W und X fehlen.

Die Vokale werden wie im Deutschen ausgesprochen (e und o offen, d. h. wie in Ende und oft), u wird am Anfang eines Wortes mit einem j davor gesprochen.

C wird wie tsch und s wie sch ausgesprochen, das g ist ein weiches, leicht aspiriertes g.

Yogurt Salcasi
Joghurtsauce

1–2 Knoblauchzehen
½ Teelöffel Salz
1 Tasse Joghurt

1. Den Knoblauch mit Salz in einem Mörser zerstoßen oder eine Knoblauchpresse benutzen und mit dem Salz vermischen.
2. Mit Joghurt vermischen, zudecken und kühlstellen, bis die Sauce gebraucht wird. Zu geschmorten Gemüsen, Kebabs und je nach Rezept verwenden.

Tarator
Haselnußsauce

Ergibt 2 Tassen

1 Tasse Haselnußkerne
1 Tasse weiche Weißbrotkrumen
3 Knoblauchzehen, zerdrückt
1 Eßlöffel Wasser
1 Tasse Olivenöl
½ Tasse weißer Essig
1 Teelöffel Salz

1. Die Haselnüsse nach Wunsch blanchieren. In eine Schüssel geben, mit kochendem Wasser bedecken und 5 Minuten stehenlassen. Abtropfen lassen und die Haut abziehen. Dies ist nicht unbedingt nötig, ich finde aber, daß dadurch das Aroma und das Aussehen der Sauce verbessert werden.
2. Die Haselnüsse im Mixer, der Küchenmaschine oder Mandelmühle mahlen oder im Mörser zerstoßen. Bei Verwendung einer Mandelmühle oder eines Mörsers die gemahlenen Nüsse in eine Schüssel geben.
3. Die Brotkrumen, den Knoblauch und das Wasser zugeben und in der Maschine oder mit der Hand schlagen, wobei das Öl in einem dünnen Strahl hineingegossen wird. Nach und nach den Essig zufügen, gut schlagen, bis die Sauce glatt ist. Das Salz einrühren. Mit dem Mixer erhält man die glatteste Sauce, die anderen Methoden führen zu einer etwas groberen Konsistenz.
4. Die Sauce in eine Servierschale geben und kühlstellen. Zu Fischgerichten, geschmorten Gemüsen und Salaten aus gekochten Gemüsen oder nach Anweisung des jeweiligen Rezeptes servieren.

Anmerkung: Obwohl die echte türkische Tarator-Sauce fast immer mit Haselnüssen zubereitet wird, werden zuweilen auch Walnüsse verwendet, ebenso blanchierte Mandeln oder Pinienkerne. In diesem Fall den Essig durch Zitronensaft ersetzen.

Hamour
Mürbteig

2 ½ Tassen Weizenmehl
½ Teelöffel Salz
⅓ Tasse kaltes Wasser
1 Eigelb

1. Das Mehl mit dem Salz in eine Rührschüssel sieben. Die Butter in kleine Stücke schneiden und mit den Fingerspitzen in das Mehl einarbeiten, bis die Mischung krümelig ist.
2. Das Eigelb leicht verquirlen und mit dem Wasser zur Mehlmischung geben. Zu einem weichen Teig rühren, leicht kneten, bis er geschmeidig ist und zugedeckt 20–30 Minuten ruhen lassen, bevor er weiterverarbeitet wird.

Patlican Kizartmasi
Auberginen-Beignets

Für 6 Personen
Backzeit: etwa 20 Minuten

3 lange Auberginen, jede zu etwa 250 g
Salz
1 Portion Bierteig (Seite 137)
Öl zum Backen
Zum Servieren:
Yogurt Salçasi (Seite 117)
oder Tarator (Seite 117)

1. Die Stengel von den Auberginen entfernen und gut waschen. Etwa 1 cm breite Streifen der Haut in Längsrichtung abziehen, damit ein Streifenmuster entsteht. In 5 mm dicke Scheiben schneiden und auf ein Tablett legen. Reichlich mit Salz bestreuen und 30 Minuten stehenlassen. Gründlich mit Küchenkrepp trockentupfen.
2. Den Teig nach Rezept, Schritt 1, vorbereiten.
3. Jede Auberginenscheibe in den Teig tauchen und in heißem Öl braten, bis sie gar und auf beiden Seiten goldbraun sind. Die Scheiben werden in etwa 3 Minuten gar. Auf Küchenkrepp abtropfen lassen.
4. Die Auberginen-Beignets heiß mit Yogurt Salçasi oder Tarator als Vorspeise oder als Beilage zu Hauptgerichten servieren.

Havuç Kizartmasi

Möhren-Beignets

Die Auberginen bei Patlican Kizartmasi durch 750 g Möhren ersetzen. Die Möhren schaben und diagonal in 1 mm breite Stücke schneiden. In kochendem Salzwasser 5 Minuten kochen lassen, bis sie eben gar sind, abtropfen lassen und trockentupfen, dann bei Schritt 2 fortfahren.

Kabak Kizartmasi

Zucchini-Beignets

Statt Auberginen bei Patlican Kizartmasi 750 g mittelgroße Zucchini verwenden. Putzen und in 1 mm dicke Scheiben (längs oder quer, je nachdem, wie sie serviert werden sollen) schneiden. Salzen, wenn Sie wollen, dies macht sie jedoch weich; sie sind besser, wenn sie beim Braten etwas fester bleiben.

Börekler

Pikantes Gebäck

Diese delikaten Gebäckstücke werden auf verschiedene Art gefüllt und geformt. Wenn Sie den Teig nicht selber zubereiten möchten, ist der fertige Strudelteig der ideale Teig (auf türkisch Yufka), da er in seiner knusprigen, leichten Blättrigkeit unerreicht ist. Für bestimmte Böreks brauchen Sie allerdings selbstgemachten Teig.

Die Füllungen werden getrennt von der endgültigen Form aufgeführt, da die Form des Börek, nicht die Füllung, den Namen bestimmt.

Börek spielt in der türkischen Küche nicht nur als Vorspeise oder 1. Gang eine Rolle: Böreks werden oft als Beilage zu leichten Suppen serviert, und die gehaltvolleren Versionen mit Fleisch- oder Geflügelfüllung werden als Hauptgang gereicht. Diese finden Sie in den Teilen für Fleisch und Geflügel dieses Kapitels.

Kiyma

Hackfleischfüllung

1 große Zwiebel, fein gehackt
2 Eßlöffel Butter
500 g fein gehacktes Lamm- oder Rindfleisch
½ Tasse fein gehackte Petersilie
Salz
frisch gemahlener schwarzer Pfeffer

1. Die Zwiebel in einer Bratpfanne in Butter glasig dünsten.
2. Die Hitze höherstellen, das Hackfleisch zugeben und unter häufigem Umrühren anbraten, bis es krümelig ist. Solange braten, bis der Fleischsaft verdunstet ist und das Fleisch zu bräunen beginnt.
3. Die Pfanne vom Herd nehmen, Petersilie und Salz und Pfeffer nach Geschmack zufügen. Nach Anweisung verwenden.

Beyaz Peynir

Füllung aus weißem Käse

250 g Beyaz Peynir (Feta-Käse)
1 Ei
½ Tasse fein gehackte Petersilie
frisch gemahlener schwarzer Pfeffer

1. Den Käse mit den Fingern oder einer Gabel in eine Schüssel krümeln.
2. Das Ei leicht verquirlen und mit Petersilie und reichlich schwarzem Pfeffer vermischen. Nach Anweisung verwenden.

Ispanak

Spinatfüllung

500 g frischer Spinat oder 250 g gehackter Gefrierspinat
1 mittelgroße Zwiebel, fein gehackt
2 Eßlöffel Olivenöl
½ Tasse zerkrümelter Beyaz Peynir (Feta-Käse)
1 Ei, verquirlt
¼ Tasse fein gehackte Petersilie
Salz
frisch gemahlener schwarzer Pfeffer

1. Den frischen Spinat gründlich säubern, die verfärbten Blätter entfernen, ebenso die Wurzeln und alle holzigen oder beschädigten Stiele. Mit mehrmaligem Wasserwechsel waschen und überschüssige Feuchtigkeit aus den Blättern schütteln. Grob hacken. Bei Verwendung von Gefrierspinat die Anweisungen befolgen.
2. Den frischen Spinat in einen großen Topf geben, mit Wasser bedecken und bei mittlerer Hitze unter gelegentlichem Rühren 7–8 Minuten erhitzen. Nur solange kochen, bis der Spinat zusammenfällt.
3. Den abgekochten frischen oder aufgetauten Spinat in ein Sieb geben und mit einem Löffelrücken die Feuchtigkeit ausdrücken. In eine Schüssel geben.
4. Die Zwiebel in Olivenöl glasig dünsten und beides mit dem Käse, dem verquirlten Ei und der Petersilie zum Spinat geben. Die Zutaten gründlich vermischen, nach Geschmack salzen und pfeffern. Nach Anweisung weiterverarbeiten.

Pirasapide

Lauchkuchen

Für 6–8 Personen
Ofentemperatur: 200–220° C
Backzeit: 30 Minuten

1 Portion Hamour-Teig (Seite 117)
4–5 Lauchstangen
Salz
1 Tasse zerkrümelter Beyaz Peynir (Feta-Käse)
¼ Tasse fein gehackte Petersilie
¼ Teelöffel scharfer Chili-Pfeffer
⅓ Tasse Olivenöl
4 Eier

1. Den Teig nach Anweisung zubereiten, zudecken und ruhen lassen.
2. Von den Lauchstangen die Wurzeln und verfärbten Blätter entfernen. Den größten Teil der grünen Spitzen abschneiden, etwa 8 cm stehenlassen. Die Lauchstangen längs halbieren und gründlich waschen.
3. Den Wurzelansatz herausschneiden, dann die halbierten Lauchstangen in ziemlich feine Scheiben schneiden. Es werden 6–7 Tassen davon benötigt. Wenn die Stangen zu klein waren, mehr Stangen vorbereiten.
4. Den geschnittenen Lauch in einen Durchschlag geben und noch einmal waschen, damit auch der letzte Sand entfernt wird. Gut abtropfen lassen, mit einem Eßlöffel Salz bestreuen und mit der Hand mit dem Lauch vermischen. 15–20 Minuten stehenlassen, bis der Lauch weich ist. Dann gut ausdrücken, damit der Saft abtropft.
5. Den Lauch in einer Schüssel mit dem zerkrümelten Käse, der Petersilie, dem Chili-Pfeffer und Öl vermischen. Die Eier verquirlen, 2 Teelöffel davon beiseitestellen und den Rest dem Lauch zugeben. Gut verrühren.
6. Den Teig in zwei Stücke teilen, wovon eins etwas größer als das andere ist. Das größere Stück auf einem bemehlten Brett ausrollen und in eine runde Backform mit 30 cm Durchmesser oder eine eckige feuerfeste Form von 30 × 25 cm Größe legen.
7. Die Lauchfüllung in die mit dem Teig ausgelegte Form füllen und den Teigrand mit Wasser anfeuchten. Das andere Teigstück ausrollen und als Decke darüberlegen. Die Ränder gut andrücken, überstehende Stücke abschneiden und den Rand noch einmal mit den Zinken einer Gabel rundherum andrücken.
8. Das aufbewahrte Ei mit etwas Milch verquirlen und auf dem Kuchen verstreichen. Mit der Messerspitze kleine Schlitze in die Oberfläche schneiden.
9. Im Ofen bei starker Hitze 30 Minuten backen, bis der Kuchen goldbraun ist. 10 Minuten stehenlassen, bevor er in Portionen geschnitten wird.

Anmerkung: Statt des Hamour-Teigs können Yufka-Teiglagen verwendet werden. Sie brauchen 10 Lagen insgesamt. Die Form mit 5 Lagen auslegen, jede Lage mit zerlassener Butter bepinseln. Die Füllung hineingeben und mit den restlichen Teiglagen belegen, wieder jede einzelne mit Butter bepinseln. Die Kanten in Form schneiden und die oberste Lage mit Butter einpinseln. Die oberen Lagen mit einem scharfen Messer oder einer Rasierklinge zu Portionsstücken einschneiden. Die Decke leicht mit Wasser beträufeln, damit sie sich beim Backen nicht wellt.

Burma Börek

Gebackene Röllchen mit Füllung

30 Stück
Ofentemperatur: 190° C
Backzeit: 20 Minuten

10 Lagen Strudelteig
½ Tasse zerlassene Butter
1 Portion Fleisch-, Käse- oder Spinatfüllung (oben)

1. Die Teiglagen öffnen und jedes Blatt in Streifen schneiden (wie für Sigara Böregi). Stapeln und mit einem Tuch bedecken.
2. Einen Teigstreifen leicht mit zerlassener Butter bestreichen. Einen reichlichen Eßlöffel der Füllung an einer Schmalseite auf den Teig geben, zum Rand hin etwas Platz lassen. Die Seiten einklappen und den Teigstreifen aufrollen. Mit der Nahtstelle nach unten auf ein mit Butter gefettetes Backblech legen. Die übrigen Zutaten ebenso verarbeiten.
3. Die Röllchen leicht mit Butter bestreichen und im Ofen bei mittlerer Hitze 20 Minuten backen, bis sie goldgelb sind. Heiß servieren.

Anmerkung: Kleinere Burma Börekler können hergestellt werden, wenn man die Teiglagen in Viertel teilt. Nehmen Sie auch weniger Füllung; so erhält man eine größere Menge (z. B. als Beilage zum Cocktail).

Sigara Böregi

Pastetchen in Zigarrenform

75 Stück
Backzeit: 60–75 Sekunden pro Partie

20 Lagen Yufka (Strudelteig)
1 Portion Fleisch-, Käse- oder Spinatfüllung (Seite 119)
Wasser zum Bestreichen
Öl zum Ausbacken

1. Die Teiglagen öffnen und jede Lage in drei Streifen schneiden, die etwa 12 cm breit und 30 cm lang sind. Auf einem Küchentuch stapeln und das Tuch darüber zusammenfalten.
2. Einen Teigstreifen mit der Schmalseite zu sich auf eine Arbeitsfläche legen. Zwei Teelöffel der Füllung auf dem Teig verteilen, dabei 2 cm an den Seiten freilassen.
3. Das Teigende über die Füllung klappen, dann die Seiten nach innen falten und der Länge nach andrücken. Die eingefalteten Seiten und den oberen Rand des Teiges leicht mit Wasser bestreichen. Fest einrollen, so daß die fertige Rolle so schmal wie möglich ist. Mit der Nahtseite nach unten auf ein mit einem Tuch bedecktes Tablett legen und mit den restlichen Zutaten ebenso verfahren.
4. Jeweils mehrere Pastetchen gleichzeitig in heißem Öl schwimmend ausbacken, dabei wenden, damit sie gleichmäßig braun werden. Mit einem Schaumlöffel herausnehmen und auf Küchenkrepp abtropfen lassen. Heiß als Vorspeise oder als Beilage zu leichten Suppen servieren.

Anmerkung: Fertige Pastetchen können im Ofen bei mittlerer Hitze wieder erwärmt werden.

Ciger Tavasi

Gebratene Leberwürfel

Für 10–12 Personen
Garzeit: 3–4 Minuten pro Partie

500 g Lamm- oder Kalbsleber
Wasser
Salz
Weizenmehl
Olivenöl zum Braten
frisch gemahlener schwarzer Pfeffer
½ Tasse gehackte Frühlingszwiebel
¼ Tasse fein gehackte Petersilie

1. Die Leber in Salzwasser einlegen und 30 Minuten stehenlassen. Die Haut und größere Röhren entfernen und die Leber in 2 cm dicke Würfel schneiden. Gut abtropfen lassen.
2. Die Leberwürfel in Mehl wälzen.
3. Den Boden einer Bratpfanne mit Öl bedecken (5 mm hoch) und gut erhitzen. Die Leberstücke schnell braten, auf allen Seiten bräunen lassen. Jeweils nur eine Schicht Leberwürfel in die Pfanne geben und die Stücke mit der Küchenzange wenden. Die Leber nicht zu lange braten.
4. Die Leberwürfel in eine Schüssel geben und nach Geschmack salzen und pfeffern. Gehackte Frühlingszwiebeln und Petersilie darüberstreuen und sofort servieren, dazu Cocktailspießchen legen.

Abbildung Seite 121:
Patlicanli Pilav (Auberginen-Pilav), Rezept Seite 126
Türkistan Pilavi (Turkistanisches Möhren-Pilav), Rezept Seite 127
Abbildung Seite 122:
Menemen (Gemüseomelett, Rezept Seite 129

Sardalya Sarmasi

Sardinen in Weinblättern

Für 6 Personen
Kochzeit: 4–6 Minuten

24 frische Sardinen
Salz
24 Weinblätter, frisch oder eingelegt
⅓ Tasse Olivenöl
frisch gemahlener schwarzer Pfeffer
Zitronenschnitze zum Servieren

1. Den Kopf der Sardinen entfernen, Sardinen ausnehmen und unter fließendem kalten Wasser abspülen. Abtropfen und auf Küchenkrepp trocknen lassen.
2. In einer Schale ausbreiten und die Sardinen auf beiden Seiten mit Salz bestreuen. Zugedeckt 20–30 Minuten stehenlassen.
3. Frische oder eingemachte Weinblätter mit kaltem Wasser abspülen, abtropfen lassen und mit Küchenkrepp trockentupfen. Stiele entfernen, wenn vorhanden.
4. Ein Weinblatt auf der Arbeitsfläche glattstreichen und die glänzende Seite mit Olivenöl bepinseln. Eine Sardine auf den unteren Teil des Blattes legen, mit Pfeffer bestreuen und mit Öl betupfen. Die Sardine fest in dem Blatt einwickeln und in einen Scharniergrill legen. Die restlichen Zutaten ebenso verarbeiten.
5. Den Grill schließen und die Weinblattrollen außen mit Öl bestreichen. Über glühender Holzkohle auf jeder Seite 2–3 Minuten oder im Elektrogrill grillen. Wenn kein Scharniergrill vorhanden ist, die Blätter mit hölzernen Cocktailstäbchen sichern, die vorher 30 Minuten in kaltem Wasser eingeweicht wurden.
6. Sofort auf einer Platte mit vielen Zitronenspalten servieren. Die Sardine wird ausgepackt und nach Geschmack mit Zitronensaft beträufelt. Die Weinblätter werden nicht mitgegessen – sie werden hier nur dazu benutzt, dem Fisch ein angenehmes und ungewöhnliches Aroma zu verleihen.

Pilav

Pilav

Das Pilav der Türken hat einen festen Platz in der Küche der Völker; wir haben jedoch nur mit wenigen Varianten Bekanntschaft gemacht. Die möglichen Veränderungen und Kombinationen bei diesem Gericht sind endlos. Die nachfolgenden Rezepte geben die verschiedenen Arten wieder, in denen Pilav zubereitet werden kann; wenn Sie das erst einmal heraus haben, können Sie Ihre eigenen Varianten erfinden.
Die türkische Köchin weicht den Reis in heißem Salzwasser etwa 10–30 Minuten ein. Bei den Reisarten, die heutzutage auf dem Markt sind, ist das nicht erforderlich. Das Waschen ist jedoch nötig, wenn man das richtige Ergebnis erzielen will. Den Reis in eine Schüssel geben, kaltes Wasser darübergießen und umrühren. Das Wasser abgießen und frisches Wasser zufügen. Dies ist zu wiederholen, bis das abgegossene Wasser klar ist. Man kann den Reis auch in einem Sieb unter fließendem kalten Wasser abspülen, wobei man ständig mit den Fingern durch den Reis fährt, damit die Stärke ablaufen kann.
Da die Reiskörner je nach Sorte verschieden hart sind, kann es sein, daß Sie die Anweisungen in den Rezepten für Ihre Reissorte etwas abändern müssen, das heißt, daß die benötigte Wassermenge oder die Kochzeit schwanken kann. Vielleicht notieren Sie sich die Änderungen für den von Ihnen verwendeten Reis.
Zum Servieren das Reisgericht entweder mit der Gabel auflockern und in einer Schale aufhäufen oder den heißen Pilav in eine geölte Form drücken und auf eine Platte stürzen. Von dem dazu gereichten Gericht kann etwas Sauce darübergeträufelt werden.

Abbildung Seite 123:
Piyaz (Weißer Bohnensalat), Rezept Seite 131;
Domates Salatasi (Tomatensalat), Rezept Seite 132
Abbildung Seite 124:
Güveç oder Türlü (Gemüseeintopf), Rezept Seite 133;
Imam Bayildi (Geschmorte Auberginen mit Tomaten und Zwiebeln), Rezept Seite 132

Ic Pilav

Leber-Pilav

Für 6 Personen
Kochzeit: 50 Minuten

2 Tassen Langkornreis
250 g Hühner- oder Gänseleber
⅓ Tasse Butter
¼ Tasse Pinienkerne
1 Tasse gehackte Frühlingszwiebeln, nur der weiße Teil
¼ Teelöffel Piment, gemahlen
¼ Tasse Rosinen
3 Tassen Hühnerbrühe
Salz
frisch gemahlener schwarzer Pfeffer
¼ Tasse fein gehackte Petersilie oder Dill

1. Den Reis waschen, bis das ablaufende Wasser klar bleibt, und in einem Sieb abtropfen lassen.
2. Die Leber säubern und in feine Streifen oder Würfel schneiden.
3. Die Hälfte der Butter in einer Pfanne erhitzen und die Pinienkerne dünsten, bis sie goldgelb sind. Mit einer geschlitzten Kelle auf einen Teller geben.
4. In derselben Pfanne die Frühlingszwiebel glasig dünsten, die vorbereiteten Leberstücke zugeben und bei mittlerer Hitze in der Pfanne rühren, bis sie sich verfärbt; nicht zu lange braten. Das Piment einrühren und die Pfanne beiseitestellen.
5. In einem hohen, schweren Topf die restliche Butter erhitzen, den abgetropften Reis zugeben und bei mittlerer Hitze rühren, bis die durchscheinenden Reiskörner undurchsichtig werden, ohne Farbe anzunehmen. Die Rosinen einrühren, dann die Hühnerbrühe, etwa 2 Teelöffel Salz und Pfeffer nach Geschmack zugeben. Unter gelegentlichem Rühren aufkochen lassen, die Hitze herunterschalten, zudecken und den Reis 15 Minuten bei schwacher Hitze kochen lassen.
6. Die vorbereiteten Pinienkerne, Frühlingszwiebel und gebratene Leber sowie Petersilie oder Dill zugeben. Das Ganze mit einem Holzlöffel vorsichtig unter den Reis heben.
7. Zwei Lagen Küchenkrepp über den Topfrand legen und den Deckel fest daraufsetzen. Bei schwacher Hitze weiter 20 Minuten garen lassen, von der Platte nehmen und vor dem Servieren noch einmal 10 Minuten stehenlassen. Eine ausgezeichnete Beilage für Geflügel- oder Lammbraten.

Patlicanli Pilav

Auberginen-Pilav

Für 6 Personen
Kochzeit: 50 Minuten

2 ovale Auberginen, zusammen etwa 500 g
Salz
1 große Zwiebel
⅓ Tasse Olivenöl
2 Tassen enthäutete, gehackte Tomaten
1 ½ Teelöffel Salz
frisch gemahlener schwarzer Pfeffer
2 Eßlöffel gehackte Petersilie
2 Teelöffel gehackte frische Minze
2 Tassen Langkornreis
2 ½ Tassen leichte Brühe oder Wasser
Joghurt zum Servieren

1. Die Auberginen mit der Schale in große Würfel schneiden. In einen Durchschlag geben und reichlich mit Salz bestreuen. 30 Minuten stehenlassen. Abspülen und mit Küchenkrepp abtupfen.
2. Die Zwiebel der Länge nach halbieren und in Scheiben schneiden.
3. ¼ Tasse Öl in einem Topf mit schwerem Boden erhitzen und die Auberginenwürfel darin leicht bräunen. Herausnehmen und beiseitestellen.
4. Das restliche Öl in den Topf geben und die Zwiebel darin glasig dünsten. Die Tomaten, Gewürze, Kräuter und gebratenen Auberginenstücke zugeben. Zum Kochen bringen.
5. Den Reis waschen, bis das ablaufende Wasser klar bleibt. Abtropfen lassen und auf die Auberginenmischung geben. Brühe oder Wasser dazugießen.
6. Ohne zu rühren zum Kochen bringen. Die Hitze herunterschalten, den Topf zudecken und bei milder Hitze 30 Minuten kochen lassen. Die Hitze abschalten, ein Tuch oder zwei Lagen Küchenkrepp über den Topfrand legen und den Deckel wieder aufsetzen. Den Pilav 10 Minuten stehenlassen.
7. Leicht umrühren und in eine vorgewärmte Schüssel geben. Mit Joghurt servieren.

Türkistan Pilavi

Turkistanisches Möhren-Pilav

Für 5–6 Personen
Kochzeit: 30 Minuten

2 Tassen Langkornreis
¼ Tasse Butter
2 Tassen grob geriebene Möhren
½ Teelöffel ganze schwarze Pfefferkörner
1 Teelöffel Zucker
3 ½ Tassen Hühnerbrühe
Salz

1. Den Reis waschen, bis das ablaufende Wasser klar bleibt. Gut abtropfen lassen.
2. Die Butter in einem schweren Topf erhitzen, die geriebenen Karotten und Pfefferkörner zufügen und 3 Minuten bei mittlerer Hitze dünsten, häufig umrühren. Zum Schluß den Zucker darüberstruen.
3. Den Reis zugeben und weitere 2 Minuten unter ständigem Rühren dünsten.
4. Die Brühe hineingießen und nach Geschmack salzen. Bis zum Kochen umrühren, dann die Hitze herunterschalten. Den Deckel aufsetzen und bei milder Hitze 25–30 Minuten kochen lassen. Von der heißen Platte nehmen und ein Tuch oder 2 Lagen Küchenkrepp auf den Topfrand legen, den Deckel wieder aufsetzen und 10 Minuten vor dem Servieren stehenlassen. Ausgezeichnet zu gebratenem Hähnchen oder Tavuk Yufka Içinde.

Beyaz Pilav

Weißes Pilav

Für 6 Personen
Kochzeit: 35 Minuten, dann 10 Minuten stehenlassen

2 Tassen Langkornreis
¼ Tasse Butter
3 ½ Tassen Hühnerbrühe
Salz nach Geschmack

1. Den Reis waschen, bis das ablaufende Wasser klar bleibt. Gut abtropfen lassen.
2. Die Butter in einem schweren Topf erhitzen und den abgetropften Reis zugeben. 5 Minuten bei mittlerer Hitze umrühren.
3. Die Brühe und Salz nach Geschmack zufügen, bis zum Kochen gelegentlich umrühren. Die Hitze herunterschalten, den Topf zudecken und bei schwacher Hitze 25–30 Minuten kochen lassen. Den Reis probieren, ob er die richtige Konsistenz hat – das Korn sollte fest, aber gleichmäßig gar sein.
4. Die Hitze abschalten, ein Tuch oder 2 Lagen Küchenkrepp über den Topfrand legen und Deckel wieder aufsetzen. Mindestens 10 Minuten stehenlassen, bevor der Deckel abgenommen wird. Der Reis kann auch 30 Minuten so stehengelassen werden, je nach der Qualität des Korns.
5. Mit der Gabel auflockern und servieren oder in eine geölte Form drücken und auf eine Platte stürzen.

Dügün Pilav

Hochzeitspilav

Zutaten wie für Weißes Pilav, dazu kommen ¼ Tasse Pinienkerne oder blanchierte Mandeln, die Hühnerbrühe wird durch Fleischbrühe ersetzt. Die Nüsse mit dem Reis dünsten und bei Schritt 3 des obigen Rezeptes fortfahren.

Domatesli Pilav

Tomatenpilav

Zutaten und Zubereitung wie für Weißes Pilav, dazu kommen 1 ½ Tassen enthäutete, gehackte Tomaten, die nach der halben Garzeit zugegeben werden. Es kann Hühner- oder Fleischbrühe verwendet werden, deren Menge auf 2 ½ Tassen verringert wird, wenn Tomaten aus der Dose verwendet werden. Nach Geschmack salzen und pfeffern.

Fasulye Plakisi

Weiße Bohnensuppe

Für 6–8 Personen
Kochzeit 2–2 ½ Stunden

2 Tassen getrocknete weiße Bohnen
6 Tassen Wasser
2 große Zwiebeln, gehackt
½ Tasse Olivenöl
2 Knoblauchzehen, gehackt
1 Tasse gewürfelte Möhren
1 Tasse in Scheiben geschnittene Sellerie, einschließlich Blätter
¼ Tasse Tomatenmark
½ Teelöffel Zucker
1 Prise scharfer Chilipfeffer
Saft ½ Zitrone
Salz
¼ Tasse gehackte Petersilie

1. Die Bohnen mit mehrfachem Wasserwechsel waschen und in einen großen Topf geben. Mit 6 Tassen kaltem Wasser auffüllen und zum Kochen bringen. 2 Minuten kochen lassen, von der heißen Platte nehmen und zugedeckt 2 Stunden oder länger stehenlassen, bis die Bohnen aufgequollen sind.
2. Das Öl in einer Pfanne erhitzen und die Zwiebel darin glasig dünsten. Den Knoblauch, die Möhren und den Sellerie zugeben und 5 Minuten dünsten, dabei häufig umrühren. Beiseitestellen.
3. Die Bohnen wieder zum Kochen bringen und zugedeckt 30 Minuten bei schwacher Hitze kochen lassen. Das gedünstete Gemüse, Tomatenmark, Zucker und Chili-Pfeffer zugeben und 1 ½ Stunden oder länger zugedeckt kochen lassen, bis die Bohnen gar, aber nicht geplatzt sind.
4. Den Zitronensaft, Salz nach Geschmack und die Hälfte der Petersilie zugeben. Weitere 10 Minuten kochen. In einer hohen Schüssel mit Petersilie garniert servieren. Dieser Eintopf kann heiß oder kalt gereicht werden.

Ispanakli Yumurta

Spinat und Eier

Für 2 Personen als Mittagessen,
für 4 Personen als 1. Gang
Kochzeit: 20–25 Minuten

750 g Spinat oder 1 Packung Gefrierspinat
1 mittelgroße Zwiebel, fein gehackt
2 Eßlöffel Butter
⅓ Tasse grob zerkrümelter Beyaz Peynir oder Feta-Käse
Salz
frisch gemahlener schwarzer Pfeffer
4 Eier

1. Den Spinat säubern, Wurzeln und holzige Stengel entfernen. Die Blätter gründlich waschen, überschüssiges Wasser abschütteln und kleinschneiden. Bei Verwendung von Gefrierspinat die Anweisungen unter 3. befolgen.
2. Die Zwiebel in einer Pfanne mit passendem Deckel in Butter glasig dünsten.
3. Den gehackten Spinat zugeben und bei mittlerer Hitze rühren, bis er zusammenfällt und der Saft austritt. Solange kochen, bis gerade soviel Saft übrigbleibt, daß er den Pfannenboden bedeckt. Der Gefrierspinat wird in die Pfanne gegeben und in der zugedeckten Pfanne bei schwacher Hitze gedünstet. Den Spinat gelegentlich umrühren, bis er aufgetaut ist, mit den gedünsteten Zwiebeln vermischen und bei schwacher Hitze dünsten.
4. Salzen und pfeffern und den zerkrümelten Käse untermischen.
5. Vier Mulden in den Spinat drücken und in jede Mulde 1 Ei schlagen. Die Pfanne zudecken und bei mittlerer Hitze die Eier fest werden lassen. Sofort servieren.

Anmerkung: Um dieses Gericht als attraktiven 1. Gang zu servieren, den Spinat in 4 einzelne feuerfeste Formen geben und im Ofen bei mittlerer Hitze mit den Eiern, auf die etwas zerlassene Butter geträufelt wird, backen.

Yufkali Pilav

Reispastete

Für 8–10 Personen
Ofentemperatur: 190° C
Backzeit: 1 ½ Stunden

½ Tasse Mandelhälften oder -stifte
¼ Tasse Butter
1 große Zwiebel, fein gehackt
1 Tasse grob geriebene Möhren
250 g mageres Lammfleisch ohne Knochen, in 1 cm dicke Würfel geschnitten
1 Tasse gehackte getrocknete Aprikosen
1 Teelöffel Piment, gemahlen
1 ½ Teelöffel Salz
frisch gemahlener schwarzer Pfeffer
3 ½ Tassen Wasser oder leichte Brühe
1 Tasse zerdrückte Fadennudeln
2 Tassen Langkornreis
Zur Fertigstellung:
5–8 Lagen Yufkateig (Strudelteig) oder 1 Portion Hamourteig (Seite 117)
⅓–½ Tasse zerlassene Butter

1. Die Mandeln in der Hälfte der Butter in einem hohen Topf rösten. Wenn sie goldgelb sind, mit einer geschlitzten Kelle auf einen Teller geben. Beiseite stellen.
2. Die restliche Butter mit der Zwiebel in den Topf geben und die Zwiebel glasig dünsten. Die geriebenen Möhren zugeben und noch 5 Minuten dünsten.
3. Die Hitze höherschalten und die Lammfleischwürfel zugeben. Umrühren, bis das Fleisch sich verfärbt, Aprikosen, Piment, Salz und reichlich Pfeffer zufügen. Eine Tasse Wasser oder Brühe unterrühren, die Hitze herunterschalten, den Topf zudecken und bei schwacher Hitze kochen lassen.
4. Die restliche Flüssigkeit zugeben und wieder zum Kochen bringen, dann die Fadennudeln und den gründlich gewaschenen Reis hineingeben. Wiederum zum Kochen bringen, gelegentlich umrühren. Die Hitze herunterschalten und 20 Minuten leicht kochen lassen, bis die Flüssigkeit aufgesogen ist und der Reis gerade eben gar ist. Im zugedeckten Topf beiseitestellen.
5. Den Ofen vorheizen. Eine feuerfeste Form für 8 Tassen Inhalt mit zerlassener Butter ausstreichen.
6. Eine Lage Strudelteig mit zerlassener Butter bestreichen und eine andere Lage darüberlegen. Beiseitestellen und die restlichen Teiglagen, jeweils 2 Stück, ebenso vorbereiten. Man braucht je nach Größe des Formbodens 3 bis 4 Paar.
7. Ein Paar der Teiglagen in die vorbereitete Form geben, so daß der Boden und die Seiten bedeckt sind und der Teig noch reichlich über den Rand hängt. Die obere Teiglage in der Form mit Butter bepinseln und die übrigen Teiglagen darüberlegen. Wenn Sie Hamourteig verwenden, muß er so groß ausgerollt werden, daß er weit genug über dem Rand übersteht, um die Pastete bedecken zu können.
8. Die Mandeln in den Pilav rühren und die Reismischung in die Form geben; gleichmäßig verteilen. ¼ Tasse zerlassene Butter über den Reis gießen und den Teig von außen nach innen darüberklappen, dabei wieder jede Teigoberseite mit Butter bepinseln.
9. Im Ofen bei mittlerer Hitze 30 Minuten backen. Auf eine Platte stürzen und die Pastete in Stücke schneiden. Als Imbiß, Teil eines Buffets oder als 1. Gang servieren.

Menemen

Gemüseomelett

Für 4 Personen
Kochzeit: 20–25 Minuten

1 grüne Paprika
1 rote Paprika
1 große Zwiebel
¼ Tasse Butter oder Öl
1 Tasse enthäutete, gehackte Tomaten
Salz
frisch gemahlener schwarzer Pfeffer
6 Eier
½ Tasse zerkrümelter Beyaz Peynir oder Feta-Käse
¼ Tasse gehackte Petersilie

1. Die Paprika halbieren, den Stielansatz, die Samen und die weiße Haut entfernen. In kurze Streifen schneiden. Die Zwiebel der Länge nach halbieren und in halbe Ringe schneiden.
2. Butter oder Öl in einer großen Bratpfanne erhitzen, Paprika und Zwiebel zugeben und bei mittlerer Hitze dünsten, bis die Zwiebel glasig ist. Häufig umrühren.
3. Tomaten, Salz und Pfeffer zugeben und zum Kochen bringen. Ein paar Minuten schwach kochen lassen, bis das Gemüse weich ist.
4. Die Eier leicht verquirlen und in die Pfanne gießen. Vorsichtig mit dem Gemüse verrühren, bis die Masse cremig ist.
5. Den Käse mit der Petersilie vermischen (1 Eßlöffel Petersilie aufbewahren), zu der Eimasse geben und vorsichtig damit vermischen. Sofort mit der restlichen Petersilie bestreut servieren.

Iskembe Çorbasi
Kuttelsuppe

Für 5–6 Personen
Kochzeit: 2 ¼ Stunden

500 g Kutteln
Wasser
1 kleine Zwiebel, geviertelt
Salz
weißer Pfeffer
¼ Tasse Butter
¼ Tasse Weizenmehl
½ Tasse Milch
2 Eigelb
2 Eßlöffel Zitronensaft
2 Teelöffel Paprikapulver
1 Eßlöffel Öl
3–4 Knoblauchzehen, zerdrückt
⅓ Tasse weißer Essig

1. Die Kutteln waschen, mit kaltem Wasser bedecken und zum Kochen bringen. Das Wasser abgießen, 5 Tassen frisches Wasser und die Zwiebel zufügen und wieder auf die heiße Platte stellen. 2 Eßlöffel Salz und weißen Pfeffer nach Geschmack zugeben. Zugedeckt bei schwacher Hitze 2 Stunden oder länger kochen lassen, bis die Kutteln gar sind.
2. Die Zwiebel herausnehmen. Die Kutteln herausnehmen und in schmale Streifen schneiden. Die Flüssigkeit aufbewahren.
3. Die Butter in einer kleinen Kasserolle zerlassen und das Mehl hineinrühren. 1 Minute dünsten, ohne daß das Mehl sich verfärbt. Die Milch und 3 Tassen Brühe von den Kutteln einrühren. Ständig rühren, bis die Sauce dick wird und aufwallt, dann bei schwacher Hitze kochen lassen.
4. Das Eigelb in einer Rührschüssel verquirlen und den Zitronensaft hineinschlagen. Die angedickte Sauce unter ständigem Rühren untermischen.
5. Die Kuttelstreifen wieder in die Kochbrühe geben und die Eiermischung unter ständigem Rühren hineingießen. Die Suppe über schwacher Hitze weiter rühren, bis sie leicht aufwallt. Abschmecken und vom Herd nehmen.
6. Das Paprikapulver mit dem Öl vermischen und beiseitestellen.
7. Den Knoblauch mit dem Essig vermischen und in einem Schälchen auf den Tisch stellen.
8. Die Suppe in Schalen mit ein wenig Paprika-Öl darauf servieren. Mit der Knoblauch-Essig-Mischung kann sich jeder selbst bedienen.

Dügün Çorbasi
Hochzeitssuppe

Für 6–8 Personen
Kochzeit: 2–2 ¼ Stunden

500 g Lammfleisch zum Schmoren ohne Knochen
500 g Suppenknochen vom Lamm
8 Tassen Wasser
1 Zwiebel, geviertelt
1 Möhre, geviertelt
Salz
frisch gemahlener schwarzer Pfeffer
⅓ Tasse Butter
½ Tasse Mehl
3 Eigelb
2–3 Eßlöffel Zitronensaft
2 Eßlöffel zerlassene Butter
2 Teelöffel Paprikapulver

1. Das Lammfleisch mit den Suppenknochen in einen großen Topf geben und Wasser, die Zwiebel und die Möhre zugeben. Zum Kochen bringen, bei Bedarf den Schaum abschöpfen, Salz und Pfeffer nach Geschmack zugeben und zugedeckt bei milder Hitze 1 ½ Stunden kochen lassen, bis das Lammfleisch gar ist.
2. Die Knochen herausnehmen. Das Fleisch in kleine Stücke schneiden. Die Brühe durchseihen, wieder in den Topf gießen und bei schwacher Hitze kochen lassen.
3. Die Butter in einem großen Topf zerlassen und das Mehl einrühren. 2 Minuten dünsten, ohne daß sich das Mehl färbt. Nach und nach die heiße Brühe dazugeben, dabei ständig rühren. Wenn die Suppe glatt ist und aufwallt, schwach weiterkochen lassen.
4. Das Eigelb in einer Schüssel schlagen und nach und nach den Zitronensaft zufügen, ein wenig übrigbehalten. Vorsichtig etwa 2 Tassen von der Suppe hineinrühren, dann die Mischung in die Suppe gießen. Bei schwacher Hitze rühren und die Lammfleischstücke hineingeben. Weiterrühren, bis das Ei gegart ist. Die Suppe bei Bedarf mit noch mehr Zitronensaft und Salz abschmecken. Vom Herd nehmen.
5. Das Paprikapulver in die zerlassene Butter einrühren. Die Suppe in tiefen Schalen servieren, auf jede Portion etwas von der Butter-Paprikamischung geben.

Piyaz

Weißer Bohnensalat

Für 6–8 Personen
Kochzeit: 2–2 ½ Stunden

2 Tassen getrocknete weiße Bohnen
6 Tassen kaltes Wasser
Salz
1 Knoblauchzehe
2 kleine Zwiebeln
¼ Tasse Zitronensaft
1 Eßlöffel weißer Essig
¼ Tasse Olivenöl
¼ Tasse gutes Salatöl
¼ Tasse gehackte Petersilie
1 Teelöffel gehackte frische Minze
2 Teelöffel gehackter Dill
Zur Fertigstellung:
1 grüne Paprika
3 hartgekochte Eier

1. Die Bohnen sehr gründlich waschen, mit kaltem Wasser bedecken und auf den Herd setzen. Wenn sie aufgekocht sind, vom Herd nehmen und stehenlassen, bis die Bohnen aufgequollen sind. Die Bohnen können auch über Nacht in kaltem Wasser eingeweicht werden, bei warmem Wetter im Kühlschrank.
2. Die Bohnen in ihrem Einweichwasser zum Kochen bringen und zugedeckt bei schwacher Hitze kochen lassen, bis sie gar, aber nicht geplatzt sind. Die Garzeit richtet sich nach der Bohnensorte, 2 Stunden sollten jedoch genügen. Nach 1 ½ Stunden das Salz nach Geschmack zugeben. Wenn die Bohnen gar sind, gut abtropfen lassen und in eine Schüssel geben.
3. Den Knoblauch mit etwas Salz zerdrücken. Die Zwiebeln der Länge nach halbieren, dann in dünne Halbringe schneiden. Mit dem Zitronensaft, Essig und dem gemischten Öl zu den heißen Bohnen geben. Abkühlen lassen.
4. Vorsichtig die gehackten Kräuter untermischen und den Salat für 1–2 Stunden kaltstellen.
5. In einer hohen Schüssel servieren, garniert mit grünen Paprikastreifen und hartgekochten Eischeiben oder -vierteln.

Hünkar Begendi

Sultans Entzücken

Für 6 Personen
Kochzeit: 40–50 Minuten

500 g kleine Auberginen
1 Eßlöffel Zitronensaft
¼ Tasse Butter
¼ Tasse Mehl
¾ Tasse Milch
Salz
frisch gemahlener schwarzer Pfeffer
½ Tasse weiche Weißbrotkrumen, nach Wunsch
½ Tasse geriebener Kashkaval, Kasseri- oder Coon-Käse
fein gehackte Petersilie
Tas Kebap zum Servieren (Seite 138)

1. Die Auberginen über glühender Holzkohle grillen oder auf einer Gabel aufgespießt über eine Gasflamme halten. Man kann sie auch in einer Pfanne bei mittlerer Hitze braten, bis sie sich weich anfühlen und die Haut ziemlich verbrannt ist. Eine andere Möglichkeit ist, nur die Haut zu verbrennen und die Auberginen dann im Ofen bei mittlerer Hitze 10–20 Minuten, je nach Größe, zu backen.
2. Die verbrannte Haut unter kaltem Wasser abspülen, dann die restliche Haupt abpellen. Im Mixer oder in der Küchenmaschine pürieren und Zitronensaft zugeben, damit die helle Farbe erhalten bleibt.
3. In einer Pfanne mit schwerem Boden die Butter zerlassen und das Mehl einrühren. 2 Minuten schwach dünsten, ohne daß sich das Mehl verfärbt, dann unter ständigem Rühren die Milch zugießen; weiterrühren, bis die Sauce andickt und aufwallt.
4. Das Auberginenpüree zugeben und bei schwacher Hitze etwa 20 Minuten dünsten, bis es etwas eingekocht und sehr dick ist. Gelegentlich umrühren. Auf Wunsch können feine Brotkrumen in das Püree gerührt werden, um es noch fester zu machen. Von der Platte nehmen.
5. Das Püree den Rand einer Servierschüssel entlang aufhäufen und mit gehackter Petersilie bestreuen. In die Mitte Tas Kebap füllen oder das Püree heiß mit Lammbraten oder Huhngerichten servieren.

Anmerkung: Wenn Sie über einen Mikrowellenherd verfügen, die Auberginen wie unter 1. beschrieben ansengen, die Haut an mehreren Stellen mit einem feinen Spieß einstechen und 3–5 Minuten im Mikrowellenherd backen.

Domates Salatasi

Tomatensalat

Für 6–8 Personen

4 mittelgroße, feste Tomaten
2 lange junge Gurken
¼ Tasse Zitronensaft
1 Eßlöffel weißer Essig
¼ Tasse Olivenöl
1 Teelöffel fein gehackte frische Minze
1 Eßlöffel fein gehackte Petersilie
Salz
frisch gemahlener schwarzer Pfeffer
schwarze Oliven
Petersilienzweige zum Garnieren

1. Die Tomaten enthäuten, wenn das gewünscht wird. In ziemlich dünne Scheiben schneiden und in zwei Reihen auf einer ovalen Platte anordnen.
2. Die Gurken schälen und mit den Zinken einer Gabel einkerben. In dünne Scheiben schneiden und auf einer Seite der Tomaten anordnen.
3. Den Zitronensaft mit dem Essig, dem Öl und den Kräutern schlagen und nach Geschmack salzen und pfeffern. Die Sauce über die Tomaten und Gurken gießen. Zugedeckt kaltstellen, bis der Salat serviert wird.
4. Vor dem Servieren die abgetropften Oliven auf die andere Seite der Tomaten legen und die Platte mit Petersilienzweigen garnieren. Dieser Salat dient für viele Gerichte als Beilage, besonders im Sommer, wenn die Tomaten am besten schmecken.

Imam Bayildi

Geschmorte Auberginen mit Tomaten und Zwiebeln

Die Geschichte des Imams, der wegen dieses Gerichtes ohnmächtig wurde, ist schon so oft erzählt worden, daß ich sie nicht noch einmal zum besten gebe. Der Mann hat wohl kaum geahnt, daß ihm dieses bekannteste Auberginengericht zur Unsterblichkeit verhelfen würde.
Von Griechenland bis zum Iran gibt es Varianten dieses Gerichts. Es ist schon immer in Griechenland zubereitet worden, und es wurde behauptet, daß es eine griechische Königin für den Imam zubereitete, als er sich in Griechenland aufhielt. Die Wahrheit wird man wohl niemals genau kennen!

Für 4–8 Personen
Kochzeit: 1 ¼ Stunden

8 längliche Auberginen mittlerer Größe
Salzwasser
3 mittelgroße Zwiebeln
½ Tasse Olivenöl
4 Knoblauchzehen, gehackt
3 mittelgroße Tomaten, enthäutet
¼ Tasse gehackte Petersilie
Salz
frisch gemahlener schwarzer Pfeffer
2 Eßlöffel Zitronensaft
1 Prise Zucker
½ Tasse Wasser

1. Die Auberginen von den Stielen befreien. Der Länge nach 1 cm breite Streifen der Haut abschälen, so daß sich ein Streifenmuster ergibt. Jede Aubergine der Länge nach auf einer Seite tief einschneiden, bis kurz vor den Boden und den oberen Ansatz. In eine Schüssel mit kaltem, reichlich gesalzenen Wasser legen und 30 Minuten stehenlassen. Abtropfen, die Feuchtigkeit ausdrücken und mit Küchenkrepp trockentupfen.
2. Die Zwiebel der Länge nach aufschneiden und in schmale Spalten schneiden. In einer schweren Pfanne die Hälfte des Öls erhitzen und die Zwiebeln glasig dünsten. Den Knoblauch zufügen, 1 Minute dünsten, dann in einer Schüssel mit den gehackten Tomaten, der Petersilie und Salz und Pfeffer nach Geschmack vermischen.
3. Das restliche Öl in die Pfanne geben und die Auberginen bei starker Hitze dünsten, bis sie leicht gebräunt, aber immer noch ziemlich fest sind. Die Pfanne vom Herd nehmen und die Auberginen so drehen, daß der Schlitz nach oben weist.
4. Die Gemüsemischung in die Schlitze füllen, soviel wie möglich hineindrücken. Die restliche Füllung darüber verteilen. Den Zitronensaft, Zucker und Wasser zugeben und die Pfanne fest verschließen. Bei schwacher Hitze 45 Minuten dünsten, bis die Auberginen gar sind. Nur bei Bedarf noch Wasser zugeben, da die Auberginen eine Menge Saft abgeben.
5. Auf Zimmertemperatur abkühlen lassen und als Vorspeise oder leichte Mahlzeit mit Brot servieren, oder kaltstellen und wie einen Salat als Beilage servieren.

Güveç oder Türlü

Gemüseeintopf

Was den Namen dieses Gerichts betrifft, so herrscht hier einige Verwirrung. Für die Türken ist Türlü ein Gemüseeintopf mit Lammfleisch oder Huhn. In anderen Ländern der Region wird Türlü dagegen als reiner Gemüseeintopf zubereitet, wobei die Köchinnen zugeben, daß es sich um ein türkisches Gericht handelt. Güveç wiederum ist entweder ein Eintopf mit Gemüse und Fleisch oder Geflügel oder auch ein reiner Gemüseeintopf.

Für 6 Personen
Ofentemperatur: 180° C
Kochzeit: 1 ½–2 Stunden

2 längliche Auberginen oder 1 mittelgroße ovale Aubergine
Salz
4 kleine Zucchini
3 kleine grüne Paprikaschoten
250 g Okra (siehe Seite 13), nach Belieben
250 g grüne Bohnen
4–5 reife Tomaten, enthäutet
½ Tasse Olivenöl
3 kleine Zwiebeln, in Ringe geschnitten
2 Knoblauchzehen, zerdrückt
¼ Tasse gehackte Petersilie
frisch gemahlener schwarzer Pfeffer
½ Tasse Wasser

1. Die Aubergine vom Stiel befreien, gut waschen und der Länge nach in Abständen 1 cm breite Streifen der Haut abschälen, so daß ein Streifenmuster entsteht. Die länglichen Auberginen in 1 cm breite Streifen schneiden; ovale Auberginen sollten der Länge nach geviertelt und dann in Stücke geschnitten werden. Die Auberginenstücke auf einem Tablett ausbreiten und reichlich mit Salz bestreuen. 30 Minuten stehenlassen, dann mit Küchenkrepp trockenrupfen.
2. Die Zucchini putzen und in 4 cm dicke Stücke schneiden. Die Paprikaschoten vierteln, Stengelansatz und Kerne entfernen. Okra nach Anweisung vorbereiten. Die Bohnen eventuell von Fäden befreien und der Länge nach halbieren. Die Tomaten in Scheiben schneiden.
3. Die Hälfte des Öls in einer Bratpfanne erhitzen und die Auberginenstücke anbraten, bis sie leicht gebräunt sind. Auf einen Teller geben – nicht abtropfen lassen.
4. Das restliche Öl in die Pfanne geben und die Zwiebelringe darin glasig dünsten. Den Knoblauch einrühren, 1 Minute dünsten, dann die Pfanne vom Herd nehmen.
5. Eine Schicht Auberginenstücke auf den Boden einer Schmorpfanne geben. Einige Zucchini-, Paprikastücke und Bohnen darüber geben und mit der Zwiebelmischung und Tomatenscheiben bedecken. Mit Salz, Pfeffer und etwas Petersilie bestreuen. Dies wiederholen, bis alle Zutaten aufgebraucht sind, und einige Tomatenscheiben und Petersilie aufheben.
6. Die vorbereiteten Okra – falls verwendet – auf die letzte Schicht legen und mit den letzten Tomatenscheiben bedecken. Mit Petersilie, Salz und Pfeffer bestreuen und das Wasser und das aus den Auberginen ausgetretene Öl zufügen.
7. Die Schmorpfanne zudecken und im Ofen bei mittlerer Hitze 1–1 ½ Stunden garen lassen, bis die Gemüse weich sind. In der Schmorpfanne als Beilage zu gebratenem oder gegrilltem Fleisch und Geflügel servieren. Der Gemüsetopf wird oft auch allein serviert; in diesem Fall werden Brot und Schafskäse dazu gereicht.

Karnibahar Kizartmasi

Gebackener Blumenkohl

Für 6 Personen
Backzeit: 25–30 Minuten

1 mittelgroßer Blumenkohl
Wasser
Salz
Saft ½ Zitrone
2 Eier
frisch gemahlener weißer Pfeffer
Semmelbrösel
Öl zum Ausbacken
Zum Servieren:
Yogurt Salçasi (Seite 117)
oder Tarator (Seite 117)

1. Den Blumenkohl in Röschen brechen und in Salzwasser legen, um eventuell vorhandene Insekten zu entfernen. Gut abspülen.
2. 6 Tassen Wasser mit dem Zitronensaft und 2 Teelöffeln Salz zum Kochen bringen. Die Röschen hineingeben und unbedeckt etwa 8–10 Minuten kochen lassen, bis sie gerade eben gar sind.
3. In einem Durchschlag abtropfen und auf Küchenkrepp zum Trocknen ausbreiten.
4. Die Eier schlagen und weißen Pfeffer und Salz nach Geschmack zufügen. Die Blumenkohlröschen hineintauchen und in Semmelbrösel wälzen; auf ein Tablett legen, bis alle fertig vorbereitet sind.
5. Jeweils ein paar Röschen in heißem Öl schwimmend ausbacken; wenden, damit sie gleichmäßig braun werden. Mit einem Schaumlöffel herausnehmen und auf Küchenkrepp abtropfen lassen.
6. Heiß als Gemüsebeilage oder als Vorspeise mit Yogurt Salçasi oder Tarator servieren.

Zeytinyagli Pirasa

Geschmorter Lauch

Für 6 Personen
Kochzeit: 35–40 Minuten

6 mittelgroße Lauchstangen
1 mittelgroße Zwiebel, in Ringe geschnitten
½ Tasse Olivenöl
2 Eßlöffel Tomatenmark
½ Tasse Wasser oder leichte Brühe
¼ Tasse fein gehackte Petersilie
½ Teelöffel Zucker
Salz
frisch gemahlener schwarzer Pfeffer
Saft ½ Zitrone
1 Teelöffel gehackter Dill
Petersilien- oder Dillzweige und Zitronenspalten zum Garnieren

1. Die groben äußeren Blätter von den Lauchstangen entfernen und den Wurzelansatz gerade abschneiden. Die grünen Spitzen zum größten Teil abschneiden, die Stangen der Länge nach halbieren und gut waschen, um alle Erdreste zu entfernen. Abtropfen lassen.
2. In einer Bratpfanne mit hohem Rand die Zwiebel in Öl glasig dünsten. Das mit Wasser oder Brühe gemischte Tomatenmark, die Hälfte der gehackten Petersilie, Zucker, Salz und Pfeffer nach Geschmack zugeben. Zum Kochen bringen, die Pfanne zudecken und den Inhalt bei milder Hitze 10 Minuten schmoren.
3. Die halbierten Lauchstangen und den Zitronensaft zugeben und Flüssigkeit über die Lauchstangen löffeln. Zudecken und bei milder Hitze 15–20 Minuten kochen lassen, bis das Gemüse gar ist.
4. In eine Schüssel geben und mit der restlichen Petersilie und dem gehackten Dill bestreuen. Mit Zimmertemperatur oder kalt servieren, garniert mit Kräuterzweigen und Zitronenspalten.

Havuç Plakisi

Geschmorte Möhren

Für 6 Personen
Kochzeit: 35–40 Minuten

750 g mittelgroße Möhren
2 mittelgroße Zwiebeln
¼ Tasse Olivenöl
1 Tasse Wasser
¼ Tasse fein gehackte Petersilie
1 Teelöffel Zucker
Salz
frisch gemahlener schwarzer Pfeffer
1 Teelöffel Zitronensaft

1. Die Möhren waschen und schaben, in 5 mm dicke Scheiben schneiden. Die Zwiebeln von oben nach unten halbieren und in Halbringe schneiden.
2. Das Öl in der Pfanne erhitzen und die Zwiebeln darin glasig dünsten. Die Möhren dazugeben und weitere 5 Minuten dünsten, häufig rühren.
3. Das Wasser, die Hälfte der Petersilie und den Zucker zugeben. Salzen und pfeffern nach Geschmack, die Pfanne fest zudecken und bei milder Hitze 15–20 Minuten schmoren, bis die Möhren gar sind. Den Zitronensaft zufügen und in eine Schüssel füllen.
4. Auf Zimmertemperatur abkühlen lassen oder kaltstellen, wenn man dies vorzieht, und mit der restlichen Petersilie bestreut als Gemüsebeilage servieren.

Balik Plaki

Gebackener Fisch

Für 6 Personen
Ofentemperatur: 180° C
Backzeit: 1 Stunde

6 Fischsteaks
Salz
frisch gemahlener schwarzer Pfeffer
2 mittelgroße Zwiebeln
⅓ Tasse Olivenöl
2 Knoblauchzehen, fein gehackt
½ Tasse gehackter Sellerie, einschließlich Blätter
½ Tasse in dünne Scheiben geschnittene Möhren
1 ½ Tassen enthäutete und gehackte Tomaten
½ Tasse Wasser
Zitronenscheiben und gehackte Petersilie zum Garnieren

1. Die Fischsteaks salzen und pfeffern. Zugedeckt stehenlassen, während man die Sauce zubereitet.
2. Die Zwiebeln der Länge nach halbieren, dann in Halbringe schneiden. In einer Bratpfanne die Zwiebel mit dem Knoblauch, dem Sellerie und den Möhrenscheiben dünsten, bis die Zwiebel glasig ist. Tomaten und Wasser zugeben und mit Salz und Pfeffer abschmecken. Zugedeckt bei schwacher Hitze 20 Minuten kochen lassen.
3. Etwas von der Sauce auf dem Boden einer feuerfesten Form verteilen. Die Fischsteaks hineinlegen und mit der restlichen Sauce begießen. Im Ofen bei mittlerer Hitze 30 Minuten backen, bis der Fisch gar ist. Heiß oder kalt servieren.

Kiliç Şiş

Schwertfisch am Spieß

Es kann sein, daß Schwertfisch, der in türkischen Gewässern und im sonstigen Mittelmeerraum reichlich vorkommt, woanders nicht leicht zu bekommen ist. Wenn er bei uns auf den Markt kommt, wird er schnell von Restaurantbesitzern aufgekauft, besonders solchen, die sich auf die Küche der Mittelmeerländer spezialisiert haben. Mein Ratschlag: machen Sie sich mit einem solchen Restaurantbesitzer bekannt. Kiliç Şiş ist eine echt türkische Spezialität.

Für 6 Personen
Kochzeit 10–12 Minuten

1 kg Schwertfisch
Marinade:
¼ Tasse Zitronensaft
2 Eßlöffel Olivenöl
1 kleine Zwiebel, in Ringe geschnitten
1 Teelöffel Paprikapulver
1 Teelöffel Salz
frisch gemahlener schwarzer Pfeffer
2 Lorbeerblätter, zerkrümelt
Limon Salçasi (Zitronensauce):
¼ Tasse Olivenöl
¼ Zitronensaft
¼ Tasse fein gehackte Petersilie
Salz
frisch gemahlener schwarzer Pfeffer

1. Den Schwertfisch beim Kauf in 3 cm dicke Stücke schneiden lassen. Eventuell vorhandene Haut abziehen und den Fisch in 3 cm dicke Würfel schneiden.
2. Die Marinadezutaten in einer Glas- oder Keramikschüssel miteinander vermischen. Die Fischwürfel hineingeben, in der Marinade wälzen und die Schüssel zugedeckt 3–4 Stunden kaltstellen, die Fischwürfel gelegentlich wenden.
3. Die Fischwürfel auf 6 Spieße aufspießen und 10–12 Minuten über glühender Holzkohle grillen. Die Spieße häufig drehen und gelegentlich mit Marinade bestreichen.
4. Die Zutaten für die Zitronensauce in ein Schraubglas geben, zuschrauben und schütteln.
5. Den heißen Fischspieß mit Beyaz Pilav und der Zitronensauce, die in einem Schälchen dazu gereicht wird, servieren.

Balik Köftesi

Fischbällchen

Für 8–10 Personen als Vorspeise
Bakzeit: 6–8 Minuten pro Partie

Fischbällchen:
750 g Fischfilet
½ Tasse gehackte Frühlingszwiebeln
¼ Tasse gehackte Petersilie
1 Teelöffel gehackter frischer Dill
1 ½ Tassen weiche Weißbrotkrumen
1 Ei
Salz
frisch gemahlener schwarzer Pfeffer
Zur Fertigstellung:
Mehl zum Panieren
Öl zum Ausbacken
Zitronenspalten zum Servieren

1. Die Filets enthäuten und eventuelle Gräten entfernen. Grob hacken und mit der Zwiebel, der Petersilie und dem Dill vermischen.
2. Die Fischmischung durch den Fleischwolf mit feinem Vorsatz drehen oder in 2 Portionen in der Küchenmaschine zu einer Paste verarbeiten.
3. In eine Schüssel geben und Brotkrumen, Ei, etwa 1 Teelöffel Salz und Pfeffer nach Geschmack zugeben. Zu einer festen Paste verarbeiten, bei Bedarf noch etwas Brotkrumen zugeben, da die Menge von der verwendeten Fischart abhängt.
4. Mit angefeuchteten Händen walnußgroße Bällchen formen. Kaltstellen, wenn die Zeit noch reicht.
5. Die Bällchen in Mehl wälzen und jeweils 8 Stück gleichzeitig 6–8 Minuten in heißem Öl ausbacken, dabei wenden, damit sie gleichmäßig bräunen.

Midye Dolmasi

Gefüllte Muscheln

Für 8–10 Personen
Kochzeit: 1 Stunde

Füllung:
1 große Zwiebel, fein gehackt
⅓ Tasse Olivenöl
¼ Tasse Pinienkerne
⅔ Tasse Langkornreis, gewaschen
2 Eßlöffel gehackte Petersilie
½ Teelöffel Piment, gemahlen
1 Tasse enthäutete, gehackte Tomaten
1 Tasse Wasser oder Fischbrühe
Salz
frisch gemahlener schwarzer Pfeffer
Zur Fertigstellung:
40 große Muscheln
1 Tasse Wasser oder Fischbrühe
Zum Servieren:
Zitronenscheiben oder -spalten
Petersilienzweige
Tarator (Seite 117)

1. Die Zwiebel in Öl glasig dünsten, Pinienkerne zugeben und 2 Minuten dünsten. Den Reis, die Petersilie, Gewürze, Tomaten und Flüssigkeit einrühren und nach Geschmack pfeffern und salzen. Zugedeckt bei schwacher Hitze 15 Minuten kochen lassen, bis die Flüssigkeit aufgesogen ist.
2. Die Muscheln nach den folgenden Anweisungen vorbereiten.
3. 1 oder 2 Teelöffel der Füllung in jede Muschel geben und die Schalen soweit wie möglich schließen. In gleichmäßigen Schichten in einem schweren Topf anordnen und einen schweren Teller darüberlegen, um die Muscheln geschlossen zu halten.
4. Wasser oder Brühe in den Topf geben, zum Sieden bringen und zugedeckt 30 Minuten leicht sieden lassen. Den Herd abschalten und im Topf abkühlen lassen.
5. Die Muscheln herausnehmen und mit Küchenkrepp abwischen. Die Schalen können etwas eingeölt werden, damit sie schöner aussehen. Auf einer Platte anordnen und mit Zitrone und Petersilie garnieren. Mit Tarator (Nußsauce) servieren. Wenn die Muscheln nicht sofort gegessen werden sollen, in den Kühlschrank stellen. Sie können gekühlt oder mit Zimmertemperatur serviert werden.

Vorbereitung der Muscheln: Die Muscheln mit einer harten Bürste abschruppen und mit einem Messer allen Bewuchs von den Schalen abkratzen. Den Bart zum spitzen Ende hin abziehen. Damit sie sich leicht öffnen lassen, die Muscheln in warmes Salzwasser legen. Wenn sie sich öffnen, mit der Messerspitze zwischen den beiden Schalen hindurch den Schließmechanismus am spitzen Ende durchtrennen; die Schalen können getrennt werden, wenn man das Muschelfleisch für andere Rezepte herausnehmen will.

Hamsi Kizartmasi

Gebratene Sprotten

Für 6 Personen als Vorspeise
Bratzeit: 2 Minuten pro Partie

500 g Sprotten oder andere kleine Fische
Salz
Weizenmehl
1 Tasse Öl zum Braten
Zum Servieren:
Petersilienzweige und Zitronenscheiben zum Garnieren
Limon Salçasi
(Zitronensauce, siehe Kiliç Şiş, Seite 135)

1. Die Fische waschen und abtropfen lassen; sie brauchen nicht ausgenommen zu werden, es sei denn, Sie wünschen dies. Die Fische ganz lassen. Abtropfen lassen, mit Salz bestreuen und 10 Minuten stehenlassen.
2. Die Fische in Mehl wälzen. 4 oder 5 Fische nehmen, die Schwänze mit Wasser anfeuchten und fächerförmig zusammendrücken, die Schwänze wieder mit Mehl bestäuben.
3. Die Fische in einer Pfanne in Öl goldbraun und knusprig braten – auf jeder Seite etwa 1 Minute.
4. Auf Küchenkrepp abtropfen lassen. Heiß servieren, garniert mit Petersilie und Zitronenscheiben und einem Schälchen Limon Salçasi dazu.

Midye Tavasi

Gebackene Muscheln

Nach der herkömmlichen Methode werden die Muscheln in Mehl gewälzt und dann in Bier getaucht. Die moderne türkische Hausfrau macht aus beidem einen leichten Teig, was viel einfacher ist – und das Ergebnis ist köstlich. Der Islam verbietet das Trinken von Wein oder seine Verwendung beim Kochen. In Bezug auf Bier und Spirituosen gibt es keine Vorschriften.

Für 6 Personen
Backzeit: 15–20 Minuten insgesamt

Bierteig:
1 Tasse Mehl
1 Teelöffel Salz
etwa ¾ Tasse Bier
Zur Fertigstellung:
40 Muscheln (Siehe Seite 48)
Mehl zum Panieren
Öl zum Ausbacken
Zum Servieren:
Zitronenspalten
Petersilienzweige
Tarator (Nußsauce, Seite 117)

1. Das Mehl mit dem Salz in eine Rührschüssel sieben. Das Bier hineingießen und zu einem glatten Teig rühren, bei Bedarf noch etwas Bier zufügen.
2. Wenn die Muscheln noch in ihren Schalen sind, nach dem Rezept für Midye Dolmasi (Seite 136) vorgehen und die Muscheln mit der Messerspitze aus den Schalen lösen. Die Muscheln auf Küchenkrepp abtropfen lassen.
3. Die Muscheln in Mehl wälzen, so daß sie leicht bestäubt sind, in den Teig tauchen und in heißem Öl schwimmend ausbacken, dabei wenden, damit sie gleichmäßig bräunen. Mit dem Schaumlöffel herausnehmen und auf Küchenkrepp legen.
4. Heiß servieren, die Platte mit Zitronenspalten und Petersilie garnieren. Dazu Tarator in einem Schälchen und Cocktailstäbchen bereitstellen.

Tavuk Yufka Içinde

Hühnchen im Teig

Für 6 Personen
Ofentemperatur: 190° C
Kochzeit: 45 Minuten

4 ganze Hühnerbrüste oder 1 kg Hühnerbrust ohne Knochen
⅓ Tasse Butter
4 kleine Zwiebeln
1 große reife Tomate, enthäutet
Salz
frisch gemahlener schwarzer Pfeffer
¾ Tasse Wasser
Zur Fertigstellung:
12 Lagen Yufkateig (Strudelteig)
⅓ Tasse zerlassene Butter
Petersilienzweige zum Garnieren

1. Wenn ganze Hühnerbrüste verwendet werden, Knochen und Haut entfernen. Jede Brust halbieren.
2. Die Hälfte der Butter in einer Bratpfanne erhitzen und das Hühnerfleisch unter häufigem Wenden bräunen. 10 Minuten braten, bis das Fleisch gerade gar ist. Auf eine Platte legen.
3. Die Zwiebeln der Länge durchschneiden und in dünne Halbringe schneiden. In der Pfanne mit der restlichen Butter glasig dünsten. Die Tomate hacken und zusammen mit Salz und Pfeffer in die Pfanne geben. Das Wasser einrühren und bei schwacher Hitze dünsten, bis der Saft verdampft. Die Mischung sollte ölig aussehen.
4. Die Hühnerbruststücke in Streifen von etwa 5 cm Länge schneiden und in die Pfanne geben, leicht unter die Zwiebel-Tomatenmischung rühren. Vom Herd nehmen.
5. Eine Lage Strudelteig mit zerlassener Butter bestreichen, eine andere Lage darüberlegen, mit Butter bestreichen und beide Lagen zur Hälfte übereinanderklappen, so daß sich in etwa ein Quadrat ergibt. Wieder mit Butter bestreichen.
6. Ein Sechstel der Füllung etwa in die Mitte, ein wenig auf eine Ecke zu geben. Diese Ecke über die Füllung klappen, die danebenliegenden Ecken darüberfalten und die letzte Ecke darüberziehen und unter dem Päckchen festdrücken. Auf ein leicht mit Butter eingefettetes Backblech setzen. Mit den restlichen Zutaten ebenso verfahren.
7. Die Hühnertaschen leicht mit Butter bepinseln und im Ofen bei mittlerer Hitze 15 Minuten backen, bis sie goldgelb sind. Sofort servieren, mit Petersilienzweigen garnieren. Eine empfehlenswerte Beilage dazu ist Türkistan Pilavi.

Çerkes Tavügü

Tscherkessisches Hähnchen

Für 6 Personen
Kochzeit: 2 Stunden

1 Hähnchen, etwa 1,5 kg
1 große Zwiebel, geviertelt
1 Möhre, geviertelt
2 Zweige Petersilie
3 Tassen kaltes Wasser
Salz
frisch gemahlener weißer Pfeffer
2 Scheiben altbackenes Weißbrot ohne Kruste
1 ½ Tassen fein gemahlene Walnüsse
½ Teelöffel Paprikapulver
1 Knoblauchzehe, zerdrückt, nach Wunsch
Zum Servieren:
1 Eßlöffel Walnußöl (siehe Anmerkung)
½ Teelöffel Paprikapulver
fein gehackte Petersilie, nach Wunsch

1. Das Hähnchen in einen mittelgroßen Topf zusammen mit der Zwiebel, der Möhre, der Petersilie und dem Wasser geben. Langsam zum Kochen bringen, dabei eventuell den Schaum abschöpfen. 1 ½ Teelöffel Salz und Pfeffer nach Geschmack zufügen. Zugedeckt bei schwacher Hitze 1 ½ Stunden sieden lassen – nicht sprudelnd kochen, da dadurch das Fleisch zäh wird.
2. Etwas abkühlen lassen, dann das Hähnchen auf eine Platte legen. Das Fleisch von den Knochen lösen, Haut und Knochen wieder in den Topf geben. Die Brühe mit den Knochen und der Haut kochen, bis sie auf die Hälfte eingekocht ist. Die Brühe durchseihen und aufbewahren.
3. Das Hähnchenfleisch in 5 cm lange Streifen schneiden und in eine Schüssel geben. Mit 2 Eßlöffeln Brühe beträufeln, zudecken und kaltstellen.
4. Das Brot in etwas Hühnerbrühe einweichen, ausdrücken und in eine Schüssel krümeln. Die geriebenen Walnüsse, Paprika und Knoblauch – falls verwendet – damit vermischen und durch einen Fleischwolf mit feinem Vorsatz drehen oder in der Küchenmaschine mixen.
5. Langsam 1 Tasse warme Hühnerbrühe einrühren, eventuell auch etwas mehr, und eine glatte, dicke Sauce herstellen. Mit Salz und Pfeffer abschmecken.
6. Ein Drittel der Walnußsauce vorsichtig mit dem Hähnchenfleisch vermischen und auf eine flache Schale häufen. Die restliche Sauce darübergießen. Leicht mit Plastikfolie abdecken und kaltstellen.
7. Das Paprikapulver in das Walnußöl mischen und 10 Minuten stehenlassen. Kurz vor dem Servieren über das Hähnchenfleisch träufeln. Nach Wunsch mit gehackter Petersilie garnieren. Kalt zu Salatbeilagen servieren.

Anmerkung: Walnußöl ist in manchen Delikatessenläden erhältlich und meist sehr teuer. Siehe Glossar wegen der Zubereitung.

Tas Kebap

Geschmortes Lamm

Für 6 Personen
Kochzeit: 2 Stunden

1 kg Lammfleisch zum Schmoren ohne Knochen
¼ Tasse Butter
2 mittelgroße Zwiebeln, fein gehackt
¼ Tasse gehackter grüner Paprika, nach Wunsch
1 ½ Tassen enthäutete, gehackte Tomaten oder
¼ Tasse Tomatenmark
1–1 ½ Tassen Wasser
½ Teelöffel Piment, gemahlen
Salz
frisch gemahlener schwarzer Pfeffer
¼ Tasse gehackte Petersilie
Zum Servieren:
Hünkar Begendi (Seite 131)
oder Beyaz Pilav (Seite 127)

1. Das Fleisch von Sehnen und Fett befreien und in 2 cm dicke Würfel schneiden.
2. Die Hälfte der Butter in einem schweren Topf erhitzen und das Fleisch schnell auf allen Seiten darin bräunen, dann auf eine Platte geben.
3. Die restliche Butter in den Topf geben und Zwiebeln und Paprika – falls verwendet – hineingeben. Dünsten, bis die Zwiebel glasig ist.
4. Die gehackte Tomate und 1 Tasse Wasser oder Tomatenmark mit entsprechend mehr Wasser zugeben. Gut umrühren, damit sich der Bratensatz löst, und Piment, Salz und Pfeffer nach Geschmack und den größten Teil der Petersilie zugeben.
5. Das Lammfleisch wieder in den Topf geben und zugedeckt bei schwacher Hitze 1 ½ Stunden oder länger schmoren, bis das Fleisch gar und die Sauce dick ist.
6. Das Fleisch in die Mitte einer flachen Schüssel mit Hünkar Begendi (Auberginenpüree) geben. Wenn es mit Beyaz Pilav serviert werden soll, den fertigen Pilav in eine geölte Ringform drücken und auf eine runde Platte stürzen. Etwas von der Sauce über den Reis träufeln und das Fleisch in die Mitte des Reisrings geben.
7. Das Fleisch mit der restlichen gehackten Petersilie bestreuen und heiß servieren.

Talaş Kebap

Lammfleischrollen

Für 4 Personen
Ofentemperatur: 180–190° C
Kochzeit: 1 ½ Stunden

750 g Lammschulter ohne Knochen
2 Eßlöffel Butter
1 kleine Zwiebel, fein gehackt
1 Tasse enthäutete, gehackte Tomaten
2 Eßlöffel gehackte Petersilie
Salz
frisch gemahlener schwarzer Pfeffer
8 Lagen Yufkateig (Strudelteig)
⅓ Tasse zerlassene Butter

1. Das Lammfleisch von Sehnen und Fett befreien und in 1 cm dicke Würfel schneiden.
2. Die Butter in einem Topf erhitzen, die Lammfleischwürfel zugeben und bei starker Hitze unter häufigem Wenden anbraten. Auf mittlere Hitze herunterschalten.
3. Die Zwiebel zufügen und mit dem Lammfleisch 10 Minuten dünsten, gelegentlich umrühren.
4. Die gehackte Tomate und Petersilie einrühren und Salz und Pfeffer nach Geschmack zufügen. Zugedeckt bei schwacher Hitze 1 Stunde kochen lassen. Dann bei starker Hitze die Sauce eindicken, wenn nötig. Vom Herd nehmen.
5. Eine Lage Strudelteig ausbreiten, mit zerlassener Butter bestreichen und eine andere Lage darüberlegen. Die Oberseite wieder mit Butter bestreichen und die beiden Lagen zur Hälfte übereinanderschlagen, so daß sich in etwa ein Quadrat ergibt. Mit einem Tuch abdecken und den restlichen Teig ebenso vorbereiten.
6. Ein vorbereitetes Teig-Quadrat nehmen und mit Butter bestreichen. Ein Viertel der Lammfleischmischung an einer Seite auf den Teig geben, die Ränder freilassen. Den Rand über die Fleischmischung klappen, eine Umdrehung rollen, die Seiten darüberklappen und ganz aufrollen. Mit der Nahtstelle nach unten auf ein mit Butter eingefettetes Backblech setzen. Noch 3 Lammfleischrollen herstellen.
7. Die Oberseiten der Rollen mit Butter bepinseln und im vorgeheizten Ofen 25–30 Minuten backen, bis der Teig aufgebläht und goldgelb ist. Sofort servieren.

Anmerkung: Anstelle des Strudelteigs kann auch fertiger Blätterteig verwendet werden, 375 g sind ausreichend. Dünn ausrollen, in 4 Rechtecke von 15 × 20 cm schneiden. Die Seiten anfeuchten und zusammendrücken, anstatt sie über die Füllung zu klappen. Im heißen Ofen bei 230° C 10 Minuten backen, dann auf mittlere Hitze herunterschalten.

Dügün Eti

Hochzeitsfleisch

Ein weiteres Hochzeitsgericht. Die Mengen der Zutaten wurden erheblich reduziert – selbst die Türken warten nicht auf eine Hochzeit, um dieses würzige Lammgericht zuzubereiten.

Für 6 Personen
Kochzeit: 2 Stunden

6 Lammkoteletts von der Schulter, 4 cm dick
¼ Tasse Butter
2 mittelgroße Zwiebeln, gehackt
1 ½ Tassen gehackte, enthäutete Tomaten
1 Tasse Wasser
1 ½ Teelöffel Zimt
½ Teelöffel Pimentkörner, zerdrückt
3 Knoblauchzehen
Salz
frisch gemahlener schwarzer Pfeffer
Zum Servieren:
gegrillte Tomatenscheiben
Dügün Pilav (Seite 127)

1. Die Koteletts von Sehnen und Fett befreien, falls erforderlich. Die Hälfte der Butter in einer schweren Pfanne erhitzen und das Fleisch auf beiden Seiten anbraten. Auf eine Platte legen.
2. Die restliche Butter in die Pfanne geben und darin die Zwiebel weich dünsten. Die Tomaten, das Wasser und die Gewürze zugeben und gut umrühren, damit sich der Bratensatz löst. Aufkochen lassen, dann die Hitze herunterschalten.
3. Die Lammkoteletts wieder in die Pfanne geben und Salz und Pfeffer nach Geschmack zufügen. In der zugedeckten Pfanne bei schwacher Hitze 1 ½ Stunden schmoren, bis das Fleisch gar ist. Wenn gewünscht, die Knoblauchzehen herausnehmen.
4. Die Lammkoteletts auf einer warmen Platte anordnen und gegrillte Tomatenscheiben darum herumlegen. Die Sauce über die Koteletts gießen. Dazu Dügün Pilav reichen.

Kadin Budu

Kroketten ›Frauenschenkel‹

Die Verehrung des schöneren Geschlechts durch die Türken wird sogar in der Benennung ihrer Rezepte deutlich. Die Fleischmischung zu einem länglichen, nicht zu plumpen Oval formen.

Für 6 Personen
Kochzeit: etwa 20–25 Minuten insgesamt

750 g fein gehacktes, mageres Lamm- oder Rindfleisch
1 Tasse gekochter Reis
1 mittelgroße Zwiebel, fein gehackt
½ Tasse zerkrümelter Beyaz Peynir (Schafskäse)
¼ Tasse fein gehackte Petersilie
1 Teelöffel fein gehackter Dill
Salz
frisch gemahlener schwarzer Pfeffer
2 große Eier
Mehl zum Panieren
Öl zum Braten

1. Das Fleisch mit dem gekochten Reis, der Zwiebel und dem Käse vermischen, dann durch einen Fleischwolf mit feinem Vorsatz drehen.
2. Die Kräuter, Salz und Pfeffer nach Geschmack und 1 leicht verquirltes Ei zufügen. Mit der Hand zu einer glatten Paste kneten.
3. Einen reichlichen Eßlöffel der Mischung zu einem länglichen Oval formen, an einem Ende breiter als an dem anderen, oder einfach zu einem Schiffchen formen. Mit angefeuchteten Händen arbeiten. Die Kadin Budu nebeneinander auf ein Backblech legen.
4. Das restliche Ei gut verquirlen und über die Kadin Budu gießen, diese darin wenden, so daß sie rundherum mit Ei überzogen sind.
5. Etwa ½ Tasse Mehl in einen Teller geben und die Fleischröllchen darin wälzen. Dann in eine Bratpfanne mit heißem Öl legen.
6. Bei starker Hitze goldbraun braten, dabei häufig mit einer Küchenzange wenden, damit sie ihre Form behalten.
7. Auf Küchenkrepp abtropfen lassen und heiß mit Gemüse oder Salat servieren.

Izmir Köftesi

Fleischbällchen in Tomatensauce

Für 5–6 Personen
Kochzeit: 1 ½ Stunden

750 g fein gehacktes Rind- oder Lammfleisch
1 Knoblauchzehe, zerdrückt
1 kleine Zwiebel, fein gerieben
2 dicke Scheiben altbackenes Weißbrot
Wasser
1 Ei
1 Teelöffel gemahlener Kreuzkümmel
2 Eßlöffel fein gehackte Petersilie
Salz
frisch gemahlener schwarzer Pfeffer
Mehl zum Panieren
¼ Tasse Butter oder Öl
Tomatensauce:
1 ½ Tassen enthäutete, gehackte Tomaten
½ Tasse fein gehackte grüne Paprikaschote
½ Teelöffel Zucker
Salz
frisch gemahlener schwarzer Pfeffer
½ Tasse Wasser

1. In einer Rührschüssel das Fleisch mit dem Knoblauch und der Zwiebel vermischen. Das Brot in kaltem Wasser einweichen, ausdrücken und in die Schüssel krümeln. Das Ei, den Kreuzkümmel, die Petersilie und Salz und Pfeffer nach Geschmack zufügen. Gründlich zu einer glatten Paste vermischen.
2. Mit angefeuchteten Händen je 1 Eßlöffel der Fleischmischung zu ovalen Würstchen formen. Leicht in Mehl wälzen.
3. Die Butter in einer Pfanne mit hohem Rand erhitzen und die Fleischbällchen darin leicht anbräunen. Auf einer Platte beiseitestellen.
4. Die gehackten Tomaten und Paprika in die Pfanne geben und bei mittlerer Hitze 5 Minuten rühren. Den Zucker, das Salz und Pfeffer nach Geschmack zufügen, dann das Wasser einrühren. Zum Kochen bringen und die Fleischbällchen wieder in die Pfanne geben. Bei schwacher Hitze zum Kochen bringen.
5. Zugedeckt bei schwacher Hitze 1 Stunde sieden lassen, bis die Fleischbällchen gar sind und die Sauce dick ist. Dazu Pilav servieren.

Abbildung Seite 141:
Hünkar Begendi (Sultans Entzücken), Rezept Seite 131
angerichtet mit Tas Kebap (Geschmortes Lamm), Rezept Seite 138
Abbildung Seite 142:
Midye Dolmasi (Gefüllte Muscheln), Rezept Seite 137

Sis Kebap

Bunter Lammspieß

Für 6 Personen
Grillzeit: 10–12 Minuten

1 kg Lammfleisch von der Keule, ohne Knochen
Saft 1 großen Zitrone
¼ Tasse Olivenöl
1 Zwiebel, in dünne Ringe geschnitten
frisch gemahlener schwarzer Pfeffer
1 Lorbeerblatt, zerstoßen
½ Teelöffel getrockneter Thymian
Zur Fertigstellung:
12 kleine Zwiebeln
kochendes Salzwasser
1 rote Paprikaschote
1 grüne Paprikaschote
Salz
Zum Servieren:
Beyaz Pilav (Seite 127)

1. Das Lammfleisch in 3 cm dicke Würfel schneiden und in eine Glas- oder Keramikschüssel geben. Den Zitronensaft, das Olivenöl, die Zwiebelringe, Pfeffer, Lorbeerblatt und Thymian zufügen. Das Fleisch sollte erst nach dem Grillen gesalzen werden, da Salz den Fleischsaft herauszieht. Die Fleischwürfel in der Marinade im Kühlschrank für 4–6 Stunden zugedeckt stehenlassen, das Fleisch gelegentlich wenden. Das Fleisch kann auch länger kaltgestellt werden.
2. Die Zwiebeln schälen und in Salzwasser 5 Minuten kochen. Abtropfen lassen.
3. Die Paprikaschoten waschen und das Innere entfernen. In 3 cm breite Quadrate schneiden.
4. Die Lammfleischwürfel aus der Marinade nehmen und abwechselnd mit Zwiebeln und Paprikastücken auf 6 lange Spieße ziehen.
5. 10–12 Minuten über glühender Holzkohle grillen, häufig wenden und ab und zu mit der Marinade bestreichen. Wenn die Poren am Fleisch geschlossen sind, die Spieße an die Seite des Feuers rücken oder den Rost höherstellen, damit die Zwiebeln und Paprika nicht anbrennen.

Keskül

Mandelcreme

Für 6 Personen
Kochzeit: 45 Minuten

¾ Tasse ganze blanchierte Mandeln
(1 Tasse gemahlene Mandeln)
4 Tassen Milch
¼ Tasse gemahlener Reis
¼ Teelöffel Salz
¼ Tasse Zucker
4 Tropfen Mandelessenz
gehackte Pistazien oder geröstete Mandelstifte
Granatapfelkerne, nach Wunsch

1. Die Mandeln sehr fein mahlen.
2. Die gemahlenen Mandeln in eine Schüssel geben und mit der Hand zu einer festen Paste kneten.
3. 1 Tasse Milch aufkochen, auf die Mandelmasse gießen und mit einem Holzlöffel rühren, bis eine glatte Mischung entsteht. Ruhen lassen.
4. ¼ Tasse kalte Milch mit dem gemahlenen Reis in einer großen Schüssel vermischen. Die restliche Milch in einem schweren Topf, am besten einem mit Antihaftbeschichtung, erhitzen. Wenn sie aufgekocht ist, unter ständigem Rühren auf die Reismischung gießen, dann die Mischung in den Topf geben.
5. Zum Kochen bringen, Salz zufügen und 10 Minuten bei milder Hitze kochen lassen, gelegentlich umrühren.
6. Die Mandelmilch durch ein feines Sieb seihen, das Mandelmehl mit dem Rücken eines Löffels durchdrücken. Die Mandelmilch in den Topf gießen, gut rühren und den Zucker zufügen. Weitere 10 Minuten schwach kochen lassen.
7. Die Mandelessenz einrühren und die Creme in einzelne Dessertschalen gießen. Mit gehackten Pistazien oder Mandeln und Granatapfelkernen (falls erhältlich) garniert servieren.

Abbildung Seite 143:
Çerkes Tavügü (Tscherkessisches Hähnchen), Rezept Seite 138
Abbildung Seite 144:
Dondurma (Wassereis): Kirsch, Rezept Seite 151;
Orange, Rezept Seite 151; Erdbeere, Rezept Seite 149
Zitrone, Rezept Seite 150

Kadin Göbegi

Frauennabel

Der Name und die fertige Speise sind durch und durch türkisch, während der Grundteig französisch ist. Obwohl die Mengen der Zutaten vom traditionellen Rezept abweichen, handelt es sich nichtsdestoweniger um Brandteig, zubereitet nach türkischer Art.

Etwa 20 Stück

Sirup:
1 Tasse grobkörniger Zucker
1 ½ Tassen Wasser
durchgeseihter Saft ½ Zitrone
Brandteig:
1 Tasse Weizenmehl
¼ Teelöffel Salz
1 Tasse Wasser
¼ Tasse Butter
2 große Eier, leicht verquirlt
⅛ Teelöffel Mandelessenz
Zur Fertigstellung:
Öl zum Formen und Backen
Schlagrahm oder Kaymak
(dicker Rahm, siehe Ushta, Seite 208)
¼ Tasse fein gehackte, blanchierte Pistazien

1. In einem schweren Topf bei mittlerer Hitze den Zucker in Wasser unter gelegentlichem Rühren auflösen. Zum Kochen bringen, den Zitronensaft zufügen und ohne zu rühren 15 Minuten kräftig kochen. Den Sirup im Topf abkühlen lassen.
2. Das Mehl mit dem Salz auf ein quadratisches Stück festes Papier sieben.
3. In einem anderen schweren Topf Wasser und Butter bis zum Kochen erhitzen. Das ganze Mehl auf einmal hineingeben, dabei ständig mit einem Holzlöffel oder einem Schneebesen rühren. Solange rühren, bis sich der Teig vom Topfrand löst, dann bei schwacher Hitze unter gelegentlichem Rühren weitere 5 Minuten kochen.
4. Die Mehlschwitze vom Herd nehmen und in eine Schüssel geben. 2 Minuten abkühlen lassen, dann nach und nach die Eier hineinrühren. Die Mandelessenz zufügen und den Teig schlagen, bis er glatt und glänzend ist. Ein Holzlöffel eignet sich am besten für Schritt 3 und 4.
5. Die Hände einölen und den Teig in walnußgroße Stücke teilen. Diese zu glatten Kugeln rollen und auf ein eingeöltes Tablett legen. Zu Rundstücken von etwa 5 cm Durchmesser zusammendrücken und mit dem eingeölten Zeigefinger in jedes Rundstück ein Loch drücken. Die Hände während der ganzen Zeit eingeölt halten, damit der Teig nicht klebt.
6. In eine große Bratpfanne soviel Öl geben, daß der Boden 1 cm hoch bedeckt ist. Erhitzen, bis es gerade eben warm ist, und die Hälfte der vorbereiteten Göbegi ins Öl setzen.
7. Die Platte auf 200° C stellen, sobald die Teigstücke in der Pfanne sind. Wenn sie an die Oberfläche kommen und aufgebläht sind, wenden. Insgesamt 15 Minuten backen, von der Zeit an gerechnet, wenn die Teigstücke in die Pfanne gesetzt werden. Während der zweiten Hälfte der Backzeit häufig wenden, damit sie gleichmäßig braun werden.
8. Wenn sie fertig sind, mit einem Schaumlöffel aus dem Öl nehmen und kurz auf Küchenkrepp abtropfen lassen. In den Sirup tauchen, wenden und 5 Minuten darinlassen, bevor sie auf eine Platte gelegt werden.
9. Die Pfanne mit dem Öl abkühlen lassen, bevor die zweite Hälfte des Gebäcks gebacken wird.
10. Zum Servieren die Göbegi auf einer flachen Platte anordnen und ein Häufchen Schlagsahne oder Kaymak in die Mitte setzen. Mit Pistazien bestreuen.

Anmerkung: Wenn Sie keine elektrische Bratpfanne haben, nehmen Sie eine große Bratpfanne und setzen sie auf eine thermostatisch geregelte Herdplatte oder Gasflamme. Sonst können Sie eine normale Gasflamme benutzen, auf niederer Stufe beginnen und die Hitze dann auf die Mittelstellung zwischen mittlerer und höchster Stufe stellen.

Dilber Dudagi

Lippen der Schönen

Das Rezept für Kadin Göbegi bis Schritt 4 befolgen.
Die Hände einölen und walnußgroße Stücke vom Teig nehmen. Zu Kugeln rollen. Einen Teigball in der Hand zu einem 6 cm breiten Rundstück zusammendrücken und den Teig so zusammenklappen, daß er geschwungenen Lippen ähnelt.
Bis alle fertig sind, auf ein eingeöltes Tablett legen. Wie die Kadin Göbegi (Schritt 6 bis 9) backen und fertigstellen. So, wie sie sind, oder mit Schlagsahne oder Kaymak servieren.

Hanim Parmagi

Zarte Finger

Das Rezept für Kadin Göbegi bis Schritt 4 befolgen. Bei Schritt 5 etwa 2 Teelöffel voll Teig zu fingerlangen Stücken von etwa 8 cm formen. Die Hände eingeölt lassen und die vorbereiteten Parmagi auf ein eingeöltes Tablett legen.

Öl zum Ausbacken auf 200° C erhitzen und jeweils 10 Finger 8–10 Minuten im Öl schwimmend ausbacken, dabei wenden, damit sie gleichmäßig bräunen. Kurz auf Küchenkrepp abtropfen lassen und in den vorbereiteten Sirup legen. 5 Minuten im Sirup lassen, dann herausnehmen und servieren, solange sie warm sind. Mit fein gehackten Walnüssen oder Pistazien bestreuen (nach Wunsch).

Lokum

Türkische Wonne

Kochzeit: 1½ Stunden
etwa 1 kg

4 Tassen grobkörniger Zucker
4 ½ Tassen Wasser
1 Teelöffel Zitronensaft
1 Tasse Maismehl
1 Teelöffel gereinigter Weinstein
1–2 Eßlöffel Rosenwasser
rote Lebensmittelfarbe
½ Tasse gehackte und geröstete Mandeln, nicht blanchiert
¾ Tasse Puderzucker
¼ Tasse Maismehl

1. Den Zucker mit 1 ½ Tassen Wasser und dem Zitronensaft in einem Topf mit schwerem Boden vermischen. Bei niedriger Hitze rühren, bis sich der Zucker auflöst. Die Zuckerkristalle vom Pfannenrand mit einem in kaltes Wasser getauchten Borstenpinsel entfernen.
2. Zum Kochen bringen und auf 115° C erhitzen. Vom Herd nehmen.
3. In einem anderen Topf mit schwerem Boden das Maismehl mit dem gereinigten Weinstein und 1 Tasse kaltem Wasser zu einer glatten Mischung verrühren. Die restlichen 2 Tassen Wasser kochen und in die Maismehlmischung rühren, dann auf die heiße Platte stellen. Ständig rühren, bis die Mischung dick wird und aufwallt. Zum Rühren einen Schneebesen benutzen.
4. Den heißen Sirup nach und nach in die Maismehlmischung gießen, dabei ständig rühren. Zum Kochen bringen und bei schwacher Hitze 1 ¼ Stunden kochen lassen. Gelegentlich mit einem Holzlöffel umrühren und solange kochen, bis die Masse eine blaßgoldene Färbung angenommen hat. Das Umrühren ist wichtig.
5. Das Rosenwasser nach Geschmack und ein paar Tropfen der roten Nahrungsmittelfarbe einrühren, um der Masse eine blaßrosa Färbung zu geben. Wenn gewünscht, die Mandeln zugeben und vom Herd nehmen.
6. In ein geöltes, 23 cm breites quadratisches Kuchenblech gießen und 12 Stunden stehenlassen.
7. Den Puderzucker mit ¼ Tasse Maismehl in einer flachen Schale vermischen.
8. Die süße Masse mit einem geölten Messer in Quadrate schneiden und in der Zuckermischung wälzen. In einem verschlossenen Behälter aufbewahren, die restliche Zuckermischung zwischen die einzelnen Schichten streuen.

Varianten: Lokum mit Crème de Menthe: Das Rosenwasser und die rote Lebensmittelfarbe durch 2 Eßlöffel Pfefferminzlikör und etwas grüne Lebensmittelfarbe ersetzen, die Mandeln weglassen.

Orangen-Lokum: Das Rosenwasser durch 1–2 Eßlöffel Orangenblütenwasser ersetzen und orangene Lebensmittelfarbe benutzen.

Vanille-Lokum: Das Rosenwasser durch 2 Teelöffel Vanille-Essenz ersetzen, die rote Lebensmittelfarbe weglassen und ½ Tasse geröstete gehackte Mandeln oder gehackte Walnüsse untermischen. Die Mandeln nicht blanchieren.

Kusyuvasi

Vogelnester

20 Stück
Ofentemperatur: 180° C, dann 150° C
Backzeit: 35 Minuten

Sirup:
2 ½ Tassen Zucker
1 ½ Tassen Wasser
dünne Schale ½ Zitrone
durchgeseihter Saft ½ Zitrone
Nußfüllung:
1 ½ Tassen fein gehackte, blanchierte Mandeln
½ Tasse fein gehackte, blanchierte Pistazien
2 Eßlöffel feiner Zucker
Zur Fertigstellung:
20 Lagen Yufkateig (Strudelteig)
¾ Tasse zerlassene Butter

1. Den Zucker mit dem Wasser in einen schweren Topf geben und den Zucker unter gelegentlichem Rühren bei mittlerer Hitze auflösen. Zum Kochen bringen, die Zitronenschale und den Zitronensaft zugeben und ohne zu rühren 15 Minuten kochen. Abkühlen lassen und in einen Krug durchseihen. Bis zum Gebrauch kühlstellen.
2. Die gehackten Mandeln mit den Pistazien vermischen, etwa ein Drittel der Mischung beiseitestellen und in die übrige Mischung 2 Eßlöffel Zucker rühren.
3. Die Strudelteiglagen öffnen und zwischen zwei trockene Küchentücher legen. Die oberste Schicht mit einem leicht befeuchteten Tuch bedecken, damit der Teig nicht austrocknet.
4. 1 Lage Strudelteig auf der Arbeitsfläche ausbreiten, mit zerlassener Butter bestreichen und der Länge nach zur Hälfte zusammenfalten. Wieder mit Butter bestreichen und 1 Eßlöffel Nußfüllung an der gefalteten Kante entlang streuen. Den Teig über die Füllung klappen, auf jeder Seite 1 cm umbiegen und bis auf 4 cm gegen den anderen Rand hin aufrollen.
5. Den Teig am aufgerollten Rand hochnehmen, während das lose Ende auf Ihrer Seite herunterhängt, und die Rolle von sich weg zu einem Ring formen. Den losen Teigrest unter dem Ring zur Mitte hin zusammendrücken, so daß ein Nest entsteht. Noch 19 solche Nester herstellen.
6. Die Nester in eine mit Butter eingefettete Backform legen und die Oberseiten leicht mit Butter einpinseln.
7. Im Ofen bei mittlerer Hitze 20 Minuten backen, dann auf 150° C herunterschalten, so daß die Gebäckstücke durchbacken, ohne zu braun zu werden.
8. Die Hälfte des kalten Sirups über die heißen Gebäckstücke gießen. Abkühlen lassen, dann etwas von der übrigbehaltenen Nußmischung in die Mitte eines jeden Nests streuen. Auf einer Platte anordnen und den restlichen Sirup in einem Krug dazu reichen.

Incir Compostu

Feigen in Sirup

Für 6–8 Personen
Kochzeit: 45 Minuten

500 g getrocknete Feigen
4 Tassen kaltes Wasser
blanchierte Mandeln
¾ Tasse grobkörniger Zucker
1 dünner Streifen Zitronenschale
Saft 1 Zitrone
¼ Tasse Honig
Zum Servieren:
gehackte Mandeln, Pistazien oder Walnüsse
Schlagsahne oder Joghurt

1. Die Feigen gut waschen und mit dem kalten Wasser bedecken. 8 Stunden stehenlassen, bis sie aufgequollen sind. Das Wasser in einen schweren Topf abgießen.
2. Von der Unterseite her in jede Feige eine Mandel stecken. Beiseitestellen.
3. Den Zucker in den Topf mit Wasser geben und unter gelegentlichem Rühren erhitzen, bis der Zucker sich aufgelöst hat. Die Zitronenschale, den Zitronensaft und den Honig zugeben und zum Kochen bringen.
4. Die vorbereiteten Feigen zugeben und wieder zum Kochen bringen. Im offenen Topf bei milder Hitze 30 Minuten kochen lassen, bis die Feigen weich sind und der Sirup dick ist. Die Zitronenschale herausnehmen.
5. Die Feigen aufrecht in einer Schüssel anordnen. Den Sirup über die Feigen gießen, abkühlen, zudecken und kaltstellen.
6. Mit den gehackten Mandeln, Pistazien oder Walnüssen bestreuen und mit Schlagsahne oder Joghurt servieren.

Aşure

Noahs Pudding

Die Legende dieser Speise geht auf langvergangene Zeiten zurück. Natürlich ist das nicht belegt, vermittelt jedoch einen Eindruck von der romantischen Art der Türken. Es wird überliefert, daß am letzten Tag auf der Arche die Frauen alle übriggebliebenen Nahrungsmittel zu dieser Speise zusammenstellten.

In der Türkei wird dieser Pudding heutzutage mit großem Zeremoniell im Monat Muharrem, der auch als »Monat des Aşure« genannt wird, zubereitet. Normalerweise wird eine große Menge hergestellt, um davon Freunden und Verwandten etwas abzugeben. Es wird als unhöflich angesehen, wenn man irgendwem, der etwas von dem Aroma mitbekommt, diesen Pudding vorenthält.

Da der richtige Weizen für Aşure außerhalb des Mittleren Ostens schwer zu bekommen ist, wird der Pudding normalerweise woanders mit grobem Burghul zubereitet.

Für 12–16 Personen
Kochzeit: 4 ½ Stunden

½ Tasse Kichererbsen
½ Tasse getrocknete weiße Bohnen
1 Tasse grober Bulgar (Burghul)
½ Tasse Rundkornreis
Wasser
1 ½ Tassen grobkörniger Zucker
½ Teelöffel Salz
1 ½ Tassen Milch
¾ Tasse Sultaninen (weiße Rosinen)
¼ Tasse Korinthen
½ Tasse gehackte getrocknete Aprikosen
½ Tasse gehackte getrocknete Feigen
½ Tasse gehackte blanchierte Mandeln
½ Tasse gehackte Walnüsse
¼ Tasse Pinienkerne
¼ Tasse Rosenwasser
Granatapfelkerne, Mandeln oder Pistazien zum Garnieren

1. Die Kichererbsen und Bohnen gut waschen und in getrennte Schüsselchen geben. Beide mit 1 ½ Tassen kaltem Wasser bedecken und über Nacht stehenlassen.
2. Den Burghul und den Reis durchspülen und in getrennte Schüsseln geben, den Burghul mit 4 Tassen kaltem Wasser und den Reis mit 1 Tasse Wasser. Ebenfalls über Nacht stehenlassen.
3. Am nächsten Tag die Kichererbsen und die Bohnen mit ihrem Einweichwasser in getrennten Töpfen aufsetzen und 1 ½ bis 2 ½ Stunden kochen, bis sie weich sind. Die Kichererbsen brauchen länger als die Bohnen.
4. Den Burghul mit seinem Einweichwasser und weiteren 3 Tassen Wasser in einen großen, schweren Topf geben. Den Reis abtropfen lassen und zufügen. Im offenen Topf bei schwacher Hitze 40–50 Minuten kochen, bis die Masse sehr weich ist und eine Konsistenz wie dicker Haferbrei hat.
5. Die abgetropften gekochten Kichererbsen und Bohnen und eine weitere Tasse Wasser zufügen. Bei schwacher Hitze im offenen Topf 30 Minuten auf dem Herd lassen, gelegentlich umrühren, bis die Flüssigkeit aufgesogen ist und der Aşure fest ist.
6. Den Zucker, das Salz und die Milch zufügen und noch 15 Minuten kochen lassen. Die vorbereiteten Früchte und Nüsse einrühren und den Topf vom Herd nehmen. Das Rosenwasser unterrühren und den Pudding in eine große Schüssel oder einzelne Dessertschalen gießen.
7. Auf Zimmertemperatur abkühlen und servieren, oder zugedeckt im Kühlschrank kaltstellen. Wenn erhältlich, mit Granatapfelkernen garnieren, ansonsten mit blanchierten Mandeln oder Pistazien.

Dondurma Çileki

Erdbeer-Wassereis

Für 6–8 Personen

Sirup:
2 Tassen Wasser
1 Tasse Zucker
2 Teelöffel Zitronensaft
Zur Fertigstellung:
2 Tassen Erdbeermus
1 Teelöffel durchgeseihter Zitronensaft
¼ Tasse Milch
rote Lebensmittelfarbe

1. Wasser und Zucker in einen schweren Topf geben und auf der heißen Platte rühren, bis der Zucker sich aufgelöst hat. Den Zitronensaft zufügen und zum Kochen bringen. 5 Minuten kochen, bei Bedarf den Schaum abschöpfen und abkühlen lassen.
2. Die gewaschenen und entstielten Erdbeeren durch ein feines Sieb drücken. (Reichlich 3 Tassen ganze Erdbeeren sollten für 2 Tassen Mus reichen.)
3. Das Mus mit dem abgekühlten Sirup, dem Zitronensaft und der Milch vermischen und ein paar Tropfen der Lebensmittelfarbe einrühren. In eine Gefrierschale oder Sandkuchenform füllen und einfrieren.
4. Mit einem Löffel in gekühlte Dessertgläser füllen und sofort servieren. Das Eis kann auch mit einer Gabel zerkleinert werden, bevor es in die Gläser gefüllt wird.

Sargi Burma

Sultansturbane

Sargi Burma wird auch im Libanon und Syrien hergestellt, wo dieses Gebäck den hübschen Namen »Zind es Sitt« (Frauen-Handgelenke) trägt. Es ist wichtig, daß man über sehr frischen, geschmeidigen Strudelteig verfügt, da die Rolle zusammengedrückt wird. Zu steifer Teig bricht. Wenn Ihre ersten Versuche mißlingen, formen Sie die Zutaten, wie am Ende des Rezeptes beschrieben. Wegen der Behandlung von Strudelteiglagen siehe Seite 17.

24 Stück
Ofentemperatur: 180° C
Backzeit: 30 Minuten

Sirup:
2 Tassen grobkörniger Zucker
1 ½ Tassen Wasser
1 Eßlöffel Zitronensaft
1 kleines Stück Stangenzimt
2 Nelken
Nußfüllung:
2 Tassen fein gemahlene Mandeln oder Walnüsse
¼ Tasse feiner Zucker
1 Teelöffel Zimt
Zur Fertigstellung:
24 Lagen Strudelteig
¾ Tasse warme, zerlassene Butter

1. Den Zucker in einem schweren Topf bei mittlerer Hitze im Wasser auflösen, gelegentlich umrühren. Zum Kochen bringen. Wenn sich der Zucker aufgelöst hat, den Zitronensaft, Stangenzimt und Nelken zufügen und 15 Minuten ohne zu rühren kochen. Bei Bedarf den Schaum abschöpfen. Durchseihen und abkühlen lassen.
2. Die Zutaten für die Nußfüllung vermischen. Ein Rundholz von 5 mm Durchmesser und 50 cm Länge bereitlegen.
3. Eine Lage Strudelteig mit dem längeren Rand zu sich hin auf die Arbeitsfläche legen. Leicht und gleichmäßig mit warmer zerlassener Butter bestreichen. 2 Eßlöffel der Nußfüllung gleichmäßig über das untere Drittel der Teiglage streuen, am unteren Rand 3 cm und an den Seiten ein wenig freilassen. Den Rand über die Füllung schlagen und das Rundholz auf den Rand legen. Den Teig mit der Füllung fest mit dem Rundstab bis zum Ende der Teiglage aufrollen. Der Teigrand muß fest ankleben, wenn nicht, wieder mit etwas Butter bestreichen.
4. Die Teigrolle auf dem Holzstab mit den Händen allmählich von außen nach innen zusammendrücken, dabei den Teig gleichmäßig zusammenfalten. Wenn die Rolle weniger als die Hälfte ihrer ursprünglichen Länge hat, vom Holzstab auf die Arbeitsfläche schieben. Die Enden glätten, dann die Rolle zu einer flachen Schnecke drehen.
5. Noch 23 Schnecken herstellen, dabei aufpassen, daß der Teig nicht austrocknet, sonst läßt er sich schwer formen. Die Butter im Wasserbad warmhalten.
6. Die fertig vorbereiteten Burma dicht nebeneinander in eine gebutterte Backform setzen. Leicht mit zerlassener Butter bepinseln und im Ofen bei mittlerer Hitze 25–30 Minuten backen, bis sie hell goldbraun sind. In der Form abkühlen lassen, bevor sie serviert werden, oder in einem geschlossenen Behälter bei Zimmertemperatur aufbewahren.
Eine andere Methode des Ausformens: Schritt 3 ausführen und die Teigrolle auf die Arbeitsfläche gleiten lassen. Mit einem scharfen Messer in 10 cm lange Stücke schneiden. Weiter bei Schritt 5.

Dondurma Limonlu

Zitronen-Wassereis

Für 6–8 Personen

4 Zitronen
3 Tassen Wasser
1 Tasse grobkörniger Zucker
1 Eiweiß
zitronengelbe Lebensmittelfarbe, nach Wunsch

1. Die Zitronen gründlich waschen und dünn schälen; an der Schale soll möglichst wenig Mark haften.
2. Die Schalen mit dem Wasser in einen Topf geben und langsam zum Kochen bringen. 10 Minuten im offenen Topf kochen lassen, in einen Meßbecher durchseihen und die Schalen wegwerfen. Wenn nötig, die Flüssigkeit mit Wasser auf die Menge von 2 Tassen auffüllen und wieder in den Topf gießen.
3. Den Zucker in den Topf geben und bei mittlerer Hitze unter gelegentlichem Rühren auflösen. Zum Kochen bringen und bei mittlerer Hitze 5 Minuten kochen lassen. Abkühlen lassen.
4. Die Zitronen ausdrücken und durchseihen. ¾ Tasse Saft abmessen und zum abgekühlten Sirup geben. In eine Schüssel gießen und in den Gefrierschrank stellen. Wenn die Masse halb gefroren ist, gut umrühren, um die Eiskristalle zu zerkleinern.
5. Das Eiweiß steifschlagen. Gründlich mit dem halbgefrorenen Sirup vermischen und ein wenig Lebensmittelfarbe zugeben, wenn das gewünscht wird. Wieder in den Gefrierschrank stellen, bis das Eis gerade fest ist.
6. Aus dem Gefrierschrank nehmen und gründlich durchschlagen, bis es locker und glatt ist.
7. In eine Sandkuchenform füllen, mit Folie abdecken und einfrieren, bis das Eis sehr fest ist, etwa 3 Stunden oder mehr.
8. Zum Servieren einen Metallöffel über das Eis ziehen und die Eislocken in gekühlte Dessertgläser geben, oder mit einem Eislöffel ausstechen.

Dondurma Portakal

Orangen-Wassereis

Für 6–8 Personen

dünne Schalen von 2 Orangen
dünne Schale von 1 Zitrone
3 Tassen Wasser
1 Tasse grobkörniger Zucker
1 Tasse Orangensaft
¼ Tasse Zitronensaft

1. Die Orangen- und Zitronenschalen in Wasser kochen, durchseihen und abmessen wie in Schritt 2 des Zitroneneisrezeptes beschrieben; den Sirup wie unter 3 beschrieben zubereiten.
2. Den Orangen- und Zitronensaft zum Sirup geben und in eine Schüssel gießen. 3 Stunden einfrieren. Mit einer Gabel das Eis in Flocken ablösen und in gekühlte Dessertgläser füllen.

Anmerkung: Auf Wunsch kann dem Sirup orangenfarbene Lebensmittelfarbe zugefügt werden.

Dondurma Kiraz

Kirsch-Wassereis

Das Rezept für Dondurma Çilekli (Erdbeereis) befolgen und das Erdbeermus durch 2 Tassen Kirschenmus ersetzen. Dazu etwa 3 Tassen Kirschen waschen und entsteinen und im Mixer zerkleinern. Abmessen und mit dem Zitronensaft, der Milch und roter Lebensmittelfarbe, wenn nötig, in den Sirup geben. Einfrieren und in gekühlten Dessertgläsern servieren.

Yogurt Tatlisi

Joghurt-Kuchen

Ofentemperatur: 180° C
Backzeit: 50–55 Minuten

¾ Tasse Butter
1 Tasse feiner Zucker
geriebene Schale 1 Zitrone
5 Eier, getrennt
1 Tasse Joghurt
2 ¼ Tassen Weizenmehl
2 Teelöffel Backpulver
1 Prise Salz
½ Teelöffel Natron
Sirup:
1 Tasse grobkörniger Zucker
¾ Tasse kaltes Wasser
1 dünner Streifen Zitronenschale
1 Eßlöffel durchgeseihter Zitronensaft

1. Die Butter mit der geriebenen Zitronenschale und Zucker schaumig rühren, jedes Eigelb einzeln zugeben und jedesmal kräftig schlagen, dann das Joghurt unterrühren.
2. Das Mehl mit dem Backpulver, der Prise Salz und dem Natron in die cremige Mischung sieben und unterrühren.
3. Das Eiweiß steifschlagen und in den Teig rühren. Den Teig in eine gefettete und mit Mehl bestäubte 20 cm lange Rehrückenform füllen.
4. Im Ofen bei mittlerer Hitze 50–55 Minuten backen.
5. Inzwischen den Sirup herstellen. Den Zucker im Wasser bei mittlerer Hitze rühren, bis er sich aufgelöst hat. Zum Kochen bringen, die Zitronenschale und den Zitronensaft zufügen und ohne zu rühren 10 Minuten bei mittlerer Hitze kochen lassen. Die Zitronenschale herausnehmen und den Sirup abkühlen lassen.
6. Den Kuchen in der Form 5 Minuten abkühlen lassen, dann auf eine Platte stürzen.
7. Mit einem Löffel den kalten Sirup über den Kuchen verteilen, langsam in den Kuchen einsickern lassen. In dicke Scheiben geschnitten zusammen mit Schlagsahne oder Kaymak warm servieren.

Kayisi Reçeli

Aprikosenmarmelade

2 Tassen getrocknete Aprikosen
3 Tassen kaltes Wasser
Saft 1 Zitrone
3 Tassen grobkörniger Zucker
½ Tasse blanchierte Mandelstifte, nach Wunsch

1. Die Aprikosen gründlich in kaltem Wasser waschen. In kleine Stücke schneiden und mit den 3 Tassen Wasser in eine Schüssel geben. 12 Stunden einweichen lassen.
2. Die Aprikosenstücke in ihrem Einweichwasser in einen Einmachtopf geben. Den Zitronensaft zugeben und zum Kochen bringen. Zugedeckt schwach etwa 30 Minuten kochen lassen. Die Aprikosen müssen sehr weich sein.
3. Den Zucker zugeben und umrühren, bis er sich aufgelöst hat. Das Ganze wieder zum Kochen bringen und unter häufigem Rühren 15 Minuten stark kochen lassen, dann etwas Marmelade auf einer kalten Untertasse prüfen. Mit dem Finger über die abgekühlte Oberfläche streichen – die Marmelade ist gut, wenn sich die Oberfläche kräuselt. Den Topf währenddessen von der heißen Platte nehmen. Wenn notwendig, wieder auf den Herd stellen und nach 5 Minuten noch einmal prüfen.
4. Die Mandeln – falls verwendet – einrühren und die Marmelade in heiße, sterilisierte Gläser füllen. Nach dem Abkühlen verschließen. An einem kühlen Ort aufbewahren.

Çilek Reçeli

Erdbeermarmelade

1 kg Erdbeeren
Saft von 2 Zitronen
3 ½ Tassen grobkörniger Zucker

1. Die Erdbeeren waschen und entstielen. Die Früchte halbieren und mit dem Zitronensaft in einen Einmachtopf geben.
2. Bei mittlerer Hitze aufsetzen, den Topf zudecken und zum Kochen bringen. Die Hitze herunterschalten und 20–30 Minuten schwach kochen lassen, bis die Erdbeeren sehr weich sind.
3. Den Topf vom Herd nehmen und den Zucker zufügen. Rühren und wieder auf die heiße Platte stellen, weiterrühren, bis sich der Zucker aufgelöst hat.
4. Zum Kochen bringen und bei mittlerer Hitze 15 Minuten oder länger kochen lassen, bis die Marmelade fest wird, wenn man ein wenig davon auf eine kalte Untertasse gibt. Siehe Rezept für Kayisi Reçeli, Schritt 3, wegen weiterer Einzelheiten dazu.
5. Die Marmelade etwas abkühlen lassen, dann in heiße, sterilisierte Gläser füllen. Nach dem Abkühlen verschließen und an einem kühlen Ort aufbewahren.

Gul Reçeli

Rosenblättermarmelade

4 Tassen duftende Rosenblätter
3 Tassen grobkörniger Zucker
2 Tassen Wasser
Saft von ½ Zitrone

1. Den weißen Ansatz an jedem Blütenblatt mit der Küchenschere abschneiden und wegwerfen. Die Blätter vorsichtig in kaltem Wasser waschen und abtropfen lassen.
2. Die Rosenblätter in eine Schale schichten und auf jede Schicht 2 Eßlöffel Zucker streuen. Über Nacht stehenlassen.
3. Am nächsten Tag den restlichen Zucker mit dem Wasser in einem schweren Topf bei mittlerer Hitze aufsetzen. Gelegentlich rühren, bis sich der Zucker aufgelöst hat, dann zum Kochen bringen. Den Zitronensaft zufügen und 5 Minuten ohne zu rühren kochen lassen. Den Sirup vom Herd nehmen und abkühlen, bis er lauwarm ist.
4. Die Rosenblätter mit ihrem Saft in den Sirup einrühren und den Topf wieder auf die heiße Platte stellen. Langsam zum Kochen bringen und 15 Minuten schwach kochen lassen, bis der Sirup fest wird, wenn man ein wenig davon auf eine kalte Untertasse gibt. In warme, sterilisierte Gläser füllen und nach dem Abkühlen verschließen.

Türk Kahvesi

Türkischer Kaffee

Der Kaffee wird in einem kleinen, nach oben schmaler werdenden Topf mit langem Handgriff zubereitet, der Jezve genannt wird. Der Purist (das sind alle Türken, wenn es ums Kaffeekochen geht) mahlt die Bohnen unmittelbar vor dem Kochen zu einem feinen Pulver. Türkische Kaffeemühlen aus Messing werden im ganzen Mittleren Osten verkauft.
Wenn man Ihnen eine Tasse anbietet, fragt man Sie, ob Sie den Kaffee ›sade‹ (ungesüßt), ›orta‹ (mäßig gesüßt) oder ›şekerli‹ (stark gesüßt) haben wollen. Am besten wird jeweils nur eine Tasse oder höchstens drei gleichzeitig zubereitet. Eine Mokkatasse kaltes Wasser in den Kaffeetopf geben und 1 gehäuften Teelöffel Kaffeepulver und Zucker – wenn gewünscht – zugeben (1 gestrichenen Teelöffel für mäßig gesüßten und 1 gehäuften Teelöffel für stark gesüßten Kaffee). Umrühren und bei mittlerer Hitze aufsetzen.
Wenn der Kaffee im Topf hochsteigt, sofort von der Platte nehmen und den Schaum in die Tasse geben. Den Topf wieder auf den Herd setzen und aufkochen lassen. Den Kaffee in die Tasse gießen. Manche Leute ziehen es vor, den Kaffee dreimal aufzukochen, zweimal ist jedoch ausreichend, besonders, wenn man nur 1 Tasse voll zubereitet. Auf jeden Fall wird jedesmal, wenn der Topf vom Herd genommen wird, der Schaum in den Tassen verteilt, da eine gute Tasse »Kahve« eine Haube aus Schaum aufweisen muß.

Armenien

Armenien ist heute ein Staat der UdSSR, und obwohl es kein unabhängiges Land ist, lebt das nationale Bewußtsein im Volk der armenischen Sowjetrupublik und bei den Armeniern, die in alle vier Winde zerstreut worden sind, weiter. Sie haben gezeigt, daß sich trotz des widrigen Schicksals, das sie erlitten haben, ihre geistige Haltung nicht geändert hat. Was uns bei den Armeniern so beeindruckt, ist, daß sie ihre Sprache, Religion, ihre Sitten und Überlieferungen trotz unüberwindbar scheinender Widrigkeiten beibehalten haben.

Um die Entwicklung einer landestypischen Küche wirklich verstehen zu können, muß man sich mit der Geschichte des Landes beschäftigt haben. Ich bezweifle, ob es jemals ein Land gegeben hat, das solchen Erschütterungen ausgesetzt war wie Armenien und über das die Welt so wenig weiß. Wenn man sich mit der Geschichte Armeniens vertraut macht, wird man vielleicht tiefere Einblicke in so manche Aspekte der Kochkunst der nahöstlichen Länder gewinnen, die vorher strittig waren.

Nach der Überlieferung wurde das Königreich Armenien von Haig, einem Nachkommen Noahs, in der Region des Van-Sees begründet und jahrhundertelang von dessen Nachfahren beherrscht. Es folgten Invasionen der Assyrer, Meder und Perser; Armenien wurde von Alexander dem Großen erobert und ging auf den syrischen König Seleukos I über. Schließlich wurde im Jahr 189 v. Chr. die Unabhängigkeit erklärt. Diese dauerte jedoch nicht lange, und Armenien wurde schließlich römisches Protektorat. Im Jahr 66 n. Chr. bestätigte Nero einen parthischen Prinzen als König von Armenien. Das Christentum wurde eingeführt, und Armenien kann für sich in Anspruch nehmen, der älteste christliche Staat zu sein. Für die nächsten 300 Jahre herrschte Frieden, dann folgten wieder Jahrhunderte der Invasionen mit kurzen Intervallen der Unabhängigkeit.

Als das Byzantinische Reich seinen Höhepunkt erreichte, hatte die armenische orthodoxe Kirche ihren Mittelpunkt in Konstantinopel, wo sich viele armenische Kirchenführer und andere Armenier aufhielten, außerdem befanden sich auch viele Griechen dort. In dieser vor-osmanischen Zeit entwikkelte sich die exotische byzantinische Küche, die sowohl die armenische und griechische als auch die türkische Küche beeinflußt hat. Man muß sich vor Augen führen, daß sich die armenischen Grenzen im Verlauf der Geschichte abwechselnd ausdehnten und wieder zurückgedrängt wurden, woraus sich viele Ähnlichkeiten mit türkischen Gerichten ergeben haben.

Im 13. Jahrhundert überfielen mongolische Horden Indien, Afghanistan, Persien und Armenien und drangen bis nach Rußland vor. Obwohl sie nun wirklich nicht in freundschaftlicher Absicht kamen, nimmt man an, daß sie Pasta und Nudeln einführten, und zwar hundert Jahre bevor Marco Polo aus China zurückkehrte. Ein armenisches nudelartiges Gericht mit dem Namen Mante kommt in etwas abgewandelter Form auch in Rußland vor; in Uzbrek auf der östlichen Seite des Kaspischen Meeres ist es eine Spezialität – beide Regionen standen einst unter mongolischem Einfluß. Mante ist auch als Tartar Boregi bekannt (zu den Mongolen gesellten sich bei ihren Wanderzügen andere Völker, die schließlich insgesamt als Tartaren bekannt wurden). Man kann nur versuchen, anhand ähnlicher Anhaltspunkte das Puzzlespiel der kulinarischen Urspünge zusammenzusetzen.

Aroma und Würze armenischer Speisen

Die wirklich armenischen Gerichte sind recht einfach, was ja in einem kalten Klima meist eine reine Notwendigkeit ist. Sie werden mit Kräutern und Gewürzen angereichert und haben Anklänge an die prächtige byzantinische Ära. Die Zusammenstellung von Reis, Rosinen, Zwiebeln und Pinienkernen ist ein Erbe aus dieser Zeit – ein Erbe, das sich auch in den anderen Ländern, die dem orthodoxen Glauben anhängen, wiederfindet, ob es sich nun um Armenier, Griechen oder andere östliche Völker handelt. Das Fasten ist eine strenge Regel dieser Religion, und die Rezepte spiegeln die Erfindungskraft der Armenier bei der Zubereitung von Gerichten ohne Tierprodukte wieder. Viele solche Rezepte, die in diesem Buch in anderen Kapiteln enthalten sind, werden auch in der armenischen Küche verwendet.

Um ihren starken Hang zur Tradition deutlich zu machen, verliehen die Armenier ihrem Gründer in den Rezepten Haigagan Parak Hatz und Haigagan Keteh Unsterblichkeit. Das erste ist ein Brot, ähnlich den Fladenbroten Persiens und des Libanon, nur etwas länger gebacken, so daß es ziemlich trocken ist. Versuchen Sie das Khoubiz-Rezept (siehe Register), backen Sie es jedoch sofort, nachdem es geformt worden ist, und bestreuen Sie die Brote mit Sesamkörnern. Das Brot wird dann 6–7 Minuten gebacken – das reicht, um es zu trocknen. Es hält sich lange und wird als trockenes Brot oder mit Wasser angefeuchtet gegessen. Haigagan Keteh ist dasselbe wie Glor Keteh, dessen Rezept in diesem Kapitel aufgeführt ist; nur wird hier das runde Teigstück selbst zusammengefaltet und flachgedrückt, anstatt daß man es zu einer Rolle formt und dann schneckenförmig einrollt.

Ein anderes erwähnenswertes Rezept ist Topig, das bis auf die byzantinischen Tage zurückgeht. Der armenische Bischof der Diözese von Sydney ist nicht nur unter den armenischen Einwohnern von Sydney als hervorragender Koch bekannt – auch in Los Angeles und Washington erinnert man sich an seine kulinarischen Erfolge. Wegen seines Topigs und Oologantch Litzk wird er von allen armenischen Hausfrauen in diesen drei Städten beneidet. Das Rezept, das ich angebe, folgt nicht ganz den Angaben des Bischofs, da ich es ablehne, Kichererbsen so lange einzuweichen, wie er es empfiehlt (meine Ausführungen zu diesem Thema finden Sie in der Einführung zu diesem Buch unter dem Abschnitt »Hülsenfrüchte«). Ich habe auch herausgefunden, daß man Topig nicht so lange kochen muß, wie es der Bischof empfiehlt. Meine Testesser, Mitglieder seiner Gemeinde, versicherten mir, daß es ein sehr guter Topig gewesen sei, nicht ganz so gut wie beim Bischof, aber doch beinahe, und genausogut wie der, den ihre Mütter zuzubereiten pflegten. Vielleicht sollte ich Ihnen etwas mehr über den berühmten Topig erzählen, so daß Sie sich selber ein Urteil bilden können.

Das Geheimnis liegt offenbar darin, die Kichererbsen 3 Tage lang einzuweichen, dabei jeden Tag das Wasser zu wechseln und sie fermentieren zu lassen, da dies nach Meinung des Bischofs für den Erfolg des Gerichts notwendig ist. Dann sind die Erbsen auch viel leichter zu enthäuten. Seine Methode besteht darin, die Erbsen in einem Tuch kräftig zu reiben. Dann geht die Haut leicht ab. Die Erbsen werden dann in eine Schüssel mit Wasser gegeben und die schwimmenden Häute abgeschöpft. Die abgetropften Erbsen werden gemahlen. Die Zwiebeln sollten in reichlich Wasser gekocht und abgetropft werden; das Wasser ist aufzubewahren. Was die Füllung betrifft, so sind wir uns in diesem Punkt einig: mischen Sie also die Zwiebeln mit den restlichen aufgeführten Zutaten. Damit nun verhindert wird, daß das Wasser das zum Kochen verwendete Tuch durchdringt, sollte es ins Zwiebelwasser getaucht und gut ausgewrungen werden. Ein Viertel der Mischung aus gemahlenen Erbsen und Kartoffelpüree wird auf dem Tuch zu einem sehr dünnen Quadrat ausgebreitet. Wie beschrieben füllen, dann die Ecken zusammenfalten und die Verbindungsstellen zusammendrücken. Das Tuch verknoten und die restlichen Topigs ebenso vorbereiten. 1 Stunde in Salzwasser kochen. Dann abtropfen lassen und im Tuch ganz erkalten lassen, bevor man sie herausnimmt. Nun wissen Sie Bescheid.

Das Rezept für Oologantch Litzk stammt ebenso vom Bischof, enthält nur 3 Zwiebeln weniger.

Eine armenische Mahlzeit

Anstelle davon zu erzählen, wie die Armenier in der armenischen Sowjetrepublik ihre Mahlzeiten einnehmen, sollte ich vielleicht lieber beschreiben, wie ein Armenier, wo auch immer er lebt, eine Mahlzeit in der traditionellen Art zu sich nimmt. Sie wird auf westliche Art serviert, das heißt, am Tisch und mit westlichem Tafelgeschirr. Alle Gerichte für eine Mahlzeit werden gleichzeitig auf den Tisch gestellt, so daß sich jeder nach Belieben bedienen kann. Bei kühlerem Wetter könnte das Mahl mit einer Schale Suppe beginnen, die wahrscheinlich mit Minze gewürzt und mit Joghurt angedickt ist. Dann gibt es vielleicht ein Fleisch-, Geflügel- oder Fischgericht und Gemüse, Reis oder Nudeln als Beilage, dazu Brot, Salat und Essiggemüse. Ein Joghurtgetränk, Tan, wird zu jeder armenischen Mahlzeit gereicht. In der Fastenzeit kann die Mahlzeit aus einem Fischgericht oder einem der köstlichen Gerichte aus getrockneten Bohnen, Erbsen oder Bulgur (Burghul) bestehen. Alle Speisen, vom Fleisch bis zum Nachtisch, könnten aus Armenien stammen, ebenso aber auch aus irgendeinem der arabischen Länder (Ägypten, Libanon, Syrien) oder aus Griechenland oder dem Iran, d. h. aus Ländern, in denen die Eltern der betreffenden Armenier ihre neue Heimat gefunden hatten.

Kochmethoden

Armenier sind besonders in den Vereinigten Staaten für ihren Erfolg in der Nahrungsmittelindustrie bekannt. Sie betreiben Spezialitäten- und Delikatessenläden, Restaurants und Bäkkereien, und da Nahrungsmittel für die Armenier bei ihrer Tätigkeit eine solche Rolle spielen, sind sie auch den Zubereitungsarten ausländischer Gerichte gegenüber offen. Vielleicht ist dies eine vererbte Begabung; die Fähigkeit, sich an eine Situation anpassen zu können, ist uns entweder angeboren oder wird uns aufgezwungen. Die Armenier sind seit Generationen dazu gezwungen gewesen, und das hat sie gut in Form gehalten. Mit anderen Worten: es ist schwierig zu sagen, ob der Armenier diesen oder jenen Kochtopf benutzt oder diese oder jene Methode anwendet – er könnte alles so tun, wie Sie es auch gewohnt sind.

Eine armenische Küche ist gut ausgestattet mit Vorräten und allen Geräten, die für die Zubereitung guter und bekömmlicher Gericht notwendig sind. Man findet keine Schränke voll mit Büchsen oder Gefriertruhen mit Fertiggerichten, dafür aber eine Speisekammer, die gefüllt ist mit eingemachten sauren Gemüsen und Kompotten, in der vielleicht auch ein Basderma hängt. (Pastourma, getrocknetes und stark gewürztes Fleisch). Ich habe das Rezept für Basderma ausprobiert, aber da ein Teil meiner Arbeit der Fleischindustrie gewidmet ist, kann ich es leider nicht über mich bringen, Ihnen zu empfehlen, dieses scharf riechende und gewürzte Fleisch selbst herzustellen, da man es tagelang ins Freie hängen muß, damit es trocknet. Ich würde Ihnen empfehlen, es in einem armenischen oder griechischen Lebensmittelgeschäft zu kaufen, da die kommerzielle Herstellung unter kontrollierten Bedingungen erfolgt. Basderma ist mit dem römischen Pastrami zu vergleichen, mit dem Unterschied, daß der Knoblauch- und Gewürzbelag eine große Menge Bockshornklee enthält.

Zutaten für die armenische Küche

Es gibt kaum eine Zutat in der armenischen Küche, mit denen eine westliche Hausfrau nicht vertraut wäre. Vor zehn Jahren wäre das noch anders gewesen, aber angesichts des wachsenden Trends, Hülsenfrüchte und Körner zu verwenden, ist uns vieles heute nicht mehr so fremd. Ein Gericht in diesem Kapitel, Harissa genannt, wird in Armenien aus einem besonderen Weizen hergestellt, der außerhalb des Nahen und Mittleren Ostens nicht erhältlich ist. Stattdessen habe ich in dem Rezept Gerste angegeben, die ebensogut verwendet werden kann.

Kichererbsen werden normalerweise ohne Haut verwendet. Enthäutete Erbsen gibt es in armenischen Lebensmittelläden, sind aber sonst schwer zu bekommen. Es sind dann die Anweisungen auf Seite 15 zu befolgen, wenn man die Erbsen selbst enthäuten muß.

Eine würzende Zutat, die noch erklärt werden sollte, ist der Sumach. Das ist ein grobes Pulver mit einem säuerlichen Geschmack, das aus den trockenen roten Beeren einer Art des Sumachbaumes gewonnen wird. Er wird ebenso im Iran und in anderen Ländern der Region verwendet.

Nivik

Kichererbsen mit Spinat

Für 6 Personen
Kochzeit: 3 Stunden

1 ½ Tassen Kichererbsen
Wasser
1 große Zwiebel, gehackt
¼ Tasse Olivenöl
¼ Tasse Tomatenmark
Salz
frisch gemahlener schwarzer Pfeffer
1 Teelöffel Zucker
750 g Spinat

1. Die Kichererbsen gründlich waschen, in eine Schüssel geben und mit 4 ½ Tassen kaltem Wasser bedecken. Über Nacht einweichen lassen – bei warmem Wetter an einem kühlen Ort.
2. Am nächsten Tag die Kichererbsen mit dem Einweichwasser in einen tiefen Topf geben und zum Kochen bringen. Zugedeckt bei schwacher Hitze 2 Stunden kochen lassen, bis die Kichererbsen weich sind.
3. In einer Pfanne die Zwiebel in Öl glasig dünsten. Das Tomatenmark, etwa 2 Teelöffel Salz, reichlich frisch gemahlenen schwarzen Pfeffer und den Zucker zufügen. Die Mischung zu den gekochten Kichererbsen geben.
4. Den Spinat gründlich waschen, Wurzeln und verfärbte Blätter entfernen. Blätter und Stiele grob hacken und zu den Kichererbsen geben.
5. Den Topf zudecken und den Inhalt weitere 20–30 Minuten schwach kochen lassen, nur bei Bedarf noch Wasser zugeben. Nivik sollte saftig sein, doch nicht zu flüssig. Mit Brot, Salat und Essiggemüse als leichte Mahlzeit reichen. Schmeckt auch kalt gut.

Dereve Pattoug

Gefüllte Weinblätter

6 Dutzend
Kochzeit: 1 ¼ Stunden

Reisfüllung:
2 große Zwiebeln, fein gehackt
½ Tasse Olivenöl
1 Tasse Rundkornreis
¼ Tasse Pinienkerne
¼ Tasse Rosinen
1 Teelöffel Piment, gemahlen
2 Eßlöffel fein gehackter frischer Dill
Salz
frisch gemahlener schwarzer Pfeffer
Zur Fertigstellung:
80 frische oder eingemachte Weinblätter
Wasser
1 Zitrone, in dünne Scheiben geschnitten
¼ Tasse Olivenöl
Zitronenspalten und Madzoon (Joghurt) zum Servieren

1. In einem Topf die Zwiebel in Öl glasig dünsten. Den Reis zugeben und 5 Minuten rühren. Die Pinienkerne, Rosinen, das Piment, den Dill und Salz und Pfeffer nach Geschmack zufügen. Zudecken und bei schwacher Hitze 5 Minuten kochen lassen. Vom Herd nehmen und beiseitestellen.
2. Die frischen oder eingemachten Weinblätter in 3 Partien jeweils 3 Minuten blanchieren. Jede Partie nach dem Blanchieren in eine Schüssel mit kaltem Wasser legen, dann gut abtropfen lassen.
3. Ein Weinblatt mit der glänzenden Seite nach unten auf die Arbeitsfläche legen und einen gehäuften Teelöffel der Reisfüllung am Stielansatz auf das Blatt geben. Eine Umdrehung rollen, dann die Seiten nach innen schlagen und zu einem festen Päckchen aufrollen. Mit den übrigen Zutaten ebenso verfahren.
4. Den Boden eines schweren Topfes mit 4 Weinblättern auslegen und die Rollen mit der Nahtstelle nach unten in dichten Reihen hineinpacken. Auf jede fertige Reihe 3 dünne Zitronenscheiben legen, bevor die nächste Reihe daraufgelegt wird.
5. Wenn alle Rollen im Topf sind, mit 3 Zitronenscheiben bedecken und die restlichen Weinblätter darüberlegen. 2 Tassen Wasser und das Olivenöl über die Rollen gießen und einen schweren Teller umgekehrt auf die Rollen legen, um diese während des Kochens in Form zu halten.
6. Langsam zum Kochen bringen, die Hitze herunterschalten und die Rollen bei milder Hitze 50 Minuten sieden lassen. Den Topf vom Herd nehmen und abkühlen lassen.
7. Die Rollen vorsichtig auf eine Servierplatte legen, die Zitronenscheiben wegwerfen. Mit Zimmertemperatur servieren oder die Platte zugedeckt vor dem Servieren kaltstellen. Mit Zitronenspalten garnieren und mit einer Schüssel Joghurt servieren.

Topig

Fastenspeise mit Kichererbsen

Für 8–12 Personen
Kochzeit: 35 Minuten

2 Tassen Kichererbsen
(Enthäuten siehe Seite 15)
6 Tassen kaltes Wasser
2 kleine Kartoffeln, in der Schale gekocht
1 ½ Teelöffel Salz
frisch gemahlener weißer Pfeffer
Füllung:
3 große Zwiebeln, halbiert und in halbe Ringe geschnitten
2 Eßlöffel Wasser
¼ Teelöffel Piment, gemahlen
½ Teelöffel Kreuzkümmel, gemahlen
⅓ Tasse Pinienkerne
⅓ Tasse Rosinen
¾ Tasse Tahina
Salz
frisch gemahlener schwarzer Pfeffer
Zum Fertigstellen und Servieren:
kochendes Salzwasser
Olivenöl
Zimt oder Paprikapulver
Zitronenspalten
Petersilienzweige

1. Die Kichererbsen im kalten Wasser 24 Stunden einweichen, bei warmem Wetter an einem kühlen Ort. Enthäuten (siehe Beschreibung »Enthäuten von Hülsenfrüchten«) und gut abtropfen lassen.
2. Die enthäuteten Kichererbsen zweimal durch den Fleischwolf drehen, den feinen Vorsatz benutzen, oder in der Küchenmaschine in zwei Portionen zu einer Paste verarbeiten.
3. Die gekochten Kartoffeln pellen und mit einer Gabel fein zerdrücken. Mit den gemahlenen Kichererbsen vermischen, Salz und reichlich weißen Pfeffer zufügen. Gründlich mischen und beiseitestellen.
4. Die halben Zwiebelringe mit dem Wasser in einen Topf geben und zugedeckt 10 Minuten bei mittlerer Hitze dünsten, dann den Deckel abnehmen und abwarten, bis die Flüssigkeit verdampft ist. Die Zwiebeln in eine Schüssel geben und abkühlen lassen.
5. Piment, Kreuzkümmel, Pinienkerne und Rosinen zu den Zwiebeln geben. Gut vermischen, dann die Tahinasauce einrühren und mit Salz und Pfeffer abschmecken.
6. 4 Baumwolltücher (ungebleicht) mit 50 cm Seitenlänge mit kochendem Wasser überbrühen. Etwas abkühlen lassen, dann gut auswringen.
7. Ein Stoffqudrat auf die Arbeitsfläche legen und ein Viertel der Kichererbsenpaste in die Mitte geben. Mit einem Spatel gleichmäßig zu einem Quadrat von 20 cm Seitenlänge verstreichen und ein Viertel der Füllung in die Mitte geben; etwas auseinanderstreichen.
8. Alle Ecken der Paste über die Füllung legen, indem die Ecken des Tuchs hochgenommen werden. Die Paste sollte die Füllung wie ein Briefumschlag umgeben. Die Ränder gut andrücken.
9. Die jeweils diagonal gegenüberliegenden Tuchzipfel zu einem einfachen Knoten binden.
10. 3 weitere Topigs auf dieselbe Art vorbereiten.
11. Einen großen Topf zur Hälfte mit Wasser füllen, zum Kochen bringen und etwa 1 Eßlöffel Salz zufügen.
12. Wenn das Wasser sprudelnd kocht, dieTopigs in den Topf geben und wieder zum Kochen bringen. Zugedeckt gleichmäßig für 12–15 Minuten kochen lassen, bis die Topigs oben schwimmen und sich fest anfühlen.
13. Sofort herausnehmen und auf ein Tablett setzen. Das Wasser vom Tablett abgießen.
14. Die Tücher aufbinden und die Topigs auf eine Platte stürzen. Abkühlen lassen.
15. Wenn sie serviert werden sollen, etwas Öl über jeden Topig gießen und ihn mit Zimt oder Paprikapulver bestäuben. Die Platte mit Zitronenspalten und Petersilie garnieren. Zum Servieren jeden Topig in der Mitte durchschneiden und in dicke Stücke schneiden. Zusätzlich Olivenöl und Zitronensaft bereitstellen.

Anmerkung: Enthäutete Kichererbsen sind in einigen armenischen und griechischen Lebensmittelläden erhältlich. Sie sehen aus wie Erbsen, sind aber größer und nußfarben.

Yerepouni

Hirn-Beignets

Diese delikat gewürzten Hirn-Beignets stammen aus Eriwan (Yerevan), der Hauptstadt des sowjetischen Armenien, wie der Name andeutet.

Für 4 Personen als Vorspeise
Backzeit: 25 Minuten

6 Portionen Lammhirn
2 Eßlöffel Essig
Salz
Wasser
2 Eigelb
1 Eßlöffel fein gehackter frischer Dill
¼ Tasse fein geriebener Kasseri-Käse
Oliven- oder Maisöl zum Backen
Zitronenspalten zum Servieren

1. Das Lammhirn in Wasser, dem 2 Eßlöffel Essig und 2 Teelöffel Salz zugefügt wurden, einweichen. 15–20 Minuten ziehen lassen, dann abtropfen. Die Haut und alle Adern entfernen. Das Entfernen der Haut ist bei eingefrorenem Hirn sehr schwierig – sie kann in diesem Fall dranbleiben, während die Adern auf jeden Fall entfernt werden sollten, da das Hirn vom Blut verfärbt wird.
2. Das Hirn in einen Topf mit frischem Wasser geben, so daß es von Wasser bedeckt ist, 1 Teelöffel Salz zufügen und fast zum Kochen bringen. Zudecken und bei milder Hitze 15 Minuten sieden lassen, bis das Hirn weich ist.
3. Das Hirn gut abtropfen lassen und in eine Schüssel geben. Mit einer Gabel fein zerquetschen und abkühlen lassen.
4. Das Eigelb, den Dill und den fein geriebenen Käse zugeben. Zu einer weichen Paste verrühren und bei Bedarf noch Salz zufügen.
5. In eine Bratpfanne soviel Öl gießen, daß der Boden 5 mm hoch bedeckt ist. 6 Ringe für verlorene Eier in das Öl legen und wenden, damit auch die Oberfläche mit Öl überzogen ist.
6. Das Öl bei mittlerer Hitze erhitzen. Einen gehäuften Eßlöffel der Hirnmischung in jeden Ring geben und auf jeder Seite goldbraun backen. Wenn die Mischung fest wird, können die Ringe herausgenommen werden.
7. Die Beignets auf Küchenkrepp abtropfen lassen und die restliche Mischung in die Ringe in der Pfanne verteilen. Heiß oder warm als Vorspeise servieren, garniert mit Zitronenspalten.

Harissa

Fleisch- und Gerstenpüree

Es gibt Versionen von Harissa in verschiedenen anderen Ländern des Mittleren Ostens. Die Armenier verwenden eine besondere Weizensorte für ihr Harissa, die außerhalb des Mittleren Ostens nicht erhältlich ist, daher wurde hier Gerste vorgeschlagen. Harissa wird von alters her am ersten Tag nach Neujahr gereicht.

Für 6–8 Personen
Kochzeit: 4 ½–5 Stunden

1 ½ Tassen Gerste
Wasser
1 kg Rindersteak
Salz
frisch gemahlener schwarzer Pfeffer
⅓ Tasse Butter
1 Teelöffel Zimt
1 Teelöffel Kreuzkümmel

1. Die Gerste gründlich unter fließendem kalten Wasser abwaschen. In eine Schüssel geben und mit kaltem Wasser bedecken. Über Nacht einweichen.
2. Die Gerste mit dem Einweichwasser in einen schweren Topf geben und bei mittlerer Hitze zum Kochen bringen. Die Hitze herunterschalten, den Topf zudecken und bei schwacher Hitze 1 ½ Stunden sieden lassen, bis die Gerste gerade eben gar ist.
3. Das Steak in 3 cm dicke Würfel schneiden und in einem anderen Topf in Wasser langsam zum Kochen bringen, bei Bedarf den Schaum abschöpfen.
4. Die Gerste und das Fleisch mit den Kochflüssigkeiten in eine große Auflaufform geben, Salz und Pfeffer nach Geschmack zugeben und im Ofen bei mittlerer Hitze (170° C) 3 Stunden backen. Während des Backens gelegentlich umrühren und Wasser zufügen, wenn die Mischung anzubrennen droht.
5. Die Butter in einer kleinen Bratpfanne bräunen und den Zimt und den Kreuzkümmel einrühren. Vom Herd nehmen.
6. Wenn das Fleisch sehr mürbe ist und auseinanderfällt, die Auflaufform aus dem Ofen nehmen und die Mischung mit einem Holzlöffel schlagen, bis sie püreeartig ist. Das Fleisch sollte in Fasern zerfallen und sich mit der Gerste vermischen.
7. Das Püree in eine flache Schüssel geben und die Oberfläche glätten. Mit einem Löffelrücken Mulden hineindrücken und die zerlassene Butter hineingießen. Mit Brot und Salaten servieren.

Chrod Bourek

Nudelteigauflauf mit Käsefüllung

Bei der Zusammenstellung dieses Buches war ich manchmal versucht, mit Hilfe einer Münze zu entscheiden, in welches Kapitel ich ein bestimmtes Rezept aufnehmen sollte. Das war besonders bei diesem Rezept der Fall, da sowohl die Armenier als auch die Türken es für sich beanspruchen. Da die Armenier für ihren Mante einen nudelartigen Teig verwenden, dessen Ursprung wahrscheinlich auf den Einfluß der Mongolen zurückgeht (die nicht bis zur Türkei vorgedrungen sind), kann es sein, daß dieser in Wasser gekochte Teig zur selben Zeit entwickelt wurde.

Für 12 Personen als 1. Gang,
für 6 Personen als Hauptgang
Ofentemperatur: 180° C
Kochzeit: 1–1 ¼ Stunden

Käsefüllung:
2 Tassen zerkrümelter Feta-Käse
1 Tasse Hüttenkäse oder Ricotta
1 Tasse geriebener Kasseri-Käse
4 Eier, leicht verquirlt
¼ Tasse fein gehackte Petersilie
2 Eßlöffel gehackter frischer Dill
frisch gemahlener schwarzer Pfeffer
Teig: (Ausrollen siehe Seite 18)
3 Tassen Weizenmehl
1 Teelöffel Salz
3 Eier, verquirlt
½ Tasse lauwarmes Wasser
Mehl zum Kneten und Ausrollen
Wasser zum Kochen
½ Tasse zerlassene Butter

1. Den Feta-Käse mit einer Gabel gründlich zerdrücken und mit den übrigen Käsezutaten mischen. Bis zum Gebrauch kühlstellen.
2. Das Mehl mit dem Salz in eine Rührschüssel sieben und in die Mitte eine Mulde machen. Die Eier gründlich verquirlen und mit ½ Tasse Wasser in das Mehl geben. Das Mehl nach und nach in die Flüssigkeit rühren, bis ein weicher Teig entsteht.
3. Den Teig gründlich in der Schüssel kneten. Wenn er noch klebrig ist, noch etwas durchgesiebtes Mehl zugeben, bis der Teig glatt ist und sich von der Schüsselwand löst. Die Mehlmenge hängt von der Größe der Eier und der Mehlqualität ab. Den Teig zu einer Kugel formen und die Schüssel mit Plastikfolie zudecken. Den Teig 30 Minuten stehenlassen.
4. Den Teig in 10 gleichgroße Kugeln teilen. Auf der leicht bemehlten Arbeitsfläche eine Teigkugel zu einem Quadrat formen, mit Mehl bestäuben und dünn ausrollen (siehe die Anweisungen im Abschnitt: »Dünnes Ausrollen von Teig« in der Einleitung). Die Teiglage sollte etwa 28 × 33 cm groß sein. Die einzelnen Teiglagen nach Anweisung stapeln und zudecken. Außer 2 Teiglagen werden alle gekocht.
5. Einen großen Kochtopf zu drei Vierteln mit Wasser füllen und zum Kochen bringen. Ein großes Becken mit kaltem Wasser neben dem Kochtopf bereitstellen und ein großes, einmal gefaltetes Tuch danebenlegen.
6. Eine Teiglage hochnehmen und vorsichtig in das kochende Wasser geben. 1 Minute kochen und mit einem großen Sieb herausnehmen, dazu einen Holzlöffel zu Hilfe nehmen. Die Teiglage in das kalte Wasser legen, 2 Minuten darinlassen, dann herausnehmen und über einer Schüssel abtropfen lassen. Auf das Tuch legen und sorgfältig darauf ausbreiten, so daß die Teiglage abtropft und etwas trocknet. Weitere drei Lagen kochen und getrennt zum Abtropfen auf das Tuch legen. Teiglagen, die einen Riß bekommen, können trotzdem weiterverwendet werden.
7. Eine feuerfeste Form von 25 × 30 cm Größe mit zerlassener Butter bestreichen und 1 rohe Teiglage hineinlegen. Mit Butter bepinseln und die 4 gekochten Teiglagen darauflegen, dabei jede einzelne mit Butter bepinseln. Die Käsefüllung gleichmäßig darauf verteilen.
8. Die anderen 4 Teiglagen wie unter Schritt 6 beschrieben kochen und zum Abtropfen ein anderes, trockenes Tuch nehmen. Diese 4 Teiglagen auf die Füllung legen, dabei wieder jede einzelne mit Butter bepinseln. Mit der zweiten rohen Teiglage abschließen und die Ränder mit einem scharfen Messer beschneiden. Die Oberseite des Auflaufs mit der restlichen Butter bestreichen.
9. Im Oben bei mittlerer Hitze 1 Stunde backen, bis die Oberseite goldbraun und knusprig ist. Die mittleren Teiglagen sind dann weich und zart. Den Auflauf 10 Minuten stehenlassen, bevor er in Portionen geschnitten wird. Heiß als Vorspeise oder als Hauptgang für eine leichte Mahlzeit servieren.
Anmerkung: Für diesen Auflauf können auch Spinat-, Fleisch- oder Huhnfüllungen verwendet werden. Siehe Register bei »Pikante Pastetenfüllungen«.

Abbildung Seite 161
Lokum (Türkische Wonne), Rezept Seite 14
Abbildung Seite 162
Nivik (Kichererbsen mit Spinat), Rezept Seite 15

Khareni Ttvash
Essiggemüse

½ kleiner Blumenkohl
1 grüne Paprikaschote
1 rote Paprikaschote
2–3 Stengel Sellerie
2 mittelgroße Karotten
2 mittelgroße grüne Tomaten
Kochsalz
Salzlake:
4 Tassen Wasser
¼ Tasse Pökelsalz
1 Tasse weißer Essig
3 Teelöffel Zucker
Zur Fertigstellung:
1–2 scharfe frische oder getrocknete spanische Pfefferschoten
1–2 Zweige Dill, nach Wunsch
1–2 Knoblauchzehen

1. Die Gemüse gründlich waschen. Den Blumenkohl in Röschen zerteilen. Aus den Paprikaschoten die Kerne und weiße Haut entfernen und in breite Streifen schneiden. Den Sellerie in 5 cm lange Stücke schneiden. Die Karotten schaben und in 5mm dicke Scheiben schneiden. Die Tomaten in dicke Spalten schneiden.
2. Die vorbereiteten Gemüse in Schichten in eine Schüssel geben und etwa 2 Eßlöffel Kochsalz auf jede Schicht streuen. 5–6 Stunden ruhen lassen, dann gründlich durchspülen und abtropfen lassen.
3. Das Wasser mit dem Pökelsalz in einem Edelstahl- oder Emailletopf erhitzen und rühren, bis sich das Salz aufgelöst hat. Den Essig und den Zucker zugeben und aufkochen, dann abkühlen lassen.
4. Die Gemüse in 1 oder 2 sterilisierte Gläser packen. In jedes Glas eine zerschnittene Knoblauchzehe, 1 ganze Pfefferschote und einen Zweig Dill zwischen das Gemüse geben.
5. Die abgekühlte Salzlake über die vorbereiteten Gemüse gießen. Mit Glas- oder Plastikdeckeln verschließen und 1 Woche bei Zimmertemperatur stehenlassen, bevor sie geöffnet werden. Das Essiggemüse sollte sich an einem kühlen, dunklen Ort 2 Monate halten, im Kühlschrank noch länger.

Dzaghagaghampi Ttvash
Eingelegter Blumenkohl

1 Portion Salzlake, siehe Khareni Ttvash
1 mittelgroßer Blumenkohl
Salzwasser
1–2 scharfe Pfefferschoten
1–2 Knoblauchzehen

1. Die Salzlake nach Anweisung herstellen und abkühlen lassen.
2. Den Blumenkohl in Röschen zerteilen und die dicken Stengel abschneiden. Die Blumenkohlröschen in eine Schüssel geben und mit kaltem Salzwasser bedecken. 15–20 Minuten stehenlassen, damit Insekten, die sich vielleicht im Blumenkohl befinden, herauskommen. Abtropfen lassen und gründlich unter kaltem Wasser abspülen. In einem Durchschlag abtropfen lassen.
3. Einen großen flachen Topf mit Wasser zum Kochen bringen und den Blumenkohl in zwei Portionen jeweils 3 Minuten blanchieren, gerechnet von dem Zeitpunkt, an dem das Wasser wieder zu kochen beginnt, nachdem der Kohl hineingegeben wurde.
4. Den Blumenkohl gut abtropfen lassen und in 1 großes oder 2 kleinere sterilisierte Gläser füllen; in jedes Glas eine Pfefferschote und eine zerschnittene Knoblauchzehe geben.
5. Die abgekühlte Lake über den Blumenkohl gießen, verschließen und an einem kühlen, dunklen Ort 1 Woche aufbewahren, bevor der Blumenkohl verzehrt wird. Der eingelegte Blumenkohl hält sich 2–3 Monate. Ein geöffnetes Glas in den Kühlschrank stellen.

Abbildung Seite 163:
Dzaghagaghampi Ttvash (Eingelegter Blumenkohl) und Khareni Ttvash (Essiggemüse),
Rezepte Seite 165
Abbildung Seite 164:
Sempoogi yev Misovghorovatz (Gebackene Auberginen mit Lammfleischfüllung),
Rezept Seite 171

Loupia Ttvash

Eingelegte grüne Bohnen

1,5 kg grüne Bohnen
Kochsalz
2 scharfe frische oder getrocknete spanische Pfefferschoten
2 Knoblauchzehen
1 Portion Salzlake, siehe Khareni Ttvash

1. Die Bohnen gründlich waschen. Stielansatz, Spitze und Fäden entfernen (bei Bedarf, manche Sorten haben keine Fäden mehr). Schräg in 8 cm lange Stücke schneiden oder ganz lassen, je nach Wunsch.
2. Die Bohnen in Schichten in eine Schüssel legen und jede Schicht mit etwa 2 Eßlöffeln Salz bestreuen. 6 Stunden ruhen lassen, gut abspülen und abtropfen lassen.
3. Die Salzlake nach Anweisung herstellen und abkühlen lassen.
4. Die Bohnen in 2 sterilisierte Gläser packen, dazu eine Pfefferschote und eine zerschnittene Knoblauchzehe in jedes Glas geben. Die abgekühlte Salzlake darübergießen, die Gläser mit einem Glas- oder Plastikdeckel verschließen und 1 Woche stehenlassen, bevor man sie öffnet. Ein geöffnetes Glas in den Kühlschrank stellen. Die eingelegten Bohnen sollten sich 2–3 Monate an einem kühlen, dunklen Ort halten.

Glor Keteh

Butterflocken-Brote

6 Brote
Ofentemperatur: 190° C
Backzeit: 12–15 Minuten

Hefeteig:
1 Beutel aktive Trockenhefe
¼ Tasse warmes Wasser
4 Tassen Weizenmehl
1 Tasse warme Kondensmilch
1 Ei, verquirlt
1 Teelöffel Salz
1 Eßlöffel feiner Zucker
¼ Tasse zerlassene Butter
Zur Fertigstellung:
½ Tasse zerlassene Butter
1 kleines Ei, verquirlt
Sesamkörner oder Schwarzkümmel

1. Die Hefe im Wasser auflösen.
2. Das Mehl in eine Rührschüssel sieben, etwa 1 Tasse Mehl davon beiseitestellen.
3. Die Kondensmilch mit dem verquirlten Ei verrühren, Salz und Zucker zufügen und rühren, bis alles aufgelöst ist.
4. Die Hefeflüssigkeit und Milchmischung in die Mitte des Mehls gießen. Etwas Mehl einrühren, dann zugedeckt an einem warmen Ort etwa 10 Minuten stehenlassen, bis der Vorteig schaumig ist.
5. Das restliche Mehl einrühren, mit der Hand 2 Minuten schlagen, dann nach und nach die warme, zerlassene Butter mit etwas von dem beiseitegestellten Mehl in den Teig schlagen. Den Teig weitere 5 Minuten mit der Hand oder im Mixer mit Knethaken schlagen.
6. Das übrigbehaltene Mehl hineinkneten, soviel, wie der Teig aufnimmt. Noch 10 Minuten kneten, bis der Teig geschmeidig und glänzend ist. Zu einer Kugel formen.
7. Eine Schüssel mit etwas Butter einfetten, den Teig hineingeben und herumdrehen, damit er überall mit Butter überzogen ist. Die Schüssel mit einer Plastikfolie abdecken und an einem warmen Ort etwa 1 Stunde gehen lassen, bis der Teig sich verdoppelt hat.
8. Den Teig niederschlagen und auf ein leicht bemehltes Brett legen. Noch einmal gut durchkneten, in 6 gleiche Portionen teilen und jede davon zu einer Kugel rollen. Mit einem Tuch bedecken.
9. Das Brett mit Mehl bestäuben und eine Teigkugel zu einem großen dünnen Kreis von etwa 40 cm Durchmesser ausrollen.
10. Den Teig gleichmäßig mit etwas zerlassener Butter bestreichen und zu einer langen Rolle rollen. Die Rolle an beiden Enden fassen und auf- und abschwingen lassen, dabei die Rolle auf die Arbeitsfläche schlagen lassen. Dadurch wird sie auf die doppelte Länge ausgedehnt.
11. Die Rolle zu einer Schnecke formen und die Enden andrücken. Die restlichen 5 Teigstücke ebenso formen.
12. Wenn alle Teigstücke fertig geformt sind, mit den Händen zu einem Kreis von 18 cm Durchmesser flachdrücken – man kann auch das Rollholz dazu verwenden. Die runden Teigstücke auf gefettete Backbleche setzen und zugedeckt 45 Minuten stehenlassen, bis sie sich in der Höhe verdoppelt haben.
13. Wenn sie aufgegangen sind, die Brote mit verquirltem Ei bepinseln und mit Sesamkörnern oder Schwarzkümmel bestreuen. Im Ofen bei mittlerer Hitze 12–15 Minuten backen, bis sie goldbraun sind. Warm zu Kompotten oder Käse reichen.

Harsanik Yeghintz

Würziges Lamm-Pilav

Für 6 Personen
Kochzeit: 1 Stunde

250 g mageres Lammfleisch ohne Knochen
1 mittelgroße Zwiebel
¼ Tasse Butter
¼ Tasse blanchierte Mandelstifte
½ Teelöffel Piment, gemahlen
4 Tassen leichte Brühe (Huhn oder Lamm)
Salz
frisch gemahlener schwarzer Pfeffer
2 Tassen Langkornreis
½ Teelöffel Safranfäden
2 Eßlöffel heißes Wasser

1. Das Lammfleisch in 4 cm lange, dünne Streifen schneiden. Die Zwiebel der Länge nach halbieren und in schmale Spalten schneiden.
2. Die Butter in einem schweren Topf erhitzen und das geschnetzelte Lammfleisch und die Zwiebel bei starker Hitze unter ständigem Rühren bräunen. Die Mandeln zufügen und noch 2 Minuten dünsten. Die Hitze herunterschalten und das Piment einrühren.
3. 1 Tasse Brühe, etwa 1 Teelöffel Salz und reichlich schwarzen Pfeffer zugeben. Zugedeckt bei milder Hitze 20 Minuten kochen lassen. Die Hitze wieder höherstellen, die restliche Brühe zugeben und wieder aufkochen.
4. Den Reis gründlich waschen und abtropfen lassen. In die kochende Brühe geben, umrühren und noch etwas Salz zufügen. Wenn es wieder kocht, die Hitze herunterschalten, den Topf zudecken und 25 Minuten schwach sieden lassen.
5. Inzwischen die Safranfäden zerstoßen und in heißem Wasser quellen lassen. Wenn der Reis 20 Minuten lang gekocht hat, das Wasser mit dem Safran über den Reis gießen, den Topf zudecken und noch 5 Minuten kochen lassen. Vor dem Servieren bei abgestellter Platte 5 Minuten zugedeckt stehenlassen.

Mantiabour

Suppe mit Lammfleischtaschen und Joghurt

Wieder Anklänge an Italien? Nein, vielmehr auf das »man-ton« der Mongolen zurückzuführen und verwandt mit dem russischen »manty«. Hier wird »Mante« in einer guten Suppe verwendet. Mante als Lammfleischpastete finden Sie weiter hinten in diesem Kapitel.

Für 6 Personen
Kochzeit: 40 Minuten

Teig:
2 Tassen Weizenmehl
½ Teelöffel Salz
1 Ei
kaltes Wasser
Füllung:
200 g fein gehacktes Lammfleisch
1 mittelgroße Zwiebel, gerieben
¼ Tasse fein gehackte Petersilie
Salz
frisch gemahlener schwarzer Pfeffer
Zur Fertigstellung:
Wasser
Salz
5 Tassen Hühnerbrühe
1 Tasse entwässertes Joghurt (siehe Seite 26)
1 Knoblauchzehe, zerdrückt, nach Wunsch
2 Teelöffel getrocknete Minze

1. Das Mehl mit dem Salz in eine Rührschüssel sieben. Das Ei mit einer Gabel in einem Meßbecher schlagen und mit kaltem Wasser zu der Menge einer halben Tasse auffüllen. In das Mehl gießen und zu einem festen Teig vermischen. Bei Bedarf etwas mehr Wasser zufügen. Den Teig kneten, bis er glatt ist, zudecken und 20–30 Minuten ruhen lassen.
2. Die Zutaten für die Füllung gründlich vermischen (das Lammfleisch sollte nicht zu mager sein), nach Geschmack salzen und pfeffern.
3. Die Hälfte des Teigs so dünn wie möglich auf einem bemehlten Brett ausrollen. In 4 cm breite Quadrate schneiden, stapeln und zudecken, während der restliche Teig vorbereitet wird.
4. Einen Teelöffel der Fleischfüllung in die Mitte eines Teigstücks geben, zu einem Dreieck zusammenklappen und die Ränder gut zusammendrücken. Die spitzen Winkel des Dreiecks nach innen klappen und gut andrücken (die Form ähnelt etwas den italienischen Tortellini). Die fertig gefüllten Teigtaschen auf ein mit einem Tuch belegtes Tablett legen und zudecken, während man die übrigen Stücke vorbereitet.
5. 8 Tassen Wasser in einem großen Topf zum Kochen bringen und 1 Eßlöffel Salz zufügen. Etwa 20 Mante hineingeben, aufkochen und 10 Minuten kochen lassen. Mit einem Schaumlöffel in einen Durchschlag geben und die restlichen Mante kochen. Diese können in einem geschlossenen Behälter im Kühlschrank aufbewahrt werden, wenn sie nicht gleich gebraucht werden.
6. Zur Fertigstellung der Suppe die Hühnerbrühe zum Kochen bringen, die Mante hineingeben und 10 Minuten schwach kochen lassen. Das Joghurt und den zerstoßenen Knoblauch – falls verwendet – zufügen und noch 2–3 Minuten auf der heißen Platte rühren, ohne daß die Suppe kocht. Die Minze zu Pulver zerstoßen und in die Suppe rühren. Sofort servieren.

Shehrehi Yeghintz

Reis mit Fadennudeln

Für 6 Personen
Kochzeit: 25 Minuten

¼ Tasse Butter
1 Tasse feine Fadennudeln
1 ½ Tassen Langkornreis
3 ½ Tassen Hühnerbrühe oder andere leichte Brühe
1 ½ Teelöffel Salz

1. Die Fadennudeln vor dem Abmessen leicht zerdrücken.
2. Die Butter in einem Topf mit schwerem Boden zerlassen und die Nudeln zufügen. Bei mittlerer Hitze 5 Minuten rühren, bis die Nudeln goldbraun sind.
3. Den Reis zufügen und 5 Minuten rühren, dann die Brühe hineingießen und salzen. Aufkochen, dann die Hitze herunterschalten.
4. Den Topf zugedeckt bei schwacher Hitze 15 Minuten kochen lassen. Dann die Platte abschalten und den Topf vor dem Servieren noch 5 Minuten zugedeckt stehenlassen.

Havgotov Shiomin

Eier mit Spinat

Für 6 Personen
Ofentemperatur: 180° C
Kochzeit: 40–45 Minuten

750 g Spinat
4 kleine Zwiebeln
⅓ Tasse Olivenöl
Salz
frisch gemahlener schwarzer Pfeffer
6 Eier
zusätzliches Olivenöl
Madzoon (Joghurt) zum Servieren

1. Die Wurzeln und verfärbten Blätter vom Spinat entfernen. Den Spinat mit mehrmaligem Wasserwechsel waschen, gut abtropfen lassen und die Blätter und Stiele grob hacken.
2. In einen großen Topf (nicht aus Aluminium) geben, zudecken und 15 Minuten kochen, dabei gelegentlich rühren. Zum Spinat braucht kein Wasser gegeben zu werden, da der Saft, der aus den Blättern austritt, zum Kochen ausreicht. Wenn der Spinat gar ist, in einen Durchschlag geben und mit der Rückseite eines Löffels zusammendrücken, damit der Saft abtropft.
3. Die Zwiebeln der Länge nach halbieren und in halbe Ringe schneiden. Das Öl in einem Topf erhitzen und die Zwiebeln darin glasig bis hellbraun dünsten. Den Spinat zugeben und einige Minuten auf der heißen Platte rühren. Mit Salz und Pfeffer abschmecken.
4. Die Spinatmischung in eine große, flache feuerfeste Form geben und mit einem Löffel 6 Mulden in den Spinat drücken. In jede Mulde ein Ei schlagen und auf jedes Ei etwas Öl träufeln.
5. Im Ofen bei mittlerer Hitze 10 Minuten backen, bis die Eier fest sind. Heiß als leichte Mahlzeit mit Joghurt servieren.

Dzedzadz Tanabour

Joghurt-Gerstensuppe

Für 6 Personen
Kochzeit: 3 ½ Stunden

Brühe:
1,5 kg Suppenfleisch vom Lamm mit Knochen (Hals, Brust, Unterschenkel)
Wasser
2 Karotten, geviertelt
1 Zwiebel, geviertelt
1 Sellerieblatt
frisch gemahlener schwarzer Pfeffer
Salz
Zur Fertigstellung:
½ Tasse Gerste, gewaschen
3 Tassen Joghurt
1 Ei
1 Eßlöffel getrocknete Minze
2 Eßlöffel Butter, nach Wunsch

1. Das Suppenfleisch abspülen und in einem großen Topf mit soviel Wasser aufsetzen, daß das Fleisch bedeckt ist. Die restlichen Zutaten für die Brühe außer dem Salz zugeben und zum Kochen bringen. Bei Bedarf Schaum und Fett abschöpfen, bevor die Flüssigkeit kocht.
2. Wenn die Brühe abgeschöpft ist und schwach kocht, das Salz nach Geschmack zugeben, den Topf zudecken und den Inhalt bei schwacher Hitze 1 ½ Stunden sieden lassen.
3. Die Brühe in einen anderen Topf durchseihen und die Zutaten herausnehmen.
4. Die Gerste in die Brühe geben und unter gelegentlichem Rühren zum Kochen bringen. Zugedeckt bei schwacher Hitze 1 ½ Stunden sieden lassen, bis die Gerste sehr weich und die Suppe dick ist.
5. Das Joghurt mit dem Ei verquirlen und die Hälfte der getrockneten und zu einem groben Pulver zerstoßenen Minze unterrühren.
6. Die Joghurtmischung in die siedende Suppe einrühren und unter gelegentlichem Rühren wieder gerade eben zum Sieden bringen. Nicht aufkochen lassen.
7. Die heiße Suppe in Suppenschalen servieren und auf jede Portion etwas von der restlichen Minze streuen. Wenn gewünscht, kann in einer Kasserolle etwas Butter erhitzt werden, in die dann die restliche Minze eingerührt wird. Die Suppe in den Suppenschalen kann dann auch mit dieser Mischung beträufelt werden.

Vosbov Abour

Linsensuppe

Für 6 Personen
Kochzeit: 3 Stunden

1 Portion Lammbrühe
(siehe Dzedzads Tanabour, Seite 168)
Wasser
1 Tasse rote Linsen, gewaschen
3 mittelgroße Zwiebeln
¼ Tasse Butter
Salz
frisch gemahlener schwarzer Pfeffer
Paprikapulver zum Servieren

1. Die Brühe nach Anweisung herstellen und in einen Meßbecher durchseihen. Bei Bedarf mit Wasser auf die Menge von 6 Tassen auffüllen.
2. Die Brühe in einen hohen Topf geben und zum Kochen bringen. Die Linsen zugeben und aufkochen, bei Bedarf den Schaum abschöpfen. Mit leicht geöffnetem Deckel schwach kochen lassen, während die Zwiebeln vorbereitet werden.
3. 2 Zwiebeln fein hacken. Die Hälfte der Butter in einer Bratpfanne erhitzen und die Zwiebeln darin hellbraun dünsten. Zu den Linsen geben, den Topf fest schließen und 1 Stunde leicht kochen lassen, bis die Linsen gar sind. Mit Salz und Pfeffer abschmecken.
4. Die restliche Zwiebel der Länge nach halbieren und in halbe Ringe schneiden. In der restlichen Butter in einer Pfanne goldbraun dünsten.
5. Die heiße Suppe in Suppenschalen servieren, garniert mit etwas Paprikapulver und einigen gerösteten Zwiebeln.

Arapgiri Topig

Burghul-Kartoffelbällchen

Für 6 Personen
Kochzeit: 1 Stunde

6 mittelgroße Kartoffeln, etwa 750 g
¾ Tasse feiner Bulgar (Burghul)
Wasser
¾ Tasse Weizenmehl
Salz
frisch gemahlener schwarzer Pfeffer
Füllung:
2 mittelgroße Zwiebeln
2 Eßlöffel Wasser
¼ Teelöffel Piment, gemahlen
¼ Tasse Pinienkerne
¼ Tasse Rosinen
⅓ Tasse Tahina
Salz
frisch gemahlener schwarzer Pfeffer
Zur Fertigstellung:
Öl zum Ausbacken

1. Die Kartoffeln waschen und in der Schale gar kochen. Abtropfen lassen, pellen und quetschen.
2. Den Burghul in eine Schüssel geben, mit kaltem Wasser bedecken und 5 Minuten stehenlassen. In einem feinen Sieb abtropfen lassen, fest mit dem Rücken eines Löffels zusammendrücken, um die Feuchtigkeit zu entfernen.
3. Die gequetschten Kartoffeln zusammen mit dem Burghul, Mehl und Salz und Pfeffer nach Geschmack in eine Schüssel geben und gründlich miteinander vermischen.
4. Die Zwiebel mit 2 Eßlöffel Wasser in einen Topf geben und zugedeckt bei mittlerer Hitze 10 Minuten dünsten. Den Deckel abnehmen und die Flüssigkeit verdampfen lassen. In eine Schüssel geben, die restlichen Zutaten für die Füllung zufügen und mit Salz und Pfeffer abschmecken. Gründlich vermischen.
5. Den Brei aus Burghul und Kartoffeln zu Bällchen formen (jeweils 1 Eßlöffel voll). Mit angefeuchteten Händen arbeiten. Ein Bällchen in der Hand flachdrücken, einen reichlichen Teelöffel der Füllung in die Mitte geben und die Burghul-Kartoffelmasse wieder zudrücken, dabei zu einem Oval formen. Mit den restlichen Zutaten ebenso verfahren.
6. Das Öl erhitzen und jeweils 6 Bällchen gleichzeitig darin ausbacken, dabei wenden, damit sie gleichmäßig bräunen. Wenn sie goldbraun sind, mit einem Schaumlöffel herausnehmen und auf Küchenkrepp abtropfen lassen. Heiß oder warm servieren.

Zadig Aghtzan

Spinatsalat

Für 6 Personen
Kochzeit: 10 Minuten

750 g Spinat
3 Tassen entwässertes Joghurt (Seite 26)
1 Knoblauchzehe
Salz
½ Tasse fein gehackte Petersilie
1 Prise Zucker

1. Die Wurzeln und groben Stiele vom Spinat entfernen. Die Blätter gründlich waschen, soviel Feuchtigkeit wie möglich abschütteln und ziemlich fein schneiden. In einem großen Topf bei mittlerer Hitze zugedeckt 10 Minuten kochen. Gelegentlich umrühren. Wenn der Spinat gerade eben gar ist, in einem Durchschlag abtropfen lassen und den Saft mit dem Rücken eines Löffels herausdrücken. Abkühlen lassen.
2. Das abgetropfte Joghurt in eine Rührschüssel geben. Den Knoblauch mit ½ Teelöffel Salz zerdrücken und zusammen mit dem abgekühlten Spinat, Petersilie und Zucker in das Joghurt rühren. Bei Bedarf noch Salz und Zucker zufügen. Vor dem Servieren zugedeckt kaltstellen.

Oologantch Litzk

Gefüllte Muscheln

Nach armenischer Überlieferung wurde dieses Gericht von armenischen Köchinnen in der Ära von Konstantinopel und Byzanz kreiert. Dieser Anspruch ist wohlbegründet, denn die Grundzusammenstellung aus Reis, Zwiebeln, Pinienkernen und Rosinen wird von orthodoxen Armeniern und Griechen für Fastengerichte verwendet, wenn Fleisch nicht gegessen werden darf.
Viele Köchinnen haben Probleme mit dem Verschließen der Muscheln nach dem Füllen mit der Reismischung. Nahe am spitzen Ende der Muschel findet man ein feines weißes Band. Durchtrennen Sie dieses, und die Muschel kann nach dem Füllen leicht geschlossen werden – doch Vorsicht, daß Sie die Muschelhälften nicht ganz voneinander trennen!
Weitere Angaben über die Zubereitung von Muscheln finden Sie im Rezept für Midye Dolmasi, Seite 136.

Für 8–10 Personen
Kochzeit: 1 Stunde

Füllung:
3 große Zwiebeln, fein gehackt
½ Tasse Olivenöl
1 Tasse Rundkornreis, gewaschen
⅓ Tasse Pinienkerne
⅓ Tasse Rosinen
½ Teelöffel Piment, gemahlen
1 Eßlöffel gehackter frischer Dill
Salz
frisch gemahlener schwarzer Pfeffer
Zur Fertigstellung:
5 Dutzend große Muscheln
2 Tassen Wasser
Zitronenschnitze zum Servieren

1. Die Zwiebeln in Öl glasig dünsten. Die restlichen Zutaten für die Füllung hineinrühren und beiseitestellen.
2. Die Muscheln nach den Anweisungen des Rezepts für Midye Dolmasi vorbereiten und das feine weiße Band am Schließmuskel durchtrennen.
3. 2 gehäufte Teelöffel Füllung in jede Muschel füllen, verschließen und die Muscheln in Schichten in einem hohen Topf anordnen. Die Muscheln mit einem umgedrehten schweren Teller beschweren, der während des Kochens daraufgelassen wird. Das Wasser zufügen und den Topf auf mittlerer Hitze aufsetzen. Aufkochen, zudecken und bei schwacher Hitze 35–40 Minuten sieden lassen.
4. Den Topf vom Herd nehmen und die Muscheln im Topf abkühlen lassen.
5. Die Muscheln herausnehmen, mit Küchenkrepp trockentupfen und die Schalen mit einem in Öl getauchten Tuch abwischen, damit sie schöner aussehen. In eine Schale geben und mit Zitronenschnitzen garnieren. Mit Zimmertemperatur servieren. Die Muscheln können auch vor dem Servieren kaltgestellt werden.

Sempoogi yev Misovghorovatz

Gebackene Auberginen mit Lammfleischfüllung

Für 4 Personen als Hauptgericht,
8 Personen als 1. Gang
Ofentemperatur: 180° C
Backzeit: 45 Minuten

8 lange Auberginen zu je 250 g
Salz
500 g fein gehacktes Lammfleisch
1 mittelgroße Zwiebel, fein gehackt
2 Eßlöffel fein gehackte Petersilie
1 grüne Paprikaschote
frisch gemahlener schwarzer Pfeffer
¼ Teelöffel Piment, gemahlen
¼ Tasse Tomatenmark
¾ Tasse Wasser
2 Eßlöffel Butter

1. Den Stengelansatz von den Auberginen entfernen und die Auberginen in Abständen von 2 cm quer einschneiden, aber nicht ganz durchschneiden.
2. Die Schnittflächen reichlich mit Salz bestreuen und 30 Minuten stehenlassen. Mit kaltem Wasser abspülen und trockendrücken, indem man die Auberginen von beiden Enden her zusammendrückt.
3. Das gehackte Lammfleisch mit der Zwiebel und der gehackten Petersilie in eine Rührschüssel geben. Die Paprikaschote putzen, ein Viertel beiseitelegen und den Rest fein hacken. Zusammen mit reichlich schwarzem Pfeffer, Piment und etwa 1 Teelöffel Salz in die Hackfleischmasse geben und gründlich vermischen.
4. Etwas von der Fleischmasse in jeden Schlitz der Auberginen geben, die Schlitze reichlich füllen. Die fertig vorbereiteten Auberginen in eine feuerfeste Form legen.
5. Das Tomatenmark in ¾ Tasse Wasser verrühren und Salz und Pfeffer nach Geschmack zugeben. Über die Auberginen gießen und das aufbewahrte Paprikastück in die Flüssigkeit geben. Die Oberseiten mit Butter betupfen und die Auberginen in der offenen Form im Ofen 45 Minuten bei mittlerer Hitze backen. Ab und zu die Auberginen mit dem Bratensaft bestreichen. Heiß mit Salat und Brot servieren.

Mante

Lammpasteten

Für 4–5 Personen
Ofentemperatur: 180° C
Kochzeit: 1 Stunde

Teig:
2 Tassen Weizenmehl
½ Teelöffel Salz
¼ Tasse Öl
½ Tasse kaltes Wasser
Füllung:
500 g fein gehacktes Lammfleisch
1 kleine Zwiebel, fein gehackt
1 Eßlöffel Öl
2 Eßlöffel fein gehackte Petersilie
Salz
frisch gemahlener schwarzer Pfeffer
Zur Fertigstellung:
zerlassene Butter
1 Tasse heiße Hühnerbrühe

1. Das Mehl mit dem Salz in eine Rührschüssel sieben, das Öl zugeben und mit den Fingerspitzen in das Mehl einarbeiten. Das Wasser zugeben, zu einem weichen Teig verrühren und leicht kneten, bis der Teig glatt ist. Zugedeckt 30 Minuten ruhen lassen.
2. Das Hackfleisch – es sollte nicht zu mager sein – in eine Rührschüssel geben. Die Zwiebel in Öl andünsten und mit der Petersilie und Salz und Pfeffer nach Geschmack zum Hackfleisch geben.
3. Ein Drittel des Teigs zu einer Fläche ausrollen, die in eine feuerfeste Form der Größe 25 × 30 cm paßt. Beiseitestellen und mit einem Tuch abdecken.
4. Den restlichen Teig dünn ausrollen und in 4 cm breite Quadrate schneiden. Je einen Teelöffel der Fleischfüllung in die Mitte eines Teigstücks geben, die Seiten hochschlagen und andrücken. Die fertigen Pastetchen sehen wie kleine Kanus aus, die Oberseite bleibt offen, so daß die Fleischfüllung zu sehen ist.
5. Die Pastetchen nebeneinander in Reihen in die gebutterte feuerfeste Form setzen. Die aufbewahrte Teiglage darüberlegen und die Ränder vorsichtig an den Seiten zwischen die Pastetchen und den Rand der feuerfesten Form stecken. Mit Butter bestreichen.
6. Im Ofen bei mittlerer Hitze 45 Minuten backen. Die heiße Hühnerbrühe darübergießen und für weitere 10–15 Minuten in den Ofen schieben, bis der größte Teil der Brühe aufgesogen ist.
7. In Quadrate schneiden und mit Joghurt servieren.
Anmerkung: Die Pastetchen werden manchmal auch ohne die Decke zubereitet. In diesem Fall die Fleischfüllung vor dem Backen mit Butter bepinseln.

Aghtzivadz Kednahunzour

Lammwürstchen mit Kartoffeln

Auch dieses mit Kreuzkümmel gewürzte Lammgericht kommt in der türkischen und griechischen Küche vor (Izmir Köftesi in der Türkei und Souzoukakia in Griechenland). Während bei diesen Versionen die würstchenförmigen Fleischbällchen zuerst angebräunt und dann in Tomatensauce gegart werden, werden sie bei den Armeniern in einer feuerfesten Form abwechselnd mit Kartoffelstücken angeordnet. Dann wird die Sauce darübergegossen und das Gericht im Ofen gebacken. Es dient als Hauptmahlzeit.
Izmir ist eine Provinz der Türkei und beherbergte einst viele Armenier und Griechen.

Für 6 Personen
Ofentemperatur: 180° C, dann 160° C
Backzeit: 1 ½ Stunden

750 g fein gehacktes Lammfleisch
3 Scheiben altbackenes Weißbrot ohne Krusten
2 Knoblauchzehen, zerdrückt
1 Eßlöffel gehackte Petersilie
1 Teelöffel Kreuzkümmel, gemahlen
Salz
frisch gemahlener schwarzer Pfeffer
Tomatensauce:
¼ Tasse Tomatenmark
½ kleine grüne Paprikaschote
1 Tasse Wasser
½ Teelöffel Zucker
Salz
frisch gemahlener schwarzer Pfeffer
Zur Fertigstellung:
¼ Tasse zerlassene Butter
750 g mittelgroße Kartoffeln

1. Das gehackte Lammfleisch in eine Schüssel geben. Die Brotscheiben in kaltem Wasser einweichen, ausdrücken und in das Hackfleisch krümeln. Den Knoblauch, die Petersilie, den Kreuzkümmel zugeben und nach Geschmack salzen und pfeffern.
2. Wenn Sie einen Fleischwolf haben, drehen Sie die Mischung einmal durch, indem Sie den feinen Vorsatz verwenden. Dann zu einer Paste kneten. Andernfalls solange kneten, bis die Masse gründlich vermischt ist und eine pastenartige Konsistenz hat.
3. Die Hände anfeuchten und je einen gehäuften Eßlöffel Hackfleischmischung zu ovalen, würstchenartigen Rollen formen. Beiseitestellen.
4. Das Tomatenmark mit der gehackten halben Paprikaschote, dem Wasser, Zucker und Salz und Pfeffer nach Geschmack vermischen.
5. Die Kartoffeln schälen und halbieren, sie sollen etwa die Größe der Fleischbällchen haben.
6. Eine feuerfeste Form mit etwas Butter ausstreichen. Die Fleischbällchen in Reihen in der Form anordnen und die Kartoffeln mit der Schnittfläche nach unten zwischen die Fleischbällchen legen. Mit zerlassener Butter bepinseln.
7. Die Tomatensauce gleichmäßig darübergießen und ohne Deckel im Ofen bei mittlerer Hitze 10 Minuten backen, dabei gelegentlich mit der Sauce bestreichen. Die Hitze herunterschalten, die Form mit Folie abdecken und eine weitere Stunde backen. Bei Bedarf etwas Wasser dazugeben. Heiß mit einem grünen Gemüse oder Salat als Beilage und Essiggemüse servieren.

Tahinov Hatz

Tahini-Plätzchen

Etwa 5 Dutzend
Ofentemperatur: 180° C
Backzeit: 15 Minuten

½ Tasse Butter
1 Tasse Tahina (Sesampaste
1 Tasse feiner Zucker
½ Tasse brauner Zucker
1 Ei
2 ½ Tassen Weizenmehl
1 ½ Teelöffel Backpulver
1 Prise Salz
1 Tasse fein gehackte Walnüsse

1. Die Butter mit der Tahina und den beiden Zuckersorten schaumig rühren. Das Ei zufügen und gründlich schlagen.
2. Das Mehl mit dem Backpulver und dem Salz zweimal durchsieben, dann zusammen mit den Walnüssen in die Tahinamischung einrühren.
3. Vom Teig walnußgroße Stücke nehmen und zu Kugeln rollen. Auf gefettete Backbleche legen und etwas flachdrücken; wenn man will, mit den Zinken einer Gabel.
4. Im Ofen bei mittlerer Hitze 5 Minuten backen, bis die Plätzchen hellgelb sind. Auf dem Backblech etwa 5 Minuten abkühlen, dann auf einem Rost ganz abkühlen lassen. In einem luftdichten Behälter aufbewahren.

Khareni Litzk Bulghourov
Gefülltes Gemüse

Für 6 Personen als Hauptgang, mehr bei einem Buffet
Kochzeit: 1 ½ Stunden

6 mittelgroße grüne Paprikaschoten
6 mittelgroße Tomaten
6 längliche Auberginen oder 3 mittelgroße ovale Auberginen
Füllung:
750 g fein gehacktes Lammfleisch
1 kleine Zwiebel, fein gehackt
1 Tasse enthäutete, gehackte Tomaten
¼ Tasse Tomatenmark
¼ Tasse fein gehackte grüne Paprika
¼ Tasse Rundkornreis
½ Tasse grober Bulgar (Burghul), gespült
1 Prise Chilipulver
1 ½ Teelöffel Salz
Zur Fertigstellung:
2 Tassen Wasser
¼ Tasse Sumach
1 Eßlöffel Tomatenmark
das Fleisch der Tomaten
1 ½ Teelöffel Salz
1 Teelöffel Zucker

1. Das Gemüse waschen. Von den Paprikaschoten Deckel abschneiden und aufbewahren. Das Innere herausnehmen und die Paprikaschoten abspülen und abtropfen lassen. Bei den Tomaten ebenfalls am Stielansatz Deckel abschneiden und beiseitelegen. Das Innere mit einem Löffel herauslösen und aufheben. Die ausgehöhlten Tomaten abtropfen lassen. Von den Auberginen die Stiele entfernen, dann an dieser Stelle eine 2 cm dicke Scheibe abschneiden und aufbewahren. Das Auberginenfleisch herauslösen, dabei eine Schicht von 5 mm Dicke stehenlassen. Das Auberginenfleisch aufbewahren. Die ausgehöhlten Auberginen 20 Minuten in Salzwasser legen. Abspülen und abtropfen lassen.
2. Das gehackte Lammfleisch für die Füllung muß etwas Fett enthalten. Mit den restlichen Zutaten für die Füllung gründlich vermischen.
3. Das vorbereitete Gemüse mit der Hackfleischmischung füllen, dabei etwas Platz lassen, da sich die Füllung ausdehnt. Die Deckel aufsetzen. Bei den Auberginen aus dem abgeschnittenen Stück einen Stopfen schneiden.
4. Das Wasser mit dem Sumach vermischen, aufkochen und durch ein feines Sieb seihen. Den Sumach wegwerfen. Wenn nötig, die Flüssigkeit mit Wasser auf 2 Tassen auffüllen.
5. Das Fleisch aus den ausgehöhlten Tomaten auf den Boden eines schweren Topfes mit hohem Rand geben und die gefüllten Paprikaschoten aufrecht hineinsetzen. Die Auberginen auf die Paprikaschoten legen und die Tomaten aufrecht auf die Auberginen setzen.
6. Das mit Sumach gewürzte Wasser mit dem Tomatenmark, Salz und Zucker verrühren und über das Gemüse gießen. Den Topf fest zudecken und zum Kochen bringen. Dann bei schwacher Hitze 1 ¼ Stunden schmoren.
7. Das Gemüse auf einer Platte anordnen und warmhalten. Die Kochflüssigkeit etwas einkochen und über das Gemüse gießen. Heiß oder warm servieren.

Anoushabour
Weihnachtspudding

Für 8–10 Personen
Kochzeit: 2 ½ Stunden

1 Tasse Perlgerste
kaltes Wasser
1 kleines Stück Stangenzimt
1 Tasse grobkörniger Zucker
Zum Servieren:
gemahlener Zimt
blanchierte Mandeln und Haselnüsse
gehackte Walnüsse
Sultaninen
Rosenwasser, nach Wunsch

1. Die Gerste gut waschen, in eine Schüssel geben und mit 4 Tassen kaltem Wasser bedecken. Über Nacht einweichen.
2. Am nächsten Tag die Gerste mit dem Einweichwasser und der Zimtstange in einem schweren Topf zum Kochen bringen. Unbedeckt bei schwacher Hitze kochen lassen, bis die Gerste sehr weich ist und die Konsistenz von Haferbrei hat – etwa 2 Stunden. Den Stangenzimt herausnehmen.
3. Den Zucker einrühren und weitere 10 Minuten kochen. In einzelne Schalen gießen und mit Zimt bestreuen. Mit Nüssen und Rosinen garnieren.
4. Warm oder gekühlt mit zusätzlichen Nüssen und Sultaninen sowie Rosenwasser, falls gewünscht, servieren.

Khorshaaf

Kompott aus Trockenfrüchten

Für 6 Personen
Kochzeit: 45 Minuten

1 Tasse entsteinte Pflaumen
1 Tasse getrocknete Aprikosenhälften
1 Tasse Sultaninen
Wasser
½ Tasse grobkörniger Zucker
1 dünner Streifen Zitronenschale
2 Nelken
¼ Teelöffel gemahlenes Piment, nach Wunsch
gehackte Walnüsse zum Servieren

1. Die getrockneten Früchte gründlich waschen und in einem Topf mit Wasser bedecken. Zum Kochen bringen, dann bei schwacher Hitze zugedeckt 15 Minuten sieden lassen.
2. Den Zucker, die Zitronenschale und Gewürze zugeben. Umrühren, damit sich der Zucker auflöst, und bei Bedarf noch etwas Wasser zugeben. Unbedeckt schwach sieden lassen, bis das Obst weich, aber nicht matschig und der Sirup dick ist. Die Zitronenschale und ganzen Gewürze herausnehmen.
3. In eine Schüssel geben und gut abkühlen lassen. Kalt in Dessertgläsern servieren und mit gehackten Nüssen bestreuen.

Tan

Joghurtgetränk

In vielen Ländern der Region wird ein Joghurtgetränk zu den Mahlzeiten gereicht. Das ist besonders im Sommer sehr erfrischend. In der Türkei und im Iran wird es auf ähnliche Weise hergestellt und Ayran bzw. Abdug genannt; im Libanon, in Syrien und Jordanien heißt es ›Ayraan‹, wenn es mit Salz gemacht ist, und Laban bi Sikkar, wenn es mit Zucker gesüßt ist.

Etwa 3 Tassen

2 Tassen Joghurt (Seite 25)
1 Tasse Wasser
1 Prise Salz

1. Das Joghurt mit dem Schneebesen schlagen.
2. Das Wasser unter ständigem Rühren nach und nach zugeben. Wenn die Mischung zu dick ist, noch etwas Wasser zufügen, da Joghurt in der Konsistenz schwankt. Das Salz hineinschlagen und vor dem Servieren gut kühlen. Tan wird zu jedem armenischen Essen gereicht.

Dartchinov Tey

Zimttee

Für 2 Teetassen:

1 ½ Tassen Wasser
4 acht cm lange Zimtstangen
Zucker zum Servieren

1. Das Wasser mit den ganzen Zimtstangen in einen Kaffeetopf mit langem Handgriff geben.
2. Zum Kochen bringen und 15 Minuten schwach kochen lassen. Die Zimtstangen herausnehmen und den Tee in Teetassen gießen. Den Zucker getrennt dazu reichen.

Syrien, Libanon, Jordanien

Bei der Zusammenstellung dieses Buches stieß ich auf so manche Schwierigkeit. Dieses Kapitel war eine davon. Sollte ich jedes Land einzeln oder alle drei zusammen behandeln? Viele Gerichte sind im Grunde die gleichen, auch wenn sie verschiedene Namen tragen, und werden von jedem Land für sich beansprucht. Um Wiederholungen zu vermeiden, schien es das Beste zu sein, sie zusammenzufassen. Sie werden auf eine Mischung von arabischen Dialekten bei den Namen stoßen, da mir die Rezepte von Libanesen, Syrern, Jordaniern und Palästinensern überlassen wurden.

Bevor ich fortfahre, möchte ich noch einmal wiederholen, daß das Kochen eine positive Erfahrung sein sollte, die Zugang zu vielen Kulturen und Religionsgemeinschaften bietet und nicht durch Politik, Vorurteile oder Heuchelei überschattet sein sollte.

Das Gebiet, in dem der Libanon, Syrien und Jordanien liegen, hat Tausende von Jahren eine bedeutende Rolle in der Geschichte gespielt; es diente als Handelsverbindung zwischen Ost und West und entwickelte sich zu einem Schmelztiegel aus arabischen Kulturen und Religionen. Die Gerichte dieser Länder haben sich dank der großen Vielfalt der vorhandenen Nahrungsmittel und der unterschiedlichen Mentalität der Menschen in den Großstädten, Landstädten und den entferntesten Wüstengegenden entwickelt. All dies zusammen hat eine Küche hervorgebracht, die einen Eindruck von den arabischen Menschen vermittelt und die aus der gegenseitigen Befruchtung dieser Länder entstanden ist.

Aroma und Würze arabischer Speisen

Ich habe so manches Kibbeh probiert – manche waren ausgezeichnet, andere gut, und gelegentlich war ich auch einmal enttäuscht. Das Können einer arabischen Hausfrau wird an ihrem Kibbeh gemessen; aber der Versuch herauszufinden, wie ein ausgezeichnetes Kibbeh oder ein Kibbeh bil Sanieh zubereitet wird, endete für mich mit meiner totalen Verwirrung, denn anscheinend gab es nicht zwei Hausfrauen, die sich in diesem Punkt einig waren. Stellen Sie die Mischung kalt, sagte mir die eine; das ist ohne Bedeutung, meinte eine andere. Verwenden Sie nur ein einjähriges Schaf, nicht Lamm für gekochtes Kibbeh; Lamm ist gut, wenn es nicht zu jung ist. Backen Sie es lange – backen Sie es kurz. Welche Verwirrung! Versuchen Sie mein Kibbeh bil Sanieh, um sich mit der Kibbeh-Zubereitung anzufreunden.

Eine Modernisierung, die eine traditionelle Kibbeh-Köchin vielleicht entsetzt von sich weisen würde, ist die Verwendung der Küchenmaschine. Versuchen Sie es, bevor Sie sich ein Urteil bilden. Obwohl ich mit Vergnügung den Mörser benutze, fehlt mir die Ausdauer, ihn für die Herstellung von Kibbeh zu verwenden. Außerdem bezweifle ich, ob ihn die Leute außerhalb ihrer eigenen Heimat benutzen, da sogar die handbetriebene Nahrungsmittelmühle die Arbeit erheblich erleichtert.

Den zweiten Platz in der Popularität nach Kibbeh nimmt Tabouleh ein, der köstliche Salat aus Petersilie und Burghul. Es wird immer Leute geben, die auch mit diesem Rezept nicht einverstanden sein werden – mehr darüber in der Einleitung zum Rezept.

Petersilie, Minze, die verhaltene Würze von Zimt und Piment, die leichte Schärfe von Joghurt, die erfrischende Säure der Zitrone, das fruchtige Olivenöl, die Erdenschwere von Burghul, Tahini, Auberginen, getrockneten Bohnen und Reis – das sind die würzigen Bestandteile der Küche dieser Region – niemals zu mächtig, in feiner Zusammenstellung und eine Wohltat für den Gaumen.

Ein typisches Merkmal arabischer Gastfreundschaft ist das Anbieten von »Meze«, verschiedenen Vorspeisen, die lediglich durch die Verfügbarkeit der Zutaten und die Fähigkeiten der Köchin, sie zuzubereiten, beschränkt werden. Hummous bi Tahini, Baba Ghannouj und Bakdounis bi Tahini sind drei Tunken für Brot, die fast immer für »Meze« bereitstehen, da sie sich im Kühlschrank sehr gut halten. In der Küchenmaschine können sie sehr schnell und gut zubereitet werden.

Aufwendiger in der Zubereitung, doch häufig hergestellt werden Mihshi Warak Enib, gefüllte Weinblätter; Rezepte für diese sehr beliebten Häppchen sind in den Kapiteln über Zypern und Armenien enthalten; beide Varianten entsprechen den arabischen Versionen.

Eine fleißige Hausfrau backt Pasteten und Gebäck und friert sie ein, damit sie jederzeit aufgewärmt und angeboten werden können. Fatayer, Sfiha und Lahm bi'Ajeen, flache oder geformte Lammpasteten und -rollen und köstliche Spinatpasteten werden auf Platten aufgetürmt und mit Joghurt oder Zitronenschnitzen gereicht. Khoubiz-Brotteig, eine Art Mürbteig oder der feine Strudelteig können die Grundlage der Pasteten und Rollen bilden. Man kann sich bei der Zubereitung die Zeit abkürzen, indem man tiefgefrorenen Brotteig für einige dieser Gebäckstücke verwendet; die Vorzüge des Strudelteigs sind ja bereits bekannt.

Andere Vorspeisen können sein: Labneh Makbus, Joghurt-Käse-Bällchen; Tabouleh, ein guter Salat für alle Gelegenheiten; Falafel, Kroketten aus Trockenbohnen, und gebratene oder gebackene Kibbi-Bällchen lassen sich sehr gut einfrieren und können im Ofen bei mittlerer Hitze aufgetaut und aufgewärmt werden. Mit den modernen Mitteln der Kühlung, des Einfrierens und der verschiedenen Küchengeräte hat es die arabische Hausfrau heute viel leichter als ihre Vorfahren, Gäste zu bewirten, auch in ihrem Heimatland.

Alle »Meze« werden mit Khoubiz, dem arabischen Fladenbrot, gereicht, das inzwischen auch in westlichen Ländern erhältlich ist. Wenn es Ihr Geschäft am Ort nicht vorrätig hat, können Sie es nach dem angegebenen Rezept leicht selbst herstellen, besonders, wenn Sie schon Praxis im Brotbacken besitzen. Das Khoubiz Sorj des Libanon und das Shirak der Palästinenser und Jordanien sind ein und dasselbe. Derselbe Teig wird so dünn wie möglich ausgerollt und auseinandergezogen, ohne die Oberfläche zu zerreißen, und auf einer großen Metallhalbkugel, »Sorj« genannt, gebacken. Der Sorj wird über einem Feuer erhitzt, bis er sehr heiß ist, dann wird der dünne Brotfladen darübergelegt. Die Backzeit ist kurz, etwa 3 Minuten, und nach dem Backen wird das Brot in ein Tuch gewickelt, damit es weich bleibt. Den Sorj gibt es in verschiedenen Größen zu kaufen; ich habe herausgefunden, daß sich auch ein guter eiserner chinesischer »Wok« dazu eignet, den man umgedreht über ein Holzkohlenfeuer hält, auch wenn die Brote dann nicht so groß werden, wie sie sonst sind. Für belegte Brote werden die Fladen in Quadrate geschnitten und mit gegrilltem Fleisch und Salatzutaten zu einem arabischen »Hamburger« aufgerollt. Das Khoubiz-Brot hat für diese Art Füllung oder für alles, was man sonst zwischen zwei Scheiben Brot legen würde, eine praktische Tasche.

Tahini, eine Paste aus gerösteten Sesamkörnern, das es in verschiedenen Ausführungen und Qualitäten gibt, ist eine sehr wichtige Zutat für die arabische Küche dieser Region. Alle Sorten jedoch neigen dazu, sich bis zu einem gewissen Grad zu zersetzen. Lagern Sie die ungeöffneten Büchsen daher einige Zeit vor dem Gebrauch verkehrtherum, dann brauchen Sie die Paste nicht mehr so lange zu verrühren, wenn Sie sie als Zutat brauchen.

Die Joghurtherstellung ist eine Kunst, die von Mutter zu Tochter weitergegeben wird und in traditionsbewußten Haushalten beinahe täglich ausgeübt wird. Im einleitenden Kapitel dieses Buches habe ich zwei Methoden der Joghurtherstellung beschrieben. Bei den Rezepten dieser Länder habe ich gelernt, wie man Joghurt stabilisiert, und für diejenigen, die auf den Verbrauch von gesättigten Fettsäuren achten müssen, ist das gekochte Magermilchjoghurt, Laban Mutboukh, ein ausgezeichneter Ersatz für Sauerrahm. Die Menschen dieser Region bieten Joghurt niemals zu Fisch an – warum, weiß ich eigentlich nicht, obwohl sehr unterschiedliche Gründe genannt wurden.

Die Pasteten der Region sind weltweit bekannt: in vielen westlichen Städten gibt es heute libanesische oder syrische Pastetengeschäfte. Ich bin immer gern in diese Läden gegangen, da ich ihre Pasteten hervorragend finde. Meine Lieblingsversion von Baklava ist das libanesische Baklawa Be'aj (Nußpasteten). Bei meinen Versuchen, das Rezept herauszufinden und es für den Hausgebrauch auszuwerten, hatte ich Schwierigkeiten, einen Namen dafür zu finden. Für mich gleicht die Form Blütenblättern, während der Libanese oder Syrer wohl eher an ein Bündel aus Tüchern denkt, das Be'aj genannt wird. Dies ist auch der Name, den sie dieser Pastete gegeben haben, obwohl sie meistens Baklawa genannt wird. Für die andere Version von Baklawa, die ich aufgeführt habe, Kul'wa'wshkur, gibt es eine treffende Übersetzung: »Iß und preise«.

Mahlzeiten nach Art dieser Länder

Bei einer so unterschiedlich zusammengesetzten Völkergruppe ist es schwierig, eine einheitliche Methode, Mahlzeiten zu servieren, anzugeben, denn eine Mahlzeit könnte in einer Stadtwohnung, einer Dorfbehausung oder einem Wüstenzelt gereicht werden. Da ich das traditionelle arabische Festmahl, wie es in einem Zelt geboten wird, im Kapitel über die Golfstaaten beschrieben habe, werde ich mich hier auf die Eßgewohnheiten in der Stadt oder auf dem Land beschränken.

Auch hier haben sich ausländische Einflüsse stark bemerkbar gemacht; so gilt Beirut als eine Stadt mit starkem westlichen Gepräge, obwohl sie natürlich deutliche arabische Charakterzüge aufweist. Das Essen wird oft an einem gedeckten Tisch konventioneller Art oder auf einem großen, niedrigen Messingtisch serviert – je nach der Atmosphäre, die die Gastgeberin schaffen will. Was allen Mahlzeiten gemeinsam ist, ist die Fülle der angebotenen Speisen. Es könnte eine der vielen Arten von Kibbeh geben, Tabouleh, vielleicht einen Fischgang, Reis, geschmortes Gemüse, knackigen römischen Salat und andere Salatbeilagen, Khoubiz, Essiggemüse, Oliven und frisches Obst. Individuelle Servierplatten, Bestecke und Gläser gehören zur Tischausstattung. Der gedeckte Tisch könnte so dekorativ aussehen wie in irgendeinem westlichen Eßzimmer oder aber auf farbenfrohe Weise arabisch. Nach der Mahlzeit wird in einem anderen Raum der Kaffee eingenommen, vielleicht mit einer Süßspeise, obwohl diese meist später angeboten werden. Mit dem Kaffee entwickeln sich die Gespräche, und man raucht die »Narghile«, die Wasserpfeife der Region.

Kochmethoden

Maddaqqa und Jorn, Keule und Mörser dieser Region, sind ein notwendiger Bestandteil der Kochutensilien. Der Mörser ist normalerweise sehr groß und für die Zubereitung von Kibbeh aus Stein; für Hummus und andere Pürees und zum Zerstoßen von Gewürzen gibt es kleines Ausführungen in Stein oder Messing. Ein Sanieh, ein großes, rundes Backblech, ist ein ideales Hilfsmittel für den Ofen und in mittelöstlichen Lebensmittelläden leicht erhältlich. Auch ein Tabi für das Formen von Ma'amoul kann in solchen Geschäften erstanden werden, obwohl ich auch Mittel zum Formen genannt habe, die Sie sicherlich bereits besitzen. Das Ausstechen von Zucchini ist eine Kunst, die ein schmaleres Gerät als einen Apfelausstecher erfordert. Zucchini-Ausstecher sind ebenfalls erhältlich. Allgemein können normale Töpfe und Pfannen zum Kochen verwendet werden – ich empfehle allerdings schwere Töpfe, vor allem für Gerichte mit Joghurt und für dicke Suppen.

Zutaten für die arabische Küche

Legen Sie sich einen Vorrat an feinem und grobem Burghul, Tahini, getrockneten Bohnen, Kichererbsen, getrockneter Minze und einer Gewürzmischung mit dem Namen Za'tar an, die zusammen mit Öl vor dem Backen auf Khoubizbrot aufgetragen wird. Glattblättrige Petersilie wird in Mengen verwendet, und es lohnt sich, wenn Sie davon einen großen Busch in Ihrem Gewürzgarten halten. Die bevorzugten Fette sind Olivenöl und Samneh, die aber in vielen Rezepten durch andere Fette ersetzt werden können. Wo das Aroma eines Gerichts von dem betreffenden Öl oder Fett abhängt, wird kein Ersatz angegeben.

Zum Aromatisieren von Sirup und Gebäck brauchen Sie Rosenwasser und Orangenblütenwasser, darüberhinaus Walnüsse, Mandeln, Pinienkerne und gelegentlich ungesalzene Pistazien. Gesalzene Nüsse, geröstete und gesalzene Kichererbsen und Kürbiskerne werden zum Knabbern zusammen mit Arrak, dem starken Anisschnaps der Region bevorzugt, die in allen arabischen Haushalten dieser Region vorrätig sind. Auch Dibs, ein Sirup von den Früchten des Johannisbrotbaumes, gehört dazu. Er wird mit Tahini gemischt und auf Khoubiz (Fladenbrot) gestrichen.

Samneh

Während »Ghee« (Butterfett) verbreitet anstelle von Samneh verwendet wird, ist das Aroma nicht genau das gleiche wie das der von der arabischen Hausfrau geklärten oder entwässerten Butter. Gesalzene oder ungesalzene Butter wird in einer Kasserolle bei niedriger Hitze zerlassen. Wenn der Schaum hochsteigt, wird er abgeschöpft – er enthält einen Teil der festen Milchbestandteile und das Salz, wenn gesalzene Butter genommen wird. Die klare, flüssige Butter wird durch ein zusammengefaltetes Stück Buttermusselin in einem Sieb gegossen, wobei die festen Bestandteile zurückbleiben. Diese können zusammen mit dem Schaum zu Fleisch- oder Huhngerichten gegeben werden oder zu Gemüsegerichten, die auf westliche Art zubereitet werden.

Taratour bi Tahini

Tahinisauce

1 ¼ bis 1 ½ Tassen

2 Knoblauchzehen
Salz
½ Tasse Tahini (Sesampaste)
¼–½ Tasse kaltes Wasser
½ Tasse Zitronensaft

1. Die Knoblauchzehen mit ½ Teelöffel Salz in einer Rührschüssel zerdrükken. Nach und nach die Tahini-Paste zugeben und gründlich mit einem Holzlöffel durchschlagen.
2. Abwechselnd etwas Wasser und Zitronensaft hineinschlagen. Das Wasser verdickt die Mischung, und durch Zitronensaft wird sie verdünnt.
3. Dann den ganzen Zitronensaft und genug Wasser zufügen, um je nach Verwendungszweck eine dünnflüssige oder dicke Sauce zu erhalten. Nach Geschmack und Rezept noch mehr Salz zufügen. Die Sauce sollte scharf schmecken.

Verarbeitung in der Küchenmaschine: Tahini und Knoblauch in die Schüssel des Mixers oder der Küchenmaschine geben und einige Sekunden anstellen, um den Knoblauch zu zerkleinern. Abwechselnd Zitronensaft und Wasser zugeben, jedesmal nur eine kleine Menge, bis die erwünschte Konsistenz erreicht ist. Mit Salz abschmecken.

Bakdounis bi Tahini

Tahinisauce mit Petersilie

Die Anweisungen für Tahinisauce befolgen und 1 Tasse fein gehackte Petersilie zugeben, nachdem ¼ Tasse Wasser und der ganze Zitronensaft mit der Tahini-Paste vermischt worden ist. Gründlich schlagen und nur bei Bedarf noch Wasser zufügen. Bei der Verarbeitung in der Küchenmaschine oder im Mixer die grob gehackte Petersilie zuletzt zugeben und die Maschine solange laufen lassen, bis sie fein zerkleinert ist. Als Tunke zu einer Vorspeise oder als Beilage zu einfachen Fischgerichten reichen.

Anmerkung: In Zypern ist diese Sauce als Tahinosalata bekannt.

Laban Mutboukh

Gekochtes Joghurt

Joghurt wird für libanesische und andere mittelöstliche Gerichte in der gleichen Weise verwendet wie der Sauerrahm in der westlichen Küche. Wenn Joghurt aus Ziegenmilch erhältlich ist, kann es so, wie es ist, zu allen Gerichten gegeben werden, für die gekochtes Joghurt erforderlich ist. Bei uns ist jedoch meistens nur Joghurt aus Kuhmilch erhältlich, und diese wird flockig, wenn sie längere Zeit erhitzt wird. Daher muß sie vorher stabilisiert werden. Joghurt aus Kuhmilch kann jedoch einem gekochten Gericht kurz vor dem Auftragen zugefügt werden, ohne daß es vorher stabilisiert werden muß, es darf aber keinesfalls gekocht werden.

2 Tassen Joghurt
1 Eiweiß
2 Teelöffel Maismehl
1 Teelöffel Salz

1. Das Joghurt in einen Topf mit schwerem Boden geben.
2. Das Eiweiß mit einer Gabel schaumig schlagen und zusammen mit dem Maismehl und dem Salz in das Joghurt mischen. Immer in derselben Richtung rühren, bis alles gut vermischt ist.
3. Den Topf bei mittlerer Hitze auf den Herd stellen und ständig mit einem Holzlöffel rühren, bis es anfängt zu kochen. Dabei immer in derselben Richtung rühren – das ist wichtig.
4. Die Hitze herunterschalten und im offenen Topf 3–5 Minuten schwach kochen lassen, bis es dick ist. Nach den Anweisungen der Rezepte verwenden.

Kareeshee

Hüttenkäse

Dies ist die syrische Version des griechischen Mizithra, und da es kaum einen Unterschied gibt, können Sie die Anweisungen für die Herstellung von Mizithra, Seite 30, befolgen.
Wenn Sie jedoch das folgende Rezept ausprobieren wollen, bewahren Sie die ganze Molke auf, da sie für Kareeshee bi Limoon gebraucht wird, einen Molkekäse, der dem italienischen Ricotta ähnlich ist.

Kareeshee bi Limoon

Molkekäse

Molke von der Kareeshee-Herstellung
4 Tassen Milch, nicht homogenisiert
Saft 1 Zitrone, durchgeseiht

1. Die Molke in einem großen Topf erwärmen, bis sie lauwarm ist. Die Milch hineingießen und erhitzen, bis die Milch an die Oberfläche steigt. Die Hitze niedrig halten.
2. Den Zitronensaft zugeben und den Topf weiter bei schwacher Hitze auf der Platte lassen, bis der Käse dick wird. Das dauert etwa 15 Minuten.
3. Einen Durchschlag oder ein großes Sieb mit einem zusammengefalteten Stück Buttermusselin auslegen und den Käse hineinfüllen. Gut abtropfen lassen und ab und zu die Käsebrocken vom Rand des Tuches herunterkratzen. Die Zipfel des Tuches zusammenknoten und das Tuch aufhängen, bis der Käse vollständig abgetropft ist. Den Käse aus dem Tuch nehmen und in einem geschlossenen Behälter im Kühlschrank aufbewahren. Er hält sich 1 Woche lang. Verwendet wird er wie Ricotta.

Labneh

Joghurtkäse

2 Tassen Käse

6 Tassen Laban (Joghurt, siehe Seite 25)
2 Teelöffel Salz

1. Für die Herstellung von Labneh muß Vollmilchjoghurt verwendet werden. Das Joghurt in eine Schüssel geben und Salz zufügen.
2. Das Joghurt in die Mitte einer doppelten Lage Buttermusselin oder eines weichen Baumwolltuches geben, die Zipfel hochnehmen und fest zusammenknoten. Über einer Schüssel aufhängen und mindestens 10 Stunden abtropfen lassen, am besten über Nacht, da es dann kühler ist.
3. Wenn das Joghurt gut entwässert ist und die Konsistenz von Ricotta hat, aus dem Tuch in eine Schüssel geben. Zugedeckt im Kühlschrank aufbewahren. Nach Anweisung der entsprechenden Rezepte verwenden oder auf Khoubiz streichen (Fladenbrot). Labneh wird gerne zum Frühstück gegessen; es wird auf Brot gestrichen und mit etwas Olivenöl beträufelt mit Oliven gegessen.

Labneh Makbus

Joghurtkäsebällchen

1 Portion Labneh (voriges Rezept)
Olivenöl

1. Labneh nach Anweisung herstellen. Wenn er gründlich abgetropft ist, jeweils einen Eßlöffel davon zu glatten Bällchen rollen. Nebeneinander auf ein Tablett legen.
2. Die Käsebällchen mehrere Stunden im Kühlschrank kaltstellen, bis sie fest sind. Wenn sie fest und etwas getrocknet sind, in ein sterilisiertes Glas geben und mit Olivenöl bedecken. Verschließen und bei Zimmertemperatur aufbewahren.
3. Wenn die Käsebällchen als Vorspeise oder als Brotaufstrich serviert werden sollen, in einer Schale mit etwas Öl reichen, mit dem der Käse etwas geschmeidiger gemacht werden kann.

Baba Ghannouj

Auberginen-Sesam-Püree

Für 4–6 Personen

1 mittelgroße Aubergine, etwa 375 g
¼ Tasse Zitronensaft
¼ Tasse Tahini
2 Knoblauchzehen
2 Teelöffel Salz oder nach Geschmack
1 Eßlöffel Olivenöl
¼ Tasse fein gehackte Petersilie

1. Die Aubergine 30–40 Minuten über einem Holzkohlenfeuer grillen, häufig wenden, oder im heißen Ofen auf der mittleren Schiene backen, bis sie weich ist. Auch hier häufig wenden.
2. Die Haut abziehen, solange die Aubergine noch heiß ist, und den Stiel und das Endstück entfernen, wenn dieses nicht weich geworden ist.
3. Das Auberginenfleisch hacken und im Mörser zu Püree zerstoßen oder im Mixer oder in der Küchenmaschine pürieren.
4. Den größten Teil des Zitronensaftes untermischen und nach und nach die Tahinipaste zugeben.
5. Den Knoblauch mit 1 Teelöffel Salz zu einer Paste zerdrücken und zum Auberginenpüree geben. Gründlich schlagen und mit Zitronensaft und Salz abschmecken.
6. Das Olivenöl und die Petersilie hineinschlagen. Bei Verwendung des Mixers etwa 4 Petersilienzweige in die Schüssel geben und den Mixer laufenlassen, bis die Petersilie gehackt aber noch erkennbar ist.
7. Das Püree in eine flache Schale geben, mit Petersilie garnieren und mit Khoubiz (Fladenbrot) als Vorspeise reichen.

Anmerkung: Wenn Sie das Püree im voraus machen wollen, bewahren Sie es im Kühlschrank in einem geschlossenen Behälter auf. Vor dem Servieren auf Zimmertemperatur bringen.

Hummus bi Tahini

Kichererbsen- und Sesampüree

3 Tassen
Kochzeit: 3 Stunden

1 Tasse Kichererbsen
3 Tassen Wasser
⅓ Tasse Tahini
½ Tasse Zitronensaft
2 Knoblauchzehen, zerdrückt
Salz
Zum Servieren:
gehackte Petersilie
1 Eßlöffel Olivenöl
Paprikapulver oder Cayenne-Pfeffer

1. Die Kichererbsen gründlich waschen und in der angegebenen Wassermenge 12 Stunden oder über Nacht einweichen.
2. Im Einweichwasser aufsetzen und zum Kochen bringen. Bei schwacher Hitze 2 Stunden kochen, dann 1 Teelöffel Salz zufügen und noch etwa 1 Stunde weiterkochen, bis die Erbsen sehr weich sind. Abtropfen lassen und etwas von der Kochflüssigkeit sowie 1 Eßlöffel der Erbsen beiseitestellen.
3. Die Erbsen durch ein Sieb drücken oder durch den Fleischwolf drehen, dabei etwa 2 Eßlöffel der Kochflüssigkeit zugeben, damit sich auch die letzten Häute von den Erbsen lösen.
4. Langsam die Tahinipaste und den größten Teil des Zitronensaftes in das Püree rühren.
5. Die Knoblauchzehen zusammen mit ½ Teelöffel Salz in einem Mörser zerdrücken und mit dem Püree vermischen. Je nach Würze und Konsistenz noch Zitronensaft oder Kochflüssigkeit und nach Bedarf noch etwas Salz zugeben. Das Püree sollte dick und geschmeidig sein.
6. Das Püree auf einer flachen Schale ausbreiten und mit dem Löffelrücken eine Mulde eindrücken. Das Olivenöl in die Mitte gießen und mit den aufbewahrten Kichererbsen, der gehackten Petersilie und etwas Paprikapulver oder Cayenne-Pfeffer garnieren.

Verarbeitung im Mixer oder in der Küchenmaschine: Die Erbsen pürieren, um die Häute abzulösen, mit den restlichen Zutaten in die Schüssel der Maschine geben. Etwas Zitronensaft und Salz zurückbehalten, um das Püree hinterher abzuschmecken. Die Mischung solange schlagen, bis sie dick und geschmeidig ist.

Anmerkung: Auch bei der Verwendung eines modernen Küchengeräts müssen die Erbsen von ihren Häuten befreit werden, um ein ordentliches Püree herzustellen. Die Zubereitungszeit kann abgekürzt werden, wenn man die Häute entweder nach dem Einweichen oder nach dem Kochen entfernt. Siehe Seite 15 wegen der Einzelheiten.

Zaytun Msabbah

Gewürzoliven

frische grüne Oliven
3 kleine, getrocknete Chilischoten auf jedes kg Oliven
Wasser
Steinsalz

1. Die Oliven lassen, wie sie sind, oder in jede 3 oder 4 Schlitze mit einem scharfen Edelstahlmesser oder einer Rasierklinge schneiden. Alle beschädigten Oliven wegwerfen.
2. Die Oliven in sterilisierte Gläser füllen und mit kaltem Wasser auffüllen. 3 Tage einweichen und das Wasser täglich wechseln. Die letzte Wassermenge abmessen.
3. Dieselbe Menge frisches Wasser in einen Topf geben und auf je 4 Tassen Wasser ⅓ Tasse Steinsalz zufügen. Das Wasser erhitzen und umrühren, bis sich das Salz auflöst. Abkühlen lassen.
4. Die Chilischoten zu den Oliven in die Gläser füllen. Die abgekühlte Lake darübergießen, bis die Gläser voll sind. Luftblasen entweichen lassen und mit Plastikdeckel verschließen. Vor der Verwendung 5 Monate an einem kühlen, dunklen Ort aufbewahren.
5. Zum Servieren die benötigte Menge Oliven aus den Gläsern nehmen und unter kaltem Wasser abspülen. Abtropfen lassen und in eine Schüssel geben. Den Saft einer Zitrone darüber ausdrücken und ¼ Tasse Olivenöl darübergießen. Umrühren und vor dem Servieren 1 oder 2 Stunden ruhen lassen.

Abbildung Seite 181:
Mante (Lammpasteten), Rezept Seite 171
Abbildung Seite 182:
Khareni Litzk Bulghourov (Gefülltes Gemüse), Rezept Seite 173

Tabouleh

Burghul-Salat mit Petersilie

Als ich diesen Salat einmal in meiner Fernsehsendung zubereitete, wurde meine Zubereitungsart von Mitgliedern der libanesischen Gemeinschaft in Sydney erheblich kritisiert. Man war der Meinung, daß ich viel zu viel Burghul verwendete und die Tomaten mit dem Salat hätte vermischen sollen, anstelle sie nur als Garnierung zu benutzen. Was die Tomaten betrifft, so hatten die Kritiker recht; wenn Sie jedoch den Salat einige Tage im Kühlschrank aufbewahren wollen, ist es besser, die Tomaten wegzulassen und erst beim Servieren zuzugeben. Was den Burghul betrifft, so bin ich immer noch der Meinung, daß Tabouleh im Verhältnis zur Petersilie eine große Menge Burghul enthalten sollte. Bei meinem Aufenthalt im Mittleren Osten sprach ich mit vielen hervorragenden Vertretern der libanesischen Küche, die alle meiner Meinung waren. Wenn Sie unbedingt wollen, können Sie mit Burghul auf ¼ Tasse heruntergehen und die gehackte Petersilie auf eine Menge von 3 Tassen erweitern.

Für 6–8 Personen

¾ Tasse feiner Burghul
2 Tassen kaltes Wasser
2 Tassen gehackte Petersilie
½ Tasse fein gehackte Frühlingszwiebeln
¼ Tasse fein gehackte Minze
¼ Tasse Olivenöl
2 Eßlöffel Zitronensaft
1 ½ Teelöffel frisch gemahlener schwarzer Pfeffer
2 feste reife Tomaten
knackige Salatblätter
¼ Tasse Zitronensaft mit ½ Teelöffel Salz

1. Den Burghul in eine Schüssel geben und mit dem kalten Wasser bedecken. 30 Minuten einweichen. Durch ein feines Sieb abtropfen lassen und mit einem Löffelrücken die Flüssigkeit ausdrücken. Auf einem Tuch ausbreiten und weiter trocknen lassen.
2. Inzwischen die Petersilie vorbereiten. Gründlich waschen, das Wasser abschütteln und dicke Stiele entfernen. In ein Küchentuch einwickeln und im Kühlschrank trocknen lassen.
3. Den Burghul in eine Rührschüssel geben und die Frühlingszwiebeln zugeben. Die Mischung mit den Händen durchmengen, damit der Burghul das Zwiebelaroma aufnimmt.
4. Die Petersilie grob hacken, abmessen und mit der Minze zum Burghul geben.
5. Das Olivenöl mit dem Zitronensaft schlagen und Salz und Pfeffer einrühren. Über den Salat gießen und gründlich untermischen.
6. Die Tomaten enthäuten und von den Kernen befreien. In Würfel schneiden und vorsichtig unter den Salat mischen. Vor dem Servieren mindestens 1 Stunde zugedeckt kaltstellen.
7. In einer Salatschüssel, die mit knackigen Salatblättern ausgelegt ist, servieren. Der gesalzene Zitronensaft wird in einem Kännchen getrennt serviert und kann je nach Geschmack zugegeben werden.

Lsanat Mtabbli

Lammzungensalat

Für 6–8 Personen
Kochzeit: 1 ½–2 Stunden

10 Lammzungen
Wasser
Salz
1 Knoblauchzehe
1 Portion Salatsauce (siehe Fattoush, Seite 194)
oder
1 Portion Bakdounis bi Tahini (Seite 177)
2 Eßlöffel fein gehackte Petersilie zum Garnieren

1. Die Lammzungen gründlich waschen, wenn nötig abbürsten. In einen Topf geben und mit kaltem Wasser bedecken. Zum Kochen bringen, dann etwa 3 Teelöffel Salz und die halbierte Knoblauchzehe zugeben. Im zugedeckten Topf bei schwacher Hitze 1 ½ bis 2 Stunden kochen lassen. Mit einem Spieß prüfen, ob die Zungen gar sind.
2. Die Zungen herausnehmen, ein wenig abkühlen lassen, die Haut abziehen und Knorpel und Knochen vom Zungenansatz entfernen. In 2 cm dicke Würfel schneiden und in eine Schüssel geben.
3. Die Salatsauce aus Olivenöl und Zitronensaft oder die Hälfte des Bakdounis bi Tahini über die Zungenwürfel gießen und gut vermischen. Mit Zimmertemperatur oder gekühlt servieren, garniert mit Petersilie. Der Salat kann als Vorspeise oder Teil eines Hauptgerichts serviert werden.

Abbildung Seite 183:
Ardishawki Mihshi (Gefüllte Artischocken), Rezept Seite 186
Abbildung Seite 184:
Baba Ghannouj (Auberginen-Sesam-Püree), Rezept Seite 179
Bakdounis bi Tahini (Tahinisauce mit Petersilie), Rezept Seite 177
Hummus bi Tahini (Kichererbsen- und Sesampüree), Rezept Seite 180

Fatayer Sbanikh

Dreieckige Spinatpasteten

Etwa 30 Stück
Ofentemperatur: 200° C
Kochzeit: 40 Minuten

½ Portion Khoubiz-Teig (Seite 187)
Spinatfüllung:
750 g Spinat
⅓ Tasse Olivenöl
1 große Zwiebel, fein gehackt
½ Tasse Pinienkerne oder gehackte Walnüsse
¼ Teelöffel Muskatnuß, gemahlen
Salz
frisch gemahlener schwarzer Pfeffer
¼ Tasse Zitronensaft

1. Den Brotteig nach Anweisung herstellen, jedoch die ganze Menge Hefe nehmen. Zugedeckt gehen lassen.
2. Vom Spinat die Wurzeln und beschädigten Blätter entfernen. Den Spinat mit mehrmaligem Wasserwechsel waschen, das Wasser abschütteln und die Blätter und Stengel ziemlich fein hacken.
3. Den Spinat in einem hohen Topf (nicht aus Aluminium) bei mittlerer Hitze unbedeckt etwa 5–8 Minuten kochen lassen, bis er zusammenfällt und der Saft austritt. Beim Kochen mit einer Gabel vermengen.
4. Den Spinat in einen Durchschlag geben und mit einem Löffelrücken soviel Saft wie möglich herausdrücken.
5. Das Öl in einem Topf erhitzen und die Zwiebel darin glasig dünsten. Den Spinat zugeben und 5 Minuten unter häufigem Rühren dünsten.
6. Die Pinienkerne oder Walnüsse, Salz und Pfeffer nach Geschmack, Muskatnuß und Zitronensaft zugeben. Weitere 5 Minuten dünsten, bis der Saft verdampft ist. Abkühlen lassen.
7. Den Teig niederschlagen und auf einem leicht bemehlten Brett ausrollen, bis er 5 mm dick ist. Runde Stücke von 10 cm Durchmesser ausstechen, auf ein Tuch legen und mit einem anderen Tuch zudecken.
8. Einen Eßlöffel der Spinatfüllung in die Mitte jedes Teigstückes geben und den Rand an drei Stellen hochziehen, damit sich ein Dreieck bildet. Die Ränder mit den Fingerspitzen fest zusammendrücken, um die Pasteten völlig zu verschließen. Das Öl aus der Spinatfüllung darf nicht auf die Teigränder gelangen. Wenn das doch vorkommt, mit dem Finger entwas Mehl auf die Stelle tupfen, bevor die Ränder zusammengedrückt werden.
9. Die Pasteten dicht nebeneinander auf leicht eingeölte Backbleche setzen und im Ofen bei mittlerer Hitze 15 Minuten backen, bis die Pasteten hellgelb und gar sind. Wenn Sie eine goldbraune Oberfläche haben wollen, schieben Sie die Pasteten kurz unter einen heißen Grill. Heiß oder warm servieren.

Ardishawki Mihshi

Gefüllte Artischocken

Für 4 Personen
Kochzeit: 1 ¼ Stunden

8 große Artischocken
(Vorbereitung siehe Seite 13)
Wasser
Saft 1 Zitrone
1 mittelgroße Zwiebel, fein gehackt
1 Eßlöffel Olivenöl
¼ Tasse Pinienkerne
500 g fein gehacktes Lammfleisch
Salz
frisch gemahlener schwarzer Pfeffer
1 Eßlöffel fein gehackte Petersilie
2 Tassen Wasser
2 Eßlöffel Butter
2 Eßlöffel Mehl

1. Die Artischocken nach Anweisung (Ganze Artischocken, Einführung) waschen und vorbereiten. Vorsichtig mit den Fingern öffnen, um das Herz freizulegen, und dies mit einem Teelöffel herauslösen. Die vorbereiteten Artischocken in eine Schüssel mit kaltem Wasser geben, dem die Hälfte des Zitronensaftes zugegeben wurde.
2. Die Zwiebel im Öl glasig dünsten, die Pinienkerne zugeben und in der heißen Pfanne rühren, bis sie hellbraun sind.
3. Zwiebel und Pinienkerne mit dem Hackfleisch vermischen und 1 Teelöffel Salz, Pfeffer nach Geschmack und Petersilie zufügen.
4. Die Artischocken abtropfen lassen und mit der Fleischfüllung füllen; soviel wie möglich hineinstopfen und das Fleisch oben zu einer runden Kuppe formen.
5. Die Artischocken aufrecht in einen großen Topf setzen, wenn möglich nebeneinander. Das Wasser und 1 Teelöffel Salz zufügen und den restlichen Zitronensaft über die Artischocken träufeln.
6. Den Topf zudecken und zum Kochen bringen. Bei schwacher Hitze 45–60 Minuten sieden lassen, bis die Artischocken gar sind.
7. Die Kochflüssigkeit in einen Meßbecher abgießen und bei Bedarf mit Wasser auf die Menge von 1 ½ Tassen auffüllen. Die Artischocken warmhalten.
8. Die Butter in einer kleinen Kasserolle zerlassen und das Mehl einrühren. 1 Minute dünsten, dann die Kochflüssigkeit unter ständigem Rühren zugeben. Zum Kochen bringen und unter fortgesetztem Rühren 2 Minuten schwach kochen lassen.
9. Die Artischocken auf einer Platte anordnen und die Sauce darübergießen. Heiß servieren.

Khoubiz

Libanesisches Fladenbrot

Von allen Broten des Mittleren Ostens ist dieses das bekannteste. In den vergangenen Jahren wuchs seine Popularität enorm, je mehr sich der westliche Geschmack exotischen Genüssen öffnete. Es wird schon immer häufiger in Geschäften in den Städten angeboten, läßt sich aber auch leicht zu Hause im Ofen oder in der Elektropfanne zubereiten. Normalerweise enthält Khoubiz kein Fett, doch ich finde, daß etwas Öl im Teig das Aroma und die Beschaffenheit verbessert.
Weitere Angaben zum Backen, Aufbewahren und Servieren finden Sie im Kapitel »Alles über Brot«, Seite 16.

8 Brote
Ofentemperatur: 260° C
Backzeit: 4–5 Minuten

6 Tassen Weizenmehl
1 Beutel aktive Trockenhefe
2 Tassen warmes Wasser
1 ½ Teelöffel Salz
1 Teelöffel Zucker
2 Eßlöffel Öl

1. Das Mehl in eine große Rührschüssel sieben und im Ofen etwas erwärmen.
2. Die Hefe in ¼ Tasse warmem Wasser auflösen, das restliche Wasser zugeben und Salz und Zucker hineinrühren.
3. Etwa 2 Tassen Mehl aus der Schüssel nehmen und beiseitestellen. Die Hefeflüssigkeit in die Mitte des Mehls gießen und etwas Mehl einrühren. Mit einem Tuch zugedeckt an einem warmen Ort stehenlassen, bis der Vorteig schaumig ist.
4. Das übrige Mehl hineinrühren und nach und nach das Öl zugeben, dann den Teig schlagen, bis er geschmeidig ist, entweder 10 Minuten mit der Hand oder 5 Minuten mit den Knethaken des elektrischen Rührgeräts.
5. Etwas von dem aufbewahrten Mehl auf ein Brett streuen, den Teig herausnehmen und 10 Minuten kneten, bei Bedarf noch Mehl zugeben. Der Teig ist fertig, wenn er geschmeidig und glänzend ist und eine leicht faltige Beschaffenheit hat. Zu einer Kugel formen.
6. Die Schüssel mit Öl einstreichen und den Teig darin wenden, so daß er überall mit Öl überzogen ist. Eine Plastikfolie über die Schüssel ziehen und an einem warmen Ort gehen lassen, bis sich der Teig beinahe verdoppelt hat – etwa 1 bis 1 ½ Stunden. Den Ofen vorheizen.
7. Den Teig niederschlagen und auf ein leicht bemehltes Brett legen. Etwa 1 Minute kneten, dann in 8 gleiche Teile teilen und jedes Stück zu einer Kugel rollen.
8. Die Kugeln zu Kreisen von 25 cm Duchmesser ausrollen und auf ein leicht bemehltes Tuch legen. Mit einem anderen Tuch abdecken und 20 Minuten ruhen lassen.
9. Ein großes Backblech auf der untersten Schiene im Elektroofen erhitzen; in einem Gasofen die Stellung im Ofen wählen, an der die Hitze am gleichmäßigsten ist, wahrscheinlich ganz oben.
10. Ein rundes Teigstück auf ein leicht bemehltes Backblech mit einem flachen Rand oder auf ein Stück Sperrholz legen und gleichmäßig auseinanderstreichen. Etwas schütteln um sicherzugehen, daß das Brot leicht heruntergleiten wird.
11. Das vorgewärmte Backblech mit einem in Öl getränkten Küchenkreppbausch einstreichen und das Teigstück daraufgleiten lassen. Im heißen Ofen 4–5 Minuten backen, bis es sich wie ein Ballon aufbläht. Wenn Sie eine braune Oberseite haben wollen, schnell wenden und eine Minute umgedreht backen. Das Brot herausnehmen und in ein Tuch einwickeln, damit es warm und weich bleibt. Die übrigen Brote backen.

Backen in der Elektropfanne (eine gute Alternative, wenn Ihr Gasofen nicht gleichmäßig heizt): die Pfanne mit geschlossenem Deckel und Ventil auf der höchsten Stufe vorheizen. Dann den Boden schnell mit Öl bedecken und den Teig daraufgleiten lassen. Zugedeckt 3 Minuten backen, den Deckel öffnen, das Brot umdrehen, den Deckel wieder schließen und weitere 2 Minuten backen.

Kabes el Karnabeet

Eingelegter Blumenkohl

1 mittelgroßer Blumenkohl
Salzwasser
2 Tassen Wasser
⅓ Tasse Pökelsalz
3 Tassen weißer Essig
1 Rote Rübe, nach Wunsch
2 Knoblauchzehen
Chilischoten

1. Den Blumenkohl in Röschen zerteilen und in eine Schüssel mit Salzwasser legen, um die Insekten zu entfernen. 10 Minuten in der Schüssel lassen, dann abtropfen lassen und gründlich abspülen. In einem Durchschlag abtropfen lassen.
2. 2 Tassen Wasser mit dem Pökelsalz aufkochen lassen, bis das Salz sich aufgelöst hat. Abkühlen lassen und den Essig zufügen.
3. Die Rote Rübe schälen, falls sie verwendet wird, halbieren und in Scheiben schneiden.
4. Die Blumenkohlröschen in 2 sterilisierte Gläser füllen, die Scheiben der Roten Rübe dazwischenschichten und in jedes Glas eine Knoblauchzehe und 1 Chilischote geben.
5. Die Gläser mit der Pökellake auffüllen und mit Glas- oder Plastikdeckel verschließen. Vor dem Verbrauch 1 Woche an einem kühlen Ort aufbewahren. Geöffnete Gläser in den Kühlschrank stellen. Ungeöffnete Gläser können an einem kühlen, dunklen Ort aufbewahrt werden.

Mna'ish bi Za'tar

Gewürzbrot

Khoubiz nach Anleitung bis Schritt 8 herstellen, aber den Teig nicht ruhen lassen. Den Rand jedes Teigstücks mit den Fingerspitzen kräuseln und reichlich mit Olivenöl bestreichen. Mit 2 Eßlöffeln Gewürzmischung Za'tar (siehe Glossar) gleichmäßig bestreuen und wie Khoubiz, Schritt 9–11 backen. Nicht umdrehen – nach Wunsch die Oberseite unter dem heißen Grill bräunen.

Riz Mufalfal

Einfacher Reis

Für 5–6 Personen
Kochzeit: 35 Minuten

2 Tassen guter Langkornreis
2 Eßlöffel Samneh (geklärte Butter) oder Ghee (Butterfett)
3 Tassen heißes Wasser
2 Teelöffel Salz oder nach Geschmack

1. Den Reis in eine Schüssel geben und mit kaltem Wasser bedecken. Mit den Fingern durchrühren, um die Stärke zu lockern, dann zum Abtropfen durch ein Sieb gießen. Unter fließendem Wasser spülen. Gründlich abtropfen lassen.
2. Das Samneh in einem schweren Topf erhitzen, den Reis zugeben und bei mittlerer Hitze rühren, bis die Körner gut mit Fett überzogen sind.
3. Das heiße Wasser zugießen und das Salz zufügen. Bis zum Aufkochen gelegentlich umrühren, die Hitze herunterschalten, den Topf fest verschließen und bei niedriger Hitze 25 Minuten stehenlassen. Dann die Platte abstellen und weitere 10 Minuten stehenlassen – oder länger, wenn gewünscht –, bevor der Reis serviert wird. Vor dem Auftragen mit einer Gabel auflockern.

Falafel

Kroketten aus getrockneten Bohnen

Etwa 35
Backzeit: 5–6 Minuten pro Partie

1 Tasse Fava-Bohnen (getrocknete Dicke Bohnen, siehe Seite 14)
1 Tasse Kichererbsen (Seite 15)
Wasser
1 mittelgroße Zwiebel
2 Knoblauchzehen
½ Tasse fein gehackte Petersilie
1 Prise Chili-Pfeffer
1 Teelöffel gemahlener Koriander
½ Teelöffel gemahlener Kreuzkümmel
1 Teelöffel Natron
Salz
frisch gemahlener schwarzer Pfeffer
Zum Ausbacken:
Öl

1. Die Dicken Bohnen in eine Schüssel geben und mit 3 Tassen Wasser bedecken. 48 Stunden einweichen und das Wasser einmal am Tag wechseln, bei heißem Wetter zweimal.
2. Die Kichererbsen in 3 Tassen kaltem Wasser 12–15 Stunden einweichen.
3. Die Bohnen und Erbsen abtropfen lassen und gemäß der Anleitung im Abschnitt »Enthäuten von Hülsenfrüchten« enthäuten. Die Kichererbsen müssen nicht unbedingt enthäutet werden.
4. Die Bohnen und Erbsen mit der grob gehackten Zwiebel und dem Knoblauch vermischen und zweimal durch den Fleischwolf mit feinem Vorsatz drehen oder in 2 Portionen in der Küchenmaschine zerkleinern.
5. Mit Petersilie, Chili-Pfeffer, Koriander, Kreuzkümmel und Natron sowie Salz und Pfeffer nach Geschmack vermischen. Gut kneten und 30 Minuten ruhen lassen.
6. Jeweils 1 Eßlöffel der Mischung zu einer Kugel formen, dann zu dicken Küchlein von 4 cm Durchmesser zusammendrücken. Auf ein Tablett legen und 30 Minuten bei Zimmertemperatur ruhen lassen.
7. Jeweils 6–8 Küchlein in heißem Öl 5–6 Minuten ausbacken, dabei wenden, um sie gleichmäßig bräunen zu lassen. Wenn sie schön braun sind, herausnehmen und auf Küchenkrepp abtropfen lassen.
8. Heiß als Vorspeise mit Taratour bi Tahini oder in aufgeschnittenem Khoubiz mit derselben Sauce und Salatgemüse servieren.

Adas bis Silq

Linsen-Mangold-Suppe

Für 5–6 Personen
Kochzeit: 1½ Stunden

1½ Tassen braune Linsen
6 Tassen kaltes Wasser
8–10 Mangoldblätter
¼ Tasse Olivenöl
1 große Zwiebel, fein gehackt
3 Knoblauchzehen, fein gehackt
¼ Tasse gehackte Korianderblätter
Salz
frisch gemahlener schwarzer Pfeffer
¼ Tasse Zitronensaft
Zitronenspalten zum Servieren

1. Die Linsen gründlich waschen und mit dem kalten Wasser in einen schweren Topf geben. Zum Kochen bringen, bei Bedarf den Schaum abschöpfen, dann zugedeckt bei schwacher Hitze kochen lassen, bis die Linsen weich sind.
2. Die Mangoldblätter gründlich waschen und die Stengel abschneiden. (Die Stengel können als separates Gemüse für spätere Gerichte verwendet werden.) Die Blätter der Länge nach aufschlitzen und grob hacken.
3. Das Öl in einem anderen Topf erhitzen und die Zwiebel darin glasig dünsten. Den Knoblauch einrühren und ein paar Sekunden mitdünsten.
4. Den gehackten Mangold in den Topf geben und unter häufigem Rühren dünsten, bis die Blätter zusammenfallen.
5. Die Mangold-Zwiebel-Mischung zu den Linsen geben, den Koriander, Salz und Pfeffer nach Geschmack und den Zitronensaft zugeben. Zugedeckt bei schwacher Hitze noch 15–20 Minuten zusammen dünsten. Die Suppe in tiefen Tellern mit Zitronenspalten servieren, die je nach Geschmack über der Suppe ausgedrückt werden können. Khoubiz oder ein anderes Brot ist eine notwendige Beilage.

Shurabat Mozaat

Fleischsuppe

Für 6 Personen
Kochzeit: 2 Stunden

1 kg Suppenknochen vom Lamm
500 g Schmorfleisch vom Lamm, in Würfel geschnitten
Wasser
Salz
frisch gemahlener schwarzer Pfeffer
1 kleines Stück Stangenzimt
3 kleine Möhren, geviertelt
½ Tasse gehackte Sellerie
½ Tasse enthäutete, gehackte Tomaten
½ Tasse Rundkornreis oder 1 Tasse feine Nudeln
¼ Tasse fein gehackte Petersilie zum Servieren

1. Die Knochen abspülen und in einen Suppentopf legen. Das Fleisch zugeben, mit 8 Tassen Wasser auffüllen und zum Kochen bringen, bei Bedarf den Schaum abschöpfen.
2. Wenn die Suppe nicht mehr schäumt, Salz und Pfeffer nach Geschmack und den Stangenzimt zufügen. Zugedeckt 45 Minuten kochen lassen.
3. Das Gemüse zugeben und weitere 30 Minuten zugedeckt kochen lassen. Die Suppenknochen herausnehmen und wegwerfen.
4. Den gewaschenen Reis oder die zerkrümelten Nudeln in die Suppe rühren, abschmecken und zugedeckt noch einmal 20–25 Minuten schwach kochen lassen. Den Stangenzimt herausnehmen.
5. In Suppenschalen servieren, mit gehackter Petersilie bestreut.

Shurabat al Kishk

Suppe mit Kishk

Die Zubereitung von Kishk erfolgt einmal im Jahr, wenn der Weizen geerntet wird. Dorfbewohner, vor allem in entlegenen Gebieten, sind von Kishk abhängig, das im Winter als nährstoffreiches Frühstück dient und als Einlage für Suppen verwendet wird.
Im Grunde ist Kishk Burghul, das mit Milch und Joghurt fermentiert wird – ein langes Verfahren, das insgesamt 2 Wochen dauert. Nach der Fermentierung wird die Mischung gesalzen und auf einem Tuch ausgebreitet, wo es gründlich getrocknet und dann zu einem feinen Pulver zerrieben wird.
Mittelöstliche Nahrungsmittelläden verkaufen Kishk. Es ist zwar teuer, aber man kommt lange damit aus. Es wird auch im Iran verwendet.

Für 6 Personen
Kochzeit: 20–25 Minuten

250 g mageres Hackfleisch vom Lamm
1 Eßlöffel Samneh (geklärte Butter) oder Öl
1 große Zwiebel, fein gehackt
3 Knoblauchzehen, fein gehackt
1 Tasse Kishk
4 Tassen kaltes Wasser
Salz
frisch gemahlener schwarzer Pfeffer

1. Das Hackfleisch mit Samneh oder Öl und der Zwiebel in einen schweren Topf geben und bei starker Hitze rühren, bis das Fleisch seine rosa Farbe verliert und krümelig wird. Den Knoblauch zugeben und dünsten, bis der Saft verdampft.
2. Das Kishk einrühren und bei mittlerer Hitze 3 Minuten unter ständigem Rühren dünsten. Den Topf vom Feuer nehmen und nach und nach das Wasser zugeben, dabei ständig rühren. Bei Bedarf mit Salz abschmecken, Pfeffer nach Geschmack zugeben.
3. Auf mittlere Hitze schalten und die Suppe ständig rühren, bis sie dick wird und aufwallt. Sie sollte eine cremige Konsistenz haben; bei Bedarf noch ein wenig Wasser zufügen.
4. Vom Herd nehmen und sofort in Suppenschalen servieren.

Anmerkung: Diese Suppe kann jederzeit serviert werden. Im Libanon und Syrien wird sie oft zum Frühstück zubereitet, dann allerdings ohne Fleisch und Knoblauch.

Shurabat al Kibbeh

Kibbi-Suppe

Für 6 Personen
Kochzeit: 1 Stunde

½ Portion Kibbeh-Mischung (Seite 139)
⅓ Tasse Pinienkerne
¼ Tasse Samneh (geklärte Butter)
1 große Zwiebel, fein gehackt
6–7 Tassen Wasser
1 kleines Stück Stangenzimt
Salz
frisch gemahlener schwarzer Pfeffer
½ Tasse Rundkornreis, gewaschen
¼ Tasse gehackte Petersilie zum Servieren

1. Kibbeh nach Anweisung herstellen und zu walnußgroßen Bällchen formen. In jedes Bällchen ein Loch machen und ½ Teelöffel Pinienkerne hineindrücken. Das Loch zudrücken und die Kugelform wiederherstellen.
2. In einer großen Bratpfanne Samneh erhitzen und die Kibbeh-Bällchen darin bräunen, dabei die Pfanne schütteln, damit sie ihre Form behalten und gleichmäßig bräunen. Auf einen Teller geben und das Samneh in der Pfanne lassen.
3. Die Zwiebel in der Pfanne unter häufigem Rühren weich dünsten. 1 Tasse Wasser zugeben und zum Kochen bringen, dabei den Bratensatz vom Pfannenboden lösen.
4. Den Pfanneninhalt in einen hohen Topf gießen und das restliche Wasser, den Zimt, Salz und Pfeffer nach Geschmack und den Reis zugeben. Zum Kochen bringen, dabei gelegentlich umrühren, dann zugedeckt 10 Minuten kochen lassen.
5. Die Kibbi-Bällchen zugeben, zudecken und weitere 20 Minuten schwach kochen lassen. In Suppenschalen füllen, mit gehackter Petersilie bestreuen und mit warmem Khoubiz (Fladenbrot) servieren.

Laban bil Bayd

Eier in Joghurt-Knoblauch-Sauce

Für 6 Personen
Ofentemperatur: 200° C
Backzeit 20–25 Minuten

1 Portion Laban Mutboukh (Seite 178)
2 Knoblauchzehen
Salz
2 Teelöffel getrocknete Minze
¼ Tasse Samneh (geklärte Buttter)
frisch gemahlener weißer Pfeffer
6 Eier

1. Laban Mutboukh nach Anweisung zubereiten und unbedeckt schwach kochen lassen.
2. Den Knoblauch mit ½ Teelöffel Salz zerdrücken und mit der zu einem groben Pulver zerkrümelten Minze vermischen.
3. Das Samneh in einer kleinen Bratpfanne erhitzen und die Knoblauchmischung hineingeben. Unter häufigem Rühren 5 Minuten dünsten.
4. Das heiße Laban Mutboukh in eine flache feuerfeste Form gießen. Die Eier aufschlagen und gleichmäßig darauf verteilen. Die Knoblauch-Samneh-Mischung über die Eier gießen und das Ganze im heißen Ofen 15–20 Minuten backen, bis die Eier hart sind. Heiß servieren.

Anmerkung: Für einen attraktiven 1. Gang mit Joghurtmischung in 6 einzelne Förmchen gießen, je ein Ei daraufsetzen und mit der Knoblauch-Samneh-Mischung beträufeln. Wie oben backen.

'Iggit an Nukhaat

Hirnomelett

Für 4–5 Personen

4 Portionen Lammhirn
Wasser
Salz
1 Knoblauchzehe
Saft 1 Zitrone
¼ Tasse Samneh (geklärte Butter)
1 mittelgroße Zwiebel, fein gehackt
6 Eier
⅓ Tasse gehackte Petersilie
frisch gemahlener schwarzer Pfeffer

1. Die Hirnstücke mit kaltem Salzwasser bedecken und 20 Minuten einweichen. Abtropfen lassen und die Haut entfernen, wenn möglich (dies ist nicht möglich, wenn das Hirn gefroren war) und alle dunklen Adern entfernen.
2. In einen Topf legen und mit Wasser bedecken. Das Salz nach Geschmack, die ganze Knoblauchzehe und den Zitronensaft zugeben. Unbedeckt zum Kochen bringen und bei schwacher Hitze 15 Minuten sieden, bis das Hirn weich ist.
3. Das Hirn abtropfen lassen und in kleine Stückchen schneiden.
4. Das Samneh in einer Bratpfanne erhitzen und die Zwiebel darin glasig dünsten. Die Zwiebel in eine Schüssel geben und das Samneh wieder in die Pfanne abtropfen lassen. Die Zwiebel abkühlen lassen.
5. Die Eier in die Schüssel mit der Zwiebel schlagen und mit einer Gabel leicht schlagen. Die Petersilie, das Hirn und Salz und Pfeffer nach Geschmack zugeben. Das Ganze miteinander vermischen.
6. Die Bratpfanne bei mittlerer Hitze wieder erhitzen und die Eiermischung hineingießen. Die Pfanne mit einem Deckel zudecken und den Inhalt bei niedriger Hitze 10–15 Minuten stocken lassen. In Stücke geschnitten heiß servieren.

Kousa Mihshi bi Laban

Gefüllte Zucchini mit Joghurt

Für 6–8 Personen als Vorspeise,
4–5 Personen als Hauptgang
Kochzeit: 1 ¼ Stunden

1 kg gleichgroße Zucchini
kaltes Salzwasser
Fleischfüllung:
1 mittelgroße Zwiebel, fein gehackt
1 Eßlöffel Samneh (geklärte Butter) oder Öl
1 Eßlöffel Pinienkerne, nach Wunsch
250 g gehacktes Lamm- oder Rindfleisch
¼ Tasse Rundkornreis
1 Eßlöffel gehackte Petersilie
½ Teelöffel Piment, gemahlen
Salz
frisch gemahlener schwarzer Pfeffer
Zur Fertigstellung:
1 ¼ Tassen kaltes Wasser
1 Portion Laban Mutboukh (Seite 178)
2 Knoblauchzehen, zerdrückt
1 Teelöffel getrocknete Minze

1. Wählen Sie entweder mittelgroße oder kleine Zucchini, sie müssen nur alle etwa die gleiche Größe haben. Gründlich waschen und den Stengelansatz abschneiden. Mit einem Apfelausstecher die Zucchini aushöhlen, dabei das abgerundete Ende ganz lassen. Nicht die Haut durchstoßen. 10 Minuten in kaltem Wasser einweichen, dann abtropfen lassen.
2. Die Zwiebel in der geklärten Butter glasig dünsten. Die Pinienkerne – falls verwendet – nach 10 Minuten in die Pfanne geben und zusammen mit den Zwiebeln mindestens noch 5 Minuten dünsten und dabei gelegentlich umrühren.
3. Den Pfanneninhalt mit dem Reis, der Petersilie, dem Piment, etwa 1 Teelöffel Salz, reichlich frisch gemahlenem Pfeffer und ¼ Tasse Wasser in das Hackfleisch geben. Alle Zutaten gründlich miteinander vermischen.
4. Die Zucchini mit der Masse füllen. Während der Reis beim Kochen aufquillt, schrumpft das Fleisch zusammen; die Zucchini können also ganz gefüllt werden.
5. Die Zucchini in Schichten in einen Topf mit schwerem Boden anordnen und jede Schicht mit etwas Salz bestreuen. Das Wasser zugeben, die Zucchini mit einem umgedrehten Teller beschweren und zum Kochen bringen. Zugedeckt bei schwacher Hitze 1 Stunde kochen lassen, bis sie gar sind.
6. Inzwischen Laban Mutboukh (gekochtes Joghurt) nach Anweisung vorbereiten. Wenn es zu kochen beginnt, den Knoblauch zugeben, 2 Minuten kochen, dann vom Herd nehmen.
7. Wenn die Zucchini gar sind, den Teller wegnehmen und Laban Mutboukh über das Gemüse gießen. Noch 10 Minuten bei schwacher Hitze kochen lassen, bis die Sauce fest wird.
8. Die getrocknete Minze zu einem groben Pulver zerdrücken und darüberstreuen. Vor dem Servieren den Topf zugedeckt 10 Minuten neben dem Herd stehenlassen. Als Hauptgang mit Kartoffelbrei oder gedämpftem Reis servieren.

Anmerkung: Lebensmittelhändler aus dem Mittleren Osten haben normalerweise ein spezielles Gerät zum Aushöhlen von Gemüse. Es ist nicht so breit wie ein Apfelausstecher, dafür aber viel länger.

Kousa Mihshi bi Bandoura

Gefüllte Zucchini mit Tomatensauce

Gefüllte Zucchini wie für das vorige Rezept bis Schritt 4 vorbereiten. Beiseitestellen.

In einer Bratpfanne eine große gehackte Zwiebel in ¼ Tasse geklärter Butter oder Öl dünsten. Wenn sie glasig ist, 2 fein gehackte Knoblauchzehen zugeben, ein paar Sekunden mitdünsten und 1 Tasse enthäutete und gehackte Tomaten, 1 Tasse Wasser, ⅛ Teelöffel Zimt und Salz und Pfeffer nach Geschmack zugeben.

Zum Kochen bringen. Ein Viertel der Sauce in einen schweren Topf geben, die gefüllten Zucchini in Schichten darauf anordnen und über jede Schicht Tomatensauce geben. Zugedeckt bei schwacher Hitze 1 ¼ Stunden kochen lassen. Heiß oder warm mit der Sauce servieren.

Karnabit bi Tahini
Blumenkohl mit Tahini-Sauce

Für 6 Personen
Kochzeit: 10–12 Minuten

1 mittelgroßer Blumenkohl
Wasser
Salz
1 Tasse Taratour bi Tahini (Seite 177)

1. Den Blumenkohl in Röschen zerteilen und in eine Schüssel mit Salzwasser legen. 15 Minuten im Salzwasser lassen, um Insekten zu entfernen. Abtropfen lassen.
2. Den Blumenkohl rasch in kochendem Salzwasser im offenen Topf 10–12 Minuten kochen, bis er gerade eben gar und noch etwas fest ist. In einem Durchschlag abtropfen lassen.
3. Den Blumenkohl in eine Schüssel geben und die Hälfte der Tahina-Sauce gleichmäßig darauf verteilen. Heiß oder kalt mit der restlichen Sauce in einem Extraschüsselchen servieren.

Lubyi bi Zayt
Grüne Bohnen in Öl

Für 6 Personen
Kochzeit: 45 Minuten

500 g grüne Bohnen
¼ Tasse Olivenöl
1 mittelgroße Zwiebel, gehackt
2 Knoblauchzehen, gehackt
1 Tasse enthäutete und gehackte Tomaten
1 Eßlöffel Tomatenmark
½ Tasse Wasser
Salz
frisch gemahlener schwarzer Pfeffer
½ Teelöffel Zucker
2 Eßlöffel gehackte Petersilie

1. Die Bohnen gründlich waschen. Spitze und Stielansatz sowie Fäden abziehen, wenn vorhanden. In 5 cm lange Stücke schneiden oder der Länge nach durchschneiden.
2. In einem Topf Olivenöl erhitzen und die Zwiebel darin glasig dünsten, den Knoblauch zugeben und einige Sekunden mitdünsten.
3. Die Tomaten, das Tomatenmark, Wasser, Zucker und Salz und Pfeffer nach Geschmack zugeben und zugedeckt 15 Minuten schwach kochen lassen.
4. Die vorbereiteten Bohnen mit der Petersilie zugeben, zudecken und weitere 15–20 Minuten schwach kochen lassen, bis die Bohnen gar sind. Heiß oder lauwarm auf die herkömmliche Art servieren. Sehr gut auch gekühlt.

Kibbit Batata bi Sanieh
Kartoffel-Kibbi

Für 6–8 Personen
Kochzeit: 1¼ Stunden

6 mittelgroße Kartoffeln, etwa 750 g
Wasser
1½ Tassen feiner Burghul
1 mittelgroße Zwiebel, gerieben
½ Tasse fein gehackte Petersilie
1 Teelöffel getrocknete Minze
½ Teelöffel Zimt
2–3 Teelöffel Salz
frisch gemahlener schwarzer Pfeffer
½ Tasse Weizenmehl, nach Wunsch
Zur Fertigstellung:
1 große Zwiebel, in halbe Ringe geschnitten
¾ Tasse Olivenöl

1. Die Kartoffeln säubern und in kochendem Salzwasser garen. Dann pellen und zerquetschen.
2. Den Burghul in ein feines Sieb geben und mit kaltem Wasser spülen. Mit dem Rücken eines Löffels das Wasser ausdrücken, dann den Burghul in eine große Schüssel geben und 15 Minuten stehenlassen.
3. Die Kartoffeln, die geriebene Zwiebel, Petersilie, Minze, den Zimt, 2 Teelöffel Salz und viel Pfeffer zugeben. Alles vermischen, abschmecken und bei Bedarf noch Salz zufügen.
4. Die Masse mit der Hand gründlich kneten; die Hand gelegentlich mit Wasser anfeuchten. Wenn die Mischung zu weich ist, genug Mehl zufügen, damit sich eine feste Paste ergibt, und gründlich kneten.
5. Die halben Zwiebelringe und die Hälfte des Öls in eine feuerfeste Form von 25×30 cm Größe oder eine runde Form von 30 cm Durchmesser geben. Die Kartoffelmasse gleichmäßig über den Zwiebeln verteilen und glattstreichen. Mit einem geölten Messer in Rauten schneiden.
6. Das restliche Öl gleichmäßig auf der Oberseite verteilen und im Ofen bei starker Hitze 40 Minuten backen, bis der Auflauf goldbraun ist. In der Form abkühlen lassen, dann mit Zimmertemperatur mit Salat servieren. Schmeckt auch heiß gut. In diesem Fall vor dem Servieren 10 Minuten abkühlen lassen.

Bamyi bi Zayt

Okra in Öl

Die Bohnen im Rezept für Lubyi bi Zayt durch 500 g Okra ersetzen und nach den Anweisungen auf Seite 13 vorbereiten.
Das Öl in einem Topf erhitzen und die Okra rasch dünsten, dabei vorsichtig umrühren, damit sie nicht brechen. Mit einem Schaumlöffel auf eine Platte geben und beiseitestellen.
Die Tomaten-Zwiebelsauce wie in Schritt 2 und 3 angegeben herstellen und 15 Minuten kochen. Okra und ¼ Tasse gehackte frische Korianderblätter anstelle der Petersilie zugeben. Zugedeckt etwa 20 Minuten schwach kochen lassen, bis das Gemüse gar ist. ¼ Tasse Zitronensaft darübergießen, zudecken und weitere 5 Minuten dünsten. Heiß oder lauwarm servieren.
Anmerkung: Anstelle der frischen Okra können Okra in Dosen oder tiefgefrorene Okra verwendet werden. In diesem Fall nicht in Öl dünsten.

Fattoush

Salat mit geröstetem Brot

Für 6 Personen

1 Khoubiz (Fladenbrot, Seite 187)
6 Blätter römischen Salat oder 4 Blätter anderer frischer Salat
1 schmale grüne Gurke
2 mittelgroße Tomaten
½ Tasse gehackte Frühlingszwiebeln
½ Tasse gehackte Petersilie
¼ gehackte frische Minze
1 Tasse gehackte grüne Paprikaschote
1 Tasse Ba'le (Vogelmiere), nach Wunsch
Salatsauce:
1 Knoblauchzehe
1 Teelöffel Salz
½ Tasse Zitronensaft
½ Olivenöl
frisch gemahlener schwarzer Pfeffer

1. Das Khoubiz unter einem heißen Grill goldbraun rösten. In kleine Stücke brechen oder mit der Küchenschere in kleine Quadrate schneiden. Beiseitestellen.
2. Die Salatblätter zerpflücken. Die Gurke schälen, der Länge nach vierteln und in Stücke schneiden. Die Tomaten in kleine Würfel schneiden. Die anderen Salatzutaten vorbereiten. Beim Verlesen der Vogelmiere die Blätter am Ende der Stengel und die jungen Blattenden wählen.
3. Den Knoblauch in einer Schüssel mit dem Salz zerdrücken und zu einer Paste vermischen, die restlichen Saucenzutaten hineinrühren, denn kräftig mit einer Gabel schlagen.
4. Das Brot mit den vorbereiteten Salatzutaten und den Kräutern in einer Salatschüssel vermischen, die Sauce darübergießen, gut durchmischen und servieren.

Batata Mtabbli

Kartoffelsalat

Für 6 Personen

8 mittelgroße Kartoffeln
Salzwasser
1 mittelgroße Zwiebel, fein gehackt
½ Tasse fein gehackte Petersilie
½ Teelöffel getrocknete Minze
Salz
frisch gemahlener schwarzer Pfeffer
1 Portion Salatsauce
(siehe Fattoush, voriges Rezept)

1. Die Kartoffeln säubern und in Salzwasser kochen. Pellen und nach dem Abkühlen in 2 cm dicke Würfel schneiden.
2. Die Kartoffeln mit der Zwiebel, der Petersilie, der zerstoßenen Minze und Salz und Pfeffer nach Geschmack in eine Schüssel geben.
3. Die Salatsauce wie in Schritt 3 des Rezeptes für Fattoush angegeben herstellen und über die Kartoffeln gießen. Gut vermischen und mit Zimmertemperatur servieren.

Mihshi Malfuf by Zayt

Kohlrouladen ohne Fleisch

Für 6 Personen
Kochzeit: 1 Stunde

Füllung aus Reis und Kichererbsen:
1½ Tassen gehackte Frühlingszwiebeln
¼ Tasse Olivenöl
1 Tasse Langkornreis
1 Tasse abgetropfte Kichererbsen aus der Dose
½ Tasse fein gehackte Petersilie
1 Tasse enthäutete, gehackte Tomaten
½ Teelöffel Piment, gemahlen
Salz
frisch gemahlener schwarzer Pfeffer
Zur Fertigstellung:
24 Kohlblätter
Wasser
3 Knoblauchzehen
1 Teelöffel Salz
1 Teelöffel getrocknete Minze
¼ Tasse Zitronensaft
½ Tasse Olivenöl

1. Die Frühlingszwiebeln in ¼ Tasse Olivenöl 2–3 Minuten dünsten. In eine Schüssel geben und die restlichen Zutaten für die Füllung sowie Salz und Pfeffer nach Geschmack zugeben.
2. Vorsichtig die Blätter vom Kohlkopf lösen, damit sie nicht zerreißen, die größeren Blätter als 2 Blätter zählen. Jeweils 8–12 Blätter in kochendem Wasser brühen, bis sie weich genug für die Verarbeitung sind.
In einem Durchschlag abtropfen lassen.
3. Bei jedem Blatt den größeren Teil der Mittelrippe ausschneiden und die größeren Blätter halbieren. Den Boden einer Pfanne mit hohem Rand mit den Rippen und zerrissenen Blättern auslegen.
4. Auf jedes Blatt einen gehäuften Eßlöffel von der Füllung geben, eine Umdrehung rollen und die Seitenränder einschlagen. Dann bis zum Blattende aufrollen. 24 Rollen herstellen.
5. Den Knoblauch mit Salz zerdrücken und die zerstoßene Minze und den Zitronensaft untermischen.
6. Die Rollen mit der Verbindungsstelle nach unten in die ausgelegte Pfanne legen und etwas von der Knoblauch-Zitronen-Mischung und des Olivenöls zwischen die einzelnen Schichten träufeln. Auf die Rollen einen umgedrehten Teller legen, um sie während des Kochens in Form zu halten. Soviel Wasser hineingeben, daß die Rollen gerade bedeckt sind, und die Pfanne fest mit dem Deckel verschließen.
7. Bei mittlerer Hitze zum Kochen bringen, die Hitze herunterschalten und bei schwacher Hitze 45 Minuten kochen lassen. Vom Herd nehmen und 30 Minuten stehenlassen. Lauwarm oder kalt servieren.

Samke by Taratour

Fisch mit Tahina-Sauce

Für 6–8 Personen
Ofentemperatur: 180° C
Garzeit: 30 Minuten

1 Schnapper oder anderer Backfisch, etwa 2 kg schwer
Saft ½ Zitrone
Salz
¼ Tasse Olvenöl
1 doppelte Portion Taratour bi Tahini (Seite 177)
Zum Garnieren:
Granatapfelkerne, Pinienkerne in Öl goldgelb geröstet, dünne Gurkenschale, Zitronenschnitze oder -scheiben, Oliven, Petersilienzweige, ¼ Tasse fein gehackte Petersilie

1. Den Fisch säubern und, wenn nötig, die Schuppen entfernen. Den Kopf dranlassen, die Augen entfernen. Abspülen und mit Kochenkrepp trockentupfen. Die Haut an drei Stellen auf jeder Seite aufschlitzen.
2. Den Fisch innen und außen mit Zitronensaft und Salz einreiben und zugedeckt 1 Stunde im Kühlschrank kaltstellen.
3. Eine große Ofenform mit Öl einstreichen. Den Fisch hineinlegen und das restliche Öl darübergießen. Bei mittlerer Hitze im Ofen 30 Minuten backen, bis der Fisch gar ist (an der dicksten Stelle prüfen). Während des Backens gelegentlich mit dem Bratensaft bestreichen. Nicht zu lange backen.
4. Den Fisch vorsichtig auf eine Platte heben, mit Haushaltsfolie bedecken und kaltstellen oder etwas abkühlen lassen, Kopf und Schwanz sauber abschneiden und beiseitestellen. Die seitlichen Flossen entfernen und das Fleisch in zwei Abschnitten auf jeder Seite abheben. Die Haut abziehen und alle Gräten entfernen. Rückgrat und Flossen wegwerfen. Den Fisch in seiner ursprünglichen Form auf einer sauberen Platte zusammensetzen, zudecken und kaltstellen.
5. Taratour bi Tahini nach Anweisung herstellen; genug Wasser zufügen, damit es eine dicke Sauce ergibt. Die Hälfte der Sauce über den Fisch geben, nur Kopf und Schwanz unbedeckt lassen. Mit einem kleinen Spatel glätten und nach Wunsch garnieren. Gurkenschalen können als Flossen verwendet werden, indem sie fransenartige Einschnitte erhalten. Eine Olive oder ein Petersilienstück als Auge verwenden. Zugedeckt bis zum Servieren kaltstellen.
6. Die Platte mit Zitronenscheiben oder -schnitzen und Petersilienzweigen garnieren. Das meiste der gehackten Petersilie in die restliche Sauce einrühren, in ein Schälchen geben und mit gehackter Petersilie bestreuen. Samke bi Taratour als ein Teil eines Buffets oder als 1. Gang servieren.

Kibbeh Samak

Fisch-Kibbi

Für 6 Personen
Ofentemperatur: 200° C
Backzeit: 45–50 Minuten

Fisch-Kibbi
3 Tassen feiner Burghul
1 kg weiße Fischfilets
1 große Zwiebel
¼ Tasse fein gehackte Korianderblätter
¼ Tasse fein gehackte Petersilie
geriebene Schale 1 Orange
3 Teelöffel Salz
frisch gemahlener schwarzer Pfeffer
Füllung:
¼ Tasse Olivenöl oder anderes Öl
⅓ Tasse Pinienkerne
2 große Zwiebeln, halbiert und in Scheiben geschnitten
Zur Fertigstellung:
½ Tasse Oliven- oder anderes Öl

1. Den Burghul in ein feines Sieb geben und unter kaltem Wasser spülen. Das Wasser mit einem Löffelrücken ausdrücken. Beiseitestellen.
2. Von den Fischfilets die Haut und alle Gräten entfernen. Grob hacken.
3. Den Fisch und die Zwiebel durch den Fleischwolf mit feinem Vorsatz drehen oder in der Küchenmaschine zerkleinern.
4. Fisch und Zwiebel mit dem Burghul, dem Koriander, der Petersilie, geriebenen Orangenschale, Salz und Pfeffer nach Geschmack vermischen. Zu einer festen Paste kneten. Die Mischung kann auch in 4 Portionen in der Küchenmaschine hergestellt werden.
5. ¼ Tasse Öl in einer Bratpfanne erhitzen und die Pinienkerne darin rösten. Mit einem Schaumlöffel herausnehmen und die Zwiebel in die Pfanne geben. Glasig dünsten. Die Pinienkerne wieder in die Pfanne geben und vom Herd nehmen.
6. Eine feuerfeste Form von 25×30 cm Größe mit Öl ausstreichen und die Hälfte des Fisch-Kibbi einfüllen. Gleichmäßig verteilen und mit der Zwiebel- und Pinienkernmischung belegen.
7. Das restliche Kibbi über die Füllung verteilen und mit einem Spatel glattstreichen.
8. Das Kibbi mit einem scharfen Messer in rautenförmige Stücke schneiden. Das restliche Öl über das Kibbi gießen. Im Ofen bei starker Hitze in 30–35 Minuten goldbraun backen. Heiß oder kalt servieren.

Samke Harrah Al-Sahara

Gebackener Fisch mit Chili-Sauce

Von diesem berühmten Fischgericht gibt es viele Versionen. Sogar die Aussprache und die sich daraus ergebende Wiedergabe in römischen Buchstaben weichen erheblich voneinander ab. Das arabische Wort für Fisch ist im Libanon Samke (Singular) und Samek (Plural). Die Schreibweisen gehen von Samke, Sumke, Sumki bis Samek, Samak und Sumak.
Diese köstliche Version wurde freundlicherweise von Mrs. Landy Jammal und Mr. Jimmy Antoon von dem beliebten libanesischen Restaurant Al-Sahara in Chatswood, einem Vorort von Sydney, zur Verfügung gestellt.

Für 4 Personen
Ofentemperatur: 180° C
Garzeit: 40–45 Minuten

1 Schnapper oder anderer Backfisch, etwa 2 kg schwer
Salz
½ Tasse Olivenöl zum Braten
4–6 Knoblauchzehen
Salz
¼ Tasse fein gehackte Korianderblätter
1 Tasse Tahini
½ Tasse kaltes Wasser
½ Tasse Zitronensaft
¼–½ Teelöffel Chili-Pfeffer
1 Eßlöffel Pinienkerne
Zitronenschnitze und Korianderzweige zum Garnieren

1. Den Fisch säubern und Schuppen entfernen, wenn nötig. Mit Küchenkrepp trockenwischen. Den Kopf dranlassen, doch die Augen entfernen. Den Fisch auf jeder Seite an zwei Stellen aufschlitzen. Innen und außen mit Salz bestreuen und zugedeckt 1–2 Stunden im Kühlschrank kaltstellen. Vor dem Backen trockentupfen.
2. Das Öl bis auf 1 Eßlöffel in einer großen Bratpfanne erhitzen und den Fisch bei starker Hitze ein paar Minuten auf jeder Seite anbraten. Nicht gar werden lassen. Mit einem Fischheber aus der Pfanne nehmen und in eine Ofenform setzen.
3. Die Knoblauchzehe mit 1 Teelöffel Salz zerstoßen und den Koriander untermischen. Das meiste Öl aus der Pfanne gießen, etwa 2 Eßlöffel voll in der Pfanne lassen, erhitzen und die Knoblauchmischung darin rasch dünsten, bis die Mischung knusprig ist, ohne angebrannt zu sein. Abkühlen lassen.
4. Tahini in eine Schüssel geben, kräftig schlagen und allmählich unter ständigem Schlagen das Wasser zugeben. Die Mischung muß dick werden. Dann allmählich den Zitronensaft hineinschlagen und die Knoblauchmischung und den Chili-Pfeffer nach Geschmack unterrühren. Bei Bedarf noch Salz zufügen.
5. Die Sauce über den Fisch in der Ofenform gießen, so daß er vollständig davon bedeckt ist. Im Ofen bei mittlerer Hitze in 30–35 Minuten garen.
6. Während der Fisch im Ofen ist, den aufbewahrten Eßlöffel Öl in einem sauberen Pfännchen erhitzen und die Pinienkerne darin goldbraun rösten.
7. Den fertigen Fisch auf eine Platte heben und die Sauce darübergießen. Mit Pinienkernen bestreuen und die Platte mit Zitronenschnitzen und Korianderzweigen garnieren. Heiß servieren.

Warak Mihshi bi Silq

Gefüllte Mangoldblätter

Nach dem vorigen Rezept für Mihshi Malfuf bi Zayt vorgehen und die Füllung herstellen, dabei allerdings die Kichererbsen durch 1½ Tassen gekochte braune Linsen ersetzen.
Anstelle der Kohlblätter Mangoldblätter verwenden, die der Länge nach halbiert und in 10 cm breite Quadrate geschnitten werden. Es werden etwa 50 Quadrate benötigt.
Kurz in kochendes Wasser tauchen oder heißes Wasser aus der Leitung über die Blätter laufen lassen, damit die Blätter verarbeitet werden können. Abtropfen lassen und die Quadrate mit der glänzenden Seite nach unten auf die Arbeitsfläche legen. 1 knappen Eßlöffel Füllung auf jedes Quadrat geben und zu einer kleinen, festen Rolle aufrollen. Fertigstellung wie bei Mihshi Malfuf by Zayt, jedoch die Minze weglassen und ½ statt ¼ Tasse Zitronensaft zufügen.

Mousakhan

Geröstetes Hähnchen mit Brot

Mousakhan ist eine palästinensische Spezialität, die ein sehr dünnes Fladenbrot, Shirak genannt, erfordert. Man muß schon viel Erfahrung haben, um den Teig papierdünn auszurollen; außerdem sollte dieses Brot auf einer großen metallenen Halbkugel (Sorj) über einem Holzkohlenfeuer gebacken werden. Ich habe daher als Ersatz Khoubiz angegeben, denn Mousakhan ist einen Versuch wert.

Für 8 Personen
Ofentemperatur: 180° C
Backzeit: 1¾–2 Stunden

2 Hähnchen zu je 1 kg
Salz
frisch gemahlener schwarzer Pfeffer
⅓ Tasse Olivenöl
3 mittelgroße Zwiebeln, in Ringe geschnitten
3 Teelöffel Sumach
2 Khoubiz-Brote (Seite 187)

1. Die Hähnchen mit Küchenkrepp trockentupfen. Innen und außen mit Salz und Pfeffer einreiben. Die Beine zusammenbinden und die Flügel unter den Körper stecken.
2. Die Hälfte des Öls in einer großen Pfanne erhitzen und die Hähnchen bei mittlerer Hitze braten, bis sie leicht gebräunt sind. Dabei oft wenden. Auf eine Platte legen und beiseitestellen.
3. Das restliche Öl mit den Zwiebelringen in die Pfanne geben und diese unter häufigem Rühren glasig dünsten. Das Sumachpulver hineinstreuen und weitere 2 Minuten dünsten. Vom Herd nehmen.
4. Jedes Khoubiz-Brot durchschneiden, so daß sich vier flache Brotstücke ergeben. Zwei Stücke etwas überstehend auf den Boden einer Ofenform legen.
5. Etwa ¼ der Zwiebelringe auf die Brotstücke geben, auf die Mitte jedes Stücks ein Häufchen davon machen. Auf jedes Häufchen ein Hähnchen legen und die restliche Zwiebelmischung auf die Hähnchen geben. Das Öl aus der Pfanne über Hähnchen und Brot gießen.
6. Die Hähnchen mit den beiden anderen Brotstücken mit der weißen Brotseite nach unten bedecken. Das Brot leicht mit Wasser beträufeln.
7. Im Ofen bei mittlerer Hitze 1½ Stunden garen. Wenn das Brot anfängt, braun zu werden, mit einer Aluminiumfolie abdecken. Die Brotdecke hält die Hähnchen saftig, während das Brot am Boden der Form die würzigen Säfte aufnimmt.
8. In Portionen geschnitten servieren und zu jeder Portion ein Stück des Brotes reichen.

Mihshi Malfuf

Kohlrollen

Für 6 Personen
Garzeit: 1¼ Stunden

1 großer Kohlkopf
kochendes Salzwasser
Füllung:
1 mittelgroße Zwiebel, fein gehackt
2 Eßlöffel Samneh (geklärte Butter) oder Öl
750 g fein gehacktes oder grob durchgedrehtes Lammfleisch von der Schulter
1 Tasse Rundkornreis, gewaschen und abgetropft
½ Teelöffel Piment, gemahlen
Salz
0053frisch gemahlener schwarzer Pfeffer
¼ Tasse Wasser
Zur Fertigstellung:
4 Knoblauchzehen, gehackt
Salz
¼ Tasse Zitronensaft oder 3 Teelöffel »Debis Roman« (Granatapfel-Melasse)
1 Teelöffel getrocknete Minze
Wasser

1. Vom Kohl den Strunk herausschneiden und die Blätter vorsichtig ablösen. Das Herz kann für Salat aufbewahrt werden. Jeweils ein paar Blätter in Salzwasser kochen, bis sie weich sind. In einem Durchschlag abtropfen lassen.
2. Die größeren Blätter halbieren, die Rippe herausschneiden. Bei den kleineren Blättern den dickeren Teil der Rippe herausschneiden. Einen hohen Topf mit den Rippen und zerrissenen Blättern auslegen.
3. Die Zwiebel in Samneh oder Öl weich dünsten und zusammen mit den restlichen Zutaten der Füllung gründlich mit dem gehackten Lammfleisch vermischen.
4. 1 Eßlöffel der Füllung an den unteren Rand des Blattes legen und das Blatt mit eingeschlagenen Seiten aufrollen. Mit der Hand zu einer Wurstform drücken.
5. Die fertigen Rollen mit der Nahtstelle nach unten in den ausgelegten Topf packen. Eng nebeneinander in Schichten anordnen und jede Schicht mit etwas Knoblauch, Salz und Zitronensaft bestreuen, bzw. beträufeln. Wenn man statt Zitronensaft Granatapfelmelasse verwendet, diese mit ¼ Tasse Wasser mischen und auf die Röllchen träufeln.
6. Den restlichen Knoblauch zerdrücken und mit der grob zerstoßenen Minze vermischen. Über die letzte Röllchenschicht streuen und soviel Wasser in den Topf füllen, daß die Röllchen gerade bedeckt sind.
7. Auf die Röllchen einen umgedrehten schweren Teller legen, den Topf zudecken und zum Kochen bringen. Bei schwacher Hitze 1 Stunde kochen. Heiß oder warm servieren.

Anmerkung: Der Topfboden kann auch mit mageren Lammknochen anstatt mit Kohlresten ausgelegt werden. Anstelle von Wasser kann Lammbrühe genommen werden.

Kibbeh

Die Zubereitung von Kibbeh, das praktisch das Nationalgericht im Libanon und in Syrien ist, ist eine Übung in Geduld und Ausdauer – oder vielmehr, das war es und ist es noch immer für die Puristen der mittelöstlichen Küche. Die langwierige Vorbereitung im traditionellen Mörser kann durch moderne Geräte erheblich erleichtert werden. Das Kibbeh wird genausogut werden, und die Hausfrau wird viel weniger erschöpft sein.

Das Wesentliche bei der Kibbeh-Zubereitung ist, das richtige Fleisch zu haben und die Mischung kühlzuhalten. Im Idealfall sollte das Fleisch eines einjährigen Schafes verwendet werden; wenn Sie das in Ihrer Gegend nicht bekommen, können Sie auch Lammfleisch nehmen – vorausgesetzt, es ist nicht zu jung. Suchen Sie sich Lammfleisch von tief rosaroter Farbe und mit einem reichlichen Fettrand aus. Sehr junges Lamm ist von hellerem Rosa, sehr mager und von samtartiger Beschaffenheit. Es kann nur für die Zubereitung von Kibbeh Nayye verwendet werden. Als letzte Möglichkeit könnte die Oberschale vom Rind, aber nur von erstklassiger Qualität, genommen werden. Welches Fleisch man auch nimmt, es muß vor der Zubereitung von allem Fett und allen Knorpeln befreit sein; achten Sie also beim Kauf darauf.

In Städten mit großen libanesischen und syrischen Gemeinschaften findet man manchmal einen Metzger, der sich auf fertig gehacktes Kibbeh-Fleisch spezialisert hat. Ein libanesischer oder syrischer Bekannter kennt vielleicht einen.

Verwenden Sie den feinen Burghul für das Kibbeh. Bei den modernen Verfahren erfordert dieses meist kein Durchspülen, doch ein wenig Einweichen hilft, es weicher zu machen und das fertige Gericht saftiger zu machen.

Kibbeh bil Sanieh

Gebackenes Kibbi

Für 6–10 Personen
Ofentemperatur: 180° C
Backzeit: 45 Minuten

2 mittelgroße Zwiebeln, fein gehackt
¼ Tasse Samneh (geklärte Butter)
¼ Tasse Pinienkerne
250 g grob gehacktes Lamm- oder Kalbfleisch
Salz
frisch gemahlener schwarzer Pfeffer
¼ Teelöffel Zimt
1 Portion Kibbeh (Seite 199)
zusätzlich Pinienkerne zum Garnieren, nach Wunsch
¾ Tasse zerlassenes Samneh (Ghee, Butterfett) oder Olivenöl
kaltes Wasser

1. Die Zwiebel im Butterfett glasig dünsten. Die Pinienkerne zugeben und leicht bräunen.
2. Die Hitze höherschalten und das Fleisch dazugeben. Unter ständigem Rühren dünsten, bis der Saft verdampft und das Fleisch zu bräunen beginnt. Vom Herd nehmen, Salz und Pfeffer nach Geschmack und Zimt zufügen.
3. Die Kibbi-Mischung nach Anweisung herstellen. Das Kaltstellen ist nur erforderlich, wenn es im voraus zubereitet wird.
4. Eine Ofenform von 28×33 cm Größe oder eine runde Form von 35 cm Durchmesser mit Butterfett oder Öl einfetten. Etwas weniger als die Hälfte der Kibbimischung auf dem Boden verteilen und mit der nassen Hand glätten.
5. Darauf die Hackfleisch-Nußmischung gleichmäßig verteilen. Die restliche Kibbimischung in einzelnen Häufchen auf die Hackfleischmischung setzen und vorsichtig auseinanderdrücken, damit die Füllung in Form bleibt. Die Oberfläche glattstreichen.
6. Mit einem Messer den Rand umfahren, dann das Kibbi tief in rautenförmige Stücke schneiden. In die Mitte jedes Stückes einen Pinienkern stecken (nach Wunsch). Mit 2 Eßlöffel kaltem Wasser vermischtes, zerlassenes Samneh oder Öl darübergießen. Achten Sie darauf, daß etwas davon zwischen dem Rand der Form und dem Kibbi herunterläuft.
7. Im vorgeheizten Ofen bei mittlerer Hitze 30 Minuten backen. Während des Backens drei- oder viermal leicht mit Wasser beträufeln, damit die Oberseite braun wird. Die vorgeschnittenen Stücke ganz durchschneiden und heiß oder kalt mit Joghurt, Salaten und Khoubiz servieren.

Anmerkung: Wenn Sie das Kibbi kalt servieren wollen, nehmen Sie Öl für die Zubereitung. Kibbeh bil Sanieh kann auch ohne die Füllung gebacken werden. In diesem Fall gleichmäßig in der Form verteilen, in Stücke schneiden und zerlassenes Samneh oder Öl darübergießen. Wie oben angegeben backen.

Kibbeh

Gehacktes vom Lamm und Burghul

3 Tassen Burghul
1 kg mageres Fleisch vom Lamm oder einjährigen Schaf aus der Keule
1 große Zwiebel
3 Teelöffel Salz
1 Teelöffel frisch gemahlener schwarzer Pfeffer
1 Teelöffel Piment, gemahlen
Eiswasser oder Eissplitter (etwa ½ Tasse)

Zubereitung mit dem Fleischwolf:
1. Den Burghul in eine Schüssel geben, mit kaltem Wasser bedecken und 10 Minuten einweichen. In einem Sieb abtropfen lassen und mit dem Rücken eines Löffels soviel Wasser wie möglich herausdrücken. In eine flache Schale geben, ausbreiten und im Kühlschrank 1–2 Stunden kaltstellen. Dadurch wird der Burghul auch noch trockener.
2. Alles Fett und feine Haut vom Fleisch entfernen und das Fleisch in Würfel schneiden. 1 Stunde kaltstellen, wenn es nicht sehr kalt ist.
3. Das Fleisch zweimal durch den Fleischwolf mit feinem Vorsatz drehen. Die Zwiebel ebenfalls zweimal durchdrehen und mit dem Fleisch, dem Burghul, Pfeffer und Piment vermischen.
4. Die Mischung noch zweimal durchdrehen und etwas Eiswasser oder Eissplitter zugeben. Bis zum Gebrauch zugedeckt kaltstellen.

Zubereitung in der Küchenmaschine: Den Burghul und das Fleisch, wie oben, Schritt 1 und 2, vorbereiten. Mit dem Stahlmesser jeweils ein Viertel der Fleischwürfel zu einer pastenartigen Masse verarbeiten. In eine große Schüssel geben. Die Zwiebel zu einer dicken Flüssigkeit verarbeiten und zum Fleisch geben. Das Fleisch mit der Zwiebel, den Gewürzen und dem Burghul vermischen. In 6 Portionen noch einmal in der Maschine durcharbeiten und zum Schluß mit der Hand kneten. In die Maschine jeweils 1 Eßlöffel Eiswasser oder Eissplitter zu der Fleischmischung geben. Bis zum Gebrauch zugedeckt kaltstellen.

Kibbeh Mishwey or Kibbeyet

Gefüllte Kibbi-Bällchen

Dieselben Zutaten wie für Kibbeh bil Sanieh verwenden, anstelle der ¾ Tasse Samneh oder Olivenöl genügend Öl zum Ausbacken bereitstellen.

1. Stücke vom Kibbeh von der Größe eines kleinen Eis zu Bällchen formen.
2. Die Hände in kaltes Wasser tauchen, ein Kibbi-Bällchen in den Handflächen rollen, bis es glatt ist, und mit dem Zeigefinger ein Loch hineinmachen. Mit dem Finger das Loch ausweiten, so daß die Wandstärke überall gleich ist. Das Loch mit der Füllung füllen und die Öffnung schließen. Mit kaltem Wasser anfeuchten, damit die Masse gut schließt. Wenn Risse auftreten, ebenfalls mit nassen Fingern zudrücken.
3. Die Bällchen entweder in eine Torpedoform bringen – an beiden Enden spitz zulaufend – oder in Kreiselform, d. h. an einem Ende abgerundet und am anderen zugespitzt. Die fertigen Kibbi-Bällchen auf eine flache Schale legen.
4. Das Öl erhitzen und jeweils einige Bällchen ausbacken, bis sie dunkelbraun, aber nicht verbrannt sind. Dabei wenden, damit sie gleichmäßig bräunen. Mit einem Schaumlöffel herausheben und auf Küchenkrepp abtropfen lassen. Im Ofen warmhalten, bis alle gebacken sind. Die Bällchen können auch nebeneinander in eine große eingefettete feuerfeste Form gelegt, reichlich mit zerlassenem Butterfett oder Öl bestrichen und bei mittlerer Hitze (180° C) im Ofen 20–25 Minuten gebacken werden.
5. Heiß oder kalt mit Salaten, Joghurt und Khoubiz servieren.

Anmerkung: Torpedoförmige Kibbi-Bällchen werden meist in Öl ausgebacken. Die kreiselförmigen Bällchen können über Holzkohle gegrillt oder im Ofen gebacken werden.

Lahm Bi'Ajeen

Strudelteigröllchen mit Lammfleischfüllung

Diese delikaten Pastetchen erscheinen auf den Speisekarten von Restaurants oft als Ladyfinger. Manchmal werden sie auch Sambusik di Lahm genannt, doch jede Zusammenstellung aus Lammfleisch und Teig wird normalerweise Lahm bi'Ajeen oder ähnlich genannt, was wörtlich »Fleisch im Teig« bedeutet. Da es noch ein anderes Rezept mit diesem Namen in diesem Kapitel gibt, muß ich mich auf die Übersetzung verlassen, um den Unterschied deutlich werden zu lassen.
Etwa 60 Stück
Ofentemperatur: 200° C
Backzeit: 40 Minuten

Lammfleischfüllung:
½ Tasse Pinienkerne
2 Eßlöffel Samneh (geklärte Butter)
500 g fein gehacktes, mageres Lammfleisch
1 große Zwiebel, fein gehackt
¼ Teelöffel Zimt
Salz
frisch gemahlener schwarzer Pfeffer
¼ Tasse fein gehackte Petersilie
1 Eßlöffel fein gehackte frische Minze
Zur Fertigstellung:
15 Lagen Strudelteig
½–¾ Tasse zerlassenes Samneh

1. Das Butterfett in einer Bratpfanne erhitzen und die Pinienkerne darin goldgelb rösten. Mit einem Schaumlöffel auf einen Teller geben.
2. Das Lammfleisch in die Pfanne geben und bei mittlerer Hitze rühren, bis es die Farbe wechselt und krümelig ist. Die Zwiebel zufügen und mitdünsten, bis sie glasig ist.
3. Die Hitze herunterschalten und Zimt sowie Salz und Pfeffer nach Geschmack zufügen. Zugedeckt 15 Minuten dünsten, bis der Saft verdampft. Gelegentlich rühren. Wenn das Fleisch gar ist, die Petersilie und die Minze unterrühren und vom Herd nehmen. Zugedeckt abkühlen lassen.
4. Eine Lage Strudelteig leicht mit zerlassenem Samneh bestreichen. Einmal zusammenklappen, so daß sich fast ein Quadrat ergibt. Wieder mit Samneh bestreichen und etwa 2 Eßlöffel der Füllung am längeren Rand des Teigs verteilen. Den Teig über die Füllung klappen, die seitlichen Ränder einschlagen und den Teig fest aufrollen, so daß er wie eine lange, fingerdicke Zigarre aussieht. Die restlichen Zutaten ebenso verarbeiten und die fertig vorbereiteten Rollen zudecken.
5. Backbleche mit etwas Samneh einfetten und die Rollen daraufsetzen. Die Rollen mit Samneh bestreichen.
6. Mit einem scharfen Messer jede Rolle in 8–10 cm langen Abständen leicht einritzen, so daß sie gleichmäßig markiert sind. Dies hilft beim Zerschneiden der fertigen Rollen in fingerlange Stücke, denn Strudelteig zerbricht leicht, wenn er gebacken ist.
7. Die Rollen im Ofen bei mittlerer Hitze 12–15 Minuten goldbraun backen. In fingerlange Stücke schneiden und heiß servieren.

Anmerkung: Es können auch kleine Rollen gemacht werden. Gehen Sie nach der Anleitung auf Seite 17 vor, indem Sie 12 cm breite Teigstreifen verwenden.

Abbildung Seite 201:
Tabouleh (Burghul-Salat mit Petersilie), Rezept Seite 185
Abbildung Seite 202:
Adas bis Silq (Linsen-Mangold-Suppe), Rezept Seite 189

Fatayer

Dreieckige Lammpasteten

Etwa 30 Stück
Ofentemperatur: 200° C
Backzeit: 40 Minuten

½ Portion Khoubiz-Teig (siehe Seite 187)
Lammfleischfüllung (siehe Sfiha, Seite 207)
Öl zum Bestreichen
Zum Servieren:
Zitronenschnitze oder Laban (Joghurt)

1. Nach Anweisung Khoubiz-Teig herstellen, zudecken und gehenlassen (Wenn Sie nur die halbe Menge herstellen, verwenden Sie trotzdem die angegebene Hefemenge.)
2. Die Lammfleischfüllung nach Anweisung herstellen, jedoch ein wenig trockener als für Sfiha.
3. Den Teig niederschlagen und auf ein leicht bemehltes Brett legen. Bis zu 5 mm Dicke ausrollen und in runde Stücke von 10 cm Durchmesser ausstechen. Der Teig kann auch in eigroße Stücke geteilt werden, die dann mit der Hand auseinandergedrückt oder mit dem Rollholz ausgerollt werden.
4. Einen Eßlöffel Füllung auf die Mitte eines runden Teigstückes geben und den Rand des Teigs mit etwas Wasser befeuchten. Den Teig an drei Punkten hochziehen. Die Ränder an drei Seiten nach innen falten und zusammendrücken. Innen bleibt ein Stück frei, so daß die Füllung zu sehen ist.
5. Die Pasteten auf geölte Backbleche legen und mit Öl bepinseln. Im Ofen bei mittlerer Hitze goldgelb backen. Wenn die Pasteten goldbraun sein sollen, einige Sekunden unter einen heißen Grill schieben.
6. Heiß oder warm mit Zitronenschnitzen servieren. Der Saft wird auf die Mitte der Pastete geträufelt. Oder mit einer Schüssel Joghurt servieren.

Kibbeh Nayye

Rohes Kibbi

Für 10–12 Personen als Vorspeise oder 1. Gang

1 Portion Kibbeh (Seite 199)
¼ Tasse Olivenöl
1 Tasse Zwiebelringe von Frühlingszwiebeln, einschließlich des Zwiebelgrüns
2 Köpfe römischer Salat (Sommerendivie)
Zitronenschnitze
4–6 Khoubiz-Brote, in Viertel geschnitten

1. Kibbeh nach Anweisung herstellen, jedoch 2 Tassen Burghul statt 3 Tassen verwenden.
2. Nach dem letzten Durchkneten auf eine große ovale Platte geben und flachstreichen. Mit der Hand, die in Eiswasser getaucht wurde, die Kanten abrunden und die Oberfläche glätten. Mit dem Daumen in der Mitte eine kleine Mulde machen und mit der Seite des Zeigefingers das Kibbeh über Kreuz einkerben. Oder auf einzelnen kleinen Platten anrichten.
3. Das Kibbeh unbedeckt im Kühlschrank etwa 1 Stunde kaltstellen, bis es eine schöne rote Färbung hat. Die Kälte und der Sauerstoff bewirken die Farbe. Wenn es nicht sofort serviert werden soll, mit einem Stück Haushaltsfolie abdecken. Nicht aufeinanderstellen, wenn einzelne Platten verwendet werden, da sich dann die Farbe ändern wird.
4. Zum Servieren Olivenöl in die Mulde in der Mitte und die Kerben träufeln. Mit einem Ring von Frühlingszwiebelringen um den Rand herum garnieren. Die gewaschenen Salatblätter in eine Schüssel geben, die Zitronenschnitze in eine andere und das Fladenbrot in einen Korb legen. Das Kibbeh wird auf die Salatblätter oder das Brot gehäuft, darauf wird Zitronensaft geträufelt, wenn gewünscht.
Anmerkung: Kibbeh Nayye sollte am Tag der Zubereitung gegessen werden. Reste sollten für ein gekochtes Kibbeh-Gericht verwendet werden.

Abbildung Seite 203:
Samke bi Taratour (Fisch mit Tahinasauce), Rezept Seite 195
Abbildung Seite 204:
Mihshi Malfuf (Kohlrollen), Rezept Seite 198

Sheikh al Mishi

Gefüllte Auberginen

Für 6 Personen
Ofentemperatur: 190° C
Backzeit: 1 Stunde

12 kleine längliche Auberginen oder 6 mittelgroße ovale Auberginen
¼ Tasse Samneh (geklärte Butter) oder Öl
Fleischfüllung:
500 g fein gehacktes Lamm- oder Rindfleisch
2 Eßlöffel Öl
1 große Zwiebel, fein gehackt
1 Knoblauchzehe, fein gehackt
¼ Tasse Pinienkerne
¼ Teelöffel Zimt
¼ Teelöffel Piment, gemahlen
¼ Tasse fein gehackte Petersilie
Salz
frisch gemahlener schwarzer Pfeffer
Zur Fertigstellung:
1 Tasse Tomatenmark
Salz und Pfeffer
Wasser, nach Wunsch

1. Den Stielansatz von den Auberginen entfernen und die Haut in 1 cm breiten Abständen abziehen, um eine Streifenwirkung zu erhalten.
2. Das Öl in einer Pfanne erhitzen und die Auberginen darin auf allen Seiten leicht bräunen. Auf einen Teller legen.
3. Das Hackfleisch, Öl, Zwiebel und Knoblauch in die Pfanne geben und unter häufigem Rühren schmoren, bis der Saft verdampft. Die Pinienkerne, Gewürze, Petersilie und Salz und Pfeffer nach Geschmack zugeben. Vom Herd nehmen.
4. Auf jeder Seite der Auberginen einen tiefen Schlitz machen und mit der Fleischfüllung füllen.
5. Die gefüllten Auberginen in einer feuerfesten Form anordnen und Tomatenpüree darübergießen. Mit Salz und Pfeffer abschmecken und im Ofen bei mittlerer Hitze 30 Minuten backen. Wasser während des Backens nur bei Bedarf zufügen und die Auberginen gelegentlich mit dem Tomatenpüree bestreichen.

Mansaaf

Gewürztes Lammfleisch in Joghurt

Offenbar herrscht das allgemeine Mißverständnis, daß Mansaaf ein jordanisches Fest ist. Mir wurde von jordanischen Freunden versichert, daß Mansaaf ein Gericht ist, das bei Festen serviert wird. Die Palästinenser nennen es Mansi.
Um meinen Freunden einen Gefallen zu tun, habe ich hier das Rezept aufgeführt. Natürlich würde man in Jordanien wahrscheinlich ein ganzes Lamm verwenden, obwohl auch hier die Mengen für normale Mahlzeiten reduziert werden.

Für 6 Personen
Kochzeit: 2 Stunden

1,5 kg Lammschulter am Knochen
Wasser
Salz
frisch gemahlener schwarzer Pfeffer
¼ Tasse Samneh (geklärte Butter) oder Ghee (Butterfett)
¼ Tasse Pinienkerne
1 große Zwiebel, gehackt
1½ Teelöffel Kurkuma
½ Teelöffel Piment, gemahlen
1 kleines Stück Stangenzimt
1 Portion Laban Mutboukh (Seite 178)

1. Lassen Sie sich die Schulter in 6 gleichgroße Stücke schneiden oder nehmen Sie dick geschnittene Lammkotellets von der Schulter.
2. Die Lammfleischstücke in einen Topf geben und mit Wasser auffüllen. Langsam zum Kochen bringen und bei Bedarf Fett und Schaum abschöpfen. Wenn die Brühe abgeschöpft ist und kocht, Salz und Pfeffer nach Geschmack zugeben und zugedeckt bei schwacher Hitze 30 Minuten kochen lassen.
3. Das Samneh in einer Bratpfanne erhitzen und die Pinienkerne darin goldgelb rösten. Dann die Pinienkerne auf einen Teller geben und das Samneh wieder in die Pfanne abgießen.
4. Die Zwiebel in der Pfanne glasig dünaten. Das Kurkuma, Piment und Stangenzimt hineinrühren und weitere 2 Minuten dünsten. Diese Mischung zum kochenden Lammfleisch geben.
5. Inzwischen nach Anweisung Laban Mutboukh herstellen und beiseitestellen.
6. Wenn das Lammfleisch 1 Stunde gekocht hat, den Deckel abnehmen und die Flüssigkeit auf die Hälfte einkochen lassen.
7. Dann das Laban Mutboukh zugeben und den Topf schütteln, um das Joghurt gleichmäßig mit der Kochflüssigkeit zu vermischen. Das Mansaaf bei schwacher Hitze kochen lassen, bis das Lammfleisch gar und die Sauce dick ist. Wenn die Sauce gerührt werden muß, dann nur in einer Richtung. Mit Salz und Pfeffer abschmecken und den Stangenzimt herausnehmen.
8. Das Mansaaf auf eine Servierplatte häufen und mit den gerösteten Pinienkernen bestreuen, Heiß mit Riz Mufalfal servieren. Wenn das Gericht auf die traditionelle Art aufgetragen werden soll, die Platte mit Fladenbrotstücken als Ersatz für das papierdünne Shirak-Brot Jordaniens belegen, den Reis daraufhäufen und mit dem Lammfleisch in Joghurt belegen. Zum Schluß mit Pinienkernen bestreuen.

Sfiha, Lahm bi'Ajeen

Flache Lammpastetchen

Sfiha in Syrien entspricht dem Lahm bi'Ajeen, ein flaches Lammpastetchen, das in der ganzen Region, die als Fruchtbarer Halbmond (einschließlich Irak) bekannt ist, populär ist. In Syrien wird Khoubiz-Teig für Sfiha verwendet, während die libanesische Köchin häufig einen Mürbteig verwendet, der eine zartere, knusprige Unterlage ergibt und viel weniger Arbeit macht.

Etwa 30 Stück
Ofentemperatur: 200° C
Backzeit: 40 Minuten

½ Portion Khoubiz-Teig (Seite 187)
Oder:
4 Tassen Weizenmehl
1 Teelöffel Salz
1 Tasse zerlassenes Samneh (geklärte Butter) oder anderes Backfett
⅔ Tasse warmes Wasser
Lammfleischfüllung:
1 Eßlöffel Öl
500 g gehacktes Lammfleisch
1 große Zwiebel, fein gehackt
⅓ Tasse Pinienkerne
¼ Teelöffel Zimt
¼ Teelöffel Piment, gemahlen
Salz
¼ Teelöffel frisch gemahlener schwarzer Pfeffer
¼ Teelöffel frisch gemahlener weißer Pfeffer
½ Tasse enthäutete, gehackte Tomaten
3 Teelöffel Debis Roman (Granatapfel-Melasse) oder Zitronensaft
Zur Fertigestellung:
Öl zum Bestreichen
Granatapfelkerne, Zitronenschnitze oder Joghurt zum Servieren

1. Khoubiz-Teig herstellen, auch bei der halben Menge die ganze Hefemenge nehmen und den Teig gehen lassen. Oder Mürbteig zubereiten: Mehl und Salz in eine Schüssel sieben, das zerlassene und abgekühlte Samneh hineingeben und mit den Fingerspitzen miteinander vermengen. Den größten Teil des Wassers hineinträufeln und zu einem geschmeidigen Teig kneten; bei Bedarf noch Wasser zufügen. Einwickeln und 30 Minuten ruhen lassen.
2. Das Öl in einer Bratpfanne erhitzen und das Hackfleisch darin unter ständigem Rühren dünsten, bis es die Farbe wechselt und krümelig wird. Die Zwiebel zugeben und 10 Minuten unter häufigem Rühren dünsten, bis die Zwiebel weich ist.
3. Die Pinienkerne, Gewürze, Salz nach Geschmack und den Pfeffer zugeben, noch eine Minute dünsten und dann die Tomaten zugeben. Zugedeckt bei milder Hitze dünsten, bis die Tomate weich ist – etwa 10 Minuten.
4. Die Granatapfel-Melasse oder den Zitronensaft einrühren. Vom Herd nehmen und abkühlen lassen. Die Mischung sollte saftig, aber nicht flüssig sein.
5. Den Khoubiz-Teig (falls hergestellt) niederschlagen. Diesen Teig oder den Mürbteig auf einem leicht bemehlten Brett zu einer Dicke von 5 mm ausrollen und in Rundstücke von 10 cm Durchmesser ausstechen; die Reststücke verkneten und ebenfalls ausrollen und ausstechen. Die Rundstücke auf ein Tuch legen und mit einem anderen Tuch abdecken. Man kann die Rundstücke auch aus einzelnen, eigroßen Teigstücken herstellen, die man mit der Hand flachdrückt.
6. Ein Teigstück nehmen und den Rand mit den Fingerspitzen kräuseln. Auf jedes Teigstück 1 Eßlöffel von der Füllung geben und darauf verteilen. Die Pastetchen dicht nebeneinander auf geölte Backbleche setzen. Die Fleischauflage und den Teigrand leicht mit Öl bestreichen.
7. Die Pastetchen im Ofen bei mittlerer Hitze 12–15 Minuten backen. Heiß oder warm servieren und mit ein paar frischen Granatapfelkernen – falls erhältlich – bestreuen. Zu den Pastetchen können Zitronenschnitze zum Ausdrücken oder Jughurt gereicht werden.

Kibbeh bi Laban

Kibbi-Bällchen in Joghurt

Für 6 Personen
Kochzeit: 30–35 Minuten

½ Portion Kibbeh Mishwey (Seite 200)
1 doppelte Portion Laban Mutboukh (Seite 178)
½ Tasse Wasser
1 Knoblauchzehe
Salz
2 Teelöffel getrocknete Minze
¼ Tasse Samneh (geklärte Butter)
Riz Mulfalfal zum Servieren (Seite 188)

1. Die Kibbi-Bällchen nach Anweisung herstellen, mit der Füllung füllen und in torpedoförmige Stücke formen. Die fertigen Bällchen nicht dünsten, sondern beiseitestellen.
2. Laban Mutboukh nach Anweisung zubereiten, jedoch nur 1 Eiweiß verwenden und Wasser zufügen, nachdem es 3–5 Minuten gekocht hat. Wieder aufkochen und ohne Deckel weitere 5 Minuten kochen lassen.
3. Die vorbereiteten Kibbi-Bällchen zugeben und bei schwacher Hitze ohne Deckel kochen lassen, während man die Mischung aus Knoblauch und Minze vorbereitet.
4. Den Knoblauch mit ½ Teelöffel Salz zerdrücken und die zerstoßene Minze untermischen. In einem Pfännchen Samneh erhitzen und die Knoblauchmischung darin 2–3 Minuten dünsten.
5. Diese Mischung zu den Kibbi-Bällchen im Joghurt geben, vorsichtig in eine Richtung rühren und mit Salz abschmecken. Unbedeckt 15 Minuten schwach kochen lassen. Nicht mehr rühren.
6. Zum Schluß sollte die Joghurtsauce dick sein, wenn nicht, noch weitere 5 Minuten kochen lassen. Heiß mit Riz Mulfalfal servieren.

Ushta

Dicker Rahm

Wo es Büffelmilch im Mitteleren Osten gibt, werden Sie auch Ushta vorfinden. Die Vollmilch wird gekocht und stehengelassen, bis sich der feste Rahm an der Oberfläche bildet. Er ist so fest, daß man ihm mit dem Messer schneiden kann. Der Rahm wird zu bestimmten Gebäcksorten gereicht, als Füllung für 'Ataif (Pfannkuchen) verwendet, da er beim Erhitzen nicht schmilzt, oder einfach so zusammen mit Kompott oder Honig gegessen.
Das Aroma des echten Ushta ist ziemlich streng. Ich habe daher die Zubereitung mit Trockenmilch von der Kuh angegeben; der Geschmack dieses Rahms dürfte mehr Anklang finden.
Wenn Sie Vollmilch zur Verfügung haben, die frisch von der Kuh kommt, können Sie dicken Rahm machen; der Devonshire-Rahm ist ein guter Ersatz, wo er erhältlich ist.
Ushta (manchmal auch als Kishta mit einem tiefen gutturalen K angegeben) ist der arabische Name in den Ländern, die in diesem Kapitel abgehandelt werden. In der Türkei ist er als Kaymak und im Irak als Gaimer bekannt.

Etwa 1 Tasse

2 Tassen Vollmilchpulver
2½ Tassen Wasser

1. Das Milchpulver gründlich mit dem Wasser vermischen, bei Bedarf schlagen, um Klumpen aufzulösen.
2. Die Mischung in eine Bratpfanne mit 23 cm Durchmesser gießen. Es sollte eine Pfanne mit schwerem Boden oder einer Antihaftbeschichtung sein, da die Milch dann nicht anbrennt.
3. Bei mittlerer Hitze langsam zum Sieden bringen – nicht aufkochen lassen.
4. Wenn sich oben eine Haut bildet, diese mit einem großen Löffel an die Seite schieben und herausnehmen. Den Löffel etwas kippen, damit eventuell mit aufgenommene Milch wieder in die Pfanne läuft. Die Rahmschicht in eine Schüssel geben.
5. Während der nächsten 2 bis 2½ Stunden alle 10 Minuten die Haut abnehmen, die sich immer wieder bildet. Zum Schluß bleibt nur noch eine dünne Schicht dicker Milch in der Pfanne. Diese kann weggeschüttet oder zum Kochen verwendet werden.
6. Den abgeschöpften Rahm im Mixer oder in der Küchenmaschine zu einer glatten Masse verarbeiten. Wieder in die Schüssel geben und gründlich abkühlen. Der Rahm wird ziemlich fest und hält sich zugedeckt etwa 1 Woche im Kühlschrank. Nach den Anweisungen der Rezepte oder zu gedämpftem Obst und Nachtisch servieren.

Shisbarak

Lammfleischpastetchen in Joghurtsauce

Für 6 Personen
Ofentemperatur: 180° C
Backzeit: 45 Minuten

Teig:
2 Tassen Weizenmehl
½ Teelöffel Salz
¾ Tasse kaltes Wasser
¼ Tasse zerlassenes Samneh (geklärte Butter) zum Backen
Füllung:
2 Eßlöffel Samneh
¼ Tasse Pinienkerne
500 g fein gehacktes mageres Lammfleisch
1 große Zwiebel, fein gehackt
¼ Teelöffel Piment, gemahlen
1 Prise Zimt
Salz
frisch gemahlener schwarzer Pfeffer
Joghurtsauce:
5 Tassen Joghurt
1½ Tassen Wasser
1 Eßlöffel Miasmehl
1 Eiweiß, leicht geschlagen
2 Teelöffel Salz
Zur Fertigstellung:
2 Knoblauchzehen
½ Teelöffel Salz
¼ Tasse Samneh
1 Eßlöffel getrocknete und zerstoßene Minze
Riz Mufalfal als Beilage (Seite 188)

1. Das Mehl mit dem Salz in eine Rührschüssel sieben, das Wasser hineingeben und zu einem weichen Teig vermischen; bei Bedarf noch etwas Mehl zugeben. Leicht kneten, bis er geschmeidig ist, und zugedeckt 30 Minuten ruhen lassen.
2. In der Zwischenzeit die Füllung herstellen. Die Hälfte des Samneh in einer Pfanne erhitzen und die Pinienkerne darin goldbraun rösten. Mit einem Schaumlöffel herausheben und beiseitestellen.
3. Das restliche Samneh in der Pfanne erhitzen und das Hackfleisch unter ständigem Rühren bei starker Hitze dünsten, bis es auseinanderfällt und die Farbe ändert. Die Zwiebel zugeben und weitere 10 Minuten dünsten, bis sie glasig ist. Dann die Gewürze und Salz und Pfeffer nach Geschmack einrühren. Die Pinienkerne zufügen und abkühlen lassen.
4. Den Teig auf einem leicht bemehlten Brett ausrollen und Kreise von 5 cm Durchmesser ausstechen. Auf jedes Teigstück 1 Teelöffel der Fleischfüllung geben und den Teig zu einem Halbmond zusammenklappen. Die Ränder zusammendrücken und mit den Fingern oder mit den Zinken einer Gabel eindrücken. Den Halbmond um einen Finger wickeln und die zwei Spitzen zusammendrücken, so daß die Pastete die Form eines Hutes bekommt. Auf Backbleche setzen, die mit etwas zerlassenem Samneh eingefettet wurden. Zum Schluß die Pastetchen mit dem restlichen Butterfett bestreichen.
5. Die Pastetchen im Ofen bei mittlerer Hitze 10–15 Minuten backen, bis sie leicht gebräunt sind. Sie müssen nicht ganz durchgebacken sein.
6. Das Joghurt in einen großen, schweren Topf geben und glattrühren. Das Maismehl in Wasser anrühren und zusammen mit dem Eiweiß und dem Salz zum Joghurt geben. Umrühren, dann bei mittlerer Hitze ständig in einer Richtung rühren, bis das Joghurt dick wird und aufwallt.
7. Die Pastetchen in das kochende Joghurt geben, vorsichtig umrühren, dann unbedeckt bei mittlerer Hitze 10 Minuten kochen lassen. Während des Kochens noch zweimal umrühren.
8. Den Knoblauch mit dem Salz zerdrücken. Das Samneh in einem Pfännchen erhitzen, den Knoblauch zugeben und einige Sekunden dünsten. Die Minze einrühren und die Pfanne vom Herd nehmen.
9. Die Knoblauchmischung in das Shishbarak gießen, umrühren und noch 2–3 Minuten kochen. In tiefen Tellern zusammen mit Reis servieren.

Kasbi Mishwi bi Toum

Gegrillte Leber mit Knoblauch

Für 4–6 Personen
Garzeit: 3–4 Minuten

500 g Lammleber
kaltes Salzwasser
3–4 Knoblauchzehen
½ Teelöffel getrocknete Minze
¼ Tasse Olivenöl
Salz
frisch gemahlener schwarzer Pfeffer
Zitronenschnitze zum Servieren

1. Die Leber in kaltem Salzwasser 20 Minuten einweichen. Abtropfen lassen, die Haut entfernen und in 1 cm dicke Scheiben schneiden. Die Scheiben in etwa 2 cm breite Quadrate schneiden. Die Leberstücke mit Küchenkrepp trockentupfen.
2. Den Knoblauch zerdrücken und mit fein zerkrümelter Minze vermischen. Die Leberstücke auf allen Seiten mit der Knoblauchpaste bestreichen und in eine Schüssel legen. Mit Olivenöl beträufeln und nach Geschmack salzen und pfeffern. Zugedeckt 30 Minuten stehenlassen.
3. Die Leberstücke auf Spieße stecken, und zwar seitlich durch die Quadrate, so daß die Leberstücke flach auf den Spießen sitzen.
4. Über glühender Holzkohle auf beiden Seiten jeweils 1–2 Minuten grillen, nicht länger. Während des Grillens mit dem Öl aus der Schüssel bestreichen.
5. Heiß servieren und Zitronenschnitze dazu reichen, die darüber ausgedrückt werden können. Als Vorspeise oder Hauptgericht servieren.

'Ataif Mihshi

Gefüllte Pfannkuchen

16–18 Stück
Backzeit: 6 Minuten

1 Portion Pfannkuchenteig ('Ataif, Seite 210)
1 Tasse kalter Sirup ('Atar, Seite 211)
Mais- oder Erdnußöl zum Ausbacken
Nußfüllung:
1½ Tassen fein gehackte Walnüsse
¼ Tasse grobkörniger Zucker
1½ Teelöffel Zimt
Oder:
Käsefüllung:
1 Tasse Kareeshee (Seite 178), oder italienischer Ricotta (Hüttenkäse)

1. Die Pfannkuchen herstellen, aber nur auf einer Seite backen. Etwa 3 Minuten backen, bis die Oberseite gelblich wird. Auf einem Teller stapeln.
2. Die Füllung nach Wahl vorbereiten. Die Nüsse mit dem Zucker und Zimt vermischen oder den Käse mit einer Gabel glattrühren.
3. 2 gehäufte Teelöffel der Füllung auf die ungebackene Seite jedes Pfannkuchens geben. Die Pfannkuchen zusammenklappen und die Ränder gut zusammendrücken.
4. Das Öl auf 200° C erhitzen (das ist die Temperatur, bei der sich ein Brotwürfel in 30 Sekunden goldgelb färbt). Die gefüllten Pfannkuchen zu jeweils 3 oder 4 Stück gleichzeitig ausbacken, dabei wenden, damit sie gleichmäßig bräunen (etwa 2 bis 3 Minuten).
5. Mit einem Schaumlöffel herausnehmen und auf Küchenkrepp abtropfen lassen. Noch heiß in Sirup tauchen und auf einen Teller legen. Warm oder kalt servieren.

Anmerkung: Auch Ushta (dicker Rahm, siehe oben) kann als Füllung verwendet werden. Nehmen Sie jedoch keinen anderen Rahm, da er beim Backen flüssig wird.

'Ataif

Pfannkuchen

Etwa 16–18 Stück
Backzeit: 4–5 Minuten pro Pfannkuchen

1 Beutel aktive Trockenhefe
1 Teelöffel Zucker
1½ Tassen warmes Wasser
1½ Tassen Weizenmehl
1 Prise Salz
Zum Servieren:
'Atar (Sirup, Seite 211)
Ushta (dicker Rahm, Seite 208) oder Schlagsahne

1. Die Hefe mit Zucker und ¼ Tasse Wasser vermischen. Wenn aktive Trockenhefe verwendet wird, kann das Wasser etwas wärmer als lauwarm sein. Umrühren, bis sich die Hefe aufgelöst hat.
2. Das Mehl mit dem Salz in eine warme Rührschüssel sieben und in der Mitte eine Mulde machen.
3. 1 Tasse Wasser und die Hefemischung in die Mitte gießen, dann nach und nach das Mehl mit einem Holzlöffel hineinrühren, bis der Teig glatt wird. Wenn noch Klumpen vorhanden sind, mit einem Schneebesen glattrühren.
4. Die Schüssel mit einem Tuch abdecken und an einem warmen Ort 1 Stunde gehen lassen, bis die Oberfläche blasig ist.
5. Eine Pfanne mit schwerem Boden erhitzen und mit einem in Butterfett oder Öl getauchten Küchenkreppbausch einfetten. Mittlere Hitze sollte zum Backen der Pfannkuchen ausreichen.
6. Etwa 1½ Teelöffel Teig in die Pfanne gießen und die Pfanne sofort schwenken, damit sich der Teig zu einem Kreis von etwa 10 cm Durchmesaer ausbreitet. Eine Schöpfkelle verwenden, damit der Teig in einer Portion in die Pfanne gegeben wird. Wenn der Teig zu dickflüssig ist, noch etwas Wasser zugeben. Der Pfannkuchen sollte dick sein, sich aber etwas ausbreiten.
7. Auf der Unterseite goldbraun backen, umdrehen und die andere Seite backen. Herausnehmen und auf einem Teller stapeln.
8. Die Pfannkuchen in kalten Sirup tauchen und mit Ushta oder Schlagsahne servieren.

Anmerkung: Da die einzelnen Mehlsorten verschiedene Mengen Wasser aufnehmen, sollte man etwas Wasser zurückbehalten, um die Konsistenz des Teigs vor dem Backen zu korrigieren.

’Atar I
Aromatisierter Sirup

Etwa 2½ Tassen

3 Tassen grobkörniger Zucker
2½ Tassen kaltes Wasser
1 Teelöffel Zitronensaft
1–2 Eßlöffel Rosen- oder Orangenblütenwasser

1. Den Zucker bei mittlerer Hitze in einem schweren Topf im Wasser auflösen, dabei gelegentlich rühren.
2. Zum Kochen bringen, den Zitronensaft zufügen und bei mittlerer Hitze 12 Minuten kochen lassen, bis er fest wird, wenn etwas davon auf eine kalte Untertasse gegeben wird. Wenn er abgekühlt ist, sollte er die Konsistenz von dünnem Honig haben.
3. Das Rosen- oder Orangenblütenwasser nach Geschmack zugeben und noch 1 Minute kochen.
4. Den Sirup durchseihen, abkühlen lassen und im Kühlschrank in einem geschlossenen Behälter aufbewahren, bis er gebraucht wird.

Anmerkung: Wenn der Sirup zu kochen begonnen hat, darf er nicht mehr umgerührt werden, da er dann trübe wird.

’Atar II
Sirup

2½ Tassen

3 Tassen grobkörniger Zucker
2½ Tassen kaltes Wasser
1 Eßlöffel Zitronensaft
1 Stück Stangenzimt

1. Den Zucker in einem Topf mit schwerem Boden bei mittlerer Hitze im Wasser auflösen.
2. Den Zitronensaft und den Stangenzimt zugeben und aufkochen.
3. Bei mittlerer Hitze 12 Minuten kochen lassen, bis der Sirup dick wird. Auf einer kalten Untertasse prüfen. Wenn er abgekühlt ist, sollte er die Konsistenz von dünnem Honig haben.
4. Durchseihen, abkühlen und bis zum Verbrauch im Kühlschrank in einem geschlossenen Behälter aufbewahren.

Kul’wa’Shkur
Mandelpastete

40 Stück
Ofentemperatur: 170–180° C
Backzeit: 1 Stunde

500 g Strudelteig
¾ Tasse zerlassenes Samneh oder Butter
½ Tasse gehackte Pistazienkerne, nach Wunsch
Mandelfüllung:
3 Tassen grob gemahlene Mandeln
1 Tasse feiner Zucker
1 Eißweiß
1½ Teelöffel Orangenblütenwasser
2 Tropfen Mandelessenz
’Atar-Sirup:
2 Tassen grobkörniger Zucker
1½ Tassen Wasser
2 Teelöffel Zitronensaft
2 Teelöffel Rosenwasser

1. Eine Backform von 25 × 33 cm Größe mit geklärter Butter auspinseln und eine Lage Strudelteig hineinlegen. Diese mit Butter bestreichen und eine weitere Lage darüberlegen. Wiederholen, bis die Hälfte der Strudelteiglagen verbraucht sind.
2. Die Mandeln mit dem Zucker vermischen. Das Eiweiß steifschlagen und mit der Mandelmischung, dem Orangenblütenwasser und der Mandelessenz vermengen.
3. Die Mandelfüllung auf den Strudelteig in der Backform streichen.
4. Eine Teiglage darüberlegen, mit Butter bestreichen. Mit den restlichen Teiglagen ebenso verfahren.
5. Die Oberseite mit Butter bestreichen und die Schichten mit einem scharfen Messer in rautenförmige Stücke schneiden (siehe Zeichnung Seite 19). Zum Schluß etwas kaltes Wasser darüberträufeln.
6. Auf der mittleren Schiene im Ofen bei mäßiger Hitze 30 Minuten backen, dann eine Schiene höher schieben und weitere 30 Minuten backen.
7. In der Zwischenzeit den Zucker mit dem Wasser in einer Kasserolle vermischen und auf der heißen Herdplatte umrühren, bis sich der Zucker aufgelöst hat. Den Zitronensaft zugeben. Aufkochen und bei mittlerer Hitze 15 Minuten kochen lassen. Das Rosenwasser einrühren und abkühlen lassen. Der abgekühlte Sirup sollte die Konsistenz von dünnem Honig haben.
8. Den abgekühlten Sirup über das heiße Gebäck gießen und kalt werden lassen. Nach Wunsch mit Pistazienkernen bestreuen.
9. Die Pastete noch einmal an den vorgeschnittenen Stellen durchschneiden und die einzelnen Stücke herausnehmen. In einem geschlossenen Behälter bei Zimmertemperatur aufbewahren.

Muhallabia

Mandelcremepudding

Für 6 Personen
Kochzeit: 15 Minuten

¼ Tasse gemahlener Reis
3 Tassen Milch
1 Prise Salz
¼ Tasse Zucker
¾ gemahlene Mandeln
1 Eßlöffel Rosenwasser
Pistazien oder Mandeln zum Servieren
Granatapfelkerne, nach Wunsch

1. Den gemahlenen Reis in ¼ Tasse Milch einrühren. Die restliche Milch in einem Topf mit schwerem Boden zum Kochen bringen und den angerührten Reis, Salz und Zucker hineinrühren.
2. Bei mittlerer Hitze ständig mit einem Holzlöffel rühren, bis die Mischung schwach aufkocht, dann noch 5 Minuten leise kochen lassen, häufig dabei umrühren. Bei Bedarf die Hitze herunterschalten, damit die Mischung nur schwach kocht.
3. Die geriebenen Mandeln hineinrühren, bis sie gründlich vermischt sind, dann das Rosenwasser zugeben.
4. Vom Herd nehmen und den Pudding gelegentlich umrühren, bis er ein wenig abkühlt, dann in eine große Schüssel oder sechs kleine Schälchen gießen.
5. Kaltstellen und mit Pistazien und Granatapfelkernen – falls erhältlich – servieren.

Sambusik

Dattelhörnchen

30 Stück
Ofentemperatur: 180° C
Backzeit: 20–25 Minuten

2½ Tassen Weizenmehl
½ Teelöffel gemahlenes Mahlab (Kern der Schwarzkirsche), nach Wunsch
¼ Tasse zerlassene Butter
⅓ Tasse Milch
¼ Tasse grobkörniger Zucker
¼ Tasse Oliven- oder Nußöl
Dattelfüllung:
250 g Datteln
¼ Tasse Butter
1 Teelöffel Rosenwasser

1. Das Mehl mit dem Mahlab – falls verwendet – in eine Rührschüssel sieben und die Butter unterkneten.
2. Die Milch mit dem Zucker erhitzen, umrühren, bis sich der Zucker aufgelöst hat, und abkühlen, bis die Milch lauwarm ist.
3. Die Milch und das Öl in das Mehl gießen und zu einem weichen Teig verrühren. Dann kneten, bis der Teig geschmeidig ist.
4. Die Datteln hacken und mit ¼ Tasse Butter in eine Pfanne geben. Bei mittlerer Hitze rühren, bis die Mischung eine pastenartige Konsistenz hat. Vom Herd nehmen und das Rosenwasser hineinrühren.
5. Den Teig auf einem leicht bemehlten Brett ausrollen, bis er 5 mm dick ist. 5 cm breite Kreise ausstechen.
6. Einen Teelöffel der Dattelfüllung auf jeden Kreis setzen und den Teig über die Füllung klappen, so daß ein Halbmond entsteht. Die Ränder mit den Fingern oder mit einer Gabel zusammendrücken.
7. Die Sambusik auf ungefettete Backbleche setzen und im Ofen bei mittlerer Hitze in 20–25 Minuten hellgelb backen. Auf den Blechen 5 Minuten abkühlen lassen, dann auf einen Rost setzen und ganz abkühlen lassen. Wenn sie kalt sind, in Dosen aufbewahren.

Anmerkung: Statt der Dattel- kann eine Walnußfüllung verwendet werden. Nehmen Sie die Füllung für Ma'amoul B'jowz (Seite 214).

Sharab el Ward

Rosenwassersirup

2 Tassen Zucker
1 Tasse Wasser
durchgeseihter Saft ½ Zitrone
einige Tropfen rosa Lebensmittelfarbe
⅓ Tasse Rosenwasser

1. Den Zucker mit dem Wasser in einen Topf geben und bei mittlerer Hitze rühren, bis der Zucker sich aufgelöst hat. Zum Kochen bringen und den Zitronensaft zufügen.
2. Ohne zu rühren 10 Minuten kochen lassen, bei Bedarf den Schaum abschöpfen.
3. Die Lebensmittelfarbe zugeben, um ein tiefes Rosa zu erhalten – es wird später heller werden, wenn es verdünnt wird.
4. Das Rosenwasser zugeben und weitere 3 Minuten kochen. Vom Herd nehmen, abkühlen lassen, in eine Flasche füllen und verschließen.
5. Zum Servieren 2–3 Eßlöffel Sirup in ein Glas geben und mit Eiswasser auffüllen.

Baklawa 'Be'Aj'

Nußpasteten

Etwa 40 Stück
Ofentemperatur: 180° C, dann 150° C
Backzeit: 45 Minuten

500 g Strudelteig
¾ Tasse zerlassenes Samneh oder Butter
½ Tasse gehackte Pistazienkerne, nach Wunsch
Nußfüllung:
2 Eiweiß
½ Tasse feiner Zucker
2 Tassen grob gemahlene Wahlnüsse
2 Tassen grob gemahlene Mandeln
1 Teelöffel Rosenwasser
'Atar-Sirup:
2 Tassen grobkörniger Zucker
1½ Tassen Wasser
1 Teelöffel Zitronensaft
1 Teelöffel Orangenblütenwasser
1 Teelöffel Rosenwasser

1. 10 Strudelteiglagen auf einer flachen Unterlage stapeln, die restlichen Lagen zuerst mit einem trockenen, dann einem feuchten Küchentuch bedecken.
2. Die oberste Lage des Stapels mit Butter bestreichen, die Lage hochnehmen und mit der gebutterten Seite nach unten wieder auf den Stapel legen. Die Oberseite wieder mit Butter bestreichen, zwei Lagen hochnehmen und umgekehrt wieder auf den Stapel legen. Diesen Vorgang wiederholen, bis alle 10 Lagen mit Butter bestrichen sind; jedesmal eine Lage mehr mit hochnehmen. Ober- und Unterseite des Stapels werden nicht mit Butter eingestrichen.
3. Den gebutterten Stapel Strudelteig mit der Küchenschere in etwa 10 cm breite Quadrate schneiden. Den Rest des Strudelteigs ebenso vorbereiten. Je nach Größe der Teiglagen haben Sie vielleicht bei der zweiten Menge weniger als 10. Notfalls die Lagen halbieren, damit Sie 10 Lagen übereinander bekommen.
4. Das Eiweiß steifschlagen und allmählich den Zucker hineinschlagen. Die Nüsse und das Rosenwasser untermischen.
5. Die Oberseite einer Strudelteigschicht mit Butter bestreichen und einen Eßlöffel Nußmischung in die Mitte geben. Etwas eindrücken und die vier Ecken hochziehen und so formen, daß sie wie Blütenblätter aussehen.
6. In eine mit Butter ausgestrichene Backform von 25× 33 cm Größe setzen. Mit den restlichen Zutaten ebenso verfahren und die fertigen Gebäckstücke dicht nebeneinander in die Form setzen.
7. Im Ofen bei mittlerer Hitze 30 Minuten backen, dann die Hitze herunterschalten und bei 150° C noch 15 Minuten weiterbacken.
8. Inzwischen den Zucker in heißem Wasser auflösen, den Zitronensaft und das Orangenblütenwasser zugeben und zum Kochen bringen. 15 Minuten kochen lassen, das Rosenwasser einrühren und abkühlen lassen.
9. Den kalten, dicken Sirup über die heißen Gebäckstücke gießen. Abkühlen lassen und nach Wunsch Pistazienkerne in die Mitte auf die Nußfüllung streuen.

Anmerkung: Wenn Sie es nicht gewohnt sind, mit Strudelteig zu arbeiten, ist es ratsam, daß Sie die erste Hälfte der gebutterten Teiglagen füllen und formen, bevor Sie die zweite in Angriff nehmen. Die Butter wird ziemlich schnell fest, und es könnte sich als schwierig erweisen, die Stücke zu formen, wenn sie eine Weile gestanden haben.

K'nafi Jibni

Käsepastete aus Fadenteig

Ofentemperatur: 180° C
Backzeit: 45 Minuten

500 g Konafa-Teig (Fadenteig)
1 Tasse Samneh (geklärte Butter), zerlassen
Füllung:
500 g Ricotta- oder Mizithra-Käse (Quark)
1 Eßlöffel Zucker
geriebene Schale 1 Zitrone
1 Portion kalter 'Atar (Sirup, Seite 211)

1. Den Fadenteig mit den Fingern lockern. In eine große Schüssel geben und zerlassenes Samneh darübergießen. Mit den Fingern oder einer Gabel die Fäden aufschütteln, so daß sie gleichmäßig mit dem Samneh überzogen sind.
2. Die Hälfte des Fadenteigs auf den Boden einer Backform von 25×30 cm Größe oder eine runde Backform (Tapsi) von 25 cm Durchmesser legen. Etwas andrücken, um ihn kompakter zu machen.
3. Den Käse mit dem Zucker und dem Zitronensaft vermischen und glattrühren.
4. Den Käse gleichmäßig auf dem Teig in der Form verstreichen und mit dem restlichen Teig belegen.
5. Im Ofen bei mittlerer Hitze in 45 Minuten goldbraun backen.
6. Wenn die Pastete fertig ist, aus dem Ofen nehmen und den abgekühlten Sirup darübergießen. Abkühlen lassen und in Rechtecke oder Rauten geschnitten servieren. Übriggebliebene Stücke im Kühlschrank in einem geschlossenen Behälter aufbewahren.

Ma'Amoul B'Jowz

Oster-Walnußküchlein

45 Stück
Ofentemperatur: Vorheizen auf 230° C, dann auf 180° C reduzieren
Backzeit: 20–25 Minuten

4½ Tassen feinerGrieß
½ Tasse feiner Zucker
250 g Butter
1 Tasse Milch
½ Teelöffel Natron
Puderzucker
Walnußfüllung:
1½ Tassen grob gemahlene Walnüsse
¼ Tasse feiner Zucker
1 Teelöffel Zimt

1. Den Grieß mit dem Zucker in einer Schüssel vermischen.
2. Die Butter in einer Kasserolle zerlassen und erhitzen, bis sie schäumt. In die Grießmischung gießen und mit einem Holzlöffel verrühren, bis die Butter gleichmäßig verteilt ist.
3. Die Milch in einem Topf erhitzen, bis Blasen hochsteigen, vom Herd nehmen und das Natron einrühren. In die Grißemischung gießen.
4. Mit einem Holzlöffel zu einem weichen Teig verarbeiten. Wenn er ein wenig abgekühlt ist, mit der Hand durchkneten. Die Schüssel mit Haushaltsfolie luftdicht verschließen und mindestens 5 Stunden oder über Nacht stehenlassen.
5. Die Zutaten für die Nußfüllung vermischen.
6. Den Teig noch einmal durchkneten, um ihn wieder geschmeidig zu machen. Jeweils einen Eßlöffel voll Teig nehmen und zu einem Bällchen rollen.
7. Einen Teigball in der Handfläche flachdrücken und die Ränder hochziehen. Die Mulde mit einem gehäuften Teelöffel Nußfüllung füllen und den Teig darüber wieder zusammendrücken. Die Ränder gut zusammendrücken und wieder zu einem Bällchen rollen.
8. Die Bällchen einzeln in eine Schmuckform (ein Tabi) drücken und auf ein Brett legen. Auf ungefettete Backbleche setzen. Oder die Bällchen auf ein Blech setzen, etwas flachdrücken und mit einer Gabel außen herum schräg andrücken, damit sich eine leicht konische Form ergibt. Die Oberseite mit der Gabel andrücken.
9. Den Ofen auf 230° C vorheizen, die Gebäckstücke hineinschieben und die Hitze auf 180° C herunterschalten. 20–25 Minuten backen, bis sie etwas Farbe angenommen haben. Aus dem Ofen nehmen und 10 Minuten auf dem Blech abkühlen lassen.
10. Etwas Puderzucker auf ein Stück Wachspapier sieben. Die Küchlein auf den Puderzucker setzen und reichlich mit Puderzucker bestreuen. Wenn sie abgekühlt sind, in einem luftdichten Behälter aufbewahren.

Anmerkung: Nach der traditionellen Methode werden diese Küchlein genauso geformt wie gefüllte Kibbi-Bällchen (Seite 200).

Gherfer or Aninar

Gewürztee mit Nüssen

Für 4 Personen

2 Tassen Wasser
4 große Stücke Stangenzimt
Zucker nach Geschmack
⅔ Tasse fein gehackte Walnüsse

1. Das Wasser in einen Kaffeetopf mit langem Handgriff (Rakwi) füllen und die Zimtstangen zugeben. Zum Kochen bringen und 5 Minuten kochen lassen.
2. Je 2 Eßlöffel gehackte Walnüsse in 4 Teegläser geben. Den Tee darübergießen und Zucker nach Geschmack zugeben. Mit einem Löffel anbieten.

Qahwi

Kaffee

Die Zubereitung von Kaffee ist in diesem Teil der Welt eine ebenso ernsthafte Angelegenheit wie in der Türkei und den Golfstaaten. Jeder Haushalt besitzt einen »Rakwi« (Kaffeetopf mit langem Handgriff) und einen »Tahrini« (Kaffeemühle aus Messing).

Wenn Sie Ihren arabischen Gastgeber oder Ihre Gäste beeindrucken wollen, merken Sie sich die richtigen Ausdrücke: »murrah« für Kaffee ohne Zucker, »mazboutah« für etwas gesüßten Kaffee und »hilweh« für stark gesüßten Kaffee.

Kaffee wird immer in kleinen, henkellosen Schalen gereicht, die manchmal in dekorativen Messinghaltern stecken. Der Rakwi ist häufig aus Messing und ist ansprechend gearbeitet; sehr alte Stücke haben einen Deckel, um den Kaffee warmzuhalten. Der Rakwi wird oft mit den Tassen aufgetragen. Dabei ist Eile vonnöten, da sich das Kaffeemehl noch nicht abgesetzt haben darf. Bevor man den Kaffee trinkt, soll man jedoch ein wenig warten, damit er sich in der Tasse absetzt.

Auf jede arabische Kaffeetasse kommt ein gestrichener Teelöffel Zucker für mittelsüßen und ein gehäufter Teelöffel für stark gesüßten Kaffee. Den Zucker in der abgemessenen Wassermenge auf der heißen Platte rühren, bis er sich aufgelöst hat und das Wasser kocht. Dann auf jede Tasse 1 gehäuften Teelöffel gemahlenen Kaffee in das Wasser geben (normalerweise ein dunkelgerösteter Kaffee), gut umrühren und kochen, bis der Schaum bis zum Topfrand steigt. Der Topf wird dann vom Herd genommen und auf eine ebene Fläche geklopft, damit der Schaum zusammenfällt. Noch zweimal erhitzen und den Topf dazwischen auf eine Unterlage klopfen. Dann sofort in die Tassen gießen.

Um den Kaffee zu aromatisieren, werden Kardamonkerne entweder zusammen mit den Kaffeebohnen (3–4 auf jeweils 250 g Kaffeebohnen) gemahlen, oder es wird eine Kapsel in einem Kaffeetopf für 4 Tassen mitgekocht. Diese Art der Aromatisierung ist besonders in den Golfstaaten verbreitet. Es ist auch üblich, eine kleine Silberkanne mit Rosenwasser oder Orangenblütenwasser zum Kaffee zu reichen, von dem man ein paar Tropfen in seine Tasse Kaffee geben kann.

Irak

Im nördlichen Irak liegt Kurdistan, ein Gebiet, das sich bis zur östlichen Türkei und zum westlichen Iran erstreckt. Die Menschen in dieser Region waren die ersten, die Getreide anbauten und Herden hielten, um die Nahrungsmittelherstellung unter Kontrolle zu bekommen.

Vor 5000 v. Chr. wurde die sumerische Kultur in dem fruchtbaren Tal zwischen den Flüssen Euphrat und Tigris begründet, das von den Alten Griechen Mesopotamien genannt wurde. Diese Region wird als die Wiege der Zivilisation betrachtet. Im südlichen Teil des Tales gelangten Babylon und Ur zur Blüte, die um 500 v. Chr. wieder vergingen und ihr Erbe den kommenden Zivilisationen hinterließen.

Nach der Einigung der arabischen Völker unter dem Banner des Islam etwa 1300 Jahre später gelangte die Region unter arabische Herrschaft, und Baghdad nahm die Stelle von Damaskus als die Hauptstadt der islamischen Welt ein. Baghdad wurde zum Zentrum der arabischen Kultur und des Handels; hier kreuzten sich die Karawanen, die Nahrungsmittel und Gewürze von China, Indien und Persien transportieren.

In den Höfen der Kalifen von Baghdad blühte die Kochkunst mit einem starken persischen Einschlag, eine Hinterlassenschaft der persischen Kultur. Die arabische Kochkunst und die Vielfalt der Nahrungsmittel entwickelten sich aufgrund der vielen verschiedenen Nahrungsmittel, die von Asien her in diese Region gebracht wurden. Als die Araber nach Westen vordrangen, um den Islam zu verbreiten, nahmen sie die Nahrungsmittel mit, die ihnen zur Gewohnheit geworden waren – Safran aus Kleinasien, Zitrusfrüchte, Mandeln, Reis und Rohrzucker aus Asien. Vieles davon wurde in den von ihnen eroberten Ländern angepflanzt, womit die neuen Nahrungsmittel auch Eingang in die europäischen Ländern fanden.

Die Mongolen und später die osmanischen Türken fielen in Baghdad ein, und während der Ruhm der Stadt verging, fanden ihre kulinarischen Genüsse jedoch eine weite Verbreitung und beeinflußten die Küche der arabischen Welt allgemein. Dieser Einfluß ist noch heute zu spüren.

Würze und Aroma irakischer Speisen

Gewöhnlich betritt man ein Land mit vorgefaßten Meinungen über seine Speisen. Obwohl ich eine Erweiterung der arabischen Kochkunst erwartete, war alles, was ich mit dem Irak verband, die Dattel »Löwe von Babylon«, die ich seit Jahren kaufte, und ich war gespannt, auf welche Weise diese Dattel in ihrer Heimat verwendet wurde.

Wenn Datteln für den Export und die Verwendung für den Rest des Jahres getrocknet werden, wird ein dicker, honigfarbener Sirup aus den Früchten gewonnen. Er wird für Hemooth Heloo, ein Gericht aus Lammfleisch und getrocknetem Obst, verwendet, das an die persischen Zusammenstellungen aus Fleisch und Früchten erinnert, jedoch mit einem Aroma, das süßer ist als süß-sauer. Marees ist eine Verbindung aus Dattelsirup und Butter, erhitzt und vermischt mit Stücken von Fladenbrot und mit Gaimer gegessen, dem dicken Büffelrahm der Region, der dem Ushta und Kaymak der angrenzenden Länder entspricht. Die Kurden im Norden des Irak verwenden für Marees einen Traubensirup.

Wenn Sie ein einfaches Dattelkonfekt kennenlernen wollen, probieren Sie Holwah Tamar oder das kompliziertere Murabba Tamar und Klaicha, ein mit Datteln gefülltes und mit Rosen- oder Orangenblütenwasser parfümiertes Gebäck, das auf der Zunge zergeht.

Irakische Dattelsorten, die für den Export getrocknet werden, sind Kahastawari, Khadrowi und Zhedik, wovon die ersten beiden Sorten in den Westen exportiert werden. Baban und Berhi sind köstliche Datteln, die am besten frisch gegessen werden; sie lassen sich allerdings auch gut einfrieren. Baban ist eine schwarze Dattel mit einer ziemlich festen Haut. Wenn man etwas daraufdrückt, springt das Fleisch heraus und schmilzt buchstäblich auf der Zunge. Berhi, eine hell goldgelbe Dattel mit einer zarten Haut, wird vor dem Essen nicht enthäutet. Sie ist sehr süß und köstlich, hat eine leicht pfeffrige Note und die Beschaffenheit von frischem Zuckerrohr. Wenn sie zu lange liegen, werden Berhi-Datteln überreif und matschig – etwa so wie Bananen.

Die Reisgerichte im Irak, obwohl nicht besonders vielfältig, sind denen Persiens ähnlich: Timman ist gedämpfter Reis, der dem Chelou sehr ähnlich ist, und Timman Z'affaran erinnert an den persischen Polous mit der Würze der Küche der arabischen Golfstaaten, ist jedoch im wesentlichen irakisch in der Zusammenstellung und Darreichung.

Dolma sind hier wie woanders sehr beliebt; ich war begeistert von Mumbar, im Grund eine Fleischfülle in Wursthaut; ein langes Stück wird gefüllt und in einem Topf zusammengerollt bei schwacher Hitze langsam gegart. Anschließend wird es in Portionen geschnitten und als Vorspeise gereicht.

Obwohl die Verwendung der Kartoffel ziemlich neu in der nahöstlichen Küche ist und Kartoffeln gar nicht das ganze Jahr über zu haben sind, machen die Iraker viel aus ihr während ihrer Erntezeit. Sie wird für herrliche Kartoffelplätzchen, Batata Charp genannt, verwendet, die mit einer würzigen Fleisch- oder Tomaten-Petersilienfüllung gefüllt sind.

Als ich mit unserem irakischen Bekannten über Speisen sprach, frage ich oft danach, wie ein bestimmtes Gericht serviert werde. Die Antwort lautete immer: als Teil eines Festes, so daß ich den Eindruck bekam, daß die Iraker andauernd Feste feiern. Als ich sein Haus einmal unangemeldet besuchte, wurde mir klar, daß jede Mahlzeit ein Fest ist, bei dem eine Menge von Speisen serviert werden. Bei diesem Essen wurde eine andere Seite der arabischen Gastfreundschaft deutlich. Unser Gastgeber aß nichts, solange wir seine Gäste waren – es ist Brauch, daß sich der Gastgeber ausschließlich um die Bedürfnisse seiner Gäste kümmert; er wandte sich seinen Bedürfnissen erst nach dem Weggang der Gäste zu. Ich war beeindruckt und erstaunt über seine Selbstdisziplin, daß er nicht einmal einen Bissen während der vielen Stunden zu sich nahm, in denen wir seine Gastfreundschaft genossen. Hingegen tat er etwas gegen seinen Durst, indem er einige Gläser Bier trank – noch dazu australisches Bier.

Ein typisches irakisches Gericht ist Masgoof, eine Spezialität der Baghdader Gartenrestaurants am Tigris. Dieses Gericht wird selten im eigenen Haushalt zubereitet, obwohl das auch möglich wäre. Der Tigris wimmelt von einer Vielzahl von Süßwasserfischen – sehr großen mit festem Fleisch und wohlschmeckend. Der Fisch wird ausgenommen und aufgeschlitzt, geöffnet und auf zwei grüne Stöcke aufgespießt, die neben einem Feuer aus duftenden Hölzern in die Erde gesteckt werden. Da der Fisch ziemlich ölig ist, erfordert er vom Koch wenig Aufmerksamkeit, außer vielleicht einer leichten Würzung mit Salz, Pfeffer und Paprika vor dem Backen. Der Fisch wird langsam mit der Innenseite zum Feuer hin gegrillt. Nach etwa einer Stunde wird er von den Stöcken genommen und mit der Haut nach unten auf die glühende Asche geworfen, wo er dann fertiggegart wird. Er wird auf einer Platte mit Zwiebelringen und Tomatenscheiben und viel Brot gereicht. Masgoof wird mit den Fingern gegessen, damit man die Gräten spürt – ein sehr sinnvoller Brauch. Obwohl es viele verschiedene Fischarten gibt, ist der beliebteste Fisch für Masgoof der Shabboot, aber auch Booni und Theka sind erhältlich und genauso gut. Der Gast kann sich seinen Fisch aussuchen. Die Fische werden in einem gekachelten Becken gehalten – da gibt es keinen Zweifel an ihrer Frische.

An den Ufern des Tigris liegen herrliche Parks und Gärten, mit Gruppen von Bronzestatuen, Tafeln mit Bildern aus Tausendundeiner Nacht, Erinnerungen an die ruhmreichen Tage der Kalifen von Baghdad und ihren Beitrag zur Kunst und Kultur der arabischen Welt.

Zlabiya, eine siruphaltige Teigrosette und eine besonders beliebte Süßigkeit bei den Irakern, ist in den Geschichten von Tausendundeiner Nacht unsterblich gemacht worden: »Von süßem Zlabiya hängte ich ihr eine Kette um den Hals. Aus seinen köstlichen Schleifen machte ich ihr Ohrringe.« Das gleiche Konfekt wird in den Nachbarländern im Westen und im Osten bis hin nach Indien hergestellt, seinen Ursprung hat es jedoch im Irak.

Ein besonderes Gericht, das bei Festen, d.h. richtigen Festen, gereicht wird, ist Khouzi. Eine Variante, die ich faszinierend fand, Khouzi Khasibi, erfordert zu ihrer Zubereitung ganz besondere Einrichtungen. Es wird ein Reisgericht – ähnlich dem Timman Z'affaran, zubereitet, der Reis wird jedoch nicht ganz gargekocht. Das Lamm wird im voraus in einem normalen Ofen halb gar gebraten. Dann wird es mit zwei grünen Rippen von Palmzweigen aufgespießt, die auf jeder Seite durch Bein und Schulter geschoben werden. Der Reis wird in einer hohen Form auf ein Bett von glühenden Kohlen gestellt, die auf dem Boden eines »Tannour«-Ofens ausgebreitet sind. Das Lamm wird mit dem Kopf nach unten in den Tannour-Ofen gestellt; der fette Schwanz ist oben, so daß das schmelzende Fett über das Lamm rinnt. Die Öffnung des Ofens wird kreuzweise mit grünen Palmblättern und dann mit nassem Lehm bedeckt, der die Öffnung vollständig verschließt. Das Lamm gart langsam, und der Saft tropft auf den darunterstehenden Reis. Wenn der Lehmdekkel zu reißen beginnt, ist das Lamm gar. Die grünen Palmrippen gehören mit zur Würze des ganzen Gerichts, da sie gegen Ende der Garzeit zu schwelen anfangen und dem Fleisch ein besonderes Aroma geben. Das Khouzi des Städters wird ähnlich wie das Khouzi in Saudi-Arabien zubereitet, das leichter auszuführen ist.

Khoubiz, das Fladenbrot des Irak, ähnelt dem Mafrooda Burd der Golfstaaten und dem Nane Lavash oder Taftoon des Iran. Samoon ist ein rautenförmiger, dicker Laib, ähnlich wie das Barbari im Iran, hat jedoch nur ein Viertel von dessen Größe. Khoubiz wird zu jeder Mahlzeit gereicht; Samoon ist ein beliebtes Frühstücksbrot.

Essen auf irakische Art

Eine Mahlzeit in einem Stadthaushalt wird auf einem Eßtisch mit Tischdecke, Porzellan und Besteck serviert. Alle Gerichte für eine Mahlzeit werden gleichzeitig auf den Tisch gestellt. Suppe wird selten, wenn überhaupt, gereicht. Reis gehört zu jeder Mahlzeit und wird mit Murag, geschmortem Fleisch mit Bamia (Okra), Auberginen, grünen Erbsen oder Bohnen gereicht. Es könnte auch ein gebratenes Hähnchen mit einer Platte Batata Charp, einer großen Salatschüssel mit Sommerendivie, knackigen Gurken, Tomaten, Zwiebelringen und einem kresseartigen Kraut, Barbeen genannt, gereicht werden. Ein anderes Kraut, das verwendet werden könnte, ist Rashad, das grobem Dill ähnelt und das pfeffrige Aroma von Kresse besitzt. Als Salatsauce wird Dattelessig mit etwas Salz und Pfeffer verwendet. Das Getränk ist höchstwahrscheinlich Bier – einleuchtend, wenn man sich die Frühgeschichte der Region in Erinnerung ruft, denn Bier wurde schon 3000 v. Chr. von den Sumerern hergestellt. Zum Abschluß der Mahlzeit werden in einem anderen Raum türkischer Kaffee und süße Gebäckstücke angeboten. Wenn Sie zu Gast sind, wird Ihnen beim Verlassen des Hauses von Ihrer Gastgeberin Rosenwasser aus einer langen Silberkanne mit einem durchlöcherten Gießer auf den Kopf gespritzt. Das bedeutet, daß Sie das Vergnügen des Besuches mit sich tragen sollen und dieser Duft Sie daran erinnern soll.

Zutaten für die irakische Küche

Die bevorzugten Fleischsorten sind Lamm, Rind und Huhn. Der meistverwendete Reis ist der Basmati-Reis aus Pakistan. Sie benötigen Baharat, die beliebte Gewürzmischung der Golfstaaten, obwohl die irakische Hausfrau wahrscheinlich auch gemahlenen Piment nimmt und noch Pfeffer und Paprika hinzufügt, um mehr Schärfe und Farbe zu erhalten. Glattblättrige Petersilie ist wichtig, außerdem Wasserkresse für Salate anstelle des Rashad und Barbeen, die außerhalb der Region schlecht zu bekommen sind. Getrocknete Datteln und, wenn Sie sie bekommen können, frische Datteln für Kompotte und Süßspeisen; Rosenwasser, Orangenblütenwasser, Safran, Mandeln und Trockenobst sind wichtige Zutaten. Die getrocknete saure Limette der Golfstaaten und des Iran wird auch im Irak verwendet, wo sie Noomi Basra genannt wird. Basra ist ein Hafen am Arabischen Golf; da die getrockneten Limetten von dort kamen, wurde ihnen dieser Name gegeben. Ich habe die Limette in den Rezepten Loomi genannt; die Anweisungen für die Herstellung sind auf Seite 237 enthalten.

Aussprache der arabischen Namen

Sprechen Sie das 'a' wie im Deutschen aus; das 'e' wie in Bett, das 'eh' wie in Bett, jedoch leicht aspiriert; 'ou' wie in super; 'i' wie in Spitze; 'u' wie in Suppe; ein Anführungszeichen vor einem Vokal bedeutet ein kaum vernehmbares 'k' (nur im Libanon, Syrien und Jordanien).

Dies gilt für alle arabisch-sprechenden Länder: Irak, Libanon, Syrien, Jordanien, die Golfstaaten, Jemen, Ägypten, Iran und Afghanistan.

Batata Charp I

Kartoffelplätzchen mit Fleischfüllung

40 Stück
Kochzeit: 30 Minuten, plus Bratzeit

1 kg Kartoffeln
1 großes Ei, verquirlt
¼ Tasse Weizenmehl
Salz
frisch gemahlener schwarzer Pfeffer
Fleischfüllung:
1 mittelgroße Zwiebel, fein gehackt
1 Eßlöffel Öl
1 Knoblauchzehe, fein gehackt
250 g fein gehacktes Lamm- oder Rindfleisch
1 Teelöffel Baharat (Mischgewürz, Seite 237)
Salz
½ Tasse enthäutete und gehackte Tomaten
¼ Tasse gehackte Petersilie
Zur Fertigstellung:
Mehl zum Panieren
Öl zum Braten

1. Die Kartoffeln waschen und in der Schale garkochen. Abtropfen lassen, pellen und zu einem glatten Püree stampfen. Abkühlen lassen, dann das Ei, das Mehl und Salz und Pfeffer nach Geschmack zufügen.
2. Die Zwiebel in Öl glasig dünsten, den Knoblauch und das Hackfleisch zugeben und bei starker Hitze rühren, bis die Mischung krümelig ist und das Fleisch zu bräunen beginnt. Die Gewürze, Salz nach Geschmack, Tomaten und Petersilie unterrühren. Die Hitze herunterschalten, zudecken und 15 Minuten leise kochen lassen. Die Mischung sollte ziemlich trocken sein.
3. Etwa 1 Eßlöffel des Kartoffelteigs nehmen und in der Handfläche flachdrücken. Einen Teelöffel der Fleischfüllung in die Mitte geben und den Kartoffelteig rundherum andrücken. Zu einem Bällchen formen und auf ein Tablett setzen. Während des Formens die Hände mit Wasser befeuchten, damit der Kartoffelteig nicht klebt.
4. Die Bällchen in Mehl wälzen und flachdrücken. Auf einem Tablett bereitstellen.
5. Eine Bratpfanne etwa 5 mm mit Öl bedecken. Die Kartoffelplätzchen im heißen Öl auf beiden Seiten goldbraun braten – insgesamt 3 Minuten. Auf Küchenkrepp abtropfen lassen und heiß auf einer Platte servieren. Garnierung nach Wunsch.

Batata Charp II

Kartoffelplätzchen mit Gemüsefüllung

Gemüsefüllung:
1 große Zwiebel, fein gehackt
2 Eßlöffel Öl
1 Teelöffel Kurkuma
2 große, reife Tomaten
½ Tasse fein gehackte Petersilie
Salz
frisch gemahlener schwarzer Pfeffer

1. Den Kartoffelteig wie für Batata Charp I vorbereiten.
2. Die Zwiebel in Öl glasig dünsten, Kurkuma zugeben und 1 weitere Minute dünsten. Vom Herd nehmen.
3. Die Tomaten enthäuten, kreuzweise halbieren und die Kerne und den Saft entfernen. Fein hacken und in eine Schüssel geben. Die Zwiebelmischung, Petersilie und Salz und Pfeffer nach Geschmack zugeben.
4. Die Kartoffelplätzchen nach dem Rezept Batata Charp I von Schritt 3 an fertigstellen, dabei anstelle der Fleischfüllung die Gemüsefüllung verwenden.

Timman

Gedünsteter weißer Reis

Der gedünstete Reis im Irak entspricht eigentlich dem Chelou im benachbarten Iran; bei der Zubereitung gibt es jedoch genügend Unterschiede, um die Aufnahme dieses Rezeptes zu rechtfertigen. Wie Chelou kann Timman locker und körnig gedünstet werden oder so zubereitet werden, daß er am Topfboden eine knusprige goldene Reiskruste bildet.

Für 5–6 Personen
Kochzeit: 50 Minuten

2 Tassen Basmati oder anderer guter Langkornreis
⅓ Tasse zerlassenes Butterfett oder Öl
8 Tassen warmes Wasser
2 Eßlöffel Salz

1. Den Reis verlesen und gründlich in kaltem Wasser waschen. In einem Sieb abtropfen lassen.
2. 1 Eßlöffel Ghee (Butterfett) in einem schweren Topf erhitzen und den Reis hineingeben. Bei starker Hitze 2 Minuten rühren, dann das warme Wasser und das Salz zugeben und zum Kochen bringen, dabei gelegentlich rühren. 5 Minuten kochen, dann durch ein Sieb gießen.
3. Einen weiteren Eßlöffel Butterfett im selben Topf erhitzen und den abgetropften Reis gleichmäßig darauf verteilen. Das restliche Butterfett darüber verteilen.
4. Den Topf fest verschließen und bei mittlerer Hitze 10 Minuten dünsten, dann die Hitze auf niedrige Stufe stellen und weitere 30 Minuten dünsten. Wenn Sie den Reis ohne Kruste haben wollen, ausschließlich auf niedriger Stufe 40 Minuten dünsten.
5. Damit sich die Kruste leicht löst, den Topf 5 Minuten in kaltes Wasser stellen. Oder den Reis mit einer Gabel auflockern und in eine Schüssel geben. Wenn eine Kruste vorhanden ist, diese losbrechen und auf dem Reis verteilen.

Timman Z'affaran

Safranreis

Für 5–6 Personen
Kochzeit: 1 Stunde

2 Tassen Basmati oder anderer guter Langkornreis
Wasser
½ Teelöffel Safranfäden
2 Eßlöffel Rosenwasser
⅓ Tasse Ghee (Butterfett) oder Öl
¼ Tasse blanchierte Mandelhälften
1 mittelgroße Zwiebel, fein gehackt
250 g gehacktes Lamm- oder Rindfleisch
½ Teelöffel Baharat (Mischgewürz, Seite 237)
Salz
¼ Tasse Sultaninen
3 Tassen Hühnerbrühe

1. Den Reis verlesen, in eine Schüssel geben und gründlich waschen, bis das Wasser klar abläuft. Mit kaltem Wasser bedecken und 30 Minuten weichen lassen.
2. Die Safranfäden zerstoßen, in eine kleine Schale geben und das Rosenwasser darübergießen. Den Safran darin quellen lassen, bis er gebraucht wird.
3. Die Hälfte des Butterfetts oder Öls in einer Bratpfanne erhitzen, die Mandeln zugeben und goldgelb rösten. Mit einem Schaumlöffel auf einen Teller geben und beiseitestellen.
4. Die Zwiebel in die Pfanne geben und glasig dünsten. Die Hitze höherschalten, das Hackfleisch zugeben und unter häufigem Rühren schmoren, bis es krümelig wird. Solange schmoren, bis der Saft verdampft ist, das Baharat zugeben sowie ½ Teelöffel Salz und die Sultaninen und noch 1 Minute schmoren. Die Pfanne vom Herd nehmen und zugedeckt stehenlassen.
5. Das restliche Ghee oder Öl in einem hohen Topf mit schwerem Boden erhitzen und 2 Teelöffel der Safran-Rosenwassermischung und die Hühnerbrühe zugeben. Zum Kochen bringen.
6. Den Reis abtropfen lassen und mit Salz nach Geschmack zur kochenden Brühe geben. Gelegentlich rühren, bis der Reis kocht, dann die Hitze herunterschalten und den Topf fest verschließen. 30 Minuten leise kochen lassen.
7. Die Fleischmischung mit dem Reis vermengen, den Rand des Topfes mit einem Tuch oder 2 Papiertüchern bedecken und den Deckel fest aufsetzen. Bei schwacher Hitze 5 Minuten stehenlassen. Der Reis sollte nicht zu weich werden, dies hängt jedoch von seiner Qualität ab.
8. Den Reis in eine Servierschüssel oder -platte häufen und mit den gerösteten Mandeln und dem Rest der Safran-Rosenwassermischung bestreuen. Ausgezeichnet zu gebratenem Hähnchen und Lamm, oder als Teil eines Buffets servieren.

Abbildung Seite 221:
Fatayer Sbanikh (Dreieckige Spinatpasteten), Rezept Seite 186;
Fatayer (Dreieckige Lammpasteten), Rezept Seite 205; Sfiha, Lahm Bi'Ajeen (Lammpasteten), Rezept Seite 207
Abbildung Seite 222:
Kibbeh Mishwey or Kibbeyet (Gefüllte Kibbi-Bällchen), Rezept Seite 200;
Kibbeh bil Sanieh (Gebackenes Kibbi), Rezept Seite 199;
Kibbeh Nayye (Rohes Kibbi), Rezept Seite 205

Tashreeb Dijaj
Geschmortes Huhn

Für 6 Personen
Kochzeit: 2 Stunden

1 Huhn, etwa 1,7 kg
1 Zitrone
Salz
frisch gemahlener schwarzer Pfeffer
2 Eßlöffel Ghee (Butterfett) oder Öl
1 Knoblauchknolle, ganz
1 Tasse Wasser

1. Das Huhn säubern und mit Küchenkrepp trockentupfen. Die Hälfte der Zitrone in Viertel schneiden und das Huhn innen und außen damit einreiben. Außerdem das Huhn innen und außen mit Salz und Pfeffer bestreuen und 30 Minuten stehenlassen, damit die Gewürze einziehen.
2. Das Ghee oder Öl in einem schweren Topf erhitzen und das Huhn auf allen Seiten darin bräunen.
3. Die äußeren Hautschichten des Knoblauchs entfernen, so daß die Zehen freiliegen. Die Zehen ungeschält zusammenlassen. Gut waschen und zum Huhn geben. Die Hitze herunterschalten, zudecken und 10 Minuten schmoren.
4. Die andere Zitronenhälfte ausdrücken und den Saft mit dem Wasser in den Topf geben. Den Topf fest zudecken und bei schwacher Hitze 2 Stunden kochen lassen, dabei das Huhn zweimal wenden.
5. Wenn das Huhn gar ist, auf eine Platte legen und warmhalten. Vom Saft im Topf das Fett abschöpfen, den Knoblauch herausnehmen. Die Brühe bei starker Hitze auf die Hälfte einkochen. Mit Salz und Pfeffer abschmecken.
6. Das Huhn in Portionen schneiden und den Schmorsaft darübergießen. Zu Timman oder Timman Z'affaran reichen.

Dijaj ala Timman
Gefülltes Huhn

Für 6 Personen
Ofentemperatur: 180° C
Bratzeit: 3 Stunden

Reisfüllung:
½ Tasse Basmati oder anderer guter Langkornreis
¼ Tasse Ghee (Butterfett)
1 kleine Zwiebel, fein gehackt
¼ Tasse Pinienkerne oder blanchierte Mandelhälften
¼ Tasse gehackte Walnüsse
¼ Tasse Sultaninen
½ Teelöffel Baharat (Mischgewürz, Seite 237) oder Piment
1 Tasse Wasser
Salz
frisch gemahlener schwarzer Pfeffer
Zur Fertigstellung:
1 Huhn, etwa 1,7 kg
Salz
frisch gemahlener schwarzer Pfeffer
¼ Tasse zerlassene Butter oder Ghee
½ Tasse Wasser oder leichte Brühe

1. Den Reis verlesen und waschen, bis das Wasser klar abläuft. Gut abtropfen lassen.
2. Das Butterfett in einer Pfanne erhitzen und die Zwiebel darin glasig dünsten. Die Pinienkerne oder Mandeln, Walnüsse und Reis hineinrühren und unter häufigem Rühren 5 Minuten dünsten.
3. Die Sultaninen, Baharat, Wasser und Salz und Pfeffer nach Geschmack zugeben. Gut umrühren, zudecken und bei schwacher Hitze 10 Minuten dünsten, bis das Wasser eingezogen ist. Vom Herd nehmen und abkühlen lassen.
4. Das Huhn säubern und mit Küchenkrepp trockentupfen. Die Höhlung mit der Reisfüllung füllen und zunähen. Das Huhn mit Salz und Pfeffer einreiben.
5. Butter oder Ghee in einer Bratenform zerlassen. Das Huhn hineinsetzen und gründlich mit der Butter oder Ghee bestreichen. Wasser oder Brühe in die Form geben und das Huhn im Ofen bei mittlerer Hitze 2 ½ Stunden schmoren, dabei häufig mit dem Bratensaft bestreichen.
6. Das Huhn in Portionen geteilt servieren, die Füllung wird in der Mitte der Platte aufgehäuft. Obwohl nicht gebräuchlich, kann das Fett vom Bratensaft abgeschöpft werden, mit etwas Brühe verdünnt aufgekocht und in einer Sauciere zum Huhn gereicht werden.

Abbildung Seite 223:
'Ataif Mihshi (Gefüllte Pfannkuchen), Rezept Seite 210 serviert mit Qahwi (Kaffee), Rezept Seite 215
Abbildung Seite 224: Baklawa 'Be'Aj' (Nußpasteten), Rezept Seite 213

Habeet I

Geschmortes Lammfleisch

Für 6 Personen
Kochzeit: 3–3 ½ Stunden

1,5 kg Lammschulter, mit dem Knochen in 6 Stücke geschnitten
Wasser
1 Noomi (getrocknete Limette) oder dünne Schale ½ Zitrone
Salz
frisch gemahlener schwarzer Pfeffer
6 Knoblauchzehen, gehackt
½ Tasse Apfelwein oder Malzessig

1. Die Lammfleischstücke in einen großen Topf geben und mit kaltem Wasser bedecken. Die Limette – falls verwendet – auf jeder Seite mit einem Spieß durchstechen und in den Topf geben. Oder die Zitronenschale zugeben.
2. Langsam zum Kochen bringen, häufig abschöpfen, wenn der Schaum hochsteigt. Wenn es nicht mehr schäumt und leise kocht, etwa 2 Teelöffel Salz, reichlich Pfeffer, den Knoblauch und den Essig zufügen.
3. Im geschlossenen Topf bei schwacher Hitze 2 ½ bis 3 Stunden kochen lassen, bis die Flüssigkeit zu einer dicken Sauce geworden ist und das Fleisch von den Knochen fällt.
4. Die Knochen und die getrocknete Limette oder Zitronenschale herausnehmen und Habeet auf einer Platte mit Brot als Teil einer irakischen Mahlzeit servieren.

Habeet II

Geschmortes Lammfleisch mit Gewürzen

Den Knoblauch im obigen Rezept auf 3 Zehen reduzieren und den Pfeffer und den Essig weglassen. Wenn die Brühe nicht mehr schäumt, das Salz, den gehackten Knoblauch, 1 Teelöffel Kurkuma und 1 Eßlöffel Baharat (Seite 237) zufügen. Bei Schritt 3 fortfahren und mit Timman (Seite 220) servieren.

Khouzi ala Timman

Lammschenkel und Reis

Dieses Gericht, eine Spezialität in den Restaurants von Baghdad, ist eine reduzierte Version des festlichen arabischen Khouzi – ein ganzes Lamm, mit Reis gefüllt. Die Art der Zubereitung und die Füllung sind je nach Region verschieden. (Siehe Seite 253, Khouzi, wie es in den Golfstaaten zubereitet wird), Obwohl das Lamm in diesem Rezept nicht gefüllt wird, enthält das Gericht die grundlegenden Bestandteile von Khouzi.

Für 6 Personen
Garzeit: 2 ½ Stunden

6 Lammschenkel, gespalten
kaltes Wasser
1 Noomi (getrocknete Limette) oder 1 Streifen Zitronenschale
1 große Zwiebel, fein gehackt
¼ Tasse Öl
1 Teelöffel Baharat (Seite 237)
½ Teelöffel Kurkuma
2 Tassen enthäutete und gehackte Tomaten
Salz
frisch gemahlener schwarzer Pfeffer
Zum Servieren:
Timman oder Timman Z'affaran (Seite 220)

1. Die Lammschenkel in kaltem Wasser abspülen und in einen großen Topf geben. Mit kaltem Wasser bedecken, Noomi oder Zitronenschale zugeben und langsam zum Kochen bringen, dabei nach Bedarf den Schaum abschöpfen.
2. In einer Pfanne die Zwiebel in Öl glasig dünsten. Das Baharat und Kurkuma zufügen und noch 1 Minute dünsten. Die Tomaten, etwa 2 Teelöffel Salz und Pfeffer nach Geschmack zugeben.
3. Wenn die Kochflüssigkeit gründlich abgeschöpft ist und leise kocht, die Tomatenmischung zugeben und zugedeckt bei schwacher Hitze 1 ½–2 Stunden kochen lassen, bis das Fleisch sehr zart ist. Gegen Ende der Garzeit den Deckel etwas zur Seite schieben, so daß die Flüssigkeit auf eine dicke Sauce reduziert wird.
4. Die Lammschenkel auf einer Lage Timman oder Timman Z'affaran anordnen, die Sauce darübergießen und mit Salat und Khoubiz servieren.

Hamuth Heloo

Lammfleisch mit Trockenfrüchten

Wenn Datteln getrocknet werden, schwitzen sie einen dicken, melasseartigen Sirup aus. Die irakische Hausfrau verwendet etwas davon, wenn sie Hamuth Heloo zubereitet; getrocknete Datteln, die eingeweicht und püriert werden, ergeben mit etwas braunem Zucker ein ähnliches Aroma.

Für 5–6 Personen
Garzeit: 2 Stunden

1 kg Schmorfleisch vom Lamm ohne Knochen
¼ Tasse Ghee (Butterfett) oder Öl
1 mittelgroße Zwiebel, gehackt
2 Tassen Wasser
Salz nach Geschmack
1 kleines Stück Stangenzimt
1 Noomi (getrocknete Limette) oder dünne Schale ½ Zitrone
½ Tasse gehackte Datteln
¾ Tasse getrocknete Aprikosen
¾ Tasse getrocknete Pflaumen, entsteint
¼ Tasse Sultaninen
2 Eßlöffel brauner Zucker
Timman als Beilage (Seite 220)

1. Das Fleisch in 2 cm dicke Würfel schneiden und in der halben Menge Ghee in einem schweren Topf bräunen.
2. Das Fleisch zur Seite schieben, die Zwiebel zugeben und 5 Minuten dünsten. Die Hitze herunterschalten, 1 Tasse Wasser, Salz nach Geschmack, Stangenzimt und Noomi (zweimal mit einem Spieß durchbohrt) oder die Zitronenschale zugeben. Zugedeckt 45 Minuten schmoren.
3. Die gehackten Datteln mit der restlichen Tasse Wasser in einem kleinen Topf erhitzen, bis die Datteln weich werden. Durch ein Sieb passieren.
4. Das Dattelpüree mit den Aprikosen, Plaumen, Sultaninen und dem braunen Zucker zum Fleisch geben. Während des Schmorens prüfen, ob das Obst nicht ansetzt, und bei Bedarf noch etwas Wasser zufügen.
5. Den Stangenzimt und die Limette oder die Zitronenschale herausnehmen und das Fleischgericht heiß zu Timman servieren.

Mumbar

Lamm- und Reiswurst

Mumbar ist ebenfalls eine irakische Erfindung und besonders im Winter beliebt, wenn es nicht so viel frisches Gemüse gibt.

Für 6–8 Personen
Kochzeit: 2½ Stunden

Lammfleischfüllung:
1 kg fein gehacktes Lammfleisch mit etwas Fett
3 Knoblauchzehen, fein gehackt
1 kleine Zwiebel, fein gehackt
¼ Tasse fein gehackte Petersilie
¼ Tasse Tomatenmark
½ Tasse Langkornreis, gewaschen
1 Teelöffel Baharat (Seite 237)
Salz
frisch gemahlener schwarzer Pfeffer
Zur Fertigstellung:
750 g Lammbrust (Rippchen)
Wasser
1 Noomi (getrocknete Limette), nach Wunsch
Salz
frisch gemahlener schwarzer Pfeffer
dicke Lamm- oder Rindswursthaut

1. Die Zutaten für die Lammfleischfüllung miteinander vermischen, Salz und Pfeffer nach Geschmack zugeben. Gründlich vermischen und bis zum Gebrauch kaltstellen.
2. Wenn die Lammbrust an einem Stück ist, zwischen den Knochen in Streifen schneiden. In einen großen Topf geben und mit kaltem Wasser bedecken. Langsam zum Kochen bringen, bei Bedarf abschöpfen.
3. Wenn die Brühe gut abgeschöpft ist und leise kocht, die zweimal durchbohrte Limette (falls verwendet) und Salz und Pfeffer nach Geschmack zugeben. Zugedeckt 30 Minuten kochen lassen.
4. Die Wursthülle abspülen und in einem Stück lassen. Man benötigt ein Stück von etwa 60 cm Länge. Die Hülle unter fließendem Wasser öffnen und auf das Mundstück eines großen Trichters schieben. Die ganze Hülle auf dem Mundstück zusammenschieben.
5. Die Füllung in den Trichter geben und mit dem Stiel eines Holzlöffels hindurchdrücken. Wenn die Füllung austritt, das Ende der Wursthülle darüberziehen und verknoten. Die Wursthülle so gleichmäßig wie möglich füllen.
6. Wenn die Wursthülle gefüllt ist, mit der Hand darüberstreichen, um die Füllung gleichmäßig zu verteilen, dann das andere Ende verknoten.
7. Den Topf mit der Lammbrühe vom Herd nehmen. Die Wurst schneckenförmig aufgerollt auf die Lammstücke legen. Einen schweren Teller umgedreht darauflegen, um die Wurstrolle in Form zu halten, und wieder auf die mäßig heiße Platte stellen. Den Topf zudecken und den Inhalt 1 ½ Stunden leise kochen lassen. Nach 30 Minuten die Flüssigkeitsmenge prüfen und bei Bedarf mit Wasser auffüllen, so daß die Wurst gerade bedeckt ist.
8. Wenn die Wurst gar ist, den Topf vom Herd nehmen und 15 Minuten stehenlassen, dann die Wurst auf einen Teller legen. In 4 cm lange Stücke schneiden und mit Murag und Timman reichen.

Dolmas

Gefülltes Gemüse

Dolmas sind im Irak genauso beliebt wie in den anderen Ländern der Region. Die für Mumbar angegebene Füllung wird im Irak auch für Gemüse verwendet, und zwar für die gebräuchlichen Gemüse wie Auberginen, Tomaten, Paprikaschoten, Zucchini, Kohl, Weinblätter und Mangoldblätter. Die Iraker, die, wie vor Jahrhunderten schon, noch immer die Neuerer der arabischen Küche sind, füllen Eierschalen mit den Resten der Fleischfüllung, nachdem sie das Gemüse zubereitet haben. Diese werden zum Garen auf das Gemüse gesetzt.

Lammfleischfüllung wie für Mumbar verwenden. Die Gemüsesorten wie für Khareni Litzk Bulghourov, Seite 173, vorbereiten, dann füllen. In eine geölte Form setzen, mit Öl bestreichen und mit Folie bedeckt bei mittlerer Hitze im Ofen 30 Minuten backen. Dann die Folie abnehmen und weitere 20–30 Minuten backen.

Laham Ajeen

Flache Lammpasteten

Viele Länder des Mittleren Ostens haben ihre Lieblingsversion von Laham Ajeen. Im Irak werden sie in großen Mengen hergestellt und als Imbiß zwischen den Mahlzeiten verkauft. Da sie mir in Baghdad gut schmeckten, habe ich die folgende Version in mein Buch aufgenommen. Sie lassen sich gut einfrieren, also sollte man immer eine Anzahl für das Lunch-Paket oder den Picknick-Korb zur Hand haben, denn sie schmecken kalt genauso gut. Man kann sie auch in kleinerer Ausführung zubereiten und heiß als Häppchen zum Aperitif reichen.

24 Stück
Ofentemperatur: 220° C
Backzeit: 45 Minuten

Hefeteig:
5–6 Tassen Weizenmehl
1 Beutel aktive Trockenhefe
2 Tassen warmes Wasser
2 Teelöffel Zucker
2 Teelöffel Salz
2 Eßlöffel Öl
Lammfleischbelag:
1 große Zwiebel, fein gehackt
2 Eßlöffel Öl
2 Knoblauchzehen, fein gehackt
500 g fein gehacktes Lammfleisch
1 ½ Tassen enthäutete und gehackte Tomaten
1 ½ Tassen geriebene Zucchini
2 Eßlöffel gehackte Petersilie
½ Teelöffel getrockneter Thymian
1 kleine Chilischote ohne Kerne, fein gehackt
Salz
frisch gemahlener schwarzer Pfeffer

1. Das Mehl in eine große Rührschüssel sieben und im Ofen erwärmen.
2. Die Hefe in ¼ Tasse warmem Wasser auflösen und das restliche Wasser zusammen mit dem Zucker und dem Salz hineinrühren.
3. Etwa 2 Tassen Mehl aus der Schüssel nehmen und beiseitestellen. Die Hefemischung in die Mitte des Mehls gießen und etwas Mehl einrühren, um die Flüssigkeit anzudicken. Mit einem Tuch bedeckt stehenlassen, bis der Vorteig schaumig ist.
4. Den Rest des Mehls in der Schüssel mit dem Vorteig verrühren, dabei nach und nach das Öl zugeben. Mit der Hand 10 Minuten schlagen oder mit dem Knethaken des elektrischen Rührgeräts 5 Minuten rühren.
5. Den Teig auf ein Brett geben, das mit etwas von dem beiseitegestellten Mehl bestreut ist, und kneten, bis er geschmeidig ist, dabei noch soviel Mehl unterkneten, daß er nicht mehr klebt. Zu einer Kugel formen.
6. Eine Schüssel einölen und den Teig darin wälzen, so daß er ganz mit Öl überzogen ist. Die Schüssel mit Haushaltsfolie abdecken und an einem warmen Ort stehenlassen, bis sich der Teig verdoppelt hat – etwa 1 Stunde.
7. Inzwischen den Belag herstellen. Die Zwiebel im Öl glasig dünsten, dann den Knoblauch zugeben und die Hitze höherschalten. Das Lammfleisch zugeben und bei starker Hitze rühren, bis der Fleischsaft verdampft und das Fleisch zu bräunen beginnt. Die restlichen Zutaten für den Belag zugeben, den Topf zudecken und bei schwacher Hitze 30 Minuten schmoren. Gegen Ende der Garzeit den Deckel abnehmen, damit überschüssiger Saft verdampfen kann. Die Mischung sollte dick sein. Abkühlen lassen.
8. Den Teig niederschlagen und auf das bemehlte Brett legen. Noch einmal 2 Minuten kneten, dann in 24 gleiche Teile teilen und jedes Teil zu einer Kugel formen.
9. Jedes Teigstück zu einem 12 cm breiten Kreis ausrollen und auf gefettete Backbleche setzen. Auf jedem Kreis einen gehäuften Eßlöffel des Belags verteilen und im heißen Ofen in 12–15 Minuten backen. Heiß oder kalt servieren.

Tashreeb

Geschmorte Lammschenkel und -kutteln

Für ein echtes Tashreeb sind Lammfüße erforderlich. Da diese schwer zu bekommen sind, oft wegen der Hygienevorschriften, habe ich stattdessen Lammschenkel verwendet. Das folgende Rezept gibt nur eine Version von Tashreeb wieder, wie es im Irak zubereitet wird.

Für 6 Personen
Kochzeit: 2 ½–3 Stunden

500 g Kutteln
4 Vorderschenkel vom Lamm, gespalten
½ Tassen Kichererbsen, über Nacht eingeweicht
Wasser
1 Noomi (getrocknete Limette) oder dünne Schale ½ Zitrone
1 Knoblauchknolle, ungeschält
1 große Zwiebel, fein gehackt
½ Tasse Ghee (Butterfett) oder Öl
2 Tassen enthäutete und gehackte Tomaten
2 Teelöffel Baharat (Seite 237)
Salz
frisch gemahlener schwarzer Pfeffer
2 Khoubiz (Seite 187) oder 4 Scheiben trockenes Toastbrot

1. Die Kutteln gründlich waschen und in 3 cm breite Quadrate schneiden. Zusammen mit den Lammschenkeln und den abgetropften Kichererbsen in einen großen Topf geben, mit kaltem Wasser bedecken und zum Kochen bringen. Das Wasser abgießen.
2. Frisches Wasser in den Topf geben, so daß es den Inhalt gerade bedeckt. Die getrockneten Limetten, die zweimal mit einem Spieß durchstochen wurden, oder die Zitronenschale zugeben. Die Knoblauchknolle gründlich waschen und die äußeren Hautschichten abstreifen, so daß die Knoblauchzehen freiliegen. Die Knoblauchknolle ganzlassen und in den Topf geben. Langsam aufkochen und bei Bedarf abschöpfen.
3. In der Zwischenzeit die Zwiebel in Butterfett oder Öl glasig dünsten, dann die Tomaten und das Baharat zugeben.
4. Wenn die Brühe gut abgeschöpft ist und leise kocht, die Tomatenmischung zusammen mit Salz und Pfeffer nach Geschmack zugeben. Zugedeckt bei schwacher Hitze 2 bis 2 ½ Stunden kochen lassen, bis Lammfleisch und Kutteln gar sind.
5. Die getrockneten Limetten und die Knoblauchknolle herausnehmen. Die Lammschenkel herausnehmen und das Fleisch von den Knochen lösen. Das Fleisch in Stücke schneiden und zurück in den Topf geben. Noch einmal aufkochen, um das Fleisch wieder zu erhitzen.
6. Das Khoubiz (Fladenbrot) in Quadrate schneiden oder die Toastscheiben halbieren und den Boden einer hohen Schüssel oder Kasserolle damit auslegen. Die Flüssigkeit aus dem Topf über das Brot gießen, dann die Fleisch- und Kuttelmischung daraufgeben. In tiefen Tellern servieren.

Murag

Schmorfleisch

Obwohl die wörtliche Übersetzung von Murag »Sauce« oder »Bratensaft« lautet, ist dies die irakische Version des beliebten Schmorfleisches dieser Region. Meist wird es zusammen mit einem Gemüse gekocht – grüne Bohnen, Erbsen, Auberginen oder Okra werden dazu am häufigsten verwendet. Wenn Murag zusammen mit Reis serviert wird, was meistens der Fall ist, wird das Gericht Timman Murag genannt.

Für 5–6 Personen
Kochzeit: 2–2 ¼ Stunden

1,5 kg Schmorfleisch vom Rind oder Lamm
¼ Tasse Öl
2 große Zwiebeln, fein gehackt
2 Tassen enthäutete und gehackte Tomaten oder ¼ Tasse Tomatenmark
1 Tasse Wasser
1 Teelöffel Zucker
1 Teelöffel Baharat, nach Wunsch (Seite 237)
Salz
frisch gemahlener schwarzer Pfeffer

1. Das Fleisch von Fett und Sehnen befreien und in 4 cm dicke Würfel schneiden. Die Hälfte des Öls in einem schweren Topf erhitzen und das Fleisch darin bei starker Hitze bräunen, dann auf einen Teller geben.
2. Die Hitze herunterschalten und das restliche Öl mit der Zwiebel zugeben. Die Zwiebel glasig dünsten.
3. Die Tomaten oder das Tomatenmark, das Wasser (1 ½ Tassen bei Verwendung von Tomatenmark), den Zucker, Baharat falls verwendet, etwa 2 Teelöffel Salz und Pfeffer nach Geschmack zugeben. Zum Kochen bringen, die Hitze herunterschalten und das Fleisch wieder in den Topf geben. Zugedeckt 45 Minuten schmoren, wenn Sie Lammfleisch verwenden, oder 1 ¼ Stunden im Fall von Rindfleisch.
4. Das vorbereitete Gemüse zum Fleisch geben, zudecken und eine weitere Stunde kochen lassen, bis das Fleisch gar ist. Mit Timman oder Timman Z'affaran, Khoubiz und Essiggemüse servieren.

Folgende Gemüsesorten können verwendet werden:
500 g grüne Bohnen, abgezogen und halbiert
500 g Okra (Vorbereitung siehe Seite 13)
2 Tassen grüne Erbsen (ohne Schoten)
500 g Auberginen, in Viertel geschnitten, mit Salz bestreut 30 Minuten stehengelassen und dann abgespült

Anmerkung: Bei Verwendung von Okra 2 kleingehackte Knoblauchzehen zur Zwiebel geben.

Murabba Tringe

Zitronenschale in Sirup

2 Zitronen
Wasser
3 Tassen Zucker
1 Eßlöffel Zitronensaft

1. Die ganze Oberfläche der beiden Zitronen leicht abreiben. Die Schale vom Stengelansatz der Länge nach in 6 bis 8 Abschnitte tief einschneiden, je nach Größe der Zitronen. Die Schale vorsichtig entfernen.
2. Jeden Abschnitt in 3 Stücke schneiden, das Mittelstück noch einmal diagonal durchschneiden, so daß alle Stücke dreieckig sind.
3. Die Schalen in einen Topf geben und mit kaltem Wasser bedecken. Zum Kochen bringen und das Wasser abgießen. Frisches Wasser zugießen, wieder aufkochen und abgießen. Dies im ganzen 5 mal machen, dann mit frischem kaltem Wasser bedeckt 6–8 Stunden stehenlassen.
4. Das Wasser abgießen und mit frischem Wasser bedecken. Zum Kochen bringen und bei schwacher Hitze garen – etwa 45 Minuten. Wieder das Wasser abgießen und die Schalenstücke auf Küchenkrepp abtropfen lassen.
5. In einem sauberen Topf den Zucker in 3 Tassen kaltem Wasser auflösen; das Wasser erhitzen und gelegentlich rühren. Wenn der Zucker aufgelöst ist, zum Kochen bringen und den Zitronensaft zugeben. Ohne zu rühren 5 Minuten kochen lassen.
6. Die Zitronenschalen zum Sirup geben und aufkochen. Bei mittlerer Hitze 10 Minuten kochen lassen, bei Bedarf abschöpfen. Den Topf vom Herd nehmen, zudecken und über Nacht stehenlassen.
7. Am nächsten Tag den Topfinhalt noch einmal zum Kochen bringen und bei schwacher Hitze 15–20 Minuten kochen, bis der Sirup fest ist, wenn man ihn auf einer kalten Untertasse prüft.
8. Etwas abkühlen lassen, dann die Schalen mit dem Sirup in warme, sterilisierte Gläser füllen. Nach dem Abkühlen verschließen und an einem dunklen, kühlen Ort aufbewahren. Als Konfekt auf kleinen Schälchen mit einem Löffel anbieten.

Klaicha

Dattelplätzchen

30 Stück
Ofentemperatur: 170° C

3 Tassen Weizenmehl
½ Tasse feiner Zucker
250 g Butter (1 Tasse)
3 Teelöffel Orangenblüten- oder Rosenwasser
¼ Tasse Wasser
Dattelfüllung:
250 g entsteinte Datteln
2 Eßlöffel Butter

1. Das Mehl und den Zucker in eine große Rührschüssel sieben. Die Butter in Stücke schneiden und mit den Fingerspitzen gleichmäßig in das Mehl einarbeiten.
2. Das Orangenblüten- oder Rosenwasser mit Wasser mischen und auf die Mehlmischung träufeln. Zu einem festen Teig kneten. Den Teig 30 Minuten ruhen lassen.
3. Inzwischen die Datteln hacken, mit der Butter in einen Topf geben und unter häufigem Rühren erhitzen, bis die Datteln weich werden. Vom Herd nehmen und beiseitestellen.
4. Jeweils etwa 1 Eßlöffel Teig zu einem Bällchen rollen.
5. Ein Teigbällchen in der Handfläche zusammendrücken und 1 Teelöffel Dattelfüllung in die Mitte geben. Den Teig um die Füllung herum zusammendrücken und wieder zu einem Bällchen rollen.
6. Das Bällchen in eine Form drücken (ähnlich eines Tabis) und auf ein gefettetes Backblech setzen. Oder die Teigkugel auf das Blech setzen, etwas flachdrücken und rundherum schräg mit den Zinken einer Gabel andrücken, wodurch die Plätzchen eine leicht konische Form erhalten.
7. Im vorgeheizten Ofen bei mittlerer Hitze 30–35 Minuten backen, bis sie hellbraun sind.

Eine andere Methode, die Plätzchen zu formen: Den Teig in 3 gleiche Portionen aufteilen und jede Portion in ein Rechteck von 1 cm Dicke und 10 cm Länge ausrollen. Ein Drittel der Dattelmischung, als lange Rolle geformt, an einen Rand des Teigstücks legen und den Teig mit der Dattelfüllung darin aufrollen. Die Ränder und Enden zusammendrücken und die Rollen mit der Nahtstelle nach unten auf ein ungefettetes Backblech setzen. Die Oberseite nach Belieben verzieren. Backen wie oben beschrieben, abkühlen und schräg aufschneiden. In einem geschlossenen Behälter aufbewahren.

Holwah Tamar

Dattelkonfekt

500 g getrocknete und entsteinte Datteln
¼ Tasse Ghee (Butterfett)
2 Tassen Walnußstücke
2 Eßlöffel geröstete Sesamkörner

1. Die Datteln grob hacken und zusammen mit dem Butterfett in einen schweren Topf geben.
2. Bei mittlerer Hitze rühren, bis die Datteln weich werden und sich mit dem Butterfett verbunden haben.
3. Die Hälfte der Dattelmischung in eine quadratische Kuchenform mit 23 cm Seitenlänge füllen. Die Walnußstücke darüberstreuen und leicht aufdrükken. Die restliche Dattelmischung gleichmäßig darauf verteilen.
4. Gleichmäßig mit gerösteten Sesamkörnern bestreuen und leicht andrükken. Die Masse kalt werden lassen und kleine Rechtecke oder Rauten schneiden. In einem geschlossenen Behälter aufbewahren und als Konfekt anbieten.

Zlabiya

Gebackene Rosetten

Etwa 30 Stück

1 Beutel aktive Trockenhefe
1 ½ Tassen warmes Wasser
2 ½ Tassen Weizenmehl
½ Teelöffel Salz
2 Teelöffel Zucker
Mais- oder Erdnußöl zum Ausbacken
Sirup:
2 Tassen Zucker
1 ½ Tassen Wasser
2 Teelöffel Zitronensaft
2 Teelöffel Rosen- oder Orangenblütenwasser

1. Die Hefe in ¼ Tasse warmem Wasser auflösen.
2. Das Mehl in eine Schüssel sieben und in der Mitte eine Mulde machen.
3. Das restliche warme Wasser, das Salz und den Zucker in die Hefemischung geben und in die Mitte des Mehls gießen. Nach und nach das Mehl hineinrühren; es entsteht ein dickflüssiger Teig, der noch 10 Minuten kräftig geschlagen wird. Das kann mit einem elektrischen Mixer mit den normalen Schlagbesen geschehen. Den Teig zugedeckt an einem warmen Platz 30 Minuten ruhen lassen.
4. Inzwischen den Sirup herstellen. Den Zucker in Wasser über mittlerer Hitze auflösen. Aufkochen, den Zitronensaft zugeben und 15 Minuten kräftig kochen lassen. Das Rosen- oder Orangenblütenwasser zugeben, die Mischung noch 1 Minute kochen, dann beiseitestellen und abkühlen lassen.
5. Den Teig noch einmal 5 Minuten schlagen, dann weitere 30 Minuten ruhen lassen.
6. In einem breiten Topf ausreichend Öl zum Ausbacken erhitzen – eine Höhe von 4 cm Öl genügt. Auf eine Temperatur von 190° C erhitzen, da das Gebäck nicht zu braun werden darf.
7. Den Teig noch einmal kurz schlagen und etwas davon in einen Teigbeutel mit einem 5 mm breiten einfachen Mundstück geben. Während des Füllens einen Finger unter die Öffnung halten.
8. Den Teig in das Öl in einem 10 cm breiten Kreis spritzen und den Kreis mit einem Spitzenmuster ausfüllen. Das fertige Gebäckstück muß wie eine grobe Spitzenrosette aussehen.
9. Etwa 3 Minuten ausbacken, dabei einmal wenden. Wenn das Gebäck goldgelb ist, mit einem Schaumlöffel herausheben, kurz abtropfen lassen, dann in abgekühlten Sirup legen. Das Gebäck mit Hilfe von zwei Löffeln oder Gabeln im Sirup wenden und auf einen Teller legen. (Ein zweites Paar Hände wäre hierbei eine große Hilfe für die Hausfrau.)
10. Die Zlabiyas auf einer Platte servieren. Sie bleiben eine Weile knusprig, wenn der Sirup sehr dick ist.

Manalsama

Walnußplätzchen

30 Stück
Ofentemperatur: 170° C
Backzeit: 30–35 Minuten

1 Portion Teig wie für Klaicha (oben
Walnußfüllung:
2 Tassen grob gemahlene Walnüsse
¼ Tasse feiner Zucker
Zur Fertigstellung:
Puderzucker

1. Den Teig nach den Anweisungen des Rezeptes Klaicha, Schritt 1 und 2 herstellen.
2. Die Zutaten für die Füllung vermischen und mit der Hand kneten, so daß sie eine grobe Paste bildet.
3. Jeweils 1 Eßlöffel Teig zu einem walnußgroßen Bällchen rollen. Auf der Handfläche flachdrücken und einen gehäuften Teelöffel in die Mitte geben. Den Teig um die Füllung herum wieder zusammendrücken.
4. Wieder zu einem Bällchen formen und in eine verzierte Form (Tabi) drücken und auf ein ungefettetes Backblech stürzen. Oder die Bällchen auf ein Backblech setzen, etwas flachdrücken und die Plätzchen seitlich und 1955oben mit einer Gabel verzieren, so daß sie eine leicht konische Form erhalten.
5. Im Ofen bei mittlerer Hitze in 30–35 Minuten leicht bräunen.
6. Auf dem Backblech 10 Minuten abkühlen lassen.
7. Eine Schicht Puderzucker auf einen Bogen Wachspapier sieben und die Walnußplätzchen auf den Zucker setzen. Mit noch mehr Puderzucker dick bestäuben. Gründlich abkühlen lassen und in verschlossenen Behältern aufbewahren.

Murabba Tamar I

Datteln in Sirup

Für diese Süßigkeit sind Kochdatteln erforderlich. Die frischen Datteln, die in Ländern, wo keine Datteln wachsen, erhältlich sind, sind Tafelsorten, die normalerweise tiefgefroren eingeführt werden. Diese sind zu weich, um nach diesem Rezept verarbeitet zu werden. Wenn allerdings nur tiefgefrorene Datteln zu haben sind, befolgen Sie das Rezept Murabba Tamar II.

750 g frische Kochdatteln
Wasser
Walnußhälften
3 Tassen grobkörniger Zucker
1 dünner Streifen Zitronenschale
durchgeseihter Saft ½ Zitrone
4 Nelken
1 kleines Stück Stangenzimt

1. Die Datteln waschen und die Stiele entfernen. Mit einem scharfen Messer die Haut abschälen. In einen Topf geben und mit kaltem Wasser bedecken. Zum Kochen bringen und bei schwacher Hitze in 15 Minuten garen. Die Datteln abtropfen lassen und die Kochflüssigkeit aufbewahren.
2. Wenn die Datteln genügend abgekühlt sind, die Kerne mit einer Stricknadel herausstoßen.
3. Die Walnußhälften noch einmal halbieren, um den Stücken die Größe des Dattelkerns zu geben. In jede Dattel ein Walnußstück einsetzen.
4. Die vorbereiteten Datteln in Schichten in eine Schüssel geben und jede Schicht reichlich mit Zucker bestreuen. 12 Stunden oder über Nacht stehenlassen.
5. Die aufbewahrte Kochflüssigkeit abmessen und bei Bedarf mit Wasser zu der Menge von 2 Tassen auffüllen. Über die Datteln gießen und 2 Stunden stehenlassen, damit sich der Zucker auflöst, ab und zu die Schüssel schwenken.
6. Die gezuckerte Flüssigkeit in einen schweren Topf abgießen und zum Kochen bringen. Die Zitronenschale und den Saft sowie die Nelken und den Stangenzimt zugeben. Im offenen Topf bei mittlerer Hitze 10 Minuten kochen lassen, ohne zu rühren. Bei Bedarf abschöpfen.
7. Die Datteln in den Topf geben und wieder zum Kochen bringen. 10 Minuten kochen lassen; der Sirup soll dick sein, wenn er auf einer kalten Untertasse geprüft wird.
8. Die Zitronenschale und den Stangenzimt herausnehmen. Die Datteln in sterilisierte Gläser füllen und den Sirup darübergießen. Nach dem Abkühlen verschließen und bei Zimmertemperatur aufbewahren. Auf kleinen Tellerchen mit einem Löffel oder als Konfekt anbieten.

Murabba Tamar II

Tafeldatteln in Sirup

1. Dieselben Zutaten wie für Murabba Tamar I verwenden, jedoch die Kochdatteln durch Tafeldatteln ersetzen. Die Datteln in der Schale lassen, gründlich waschen und die Kerne entfernen. In jede Dattel ein Walnußstück setzen. Man kann auch die Datteln seitlich aufschlitzen, den Kern herausnehmen und die Walnußstücke einsetzen.
2. Den Zucker in zwei Tassen Wasser auf dem Herd unter gelegentlichem Rühren auflösen. Die Zitronenschale, den Saft und die Gewürze zugeben und unbedeckt 10 Minuten kochen lassen, ohne zu rühren. Die vorbereiteten Datteln hineingeben und noch einmal aufkochen. Vom Herd nehmen. 12 Stunden ruhen lassen.
3. Die Datteln aus dem Sirup nehmen und in eine feuerfeste Schüssel geben.
4. Den Sirup zum Kochen bringen und ohne zu rühren 10 Minuten kochen lassen. Bei Bedarf den Schaum abschöpfen. Den Sirup durch ein Sieb über die Datteln gießen und abkühlen lassen. In sterilisierte Gläser füllen, verschließen und im Kühlschrank aufbewahren.

Die Golfstaaten
Bahrain · Kuwait · Saudi-Arabien · Vereinigte Arabische Emirate · Katar · Oman

Zwar ist jedes dieser Länder ein eigenständiges Land, doch die Zusammenfassung in einem Kapitel ist erforderlich, da sie in ihren Kochgewohnheiten kaum voneinander abweichen. Man kann zwar den Ursprung bestimmter Rezepte auf einen bestimmten Ort zurückführen, doch trifft man das gleiche Gericht auch in anderen Ländern an.

Was am Leben der Araber am meisten beeindruckt, ist ihre Gastfreundschaft, die in dem allgegenwärtigen Kaffeetopf zum Ausdruck kommt. Heutzutage wird der Kaffee allerdings meist am frühen Morgen zubereitet und in einem Thermosgefäß warmgehalten, aus dem er jedem angeboten wird, der zufällig vorbeikommt.

Es gibt bestimmte Regeln, die man beachten sollte, wenn man in dieser Region Kaffee angeboten bekommt. Als erstes: lehnen Sie keine Tasse Kaffee ab, das wäre eine Beleidigung des Gastgebers. Ihre Tasse wird ein zweites und drittes Mal und noch öfter gefüllt, wenn Sie Ihrem Gastgeber nicht bedeuten, daß Sie genug hatten. Wenn Sie mit Ihrer Tasse abwinken, bedeutet das, daß Sie keinen Kaffee mehr möchten. Es wird jedesmal nur wenig eingeschenkt – die sehr kleinen, henkellosen Tassen werden nur zu einem Drittel gefüllt. Der Kaffee wird immer ungesüßt und mit Kardamon gewürzt angeboten. Man erwartet vom Gast, daß er drei Tassen Kaffee trinkt, nicht nur eine.

Der erste Eindruck von den Lebensmitteln, die am Golf, besonders auf dem Suk (Markt), angeboten werden, straft alle vorgefaßten Meinungen Lügen, nach denen die normale Ernährung aus gekochtem Fleisch (Lamm, Hammel oder Kamel) besteht, das auf einem Berg von gewürztem Reis gereicht wird. Das mag für die umherziehenden Beduinen noch zutreffen, die ihre Zelte weit entfernt von den Orten aufschlagen, wo das Angebot vielfältiger ist – für die Bevölkerung in den Städten gilt das nicht mehr. Die große Auswahl an frischem Gemüse, Obst, Gewürzen, Fleisch, Fisch und Geflügel würde jede Hausfrau bei uns begeistern und gleichzeitig überraschen, denn ein Blick aus dem Flugzeug auf die weite, trockene Landschaft läßt keinen Überfluß vermuten, jedenfalls keinen, den man essen könnte.

Aroma und Würze arabischer Speisen

Die Araber der Golfstaaten lieben Fleisch am Spieß, entweder großzügige Würfel von Lammfleisch ähnlich den Kebabs in anderen mittelöstlichen Ländern oder Kabab Mashwi, eine Fleischpaste, die auf flachen Spießen über Holzkohle gegrillt wird. Diese wird oft zusammen mit Salatzutaten in Fladenbrot wie ein Sandwich angeboten.

In ihren Reisgerichten spiegelt sich die abwechslungsreiche Geschichte der Araber wieder – sie waren es, die die Gewürzstraßen nach Indien und zum Osten sowie zum Westen hin eröffneten. Sie tauschten Kardamon, Koriander und Kreuzkümmel gegen Zimt, Chili-Pfeffer, Ingwer, Pfeffer, Kurkuma und Safran ein. Die beliebteste Würze ist eine Mischung aus den meisten dieser Gewürze, Baharat genannt, die für Reis, Suppen, Fisch, Geflügel und Fleischgerichte verwendet wird, normalerweise mit weiteren ganzen Gewürzen, um eine bestimmte Note zu betonen, und Kurkuma und Safran der Farbe wegen. Oft werden Safranfäden in Rosenwasser eingeweicht und gegen Ende der Garzeit oder beim Servieren über das Gericht geträufelt, um noch ein wenig Farbe und Duft zuzufügen.

Es ist mit Anklängen an die indische Küche zu rechnen – die historischen Verbindungen mit Indien gehen wahrscheinlich noch weiter zurück, als man dies bisher angenommen hat. Die Geheimnisse der Zivilisation im Industal müssen noch enthüllt werden, doch kürzlich gemachte archäologische Funde in Bahrain und anderswo in der Golfregion brachten Siegel zutage, die den Funden vom Industal ähnlich sind.

Machbous ist ein besonders interessantes Gericht aus Fleisch, Fisch, Garnelen oder Huhn, mit Gewürzen gekocht und mit Reis serviert. Der Reis selbst muß Basmati-Reis sein; der Araber lehnt jede andere Sorte ab. Basmati ist der aromatische Reis aus Pakistan mit dem festen Korn, das die langen Kochzeiten aushält. Die in den Rezepten angegebenen Garzeiten wurden jedoch abgekürzt, da Sie sehr wahrscheinlich andere Reissorten verwenden.

Eine Zutat, die mich faszinierte, ist die Loomi (getrocknete Limette). Sie wird entweder ganz oder zu einem Pulver zerstoßen reichlich verwendet und verleiht den Gerichten ein interessantes und ungewöhnliches Aroma. Es ist schwierig, einen Ersatz dafür anzugeben, doch für einige Rezepte eignet sich auch dünne Zitronenschale. Die Limette wird auf natürliche Weise am Baum getrocknet; sie wird im Oman angebaut, aber auch aus Thailand eingeführt. Die Loomi findet man ebenfalls im Iran und dem Irak, wo sie Limu Omani bzw. Noomi genannt wird. In diesen Ländern wird sie jedoch nur als ganze Frucht verwendet. Ich habe in diesem Kapitel angegeben, wie man getrocknete Limetten herstellt.

Die Gurken sind in den Golfstaaten sehr beliebt, und nachdem ich sie einmal probiert hatte, war mir der Grund klar. Die langen grünen Gurken, die wir kennen, werden vor der Reife gepflückt. Gurken sind aber dann am besten, wenn sie richtig reif sind. Eine andere Sorte, eine lange, schlanke Gurke mit einer dunkelgrünen und tief eingekerbten Schale, ist in westlichen Ländern unter verschiedenen Namen erhältlich. In den Golfstaaten wird sie »Trooh« genannt, und die Einwohner erzählen, daß man bei Vollmond die Gurken ächzen hören kann, wenn sie sich winden, um ihre gebogene Form zu erhalten.

Die Gewässer des Golfs wimmeln von Garnelen und einer unendlichen Vielfalt an Fischen. Die beliebtesten Fische sind Gugurfan und Shehen (der Brasse ähnlich), Wahar (in den Gewässern Australiens Flachkopf genannt), Beyah (Meeräsche), Chanad (Makrele) und Zubaidi (Pomfret), ein beliebter Fisch in Kuwait. Im allgemeinen wird Fisch über glühenden Kohlen gegart, im Ofen gebacken, gebraten oder gedämpft.

Das Khoubiz (Fladenbrot) der Region wird auf ähnliche

Weise wie das persische Nane Lavash und Taftoon hergestellt. Die allgemeine Bezeichnung ist Khoubiz, doch sind die Brote auch unter den Namen Mafrooda und Mafrooda Burd bekannt, je nach dem verwendeten Mehl. Häufig werden die Bäckereien von Iranern geführt, die die gleichen Öfen und Geräte wie im Iran benutzen. Samouli, ein Weißbrot, das dem französischen Stangenweißbrot ähnlich ist, wird in einem herkömmlichen Ofen gebacken.

Essen auf arabische Art

Auch wenn in der Region noch die überlieferten Traditionen gepflegt werden, so hat man sich doch auch westlichem Geschmack geöffnet. In einem Stadthaus wird man einen Wohnraum finden, dessen eine Hälfte mit Boden- und Wandkissen für arabische Gäste ausgestattet ist und die andere Hälfte einen Tisch und Sitzgelegenheiten für westliche Gäste besitzt, worin die angeborene Gastfreundschaft des Arabers zum Ausdruck kommt.

Die Speisen werden entweder auf einem Tuch, das auf einem Teppich ausgebreitet wurde, oder auf dem Eßtisch serviert. Alle Teile der Mahlzeit werden in Schüsseln und auf Platten gereicht, dazu werden Teller, Löffel, Gabeln und Gläser hingestellt. Nur in einem Beduinenzelt ist es noch üblich, aus einer gemeinsamen Schüssel zu essen, wozu die Finger der rechten Hand benutzt werden.

Das Hauptgericht könnte ein Fleisch-, Fisch- oder Huhngericht sein, entweder in einer gehaltvollen Sauce gegart oder in gebratener, gebackener oder gegrillter Form angeboten. Muhammar (ein süßer Reis), Mashkoul (Reis mit Zwiebeln) oder Muaddas (eine Zusammenstellung aus Reis und Linsen) werden getrennt dazu serviert, es sei denn, daß das Fleisch mit dem Reis zusammen ein Gericht bildet. Immer wird eine Schüssel mit frischem Salat gereicht, der aus römischem Salat (Sommerendivie), festen Gurken, Tomaten, Paprika, Radieschen und einem kresseartigen, grünen Kraut besteht. Der Salat wird einfach mit Essig angemacht. Zu jeder Mahlzeit gehören auch Joghurt, Essiggemüse und Brot.

Wenn Sie ein Essen mit dem ganzen exotischen Gepräge eines Festmahls im Zelt eines Wüstenscheichs geben wollen, sollten Sie Khouzi zubereiten. Khouzi wird in allen Golfstaaten und anderen arabischen Ländern zubereitet, die saudiarabische Version ist jedoch die beste. Sie brauchen dazu ein ganzes Lamm mit Kopf. Eine Reisfüllung mit Unmengen von Nüssen, Zwiebeln, Sultaninen und Gewürzen wird vorbereitet, von der ein Teil zusammen mit hartgekochten Eiern ohne Schale in ein Huhn gefüllt wird; dann wird das Huhn zusammen mit dem größten Teil der Füllung in die Bauchhöhle des Lammes gefüllt. Diese wird zugenäht und das Lamm zusammengebunden. Häufig wird es am Spieß gebraten, nach der traditionellen Methode jedoch wird es in einer Bratenform gegart, die mit den Rippen von Palmblättern ausgelegt ist. In die Bratenform wird etwas Wasser gegeben, und sie wird mit einem Deckel zugedeckt, der noch mit einer Paste aus Mehl und Wasser abgedichtet wird. Das Lamm wird dann im Ofen gebacken, bis es so zart ist, daß das Fleisch leicht von den Knochen fällt. Die Füllung wird herausgenommen und auf einer großen Platte mit dem Lamm darauf angerichtet.

Dieses Gericht wird mit viel Zeremoniell serviert. Diener stellen Krüge und Schalen bereit, damit sich die Gäste vor der Mahlzeit die Hände waschen können. Alle Bestandteile des Mahls werden auf einem Tuch auf einem farbenfrohen und meist kostbaren Teppich ausgebreitet, um den herum Kissen für die Gäste verteilt sind. Die Gäste sitzen so angeordnet, daß der wichtigste Gast neben dem Gastgeber sitzt, dem es ein Vergnügen ist, dem Ehrengast die saftigsten Lammstücke auszuwählen. Die am höchsten geschätzten Teile des Lamms sind die Augen, die die Araber als große Delikatesse betrachten – für unseren Geschmack etwas fremdartig. Ich könnte mir vorstellen, daß es so ähnlich ist, wie wenn man das erste Mal Austern ißt. Wenn man ein solches Mahl wirklich nach der traditionellen Art geben will, würde dies bedeuten, daß nur Männer anwesend sind; Sie können dieses Problem jedoch dadurch umgehen, daß Sie jeden weiblichen Gast zum Mann ehrenhalber erklären. (Es gibt dafür berühmte Präzedenzfälle: der Königin von England wurde diese Ehre während eines Besuches in Saudi-Arabien im Jahr 1979 zuteil.) Bei Festen dieser Art wird das Essen als eine ernsthafte Angelegenheit betrachtet, und es wird, wenn überhaupt, wenig gesprochen. Nach dem Mahl wäscht man sich wieder die Hände, und die Gäste ziehen sich in einen anderen Raum zu Kaffee, Gesprächen und zum Rauchen der Wasserpfeife zurück.

Zutaten für die Küche der Golfstaaten

Basmati-Reis ist für die authentische Küche der Golfstaaten unerläßlich. Das Fleisch ist normalerweise Lammfleisch, doch heute gewinnt auch Rindfleisch zunehmend an Beliebtheit. Grob gemahlener Kaffee, vorzugsweise Mokka, Kardamon, Safran, Kurkuma, glattblättrige Petersilie, Koriander, Rosenwasser, Loomi (getrocknete Limette) und Datteln werden häufig verwendet. In bestimmten Gerichten wird noch Tamarinde verwendet, die aber heute größtenteils durch die Tomate ersetzt wird. Es sollte immer eine große Menge Zwiebeln vorrätig sein, da diese reichlich verwendet werden. Die Rezepte, das Glossar und die einleitenden Kapitel enthalten weitere Angaben über die Nahrungsmittel der Golfstaaten.

Baharat

Gewürzmischung

Etwa 2 Tassen

½ Tasse schwarze Pfefferkörner
¼ Tasse Korianderkörner
¼ Tasse Kassienrinde (oder Stangenzimt)
¼ Tasse Nelken
⅓ Tasse Kreuzkümmel
2 Teelöffel Kardamonkörner
4 ganze Muskatnüsse
½ Tasse Paprikapulver

1. Die Pfefferkörner, Korianderkörner, den Stangenzimt, die Nelken, den Kreuzkümmel und die Kardamonkörner in der Küchenmaschine zu Pulver mahlen.
2. Die Muskatnüsse reiben und mit dem Paprikapulver mit den anderen Gewürzen vermischen. In einem luftdicht verschlossenen Glas aufbewahren und nach den Anweisungen der Rezepte verwenden.

Baharat aus gemahlenen Gewürzen: Nehmen Sie die angegebenen Mengen fertig gemahlener Gewürze. Vier Muskatnüsse ergeben etwa ¼ Tasse gemahlene Muskatnuß. Die gesamte Menge Baharat wird größer sein als die oben angegebene Menge.

Dukkous al-Tamat

Tomatensauce

Kochzeit: 35 Minuten

1 Eßlöffel Öl
4–6 Knoblauchzehen, zerdrückt
750 g reife Tomaten, enthäutet und gehackt
Salz
1½ Teelöffel Baharat (oben)

1. Das Öl in einem Topf erhitzen und den zerdrückten Knoblauch zugeben, nur ein paar Sekunden dünsten.
2. Die Tomaten und Salz nach Geschmack zugeben. Zugedeckt bei schwacher Hitze 30 Minuten kochen lassen.
3. Baharat zufügen, im offenen Topf 2–3 Minuten dünsten, dann vom Herd nehmen. Zu Reis oder je nach Rezept servieren. Die Sauce kann in einem verschlossenen Gefäß im Kühlschrank aufbewahrt und zum Verbrauch wieder erhitzt werden.

Loomi

Getrocknete Limetten

Getrocknete Limetten sind als Aromastoff für Gerichte der Golfstaaten erforderlich; sie werden auch im Iran und Irak verwendet. Während sie die arabische Köchin in den Golfstaaten entweder ganz oder pulverisiert anwendet, werden sie im Irak und Iran nur ganz verwendet. Dann müssen sie mit einem Spieß oder einer Gabel auf jeder Seite durchstochen werden, damit die Kochflüssigkeit die Limette durchdringen und das Aroma annehmen kann. In der trockenen Hitze des Nahen Ostens sind die Limetten sehr spröde und bekommen schon Löcher, wenn man sie mit zwei Fingern zusammendrückt. In einem feuchteren Klima werden die Limetten zäh, und man muß etwas gewalttätigere Mittel zur Durchlöcherung oder Pulverisierung anwenden. Da Loomi außerhalb des Mittleren Ostens nicht leicht zu bekommen sind, habe ich die Anleitung für ihre Herstellung angegeben. Das Aroma ist je nach Limettensorte etwas unterschiedlich, ist aber auf jeden Fall ein sehr interessantes Gewürz. Übrigens wirkt eine Prise Loomi-Pulver auf Steaks ausgezeichnet. Reiben Sie sie vor dem Grillen oder Braten in der Pfanne damit ein.

Kleine frische Limetten, am besten aus Tahiti
Salzwasser

1. Die Limetten ganz lassen; nur wenn sie sehr groß sind, halbieren, um den Trocknungsprozeß zu beschleunigen.
2. Die Limetten in einen Topf mit kochendem Salzwasser (etwa 1 Eßlöffel Salz) geben. Je nach Größe 3–5 Minuten sprudelnd kochen lassen. Abtropfen.
3. Auf ein Kuchengitter legen und in die Sonne zum Trocknen stellen. Das dauert je nach Sonneneinstrahlung bis zu einer Woche. Täglich wenden. Wenn die Sonne nicht genügend Hitze abgibt (was leicht der Fall sein kann, da die Limetten im Spätherbst und Winter geerntet werden), muß man zu anderen Mitteln greifen.
4. In diesem Fall das Gitter mit den Limetten in den Ofen, der auf die niedrigste mögliche Temperatur eingestellt ist, schieben. 3–4 Tage im Ofen lassen. Ein Warmhaltefach wäre besser, noch besser ein elektrischer Trokkenapparat für Lebensmittel.
5. Die Limetten sind fertig, wenn sie dunkel sind und das Fruchtfleisch völlig entwässert ist. Sie sollen allerdings auch nicht zu dunkel sein. In einem luftdicht verschlossenen Gefäß aufbewahren.

Loomi-Pulver: Die getrockneten Limetten im Mörser zerstoßen oder in der Küchenmaschine pulverisieren.

Dukkous al - Badinjan

Auberginensauce

Ofentemperatur: 180° C
Garzeit: 30 Minuten

2 mittelgroße ovale Auberginen zu je 250 g
2 Knoblauchzehen
Salz
2 Eßlöffel Öl
¼–½ Teelöffel Chili-Pfeffer
1 Teelöffel Paprika

1. Die Auberginen auf einem Backblech im Ofen bei mittlerer Hitze in 30 Minuten garen.
2. Die Knoblauchzehen zusammen mit 1 Teelöffel Salz in einem Mörser oder einer Schüssel zerdrücken.
3. Wenn die Auberginen gar sind, die Haut abziehen, solange sie noch heiß sind, und das Fleisch in eine Schüssel geben. Das Fleisch zerhacken, dann mit einer Gabel zerquetschen.
4. Den zerdrückten Knoblauch, das Öl, den Chili-Pfeffer nach Geschmack, Paprika und bei Bedarf noch Salz unterrühren. Warm zu Muaddas (Seite 245) oder anderen Reisgerichten servieren.

Achar Lefet

Eingelegte Rübchen

2 Tassen Wasser
¼ Tasse Pökelsalz
1 kg kleine Weiße Rüben (etwa 8 Stück)
1 kleine Rote Rübe
1 Knoblauchzehe
1 Tasse weißer Essig

1. Das Wasser mit dem Salz aufkochen, rühren, bis sich das Salz aufgelöst hat. Abkühlen lassen.
2. Die Rüben schälen und in Viertel oder Sechstel schneiden. Die Rote Rübe schälen und in dicke Streifen schneiden. Die Knoblauchzehe enthäuten und halbieren.
3. Die Weißen Rüben in ein sterilisiertes Glas packen, dazwischen die Streifen der Roten Rübe und die Knoblauchstücke legen.
4. Die abgekühlte Lake mit dem Essig vermischen und über die Rüben gießen. Luftblasen entfernen, indem man mit einem feinen Spieß an den Seiten des Glases herunterfährt.
5. Mit einem Deckel verschließen. Wenn ein Metalldeckel verwendet wird, ein Stück Plastikfole über die Glasöffnung legen und darüber den Deckel zudrehen.
6. Vor dem Öffnen mindestens drei Wochen an einem kühlen Ort stehenlassen. Wenn das Glas einmal geöffnet ist, im Kühlschrank aufbewahren. Verschlossen hält sich das Gemüse an einem kühlen, dunklen Ort drei Monate.

Achar Filfil

Eingelegte Paprika

500 g Paprikaschoten
2 Tassen Wasser
¼ Tasse grobes Pökelsalz
2 Tassen weißer Essig
2 Knoblauchzehen
1 Chilischote

1. Die Paprikaschoten gründlich waschen, abtrocknen, die Stengel abschneiden, aber den Stengelansatz nicht entfernen. In jede Schote einen langen Schlitz machen.
2. Wasser und Salz in einem Topf erhitzen und rühren, bis sich das Salz aufgelöst hat. Zum Kochen bringen, dann den Essig zugeben und nochmals aufkochen.
3. Die Paprikaschoten in ein warmes, sterilisiertes Glas füllen und die halbierten Knoblauchzehen und die geputzte Chilischote dazugeben.
4. Die kochende Mischung aus Lake und Essig über die Paprikaschoten gießen und das Glas bis zum Rand füllen. Abwarten, bis die Paprikaschoten die Lake absorbiert haben und wieder mit Lake auffüllen. Luftblasen entfernen.
5. Das Glas mit einem Glas- oder Plastikdeckel verschließen; wenn ein Metalldeckel verwendet wird, legen Sie eine doppelte Lage Plastikfolie über die Glasöffnung, bevor Sie den Deckel aufschrauben. Vor dem Öffnen an einem kühlen Ort 3 Wochen stehenlassen. Wenn sie einmal geöffnet wurden, die Paprikaschoten im Kühlschrank aufbewahren. Sie halten sich ungeöffnet 3–4 Monate an einem kühlen, dunklen Ort.

Achar Tamat
Eingelegte Tomaten

1 kg feste, reife Tomaten
¼ Tasse grobes Pökelsalz
3 Teelöffel frisch gemahlener schwarzer Pfeffer
3 Teelöffel Paprika
2 Teelöffel Koriander, gemahlen
6 Knoblauchzehen, halbiert
3 Tassen weißer Essig

1. Wählen Sie kleine oder mittelgroße Tomaten ohne Anzeichen von Fäulnis. Gründlich waschen.
2. Die Tomaten am Stielansatz tief einschlitzen und mit Salz füllen. Aufrecht in eine Schüssel setzen und 3 Tage stehenlassen. Die Flüssigkeit, die sich ansammelt, abgießen.
3. Die Tomaten umgekehrt in einen Durchschlag geben und den überschüssigen Saft abtropfen lassen.
4. Den Pfeffer mit dem Paprika- und Korianderpulver mischen und jeweils ½ Teelöffel der Gewürzmischung in jede Tomate streuen.
5. Die Tomaten in sterilisierte Gläser füllen und Knoblauchstückchen dazwischenlegen. Die Gläser mit Essig füllen und mit Glas- oder Plastikdekkeln verschließen. Vor dem Öffnen eine Woche stehenlassen. Die eingelegten Tomaten innerhalb von 6 Wochen verbrauchen.

Khoubiz
Fladenbrot

Obwohl Khoubiz der allgemeine Begriff für Brot in der Region des Arabischen Golfes ist, gibt es für die verschiedenen Brotsorten noch genauere Bezeichnungen. Da bereits viele ähnliche Brotrezepte aufgeführt sind, genügt es hier, die Namen anzugeben und auf die jeweiligen Rezepte zu verweisen.

Mafrooda
Weißes Fladenbrot

Ein weißes Fladenbrot ohne Tasche. Befolgen Sie das Rezept für Khoubiz, Seite 187. Das Brot nach dem Formen nicht ruhen lassen und mit einer Gabel oder einem Schneiderrädchen eindrücken. Auf einem heißen Gitter oder Backblech 4 Minuten backen und das Brot mit einem Tuch zusammendrükken, wenn sich eine Blase bilden will. Nach 2 Minuten auf die andere Seite legen oder nach dem Backen zum Bräunen unter einen heißen Grill schieben.

Mafrooda Burd
Fladenbrot aus Vollkornmehl

Die Anweisungen für Mafrooda befolgen, jedoch das Weißmehl des Khoubiz-Rezeptes zu zwei Dritteln durch jedoch Vollkornmehl ersetzen. (4 Tassen Vollkornmehl, 2 Tassen Weißmehl)

Samouli
Weißbrot

Dieses Brot ähnelt dem französischen Stangenweißbrot und ist in verschiedenen Längen erhältlich. Die Oberseite wird mit Wasser oder verquirltem Eigelb bestrichen und mit grobem Salz, Sesamsamen oder Kümmel bestreut.

Befolgen Sie das Rezept für Kouloura, Seite 90, und rollen Sie den Teig zu einem Kreis von 40 cm Durchmesser aus. Den Kreis in Viertel einteilen. Jedes Viertel von der Rundung aus aufrollen. Die Brote auf Backbleche setzen, mit einem Tuch bedecken und an einem warmen Ort stehenlassen, bis sie sich im Umfang verdoppelt haben. Mit verquirltem Ei oder Wasser glasieren, mit grobem Salz, Sesamkörnern oder Kümmel bestreuen und leicht mit kaltem Wasser benetzen. Im Ofen bei mittlerer Hitze 15 Minuten backen. Die Brote sind durchgebacken, wenn sie beim Daraufklopfen hohl klingen.

Muhammar

Süßer Reis

Als Reis der Perlentaucher von Bahrain bekannt, ist Muhammar eins der Rezepte, von denen man sagen kann: die Notwendigkeit ist die Mutter der Erfindung.
Obwohl sich die früheren Perlentaucher zweifellos nicht der physiologischen Auswirkungen des Tauchens bewußt gewesen sind, müssen sie doch irgendwann herausgefunden haben, daß sie häufiger und mit weniger ungünstigen Begleiterscheinungen tauchen konnten, wenn sie süße Speisen gegessen hatten (Aufrechterhaltung des Blutzuckerspiegels) sowie gehaltvolle Gerichte zu sich genommen hatten (Kohlehydrate und Fett). Die Zusammenstellung von Dattelsaft, Reis und Fett erfüllte diese Anforderungen.
Begeisterte Taucher unter Ihnen interessieren sich vielleicht für die Geschicklichkeit dieser unerschrockenen Männer. Mit einem Seil und einem Gewicht an ihren Zehen ließen sie sich schnell auf eine Tiefe bis zu 40 Metern herab. Sie blieben dort 10 bis 20 Minuten, um alle Austern in Sichtweite aufzusammeln, und stiegen dann wieder hinauf. Das Tauchen in einer solchen Tiefe birgt selbst mit moderner Ausrüsung seine Gefahren, ganz abgesehen davon, wenn man ohne jedes Sauerstoffgerät taucht. Die Sterblichkeitsrate war natürlich hoch – wozu auch noch Haie, Seeschlangen und Quallen beitrugen.

Für 5–5 Personen
(1 Person, wenn Sie Taucher sind)
Kochzeit: 30–35 Minuten

¼ Teelöffel Safranfäden
3 Kardamonkapseln, gespalten
2 Eßlöffel Rosenwasser
2 Tassen Basmati-Reis
6 Wassen Wasser
1 Eßlöffel Salz
⅓–½ Tasse grobkörniger Zucker oder Honig
¼ Tasse Ghee oder Butter

1. Die Safranfäden und den Kardamon in das Rosenwasser legen und zum Quellen stehenlassen.
2. Den Reis verlesen und waschen, bis das Wasser klar abläuft.
3. 6 Tassen Wasser in einem schweren Topf zum Kochen bringen, das Salz und den Reis hineingeben und gelegentlich umrühren, bis das Wasser wieder aufkocht. Im offenen Topf 8 Minuten kochen lassen. In einem Durchschlag abtropfen lassen.
4. Den Zucker oder Honig auf den heißen Reis geben und mit einer Gabel durchmischen.
5. Ghee oder Butter in dem Topf, in dem der Reis gekocht wurde, erhitzen und den gesüßten Reis hineingeben. Darüber die Rosenwassermischung träufeln. Mit einem Stiel eines Holzlöffels 3 Löcher in den Reis machen.
6. Den Topfrand mit einem Papiertuch bedecken und den Deckel fest aufsetzen. Den Reis bei schwacher Hitze in 20–25 Minuten garen. Zu gegrilltem Fisch und Lammbraten servieren.

Abbildung Seite 241:
Zutaten für Baharat (Mischgewürz), Rezept Seite 237
Abbildung Seite 242:
Timman Z'affaran (Safranreis), Rezept Seite 220

Mashkoul

Reis mit Zwiebeln

Für 5–6 Personen
Kochzeit: 1 Stunde

2 Tassen Basmati- oder anderer guter Langkornreis
kaltes Wasser
1 Eßlöffel Salz
1 große Zwiebel, fein gehackt
¼ Tasse Ghee oder Öl

1. Den Reis verlesen und mit kaltem Wasser waschen, bis das Wasser klar abläuft, dann abtropfen lassen.
2. In einem großen Topf 6 Tassen Wasser zum Kochen bringen, den Reis und das Salz zugeben und wieder aufkochen, dabei gelegentlich umrühren. 8 Minuten kochen lassen, dann in einem großen Sieb abtropfen lassen.
3. In einem schweren Topf das Butterfett erhitzen und die Zwiebel darin glasig dünsten, dann die Hitze höherstellen und die Zwiebel hellbraun rösten. Die Hälfte des Fetts mit der Zwiebel beiseitestellen.
4. Den durchgeseihten Reis in den Topf geben und mit einer Gabel durchmengen, damit sich die Zwiebel mit dem Reis vermischt. Die beiseitegestellte Zwiebelmenge auf dem Reis verteilen. Den Topf fest mit seinem Deckel verschließen und bei schwacher Hitze 35–40 Minuten dünsten, bis der Reis gar ist. Mit einer Gabel auflockern und auf einer Platte servieren.
Dieses Reisgericht ist eine Standardbeilage zu den meisten Mahlzeiten in den Golfländern.

Muaddas

Reis mit Linsen

Für 6 Personen
Kochzeit: 1 Stunde

2 Tassen Basmati- oder anderer guter Langkornreis
½ Tasse braune oder grüne Linsen
1 große Zwiebel, fein gehackt
¼ Tasse Öl oder Ghee
4 Tassen kochendes Wasser
Salz

1. Den Reis verlesen und mit mehrmaligem Wasserwechsel waschen, bis das Wasser klar abläuft. Gründlich in einem Sieb abtropfen lassen.
2. Aus den Linsen kleine Steinchen und verfärbte Körner auslesen. Die Linsen in eine Schüssel mit Wasser geben und alle entfernen, die oben schwimmen. Gut waschen und gründlich abtropfen lassen.
3. In einem schweren, hohen Topf das Öl oder Ghee erhitzen und die Zwiebel darin glasig bis hellbraun dünsten. Den Reis und die Linsen zugeben und bei mittlerer Hitze 3 Minuten rühren.
4. Kochendes Wasser und etwa 2 Teelöffel Salz zugeben. Aufkochen und gelegentlich umrühren. Dann die Hitze herunterschalten und Reis und Linsen im zugedeckten Topf bei schwacher Hitze 45 Minuten kochen lassen.
5. Den Topf vom Herd nehmen. Den Deckel abnehmen und zwei Lagen Küchenkrepp über den Topfrand legen. Den Deckel wieder aufsetzen und 10–15 Minuten vor dem Servieren ruhen lassen. Als Beilage zu Fleisch- und Fischgerichten oder nach den Anweisungen der einzelnen Rezepte servieren.

Shaurabat Adas

Linsensuppe

Für 6 Personen
Kochzeit: 1¼–1½ Stunden

1½ Tasse kleine rote Linsen
Wasser
1 große Zwiebel, fein gehackt
¼ Tasse Samneh (Ghee) oder Öl
4–5 Knoblauchzehen, zerdrückt
2 Teelöffel Baharat (Seite 237)
2 Tassen enthäutete, gehackte Tomaten
2 Loomi (getrocknete Limetten)
Salz
1 Tasse zerdrückte feine Nudeln, nach Belieben

1. Die Linsen verlesen, in ein Sieb geben und unter fließendem kalten Wasser spülen. In einen großen Topf geben und 6 Tassen Wasser zugeben. Zum Kochen bringen, bei Bedarf abschöpfen.
2. In einer Bratpfanne das Ghee oder Öl erhitzen und die Zwiebel darin glasig dünsten, nicht bräunen. Den Knoblauch und die Gewürze hineinrühren, einige Sekunden mitdünsten, dann die Tomaten zugeben.
3. Nachdem die Linsen aufgekocht sind, die Zwiebelmischung mit den getrockneten Limetten, die beide zweimal mit einem Spieß oder einer Gabel durchstochen worden sind, in den Topf geben.
4. Wieder aufkochen und unbedeckt 40 Minuten schwach kochen lassen. Die Nudeln, Salz nach Geschmack und noch etwas Wasser zugeben, wenn die Suppe zu dick ist. Weitere 25–30 Minuten ohne Deckel schwach kochen lassen, bis die Linsen und Nudeln gar sind. Gelegentlich umrühren.
5. Heiß in tiefen Tellern mit Khoubiz (Fladenbrot), Salat und Essiggemüse servieren.

Abbildung Seite 243:
Khouzi Ala Timman (Lammschenkel und Reis), Rezept Seite 226
Abbildung Seite 244:
Chevid Bhagala Polou (Reis mit Lamm, Dicken Bohnen und Dill), Rezept Seite 305;
Tah Chin (Lammfleisch mit Joghurt und Reis), Rezept Seite 318

Mazza Bishurba

Lammknöchelsuppe

Für 6 Personen
Kochzeit: 2½–3 Stunden

4 Lammknöchel (Unterschenkel)
8 Tassen kaltes Wasser
1 Loomi (getrocknete Limette, siehe Seite 237)
1 große Zwiebel, fein gehackt
2 Eßlöffel Ghee
1 Eßlöffel Baharat (Seite 237)
2 kleine Stücke Stangenzimt
1½ Tassen enthäutete und gehackte Tomaten
Salz
frisch gemahlener schwarzer Pfeffer
½ Tasse Langkornreis, möglichst Basmati

1. Die Lammschenkel waschen, wenn nötig, in einen Suppentopf legen und das Wasser zugeben. Die getrocknete Limette auf jeder Seite mit einem Spieß durchstechen und in den Topf geben.
2. Bei mittlerer Hitze langsam zum Kochen bringen und häufig abschöpfen, sobald der Schaum hochsteigt.
3. Wenn die Brühe gut abgeschöpft ist und fast kocht, den Topf zudecken und bei schwacher Hitze 30 Minuten kochen lassen.
4. Die Zwiebel in einer Bratpfanne in Ghee (Butterfett) glasig dünsten, die Gewürze zufügen und weitere 3 Minuten mitdünsten.
5. Zusammen mit den Tomaten und Salz und Pfeffer nach Geschmack in die Brühe geben. Zugedeckt 1½ Stunden schwach kochen lassen.
6. Die Limette und den Stangenzimt herausnehmen und wegwerfen. Die Lammschenkel herausnehmen und das Fleisch ablösen. Das Fleisch in kleine Stücke schneiden und wieder in die Suppe geben.
7. Den Reis verlesen, gut waschen und zur Suppe geben. Zugedeckt weitere 30 Minuten schwach kochen lassen, bis der Reis sehr weich ist. Heiß mit Khoubiz (Fladenbrot) servieren.

Chebeh Rubyan

Garnelenbällchen

Für 4–6 Personen
Kochzeit: 1¼ Stunde

1 kg rohe Garnelen
¼ Tasse Korianderblätter
½ Teelöffel Kurkuma
½ Teelöffel gemahlene Loomi (getrocknete Limette), nach Belieben
¾ Tasse gemahlener Reis
1 Teelöffel Salz
Füllung:
1 große Zwiebel, fein gehackt
2 Eßlöffel Ghee
1 Teelöffel Baharat (Seite 237)
½ Teelöffel gemahlene Loomi (getrocknete Limette oder die geriebene Schale ½ Zitrone)
Tamarindensauce:
1 Stück Tamarinde von der Größe eines kleinen Eis
2 Tassen warmes Wasser
1 kleine Zwiebel, fein gehackt
1 Eßlöffel Ghee
1 große Tomate, enthäutet und gehackt
1 Teelöffel Baharat
¼–½ Teelöffel Chili-Pfeffer
Salz
2 Teelöffel Zucker
Zum Servieren:
Muhammar (Seite 240)
gekochte Garnelen und Korianderzweige zum Servieren

1. Von den Garnelen die Schale und den Darmstrang entfernen, gründlich abspülen und trockentupfen. Die Garnelen mit den Korianderblättern vermengen und durch den Fleischwolf mit dem feinen Vorsatz drehen oder in der Küchenmaschine zu einer Paste verarbeiten.
2. Die Garnelenmischung mit Kurkuma, der getrockneten gemahlenen Limette, wenn erhältlich, und dem gemahlenen Reis vermischen. Zugedeckt im Kühlschrank bis zum Gebrauch kaltstellen.
3. In einer Pfanne die Zwiebel in Ghee glasig dünsten, das Baharat und die getrocknete und gemahlene Limette oder geriebene Zitronenschale hineinrühren und vom Herd nehmen. Beiseitestellen.
4. Die Tamarinde 10 Minuten in 1 Tasse warmem Wasser einweichen und mit den Fingern zerreiben. Durch ein Sieb drücken. Die Tamarindenflüssigkeit aufbewahren.
5. In einem großen Topf mit breitem Boden die gehackte Zwiebel in Ghee glasig dünsten. Die Tamarindenflüssigkeit, das restliche Wasser, die Tomate, Gewürze, Salz nach Geschmack und den Zucker zufügen. Zugedeckt 15–20 Minuten schwach kochen lassen.
6. Während die Sauce kocht, die Bällchen herstellen. Etwa 1 Eßlöffel der Garnelenpaste in der angefeuchteten Handfläche flachdrücken, 1 Teelöffel der Zwiebelfüllung in die Mitte geben und die Paste rundherum zu einem Bällchen zusammendrücken. Die Hände währenddessen immer wieder anfeuchten. Die restlichen Zutaten ebenso verarbeiten.
7. Die fertigen Bällchen in die kochende Sauce geben. Zugedeckt bei schwacher Hitze 35–40 Minuten kochen lassen. Die Bällchen werden während des Kochens etwas größer. Heiß zu Muhammar reichen und mit ein paar gekochten Garnelen und Korianderzweigen (nach Belieben) servieren.

Samak Quwarmah

Fisch-Curry

Für 6 Personen
Kochzeit: 1 Stunde

750 g Fischsteaks oder -filets
Salz
2 Eßlöffel Ghee oder Öl
2 mittelgroße Zwiebeln, gehackt
1 Teelöffel geriebener, frischer Ingwer
2 Knoblauchzehen, zerdrückt
½ Teelöffel Chili-Pfeffer
1 Teelöffel Baharat (Seite 237)
1 Teelöffel Kurkuma
1 kleines Stück Stangenzimt
1 Tasse enthäutete, gehackte Tomaten
2 Loomi (getrocknete Limetten) oder die dünne Schale ½ Zitrone
½ Tasse Wasser
Zum Servieren
Muhammar (Seite 240)
Oder:
Mashkoul (Seite 245)

1. Den Fisch mit Küchenkrepp trockentupfen, in mundgerechte Stücke schneiden und leicht mit Salz bestreuen. Zugedeckt an einem kühlen Ort stehenlassen.
2. Das Ghee oder Öl in einer schweren Pfanne erhitzen und die Zwiebel darin glasig dünsten. Den Ingwer, Knoblauch, Chili-Pfeffer, Baharat, Kurkuma und Stangenzimt zugeben und auf der heißen Platte 2 Minuten rühren.
3. Die Tomaten, Loomi (zweimal mit einem Spieß eingestochen) oder Zitronenschale und das Wasser zugeben. Salz nach Geschmack zufügen und langsam zum Kochen bringen. Bei schwacher Hitze zugedeckt 15 Minuten kochen lassen.
4. Die Fischstücke in die Sauce geben und zugedeckt bei schwacher Hitze 15–20 Minuten kochen lassen, bis der Fisch gar ist. Die Fischstücke auf den vorbereiteten Muhammar oder Mashkoul heben. Die Loomi oder Zitronenschale und den Stangenzimt aus der Sauce nehmen und die Sauce über den Fisch träufeln.

Machbous

Gewürzte Garnelen und Reis

Für 4–5 Personen
Kochzeit: 50 Minuten

1 kg rohe Garnelen
2–3 Eßlöffel Ghee
2 Knoblauchzehen, gehackt
1 große Zwiebel, gehackt
3 Teelöffel Baharat (Seite 237)
1 Teelöffel Kurkuma
1½ Tassen enthäutete, gehackte Tomaten
2 Teelöffel Salz
frisch gemahlener schwarzer Pfeffer
1 Eßlöffel gehackte Petersilie
1 Teelöffel gehackte Korianderblätter
2½ Tassen Wasser
2 Tassen Basmati oder anderer guter Langkornreis

1. Die Garnelen von der Schale und bei Bedarf vom Darmstrang befreien.
2. In einem großen Topf 1 Eßlöffel Ghee mit dem Knoblauch erhitzen und die Garnelen zugeben. Bei mittlerer Hitze rühren, bis die Garnelen fest werden und eine rosa Färbung annehmen – sie brauchen nicht völlig gar zu sein. Aus dem Topf nehmen und beiseitestellen.
3. Die restliche Butter in den Topf geben und die Zwiebel darin glasig bis hellbraun dünsten.
4. Das Baharat und Kurkuma einrühren und 1 Minute mitdünsten.
5. Die Tomaten, das Salz, den Pfeffer und die gehackten Kräuter zugeben und zum Kochen bringen, dann das Wasser zugeben. Den Topf zudecken und bei mittlerer Hitze 5 Minuten kochen lassen.
6. Den Reis waschen, bis das Wasser klar abläuft. In die Sauce rühren, zum Kochen bringen und zugedeckt 10 Minuten kochen lassen. Die Hitze herunterschalten.
7. Den Topfinhalt umrühren, dann die Garnelen darauf verteilen und leicht untermischen.
8. Den Topf zudecken und bei schwacher Hitze 20 Minuten kochen lassen, nach der Hälfte der Kochzeit einmal umrühren.
9. Umrühren, dann 5 Minuten neben dem Herd zugedeckt stehenlassen. Mit Khoubiz, Essiggemüse und Salat servieren.

Samak Mahshi

Gefüllter Bratfisch

Für 4–6 Personen
Garzeit: 20 Minuten

1 kg kleine, ganze Fische
Salz
1 große Zwiebel, fein gehackt
2 Knoblauchzehen, fein gehackt
2 Eßlöffel Ghee
1½ Teelöffel Baharat (Seite 237)
½ Teelöffel gemahlene Loomi (getrocknete Limette)
½ Teelöffel Kurkuma
Mehl zum Panieren
Öl oder Ghee zum Braten

1. Von den Fischen die Schuppen und Kiemen entfernen und die Innereien durch eine kleine Öffnung herausnehmen. Die Höhlung mit einem Küchenkreppbausch, der in Salz getaucht wurde, einreiben, um den Fisch gründlich zu reinigen. Die Fische abspülen und gründlich trockentupfen.
2. Die Zwiebel und den Knoblauch in Ghee hellbraun dünsten. 1 Teelöffel Baharat, die gemahlene getrocknete Limette und Salz nach Geschmack hineinrühren. Vom Herd nehmen.
3. Die Fische mit der Zwiebelmischung füllen und einen kleinen Bausch Pergamentpapier oder Alufolie in die Öffnung stecken, um die Füllung zu sichern.
4. Das übrige Baharat mit dem Kurkuma und 1 Teelöffel Salz vermischen und die Fische damit einreiben. 15 Minuten ruhen lassen, damit die Fische das Aroma aufnehmen.
5. Das Öl oder Ghee erhitzen. Die Fische leicht in Mehl wälzen und braten, bis sie gar sind. Auf Papiertüchern abtropfen lassen und heiß servieren, garniert mit Zitrone und Petersilie.

Anmerkung: In Bahrain wird häufig Currypulver anstatt Baharat verwendet.

Samak Mashwi

Gegrillter Fisch mit Datteln

In den Golfstaaten wird Fisch in einem besonderen abschnittenen, kuppelförmigen Lehmgrill mit glühenden Kohlen darin gegrillt. Der Fisch wird auf einen festen Stock aufgespießt, der durch das Maul in den Körper gesteckt wird. Das Ende des Stockes, das aus dem Maul ragt, wird in die Erde unter die Kohlen in einem Winkel von 45° gesteckt. Vielleicht könnten Sie eine ähnliche Methode ausprobieren, indem Sie ein Feuer auf einem niedrigen Gitter verwenden, um das Sie auf drei Seiten Metallbleche stellen, die die Hitze reflektieren.

Für 6 Personen
Garzeit: 8–12 Minuten

1 Tasse getrocknete, ausgesteinte Datteln
Wasser
6 ganze Fische mit festem Fleisch zu je 375 g
Salz
2 große Zwiebeln, fein gehackt
2 Knoblauchzehen, zerdrückt, nach Belieben
1½ Teelöffel Baharat (Seite 237)
1 Teelöffel Kurkuma

1. Die Datteln mit kaltem Wasser bedecken und 30 Minuten oder länger einweichen, bis sie weich sind.
2. Kaufen Sie Fische, die sich zum Grillen eignen, am besten eine Sorte mit rundem Körper wie zum Beispiel die rote Meeräsche. Nicht abschuppen lassen.
3. Die Fische ausnehmen und die Höhlung gründlich reinigen. Abspülen und mit Küchenkrepp trockentupfen. Mit Salz bestreuen und 15 Minuten oder länger stehenlassen.
4. Die Zwiebeln mit dem Knoblauch – falls verwendet – und den Gewürzen vermischen und etwas Wasser zufügen.
5. Die Höhlungen mit der Mischung füllen und mit Geflügelspießen oder hölzernen Cocktailstäbchen, die 30 Minuten in Wasser eingeweicht wurden, verschließen.
6. Die Datteln durch ein Sieb zu Püree drücken, etwas von dem Einweichwasser zufügen. Oder die Datteln im Mixer pürieren und soviel Einweichwasser zugeben, daß eine weiche Paste entsteht.
7. Die Fische auf beiden Seiten mit dem Dattelpüree bestreichen und 10 Minuten auf einem Gestell ruhen lassen.
8. Die Fische auf jeder Seite über glühender Holzkohle 4–5 Minuten grillen – je nach Dicke des Körpers.
9. Die Fische heiß servieren. Durch die Schuppen wird das Fleisch intakt gehalten. Die Haut wird mit den Schuppen vor dem Essen abgezogen. Die Datteln geben den Fischen ein sehr angenehmes Aroma.

Machbous ala Dajaj

Gewürzhuhn mit Reis

Für 4–5 Personen
Garzeit: 1¾–2 Stunden

2 große Zwiebeln, gehackt
2 Eßlöffel Ghee
1 Eßlöffel Baharat (Seite 237)
1 Teelöffel Kurkuma
1 Huhn, etwa 1,5 kg, zerlegt
1½ Tassen enthäutete und gehackte Tomaten
3 Nelken
½ Teelöffel pulverisierte Loomi (getrocknete Limette) oder 1 Streifen Zitronenschale
2 Stück Stangenzimt
6 Kardamonkapseln
3 Teelöffel Salz
2½ Tassen Wasser
2 Tassen Basmati oder anderer guter Langkornreis
2 Eßlöffel gehackte Korianderblätter
2 Eßlöffel gehackte Petersilie

1. In einem hohen, schweren Topf die Zwiebel im Ghee glasig bis hellbraun dünsten. Das Baharat und Kurkuma hineinrühren und noch zwei Minuten dünsten.
2. Die Huhnteile hineingeben und in der Zwiebelmischung bei mittlerer Hitze wenden, bis sie leicht gebräunt sind. Die Tomaten, Nelken, Loomi, den Zimt, die Kardamonkapseln und das Salz zufügen und gut umrühren.
3. Das Wasser zugeben, zudecken und bei schwacher Hitze 45 Minuten dünsten.
4. Den Reis verlesen und verfärbte Körner wegwerfen. Den Reis in eine Schüssel geben und mit kaltem Wasser waschen, bis das Wasser klar abläuft. Abtropfen lassen.
5. Den Reis vorsichtig mit dem Inhalt des Topfes vermischen, die Kräuter zufügen und wieder schwach zum Kochen bringen. Zugedeckt bei niedriger Hitze 35–40 Minuten kochen lassen, bis das Huhn gar ist; ein- oder zweimal während der Garzeit vorsichtig umrühren. Vom Herd nehmen und 10 Minuten stehenlassen.
6. Das Gericht auf einer großen Platte mit den Huhnteilen in der Mitte aufhäufen und heiß mit Essiggemüse, Salat und Khoubiz (Fladenbrot) reichen.

Quwarmah ala Dajaj

Hühner-Curry

Für 5–6 Personen
Kochzeit: 2–2½ Stunden

1 Huhn, etwa 1,5 kg, zerlegt
Salz
1½ Teelöffel Baharat (Seite 237)
1 Teelöffel Kurkuma
¼ Tasse Ghee
2 große Zwiebeln, fein gehackt
2 Knoblauchzehen, zerdrückt
1 Teelöffel geriebener frischer Ingwer
¼–½ Teelöffel Chili-Pfeffer
1 kleines Stück Stangenzimt
1 Tasse enthäutete, gehackte Tomaten
2 Loomi (getrocknete Limetten) oder die dünne Schale ½ Zitrone
¾ Tasse Wasser
Beilage:
Muhammar (Seite 240)
oder:
Mashkoul (Seite 245)

1. Die Huhnteile in kleinere Stücke schneiden, wenn dies gewünscht wird. Trockentupfen und mit Salz bestreuen. Baharat und Kurkuma mischen und mit der Hälfte dieser Mischung die Fleischstücke einreiben. 15 Minuten einziehen lassen.
2. Das Ghee in einer schweren Pfanne erhitzen und die Huhnteile darin auf jeder Seite bräunen. Auf einen Teller legen.
3. Die Zwiebel in die Pfanne geben und glasig dünsten. Den Knoblauch, Ingwer, die restliche Gewürzmischung, Chili-Pfeffer nach Geschmack und den Stangenzimt zufügen. Unter häufigem Rühren 5 Minuten dünsten.
4. Die Tomaten, zweimal durchstochenen getrockneten Limetten oder die Zitronenschale und das Wasser zugeben. Nach Geschmack salzen und zum Kochen bringen.
5. Die Huhnteile wieder in die Pfanne geben, die Hitze herunterschalten und die Pfanne fest verschließen. 1½ bis 2 Stunden ganz schwach dünsten, bis das Hühnerfleisch gar und die Sauce dick ist.
6. Heiß mit Muhammar oder Mashkoul als Beilage servieren.

Kabab Mashwi

Hackfleisch-Kebab

Es ist imponierend mit anzusehen, wie diese würzigen Kebabs in den Golfstaaten, in denen sich viele Geschäfte und Lebensmittelstände darauf spezialisiert haben, hergestellt werden. Blitzschnelle Hände formen die mit Kräutern und Gewürzen zubereitete Fleischpaste auf lange, flache Spieße. In eisernen Trögen entlang der Ladenfront glühen Holzkohlenfeuer, um die Kebabs schnell zu einer saftigen Delikatesse zu grillen. Die Spieße werden quer über die Tröge gelegt, und die Köche arbeiten sich an ihnen in dem engen Durchgang dazwischen hinauf und hinunter, um die Spieße zu wenden und fertige Kebabs wegzunehmen.
Das fertige Kebab wird vom Spieß auf weiches Fladenbrot geschoben; kleingeschnittener Salat, Tomatenscheiben, gehackte Zwiebeln und Gurke werden daraufgelegt, und der »Hamburger nach Art der Golfstaaten« wird dem wartenden Kunden überreicht.

Für 8 Personen
Grillzeit: 2–3 Minuten

1 kg gehacktes Lamm-oder Rindfleisch
1 Tasse grob gehackte Petersilie
2 große Zwiebeln, gehackt
2 Teelöffel Salz
2 Teelöffel Baharat (Seite 237)
Öl zum Grillen
Beilage:
Khoubiz (Seite 187)
römischer Salat (Sommerendivie), in Blättern oder kleingeschnitten
Tomatenscheiben
Gurkenscheiben
fein gehackte Zwiebel oder Frühlingszwiebel

1. Das Hackfleisch mit der Petersilie, der Zwiebel, Salz und Baharat vermischen. Zweimal durch einen Fleischwolf mit feinem Vorsatz drehen. Oder in 4 Portionen in der Küchenmaschine verarbeiten.
2. Zu einer glatten Paste kneten, falls der Fleischwolf verwendet wurde; wenn die Küchenmaschine benutzt wurde, noch einmal durchkneten, damit sich die Gewürze gleichmäßig verteilen.
3. Mit angefeuchteten Händen jeweils 1 gehäuften Eßlöffel der Fleischpaste um einen flachen, schwertartigen Spieß in fingerlangen Stücken (etwa 10 cm) formen. Bei langen Spießen je zwei Hackfleischwürstchen auf einen Spieß stecken, bei kurzen je eins. Die Hände immer wieder anfeuchten.
4. Sowie die Spieße vorbereitet sind, über eine Bratenform legen, so daß die Enden auf zwei gegenüberliegenden Rändern liegen.
5. Die Holzkohlenglut vorbereiten und möglichst den Rost entfernen. Ein rechteckiger Grill wie zum Beispiel der japanische Hibachi ist gut geeignet, da mittlere Spieße über ihn gelegt werden können und man keinen Rost braucht.
6. Die Kebabs leicht mit Öl einpinseln und 2–3 Minuten grillen, dabei häufig wenden. Wenn es nicht möglich ist, sie ohne einen Rost zu grillen, versuchen Sie, die Spieße so anzubringen, daß das Fleisch zwischen die Roststäbe zu liegen kommt.
7. Die fertigen Kebabs von den Spießen schieben und sofort in aufgewärmtem Khoubiz mit Salatzutaten servieren. Sie können auch auf einem Teller mit Gemüse- oder Salatbeilage gereicht werden.

Tharyd

Schmorfleisch mit Kartoffeln

Für 5–6 Personen
Kochzeit: 3 Stunden

1 kg Schmorfleisch vom Lamm oder Rind ohne Knochen
2 große Zwiebeln, gehackt
2 Eßlöffel Ghee oder Öl
2 Teelöffel Baharat (Seite 237)
1 Knoblauchzehe, zerdrückt
2 Tassen enthäutete, gehackte Tomaten
¼ Tasse Tomatenmark
2 Teelöffel Salz
½ Teelöffel frisch gemahlener schwarzer Pfeffer
¼ Tasse gehackte Petersilie
750 g Kartoffeln
1 Khoubiz (Fladenbrot)
gehackte Petersilie zum Garnieren

1. Das Fleisch von Fett und Sehnen befreien und in Würfel schneiden.
2. In einem Topf mit schwerem Boden die Zwiebeln in Ghee oder Öl glasig dünsten.
3. Die Hitze höherstellen und die Fleischwürfel zugeben. Rühren, bis das Fleisch die rote Farbe verliert, dann die Gewürze und den Knoblauch zufügen und noch 1 Minute dünsten.
4. Die Tomaten, das Tomatenmark, Salz, Pfeffer und Petersilie zugeben. Im zugedeckten Topf bei schwacher Hitze 1½ Stunden schmoren.
5. Die Kartoffeln schälen und halbieren, wenn sie groß sind. In den Topf geben, zudecken und weitere 1½ Stunden schmoren.
6. Das Khoubiz in kleine Stücke schneiden und in eine Servierschüssel legen. Das Fleisch, die Kartoffeln und die Sauce darüber geben und mit gehackter Petersilie bestreuen. Mit Salat und Essiggemüse servieren.

Basal Mahshi

Gefüllte Zwiebeln

Für 6–8 Personen als Mahlzeit,
12 Personen als Vorspeise
Kochzeit: 1¼ Stunden

Tamarindenmus (die Menge einer Walnuß)
1 Tasse warmes Wasser
5 große Zwiebeln
Wasser
750 g gehacktes Rind- oder Lammfleisch
½ Tasse Langkornreis, gespült
1½ Teelöffel Baharat (Seite 237)
½ Teelöffel Kurkuma
Salz
frisch gemahlener schwarzer Pfeffer
½ Tasse gehackte Tomaten
2 Eßlöffel gehackte Petersilie
1 Eßlöffel Öl
1 Eßlöffel zerlassenes Ghee oder Öl
2 Teelöffel Zucker

1. Die Tamarinde in ½ Tasse warmem Wasser 30 Minuten einweichen. In eine Schüssel durchseihen und mit dem Rücken eines Löffels drücken, um den Brei abzuscheiden. Die Flüssigkeit aufheben und Samen und Fasern auslesen.
2. Die Zwiebeln schälen und vorsichtig mit einem spitzen Messer den Wurzelansatz herausschneiden. Die Zwiebeln von oben nach unten mitten durchschneiden.
3. Die Zwiebeln in kochendes Wasser geben und bei schwacher Hitze in 8–10 Minuten garen. Abtropfen und abkühlen lassen.
4. In einer Rührschüssel das Hackfleisch gründlich mit dem Reis, Baharat, Kurkuma, Salz und Pfeffer nach Geschmack, den Tomaten, dem Tomatenmark, der Petersilie und dem Öl vermischen.
5. Die Zwiebelhäute vorsichtig voneinander trennen. Die äußeren Schichten können zur Hälfte durchgeschnitten werden, während die inneren Schichten ganz bleiben.
6. Etwa 1 Eßlöffel von der Fleischfüllung auf ein Zwiebelstück legen und dieses fest aufrollen.
7. Einen schweren Topf mit Ghee oder Öl einfetten und die Rollen mit der Nahtstelle nach unten hineinlegen. Die Schichten mit etwas Salz bestreuen.
8. Die Tamarindenflüssigkeit mit der restlichen halben Tasse Wasser und dem Zucker vermischen und über die Rollen gießen.
9. Auf die Rollen einen umgekehrten Teller legen, um sie während des Schmorens in Form zu halten, und den Topf verschließen.
10. Bei mittlerer Hitze zum Kochen bringen und bei niedriger Hitze 1½ Stunden schmoren. Heiß mit Salaten, Essiggemüse und Fladenbrot servieren. Die Rollen können auch lauwarm als Vorspeise gereicht werden.

Kuba al-Aish

Gefüllte Fleischrollen

Für 4 Personen
Kochzeit: 10 Minuten

Füllung:
¼ Tasse gelbe Erbsen
1 Tasse Wasser
2 mittlere Zwiebeln, fein gehackt
1 Eßlöffel Ghee
¼ Tasse Sultaninen
¼ Teelöffel gemahlener Kardamon
½ Teelöffel Baharat (Seite 237)
Salz
Fleischmischung:
500 g mageres Lamm- oder Hammelfleisch
1½ Tassen gekochten und abgeseihten Rundkornreis
2 Knoblauchzehen, gehackt
1½ Teelöffel Baharat
1½ Teelöffel Salz
1 Ei zum Formen
Öl zum Braten

1. Die Erbsen waschen und in 1 Tasse Wasser in etwa 45 Minuten garkochen. Abtropfen lassen.
2. Die Zwiebel in Ghee glasig bis braun dünsten. Die Sultaninen, Gewürze und Erbsen hineinrühren. Nach Geschmack salzen und beiseitestellen.
3. Das Fleisch in kleine Stücke schneiden und mit dem Reis, dem Knoblauch, den Gewürzen und dem Salz vermischen. Zweimal durch den Fleischwolf mit feinem Vorsatz drehen oder in 2 Portionen in der Küchenmaschine verarbeiten. Bei Verwendung des Fleischwolfs die Fleischmasse noch zu einer pastenartigen Konsistenz schlagen.
4. Das Ei in einer Schüssel schlagen. Ein Stück der Fleischmischung von der Größe eines kleinen Eis nehmen. Die Handflächen mit Ei befeuchten und das Fleisch formen. Mit dem Daumen ein Loch in das Fleischbällchen drücken, die Außenwand soll möglichst dünn sein. Mit der Erbsenmischung füllen und die Öffnung fest zusammendrücken. Die Bällchen nun zu einem Oval oder einer länglichen Form mit abgerundeten Enden formen. Die fertigen Kubas auf einer Platte bereitstellen.
5. Etwa 1 cm Öl in einer Bratpfanne erhitzen und die Kubas auf jeder Seite etwa 5 Minuten braten. Auf Küchenkrepp abtropfen lassen und heiß mit Salat und Fladenbrot servieren.

Maraq al - Bamiya

Fleisch mit Okra

Für 5–6 Personen
Kochzeit: 2–2½ Stunden

1 walnußgroßes Stück Tamarinde
½ Tasse warmes Wasser
1 kg Schmorfleisch vom Rind oder Lamm
¼ Tasse Öl
2 große Zwiebeln, gehackt
3 Knoblauchzehen, zerdrückt
1½ Tassen gehackte, enthäutete Tomaten
½ Tasse Wasser
Salz
2 Teelöffel Baharat (Seite 237)
2 Teelöffel Zucker
500 g Bamiya (Okra, siehe Seite 13 wegen der Zubereitung)
Mashkoul als Beilage (Seite 245)

1. Die Tamarinde in warmes Wasser legen und einweichen lassen.
2. Das Fleisch in 2 cm dicke Würfel schneiden und in der Hälfte des Öls in einer schweren Pfanne bräunen. Auf einem Teller beiseitestellen.
3. Das restliche Öl in die Pfanne geben und die Zwiebel darin glasig dünsten. Den Knoblauch zugeben, einige Sekunden mitdünsten und dann die Tomaten, das Wasser, Salz, Baharat und Zucker zugeben. Das Fleisch wieder in die Pfanne geben, zudecken und 1–½ Stunden dünsten, bis das Fleisch fast gar ist. Die Zeit hängt von der verwendeten Fleischsorte ab.
4. Die Okra nach Anweisung vorbereiten. Die Tamarinde zerreiben, um den Brei von Samen und Fasern zu trennen, dann durch ein Sieb drücken und die Flüssigkeit aufheben.
5. Die Okra auf das Fleisch in der Pfanne geben und die Tamarindenflüssigkeit über die Okra gießen. Die Pfanne zudecken und weitere 30 Minuten schmoren, bis das Fleisch und das Gemüse gar sind. Nach dem Zugeben der Okra nicht mehr rühren – die Pfanne nur ein wenig schwenken, um das Aroma zu verteilen. Zu diesem Gericht Mashkoul oder ein anderes einfaches Reisgericht servieren.

Machbous

Gewürztes Lammfleisch mit Reis

Für 4–5 Personen
Kochzeit: 3 Stunden

2 große Zwiebeln, gehackt
2 Eßlöffel Ghee
1 Eßlöffel Baharat (Seite 237)
1 Teelöffel Kurkuma
1,5 kg Lammschulter mit Knochen, in 4–5 Stücke geschnitten
1½ Tassen enthäutete und gehackte Tomaten
3 Nelken
½ Teelöffel pulverisierte Loomi (getrocknete Limette)
2 Stücke Stangenzimt
3 Kardamonkapseln
3 Teelöffel Salz
2½ Tassen Wasser
¼ gehackte Petersilie oder Koriander
2 Tassen Basmati oder anderer guter Langkornreis

1. In einem großen Topf die Zwiebel in Ghee glasig bis hellbraun dünsten. Das Baharat und Kurkuma einrühren und noch 2 Minuten mitdünsten.
2. Die Lammfleischstücke zugeben und bei mittlerer Hitze in der Zwiebelmischung leicht bräunen. Die Tomaten, Gewürze und Salz zugeben und gut untermischen. Zugedeckt 10 Minuten schwach kochen lassen.
3. Das Wasser und die gehackten Kräuter zugeben und zugedeckt bei schwacher Hitze 2 bis 2½ Stunden kochen, bis das Fleisch beinahe gar ist.
4. Den Reis verlesen, wenn nötig, in eine Schüssel oder ein Sieb geben und waschen, bis das Wasser klar abläuft. Abtropfen lassen und vorsichtig in den Topfinhalt rühren. Den Topf wieder zum Kochen bringen, dann die Hitze herunterschalten und den Topf fest verschließen.
5. 20 Minuten schwach kochen lassen und ein- oder zweimal umrühren. Wenn alles gar ist, noch einmal vorsichtig umrühren und zugedeckt neben dem Herd noch 5 Minuten stehenlassen.
6. Das Gericht auf eine große Platte häufen, dabei die Fleischstücke in die Mitte geben. Heiß mit Essiggemüse, Salat und Khoubiz (Fladenbrot) servieren.

Khouzi

Gebratenes Lamm

Für 20 Personen
Ofentemperatur: 180° C
Garzeit: 4–5 Stunden

1 kleines Lamm, etwa 10–12 kg schwer
Salz
¼ Tasse Baharat (Seite 237)
2 Teelöffel Kurkuma
1 kleines Huhn, etwa 1 kg, nach Belieben
3 hartgekochte Eier, nach Belieben
½ Tasse Rosenwasser
2 Teelöffel Safranfäden, zerstoßen
5 Tassen Basmati oder anderer guter Langkornreis
1 Tasse Ghee
3 große Zwiebeln, fein gehackt
5 Tassen Wasser
1 Tasse blanchierte Mandeln oder Cashew-Nüsse
½ Tasse Pinienkerne
½ Tasse Pistazienkerne
½ Tasse Sultaninen

1. Das Lamm innen und außen mit einem feuchten Tuch abwischen. Die Höhlung und die Außenhaut mit Salz, der Hälfte des Baharat und 1 Teelöffel Kurkuma einreiben. Beiseitestellen.
2. Wenn ein Huhn mit verwendet wird, dieses mit Küchenkrepp trockentupfen und außen und innen mit etwas Baharat, Kurkuma und Salz einreiben. Die hartgekochten Eier ohne Schale in die Höhlung geben. Das Huhn beiseitestellen, bis die Reisfüllung fertig ist.
3. Das Rosenwasser in eine Schüssel gießen und die zerstoßenen Safranfäden hineingeben. 10 Minuten einweichen lassen.
4. Den Reis verlesen, in ein Sieb geben und unter fließendem kalten Wasser gründlich waschen. Abtropfen lassen.
5. In einem großen Topf die Hälfte des Ghee zerlassen, die gehackten Zwiebeln darin glasig dünsten, das restliche Baharat und Kurkuma sowie den Reis hineinrühren. Bei mittlerer Hitze 5 Minuten rühren, dann 5 Tassen Wasser zugeben und unter gelegentlichem Rühren zum Kochen bringen. Nach Geschmack salzen, die Hitze herunterschalten und bei schwacher Hitze 10 Minuten kochen.
6. Die Nüsse und Sultaninen mit dem Reis vermischen und die Hälfte der Rosenwassermischung über den Reis träufeln. Den Topf zudecken und 10 Minuten neben dem Herd stehenlassen, bis die Flüssigkeit eingezogen ist.
7. Etwas von dieser Reismischung in das Huhn füllen, nicht zu voll stopfen. Die Öffnung mit Geflügelnadeln sichern.
8. Die Höhlung des Lamms halb zunähen und den Faden hängenlassen. In die Höhlung etwas von der Reismischung geben, das Huhn hineinlegen – falls verwendet – und die restliche Reismischung hineingeben. Dann die Höhlung ganz zunähen.
9. In eine sehr große Bratenform ein großes Gitter setzen und das Lamm darauflegen. Das Lamm mit dem restlichen Ghee einpinseln. Mit großen Lagen Folie bedecken und die Nahtstellen doppelt einfalten. Die Folie unter den Rändern der Bratenform andrücken.
10. Im Ofen bei mittlerer Hitze 2 Stunden braten. Dann das Lamm mit dem Bratensaft bestreichen und mit dem restlichen Rosenwasser begießen. Den Braten wieder abdecken und weitere 2–3 Stunden braten, bis er sehr zart ist, und noch zweimal mit dem Bratensaft bestreichen. Die Folie 30 Minuten vor dem Ende der Garzeit abnehmen.
11. Das Lamm auf eine große Platte legen, die Fäden herausziehen und die Füllung auf der Platte verteilen. Das Huhn auf die Füllung setzen.
12. Das Lamm kann tranchiert werden, es macht aber mehr Spaß, zarte Fleischbrocken vom ganzen Lamm zu lösen. Genießen Sie Ihr Fest und fühlen Sie sich wie ein Scheich!

Anmerkung: Anstelle des Lamms kann auch ein Ziegenlamm verwendet werden.

Kebat al Batatis wal Burkul

Burghul-Kartoffelplätzchen mit Lamm- und Aprikosenfüllung

Für 6 Personen
Kochzeit: 1 Stunde

4 mittelgroße Kartoffeln, etwa 500 g
¾ Tasse feiner Burghul
¼ Tasse Weizenmehl
1 Ei
Salz
frisch gemahlener schwarzer Pfeffer
Füllung aus Lammfleisch und Aprikosen:
2 Eßlöffel Öl oder Ghee
1 große Zwiebel, fein gehackt
500 g fein gehacktes Lammfleisch
¼ Tasse gehackte Mandeln
½ Tasse getrocknete, gehackte Aprikosen
½ Teelöffel Baharat (Seite 237), nach Belieben
Salz
frisch gemahlener schwarzer Pfeffer
¼ Tasse Wasser
Zum Backen:
Öl zum Ausbacken

1. Die Kartoffeln waschen und in der Schale kochen. Abtropfen lassen, pellen und stampfen.
2. Den Burghul in eine Schüssel geben und mit 2 Tassen kaltem Wasser bedecken. 15 Minuten einweichen und in einem feinen Sieb abtropfen lassen, damit mit einem Löffelrücken das Wasser herausdrücken.
3. Die gestampften Kartoffeln und den Burghul in eine Schüssel geben und das Mehl, das Ei und Salz und Pfeffer nach Geschmack zugeben. Alles gründlich zu einer Paste vermischen und jeweils 1 Eßlöffel der Mischung mit angefeuchteten Händen zu einem Bällchen formen.
4. Für die Füllung das Öl oder Ghee in einer Bratpfanne erhitzen und die Zwiebel darin glasig dünsten. Die Hitze höherschalten, das Hackfleisch zugeben und bei starker Hitze rühren, bis es krümelig ist und zu bräunen beginnt. Die Hitze wieder herunterschalten, die restlichen Zutaten zur Füllung zugeben, nach Geschmack salzen und pfeffern und dann das Wasser zugeben. Zugedeckt bei niedriger Hitze 10 Minuten dünsten. Vom Herd nehmen und etwas abkühlen lassen.
5. Ein Bällchen der Burghul- und Kartoffelmasse in der Handfläche flachdrücken und 1 gehäuften Teelöffel der Füllung in die Mitte geben. Die Masse um die Füllung herum wieder zu einem Bällchen formen und dann zu einem dicken Plätzchen flachdrücken. Die restlichen Zutaten ebenso verarbeiten.
6. Jeweils 6 Plätzchen in heißem Öl in 7–8 Minuten ausbacken, dabei wenden, damit sie gleichmäßig bräunen. Auf Küchenkrepp abtropfen lassen und heiß servieren.

Lahm bil Bayd

Hackfleisch mit hartgekochten Eiern

Für 3–6 Personen
Kochzeit: 5–7 Minuten

500 g gehacktes Lammfleisch
1 kleine Zwiebel, gehackt
¼ Tasse fein gehackte Petersilie
½ Tasse weiche Brotkrumen
Salz
frisch gemahlener schwarzer Pfeffer
6 hartgekochte Eier
1 Eiweiß, geschlagen
Zum Backen:
1 verquirltes Ei
1 Tasse Semmelbrösel
Öl zum Ausbacken
Zum Servieren:
Dukkous al-Tamat (Seite 237)

1. Das gehackte Lammfleisch mit der Zwiebel mischen und zweimal durch den Fleischwolf mit feinem Vorsatz drehen oder in der Küchenmaschine zu einer Paste verarbeiten.
2. In eine Schüssel geben und die Petersilie, die weichen Brotkrumen und Salz und Pfeffer nach Geschmack zugeben. Zu einer weichen Paste verkneten und in 6 gleiche Portionen aufteilen.
3. Die Eier schälen und mit Eischnee überziehen. Jeweils 1 Ei mit einer Portion Hackfleischmischung überziehen.
4. Die mit der Hackfleischpaste überzogenen Eier mit dem verquirlten Ei bestreichen, in Semmelbröseln wälzen und dann in heißem Öl in 5–7 Minuten ausbacken. Wenden, damit das Fleisch gleichmäßig bräunt. Das Öl nicht zu stark erhitzen. Einmal durchschneiden und heiß mit Dukkous al-Tamat oder kalt mit Salat servieren.

Al-Salooq
Gebackene Kardamonhörnchen

24 Stück
Backzeit: 5 Minuten pro Partie

½ Tasse Milch
2 Tassen Weizenmehl
1 Teelöffel Backpulver
½ Teelöffel gemahlener Kardamon
½ Tasse zerlassene Butter
Öl zum Ausbacken
Puderzucker

1. Die Milch aufkochen und abkühlen lassen.
2. Das Mehl mit dem Backpulver und dem Kardamon in eine Rührschüssel sieben, die zerlassene Butter hineingeben und mit einem Holzlöffel vermischen.
3. Die abgekühlte Milch hineingießen und zu einem weichen Teig verrühren. Leicht kneten, bis der Teig geschmeidig ist.
4. Den Teig zu walnußgroßen Bällchen rollen, dann zu fingerlangen Strängen rollen und um den Zeigefinger herum zu Hörnchen formen.
5. Das Öl auf 190° C erhitzen (bei dieser Hitze wird ein Brotwürfel in 45 Sekunden braun) und jeweils 6 Hörnchen in 5 Minuten ausbacken, zwischendurch wenden.
6. Mit einem Schaumlöffel herausnehmen und auf Küchenkrepp abtropfen lassen.
7. Wenn zwei Portionen gebacken sind, die Hörnchen in eine Tüte mit gesiebtem Puderzucker geben und schütteln, damit sie mit Puderzucker überzogen werden. Die Hörnchen herausnehmen und die restlichen Hörnchen backen. Warm oder kalt servieren.

Sabb al-Gafsha
Süße Hefebällchen

Etwa 40 Stück

1 Beutel aktive Trockenhefe
2 Eßlöffel warmes Wasser
1 Tasse Kichererbsenmehl
½ Weizenmehl
3 Teelöffel gemahlener Reis
5 große Eier (Zimmertemperatur)
½ Teelöffel gemahlener Kardamon
¼ Teelöffel Safranfäden, zerstoßen
¼ Tasse Ghee, zerlassen und abgekühlt
Öl zum Ausbacken
Sirup:
2 Tassen Zucker
2 Tassen Wasser
2 Eßlöffel durchgeseihter Zitronensaft
½ Teelöffel gemahlener Kardamon
¼ Teelöffel Safranfäden, zerstoßen

1. Die Hefe in den 2 Eßlöffeln warmem Wasser auflösen.
2. Das Kichererbsenmehl, Weizenmehl und den gemahlenen Reis in eine Schüssel sieben und in der Mitte eine Mulde machen.
3. Die Eier verquirlen und den Kardamon, Safran und die Hefemischung hineinrühren.
4. Diese Mischung in das Mehl gießen, das abgekühlte Ghee zugeben und allmählich zu einem dicken Teig verrühren und glattschlagen.
5. Die Schüssel mit einer Plastikfolie verschließen und an einem warmen, zugfreien Platz mindestens 4 Stunden stehenlassen.
6. Für den Sirup den Zucker in einem schweren Topf bei mittlerer Hitze im Wasser auflösen, gelegentlich rühren. Dann zum Kochen bringen, den Zitronensaft, Kardamon und Safran zugeben und 15 Minuten kochen lassen. Vom Herd nehmen und abkühlen lassen.
7. Das Öl in einem mittelhohen Topf auf 190° C erhitzen. Den Teig umrühren, dann jeweils 1 Teelöffel Teig in das heiße Öl fallen lassen, dabei den Teig mit einem Messer mit abgerundeter Spitze vom Löffel schieben. Jeweils 10–12 Teigstücke in 3–4 Minuten im Öl ausbacken.
8. Wenn sie goldbraun und durchgebacken sind, mit einem Schaumlöffel herausnehmen und in den abgekühlten Sirup legen.
9. Wenn alle Hefebällchen gebacken sind, im Sirup wenden, um sie gleichmäßig damit zu überziehen; mit dem Schaumlöffel herausnehmen und auf eine Platte geben. Warm servieren.

Tamar al Gibna
Datteln mit weißem Käse

Für 6 Personen

750 g frische Datteln
500 g Keereesh, Mizithra oder Anari (Siehe Register) oder Ricotta (Quark)
oder:
2 Tassen Joghurt

1. Die Datteln entsteinen und in einzelne Schälchen legen. Mit Käse oder Joghurt anbieten.

Tamar

Datteln

Es ist noch nicht lange her, daß die Dattelplame den Menschen der Golfregion als Lebensquell galt – die Frucht als Handelsobjekt und zur Ernährung, die Palme selbst als Baumaterial, für die Verarbeitung zu Haushalts- und persönlichen Gegenständen und für Brennholz. Auch heute wird sie noch von vielen Menschen verehrt, besonders von den Beduinen und den Armen.

In Oman wird die Dattel auf einfache Art genossen, das ist auch alles, was diese nektarsüße Frucht verlangt. Frische Datteln werden in Samneh (Ghee oder geklärte Butter) getaucht oder mit Quark aus Kamelmilch gegessen. Die Dattelmelasse, die beim Trocknen der Datteln anfällt, wird zum Kochen verwendet, und zwar zur Herstellung eines süßen Brotes oder als Zutat für Muhammar (Seite 240).

Damit man das ganze Jahr über Datteln essen kann, wird verschiedenes Konfekt hergestellt. Das einfachste besteht aus Datteln, die zu einer Kugel geformt und in Asche gerollt werden (Schutz gegen Insekten). Andere Dattelrezepte finden Sie nachstehend.

Al Batheeth

Dattelkonfekt

20 Stück
Kochzeit: 12 Minuten

1 Tasse Vollmehl
¼ Tasse Ghee oder geklärte Butter
1 Kardamonkapsel, zerdrückt
1 Tasse gehackte Datteln
½ Teelöffel gemahlener Ingwer
Puderzucker

1. Das Mehl in einem Topf mit schwerem Boden bei mittlerer Hitze rühren, bis es hellbraun ist – etwa 10 Minuten.
2. Währenddessen das Ghee in einer kleinen Pfanne mit der Kardamonkapsel 5 Minuten erhitzen und beiseitestellen.
3. Die gehackten Datteln zum Mehl geben und 2 Minuten erhitzen, bis die Datteln sich weich anfühlen. Dauernd rühren.
4. Die Kardamonkapsel aus der Pfanne nehmen und das Fett mit dem Ingwer zur Dattelmischung geben. Verrühren, bis das Fett gleichmäßig verteilt ist, und vom Herd nehmen. Die Mischung soll krümelig sein. Abkühlen lassen, bis man sie mit der Hand weiterverarbeiten kann.
5. Jeweils 1 Eßlöffel der Masse mit den Händen kneten und zu einem Oval formen. Auf einem Teller abkühlen lassen.
6. In einem luftdichten Behälter aufbewahren. Vor dem Servieren mit Puderzucker bestäuben.

Ghiraybah

Mürbteigplätzchen

35–40 Stück
Ofentemperatur: 170° C
Backzeit: 20–25 Minuten

1 Tasse Samneh (geklärte Butter)
1 Tasse Puderzucker, gesiebt
2½ Tassen Weizenmehl

1. Das Samneh im Kühlschrank kaltstellen, wenn es zu weich ist. Dann in eine Rührschüssel geben und zu einer leichten Masse schlagen. Nach und nach den gesiebten Puderzucker zugeben und die Masse cremig schlagen.
2. Das Mehl sieben und in die Buttermischung einarbeiten. Leicht kneten, bis der Teig geschmeidig ist. Wenn es in der Küche heiß ist, den Teig im Kühlschrank 1–2 Stunden kaltstellen.
3. Teigstücke zu walnußgroßen Bällchen rollen und auf ein ungefettetes Backblech setzen. Mit dem Daumen die Mitte jedes Bällchens eindrücken und den Teig etwas flachdrücken. Wenn nötig, den Daumen leicht mit Mehl bestäuben.
4. Im Ofen bei mäßiger Hitze in 20–25 Minuten hellgelb backen. Auf dem Backblech abkühlen lassen und in einem fest verschlossenen Behälter aufbewahren. Die Kekse sind sehr fein und müssen vorsichtig behandelt werden.

Anmerkung: Diese Plätzchen werden in den meisten Ländern des Mittleren Ostens zubereitet. Sie werden manchmal mit einer blanchierten Mandel oder einem Pinienkern belegt; in anderen Gegenden wird eine kürzere Backzeit vorgezogen, so daß die Plätzchen fast weiß sind, oder die Kekse werden mit Puderzucker bestäubt. Oft wird anstelle von Puderzucker feiner Streuzucker verwendet.

Rangina
Dessert aus frischen Datteln

Für 6 Personen
Kochzeit: 5–8 Minuten

500 g frische Datteln
½ Tasse Butter
¾ Tasse Weizenmehl
1 Teelöffel gemahlener Kardamon

1. Die Datteln entsteinen und in einzelnen Dessertschälchen verteilen.
2. Die Butter in einer schweren Pfanne zerlassen und das Mehl hineinrühren. Bei mittlerer Hitze unter ständigem Rühren das Mehl goldbraun dünsten – nicht verbrennen lassen!
3. Vom Herd nehmen und den Kardamon einrühren. Etwas abkühlen lassen und dabei gelegentlich umrühren. Noch warm über die Datteln gießen. Vor dem Servieren auf Raumtemperatur abkühlen lassen.

Anmerkung: Einige kleingehackte Walnüsse, die in das gebräunte Mehl gerührt werden, geben dem Dessert ein interessantes Aroma.

Samboosa Holwah
Gebackene Nußdreiecke

Diese Gebäckstücke sollten sehr klein sein und förmlich von Zucker und Nüssen überquellen. Sie finden es vielleicht schwierig, die Nußfüllung beim Falten der schmalen Teiglage im Griff zu behalten. Schieben Sie die Füllung nach zweimaligem oder dreimaligem Falten in die Teigtasche. Wenn das Falten nicht so exakt klappt, ist dies nicht so tragisch, das Ergebnis wird auf jeden Fall einem Dreieck ähnlich sehen. Machen Sie mit einem oder zwei Teigstreifen einen Versuch, bevor Sie den ganzen Teig zuschneiden. Wenn Sie Schwierigkeiten haben, schneiden Sie die restlichen Streifen mit 5 cm Breite zu und verwenden dieselbe Menge Füllung

Etwa 60 Stück
Backzeit: 2–3 Minuten pro Partie

Nußfüllung:
1 Tasse grob gemahlene rohe Cashew-Nüsse
½ Tasse grob gemahlene Walnüsse
½ Tasse feiner Zucker
½–1 Teelöffel gemahlener Kardamon
2 Teelöffel kaltes Wasser
Zur Fertigstellung:
10 Lagen Strudelteig
Wasser zum Abdichten
Ghee oder Öl zum Ausbacken

1. Die gemahlenen Nüsse in einer Schüssel mit dem Zucker und gemahlenem Kardamon nach Geschmack vermischen. Das Wasser zugeben und mit der Hand gründlich kneten, bis die Masse eine grobe Paste ist.
2. Die Strudelteiglagen in 4 cm breite Streifen schneiden. Je nach Größe der Teiglagen können die Streifen etwas länger oder kürzer sein. Die Streifen mit einem Tuch bedecken.
3. Einen Teigstreifen nehmen und an einem Ende 1 Teelöffel Füllung auf den Teig geben. Den Teig schräg über die Füllung klappen, so daß sich ein Dreieck bildet. Dieses Dreieck gerade nach oben klappen, dann wieder diagonal in der entgegengesetzten Richtung wie beim erstenmal. Bis zum Ende des Teigstreifens so weiterfalten. Zum Schluß das letzte Teigstück mit Wasser befeuchten und andrücken. Die übrigen Teigstreifen ebenso verarbeiten und die fertigen Dreiecke auf ein Tuch legen.
4. Ghee oder Öl in einem hohen Topf auf eine Temperatur von 190° C erhitzen (bei dieser Hitze wird ein Brotwürfel in 45 Sekunden braun). Jeweils 10 Dreiecke in 2–3 Minuten ausbacken, zwischendurch wenden, damit sie gleichmäßig bräunen. Die Gebäckstücke dürfen nicht zu scharf gebacken werden, da die inneren Schichten durchbacken müssen, bevor die Dreiecke außen zu braun werden.
5. Wenn die Gebäckstücke dunkel-goldbraun sind, mit einem Schaumlöffel herausnehmen und auf Küchenkrepp abtropfen lassen. Das Gebäck bleibt in einem festverschlossenen Behälter bei Zimmertemperatur einige Tage knusprig.

Qahwat
Arabischer Kaffee

Für 8 Personen

6 Kardamonkapseln
1 Tasse kaltes Wasser
¼ grob gemahlener, stark gerösteter Kaffee

1. Die Kardamonkapseln mit einem Hammer aufschlagen oder kurz im Mörser zerstoßen.
2. Das Wasser in einen Kaffeetopf mit langem Handgriff geben und die Kardamonkapseln und das Kaffeepulver zugeben. Zum Kochen bringen, dann die Hitze herunterschalten. Bei niedriger Hitze 20 Minuten schwach kochen lassen.
3. Den Kaffee in arabische Kaffeetassen gießen, die Tassen nur halb füllen. Der Kaffee wird üblicherweise ohne Zucker angeboten.

Nashab

Gebackene Nußrollen

Etwa 40 Stück
Backzeit: 2–3 Minuten pro Partie

Nußfüllung:
1 Tasse fein gemahlene Cashew-Nüsse
1 Tasse fein gemahlene Walnüsse
½ Tasse feiner Zucker
1–1½ Teelöffel gemahlener Kardamon
Zur Fertigstellung:
10 Lagen Strudelteig
Wasser zum Abdichten
Ghee oder Öl zum Ausbacken

1. Die Zutaten für die Nußfüllung vermischen und Kardamon nach Geschmack zugeben.
2. Die Teiglagen in Viertel schneiden. Die Stücke sollten etwa 15 cm breit und 20 cm lang sein. Stapeln und mit einem Tuch abdecken.
3. Einen Teigstreifen mit der Schmalseite zu sich hin auf die Arbeitsfläche legen. Den Teig an der unteren Kante mit 2 Teelöffeln Nußfüllung bestreuen, an der unteren Kante und zu den Seiten hin 1 cm freilassen.
4. Den Teigstreifen an den Seiten mit Wasser befeuchten und die Seiten über die Füllung klappen und die Kanten andrücken. Bis auf 5 cm vor dem Teigende fest aufrollen. Diesen Abschnitt leicht anfeuchten und fertig aufrollen. Mit den restlichen Zutaten ebenso verfahren und die fertigen Rollen auf ein Tuch legen.
5. Das Öl oder Ghee in einem hohen Topf auf eine Temperatur von 190° C erhitzen und jeweils 5 Rollen in 2–3 Minuten ausbacken, dabei wenden, damit sie gleichmäßig bräunen. Wenn sie goldbraun sind, mit einem Schaumlöffel herausnehmen und auf Küchenkrepp abtropfen lassen. Vor dem Servieren abkühlen lassen. In einem festverschlossenen Behälter bei Zimmertemperatur aufbewahren.

Qahwat al-Hild

Süßer arabischer Kaffee

Dies ist eigentlich ein Gewürzaufguß ohne Kaffee.

Für 6 Personen

1½ Tassen Wasser
3 ganze Kardamonkapseln, aufgebrochen (siehe oben)
3 Teelöffel Safranfäden, zerstoßen
Zucker nach Geschmack

1. Die Zutaten in einem kleinen Topf oder einem großen Kaffeetopf vermischen. Umrühren und bei niedriger Hitze 30 Minuten auf dem Herd lassen, bis die Flüssigkeit etwas eingekocht und dick ist.
2. In arabischen Kaffeetassen, die ganz gefüllt werden, anbieten. Ein exotisches Gebräu.

Jemen

Früher als Nord- und Südjemen bekannt, ist diese Region heute in die Arabische Republik Jemen und die Demokratische Volksrepublik Jemen eingeteilt, und es haben sich in den letzten Jahren große politische und ideologische Unterschiede zwischen diesen beiden Ländern ergeben. Ihre Ernährungsweise ist jedoch sehr ähnlich. Die jemenitische Gastfreundschaft ist typisch arabisch, und vor vielen Jahren pflegte ein jemenitischer Gastgeber in einem abgelegenen Teil des Hadrumaut im Südjemen so erzürnt zu sein, wenn Reisende vorbeikamen, ohne ihn zu besuchen, daß er über ihre Köpfe hinwegschoß. Vielleicht geht dieser Brauch ein bißchen zu weit.

Würze und Aroma jemenitischer Speisen

Die Jemeniten haben eine besondere Vorliebe für scharfe, würzige Speisen, also seien Sie vorsichtig, wenn Sie ein Rezept mit Chili-Pfeffer ausprobieren.

Zhug, eine scharfe Sauce mit Chilischoten, Pfeffer sowie Kardamon, Kümmel, frischem Koriander und Knoblauch, wird als Tunke für Brot verwendet. Die Grundnahrung für die Jemeniten sind Brot und Getreideprodukte, denen Zhug zusammen mit einer »Hilbeh« genannten Mischung auf Bockshornkleegrundlage eine würzige und interessante Note geben. Hilbeh ist die Variante, die im Südjemen verwendet wird, während im Norden eine andere Spielart, Hulba genannt, üblich ist. Obwohl die Grundzutaten die gleichen sind, gibt es einen feinen Unterschied in der Aussprache in den beiden Ländern, und auch die Zubereitung ist etwas unterschiedlich.

Die Grundsauce wird mit Knochenbrühe kombiniert und auf ein kleines Feuer in der Nähe des Platzes, wo die Mahlzeit eingenommen wird, gestellt. Am Ende der Mahlzeit werden alle übriggebliebenen Speisen wie Reis, Gemüse, Linsen und Fleischstücke in den Topf gegeben. Das Ganze wird erhitzt und vermischt, und diese Art Eintopf wird mit frischgebackenem Fladenbrot, meist Khobz oder Malvj, ausgeschöpft. Ich habe in den nachfolgenden Rezepten eine Version davon aufgeführt, da dies eine gute Methode der Resteverwertung ist, und habe Nahrungsmittel und würzende Zutaten angegeben, die wahrscheinlich auf der jemenitischen Tafel vorhanden sind. Es ist ein richtiges mittelöstliches Resteessen.

Die jemenitische Hausfrau stellt eine ganze Reihe von verschiedenen Broten her, einige mit Hefe als Triebmittel, andere sind dem indischen Chapati ähnlich. Ein sehr beliebtes Brot ist Malvj, ein Gerstebrot, für das es sehr unterschiedliche Rezepte gibt. Sie werden sicherlich finden, daß meine Version leicht zuzubereiten und ganz delikat ist.

Bint-al-Sahn ist ein feinporiges Hefebrot, das zu sehr dünnen Laiben geformt und reichlich mit Samneh überzogen wird. Die Laibe werden übereinander gestapelt gebacken. Sie werden, wenn sie heiß aus dem Ofen kommen, mit noch mehr Samneh und Honig angeboten und als Einleitung zu einer festlichen Mahlzeit gereicht. In früheren Zeiten war es üblich, Honig über Fleisch und Reis zu gießen; diesen Luxus gönnten sich allerdings die Männer nur selbst, da Honig als Aphrodisiakum galt und man es für unschicklich hielt, wenn die Frauen davon aßen.

Während in großen Städten und Großstädten Joghurt gegessen wird, ist in abgelegenen ländlichen Gegenden Sauermilch üblich. Vom Aroma her gibt es kaum einen Unterschied, und zweifellos haben die Jemeniten ihre besonderen Geräte zur Herstellung von Sauermilch. Für die Bewohner westlicher Länder ist es unmöglich, diese Sauermilch herzustellen, da die Milch dort meist pasteurisiert ist, wodurch die für das Säuern der Milch wesentlichen Bakterien abgetötet werden. In den folgenden Rezepten ist daher immer Joghurt angegeben, auch wenn die Jemeniten Sauermilch nehmen würden.

Fleisch und Huhn sind beliebte Nahrungsmittel, sind aber so knapp, daß die Jemeniten, besonders arme Leute, Fleisch vielleicht nur einmal in der Woche oder noch seltener auf dem Tisch haben. Sie verwenden jedoch eine Menge Knochen für eine Grundbrühe.

Obwohl Moccha bekannt für seinen Kaffee ist, können ihn sich nur wenige Jemeniten leisten. Um ihr Bedürfnis nach Kaffee zu befriedigen, mahlen sie die Schalen und stellen ein Gebräu mit gemahlenem Ingwer her. Es wird Qishr genannt. Da es ein sehr wohlschmeckendes Getränk ist, habe ich es in die jemenitischen Rezepte aufgenommen.

Essen auf jemenitische Art

Von allen hier behandelten Ländern ist der Jemen das Land, das am wenigsten von westlichen Gebräuchen beeinflußt worden ist. Im allgemeinen essen die Männer zuerst, und die Frauen und Kinder nehmen ihre Mahlzeit danach oder in einem anderen Raum ein. Auf einem Teppich wird ein Tuch ausgebreitet, und auf dem Boden und an den Wänden entlang werden Kissen als Sitzgelegenheiten verteilt. Alle Speisen kommen in Töpfen, Platten oder Schüsseln auf den Tisch, aus denen die Anwesenden gemeinsam essen. Vor der Mahlzeit werden die Hände gewaschen, und die Speisen werden mit den Fingern der rechten Hand gegessen. Das Essen besteht meist aus gekochtem Reis, einem Getreidegericht aus gemahlener Hirse oder Mehl, einer Suppe, gekochten und rohen Gemüsen, einer scharfen Sauce wie zum Beispiel Zhug und viel Brot. Bei festlichen Gelegenheiten und an Freitagen, dem moslemischen Feiertag, wird vor dem Essen Bint-al-Sahn (Hefebrot mit geklärter Butter) gereicht. Auch Früchte werden angeboten, wenn sie erhältlich sind. Obwohl Teile des Landes fruchtbar sind und eine Vielfalt von Früchten, einschließlich Weintrauben, Mango und Bananen hervorbringen könnten, ist die Landwirtschaft nicht sehr intensiv.

Nach dem Essen werden alle Reste in den Hulba-Topf gegeben und auf dem kleinen Holzbrenner, Mauqad genannt, erhitzt und mit frischem Brot ausgeschöpft. In einem Suppenlöffel wird Suppe herumgereicht, von der die Teilnehmer der Mahlzeit einen Schluck nehmen, um ihren Gaumen zu spülen.

Beim Essen wird wenig oder gar nicht gesprochen, und sobald jemand satt ist, verläßt er die Tafel, wäscht sich die Hände und zieht sich in den »Mafraj«, einen Wohnraum mit Teppichen und Kissen, zurück. Hier wird der Kaffee gereicht, die Mada' (Wasserpfeife) geraucht und die Unterhaltung gepflegt.

Kochmethoden

Die Kücheneinrichtungen sind ziemlich primitiv, es wird viel auf Feuern außerhalb des Hauses gekocht. Brot wird an den Wänden eines bienenkorbförmigen Ofens oder auf einem flachen Eisen über dem Feuer gebacken. Während die früheren Kochgefäße aus Gußeisen hergestellt oder aus einem basaltähnlichen Stein gehauen waren, werden heute verbreitet Aluminiumtöpfe und Steingutgefäße verwendet. Die traditionelle Form ist ziemlich flach und hat einen Wulst mit zwei Handgriffen in halber Höhe, etwa wie eine flache holländische Kasserolle. Sie brauchen eine Bratpfanne mit schwerem Boden oder ein Kuchenblech, um Brote zu backen, ansonsten kann je nach dem Gericht, das zubereitet werden soll, jedes andere Kochgerät verwendet werden.

Zutaten für die jemenitische Küche

Vollmehl, Gerste und Weißmehl für Brote, getrocknete Bohnen und Linsen, Rind oder Lamm, alle für die nahöstliche Küche verwendeten Gemüse, einschließlich Auberginen und Okra, dazu frische Korianderblätter, scharfe Chilischoten, Bockshornklee, Kardamon, schwarzer Kreuzkümmel, Kümmel, Kurkuma und Safran – mit diesen Zutaten werden Sie jemenitisch kochen können. Da Sie wahrscheinlich nicht an Kaffeeschoten herankommen, verwenden Sie für Qishr feingemahlenen Mokka.

Hulba

Bockshornklee-Paste

Für 6 Personen
Kochzeit: 15–20 Minuten

¼ Tasse gemahlenes Hulba (Bockshornklee)
1 Tasse kaltes Wasser
2–4 Bisbas (Chilischoten), je nach Geschmack
Salz
1 Tomate, enthäutet und gehackt
¼ Tasse gehackte Zwiebel oder Frühlingszwiebel
2 Knoblauchzehen, zerdrückt
¼ Teelöffel Hawayij (s. unten)
1 Tasse fein gehacktes gekochtes Lamm- oder Hühnerfleisch
1 Tasse gekochte Linsen
1 Tasse gekochter Reis
1 Eßlöffel gehackte Kizbara (Korianderblätter)
2 Eßlöffel Samneh (geklärte Butter) oder Öl
Knochen- oder Hühnerbrühe

1. Den Bockshornklee in eine Schüssel mit kaltem Wasser geben. 5 Stunden einweichen lassen. Das Wasser abgießen und den Bockshornklee mit einer Gabel schaumig schlagen.
2. Von den Chilischoten die Stengel und Samenkörner entfernen und fein hacken (Vorsicht bei der Verarbeitung). In die Bockshornkleepaste mit Salz nach Geschmack mischen und in einen Topf geben. Dies ist das eigentliche Hulba.
3. Die restlichen aufgeführten Zutaten außer der Brühe zugeben und einige der Zutaten durch irgendwelche anderen Reste ersetzen, z. B. kleingeschnittene gekochte Kartoffeln anstatt Reis, gekochte Bohnen anstatt Linsen. (Für 1 Tasse gekochte Linsen ½ Tasse rote Linsen in 1½ Tassen Wasser 15–20 Minuten kochen, bis sie dick sind.)
4. Die Zutaten im Topf vermischen und mit Brühe etwas saftiger machen. Bei mittlerer Hitze unter gelegentlichem Rühren kochen, bis die Suppe aufwallt und dick ist. Während des Kochens bei Bedarf noch etwas Brühe zugeben.
5. Mit Salz abschmecken und in einer hohen Schüssel mit Khobz, Malvj oder dem meist erhältlichen libanesischen Fladenbrot servieren, mit dem der Eintopf herausgelöffelt wird. Wenn Sie es vorziehen, reichen Sie den Eintopf in einzelnen Suppenschalen.

Abbildung Seite 261:
Murabba Tamar (Datteln in Sirup), Rezept Seite 232;
Klaicha (Dattelplätzchen), Rezept Seite 230
Abbildung Seite 262:
Zutaten für Samak Quwarmah (Fisch-Curry), Rezept Seite 247

Hilbeh

Bockshornklee- und Koriandersauce

2 Teelöffel Bockshornkleesamen
kaltes Wasser
2 Knoblauchzehen
¾ Tasse gehackte Korianderblätter
½ Teelöffel Salz
2 Teelöffel Zitronensaft
1 kleine Chilischote ohne Samen, nach Belieben

1. Die Bockshornkleesamen in ½ Tasse kaltem Wasser 12–18 Stunden einweichen, bis auf den Samen ein geleeartiger Überzug zu erkennen ist. Das Wasser abgießen.
2. Den Bockshornkleesamen zusammen mit dem Knoblauch und dem Koriander in die Mixerschüssel geben und zu einem groben Püree verarbeiten, dabei Salz, Zitronensaft, Chili – falls verwendet – und genug kaltes Wasser zugeben, damit sich eine glatte Sauce ergibt.
3. In ein Glas geben, verschließen und im Kühlschrank aufbewahren. Als Tunke für Brot oder nach den Anweisungen der jeweiligen Rezepte verwenden.

Zhug

Scharfe Sauce

3 Kardamonkapseln
1 Teelöffel schwarze Pfefferkörner
1 Teelöffel Kümmelkörner
4–5 Chilischoten
1½ Tassen Korianderzweige, gewaschen und abgetropft
6 Knoblauchzehen
½ Teelöffel Salz
¼ Tasse kaltes Wasser

1. Die Kardamonkapseln, Pfefferkörner und Kümmelkörner im Mixer zu einem groben Pulver verarbeiten.
2. Die Stile von den Chilischoten entfernen, den Rest ganz lassen. Mit den restlichen Zutaten im Mixer zu einem groben Püree verarbeiten.
3. In eine kleine Kasserolle geben und aufkochen. In der offenen Kasserolle unbedeckt 10 Minuten schwach kochen lassen, dann in ein Glas geben, verschließen und im Kühlschrank aufbewahren. Als Tunke für Brot oder nach den Anweisungen des jeweiligen Rezeptes verwenden.

Hawayij

Gewürzmischung

6 Teelöffel schwarze Pfefferkörner
3 Teelöffel Kümmelkörner
1 Teelöffel Safranfäden
1 Teelöffel Kardamonkörner
2 Teelöffel Kurkuma

1. Die Pfefferkörner, Kümmelkörner, den Safran und die Kardamonkörner im Mörser zerstoßen oder in einer Gewürzmühle mahlen.
2. Das Kurkumapulver hineinrühren und die Gewürzmischung in einem verschlossenen Glas aufbewahren. Verwendung je nach Rezept.

Abbildung Seite 263:
Achar Tamat (Eingelegte Tomaten), Rezept Seite 239
Abbildung Seite 264:
Chebeh Rubyan (Garnelenbällchen), Rezept Seite 246, angerichtet mit Muhammar (Süßer Reis), Rezept Seite 240

Saluf bi Hilbeh

Fladenbrot mit Bockshornklee- und Koriandersauce

12 Brote
Ofentemperatur: 260° C
Backzeit: 4 Minuten pro Partie

1 Beutel aktive Trockenhefe
1½ Tassen warmes Wasser
2 Tassen Weizenmehl
2 Tassen Vollmehl
½ Teelöffel Salz
Öl oder Samneh (Ghee)
1 Portion Hilbeh (Seite 265)

1. Die Hefe in ¼ Tasse Wasser auflösen.
2. Die Mehlsorten in eine Rührschüssel sieben, 1 Tasse Mehl beiseitestellen.
3. Das restliche Wasser mit dem Salz in die Hefemischung rühren und in das Mehl gießen. Ein wenig Mehl in die Hefemischung rühren und die Schüssel zugedeckt an einem warmen Ort 10–15 Minuten stehenlassen, bis der Vorteig schaumig ist.
4. Das restliche Mehl in der Schüssel mit dem Vorteig vermischen, dann mit der Hand 10 Minuten schlagen oder 5 Minuten mit dem Knethaken des elektrischen Rührgerätes kneten.
5. Den Teig auf ein bemehltes Brett geben und von dem zurückbehaltenen Mehl soviel unterkneten, bis der Teig glatt und geschmeidig ist. Den Teig wieder in die Schüssel legen, etwas mit Mehl bestäuben und die Schüssel mit einer Haushaltsfolie abdecken. An einem warmen Ort gehen lassen, bis sich der Teig verdoppelt hat – etwa 30 Minuten. Den Ofen vorheizen.
6. Den Teig niederschlagen und auf dem Brett noch einmal durchkneten, dann in 12 gleiche Teile teilen.
7. Auf der mittleren Schiene im Ofen ein schweres Backblech 10 Minuten vorheizen und mit einem in Öl getauchten Küchenkreppbausch einfetten.
8. Jedes Teigstück zu einem Kreis von 15 cm Durchmesser ausrollen und mit einer Gabel einstechen. Die Oberseite leicht mit Öl bepinseln und 1 Teelöffel Hilbeh darauf verteilen. 2 Fladen auf ein leicht bemehltes Backblech mit einem flachen Rand oder ein Sperrholzbrett legen und auf das Backblech gleiten lassen.
9. Im heißen Ofen 4 Minuten backen. Die Oberseite kann noch unter einem heißen Grill leicht gebräunt werden.
10. Sowie die Brote aus dem Ofen kommen, in ein Tuch einwickeln, damit sie warm und weich bleiben. Warm anbieten.

Anmerkung: Wenn sich die Brote während des Backens aufblähen, drücken Sie sie mit einem zusammengefalteten Tuch hinunter. Die Brote sollten blasig sein, aber keine Tasche bilden.

Lahuh

Sauerteigfladenbrot

Dieses Sauerteigbrot wird wie Pfannkuchen in der Pfanne gebacken. Es wird bevorzugt während des Ramadan und bei anderen mohammedanischen Festen gegessen, an denen enorme Mengen von Speisen zubereitet und verzehrt werden. Zweifellos ist die Beliebtheit dieses Brotes auf die einfachen Zutaten und die unkomplizierte Zubereitung zurückzuführen.

Etwa 10 Fladen
Backzeit: 5–6 Minuten pro Brot

2 Tassen Vollmehl
1 Teelöffel Salz
1½ Tassen Wasser
Öl zum Backen

1. Das Mehl in eine Rührschüssel sieben, das Wasser zugeben und zu einem dünnen Teig rühren.
2. Die Schüssel mit Haushaltsfolie abdecken und 2–3 Tage bei Zimmertemperatur stehenlassen, bis der Teig fermentiert ist. Die Zeitdauer hängt von der Temperatur ab. Der Teig ist fermentiert, wenn Blasen an der Oberfläche erscheinen und der Teig einen sauren Geruch hat.
3. In eine schwere Bratpfanne gerade soviel Öl geben, daß der Boden bedeckt ist. Die Platte auf mittlere Hitze schalten. Den Teig umrühren.
4. Wenn das Öl heiß ist, etwa ⅓ Tasse Teig in die Pfanne geben und mit einem Löffelrücken zu einem Kreis auseinanderstreichen.
5. 2–3 Minuten backen, bis die Unterseite gebräunt ist und die Oberseite trocken aussieht, dann umdrehen und weitere 2–3 Minuten backen. Herausnehmen und auf einen Teller geben.
6. Den restlichen Teig ebenso verarbeiten und die fertigen Fladen staplen. Nach Bedarf Öl in die Pfanne geben.
7. Die Fladenbrote warm als Beilage zu jemenitischen Mahlzeiten servieren oder warm mit zerlassener Butter und Honig darauf essen.

Khobz

Vollmehl-Fladenbrot

12 Fladen
Backzeit: 2–3 Minuten pro Fladen

3 Tassen Vollmehl
1 Teelöffel Salz
1 Tasse lauwarmes Wasser
Öl zum Backen

1. Das Mehl mit dem Salz in einer Schüssel vermischen, das Wasser zugießen und zu einem weichen Teig verrühren.
2. In der Schüssel 10 Minuten kneten. Der Teig wird sich zuerst klebrig anfühlen, er wird beim Kneten aber glatt.
3. Zu einer Kugel formen, die Schüssel mit einer Haushaltsfolie abdecken und den Teig 2 Stunden oder länger ruhen lassen.
4. Den Teig in 12 gleichgroße Kugeln von der Größe eines großen Eis aufteilen. Die Stücke zu Fladen von 15 cm Durchmesser ausrollen. Der Teig kann ohne zusätzliches Mehl geformt werden – wenn er klebt, bestäuben Sie die Arbeitsfläche und den Teig mit ganz wenig Mehl.
5. Die Fladen nebeneinander auf ein Tuch legen, zudecken und 20 Minuten ruhen lassen.
6. Eine schwere Pfanne erhitzen. Der Boden ist heiß genug, wenn ein Wassertropfen hochgeschleudert wird. Mit einem in Öl getauchten Tuch einreiben.
7. Einen Teigfladen in die Pfanne geben und etwa 1 Minute backen und die Oberfläche leicht mit einem zusammengefalteten Tuch andrücken, damit sie gleichmäßig Blasen wirft. Wenn die Unterseite gebräunt ist, den Fladen umdrehen und noch 1 Minute backen, bis das Brot durchgebacken ist. Die fertigen Brote in ein Tuch wickeln, um sie weich und warm zu halten. Den Pfannenboden gelegentlich mit dem geölten Tuch einreiben.

Malvj

Gerstenbrot

8 Brote
Backzeit: 2–3 Minuten pro Brot

½ Beutel (1 Teelöffel) aktive Trockenhefe
¼ Tasse warmes Wasser
½ Tasse Magermilchjoghurt, zimmerwarm
½ Teelöffel Natron
1 Tasse Gerstenmehl
1 Tasse Vollkornmehl
½ Tasse Salz

1. Die Hefe in dem warmem Wasser auflösen.
2. Das Joghurt glattrühren und das Natron einrühren. Das Joghurt wird aufschäumen.
3. Die Mehlsorten in einer Rührschüssel mit dem Salz vermischen. Die Hefeflüssigkeit und das Joghurt zugeben. Zu einem weichen Teig verrühren, dann mit der Hand 10 Minuten kneten.
4. Die Schüssel mit Haushaltsfolie abdecken und an einem warmen Ort 1–1½ Stunden stehenlassen, bis der Teig sich fast verdoppelt hat.
5. Den Teig auf ein Brett legen und durchkneten. In 8 gleiche Teile teilen und zu Kugeln formen.
6. Jede Teigkugel zu einem Fladen von 15 cm Durchmesser auseinanderdrükken oder rollen. Auf ein Tuch legen, zudecken und 20 Minuten ruhen lassen.
7. Eine Bratpfanne bei mittlerer Hitze erhitzen. Den Boden mit einem in Öl getauchten Küchenkreppbausch einreiben. 1 Fladen hineingeben und nach ein paar Sekunden mit einem zusammengefalteten Tuch hinunterdrücken, damit sich kleine Blasen bilden. Wenn man das nicht tut, bildet sich eine einzige große Blase. 1½ Minuten backen, dann umdrehen und noch etwa 1 Minute backen. Das Brot wird am Rand etwas feucht aussehen. Aus der Pfanne nehmen und in ein Tuch wickeln, um es warmzuhalten, während die anderen Brote gebacken werden. Warm servieren.

Shourba Bilsen

Dicke Linsensuppe

Für 6 Personen
Kochzeit: 2½ Stunden

250 g Suppenknochen (Rind oder Lamm)
7 Tassen Wasser
2 Tassen Bilsen (braune Linsen)
1 große Zwiebel, fein gehackt
¼ Tasse Öl
3 Knoblauchzehen, gehackt
2 Tassen enthäutete und gehackte Tomaten
¼ Tasse Kizbara (Korianderblätter)
Salz
frisch gemahlener schwarzer Pfeffer

1. Die Suppenknochen abspülen und mit dem Wasser in einen Topf geben. Langsam zum Kochen bringen und bei Bedarf den Schaum abschöpfen.
2. Wenn die Brühe abgeschöpft ist und kocht, die gewaschenen Linsen hineingeben. Wieder aufkochen lassen, dann die Hitze herunterschalten und zugedeckt bei schwacher Hitze 1 Stunde kochen lassen. Nicht umrühren.
3. Inzwischen in einer Pfanne die Zwiebel in Öl hellbraun dünsten, den Knoblauch zugeben und noch 1 Minute dünsten. Die Tomaten, Korianderblätter und Salz und Pfeffer nach Geschmack unterrühren.
4. Die Knochen aus dem Topf nehmen. Die Zwiebelmischung zu den Linsen geben, den Topf zudecken und noch 1 Stunde schwach kochen lassen, bis die Suppe dick ist. Vorsicht, daß die Suppe nicht ansetzt.
5. Heiß in kleinen Schalen mit Fladenbrot und Salat reichen.

Shourba Ful

Bohnensuppe

Zubereitung wie Shourba Bilsen (oben), jedoch die Linsen durch Bohnen ersetzen. Die Bohnen gründlich waschen, mit 7 Tassen Wasser in einem Topf aufsetzen und zum Kochen bringen. 2 Minuten kochen lassen, vom Herd nehmen und stehenlassen, bis die Bohnen aufgequollen sind. Die gewaschenen Knochen hineingeben und wieder zum Kochen bringen, bei Bedarf den Schaum abschöpfen. Dann zugedeckt 1 Stunde schwach kochen lassen. Bei Schritt 3 des vorigen Rezeptes weiterfahren.

Fatut

Gebratenes Brot mit Eiern

Für 4 Personen
Kochzeit: 5–6 Minuten

2 Khobz (Seite 267)
¼ Tasse Samneh (geklärte Butter) oder Ghee
4 Eier, leicht verquirlt
Salz

1. Das Fladenbrot in kleine Stücke brechen. (Statt Khobz kann auch libanesisches Fladenbrot verwendet werden.)
2. Samneh oder Ghee in einer großen Bratpfanne erhitzen und die Brotstücke hineingeben. Bei mittlerer Hitze rühren, bis es knusprig und leicht gebräunt ist.
3. Die Eier und Salz zugeben und 2 Minuten verrühren (wie bei Rührei). Wenn das Ei stockt, das Gericht auf Teller füllen und heiß servieren. Ein gutes Frühstück – Rührei und Toast aus einer Pfanne!

Fatut bil Hulba

Gebratenes Brot mit Eiern und Bockshornklee

Dies ist eine Kombination aus Fatut (voriges Rezept) und Hulba. Die Grundsauce mit Bockshornklee und Chilischoten und Salz nach Geschmack nach dem Rezept für Hulba, Schritt 1 und 2, Seite 260, zubereiten.

2 Tassen Hühnerbrühe einrühren und in die Pfanne mit dem Fatut gießen. Zum Kochen bringen und in Schalen mit Zitronensaft dazu servieren.

Banadura Salata bil Kizbara
Tomaten-Koriander-Salat

Für 6 Personen

6 mittelgroße, feste Tomaten
½ Tasse gehackte Kizbara (Korianderblätter)
1 kleine Bisbas (Chilischote) oder frisch gemahlener schwarzer Pfeffer
Saft von ½ Zitrone
Salz
¼ Tasse Olivenöl

1. Die Tomaten mit kochendem Wasser übergießen und enthäuten.
2. Die Tomaten in Scheiben schneiden und mit gehackten Korianderblättern bestreuen.
3. Bei der Verwendung der Chilischote den Stiel abschneiden, aufschlitzen und die Samen entfernen. Vorsicht, daß Sie nicht mit den Fingern an den Mund oder die Augen kommen. Die Chilischote fein hacken. Ansonsten reichlich schwarzen Pfeffer verwenden.
4. Die gehackte Chilischote oder den Pfeffer mit Zitronensaft und etwa 1 Teelöffel Salz vermischen. ¼ Tasse Olivenöl hineinschlagen. Über die Tomaten gießen und vor dem Servieren 15 Minuten stehenlassen.

Shawayuh
Gegrilltes Fleisch

Fleisch kommt im Jemen sehr selten auf den Tisch. Wenn es einmal Fleisch gibt, das man grillen kann, werden die Stücke mit Hawayij gewürzt und über glühender Holzkohle gegrillt. Wenn das Fleisch zäh ist, wird es nach dem Grillen noch in etwas Wasser gekocht, das mit Zwiebel oder Frühlingszwiebel gewürzt ist. Wir sind da besser dran, da wir uns passende Fleischstücke aussuchen können.

Für 6 Personen
Grillzeit: 12–15 Minuten

6 dick geschnittene Steaks oder Lammkoteletts zum Grillen
2–3 Teelöffel Hawayij (Seite 265)
Öl zum Einpinseln
Salz

1. Den Fettrand an den Steaks oder Koteletts einschneiden, damit sich das Fleisch beim Grillen nicht wölbt. Das Fleisch auf beiden Seiten mit Hawayij bestreuen und 30 Minuten bei Zimmertemperatur stehenlassen.
2. Wenn die Holzkohlen rotglühend sind, das Fleisch mit Öl betupfen und über das Feuer legen. Wenn das Fleisch auf beiden Seiten gebräunt ist, den Grill höherstellen oder das Fleisch an eine kühlere Stelle schieben. Das Fleisch nach Geschmack garen, die Jemeniten bevorzugen gut durchgebratenes Fleisch. Während des Grillens gelegentlich mit Öl bestreichen.
3. Nach dem Grillen salzen und sofort servieren.

Aakuw'a
Geschmorter Ochsenschwanz

Für 5–6 Personen
Kochzeit: 3½–4 Stunden

2 Ochsenschwänze, zerlegt
Wasser
2 Tassen enthäutete und gehackte Tomaten
3 kleine Zwiebeln
4–5 Knoblauchzehen
2 Teelöffel Hawayij (Seite 265)
Salz

1. Die Ochsenschwanzstücke waschen und in einen großen Topf geben. Mit kaltem Wasser bedecken und langsam aufkochen, bei Bedarf den Schaum abschöpfen.
2. Wenn die Brühe schwach kocht und gut abgeschöpft ist, die Tomaten, die ganzen enthäuteten Zwiebeln und Knoblauchzehen, Hawayij und Salz zugeben. Zugedeckt bei schwacher Hitze 3–3½ Stunden oder länger kochen lassen, bis das Fleisch gar ist und die Brühe ziemlich eingedickt ist.
3. Heiß mit Reis oder Kartoffeln, Khoubiz (Fladenbrot) und Salat servieren.

Hor'ee

Geschmorte Beinscheiben vom Rind

Für 5–6 Personen
Kochzeit: 4½–5 Stunden

1,5 kg Beinscheiben vom Rind mit Knochen
Wasser
2 große Zwiebeln, geviertelt
6 Knoblauchzehen
2 Tassen enthäutete und gehackte Tomaten
2 Teelöffel Hawayij (Seite 265)
Salz
frisch gemahlener schwarzer Pfeffer
1–2 Bisbas (Chilischoten), nach Belieben

1. Die Rinderbeine vom Metzger mit dem Knochen in dicke Scheiben schneiden lassen.
2. Die Beinscheiben in einen großen Topf geben und gerade mit kaltem Wasser bedecken. Langsam zum Kochen bringen, bei Bedarf den Schaum abschöpfen.
3. Wenn die Brühe gut abgeschöpft ist und kocht, die Zwiebel, die ganzen enthäuteten Knoblauchzehen, Tomaten, Hawayij und Salz nach Geschmack zugeben. Reichlich Pfeffer oder 1–2 ganze Chilischoten zufügen – je nachdem, wie scharf Sie das Gericht vertragen.
4. Den Topf zudecken und bei schwacher Hitze 4 Stunden oder länger kochen, bis das Fleisch sehr weich ist und die Brühe zu einer dicken Sauce eingekocht ist. Heiß servieren.

Kirshuh

Geschmorte Leber und Nieren

Obwohl Kirshuh normalerweise aus Schlachtabfällen zubereitet wird, je nachdem, was der jemenitischen Hausfrau gerade zur Verfügung steht, kann dieses Gericht ebensogut mit Leber und Nieren hergestellt werden (oder Leber und Lunge, wenn Ihnen das Geräusch der bratenden Lunge nichts ausmacht).

Für 5–6 Personen
Kochzeit: –1½–2 Stunden

500 g Lammleber
Salzwasser
2 Lammnieren
¼ Tasse Öl
1 große Zwiebel, fein gehackt
3 Knoblauchzehen, fein gehackt
1 Teelöffel Kurkuma
1 Tasse enthäutete und gehackte Tomaten
1 Teelöffel gemahlener Koriander
½ Teelöffel gemahlener Kreuzkümmel
2 Kardamonkapseln
½ Tasse Wasser
Salz
frisch gemahlener schwarzer Pfeffer
1 Eßlöffel fein gehackte Kizbara (Korianderblätter) oder Petersilie

1. Die Leber 30 Minuten in Salzwasser legen. Abtropfen lassen, trockentupfen und die feine Haut abziehen. In 2 cm dicke Würfel schneiden und alle größeren Röhren entfernen.
2. Von den Nieren die Haut und das Innere entfernen. In Würfel schneiden, kurz unter fließendem kalten Wasser abspülen, abtropfen lassen und mit Küchenkrepp trockentupfen.
3. Das Öl in einem Topf erhitzen und die Zwiebel darin glastig dünsten. Den Knoblauch und Kurkuma zufügen, 2 Minuten mitdünsten und dann die vorbereiteten Leber- und Nierenstücke dazugeben. Die Hitze höherschalten und rasch braten, bis sie sich verfärben. Häufig rühren.
4. Die Hitze herunterschalten, die Tomaten, den gemahlenen Koriander, Kümmel und die Kardamonkapseln, das Wasser und Salz und Pfeffer nach Geschmack zugeben. Zugedeckt bei schwacher Hitze 1–1½ Stunden schmoren, bis Leber und Nieren gar sind. Da die Mischung dick sein sollte, nur dann noch Wasser zugeben, wenn sie anzubrennen droht.
5. Die gehackten Korianderblätter oder Petersilie untermischen und heiß servieren.

Bint-al-Sahn

Hefekuchen mit Honig

Für 8 Personen
Ofentemperatur: 190° C
Backzeit: 25–30 Minuten

1 Beutel aktive Trockenhefe
¼ Tasse warmes Wasser
3 Tassen Weizenmehl
1 Teelöffel Salz
4 Eier
¾ Tasse zerlassenes Samneh (geklärte Butter) oder Ghee
Zum Servieren:
zerlassene Butter oder Samneh
warmer Honig

1. Die Hefe im warmen Wasser einweichen und auflösen.
2. Das Mehl mit dem Salz in eine Rührschüssel sieben und in die Mitte eine Mulde drücken.
3. Die Eier schlagen und mit der Hefeflüssigkeit in die Mulde gießen. Mit dem Mehl verrühren, dann gründlich kneten. Nach und nach ¼ Tasse zerlassenes Samneh (dies sollte lauwarm sein) zugeben und gut in den Teig einarbeiten. Weiterkneten, bis der Teig glatt und ziemlich elastisch ist. Wenn der Teig zu trocken aussieht, Wasser zugeben. Das hängt jedoch von der Größe der verwendeten Eier ab.
4. Mit bemehlten Händen den Teig in 16 Stücke aufteilen, die so groß sind wie ein großes Ei, und auf eine Platte legen.
5. Ein Teigstück auf ein leicht bemehltes Brett legen und zu einem sehr dünnen Fladen formen, indem man es mit dem Handballen in einer Kreisbewegung auseinanderdrückt. (Ich bin Rechtshänderin und habe festgestellt, daß ich dies am besten mit der linken Hand machen konnte, während ich mit der rechten Hand den Teigfladen weiterdrehte). Wenn Sie dabei Schwierigkeiten haben, nehmen Sie ein Rollholz.
6. Ein Backblech reichlich mit Samneh bestreichen und den Fladen auf die eine Hälfte des Blechs legen. Weitere 7 Teigfladen herstellen und auf dem ersten Fladen aufstapeln. Dabei die Oberseite jedes Fladens mit Samneh bestreichen und die Ränder der Fladen andrücken.
7. Die restlichen 8 Teigstücke ebenso verarbeiten und auf der anderen Hälfte des Backblechs stapeln. Die obenliegenden Fladen ebenfalls mit Samneh bestreichen. 45 Minuten an einem warmen Ort gehen lassen.
8. Bint-al-Sahn im Ofen bei mittlerer Hitze in 25–30 Minuten goldbraun backen. Klopfen Sie auf die Unterseite des Backbleches – es muß hohl klingen, wenn die Kuchen durchgebacken sind.
9. Die Kuchen heiß auf einer Platte mit zerlassener Butter oder Samneh und warmem Honig, der darübergeträufelt wird, anbieten (die Honigmenge sollte reichlich sein, das bleibt jedoch Ihrem Geschmack überlassen). Im Jemen wird der Kuchen mit den Fingern schichtweise abgebrochen, und die Stücke werden in die Butter-Honigmischung auf der Platte getunkt. Sie können den Kuchen aber auch in Stücke schneiden und mit dem Löffel Butter und Honig von der Platte darüberträufeln.

Quishr

Kaffee mit Ingwer

Obwohl Kaffee ein Hauptexportartikel aus Moccha in der Republik Jemen ist, können ihn sich die Einwohner kaum leisten. Sie verwenden meist die gemahlenen Kaffeeschalen und aromatisieren das Getränk mit gemahlenem Ingwer. Da Sie wahrscheinlich nicht an gemahlene Kaffeeschalen herankommen, ist in diesem Rezept Kaffee angegeben, der zusammen mit dem gemahlenen Ingwer ein anderes, wohlschmeckendes Getränk ergibt.

Für 4–6 Personen

1 Tasse kaltes Wasser
6 Teelöffel gemahlener Kaffee
6 Teelöffel Zucker
2 Teelöffel gemahlener Ingwer

1. Das Wasser in einen Kaffeetopf mit langem Handgriff gießen.
2. Das Kaffeepulver, den Zucker und den gemahlenen Ingwer zugeben und gut umrühren. Bei mittlerer Hitze aufsetzen und zum Kochen bringen. Vom Herd nehmen, bis das Aufsprudeln nachläßt, dann wieder auf die heiße Platte setzen. Diesen Vorgang noch zweimal wiederholen.
3. Das Getränk in kleine arabische Kaffeetassen oder Mokkatassen gießen und servieren. Die Menge ergibt 6 arabische Tassen oder 4 Mokkatassen Kaffee.

Ägypten

Bei einer so alten und ehrfurchtgebietenden Geschichte erwartet man vielleicht zuviel von der ägyptischen Küche. In diesem Jahrhundert hat es kosmopolitische Einflüsse gegeben – aus Frankreich, Italien, der Türkei und Griechenland –, die eine stärkere Auswirkung auf die Ernährungsweise der Ägypter hatten als die arabischen Einflüsse. Das neue Ägypten hat jedoch seine Verbindungen zum Westen gelockert und ist dabei, seine nationale Identität wiederzuerlangen. Die Vorliebe für bestimmte Speisen hat sich folglich auch wieder mehr den traditionellen Gerichten zugewandt.

Auf den ersten Blick ist Brot das Hauptnahrungsmittel der Ägypter. Händler mit flachen Weidenkörben, in denen Aish, ägyptisches Fladenbrot, gestapelt ist und die sie auf ihren Köpfen tragen, drängeln sich durch die Menschenmassen in Kairos Straßen, um zu ihrem bevorzugten Verkaufsplatz zu gelangen. Aish ist das Fladenbrot Ägyptens, das normalerweise aus Weißmehl und Vollkornmehl und soviel Hefe zubereitet wird, daß es eine Tasche und eine weiche Kruste bildet – die Zusammensetzung ist seit Jahrtausenden unverändert und erinnert ständig an die Rolle des Alten Ägypten bei der Entwicklung dieses Grundnahrungsmittels.

Gerste, Hirse und Weizen waren die Hauptgetreidearten der frühen Kulturen. Den Anthropologen zufolge, die sich mit dieser Frage beschäftigt haben, war das in jenen Zeiten gebackene Brot hart und zäh. Gerste und Hirse enthalten ungenügende Mengen der glutenbildenden Porteine, die für die Herstellung eines lockeren Brotes wesentlich sind. Weizen andererseits enthält diese Proteine; deren Beschaffenheit kann aber verändert werden, wenn im falschen Augenblick der Zubereitung Hitze einwirkt. Die ersten Weizensorten mußten vor dem Dreschen erhitzt werden, damit die Hülsen entfernt werden konnten. Damit wurden aber die wesentlichen Eigenschaften des Weizens zerstört, und das damalige Weizenbrot hatte eine ähnliche Beschaffenheit wie das aus Gerste und Hirse.

Im alten Ägypten wurde dann eine Weizensorte entwikkelt, die ohne vorheriges Erhitzen gedroschen werden konnte, womit ein riesiger Fortschritt bei der Zubereitung von Brot gemacht wurde. Ob zufällig oder absichtlich, sie fanden auch ein Mittel zur Säuerung dieses Weizenbrotes. Wegen der Knappheit des neuen Getreides vergingen jedoch einige Jahrhunderte, bevor andere Kulturen gesäuertes Brot kennenlernten.

Aroma und Würze ägyptischer Speisen

Auch ein Ägypter, der in einem Land mit einer ständigen und großen Auswahl an Nahrungsmitteln lebt, wird sich immer nach den Bohnengerichten seines Heimatlandes sehnen. Ful Medamis, das braune Bohnenpüree aus Ful (winzigen Dicken Bohnen, auch als Faba-Bohne bekannt) würde er wahrscheinlich der exquisitesten französischen Kreation vorziehen, da es nostalgische Erinnerungen in ihm weckt. Er wird sich wahrscheinlich an die Ful-Händler seiner Heimat erinnern, mit ihren riesigen »Idras«, die Tag und Nacht vor sich hin kochten, bereit, ein sättigendes Frühstück am Morgen, ein Mittagessen oder auch nur einen Imbiß zu jeder beliebigen Tageszeit zu liefern. Ful Medamis wird als »Mazza« oder als Hauptgericht mit zerkleinerten hartgekochten Eiern, die untergerührt werden, und gekrönt von goldenem Olivenöl gereicht; es hat das Aroma der Zitrone, des Knoblauchs, Kümmels und der Petersilie, die reichlich darübergestreut wird. Dies ist im Grund ein einfaches ländliches Gericht – es ist aber genau das, was der westliche Mensch zur Zeit in seinem Streben nach natürlicher Ernährung sucht. Fladenbrot oder ein anderes knuspriges Brot ist eine unverzichtbare Beilage, auch können verschiedene Salate und Salata Tahina (Sesamsauce) dazu gereicht werden. Ähnliche Gerichte, denen ein Ägypter im Ausland nachtrauern wird, sind Tameya, Plätzchen aus Dicken Bohnen, Ful Nabed und Besara, Bohnensuppe bzw. -püree, beide aus enthäuteten Dicken Bohnen zubereitet. Ein geschätztes Gemüse ist Bamia (Okra), das meist in Eintöpfen mit Fleisch und Gemüse verwendet wird.

Viele beliebte ägyptische Rezepte sind schon in anderen Kapiteln enthalten, und wenn Sie ein besonderes Gericht suchen, das Sie von einem Aufenthalt in Ägypten her kennen, werden Sie dies wahrscheinlich unter einem anderen Land finden. So ist zum Beispiel das Yiouvetzi Zyperns und Griechenlands in Ägypten genauso beliebt, wo es Lissan al Assfour genannt wird. Tauben werden sehr gern gegessen, ich habe aber davon abgesehen, entsprechende Rezepte hier aufzunehmen. Wenn Sie jedoch eigens gezüchtete Tauben kaufen können und ein ägyptisches Rezept ausprobieren wollen, gehen Sie einfach nach dem Rezept für Farroog Mahshi aus und nehmen statt der angegebenen zwei Hähnchen vier Tauben. Die Füllung für dieses Rezept wird normalerweise aus grünem Weizen, Fireek genannt, hergestellt, der außerhalb des Nahen Ostens kaum erhältlich ist. Stattdessen können grober Burghul oder Gerste verwendet werden, wobei Burghul für dieses Rezept am besten geeignet ist.

Um welche Mahlzeit oder welche Gelegenheit es sich auch immer handelt, Aish wird zu allen Mahlzeiten angeboten. Sie haben zweifellos bemerkt, daß sich die Speisen in allen Ländern dieser Region ähnlich sind. So gleicht Aish, das ägyptische Fladenbrot, dem Saluf des Jemen. Befolgen Sie also das Rezept für Saluf und lassen Sie den Belag mit Hilbeh weg. Lassen Sie das geformte Brot vor dem Backen 15 Minuten gehen und stechen es nicht mit der Gabel ein; dadurch wird dafür gesorgt, daß das Brot beim Backen eine Tasche bildet. Selbst wenn Sie den Hilbeh-Belag mitverwenden, sind Sie nicht so weit vom Aroma ägyptischer Speisen entfernt, da Hilbeh in Alexandria als Brottunke bekannt ist und verwendet wird.

Essen auf ägyptische Art

Der westliche Einfluß macht sich auch durch den Gebrauch des Eßtisches bemerkbar. Der Tisch wird mit einem Tuch bedeckt, und alle Speisen für eine bestimmte Mahlzeit werden zu Beginn dieser Mahlzeit in ihren Schüsseln auf den Tisch gestellt. Jeder bekommt einen eigenen Teller oder eine Schale und Besteck. Das Essen könnte aus einer Suppe, Huhn, Fisch oder einem Fleischeintopf wie zum Beispiel Bamia sowie Reis, Essiggemüse, Oliven, Salat und Brot bestehen.

Wenn ein Bohnenpüree oder Bohnensuppe serviert wird, gibt es als Beilage Zitronenschnitze, gehackte Zwiebeln, Salatgemüse und Salata Tahina. Oft wird ein solches Bohnengericht ohne andere Beilagen – außer einer Menge Brot natürlich – serviert.

Kochmethoden

Die meisten Haushalte sind nicht besonders gut ausgestattet, was Küchengeräte betrifft. Meist gibt es nur eine einzige Herdstelle zum Kochen. Für die Zubereitung von Ful Medamis haben die Ägypter eine kleine elektrische Heizplatte, die einen Stecker für die normale Steckdose besitzt. Diese hält eine konstante niedrige Hitze aufrecht und ist gerade groß genug, um den kleinen »Idra« aufzunehmen, einen besonderen Topf, der oben enger wird und in dem die Bohnen mehrere Stunden lang langsam garen. Eine bauchige Kasserolle ist ein guter Ersatz für den Idra.

Für andere ägyptische Gerichte können alle modernen Töpfe und Pfannen verwendet werden.

Zutaten für die ägyptische Küche

Die getrockneten Bohnen, Ful und Ful Nabed, gibt es in griechischen und anderen nahöstlichen Lebensmittelläden und Spezialgeschäften zu kaufen. Wie ich gehört habe, gibt es Dicke Bohnen bereits auch geschält – ich habe allerdings noch keine gefunden. Die geschälten Dicken Bohnen sehen weiß aus (die ungeschälten sind grün bis beinahe purpurrot) uund sollten für Besara, Ful Nabed und Tameya verwendet werden, was eine erhebliche Zeitersparnis bedeutet. Sie brauchen eine kürzere Einweichzeit. Obwohl sie eine größere Menge ergeben als die ungeschälten Bohnen, nehmen Sie die angegebenen Mengen und erhöhen Sie die Gewürzzutaten entsprechend.

Gemahlener Kümmel, getrocknete Minze, frischer Dill, glattblättrige Petersilie und Knoblauch sind die hauptsächlichen Aromaträger, während Butter und Olivenöl die bevorzugten Fette sind.

Ta'leya I

Knoblauchsauce

Dies ist mehr eine würzende Zutat für gekochte Gerichte als eine Sauce im normalen Sinne. Ich habe eine etwas abgewandelte Version angegeben – in Ägypten werden normalerweise 6 oder 7 Knoblauchzehen für ein Gericht für 6 Personen verwendet. Da die Schärfe von Knoblauch beim Kochen noch zunimmt, können Sie die Zahl der Knoblauchzehen noch weiter verringern, wenn Sie wollen. Natürlich hängt das auch von der Größe der Knoblauchzehen und der Schärfe der Sorte ab.

3–4 Knoblauchzehen
¼ Teelöffel Salz
2 Eßlöffel Samneh oder geklärte Butter
1 Teelöffel gemahlener Koriander
1 Prise Chili-Pfeffer

1. Den Knoblauch mit dem Salz in einem Mörser zerdrücken oder in einer Knoblauchpresse pressen und mit Salz vermischen.
2. Samneh oder Butter in einer kleinen Pfanne erhitzen und den Knoblauch unter ständigem Rühren goldbraun dünsten, die Pfanne vom Herd nehmen und den Koriander und den Pfeffer einrühren. Nach den Anweisungen der Rezepte siedend heiß verwenden.

Ta'leya II

Zwiebelsauce

2 große Zwiebeln
¼ Tasse Olivenöl
1–2 Knoblauchzehen, fein gehackt

1. Die enthäuteten Zwiebeln der Länge nach halbieren und dünn in halbe Ringe schneiden.
2. Das Olivenöl in einer Pfanne erhitzen und bei mittlerer Hitze die Zwiebeln darin goldbraun rösten. Den Knoblauch zugeben und noch eine Minute dünsten. Nach den Anweisungen der Rezepte verwenden.

Tameya

Klößchen aus Dicken Bohnen

30 Stück
Backzeit: 5 Minuten pro Partie

2 Tassen Ful Nabed (getrocknete Dicke Bohnen)
Wasser
1 Tasse gehackte Frühlingszwiebeln
½ Tasse gehackte Petersilie
2 Eßlöffel gehackte Korianderblätter
3 Knoblauchzehen
1½ Eßlöffel Salz
frisch gemahlener schwarzer Pfeffer
¼ Teelöffel Chili-Pfeffer
¼ Teelöffel Natron
Sesamkörner, nach Belieben
Öl zum Ausbacken

1. Die Bohnen in einer Schüssel mit kaltem Wasser bedecken. 2 Tage einweichen lassen und 2 oder 3 mal das Wasser wechseln.
2. Die Bohnen abtropfen lassen und enthäuten, indem man sie fest zwischen den Fingern zusammendrückt. Die Bohnen müßten dann aus der Schale springen; andernfalls die Schale zuerst mit dem Fingernagel einritzen.
3. Die sauberen Bohnen durch den Fleischwolf mit feinem Vorsatz drehen. Mit der Frühlingszwiebel, der Petersilie, dem Koriander, Knoblauch, Salz, Pfeffer und Natron vermischen. Noch zweimal durch den Fleischwolf drehen, dann zu einer Paste kneten. Die Masse 30 Minuten ruhen lassen.
4. Mit nassen Händen jeweils 1 Eßlöffel der Masse zu dicken Klößchen von etwa 4 cm Durchmesser formen. Nach Belieben auf jeder Seite mit Sesamkörnern bestreuen. Die Klößchen auf eine Platte legen und 20 Minuten bei Zimmertemperatur stehenlassen.
5. Das Öl auf 180° C erhitzen (bei dieser Hitze wird ein Brotwürfel in 1 Minute braun). Jeweils ein paar Klößchen gleichzeitig im Öl goldbraun backen. Zwischendurch wenden, damit sie gleichmäßig bräunen. 5 Minuten Backzeit müßte für eine Portion ausreichen. Auf Küchenkrepp abtropfen lassen. Heiß mit Fladenbrot wie z. B. Khoubiz (Seite 187), Salata Tahina (Seite 276) und verschiedenen Salatgemüsen wie Tomate, Gurke, Paprika und grünem Salat servieren.

Verarbeitung in der Küchenmaschine: Die vorbereiteten Zutaten vermischen und in zwei Portionen zu einer Paste verarbeiten, die Masse 30 Minuten ruhen lassen und bei Schritt 5 weiterfahren.

Besara

Püree aus Dicken Bohnen

Für dieses Püree werden große Dicke Bohnen (getrocknet) verwendet. Am besten eignen sich die Bohnen, die bereits enthäutet angeboten werden. Sie werden 24 Stunden an einem kühlen Ort eingeweicht, und das Einweichwasser wird zum Kochen mitverwendet. Die Bohnen mit Haut erfordern ein längeres Einweichen, damit man die zähe Haut entfernen kann (siehe Seite 15).
Die Verwendung von Melokhia im Rezept steht Ihnen frei; es verleiht dem Püree eine grüne Farbe, ohne das Aroma zu beeinflussen. Da durch Aluminium das Püree verfärbt wird, verwenden Sie Edelstahl-, Emaille- oder verzinnte Kupfertöpfe.

Für 5–6 Personen
Kochzeit: 1¼ Stunden

3 Tassen Ful Nabed (getrocknete Dicke Bohnen)
kaltes Wasser
Salz
frisch gemahlener schwarzer Pfeffer
3 Teelöffel getrocknete Minze
1 Teelöffel Melokhia, nach Belieben
Zum Servieren:
Ta'leya II (Seite 280)
Olivenöl
gehackte Zwiebeln
Zitronenschnitze

1. Die Bohnen in kaltem Wasser 48 Stunden einweichen und 2 bis 3 mal das Wasser wechseln. Die Haut entfernen.
2. Die Bohnen mit 5 Tassen Wasser in einen Topf geben und langsam zum Kochen bringen. Zugedeckt bei schwacher Hitze in 1½ Stunden sehr weich kochen.
3. Durch ein Sieb streichen oder im Mixer pürieren und wieder in den Topf geben. Salz und Pfeffer nach Geschmack, die zerdrückte Minze und das zerriebene Melokhia – falls verwendet – zugeben. Unbedeckt schwach kochen lassen, bis es aufwallt.
4. Heiß in kleinen Schalen servieren, jede mit Ta'leya garniert. Einen Krug Olivenöl, gehackte Zwiebeln und Zitronenschnitze in Schälchen bereitstellen, von denen sich jeder nach Geschmack bedienen kann. Mit Fladenbrot oder frischem Weißbrot servieren.

Salata Tahina

Tahinasauce

Etwa 1¼ Tassen

2 Knoblauchzehen
Salz
¾ Tasse Tahini
1 Eßlöffel weißer Essig
Saft von 1 Zitrone
½ Tasse Wasser
½ Teelöffel gemahlener Kreuzkümmel
½ Tasse gehackte Petersilie

1. Die Knoblauchzehen mit ½ Teelöffel Salz zerdrücken.
2. Die Tahinipaste in eine Rührschüssel geben und gründlich schlagen. Dadurch wird das starke Aroma der Tahinipaste vermindert.
3. Den Knoblauch und den Essig hineinschlagen. Nach und nach den Zitronensaft abwechselnd mit dem Wasser zugeben. Um eine cremeartige Konsistenz zu erhalten, genug Zitronensaft zugeben, um die Sauce sehr dick zu machen, bevor Wasser zugegeben wird. Auf diese Weise haben Sie mehr Spielraum beim Abschmecken und Erreichen der richtigen Konsistenz der Sauce.
4. Salz nach Geschmack zugeben und noch etwas Zitronensaft zufügen, wenn man die Sauce etwas schärfer haben will. Den Kreuzkümmel und die Petersilie hineinrühren und bis zum Verbrauch kaltstellen. Als Vorspeise oder nach den Anweisungen der jeweiligen Rezepte verwenden.

Semit

Sesambrotringe

Etwa 18 Stück
Ofentemperatur: 220° C
Backzeit: 15 Minuten

1 Beutel aktive Trockenhefe
¾ Tasse warmes Wasser
½ Tasse Milch, gekocht und abgekühlt (lauwarm)
4 Tassen Weizenmehl
1 Teelöffel Salz
2 Teelöffel Zucker
2 Teelöffel Öl
1 kleines Ei, verquirlt
Sesamkörner
Wasser

1. Die Hefe in ¼ Tasse warmem Wasser einweichen und auflösen.
2. Das Mehl in eine Rührschüssel sieben, etwa 1 Tasse Mehl davon beiseitestellen.
3. Das restliche warme Wasser und die warme Milch mit dem Salz und dem Zucker mit der Hefe verrühren.
4. Diese Flüssigkeit in die Mitte der Schüssel mit Mehl gießen und etwas Mehl damit verrühren. Zugedeckt 10 Minuten an einem warmen Ort stehenlassen, bis der Vorteig schaumig ist.
5. Das restliche Mehl in der Schüssel mit dem Vorteig verrühren und glattschlagen, dann noch 10 Minuten mit der Hand oder 5 Minuten mit dem Knethaken des Rührgeräts schlagen. Nach und nach das Öl mit unterschlagen und etwas von dem beiseitegestellten Mehl zugeben.
6. Den Teig auf ein bemehltes Brett legen und soviel von dem aufbewahrten Mehl hineinkneten, wie der Teig aufnimmt. Solange kneten, bis der Teig glatt und geschmeidig ist, dann zu einer Kugel formen.
7. Die Schüssel leicht einölen, den Teigballen hineingeben und darin wenden, damit er überall vom Öl benetzt ist. Die Schüssel mit Haushaltsfolie abdecken und 30 Minuten an einem warmen Ort stehenlassen, bis sich der Teig verdoppelt hat.
8. Den Teig niederschlagen und auf ein leicht bemehltes Brett legen. Noch einmal durchkneten, dann etwa eigroße Stücke abnehmen.
9. Ein Stück Teig zu einem Strang von 1 cm Dicke und 20 cm Länge rollen. Zu einem Ring formen und die Enden gut andrücken.
10. Etwa 5 Ringe herstellen, mit verquirltem Ei bestreichen und mit der Oberseite in einen Teller mit Sesamkörnern tauchen. Auf ein leicht geöltes Backblech setzen.
11. Den restlichen Teig zu Ringen formen und jedesmal 5 Ringe mit verquirltem Ei bestreichen und in die Sesamkörner tauchen.
12. Die fertigen Sesamringe mit einem Tuch bedecken und an einem zugfreien Ort stehenlassen, bis sie gut aufgegangen sind – etwa 30 Minuten.
13. Auf den Boden des Backofens eine feuerfeste Schale mit heißem Wasser stellen. Die Ringe auf der mittleren Schiene 15 Minuten backen. Sie sind durchgebacken, wenn Sie beim Draufklopfen hohl klingen. Noch heiß mit Wasser bestreichen und auf dem Backblech abkühlen lassen. So werden sie knuspriger.

Anmerkung: Normalerweise wird jeder Ring einzeln geformt, glasiert und mit Sesam überzogen. Die Verarbeitung von jeweils mehreren Ringen spart Zeit. Es sollten jedoch nicht alle auf einmal verarbeitet werden, da dann der erste Ring schon zu gehen beginnt, wenn man ihn mit Ei bestreichen will.

Couscous

Couscous

Couscous ist zwar das Nationalgericht von Marokko, Tunesien und Algerien, ist aber auch in Ägypten beliebt. In den anderen nordafrikanischen Ländern werden dampfende Berge von Couscous mit würzigen Fleisch- und Gemüsegerichten serviert; dagegen wird es in Ägypten meist als Dessert gereicht und erscheint nur gelegentlich zusammen mit Gemüse und Fleisch auf dem Tisch.
Couscous ist in nahöstlichen und griechischen Lebensmittelläden zu bekommen; für die Neugierigen, Abenteuerlustigen und Geduldigen habe ich die Anleitung zur Herstellung von eigenem Couscous aufgeführt. Sie brauchen viel Zeit und Platz. Wenn Sie diese Kunst einmal beherrschen, können Sie die Mengen erhöhen und den Couscous in einem luftdichten Behälter aufbewahren.

Etwa 2 Tassen

1 Tasse feiner Grieß
¼–⅓ Tasse kaltes Wasser
¼–⅓ Tasse Weizenmehl
¼ Teelöffel Salz

1. Den Grieß in eine große runde Backform oder ein Becken mit flachem Boden geben. Zu einem Kreis ausbreiten und die Mitte freilassen.
2. 2 Eßlöffel Wasser in die Mitte geben und den Grieß mit den Fingern in das Wasser schieben, dann mit der Handfläche mit kreisförmigen Bewegungen den Grieß gleichmäßig anfeuchten.
2. Das Mehl mit dem Salz vermischen und die Hälfte davon über den Grieß streuen. In den Grieß einarbeiten und wieder mit der Handfläche arbeiten. Etwas mehr Wasser und Mehl zugeben bis sich kleine, runde Körner in der Größe von Sesamkörnern bilden. Das Ziel ist, die Grießkörner mit Mehl zu überziehen.
4. In ein großes Drahtsieb mit mittlerer Maschengröße geben (ein Sieb mit Holzrahmen ist ideal), unter das ein großes Tuch gebreitet wird. Die Mischung durchsieben und die Körner vom Tuch und größere Brocken aus dem Sieb wieder in die Backform oder das Becken geben. Die kleineren Körner im Sieb sind das Couscous – diese in eine Schüssel geben.
5. In den Inhalt in der Backform noch etwas Mehl und Wasser einarbeiten, sieben, aussortieren und so fortfahren, bis die Zutaten zu Couscouskörnern geworden sind; nach Bedarf Mehl und Wasser zufügen. Auf 1 Tasse Grieß sollten im ganzen nicht mehr als ⅓ Tasse Mehl und ⅓ Tasse Wasser verarbeitet werden.
6. Den oberen Teil eines speziellen Couscoustopfes oder einen Durchschlag mit einem Stück Buttermusselin auslegen und den Couscous darauf gleichmäßig verteilen.
7. Etwa 3 Tassen Wasser im unteren Teil des Couscoustopfes oder in einem hohen Topf zum Kochen bringen und den Behälter mit Couscous darüberstellen. Bei Verwendung eines Durchschlags ein Küchentuch um den Rand wickeln, wenn der Durchschlag nicht genau auf den Topf paßt, so daß der Dampf nicht entweicht. Den Couscous mit einem Deckel verschließen und 10 Minuten dämpfen. Der Behälter mit dem Couscous darf das Wasser nicht berühren.
8. Das Couscous auf ein Tuch kippen und eventuelle Klumpen mit den Fingern zerdrücken. Ausgebreitet an einem luftigen Ort mehrere Stunden stehenlassen, bis es ganz trocken ist. In einem luftdicht verschlossenen Behälter aufbewahren und nach den Anweisungen der jeweiligen Rezepte verwenden.

Roz

Gekochter Reis

Für 6 Personen
Kochzeit: 20 Minuten

2 Tassen Reis, Lang- oder Rundkornreis
Wasser
Salz
2 Eßlöffel Samneh (Ghee) oder Butter

1. Den Reis in einem Sieb unter fließendem Wasser waschen. Zusammen mit 1 Teelöffel Salz in eine Schüssel geben und mit kaltem Wasser bedecken. 10 Minuten einweichen, dann im Sieb abtropfen lassen. Machen Sie dies rechtzeitig, damit der Reis noch trocknen kann.
2. Samneh oder Butter in einem schweren Topf erhitzen und den Reis hineingeben. 2 Minuten bei mittlerer Hitze rühren, bis die Körner mit dem Fett überzogen sind.
3. 3½ Tassen Wasser und 1 Teelöffel Salz zugeben und unter gelegentlichem Rühren zum Kochen bringen. Die Hitze herunterschalten.
4. Den Topf fest verschließen und bei niedriger Hitze 15–20 Minuten kochen lassen. Dann die Hitze abstellen und den Topf mit Reis noch 5–10 Minuten stehenlassen. Mit einer Gabel auflockern und servieren.

Eine andere Kochmethode: Den Reis nach dem Einweichen abtropfen lassen, die Körner brauchen nicht zu trocknen. 3½ Tassen Wasser, Samneh oder Butter und das Salz in einen Topf geben, zum Kochen bringen und den Reis zugeben. Wieder aufkochen, einige Male umrühren, dann die Hitze herunterschalten, den Topf zudecken und den Reis wie oben beschrieben fertig garen.

Koushari

Linsen, Makkaroni und Reis in Öl

Dieses Gericht rangiert bei koptischen Ägyptern als »Öl«-Gericht und wird während der Fastenzeit zubereitet, wenn man keine Tierprodukte zu sich nehmen darf. Sie können die Linsen, Makkaroni und den Reis in drei verschiedenen Töpfen kochen oder, wenn Sie wie ich die Zahl der Töpfe auf ein Minimum beschränken wollen, sich nach der angegebenen Methode richten. Auf diese Art wird es auch in Ägypten zubereitet.

Für 6 Personen
Kochzeit: 1½–1¾ Stunden

1 Tasse Ads Iswid (braune Linsen)
Wasser
Salz
1 Tasse kleine Makkaroni
1 Tasse Rundkornreis
2 Eßlöffel Olivenöl
Ta'leya II (Seite 274)
1 Tasse Tomatenmark

1. Die Linsen in einem Sieb unter fließendem Wasser gründlich waschen. In einen großen Topf geben und 3 Tassen Wasser und 1 Teelöffel Salz zugeben. Aufkochen und 1 Stunde kochenlassen, bis sie gar, aber noch nicht geplatzt sind. Abtropfen lassen und beiseitestellen.
2. Den Topf ausspülen und 4 Tassen Wasser darin aufkochen. 2 Teelöffel Salz und die Makkaroni hineingeben. Umrühren, bis das Wasser wieder kocht, und in 15 Minuten gar kochen. Abtropfen lassen und ebenfalls beiseitestellen. Den Topf wieder abwaschen und abtrocknen.
3. Den Reis in einem Sieb unter fließendem Wasser gründlich waschen und abtropfen lassen. Das Öl im Topf erhitzen und den Reis darin bei mittlerer Hitze 2–3 Minuten dünsten. 2 Tassen Wasser und 1 Teelöffel Salz zugeben und unter gelegentlichem Rühren zum Kochen bringen. Zugedeckt bei niedriger Hitze 15 Minuten oder länger kochen lassen, bis der Reis gar ist. Vom Herd nehmen und noch 5 Minuten stehenlassen, dabei den Topf geschlossen lassen.
4. Ta'leya II nach Anleitung zubereiten, Tomatenmark zugeben und aufkochen.
5. Die Linsen und Makkaroni zum fertigen Reis geben und alles leicht mit einer Gabel vermischen. Die heiße Mischung aus Ta'leya und Tomatenmark darübergießen, umrühren und den Topf zudecken. Bei schwacher Hitze 10 Minuten stehen lassen. Heiß mit Salaten, gegrilltem Fisch oder Garnelen servieren.

Ful Medamis

Gekochte Dicke Bohnen

Obwohl Ful Medamis als das Nationalgericht Ägyptens gilt, wird es auch in anderen Ländern der Region gegessen.
In Ägypten werden die kleinen Dicken Bohnen sehr langsam in einem »Idra«, einem besonderen Topf, der sich nach oben hin stark verengt, gekocht. Diese Form trägt dazu bei, daß die geringe Wassermenge, die hier verwendet wird, nicht verlorengeht. Sobald der Dampf an den schrägen Seiten kondensiert, tropft er zurück in den Topf. Es gibt Kasserollen in etwas ähnlicher Form, und diese können mit Erfolg für dieses Gericht benutzt werden. Ansonsten nehmen Sie einen schweren Topf mit einem fest sitzenden Deckel.

Für 6 Personen
Kochzeit: 5–6 Stunden

2 Tassen getrocknete kleine Dicke Bohnen
4 Tassen kaltes Wasser
¼ Tasse Ads Asfar (rote Linsen), nach Belieben
Salz
3 Knoblauchzehen
1 Prise gemahlener Kreuzkümmel
Zum Servieren:
6 hartgekochte Eier, nach Belieben
fein gehackte Petersilie
Zitronenschnitze
Olivenöl
frisch gemahlener schwarzer Pfeffer

1. Die Bohnen gründlich waschen, dann mit kaltem Wasser bedecken. Über Nacht einweichen lassen, bei warmem Wetter an einem kühlen Ort.
2. Die Bohnen mit ihrem Einweichwasser in einen schweren Topf geben, die Linsen – falls verwendet – zugeben, den Topf fest verschließen und bei sehr schwacher Hitze 5–6 Stunden kochen lassen. Oder die Bohnen mit dem Wasser und den Linsen in eine bauchige Kasserolle geben, fest verschließen und 6 Stunden in einen Ofen mit sehr niedriger Hitze (120° C) stellen.
3. Gelegentlich nachschauen und etwas Wasser zufügen, wenn die Bohnen trocken aussehen. Während des Garens nicht umrühren, da sie sich dann ansetzen würden.
4. Den Knoblauch mit etwas Salz zerdrücken und mit zusätzlichem Salz nach Geschmack zu den Bohnen geben. Dazu kommt noch eine Prise gemahlener Kreuzkümmel. Nach Wunsch können die Bohnen durch ein Sieb gedrückt werden oder so, wie sie sind, gegessen werden.
5. In Suppenschalen servieren und ein hartgekochtes Ei-Viertel darauflegen – falls verwendet – und mit gehackter Petersilie bestreuen. Für den persönlichen Geschmack der Gäste werden Zitronenschnitze, Olivenöl und Pfeffer bereitgestellt. Die Bohnen und das Ei werden normalerweise mit der Gabel zerdrückt und vermengt. Dazu Fladenbrot oder frisches Weißbrot, frische Salate und Salata Tahina servieren (Seite 276).

Als Vorspeise: Die Bohnen pürieren, den Knoblauch, das Salz, den Pfeffer, Kreuzkümmel zugeben und mit Zitronensaft und Olivenöl nach Geschmack vermischen. In einer Schüssel mit reichlich Petersilie bestreut servieren. In Viertel geschnittenes Fladenbrot sollte dazu gereicht werden.

Ful Nabed

Dicke-Bohnen-Suppe

Für 6 Personen
Kochzeit: 1¾ Stunden

3 Tassen Ful Nabed (getrocknete Dicke Bohnen, Vorbereitung siehe Seite 14/15)
kaltes Wasser
1 Teelöffel gemahlener Kreuzkümmel
Salz
frisch gemahlener schwarzer Pfeffer
¼ Tasse Olivenöl
1 Eßlöffel Zitronensaft
Zum Servieren:
fein gehackte Petersilie
Zitronenspalten

1. Die Bohnen mit kaltem Wasser gut bedecken und 48 Stunden einweichen, dabei zwei- oder dreimal das Wasser wechseln. Die Haut nach Anleitung entfernen.
2. Die Bohnen mit 6 Tassen Wasser in einen Topf geben, langsam zum Kochen bringen und bei schwacher Hitze 1½ Stunden kochen lassen, bis sie sehr weich sind.
3. Durch ein Sieb drücken oder im Mixer pürieren.. Wieder in den Topf geben und den Kreuzkümmel, Salz und Pfeffer nach Geschmack, das Olivenöl und den Zitronensaft zugeben. Bei schwacher Hitze rühren, bis die Suppe aufwallt.
4. Heiß in tiefen Schalen servieren, die mit gehackter Petersilie garniert werden. Zur Suppe Zitronensaft zur individuellen Bedienung und Fladenbrot oder ein anderes Brot bereitstellen.

Fata

Lammfleischsuppe mit Brot

Für 6 Personen
Kochzeit: 2 Stunden

750 g mageres Lammfleisch ohne Knochen
6 Tassen Wasser
1 große Zwiebel, fein gehackt
Salz
frisch gemahlener schwarzer Pfeffer
1 Nelke oder 1 Prise gemahlenes Mastix, nach Belieben
¾ Tasse Wasser
½ Tasse Reis
2 Eßlöffel Samneh (Ghee) oder Butter
Zur Fertigstellung:
¼ Tasse Samneh (Ghee) oder Butter
2–3 Knoblauchzehen, zerdrückt
¼ Tasse Essig
2 Fladen Khoubiz (Seite 187), geröstet

1. Das Lammfleisch in kleine Würfel schneiden und mit kaltem Wasser in einen großen Topf geben. Langsam zum Kochen bringen, bei Bedarf den Schaum abschöpfen.
2. Die Zwiebel und Salz und Pfeffer nach Geschmack zugeben. Wenn Ihnen das Aroma von kochendem Lammfleisch unangenehm ist, geben Sie Knoblauch oder Mastix zu. (Ich halte das nicht für nötig.)
3. Zugedeckt bei schwacher Hitze 1½ Stunden kochen lassen, bis das Lammfleisch gar ist, ohne zu zerfallen.
4. Während die Suppe kocht, den Reis waschen und abtropfen lassen. 1 Tasse Wasser in einem anderen Topf kochen, 1 Eßlöffel Samneh, ½ Teelöffel Salz und den Reis zugeben und unter gelegentlichem Rühren wieder zum Kochen bringen. Zugedeckt bei schwacher Hitze 15–20 Minuten kochen lassen, bis der Reis gar ist.
5. Das gekochte Fleisch aus der Suppe nehmen, abtropfen lassen und in 1 Eßlöffel Samneh in einer Bratpfanne braten. Herausnehmen und warmhalten.
6. Die ¼ Tasse Samneh in die Bratpfanne geben und erhitzen. Den Knoblauch zugeben und dünsten, bis er etwas Farbe angenommen hat. Die Pfanne vom Herd nehmen und den Essig hineingießen. Dann die Pfanne wieder auf die Platte setzen und den Inhalt einige Sekunden dünsten. Beiseitestellen.
7. Ein geröstetes Fladenbrot in eine große Terrinne oder Kasserolle legen; wenn Sie wollen, können Sie es vorher in Viertel schneiden. Etwas von der Knoblauchmischung auf dem Brot verteilen und die Hälfte des gekochten Reises daraufgeben. Etwas Suppe darübergießen und eine weitere Schicht Brot und den restlichen Reis daraufgeben. Dann die gebratenen Fleischstücke darauf verteilen und die restliche Knoblauchmischung darüberstreuen. Den Rest der Suppe darübergießen und vor dem Servieren mit der gehackten Petersilie garnieren.

Anmerkung: Um die Zubereitung dieses etwas komplizierten Gerichts zu vereinfachen, kann der Reis auch in der Suppe gekocht werden, nachdem die Fleischwürfel daraus entfernt wurden.

Sayyadiah

Fisch mit Reis

Für 4 Personen
Kochzeit: 1 Stunde

4 ganze Fische zu je 375 g
Saft von 1 Zitrone
Salz
frisch gemahlener schwarzer Pfeffer
3 Knoblauchzehen, fein gehackt oder zerdrückt
1 Teelöffel gemahlener Kreuzkümmel
2 mittelgroße Zwiebeln, fein gehackt
2 Eßlöffel Öl
2 Tassen Langkornreis
3½ Tassen heißes Wasser
Mehl
Öl zum Braten
Zitronenschnitze und Petersilienzweige zum Garnieren

1. Von den Fischen die Schuppen entfernen und ausnehmen, die Köpfe dranlassen. Abspülen und trockentupfen. Die Fische außen und innen mit Zitronensaft einreiben und mit Salz und Pfeffer bestreuen. Zugedeckt 30–45 Minuten stehenlassen. Den Knoblauch hacken oder zerdrücken und mit dem Kreuzkümmel vermischen.
2. Die Zwiebeln in einer Pfanne mit hohem Rand in 15–20 Minuten sehr weich und goldgelb dünsten. Den Reis waschen, abtropfen lassen und zu den Zwiebeln in die Pfanne geben. Bei mittlerer Hitze 2–3 Minuten dünsten, dann das heiße Wasser zugeben. Zum Kochen bringen, dann die Hitze herunterschalten und den Reis in der zugedeckten Pfanne 20 Minuten schwach kochen lassen.
3. Die Fische auf beiden Seiten drei- bis viermal tief einschlitzen und die Schlitze mit der Knoblauch-Kreuzkümmelmischung füllen. Die Fische mit Mehl bestäuben und in heißem Öl goldbraun braten.
4. Die Fische auf eine Platte geben und warmhalten.
5. Etwa 2 Eßlöffel von dem Öl, in dem die Fische gebraten wurden, in den gekochten Reis rühren. Dann den Reis in der zugedeckten Pfanne noch 5 Minuten stehenlassen.
6. Den Reis auf eine Platte häufen, die Fische darauf anordnen und mit Zitronenschnitzen und Petersilienzweigen garnieren.

Farroog Mahshi

Gefüllte Brathähnchen

Für 6 Personen
Ofentemperatur: 180° C
Garzeit: 2 Stunden

2 Hähnchen zu je 1 kg
Salz
frisch gemahlener schwarzer Pfeffer
¼ Tasse zerlassene Butter
Füllung:
1 Tasse grober Burghul
Wasser
Hähnchenleber und -herzen
1 große Zwiebel, fein gehackt
2 Eßlöffel Butter
2 Eßlöffel fein gehackte Petersilie
1 Teelöffel getrocknete Minze
Salz
frisch gemahlener schwarzer Pfeffer
1 Tasse Hühnerbrühe aus Hühnerklein

1. Die Hähnchen mit Küchenkrepp abtupfen und innen und außen mit Salz und Pfeffer bestreuen. Zugedeckt kaltstellen, bis sie weiterverarbeitet werden.
2. Den Burghul in einer Schüssel mit Wasser 5 Minuten einweichen. Dann in ein Sieb geben und mit einem Löffelrücken das Wasser ausdrücken.
3. Die Leber und Herzen säubern und fein hacken. Wenn die Hähnchen ohne Innereien sind, nehmen Sie 125 g Hähnchenleber.
4. Die Butter in einer Bratpfanne erhitzen und die Zwiebel darin glasig dünsten. Die gehackten Innereien zugeben und gerade solange braten, daß sie sich verfärben. Die Pfanne vom Herd nehmen.
5. Den eingeweichten und abgetropften Burghul, die Petersilie, zerriebene Minze und Salz und Pfeffer nach Geschmack hineinrühren. Die Hühnerbrühe zugeben, die Pfanne zudecken und den Inhalt bei schwacher Hitze 5 Minuten dünsten. Die Füllung abkühlen lassen.
6. Die Hähnchen mit der Füllung füllen und zunähen.
7. Die zerlassene Butter in eine Bratenform geben, die Hähnchen mit der Brust nach oben hineinlegen und mit der zerlassenen Butter bestreichen. Im Ofen bei mittlerer Hitze 1½ Stunden braten; die Hähnchen zwischendurch auf die Seite legen und während der letzten 10 Minuten wieder mit der Brustseite nach oben braten, damit sie schön braun werden.
8. Die Hähnchen auf einen Teller geben und die Füllung auf eine Servierplatte häufen. Die Hähnchen zerlegen und auf die Füllung legen. Warmhalten.
9. Den braunen Bratensaft in der Bratenform mit etwas warmem Wasser verrühren, zum Kochen bringen und dann durch ein Sieb über die Hähnchen gießen.

Abbildung Seite 281:
Kabab Mashwi (Hackfleisch-Kebab), Rezept Seite 250
Abbildung Seite 282:
Saluf Bil Hilbeh (Fladenbrot mit Bockshornklee- und Koriandersauce), Rezept Seite 266; Zhug (Scharfe Sauce), Rezept Seite 265; Hilbeh (Bockshornklee- und Koriandersauce), Rezept Seite 265; und Gewürze für Hawayij (Gewürzmischung), Rezept Seite 265

Shourba Ads

Linsensuppe

Für 6 Personen
Kochzeit: 1–1¼ Stunden

1½ Tassen Ads Asfar (rote Linsen)
6 Tassen Fleisch- oder Hühnerbrühe oder Wasser
1 mittelgroße Zwiebel, gerieben
1 Teelöffel gemahlener Kreuzkümmel
Salz
frisch gemahlener schwarzer Pfeffer
1 Eßlöffel Zitronensaft
Zum Servieren:
Ta'leya II (Seite 274)
Zitronenschnitze
Olivenöl

1. Die Linsen in einem Sieb unter fließendem Wasser waschen.
2. Die Brühe oder das Wasser in einem großen Suppentopf zum Kochen bringen und die Linsen und die Zwiebel zugeben. Wieder schwach zum Kochen bringen, den Topf zudecken und bei niedriger Hitze 45–60 Minuten kochen, bis die Linsen gar sind. Während des Kochens nicht umrühren.
3. Die Linsen sollten jetzt ein weicher Brei sein; wenn die Beschaffenheit noch feiner sein soll, durch ein Sieb drücken oder im Mixer pürieren.
4. Den Kreuzkümmel und Salz und Pfeffer nach Geschmack zugeben. Wenn die Suppe dünnflüssiger sein soll, noch Wasser zugeben. Den Zitronensaft einrühren und noch einmal aufkochen.
5. Heiß in tiefen Tellern servieren und Ta'leya auf die Linsen geben. Zitronensaft und noch etwas Olivenöl bereitstellen, da die Menge Ta'leya vielleicht nicht reicht.

Melokhia

Grüne Kräutersuppe

Obwohl in Ägypten oft Brühe verwendet wird, die aus den gerade verfügbaren Gemüsen hergestellt ist, ist eine Grundlage aus Fleischbrühe vorzuziehen. Es kann sich um eine Lamm-, Rinder- oder Hühnerbrühe handeln. Wenn Hühnerbrühe hergestellt wird, wird das Huhn hinterher in Butter gebraten und als Bestandteil der Mahlzeit serviert. Ägypter, die im Ausland leben, finden den Geschmack unserer in Massen gezogenen Hühner zu schwach und geben meist noch einen Brühwürfel zu, damit die Brühe in etwa so »wie zu Hause« schmeckt. Weitere Anmerkungen zu Melokhia im Glossar.

Für 6 Personen
Kochzeit: 15–20 Minuten

6 Tassen Hühner- oder Fleischbrühe, mit Zwiebel gewürzt
1 Hühnerbrühwürfel
Salz
frisch gemahlener schwarzer Pfeffer
1½ Tassen getrocknete Melokhia-Blätter
2 Blätter Mangold
1 Portion Ta'leya I (Seite 274)
Zum Servieren: gehackte Zwiebel
Essig oder Zitronensaft

1. Die durchgeseihte Brühe zum Kochen bringen und den Brühwürfel hineinkrümeln, wenn Hühnerbrühe verwendet wird. Mit Salz und Pfeffer abschmecken.
2. Die Melokhia-Blätter abmessen, dann fein zerkrümeln. Vom Mangold die weißen Stiele entfernen und die Blätter fein hacken.
3. Melokhia und Mangold in die kochende Brühe geben und ohne Deckel 10 Minuten sieden lassen. Die Melokhia-Blätter quellen und schwimmen in der Brühe oben.
4. Ta'leya zubereiten und in die Suppe geben, den Topf zudecken und noch 2 Minuten sieden lassen. Sehr heiß mit einer Schale gehackter Zwiebeln in Essig oder Zitronensaft servieren, die sich jeder nach Geschmack in seine Suppe tun kann.

Anmerkung: Wenn für die Brühe ein ganzes Huhn gekocht wurde, kann dieses mit Butter im Ofen gebraten und bei derselben Mahlzeit serviert werden. Einfacher gekochter Reis (Roz, Seite 277) vervollständigt das Mahl.

Abbildung Seite 283:
Akuw'a (Geschmorter Ochsenschwanz), Rezept Seite 269
Abbildung Seite 284:
Bamia (Lammeintopf mit Okra), Rezept Seite 287

Kolkas

Fleisch mit Taro

Anfangs glaubte ich, daß von den nahöstlichen Ländern nur Zypern den Taro verwendet. Das ist eigentlich merkwürdig, da diese Knolle von den Pazifischen Inseln stammt. Ich war dann überrascht, daß Taro auch in Ägypten vorkommt. Sie nennen die Knolle Kolkas und das damit zubereitete Gericht ebenso. Im Glossar finden Sie weitere Einzelheiten; denken Sie jedoch daran, daß die Knolle nicht naß werden darf, wenn sie einmal geschält und zerschnitten ist, da sie dann schleimig werden kann. Während man in Zypern die Knolle in Schnitze zerkleinert, schneidet man sie in Ägypten in rechteckige Stücke.

Für 6 Personen
Kochzeit: 2¼ Stunden

1 kg Schmorfleisch vom Rind oder Lamm
¼ Tasse Butter
1½ Tassen Wasser
Salz
frisch gemahlener schwarzer Pfeffer
1 kg Kolkas (Taro)
Saft von ½ Zitrone
15 Silqblätter (Mangoldblätter)
1 Eßlöffel fein gehackte Korianderblätter
2 Knoblauchzehen, zerdrückt

1. Das Fleisch von Sehnen und Fett befreien und in Würfel schneiden. Bei Verwendung von Lammfleisch gilt die angegebene Menge ohne Knochen.
2. 1 Eßlöffel Butter in einem hohen Topf zerlassen und das Fleisch leicht anbraten, nicht bräunen. Das Wasser, etwa 2 Teelöffel Salz und Pfeffer nach Geschmack zugeben, zudecken und bei schwacher Hitze 1 Stunde schmoren, bis das Fleisch halbgar ist.
3. Die Taroknolle waschen und gut abtrocknen. Schälen und in rechteckige Stücke von 2 cm Dicke schneiden.
4. Den Zitronensaft mit dem Taro zum Fleisch geben. Die Tarostücke müssen vollständig mit Wasser bedeckt sein, damit sie sich nicht verfärben. Zudecken und 1 weitere Stunde schmoren, bis das Fleisch gar ist. Nicht mehr umrühren, nachdem der Taro in den Topf gegeben wurde.
5. Den Mangold gründlich waschen und die Blätter von den weißen Stengeln streifen (die Stengel können als Gemüse für eine spätere Mahlzeit verwendet werden). Die Blätter abtropfen lassen.
6. Die restliche Butter in einer großen Bratpfanne erhitzen und die Blätter hineinlegen. Bei mittlerer Hitze rühren, bis sie zusammengefallen sind und dunkler geworden sind. In der Pfanne kleinhacken, den Koriander und den Knoblauch zugeben und 1 Minute rühren; die Pfanne bleibt währenddessen auf der heißen Platte.
7. Die Mangoldmasse zum fertigen Fleisch geben und den Topf zugedeckt neben dem Herd 5 Minuten stehenlassen, bevor das Gericht mit Brot serviert wird.

Korumb Mahshi

Kohlrouladen

Für 6 Personen
Kochzeit: 1¼ Stunden

24 Kohlblätter
Kochendes Salzwasser
Füllung:
1 mittelgroße Zwiebel, fein gehackt
2 Eßlöffel Butter
750 g feines Rinderhack
½ Tasse Rundkornreis
1 Eßlöffel gehackter Dill
½ Teelöffel gemahlener Kreuzkümmel
¼ Tasse Tomatenpüree
Salz
frisch gemahlener schwarzer Pfeffer
Zur Fertigstellung:
1 Tasse Tomatenpüree
½ Tasse Fleischbrühe
Saft ½ Zitrone
2 Knoblauchzehen, gehackt
½ Teelöffel Zucker
Salz und Pfeffer
2 Eßlöffel Butter

1. Wenn die Kohlblätter groß sind, teilen und als 2 Blätter zählen. Jeweils ein paar Blätter 3–5 Minuten in kochendem Salzwasser blanchieren, bis sie weich genug zum Rollen sind.
2. Die Blätter in einem Durchschlag abtropfen lassen und die harte Mittelrippe entfernen. Eine Pfanne mit den Kohlrippen und restlichen Blättern auslegen.
3. Für die Füllung die Zwiebel in Butter weichdünsten. Mit den übrigen Zutaten zur Füllung mit dem Hackfleisch vermischen und mit Salz und Pfeffer abschmecken.
4. Einen gehäuften Eßlöffel Füllung an den Rand eines Kohlblattes legen, die Seiten einschlagen und zu einem festen Päckchen rollen. Die fertigen Rouladen mit der Nahtstelle nach unten in die ausgelegte Pfanne setzen.
5. Das Tomatenpüree mit der Brühe, dem Zitronensaft, Knoblauch, Zucker und Salz und Pfeffer nach Geschmack vermischen. Über die Rouladen gießen und die Butter in die Pfanne geben. Auf die Rouladen einen umgedrehten Teller legen, die Pfanne zudecken und bei mittlerer Hitze zum Kochen bringen. Dann die Hitze herunterschalten und 1 Stunde bei schwacher Hitze schmoren. Heiß servieren.

Bamia

Lammeintopf mit Okra

Für 5–6 Personen
Ofentemperatur: 150–160° C
Garzeit: 2–2½ Stunden

1 kg Schmorfleisch vom Lamm (oder Rind) ohne Knochen
2 Eßlöffel Ghee oder Butter
1 große Zwiebel, fein gehackt
½ Teelöffel gemahlener Kreuzkümmel
1 Tasse enthäutete und gehackte Tomaten
2 Eßlöffel Tomatenmark
½ Tasse Brühe oder Wasser
Salz
frisch gemahlener schwarzer Pfeffer
½ Teelöffel Zucker
500 g frisches Okra (siehe Seite 13)
1 Eßlöffel Ghee
Ta'leya I (Seite 274)
Roz (Seite 277) als Beilage

1. Das Fleisch von Fett und Sehnen befreien und in 3 cm dicke Würfel schneiden. Ghee oder Butter in einer schweren Pfanne erhitzen und die Fleischwürfel darin auf allen Seiten bräunen, jeweils nur eine Lage Fleischwürfel anbraten. In eine feuerfeste Form geben.
2. Die Hitze herunterschalten und die Zwiebel in der Pfanne glasig dünsten. Den Kreuzkümmel, die Tomaten, das Tomatenmark und die Brühe dazugeben und gut rühren, damit sich der Bratensatz vom Boden löst.
3. Die Sauce über das Lammfleisch gießen, Salz und Pfeffer nach Geschmack und den Zucker darüberstreuen. Fest verschließen und im Ofen bei mäßiger Hitze 1½ Stunden schmoren.
4. Okra nach Anleitung vorbereiten, abspülen, abtropfen lassen und trockentupfen. Ghee in einer Pfanne erhitzen und die Okra darin bei mittlerer Hitze 3 Minuten dünsten, dabei vorsichtig wenden.
5. Die Okra auf das Fleisch in der feuerfesten Form verteilen, wieder zudecken und weitere 40 Minuten im Ofen schmoren, bis das Fleisch gar ist.
6. Ta'leya herstellen und heiß über die Okra gießen. In der feuerfesten Form auf den Tisch bringen und dazu den Reis in einer anderen Schüssel servieren.

Couscous bi Sukkar

Süßer Couscous mit Nüssen

Für 6–8 Personen
Kochzeit: 45 Minuten

2 Tassen Couscous (Seite 277)
Wasser
½ Tasse zerlassene Butter
Zum Servieren:
Puderzucker
geröstete Erdnüsse oder Mandelstifte

1. Den Couscous in eine Schüssel geben und mit kaltem Wasser bedecken. Mit den Fingern durchrühren, dann das Wasser abgießen. Den Couscous 15 Minuten stehenlassen, damit er aufquillt.
2. Den Couscous in den oberen Teil eines Couscoustopfes geben und auf 4 Tassen kochendem Wasser aufsetzen. Oder den Couscous in ein feines Sieb oder einen mit Musselin ausgelegten Durchschlag geben, der gerade auf einen hohen Topf mit kochendem Wasser paßt. Der Boden des Siebes oder des Durchschlags darf nicht bis ins Wasser reichen.
3. Ein Küchentuch über den Couscousbehälter legen und den Deckel aufsetzen. Die Ränder des Tuchs über den Deckel schlagen. 15 Minuten dämpfen, dann den Couscous in eine Schüssel geben.
4. Eventuell vorhandene Klumpen mit den Fingern oder einer Gabel zerkleinern und den Couscous mit 2 Eßlöffeln kaltem Wasser beträufeln. Mit einer Gabel auflockern und wieder auf den Topf mit dem kochenden Wasser setzen (das kochende Wasser bei Bedarf auffüllen).
5. Den Couscous wieder zudecken und 30 Minuten dämpfen. Das Wasser soll dabei schwach kochen. Der Couscous sollte gar sein, aber nicht matschig.
6. In eine Schüssel geben und mit einer Gabel auflockern, eventuelle Klumpen zerkleinern. Die zerlassene Butter zugeben und gleichmäßig unter das Couscous mischen.
7. Warm in Dessertschälchen servieren, bestreut mit Puderzucker und gerösteten Erdnüssen oder Mandelstiften.

Basbousa

Grießkuchen

Ofentemperatur: 180° C
Backzeit: 30 Minuten

½ Tasse Butter, möglichst ungesalzen
¾ Tasse feiner Zucker
1 Teelöffel Vanille-Essenz
2 Eier
2 Tassen feiner Grieß
1 Teelöffel Backpulver
½ Teelöffel Natron
¾ Tasse Joghurt
blanchierte Mandelhälften
Sirup:
2 Tassen Zucker
1½ Tassen Wasser
1 Eßlöffel Zitronensaft

1. Die Butter mit dem Zucker und der Vanille-Essenz schaumig schlagen. Die Eier einzeln zugeben und gut schlagen.
2. Den Grieß mit dem Backpulver und dem Natron zweimal durchsieben. Abwechselnd mit dem Joghurt mit der Buttermischung verrühren.
3. Den Teig in eine gefettete viereckige Backform von 20×30 cm Größe füllen, glattstreichen und die Mandelhälften in Reihen darauf verteilen (7 in Längsrichtung und 4 in Querrichtung). Gleichmäßig anordnen, so daß auf den geschnittenen Stücken die Mandel in der Mitte sitzt.
4. Im Ofen bei mittlerer Hitze 30–35 Minuten backen.
5. Währenddessen den Sirup herstellen. Den Zucker bei mittlerer Hitze im Wasser auflösen, den Zitronensaft zugeben und aufkochen. 10 Minuten sprudelnd kochen, dann den Topf zum Abkühlen in kaltes Wasser stellen.
6. Wenn der Kuchen fertig ist, den Sirup über den heißen Kuchen träufeln. Gut abkühlen lassen und in rautenförmige oder rechteckige Stücke schneiden. Dazu kann Ushta oder dicke Schlagsahne angeboten werden.

Iran

Iran ist zwar die offizielle Bezeichnung dieses Landes, doch der Name Persien klingt für mich viel schöner und bedeutungsvoller. Lassen Sie sich nicht von den verschiedenen Bezeichnungen verwirren – sie beziehen sich alle auf dasselbe Land. Die meisten Länder des Nahen Ostens sind auf die eine oder andere Art von Persien beeinflußt worden, insbesondere auf dem Gebiet der Ernährung. Aus dem Dolmeh Persiens wurde das Dolma mit den vielen Varianten im Irak, der Türkei, Griechenlands, Zyperns, Armeniens, des Libanon, Syriens und der Golfstaaten, obwohl in vielen Ländern eine Bezeichnung verwendet wird, die »gefüllt« bedeutet und keine Ableitung von Dolmeh ist.

Würze und Aroma persischer Speisen

Eins der beliebtesten Gerichte in Teheran ist Chelou Kebab, auf dessen Zubereitung sich Restaurants spezialisiert haben. Es ist ein einfaches Gericht und hängt ganz von der Qualität der Grundbestandteile ab, die mit einer Gabelbewegung zu einem kulinarischen Höhepunkt verbunden werden.

Als ich das erstemal Chelou Kebab aß, war ich sofort von der persischen Küche begeistert, denn in ihr erkannte ich die wahre Kunst und Hingabe der persischen Hausfrau. Vom Aussehen her ist es ein einfaches Gericht aus Reis und gegrilltem Lammfleisch. Wenn man es probiert, merkt man, daß viel mehr dahintersteckt. Nur die besten Stücke vom Lamm werden genommen – das zarte, magere Filet, so vorbereitet, daß nicht eine Spur Fett oder Knorpel seine Reinheit stört, dünn geschnitten und in Zitronen-Zwiebel-Sauce mariniert, so daß es auf der Zunge zergeht. Es wird nur Sekunden lang gegrillt und auf einem Berg von dampfend heißem Chelou, der mit einer oder zwei Tomaten garniert ist, serviert. Butterflöckchen werden darauf verteilt, dann wird reichlich Sumakpulver daraufgestreut und rohes Eigelb dazugegeben, das in den Reis gerührt wird und die feinen Aromen, die das Lammfleisch ergänzen, miteinander verbindet. Der Reis ist das wichtigste Element dieses Gerichts – der persische Reis ist aromatisch, von festem Korn und beinahe unerreicht in seiner Qualität. Der pakistanische Basmati-Reis kommt ihm am nächsten und ist sicherlich der beste Ersatz. Wenn Sie einmal Chelou zubereitet und gekostet haben, werden Sie einfachen Reis niemals wieder auf eine andere Weise zubereiten.

Polous sind eine Erweiterung des Chelou, und die Rezepte sind lohnend. Die einfallsreiche Verwendung von Früchten ist ein anderer Höhepunkt der persischen Küche und ergibt ein süß-saures Aroma, das inzwischen auch dem westlichen Gaumen mundet. In Polous werden Früchte oft mit Fleisch kombiniert. Die persische Köchin spart wie ihre westliche Kollegin auch gerne Zeit ein, und wenn Sie Chelou und Polous zu aufwendig in der Zubereitung finden, versuchen Sie einfach Kateh anstelle von Chelou und Dami anstelle von Polous. Der wichtigste Faktor dabei ist die Wahl der richtigen Reissorte. Machen Sie einen ersten Versuch mit Basmati, dann haben Sie einen Maßstab, an dem Sie den Erfolg zukünftiger Versuche mit anderen, leichter erhältlichen Langkornreissorten messen können. Ich habe die Reismengen auf im Westen übliche Portionen reduziert, doch die Grundzusammensetzung der Gerichte hat darunter nicht gelitten.

Der persische Khoresh, annähernd mit Sauce übersetzt, ist eine Zusammenstellung von Fleisch oder Geflügel mit Gemüsen, Früchten, Kräutern und Gewürzen, aus denen eine Grundsauce für die Reisgerichte hergestellt wird. Abgusht dagegen ist geschmortes Fleisch und kann, mit Flüssigkeit aufgefüllt, zu einer Suppe auf Fleischgrundlage werden, während Aash immer als eine Suppe betrachtet wird.

Die Früchte Persiens sind hochgeschätzt und werden tagsüber vor den Mahlzeiten gereicht. Die Gurke wird auch als Frucht betrachtet – wenn Sie jemals eine persische Gurke probiert haben, werden Sie das verstehen.

Kräuter spielen in der persischen Küche eine wichtige Rolle. Sabzi Khordan ist eine Platte mit gemischten Kräutern, die zu Nane Lavash, Panir (Ziegenkäse) und Mast va Khiar (Gurkensalat mit Joghurt) als ein erfrischender 1. Gang gereicht wird. Weitere Einzelheiten sind im Rezept aufgeführt.

Der Spinat ist in Persien heimisch – wie er als englischer Spinat bekannt wurde, kann ich nicht sagen. Er wird für Baranis (Salat), Khoresh, Abgusht und Kuku (Eierspeisen oder Omeletts) verwendet.

Süß-saure Geschmacksrichtungen sind typisch persisch. Die betreffenden Gerichte enthalten Früchte wie Granatäpfel, Pfirsiche, Sauerkirschen, Äpfel und Quitten sowie eine ausgewogene Menge Limetten- oder Zitronensaft. Für ein richtig saures Aroma wird häufig der Most grüner, unreifer Trauben verwendet.

Ein wichtiges Gerät in jedem persischen Haushalt ist der Samowar, denn Tee ist neben Abdug (Joghurtgetränk) das Hauptgetränk in Persien. Er wird aus kleinen, schlanken Gläsern getrunken; dazu werden Zuckerbrocken gereicht. Man hält den Zuckerbrocken zwischen den Zähnen fest und schlürft den Tee durch den Zucker. Dieser kann aus herkömmlichem Würfelzucker oder Kandiszucker bestehen.

Now Rooz

Obwohl der Iran in erster Linie ein moslemisches Land ist, geht sein fröhlichstes Fest auf die Zeit lange vor der Verbreitung des Islam zurück – die Zeit des Propheten Zoroaster und der großen Könige des Alten Persien. Es handelt sich um die Feier des persischen Neujahrs, Now Rooz genannt, das am ersten Frühlingstag, dem 21. März, gefeiert wird.

Das neue Jahr bedeutet für den Perser neues Leben, was auch in den Feiern zum Ausdruck kommt. Etwa zwei Wochen vor Now Rooz werden Weizen und andere Getreidekörner in ein sandiges Beet ausgesät. Bis zum Neujahrsabend sind die grünen Schößlinge zum Vorschein gekommen, und der Wurzelballen wird normalerweise nach der Anzahl der Familienmitglieder aufgeteilt; jedes Stück wird mit einem farbigen Band umwunden und auf den Haft-Seen-Tisch gestellt, ein Symbol für die Wurzeln des Lebens (Haft Seen = sieben ›S‹). Insgesamt sieben Nahrungsmittel, die mit einem ›S‹ beginnen, müssen auf den Tisch gelegt werden, wobei die Zahl sieben sich wahrscheinlich auf die sieben Tage der Woche oder die sieben Planeten des Sonnensystems bezieht. Äpfel (Sib), Knoblauch (Sir), Sumach, Kräuter (Sabzi), Essig

(Sarkh), eine Münze (Sekeh) und ein süßer Pudding aus einem besonderen Weizen, Samanoo genannt, sind die gebräuchlichsten Gegenstände dafür. Auf dem Tisch befindet sich meist auch eine Schüssel Wasser mit einem grünen Blatt, das darin schwimmt, frische Früchte, Eier, Fleisch, Fisch, Geflügel, Konfekt, Gebäck, Körner und Nüsse – mit anderen Worten ein Erntedankfest im Kleinen. Dies sind die Nahrungsmittel, aus denen die Mahlzeiten für Feiertage zubereitet werden.

Wir kamen im Iran am 13. Tag des Now Rooz an. An diesem Tag verläßt jeder, der dazu in der Lage ist, sein Haus und reist so weit wie möglich weg, um ein ungünstiges Schicksal hinter sich zu lassen. Die Perser lieben Picknicks, und dies ist ein allgemeiner Picknicktag. Das Essen wird zusammen mit dem Samowar für den Tee mitgenommen, der in Mengen getrunken wird. Das Familienauto wird auf dem Dach, auf der Haube oder hinten mit grünen Zweigen geschmückt, die während des Picknicks in einen Bach geworfen werden. In Teheran waren die tiefen Gossen, in denen das Schmelzwasser aus den Bergen hinter der Stadt fließt, voll mit diesen grünen Sträußen, da die Leute, die zum Picknick nicht aufs Land fahren können, in den schönen Parks oder Gärten der Stadt picknicken. In unserer Zeit dauern die Neujahrsfeiern etwa 2 Wochen.

Persische Brote

Brot ist das eigentliche Grundnahrungsmittel: im Iran ist man sich wie in den meisten anderen mittelöstlichen Ländern der Bedeutung dieses ältesten Nahrungsmittels ständig bewußt. Da von Persien aus die Brotzubereitung so vieler angrenzender Länder beeinflußt worden ist, gehört eine Beschreibung des Backvorgangs in dieses Kapitel.

Brot wird immer noch nach der traditionellen Methode gebacken, obwohl der Ofen inzwischen meist durch Ölbrenner anstatt mit Holz beheizt wird.

In einer Bäckerei, die wir in Shiraz aufsuchten, wurde Nane Lavash gebacken. In einem Raum befand sich der Teigbäcker, der den modernen Brotteigmixer in der Mitte bediente. An der gesamten Länge von drei Wänden zog sich eine taillenhohe Bankkonstruktion aus einer Steinmasse entlang, die 50 cm breite Vertiefungen mit geraden Wänden enthielt. Es gab mindestens dreißig dieser Teigmulden, und jede enthielt weich gerundete Polster aus Teig, die sich über die Bankfläche wölbten. Das war nur eine von drei Backschichten des Tages.

Der nächste Raum war gefüllt mit cremefarbigem Mehl, in dem eine Schaufel steckte. Dann kam das Backhaus. Die von diesem Bereich ausgehende Wärme reichte aus, um den ersten Raum so warm zu halten, daß die Brote aufgehen konnten – obwohl bei diesen Fladenbroten das Aufgehen eigentlich nicht erforderlich ist.

Das Backen im Backhaus geht etwa so vor sich: ein Geselle nimmt Teigklumpen von der großen Teigmasse auf einem Tisch und formt sie zu Kugeln. Diese werden von einem anderen Gesellen zu einem Oval ausgerollt. Ein erfahrener Bäcker nimmt den ausgerollten Teig und wirft ihn mit den Handrücken hin und her, was den Fladen noch größer macht, zieht dreimal ein »Jella« (eine Nagelwalze mit einem Handgriff) über den Teig und wirft ihn dann auf den »Manjak« – ein leicht gewölbtes ovales Polster von etwa 60 cm Länge und 30 cm Breite. Nach dem Ausrollen, Hin- und Herwerfen bedeckt der dünne Teig diese Wölbung vollständig. Der Bäcker fährt dann mit der Hand in eine Öffnung am rückwärtigen Teil des »Manjak«, nimmt ihn hoch und drückt den Fladen kräftig auf die sengend heiße Wandung des »Tannour«, des im Nahen Osten und in Indien üblichen bienenkorbförmigen Lehmofens. In 30 bis 40 Sekunden wirft das Brot Blasen und wird goldbraun und knusprig gebacken. Ein anderer Bäcker zieht mit einem »Mengash« (einer langen Stange mit einem Metallhaken) die fertigen Brote vom Ofen und wirft sie durch eine hüfthohe Wandöffnung in den Laden, wo sie sofort verkauft werden.

Dieser ganze Vorgang wird mit rhythmischer Präzision und derartig schnell ausgeführt, daß der Zuschauer wie hypnotisiert ist. Das Aroma des backenden Brotes allein reicht schon aus, um einen in einen euphorischen Zustand zu versetzen.

Andere im Iran gebackene Brote sind:

Taftoon: ähnlich dem Nane Lavash in der Zubereitung und im Backen, nur ist es runder und kleiner und meist aus einem Mehl hergestellt, das Vollkornmehl entspricht, dem die Kleie entzogen wurde.

Sangyak: etwa 75 cm lang und 30 cm breit. Die Oberseite wird mit Öl bestrichen und mit den Fingerspitzen eingedrückt. Es wird in einem herkömmlichen Ofen auf einer Unterlage heißer Kieselsteine gebacken und ist ein blasiges, knuspriges Fladenbrot, normalerweise aus Vollkornmehl gebacken. Es schmeckt warm am besten.

Barbari: lange Brote von etwa 60 cm Länge, 25 cm Breite und 4 cm Dicke. Die Oberseite ist mit Öl bestrichen und hat vier lange Kerben, die mit den Fingern gezogen werden. Für Barbari wird Weißmehl verwendet.

Essen auf persische Art

Mittag- und Abendessen sind beinahe identisch und enthalten die gleichen Speisenzusammenstellungen.

Die Mahlzeiten werden auf dem Teppich serviert, der mit einer Lederdecke, »Sofreh« genannt, bedeckt wird, der als Schutz und feste Unterlage für die Speisen dient. Diese wird dann mit einem weißen Tuch bedeckt, und um den Teppich herum werden Kissen als Sitzgelegenheit verteilt. Es werden Porzellanteller und Löffel und Gabeln ausgelegt, die heute anstatt der Finger der rechten Hand zum Essen benutzt werden. Ein Reisgericht, entweder Chelou, Polou, Dami oder Kateh, wird immer mit einem Khoresh gereicht. Es könnte auch Abgusht, entweder als Suppe oder Eintopf, oder vielleicht ein gebackenes Hähnchen oder Fisch angeboten werden. Anstelle von Khoresh wird oft Borani (Salat auf Joghurtgrundlage) gereicht, besonders im Sommer. Oft gehört auch ein gemischter grüner Salat mit römischem Salat, Gurke, Tomaten, Radieschen und Kräutern dazu, der mit Öl und Essig angemacht ist. Joghurt, Essiggemüse, Fladenbrot und frisches Obst vervollständigen das Mahl. Als Getränk wird meist Abdug (Joghurtgetränk) angeboten.

Zwischen den Mahlzeiten werden Tee, Sharbat (ein schäumender Fruchtsaft) oder Sekanjabin (ein süß-saures Getränk, mit Minze gewürzt) als Erfrischungen eingenommen. Auf dem Tisch steht oft auch Kuku, besonders bei festlichen Gelegenheiten, das auch bei leichten Mahlzeiten als Hauptgericht serviert wird. Kebabs und Kuku sind die bevorzugten Speisen für Picknicks.

Zutaten für die persische Küche

Für die persische Küche ist Basmati-Reis oder ein gleichwertiger Ersatz unbedingt notwendig. Die bevorzugten Fleischarten sind mageres Lamm, Kalb, Wild – falls erhältlich –, mageres Rindfleisch und Geflügel. Auch wenn in den Rezepten eine bestimmte Fleischsorte und vielleicht noch eine andere Wahlmöglichkeit angegeben ist, kann meist auch jede andere Fleischart verwendet werden. Kurkuma, Zimt, Safran, Sumach und getrocknete Minze sind die allgemein verwendeten Gewürze. Zum Kochen wird Ghee (geklärte Butter) bevorzugt, das jedoch durch Öl, Butter oder Margarine ersetzt werden kann. Limu omani (getrocknete Limette) wird im Ganzen verwendet, und zwar dann, wenn die Köchin den starken Eigengeschmack von Fleisch übertönen will. Die Anleitung zur Herstellung Ihrer eigenen getrockneten Limetten ist im Kapitel über die Golfstaaten enthalten, siehe Loomi, Seite 237. In den einleitenden Kapiteln, den Rezepten und im Glossar werden Sie die Antworten zu allen anderen Fragen finden, die Sie vielleicht noch im Hinblick auf persische Speisen haben.

Nano Dok

Gewürzmischung

Persische Hausfrauen würzen ihre Suppen und Boranis (Joghurtsalate) häufig erst vor dem Auftragen. Nano Dok ist ein beliebtes Gewürz, das mir sehr zusagte. Manchmal wird es auch mit Röstzwiebeln kombiniert; wo dies der Fall ist, habe ich das Gewürz im Rezept mit aufgeführt, da Zwiebel oft im Gericht selbst und als Garnierung verwendet wird.
Eine andere beliebte Suppenwürze ist die Zusammenstellung von getrockneter Minze, Zimt und Pfeffer (kein Ghee), aber da diese Zutaten oft schon in der Suppe verwendet werden, empfehle ich Nano Dock als letzte Zugabe vor dem Servieren.

1–3 Eßlöffel Ghee
1 Teelöffel Kurkuma
1½ Teelöffel getrocknete Minze

1. Das Ghee in einer kleinen Pfanne erhitzen und das Kurkuma darin einige Sekunden dünsten, bis es goldbraun ist.
2. Die Minze zerdrücken, in die Pfanne geben, umrühren und sofort vom Herd nehmen. Die Hitze in der Pfanne reicht aus, um das Aroma der Minze zur Entfaltung zu bringen.
Anmerkung: Richten Sie sich bei der Menge Ghee nach dem Rezept – nehmen Sie die kleinere Menge, wenn die Suppe schon ziemlich fett ist, sowie für Boranis; nehmen Sie die größere Menge, wenn in der Suppe wenig Fett enthalten ist.

Sabzi Khordan

Gemischte Kräuterplatte

Kräuter spielen bei iranischen Speisen eine wichtige Rolle. Sabzi Khordan ist eine beliebte Vorspeise und wird oft als Einleitung zu einer Mahlzeit serviert. In vielen Restaurants in iranischen Städten wird diese Kräuterplatte auf den Tisch gestellt, sobald Sie Platz genommen haben – ob Sie sie bestellt haben oder nicht. Ich fand sie herrlich erfrischend und appetitanregend. Die Platten bleiben während des größten Teils der Mahlzeit auf dem Tisch, so daß man zwischen den einzelnen Gängen davon naschen kann.

Kräuter:
glattblättrige Petersilie
Minzenzweige
zarte Radieschenblätter
Frühlingszwiebelgrün
Schnittlauch oder Tareh (Knoblauchgrün)
Estragon
Korianderblätter
Wasserkresse oder Shahat
Bockshornklee
Beilage:
Panir (Feta-Käse)
Mast va Khiar, nach Belieben (Seite 294)
Nane Lavash oder ein anderes Fladenbrot

1. Wählen Sie aus den angegebenen Kräutern eine Zusammenstellung aus. Gründlich waschen und grobe oder verfärbte Blätter entfernen. Blätterkräuter in fingerlange Stücke schneiden; andere Kräuter in kleine Zweige teilen; Radieschenblätter zerteilen. Abtropfen lassen und in ein Küchentuch wikkeln. In einer Plastiktüte 3–4 Stunden kaltstellen.
2. Die Kräuter auf einer Platte oder in einem flachen Korb ansprechend anordnen.
3. Den Käse würfeln und in eine Schale geben. Mast va Khiar nach Anleitung herstellen, in eine Schale geben und kaltstellen.
4. Das Fladenbrot in 8 cm breite Quadrate schneiden und in einen mit einer Serviette ausgelegten Korb geben.
5. Kräuterplatte, Käse und Brot auf dem Tisch verteilen, bevor die Gäste Platz genommen haben, oder zum Aperitif anbieten.
Anmerkung: Wenn Sie von der Kräuterplatte essen wollen, wickeln Sie einige Kräuter und ein Stück Käse in ein Stück Brot, dazu können Sie noch etwas Mast va Khiar nehmen. Panir ist der Ziegenkäse Persiens, er entspricht dem Feta-Käse.

Boranis

Diese einfachen, kühlen persischen Salate sind sehr vielseitig. Sie können den traditionellen Salat bei einer Mahlzeit ersetzen, werden aber auch als attraktive Vorspeisen angeboten. Dann braucht lediglich Fladenbrot wie zum Beispiel Nane Lavash oder Nane Sangyak oder das leicht erhältliche Khoubiz, das arabische Fladenbrot, dazu gereicht zu werden. Schneiden Sie das Brot in praktische Stücke, mit denen man das Boranis gut aufschöpfen kann.

Ansonsten ist es, besonders im Sommer, ein beliebter Ersatz für Khoresh bei einer vollständigen persischen Mahlzeit. Man kann es auch als interessante »Sauce« für Polous und Kebabs, die mit Chelou serviert werden, verwenden.

Verwenden Sie immer ein festes, entwässertes Joghurt für Boranis (siehe Seite 26, entwässertes Joghurt).

Boranis Bademjan

Auberginensalat

Für 6–8 Personen
Kochzeit: 20 Minuten

2 große, ovale Auberginen zu je 375 g
Salz
½ Tasse Öl
2 Tassen entwässertes Joghurt (Seite 26)
2 Knoblauchzehen, zerdrückt
Salz
frisch gemahlener schwarzer Pfeffer
gehackte Walnüsse zum Garnieren, nach Belieben

1. Die Auberginen der Länge nach halbieren, dann in 5 mm dicke Scheiben schneiden. Die Scheiben reichlich mit Salz bestreuen (notfalls übereinanderstapeln) und 30 Minuten stehenlassen. Abspülen und mit Küchenkrepp trockentupfen.
2. Die Hälfte des Öls in einer großen Bratpfanne erhitzen und die Auberginen darin auf beiden Seiten goldbraun dünsten. Auf Küchenkrepp abtropfen lassen. Für die nächste Portion nach Bedarf noch mehr Öl in die Pfanne geben.
3. Das Joghurt mit Salz nach Geschmack und dem zerdrückten Knoblauch verrühren.
4. Eine Schicht abgekühlter Auberginenscheiben auf eine Servierplatte legen, die Scheiben etwas überstehen lassen. Mit Pfeffer bestreuen und etwas Joghurt darübergeben. Wieder eine Schicht Auberginenscheiben darüberlegen und mit einer Schicht Joghurt abschließen. Zugedeckt kaltstellen. Nach Belieben mit gehackten Walnüssen garnieren.

Anmerkung: Borani Bademjan kann in einzelne Schälchen gegeben werden, wenn es als 1. Gang serviert werden soll. Wenn es anstelle von Khoresh gereicht wird, schneiden Sie die Auberginen in Würfel, dünsten sie und vermischen sie mit den anderen Zutaten mit dem Joghurt.

Borani Esfanaj

Spinatsalat

Für 6 Personen
Kochzeit: 20 Minuten

750 g Spinat
1 mittelgroße Zwiebel, fein gehackt
1 Eßlöffel Öl
2 Knoblauchzehen, zerdrückt
Salz
frisch gemahlener schwarzer Pfeffer
2 Tassen entwässertes Joghurt (Seite 26)
Nano Dok (Seite 292)

1. Vom Spinat die Wurzeln und groben Stengel entfernen. Die Blätter gründlich waschen und alle verfärbten und beschädigten Blätter wegwerfen. Abtropfen lassen und grob zerkleinern.
2. In einer großen Bratpfanne die Zwiebel im Öl glasig dünsten. Den Spinat zugeben und bei mittlerer Hitze rühren, bis er zusammengefallen ist. Solange dünsten, bis der Saft verdampft ist.
3. Den Knoblauch, etwa 1 Teelöffel Salz und reichlich Pfeffer zugeben. Vom Herd nehmen und etwas abkühlen lassen.
4. Das Joghurt in eine Rührschüssel geben und die Spinatmischung zugeben. Gründlich miteinander vermengen und abschmecken. Nano Dok mit wenig Ghee herstellen.
5. Den Salat in eine Servierschüssel geben und Nao Dok darüberträufeln. Mit Zimmertemperatur servieren.

Borani Chogondar

Rote-Beete-Salat

Für 6–8 Personen

3 mittelgroße, gekochte oder eingelegte Rote Beete
2 Tassen entwässertes Joghurt (Seite 26)
Salz
frisch gemahlener schwarzer Pfeffer
Essig oder Zitronensaft, nach Belieben
1 Eßlöffel frische oder 1 Teelöffel getrocknete Minzenblätter oder getrocknete Minze zum Garnieren

1. Die Roten Beete schälen und abkühlen lassen, wenn Sie frisch gekochte verwenden. Dann in 1 cm dicke Würfel schneiden.
2. Etwa ¼ Tasse gewürfelte Rote Beete beiseitestellen und den Rest mit dem Joghurt vermischen. Mit Salz und Pfeffer abschmecken. Bei Verwendung von frischen Roten Beeten kann der Zusatz von etwas Essig oder Zitronensaft nötig sein, um ein etwas schärferes Aroma zu erhalten.
3. Die Minze untermischen; bei Verwendung von getrockneter Minze diese zu einem groben Pulver zerreiben. Zugedeckt kaltstellen.
4. In eine Servierschüssel geben und mit den übrigbehaltenen Roten Beeten und Minzenblättern oder getrockneter Minze servieren.

Mast va Khiar

Joghurt mit Gurke und Sultaninen

Für 6–8 Personen

2 grüne Gurken
2 Tassen entwässertes Joghurt (Seite 26)
2 Frühlingszwiebeln, fein gehackt
½ Tasse Sultaninen, bei Bedarf gewaschen
¼ Tasse gehackte Walnüsse, nach Belieben
Salz
frisch gemahlener weißer Pfeffer
1 Eßlöffel gehackte frische Minze oder 1 Teelöffel getrocknete Minze

1. Schlanke, feste Gurken wählen und dünn schälen. Der Länge nach halbieren; wenn die Gurken viele Samen enthalten, entfernen Sie diese mit einem Teelöffel. Die Gurken dünn schneiden und in einem Durchschlag abtropfen lassen.
2. Die Gurkenstücke mit dem Joghurt in einer Schüssel vermischen. Die Frühlingszwiebeln (einschließlich eines Teils des Zwiebelgrüns), die Sultaninen, Walnüsse – falls verwendet – Salz und Pfeffer nach Geschmack unterrühren.
3. Die fein gehackte frische Minze oder zerriebene getrocknete Minze zugeben, gut umrühren und zugedeckt mindestens 1 Stunde kaltstellen.
4. Mit in Quadrate geschnittenem Fladenbrot servieren.

Anmerkung: Dieses Rezept wird als Borani (Salat) geführt. Eine andere Version wird als Suppe serviert, siehe Abschnitt über Suppen.

Torshi Holu

Süß-saure Pfirsiche

500 g frische Pfirsiche oder 250 g getrocknete Pfirsiche
1½ Tassen Weinessig oder Apfelessig
1 Eßlöffel geriebener frischer Ingwer
3 Teelöffel gemahlener Koriander
3 Knoblauchzehen, zerdrückt
1½ Teelöffel Tamarindenpaste
½ Tasse grobkörniger Zucker
¼ Teelöffel Chili-Pfeffer
¼ Teelöffel Salz
¼ Teelöffel frisch gemahlener schwarzer Pfeffer

1. Die frischen Pfirsiche schälen und in Scheiben schneiden. Mit 1 Tasse Essig in den Einmachtopf legen, sobald sie vorbereitet sind. Bei Verwendung von getrockneten Pfirsichen diese gut in kaltem Wasser abspülen, abtropfen lassen, hacken und über Nacht in 1 Tasse Essig einweichen.
2. Den Ingwer mit dem Koriander und dem Knoblauch zu den Pfirsichen geben. Die Tamarindenpaste im restlichen Essig auflösen und zusammen mit den restlichen Zutaten zu den Pfirsichen geben.
3. Langsam zum Kochen bringen, dabei vorsichtig rühren, bis sich der Zucker aufgelöst hat. 5 Minuten schwach kochen lassen.
4. In ein warmes, sterilisiertes Glas füllen und nach dem Abkühlen mit einem Glas- oder Plastikdeckel verschließen. Nach einer Woche verzehren.

Torshi Bademjan

Eingelegte Auberginen

- 1 kg Auberginen (3–4 mittelgroße Früchte)
- 2 Tassen Apfelessig
- 1 Stück Tamarinde (Größe eines Eis)
- ½ Tasse heißes Wasser
- 1 Eßlöffel weiße Senfkörner
- 1 Eßlöffel Korianderkörner, geröstet
- 2 Teelöffel Fenchelsamen
- 4–6 Knoblauchzehen
- 1 Teelöffel gehackte Ingwerwurzel
- ½ Teelöffel Chili-Pfeffer
- 2 Teelöffel frisch gemahlener schwarzer Pfeffer
- 2 Teelöffel Salz

1. Die Auberginen mit einer Gabel einstechen und auf ein Ofengitter legen. Bei 200° C in 20 Minuten garen. Unter das Gitter eine Schale für heruntertropfenden Saft stellen.
2. Die Auberginen am Stiel festhalten und die Haut abziehen, dann die Stiele entfernen. Das Fleisch würfeln und in eine Schüssel geben, dann sofort ½ Tasse Essig untermischen, damit sich die Auberginen nicht verfärben.
3. Das Tamarindenstück in heißem Wasser etwa 10–15 Minuten einweichen. Mit den Fingerspitzen reiben, um die Pulpe zu lösen, dann durch ein Sieb auf die Aberginen drücken.
4. ½ Tasse Essig in die Mixerschüssel geben und die Senfkörner, die gerösteten Korianderkörner und Fenchelsamen, die enthäuteten Knoblauchzehen und den Ingwer zugeben. Zu einer glatten Paste verarbeiten.
5. Diese Paste mit dem Chili-Pfeffer, Pfeffer und Salz zu den Auberginen geben. Den restlichen Essig zugeben und die Mischung in sterilisierte Gläser füllen. Verschließen und an einem kühlen Ort aufbewahren.

Torshi Khramlu

Eingelegte Persimonen

- 1 kg reife Persimonen
- 2 Limul Omani (getrocknete Limetten)
- 3 Teelöffel weiße Senfkörner
- 2 Teelöffel schwarze Senfkörner
- 1 Teelöffel Kardamonkörner
- 3 Teelöffel geröstete Korianderkörner
- 1 Teelöffel Fenchelsamen
- 4 ganze Nelken
- 2 kleine Stücke Stangenzimt
- 10 Knoblauchzehen, gespalten
- 12 frische oder getrocknete Datteln, entsteint und halbiert
- 3 Tassen weißer Essig
- 2 Teelöffel Salz
- ¼ Tasse Zucker

1. Die Persimonen waschen und gut abtrocknen. Die Stiele entfernen und mit einem spitzen Messer das Gehäuse herausnehmen. Die Persimonen halbieren, dann in Spalten schneiden.
2. Die getrockneten Limetten in kleine Stücke brechen.
3. Die Gewürze außer Zimt vermischen und im Mixer zu einem groben Pulver mahlen oder in einem Mörser zerstoßen.
4. Einige Persimonenstücke mit 1 Stück Stangenzimt in ein großes, sterilisiertes Glas legen. Einige Limettenstücke und 2 gespaltene Knoblauchzehen zufügen, dann ein paar halbierte Datteln und etwas von den gemahlenen Gewürzen zugeben. Die Zutaten auf diese Weise weiter aufschichten und das zweite Stück Stangenzimt zum Schluß darauflegen.
5. Den Essig mit dem Zucker und dem Salz in einer Kasserolle verrühren und aufkochen; dabei rühren, damit sich der Zucker auflöst.
6. Den heißen Essig über die Früchte im Glas gießen. Mit einem feinen Spieß innen an der Glaswand entlangfahren, um die Luftblasen zu entfernen. Das Glas mit einem Glas- oder Plastikdeckel verschließen und vor dem Öffnen eine Woche stehenlassen. Innerhalb von 3 Monaten aufbrauchen.

Persische Brote

Mit Geduld, einem Hochleistungsmixer mit Knethaken (oder einem starken Arm) und ohne Rücksicht auf Energiekosten ist es möglich, bei der Zubereitung dieser köstlichen Brote annehmbare Resultate zu erzielen.

In der Sprache der Bäcker werden persische Brote als »mager« bezeichnet, das heißt, sie haben kein besonderes Aroma, da sie bei einer persischen Mahlzeit mehr als Hilfe zur Aufnahme anderer Speisen dienen und weniger als Gebäck, das man um seiner selbst willen ißt. Ich selbst finde die Brote allein auch sehr wohlschmeckend, esse sie aber mit Butter, was man im Iran niemals tut.

Sie brauchen noch ein kleines, in ein Küchentuch gewickeltes Kissen, an dem das Tuch an einer Seite mit einer Sicherheitsnadel befestigt ist. Die andere Seite sollte glatt sein, da der Teig darauf gelegt wird. Darüberhinaus brauchen Sie einen gußeisernen oder Aluminiumrost mit glatten Stäben, da das Brot so schnell wie möglich gebacken werden muß.

Das Brot läßt sich gut einfrieren und wieder aufwärmen. Wenn Sie die Kunst einmal beherrschen, können Sie auch größere Mengen herstellen und einfrieren.

Nane Lavash oder Taftoon

Fladenbrot mit Vollkornmehl

Der einzige Unterschied zwischen diesen beiden Broten besteht in der Größe. Nane Lavash ist das bekanntere der persischen Brote, es ist aber so groß, daß man es unmöglich im eigenen Ofen backen kann. Taftoon ist Brot aus dem gleichen Teig, nur zu einem kleineren Fladen geformt. Sie werden also Taftoon backen, können es aber auch Nane Lavash nennen.

6 Fladen
Ofentemperatur: 290° C
Backzeit: 5 Minuten pro Brot

1 Tasse Weizenmehl
3 Tassen Vollkornmehl
1 Beutel aktive Trockenhefe
2½ Tassen warmes Wasser
1½ Teelöffel Salz
Öl zum Formen der Brote

1. Das Mehl in eine große Rührschüssel sieben.
2. Die Hefe in ¼ Tasse warmem Wasser auflösen. 1½ Tassen des restlichen Wassers und das Salz zugeben.
3. Die Hefemischung in die Mitte des Mehls gießen und allmählich das Mehl hineinarbeiten.
4. 20–30 Minuten mit der Hand oder 20 Minuten mit dem Knethaken der Küchenmaschine schlagen, dabei allmählich soviel von der restlichen ¾ Tasse Wasser hineinschlagen, wie der Teig aufnimmt. Während der Teig geschlagen wird, nimmt seine Wasseraufnahmefähigkeit zu.
5. Den Ofen auf 290° C vorheizen und den Rost 10 Minuten auf die mittlere Schiene setzen, dann mit einem in Öl getauchten Küchenkreppbausch einreiben.
6. Da dieser Teig nicht gehen muß, kann er gleich aus der Schüssel auf ein geöltes Brett gelegt werden, wenn der Ofen heiß ist.
7. Die Hände einölen und den Teig in 6 gleichgroße Stücke teilen; jedes Stück zu einer Kugel rollen.
8. Jeweils eine Teigkugel so dünn wie möglich mit einem eingeölten Rollholz ausrollen. Den Fladen mehrmals mit einer Gabel einstechen, oder mit einem Schneiderrädchen drei- oder viermal über den Fladen rollen.
9. Einen Teigfladen nehmen und mit den Handrücken hin- und herwerfen, damit er sich noch etwas ausdehnt. Den Fladen auf die glatte Seite des Polsters legen.
10. Den heißen Rost herausziehen, schnell das Polster umdrehen und den Fladen auf den Rost drücken. Den Ofen schließen und 1 Minute backen, dann den Teig wieder mit dem Polster hinunterdrücken, damit er sich nicht aufbläht.
11. Das Brot etwa 3 Minuten backen, bis es blasig ist, dann wenden und noch 2 Minuten backen. Aus dem Ofen nehmen und in ein Tuch wickeln. Bevor das nächste Bort in den Ofen kommt, die Temperatur von 290° C abwarten. Der ausgerollte Teig sollte nicht länger stehen, bevor er gebacken wird, also bereiten Sie jeden Fladen unmittelbar vor dem Backen vor.

Sangyak

Vollkornbrot, auf Kieseln gebacken

Die Zutaten und Zubereitung dieses faszinierenden Brotes sind dieselben wie bei Nane Lavash. Anstelle des Rostes brauchen Sie genug gründlich gewaschene Kieselsteine, um damit den Boden einer großen, flachen Backform zu bedecken. Die Kiesel mit Erdnußöl bestreichen, wenn Sie dieses Brot zum erstenmal backen. Wenn einmal ein paar Brote darauf gebacken worden sind, haben die Kiesel für weiteres Backen genügend Öl aufgesogen.

Die Kiesel in die Backform auf der niedrigsten Schiene im Backofen legen und den Ofen auf 290° C stellen. Bei einem Gasofen könnte die Mittelschiene besser sein, da diese Öfen nicht den Vorteil eines Heizelements direkt unter der Backform haben.

Den Teig in 6 Stücke teilen und jedes Stück zu einem Oval ausrollen. Nicht zu dünn ausrollen. Auf ein Polster legen und auf die Kiesel stürzen. 1 Minute backen, dann den Fladen mit dem Polster hinunterdrücken, weitere drei Minuten backen, wenden und weitere 2 Minuten backen, bis das Brot durch ist. Aus dem Ofen nehmen und eventuell hängengebliebene Kieselsteine herausnehmen und wieder auf das Backblech legen. Wenn einige Brote gebacken worden sind, backen die Kieselsteine nicht mehr an. Die Brote einwickeln, wenn sie aus dem Ofen kommen.

Wenn ein Brot nicht braun genug ist, auf jeder Seite ein paar Sekunden unter einen heißen Grill schieben.

Barbari

Weißbrot

4 Brote
Ofentemperatur: 220° C
Backzeit: 15 Minuten

1 Beutel Trockenhefe
2 Tassen warmes Wasser
1½ Teelöffel Salz
5 Tassen Weizenmehl
1 Eßlöffel Öl
Öl zum Formen

1. Die Hefe auf ¼ Tasse des warmen Wassers in ein Schälchen streuen. Einweichen lassen und umrühren. Das restliche Wasser und das Salz zugeben.
2. Das Mehl in eine Rührschüssel sieben und 1 Tasse Mehl zurückbehalten. In die Mitte eine Mulde drücken und die Hefeflüssigkeit hineingießen. Mit etwas Mehl zu einem dünnen Teig rühren, die Schüssel zudecken und an einem warmen Ort etwa 10 Minuten stehenlassen, bis der Vorteig schaumig ist.
3. Das restliche Mehl in der Schüssel mit dem Vorteig verrühren und mit der Hand 20 Minuten schlagen, dabei nach und nach 1 Eßlöffel Öl und das übrigbehaltene Mehl unterkneten – nur soviel, bis der Teig nicht mehr klebt. Der Teig kann auch 15 Minuten mit dem Knethaken der Küchenmaschine geschlagen werden, dann allmählich das Öl und dann das übrige Mehl zufügen.
4. Den Teig auf ein geöltes Brett geben und in vier gleiche Portionen teilen. Jede zu einer Kugel rollen. Die Hände und das Rollholz einölen. Jede Teigkugel zu einem Rechteck formen und zu einem langen Streifen von etwa 12 cm Breite und 30 cm Länge rollen. Der Laib sollte etwa 1 cm dick sein. Den Ofen vorheizen.
6. Die Brote auf leicht eingeölte Bleche legen, mit Tüchern bedecken und an einem warmen Ort 15–20 Minuten gehen lassen.
7. Die Oberseiten der Brote mit Öl bestreichen und der Länge nach vier parallele Kerben machen, die jeweils 2 cm vor dem jeweiligen Rand enden. Die Kerben mit dem Fingernagel ziehen.
8. Die Brote im heißen Ofen auf der mittleren Schiene in 15 Minuten goldbraun backen.

Chelou

Gedämpfter Reis

Für 6 Personen
Kochzeit: 50 Minuten

2 Tassen Basmati oder ein anderer guter Langkornreis
8 Tassen Wasser
2 Teelöffel Salz
¼ Tasse Butter oder Ghee
¼ Tasse Wasser

1. Den Reis verlesen und verfärbte Körner und Steinchen aussortieren. In ein Sieb geben und gründlich unter fließendem Wasser durchspülen, bis das ablaufende Wasser klar ist. Abtropfen lassen.
2. 8 Tassen Wasser in einem Topf mit schwerem Boden aufkochen. Das Salz und den Reis hineingeben und umrühren, bis das Wasser wieder aufkocht.
3. Den Reis 5 Minuten kochen lassen. Dann sofort in ein großes Sieb oder einen Durchschlag gießen und abtropfen lassen.
4. In einer kleinen Kasserolle die Butter mit ¼ Tasse Wasser erhitzen, bis es aufwallt. Die Hälfte davon in den Topf gießen, in dem der Reis gekocht wurde, und den Topf herumschwenken, damit der Boden und die Topfwand mit Butter überzogen werden.
5. Die Hälfte des vorgekochten Reises in den Topf geben und mit einem Löffelrücken glattstreichen.
6. Den restlichen Reis darübergeben, so daß er einen Hügel bildet. Mit dem Stiel eines Holzlöffels in die Mitte ein Loch machen und die restliche Buttermischung über den Reis gießen.
7. Den Topfrand mit einem doppelten Küchentuch oder 2 Papiertüchern bedecken und den Deckel fest darauf setzen.
8. Den Reis bei mittelschwacher Hitze 10 Minuten dünsten, dann die Hitze noch weiter herunterschalten und weitere 5 Minuten dünsten. Das Tuch nimmt den Dampf auf, wodurch der Reis leicht und locker wird.
9. Den Reis vorsichtig mit einer Gabel rühren, um die Butter gleichmäßig zu verteilen, und zu Kebabs und Khoreshes servieren oder als Grundlage für Polous verwenden.

Chelou ta Dig

Gedämpfter Reis mit Kruste

Dies ist das Reisgericht, an dem das Können einer persischen Hausfrau gemessen wird. Während einfacher Chelou ein so leichter und duftender Reis ist, bei dem jedes Korn vom anderen getrennt ist, ist Chelou ta Dig all dies plus einer goldbraunen Reiskruste – ein ganz neuer Genuß für Reisesser, die noch nicht mit persischen Reisgerichten vertraut sind.
Befolgen Sie das Grundrezept bis Schritt 4. Dann etwa 1 Tasse des vorgekochten Reises mit einem verquirlten Eigelb oder ¼ Tasse Joghurt vermischen, in dem vorbereiteten Topf glattstreichen, den restlichen Reis darüberhäufen und bis Schritt 8 nach dem vorigen Rezept verfahren. Bei mittlerer Hitze 15 Minuten dünsten. Dann sollte der Reis auf der Unterseite goldbraun und knusprig sein. Den Topf einige Minuten auf eine kalte Fläche stellen, damit sich der Reis vom Topfboden löst. Den lockeren Reis in eine vorgewärmte Schale füllen. Die krustige Schicht in Stücke brechen und mit der braunen Seite nach oben um den Reis in der Schale legen. Zu Khoreshes und Kebabs servieren.

Kateh

Reiskuchen

Diese Art, Reis zu kochen, ist in der nördlichen Region am Kaspischen Meer beliebt, wo ein Großteil des persischen Reises angebaut wird. Es ist eine vereinfachte Version von Chelou ta Dig, wird wie ein Kuchen aus der Form gestürzt und in Stücke geschnitten. Basmati ist der beste Reis hierfür.

Für 6 Personen
Kochzeit: 1 Stunde

2 Tassen Basmati-Reis
3½ Tassen Wasser
2 Teelöffel Salz
¼ Tasse Ghee oder Butter

1. Den Reis verlesen, gründlich waschen und abtropfen lassen. In einen schweren Topf geben, vorzugsweise mit Antihaftbeschichtung, und das Wasser und Salz zugeben.
2. Bei mittlerer Hitze aufkochen, dabei gelegentlich rühren. Zudecken, die Hitze etwas herunterschalten und 25 Minuten kochen, bis das Wasser in den Reis gezogen ist.
3. Ghee oder Butter zufügen und mit einem Holzlöffel unterrühren. Den Reis oben glattstreichen und etwas andrücken.
4. Den Topf zudecken und bei mittelschwacher Hitze noch 30 Minuten dünsten. Den Topf ab und zu auf eine heiße Platte oder Flamme stellen, damit der Boden gleichmäßig braun wird.
5. Vom Herd nehmen und den Topf 10 Minuten in kaltes Wasser stellen. Mit einem Spachtel oder einer Messerklinge am Topfrand entlang fahren, um den Reis zu lösen, und einen Teller umgedreht auf den Topf legen. Man hält Teller und Topf fest und dreht dann den Topf um, so daß der Reiskuchen sauber auf den Teller gestürzt wird. In Stücke schneiden und mit Khoresh servieren. Kateh wird im Sommer oft kalt gegessen.

Dami

Gekochter Reis

Noch eine andere Art, Reis zu kochen. Sie ist ähnlich wie bei Kateh, außer daß die Hitze niedriger eingestellt wird, wenn der Reis zu kochen beginnt, und der Topfrand mit einem Tuch oder 2 Lagen Küchenkrepp bedeckt wird, bevor der Deckel aufgesetzt wird. Nach 30 Minuten zerlassenes Ghee oder Butter über den Reis träufeln, den Deckel ohne das Tuch dazwischen wieder aufsetzen und bei niedriger Hitze weitere 30 Minuten kochen. Mit einer Gabel auflockern und als Beilage zu Khoresh servieren oder mit anderen Zutaten vor oder während des Kochens mischen.

Miveh Dami

Reis mit Früchten

Für 6 Personen
Kochzeit: 1 Stunde

2 Tassen Basmati oder anderer guter Langkornreis
¼ Tasse Ghee oder Butter
1 kleine Zwiebel, fein gehackt
250 g mageres Lamm- oder Kalbfleisch, in kleine Würfel geschnitten
½ Teelöffel gemahlener Zimt
1½ Tassen entsteinte Sauerkirschen
½ Tasse gehackte Walnüsse
¼ Tasse Rosinen
½ Tassen gehackte getrocknete Aprikosen
2 Teelöffel Salz
frisch gemahlener schwarzer Pfeffer
Wasser

1. Den Reis unter fließendem Wasser waschen, bis das Wasser klar abläuft; im Sieb abtropfen lassen.
2. In einem schweren Topf das Ghee erhitzen und die Zwiebeln und das Fleisch darin leicht bräunen. Den Zimt, die Kirschen, Walnüsse, Rosinen, Aprikosen und Salz und Pfeffer nach Geschmack hineinrühren.
3. Den abgetropften Reis zugeben und unterrühren, dann soviel kaltes Wasser darüber geben, daß das Wasser 2 cm über dem Reis steht. Den Topfrand mit einem Tuch oder 2 Lagen Küchenkrepp bedecken, den Deckel fest aufsetzen und bei sehr schwacher Hitze 50 Minuten dünsten.

Estanboli Polou

Lammfleisch mit Tomaten und Reis

Bei diesem Rezept habe ich eine Methode angewendet, die man auch auf andere Polous übertragen kann. Mrs. Akhta Ostowari, eine Iranerin mit Wohnsitz in Sydney, Astralien, bereitet viele ihrer Polous auf diese Weise zu. Sie hat festgestellt, daß Töpfe mit geraden Wänden und Antihaftbeschichtung immer garantieren, daß man jeden knusprigen Polou gut stürzen kann, ohne daß man den Topf vorher auf eine kalte Unterlage zu stellen braucht.
Für die in diesem Rezept angegebene Kartoffelschicht unter dem Reis eignet sich ein schwerer Topf aus Aluminium mit gerader Wandung genauso gut. Die Reiszutaten wurden extra aufgeführt, so daß Sie sie für andere Polou-Rezepte verwenden können. Dann das Rezept von Schritt 4 an befolgen.

Für 6 Personen
Kochzeit: 2½ Stunden

750 g mageres Schmorfleisch vom Lamm oder Rind
¼ Tasse Ghee oder Butter
1 große Zwiebel, fein gehackt
½ Teelöffel Zimt
1 Teelöffel Paprikapulver
1 Tasse Tomatenpüree
Salz
frisch gemahlener schwarzer Pfeffer
Reis mit Kartoffelkruste:
2 Tassen Basmati oder anderer guter Langkornreis
Wasser
Salz
3–4 mittelgroße Kartoffeln
⅓ Tasse Ghee

1. Das Fleisch von Fett und Sehnen befreien und in 4 cm dicke Würfel schneiden. Die Hälfte des Ghee oder der Butter in einer Pfanne erhitzen und das Fleisch darin auf allen Seiten bräunen. Auf einen Teller geben.
2. Das restliche Ghee mit der Zwiebel in die Pfanne geben und die Zwiebel glasig dünsten. Das Tomatenpüree und Salz und Pfeffer nach Geschmack zugeben. Zudecken und 1 Stunde dünsten, bis das Fleisch gerade eben gar ist.
3. Inzwischen den Reis verlesen, wenn erforderlich, und gut waschen. 8 Tassen Wasser zum Kochen bringen, 2 Teelöffel Salz und den Reis zufügen und gelegentlich umrühren, bis das Wasser wieder kocht. Im offenen Topf 8 Minuten kochen lassen, dann in ein Sieb geben und abtropfen lassen.
4. Die Kartoffeln schälen und in 5 mm dicke Scheiben schneiden. In kaltes Salzwasser legen, bis das Fleisch fertig ist.
5. Die Kartoffeln abtropfen lassen und gut trockentupfen. Die Hälfte des Ghee in einem Topf zerlassen, der für die endgültige Zubereitung verwendet wird. Die Kartoffelscheiben im Fett wälzen und den Boden und die Seiten damit auslegen.
6. Die Hälfte vom Reis darübergeben und gleichmäßig verstreichen, dann mit der Fleischmischung belegen. Den restlichen Reis darüber verteilen und das restliche Ghee gleichmäßig über den Reis träufeln.
7. Den Topfrand mit 2 Lagen Küchenkrepp oder einem Tuch bedecken und fest den Deckel aufsetzen. Bei starker Hitze 3 Minuten dünsten, dann auf mittlere Hitze stellen und 30 Minuten dünsten. Den Topf von Zeit zu Zeit auf eine heißere Platte oder Flamme stellen, damit die Kartoffeln gleichmäßig bräunen.
8. Den Topf innen mit einem Messer umfahren, um den Polou zu lösen, dann vorsichtig auf eine Servierplatte stürzen. Wie einen Kuchen in Stücke schneiden.

Havij Polou

Karotten mit Reis

Für 6 Personen
Kochzeit: 1¼–1½ Stunden

1 kg Hühnerbrust oder ein ganzes Hühnchen
500 g Karotten
¼ Tasse Ghee oder Butter
Salz
frisch gemahlener schwarzer Pfeffer
1 große Zwiebel, fein gehackt
1 Teelöffel Kurkuma
¼ Tasse Zitronensaft
¼ Tasse brauner Zucker
½ Tasse Wasser
1 Portion Chelou (Seite 297)

1. Die Hühnerbrust vierteln oder das ganze Huhn zerlegen.
2. Die Karotten schaben und in Stifte von 5 mm Dicke und 5 cm Länge schneiden.
3. In einer Bratpfanne die Hälfte des Ghee erhitzen und die Hühnerteile auf beiden Seiten bräunen. Auf einen Teller geben und mit Salz und Pfeffer bestreuen.
4. Das restliche Ghee in die Pfanne geben und die Zwiebel darin glasig dünsten. Das Kurkuma darüberstreuen, die Karotten hineingeben und unter häufigem Rühren weitere 5 Minuten dünsten.
5. Den Zitronensaft, braunen Zucker und das Wasser zugeben und umrühren, damit sich der braune Bodensatz löst. Das Hühnerfleisch wieder in die Pfanne geben, zudecken und bei schwacher Hitze 10 Minuten dünsten.
6. Chelou bis Schritt 5 vorbereiten. Die Hühnerteile auf den Reis legen und die Karotten darüber verteilen. Den restlichen Reis dann über den Karotten verstreichen und mit dem restlichen Ghee vom Chelou-Rezept beträufeln (Schritt 6).
7. Den Pfannenrand mit 2 Lagen Küchenkrepp bedecken. Den Deckel aufsetzen und bei mittelschwacher Hitze 40 Minuten dünsten. Eine andere Möglichkeit ist, das Gericht in eine feuerfeste Form zu schichten und im Ofen bei 170° C 30 Minuten zu backen.

Kado Polou

Reis mit Kürbismark

Für 4–5 Personen
Kochzeit: 1½ Stunden

500 g fein gehacktes Lamm-, Rind- oder Kalbfleisch
1 kleine Zwiebel, gerieben
Salz
frisch gemahlener schwarzer Pfeffer
½ Teelöffel Zimt
¼ Teelöffel gemahlene Muskatnuß
500 g Kürbismark
1 große Zwiebel
¼ Tasse Butter oder Ghee
1 Portion Chelou (Seite 297)
3 Teelöffel brauner Zucker

1. Das Hackfleisch mit der geriebenen Zwiebel, 1 Teelöffel Salz, Pfeffer und den Gewürzen gründlich vermischen und zu walnußgroßen Bällchen formen, dann zu dicken Plätzchen drücken.
2. Das Kürbismark schälen und in 1 cm dicke Scheiben schneiden.
3. Die Zwiebel der Länge nach halbieren und dünn schneiden. Die Hälfte der Butter oder des Ghee in einer Bratpfanne erhitzen und die Zwiebel darin glasig bis hellbraun dünsten. Nicht verbrennen. Aus der Pfanne nehmen und beiseitestellen.
4. Die restliche Butter in die Pfanne geben und die Fleischplätzchen darin auf beiden Seiten bräunen.
5. Chelou bis Schritt 5 vorbereiten und die Fleischplätzchen auf den Reis setzen. Das Fleisch mit der Hälfte der Zwiebeln bedecken, dann das vorbereitete Kürbismark zugeben. Den Zucker sowie Salz und Pfeffer nach Geschmack darüberstreuen. Mit den restlichen Zwiebeln belegen, dann den Rest Reis- und Buttermischung vom Rezept für Chelou (Schritt 6) darüber verteilen.
6. Den Pfannenrand mit 2 Lagen Küchenkrepp bedecken, fest den Deckel aufsetzen und bei mittlerer Hitze 10 Minuten dünsten, dann herunterschalten und 45–50 Minuten dünsten, bis das Kürbismark gar ist. Dieses Gericht kann auch in einer feuerfesten Form im Ofen bei 180° gegart werden.

Abbildung Seite 301:
Ful Medamis (Gekochte Dicke Bohnen), Rezept Seite 278
Tameya (Klößchen aus Dicken Bohnen), Rezept Seite 275
Abbildung Seite 302:
Couscous bi Sukkar (Süßer Couscous mit Nüssen), Rezept Seite 277;
Basbousa (Grießkuchen), Rezept Seite 286

Morgh Polou

Huhn mit Reis

Für 4–5 Personen
Kochzeit: 1¼ Stunden

1 Huhn zu etwa 1,5 kg
Salz
frisch gemahlener schwarzer Pfeffer
¼ Tasse Butter oder Ghee
1 große Zwiebel, fein gehackt
½ Tasse gehackte getrocknete Aprikosen
½ Tasse Sultaninen
½ Teelöffel Zimt
Wasser
½ Teelöffel Safranfäden
1 Portion Chelou (Seite 297)

1. Das Huhn zerlegen und mit Küchenkrepp trockentupfen. Die Hühnerteile mit Salz und Pfeffer bestreuen.
2. Die Hälfte der Butter in einer Bratpfanne erhitzen und die Hühnerteile darin auf allen Seiten bräunen. Aus der Pfanne nehmen und beiseitestellen.
3. Die restliche Butter in die Pfanne geben und die Zwiebel darin glasig dünsten. Die Aprikosen und Sultaninen zugeben und weitere 5 Minuten dünsten. Den Zimt und etwas Wasser einrühren, damit sich der Bratensatz löst.
4. Chelou bis Schritt 5 vorbereiten und die Hühnerteile auf den Reis legen. Die Aprikosenmischung darüber verteilen und mit der restlichen Reis- und Buttermischung des Rezeptes für Chelou (Schritt 6) abschließen.
5. Den Pfannenrand mit 2 Lagen Küchenkrepp bedecken, den Deckel fest aufsetzen und bei schwacher Hitze 50 Minuten dünsten, bis das Hühnerfleisch gar ist.
6. Während das Reisgericht kocht, die Safranfäden mit 2 Eßlöffel kochendem Wasser vermischen und quellen lassen.
7. Unmittelbar vor dem Servieren die Safranflüssigkeit über den Reis träufeln und vorsichtig unterrühren. Auf einer Platte servieren.

Shevid Bhagala Polou

Reis mit Lamm, Dicken Bohnen und Dill

Für 6 Personen
Kochzeit: 2 Stunden

1,5 kg Lammschulter-Koteletts
½ Tasse Ghee oder Butter
1 große Zwiebel, fein gehackt
½ Teelöffel Kurkuma
Wasser
Salz
frisch gemahlener schwarzer Pfeffer
3 Tassen Basmati oder anderer guter Langkornreis
2 Tassen frische Dicke Bohnen ohne Schale (siehe Seite 15)
¾ Tasse gehackter Dill (oder Fenchel)

1. Lassen Sie sich die Schulterkoteletts vom Metzger 4 cm dick schneiden. In einer schweren Pfanne 1 Eßlöffel Ghee erhitzen und die Lammkoteletts auf beiden Seiten bräunen. Auf eine Platte legen.
2. Einen weiteren Eßlöffel Ghee in die Pfanne geben und die Zwiebel darin glasig dünsten. Den Kurkuma zugeben und noch 2 Minuten mitdünsten. 1 Tasse Wasser zugeben, die Koteletts wieder in die Pfanne legen und mit Salz und Pfeffer nach Geschmack würzen. Zugedeckt bei schwacher Hitze 1 Stunde dünsten, bis das Lammfleisch gar ist, aber nicht zerfällt.
3. Währenddessen 8 Tassen Wasser in einem großen Topf aufkochen. 2 Eßlöffel Salz sowie den gut gewaschenen Reis zufügen. Solange rühren, bis das Wasser wieder kocht, und im offenen Topf 5 Minuten kochen. Dann sofort in ein Sieb geben und abtropfen lassen.
4. In einer Schüssel die Dicken Bohnen mit dem Dill und der Hälfte des gekochten Reises vermischen. Nach Geschmack salzen.
5. Das restliche Ghee in einer großen feuerfesten Form zerlassen und 1 Eßlöffel Wasser zugeben. Die Form schwenken, damit auch die Seiten mit dem Fett überzogen sind, und den größten Teil Ghee in ein Gefäß abgießen.
6. Den vorgekochten Reis auf dem Boden der feuerfesten Form verteilen. Die Lammkoteletts mit dem Bratensaft darüber verteilen und darauf die Mischung aus Dicken Bohnen, Dill und Reis verteilen. Die Hälfte des aufbewahrten Ghee gleichmäßig über den Reis träufeln.
7. Das Gericht in der Form zugedeckt im Ofen bei mittlerer Hitze 35–40 Minuten backen, bis die Bohnen gar sind.
8. Die obere Reisschicht mit dem Löffel aus der Form nehmen und auf dem Rand einer Servierplatte verteilen. Die Koteletts auf einen Teller legen. Die untere Reisschicht aus der Form in die Mitte der Platte geben und die Koteletts darauflegen. Das restliche Ghee über das Lammfleisch und den Reis träufeln und mit Joghurt und Essiggemüse servieren.

Anmerkung: Frische Dicke Bohnen und Schoten werden ähnlich wie getrocknete und eingeweichte Dicke Bohnen enthäutet.

Abbildung Seite 303:
Sabzi Khordan (Gemischte Kräuterplatte), Rezept Seite 292
Mast va Khiar (Joghurt mit Gurke und Sultaninen), Rezept Seite 309, und Panir (Ziegenkäse).
Abbildung Seite 304:
Sangyak (Vollkornbrot, auf Kieseln gebacken), Rezept Seite 296; Barbari (Weißbrot), Rezept Seite 297
Nane Lavash oder Taftoon (Fladenbrot mit Vollkornmehl), Rezept Seite 296

Khoreshe Fesenjan

Ente mit Walnuß-und Granatapfel-Sauce

Für 4 Personen
Kochzeit: 2–2½ Stunden

1 Ente, etwa 2 kg schwer
Salz
frisch gemahlener schwarzer Pfeffer
2 Eßlöffel Ghee oder Butter
1 große Zwiebel, fein gehackt
1 Tasse fein gehackte oder gemahlene Walnüsse
½ Tasse grob gemahlene Walnüsse
1½ Tassen Granatapfelsaft (siehe Glossar wegen Alternativen)
3 Eßlöffel brauner Zucker
2 Stücke Stangenzimt
1 Eßlöffel Limetten- oder Zitronensaft, nach Belieben
Zum Servieren:
¼ Tasse grob gehackte Walnüsse
Granatapfelkerne, fallt erhältlich
Chelou oder Chelou Ta Dig (Seite 298)

1. Von der gesäuberten Ente die Stoppelfedern entfernen und sengen, falls erforderlich. Aus der Höhlung überschüssiges Fett entfernen. Mit Küchenkrepp trockentupfen. Die Ente zusammenbinden und mit Salz und Pfeffer bestreuen.
2. 1 Eßlöffel Ghee in einem großen, schweren Topf erhitzen und die Ente darin bei mittlerer Hitze auf allen Seiten bräunen. Die Ente herausnehmen und beiseitestellen. Das Fett abgießen.
3. Das restliche Ghee in den Topf geben und die Zwiebel darin glasig dünsten. Die Walnüsse, den Granatapfelsaft, den Zucker und Zimt zugeben und aufkochen, dann die Hitze herunterschalten.
4. Die Ente wieder in den Topf geben und die Sauce darüberlöffeln. Zugedeckt bei schwacher Hitze 2–2½ Stunden dünsten, bis die Ente gar ist. Dabei die Ente gelegentlich mit dem Bratensaft bestreichen.
5. Die Sauce während des Schmorens abschmecken und Limetten- oder Zitronensaft zugeben, wenn der Granatapfelsaft nicht scharf genug ist.
6. Die fertige Ente auf eine Platte legen und warmhalten. Überschüssiges Fett von der Sauce abschöpfen und die Sauce noch einmal aufkochen.
7. Die Sauce über die Ente gießen und mit Walnüssen bestreuen. Mit Granatapfelkernen ein wenig Farbe geben – falls diese erhältlich sind.
8. Zum Servieren die Ente in vier Portionen zerlegen und mit Chelou reichen.

Anmerkung: Anstelle der Ente können ganze Hähnchen oder Hühnerteile verwendet werden.

Khoreshe Holu

Hühnchen mit Pfirsichsauce

Für 5–6 Personen
Kochzeit: 1½ Stunden

1,5 kg Hühnerteile
Salz
frisch gemahlener schwarzer Pfeffer
¼ Tasse Ghee oder Butter
1 mittelgroße Zwiebel, gehackt
1 Teelöffel Kurkuma
1 Tasse Wasser
1 kleines Stück Stangenzimt
3 feste Pfirsiche
¼ Tasse Zitronen- oder Limettensaft
2 Eßlöffel brauner Zucker
Chelou Ta Dig zum Servieren (Seite 298)

1. Entweder ein Huhn des angegebenen Gewichts zerlegen oder Hühnerteile nehmen (Brust, Beine und Keulen). Die Stücke zerteilen, wenn sie groß sind, und mit Küchenkrepp trockentupfen. Mit Salz und Pfeffer bestreuen.
2. Die Hälfte des Ghee in einer schweren Pfanne erhitzen und die Hühnerteile darin bräunen.
3. Die Zwiebel zum Fett in der Pfanne geben und darin glasig dünsten, dann Kurkuma darüberstreuen und mitdünsten, bis sich die Zwiebel zu bräunen beginnt.
4. Das Wasser in die Pfanne geben und umrühren, damit sich der Bratensatz vom Boden löst. Die Hühnerteile wieder in die Pfanne geben und den Stangenzimt zufügen. Die Pfanne zudecken und bei schwacher Hitze das Huhn beinahe gar schmoren.
5. Die Pfirsiche enthäuten, entsteinen und in Spalten schneiden. Das restliche Ghee erhitzen und die Pfirsichspalten darin dünsten.
6. Die Pfirsichstücke auf den Hühnerteilen anordnen und darüber Zitronensaft träufeln und den braunen Zucker streuen. Die Pfanne wieder zudecken noch weitere 20–25 Minuten dünsten. Wenn erforderlich, noch mit den Gewürzen, Zitronensaft und Zucker abschmecken. Heiß mit Chelou Ta Dig servieren.

Anmerkung: Wenn es gerade keine frischen Pfirsiche gibt, können Sie stattdessen gefrorene Pfirsichstücke oder abgetropfte Pfirsiche aus der Dose nehmen – etwa 1½–2 Tassen Pfirsichscheiben reichen. Bei Pfirsichen aus der Dose den Zucker weglassen und vor dem Servieren noch einmal abschmecken.

Khoreshe Gormeh Sabzi

Fleischeintopf mit grünen Kräutern

Für 6 Personen
Kochzeit: 2–2¼ Stunden

750 g Lamm- oder Rindfleisch zum Schmoren, ohne Knochen
1 große Zwiebel, fein gehackt
⅓ Tasse Ghee oder Öl
1 Teelöffel Kurkuma
1½ Tassen Wasser
¼ Tasse Zitronensaft
Salz
frisch gemahlener schwarzer Pfeffer
1½ Tassen gewürfelte Kartoffeln
1 Tasse gehacktes Frühlingszwiebelgrün
1½ Tassen gehackter Spinat
¼ Tasse gehackter Koriander, nach Belieben
½ Tasse gehackte Petersilie
¼ Tasse Tareh (Knoblauchgrün), nach Belieben

1. Das Fleisch von Fett und Sehnen befreien und in 2 cm dicke Würfel schneiden.
2. In einer schweren Pfanne in der Hälfte des Ghee oder Öls die Zwiebel glasig dünsten. Kurkuma zufügen und weitere 2 Minuten dünsten.
3. Die Hitze höherstellen, die Fleischwürfel in die Pfanne geben und rühren, bis sie sich verfärben und braun werden. Dann die Hitze herunterschalten.
4. Das Wasser, den Zitronensaft und Salz und Pfeffer nach Geschmack zufügen. Zudecken und bei schwacher Hitze 1 bis 1½ Stunden dünsten, bis das Fleisch gerade eben gar ist. Die Dauer hängt von der verwendeten Fleischart ab.
5. Das restliche Ghee oder Öl in einer großen Bratpfanne erhitzen und die Kartoffeln zugeben. Bei starker Hitze hellbraun braten. Dann zum Fleisch geben, das Fett in der Pfanne lassen. Zugedeckt 10 Minuten dünsten.
6. Die vorbereiteten Kräuter in die Bratpfanne geben und bei mittlerer Hitze dünsten, bis sie zusammenfallen. In den Eintopf geben und diesen zugedeckt weitere 15–20 Minuten dünsten, bis Fleisch und Kartoffeln gar sind. Abschmecken und servieren.

Khoreshe Alu

Fleischtopf mit Backpflaumen

Für 4–5 Personen
Kochzeit: 2 Stunden

750 g Schmorfleisch vom Lamm oder Rind, ohne Knochen
1 große Zwiebel, gehackt
1 Eßlöffel Ghee oder Öl
½ Teelöffel Kurkuma
1 Prise Zimt
1½ Tassen Wasser
Salz
frisch gemahlener schwarzer Pfeffer
1 Tasse Backpflaumen
2 Teelöffel Zitronensaft
1 Eßlöffel brauner Zucker
Chelou zum Servieren (Seite 297)

1. Das Fleisch von Fett und Sehnen befreien und in 2 cm dicke Würfel schneiden.
2. In einem schweren Topf die Zwiebel im Ghee glasig dünsten und Kurkuma und Zimt zufügen.
3. Die Hitze höherstellen und das Fleisch dazugeben. Häufig rühren, bis das Fleisch zu bräunen beginnt.
4. Das Wasser, Salz und Pfeffer zugeben und langsam zum Kochen bringen. Die Hitze herunterschalten und zugedeckt 1 Stunde schwach kochen lassen.
5. Die Pflaumen abspülen, falls erforderlich, und zusammen mit dem Zitronensaft und Zucker zum Fleisch geben. Zudecken und weitere 45 Minuten dünsten. Heiß servieren, dazu Chelou reichen.

Khoreshe Sib

Fleischtopf mit Äpfeln

Die Anleitung für Khoreshe Alu befolgen und die Pflaumen durch 4 Äpfel ersetzen. Die Äpfel schälen, vom Kerngehäuse befreien und zerschneiden und in 2 Eßlöffel Ghee oder Butter 5 Minuten dünsten. Bei Schritt 4 das Fleisch 1½ Stunden dünsten, dann die Apfelstücke zugeben und noch 10–15 Minuten dünsten, so daß die Stücke ganz bleiben. Zitronensaft und Zucker zugeben, so daß das Gericht einen angenehmen süß-sauren Geschmack erhält.

Kotah Dolmeh

Fritierte Hefetaschen mit Linsenfüllung

6 Dutzend Hefetaschen
Kochzeit: 1½ Stunden plus 3 Minuten pro Partie zum Ausbacken

Hefeteig:
1 Beutel aktive Trockenhefe
1 Tasse warmes Wasser
2 Teelöffel Rosenwasser
3½ Tassen Weizenmehl
1 Teelöffel Salz
½ Teelöffel gemahlener Kardamon
¼ Tasse zerlassenes, abgekühltes Ghee oder Öl
Linsenfüllung:
1 Tasse braune Linsen
3 Tassen kaltes Wasser
2 große Zwiebeln, fein gehackt
⅓ Tasse Ghee
Salz
2 Eßlöffel brauner Zucker
Zum Ausbacken:
Öl

1. Die Hefe in ¼ Tasse warmem Wasser auflösen und das restliche Wasser und das Rosenwasser zufügen.
2. Das Mehl mit dem Salz und dem Kardamon in eine Rührschüssel sieben und ½ Tasse Mehl beiseitestellen.
3. Die Hefeflüssigkeit zum Mehl geben und zu einem weichen Teig verrühren. Das Ghee oder Öl mit dem beiseitegestellten Mehl in den Teig einarbeiten, dann kneten, bis er glatt und elastisch ist – etwa 10 Minuten. Zugedeckt an einem warmen Ort 45–60 Minuten gehen lassen, bis sich der Teig verdoppelt hat.
4. Inzwischen die Linsen gründlich waschen, in einen Topf geben und kaltes Wasser zufügen. Zum Kochen bringen und zugedeckt bei schwacher Hitze 1 bis 1¼ Stunden kochen, bis die Linsen das ganze Wasser aufgenommen haben und weich sind. Mit einer Gabel zerquetschen.
5. Die Zwiebel in Ghee oder Öl glasig bis hellbraun dünsten, die Linsen zugeben und mit der Zwiebel 5 Minuten dünsten. Salz nach Geschmack und den braunen Zucker einrühren. Abkühlen lassen.
6. Den Teig niederschlagen und in zwei Portionen aufteilen. Jede Portion zu einem dünnen Kreis von 45 cm Durchmesser ausrollen (siehe Seite 18).
7. Aus dem Teig 8 cm breite Kreise mit einer Plätzchenform ausstechen und auf jeden Kreis einen gehäuften Teelöffel von der Linsenpaste geben. Den Rand des Teigstücks leicht mit Wasser bestreichen und den Teig zur Hälfte zusammenklappen. Fest andrücken und noch einmal mit den Zinken einer Gabel eindrücken.
8. Beginnend mit den zuerst vorbereiteten Teigtaschen jeweils 6–8 im heißen Öl in drei Minuten goldbraun backen; zwischendurch wenden, damit sie gleichmäßig bräunen. Mit einem Schaumlöffel herausnehmen und auf Küchenkrepp abtropfen lassen. Heiß oder warm als Imbiß oder Teil einer Mahlzeit, besonders auch bei einem Picknick servieren.

Aashe Joe

Gerstensuppe

Für 8–10 Personen
Kochzeit: 3½ Stunden

½ Tasse Kichererbsen
½ Tasse rote Bohnen
750 g Lammhals oder -schulter mit Knochen
¾ Tasse Perlgerste
½ Tasse braune Linsen
Wasser
Salz
frisch gemahlener schwarzer Pfeffer
½ Tasse gehackte Petersilie
1–2 Eßlöffel gehackter Koriander
½ Tasse gehackter Tareh (Knoblauchgrün) oder Frühlingszwiebelgrün
1 Tasse gehackte Shahat oder Wasserkresse
1 Eßlöffel Ghee
1 große Zwiebel, halbiert und in Scheiben geschnitten
1 Teelöffel Kurkuma
1 Teelöffel getrocknete Minze

1. Die gewaschenen Kichererbsen und roten Bohnen mit 3 Tassen Wasser bedecken und über Nacht einweichen.
2. Das Lamm vom Metzger in große Stücke schneiden lassen. In kaltem Wasser abspülen und in einen großen Suppentopf legen.
3. 8 Tassen Wasser, die Kichererbsen und Bohnen mit ihrem Einweichwasser zugeben. Langsam zum Kochen bringen und bei Bedarf den Schaum abschöpfen. Den Topf zudecken und 1 Stunde schwach kochen lassen.
4. Die Gerste und die Linsen spülen und mit Salz und Pfeffer nach Geschmack zur Suppe geben. Zugedeckt noch einmal 1½ Stunden kochen lassen, bis das Fleisch sehr weich und die Bohnen und anderen Zutaten gar sind.
5. Das Fleisch herausnehmen und von den Knochen lösen, in kleine Stücke schneiden und mit den vorbereiteten Kräutern wieder in die Suppe geben. Zugedeckt bei schwacher Hitze 15 Minuten auf der Platte lassen.
6. Inzwischen das Ghee in einer Bratpfanne erhitzen und die Zwiebelscheiben bei mittlerer Hitze darin glasig bis goldbraun dünsten. Kurkuma darüberstreuen und die Zwiebeln knusprig rösten – Vorsicht, daß sie nicht anbrennen! Die Minze zu einem Pulver zerreiben und in die Pfanne streuen, umrühren und vom Herd nehmen.
7. Die Hälfte der Zwiebelmischung in die Suppe rühren. Die Suppe in eine Terrinne füllen oder in Suppenschalen verteilen und mit der restlichen Zwiebelmischung garnieren. Mit Fladenbrot als Hauptmahlzeit servieren.

Abgushte Miveh

Suppe mit Trockenobst

Für 6 Personen
Kochzeit: 2 Stunden

500 g mageres Schmorfleisch vom Lamm oder Rind
500 g Lamm- oder Rindersuppenknochen
7 Tassen Wasser
1 Limu Omani (getrocknete Limette), nach Belieben
Salz
frisch gemahlener schwarzer Pfeffer
2 Eßlöffel Ghee oder Butter
1 große Zwiebel, fein gehackt
2 Teelöffel Kurkuma
1 Tasse Backpflaumen, entsteint
½ Tasse getrocknete Aprikosenhälften
½ Tasse gehackte getrocknete Pfirsiche
⅓–½ Tasse brauner Zucker
1–2 Eßlöffel Zitronen- oder Limettensaft

1. Das Fleisch in kleine Würfel schneiden und mit den Knochen, dem Wasser und der getrockneten Limette – falls erhältlich – in einen Suppentopf geben. Langsam zum Kochen bringen, bei Bedarf abschöpfen.
2. Salz und Pfeffer zugeben und zugedeckt bei schwacher Hitze 1½ Stunden kochen lassen, bis das Fleisch beinahe gar ist. Die Knochen und getrocknete Limette – falls verwendet – herausnehmen.
3. In einer Bratpfanne das Ghee oder die Butter erhitzen und die Zwiebel darin glasig dünsten, den Kurkuma einrühren und hellbraun dünsten. Mit den getrockneten Früchten zur Suppe geben (diese können notfalls gewaschen werden, brauchen aber nicht eingeweicht zu werden). Zugedeckt noch 30 Minuten sieden lassen.
4. Den Zucker und den Zitronen- oder Limettensaft nach Geschmack zugeben, so daß die Suppe einen angenehmen süß-sauren Geschmack erhält. Heiß servieren.

Abgushte Beh

Quittensuppe

Die Anleitung für Abgushte Miveh befolgen, doch die Trockenfrüchte durch 3 Tassen gehackte Quitten ersetzen, die vorher geschält und vom Kerngehäuse befreit wurden. Nach der Zugabe der gedünsteten Zwiebeln in die Suppe noch einmal 2 Eßlöffel Ghee in der Pfanne erhitzen und die Quittenwürfel darin 10 Minuten dünsten, dabei häufig rühren. In die Suppe geben, zudecken und 30–45 Minuten schwach kochen lassen, bis die Quitten gar sind. Am Ende der Garzeit süß-sauer abschmecken.

Mast va Khiar

Kalte Joghurtsuppe

Für 6 Personen

2 grüne Gurken
2 Tassen Joghurt
½ Tassen Sultaninen, notfalls waschen
3 Frühlingszwiebeln mit Zwiebelgrün
1 Eßlöffel fein gehackte Petersilie
1 Eßlöffel fein gehackter Dill
½ Tasse fein gehackte Walnüsse, nach Belieben
2 hartgekochte Eier, fein gehackt
Salz
etwa 1 Tasse Eiswasser
Petersilie und/oder Dill zum Garnieren

1. Die Gurken dünn schälen und grob reiben. Den Gurkensaft und das Gurkenfleisch zum Joghurt geben.
2. Etwas Zwiebelgrün an den Frühlingszwiebeln lassen und fein schneiden. In das Joghurt zusammen mit den gehackten Kräutern, Walnüssen – falls verwendet – und Eiern geben. Mit Salz abschmecken.
3. Das Eiswasser einrühren, wodurch sich eine feste, cremige Konsistenz ergibt, und bei Bedarf noch etwas Salz zufügen. Zugedeckt mindestens 2 Stunden kaltstellen.
4. In Schalen servieren, garniert mit gehackten Kräutern oder Kräuterzweigen.

Aashe Anar

Granatapfelsuppe

Für 6 Personen
Kochzeit: 2–2½ Stunden

2 Lamm- oder Kalbvorderschenkel, gespalten
6 Tassen Wasser
¼ Tasse gelbe Erbsen
1 kleine Rote Rübe, enthäutet und gewürfelt
1 kleine Zwiebel, fein gehackt
Salz
frisch gemahlener schwarzer Pfeffer
1 Tasse fein gehackter Spinat
½ Tasse fein gehackte Petersilie
2 Eßlöffel fein gehackte Korianderblätter, nach Belieben
2 Eßlöffel gehacktes Knoblauchgrün
½ Tasse gehacktes Frühlingszwiebelgrün
⅓ Tasse Rundkornreis, gewaschen
1½ Tassen Granatapfelsaft (siehe Glossar)
1–2 Eßlöffel Zitronen- oder Limettensaft
Zucker nach Geschmack
Nano Dok (Seite 292)

1. Das Fleisch abspülen und mit dem Wasser in einen Suppentopf geben. Die gewaschenen Erbsen zugeben und langsam zum Kochen bringen, dabei abschöpfen, wenn erforderlich.
2. Wenn die Brühe abgeschöpft ist und zu kochen beginnt, die gewürfelte Rote Rübe, die Zwiebel und Salz und Pfeffer nach Geschmack zugeben. Zugedeckt bei schwacher Hitze 1½ bis 2 Stunden kochen, bis das Fleisch sehr weich ist.
3. Das Fleisch aus dem Topf nehmen und von den Knochen lösen, in kleine Stücke schneiden und zusammen mit dem Spinat, den Kräutern, dem Reis, dem Granatapfelsaft, Zitronen- oder Limettensaft und Zucker nach Geschmack in die Brühe geben. Die Suppe sollte einen scharfen, aber leicht süßen Geschmack haben. Zugedeckt noch 30 Minuten schwach kochen lassen.
4. Nano Dok mit der größeren Menge Ghee herstellen. Die Hälfte davon in die Suppe gießen. Die Suppe in Schälchen servieren und auf jede Portion etwas Nano Dok geben.

Kukuye Sibzamini

Kartoffelomelett

Für 4–6 Personen
Ofentemperatur: 180° C
Garzeit: 50–60 Minuten

500 g Kartoffeln
2 mittelgroße Zwiebeln, gerieben
1 Teelöffel Kurkuma
Salz
frisch gemahlener schwarzer Pfeffer
6 Eier
¼ Tasse Ghee

1. Die Kartoffeln kochen, dann gut abtropfen lassen und pürieren. Die Zwiebel, Kurkuma und Salz und Pfeffer nach Geschmack zugeben. Kalt werden lassen.
2. Die Eier mit dem Schneebesen schlagen und nach und nach in die Kartoffelmasse einrühren. Gründlich vermischen und abschmecken.
3. Das Ghee in einer 20 cm breiten feuerfesten Form oder einer Kuchenform mit Antihaftbeschichtung zerlassen und schwenken, um auch die Seitenwände mit dem Fett zu überziehen.
4. Die Eiermischung hineinfüllen und im Ofen bei mäßiger Hitze 30 Minuten backen, bis sie fest und auf der Oberseite leicht gebräunt ist. Bei Bedarf noch unter einen heißen Grill schieben, wenn die Oberseite noch brauner werden soll.
5. Auf eine Servierplatte stürzen und in Stücke schneiden.

Anmerkung: Dieses Gericht kann auch in einer Bratpfanne auf dem Herd gebacken werden. Bei mittlerer Hitze zugedeckt backen, die Oberseite unter einem heißen Grill bräunen, das Omelett von der Seitenwand lösen und auf eine Platte stürzen.

Kuku

Diese köstlichen Eierspeisen spielen bei persischen Menüs wegen ihrer Vielseitigkeit eine hervorragende Rolle. Sie können in kleine Stücke geschnitten und zum Aperitif angeboten werden; zusammen mit Joghurt und Brot ergeben sie ein ausgezeichnetes zweites Frühstück oder Abendessen; für eine Hauptmahlzeit nach westlicher Tradition eignen sie sich gut als 1. Gang – bei einem persischen Dinner sind sie fast immer Teil des Menüs. Da sie kalt genauso gut schmecken, kann man sie gut zum Picknick mitnehmen.

Normalerweise werden diese Speisen im Ofen zubereitet, ein ziemlich neuartiger Brauch, da es früher selten einen Backofen in der persischen Küche gab. Die andere und authentischere Methode besteht darin, Kuku in einer Bratpfanne auf dem Herd zu garen. Das fertige Gericht sollte wie ein Kuchen aussehen, leicht gebräunt und rundherum knusprig – Sie können sich aus Ihren Geräten das passende aussuchen und selbst entscheiden, ob Sie es auf dem Herd oder im Backofen zubereiten wollen.

Die persischen Hausfrauen unserer Zeit haben schnell die Vorteile von Kochgeräten mit Antihaftbeschichtung für viele ihrer Gerichte erkannt, besonders für bestimmte Reisgerichte und Kukus.

Für den Backofen nehmen Sie eine feuerfeste Form mit glatter Oberfläche oder eine Kuchenform mit Antihaftbeschichtung. Je gerader die Seitenwände sind, desto besser.

Für das Backen auf dem Herd nehmen Sie am besten eine schwere Bratpfanne oder eine mit Antihaftbeschichtung. Eine Omelettpfanne ist zu klein, es sei denn, Sie halbieren die Menge des Rezeptes.

Wo Gemüse vorgegart werden müssen, verwenden Sie dafür einen anderen Topf, nicht die Pfanne, in der Sie das Kuku backen wollen.

Vor dem Auftragen des Gerichts sollten Sie Kuku auf eine Platte stürzen, das sieht besser aus. Sie können es aber auch aus der Pfanne heraus verteilen, wenn Sie merken, daß es angesetzt hat.

Kukuye kadou Halvaii

Omelett mit Kürbismark

Das Rezept für Kukuye Sibzamini (oben) befolgen, doch statt der Kartoffeln 500 g festen Kürbis verwenden. Diesen kochen und abtropfen lassen, dann auf der heißen Platte stehenlassen, um überschüssige Feuchtigkeit verdunsten zu lassen. Pürieren, etwas Zucker zugeben und weiter nach der obigen Anleitung vorgehen.

Kukuye Sabzi

Kräuteromelett

Für 4–6 Personen
Ofentemperatur: 180° C
Backzeit: 45–50 Minuten

2 Tassen fein gehackter Spinat
1½ Tassen fein gehackte Frühlingszwiebeln mit Zwiebelgrün
½ Tasse fein gehackte Petersilie
¼ Tasse fein gehackte Korianderblätter
1 Eßlöffel gehackter Dill
1 Eßlöffel gehackter Estragon, nach Belieben
2 Eßlöffel gehacktes Knoblauchgrün
1 Eßlöffel Mehl
Salz
frisch gemahlener schwarzer Pfeffer
8 Eier
¼ Tasse Ghee oder Butter

1. Gemüse und Kräuter müssen gründlich gewaschen und abgetrocknet werden, bevor sie gehackt und abgemessen werden. Das Hacken kann auch in der Küchenmaschine geschehen. Die Kräuter brauchen nicht so genau abgemessen zu werden.
2. Das Grünzeug in einer Schüssel vermischen. Das Mehl mit 1 Teelöffel Salz und Pfeffer nach Geschmack mischen und über das Grünzeug streuen, dann gut unterrühren.
3. Die Eier schaumig schlagen und über das Grünzeug gießen. Gut umrühren und abschmecken.
4. Ghee oder Butter in einer 23 cm breiten, runden feuerfesten Form oder einer hohen Kuchenform erhitzen, dann schwenken, damit auch die Seitenwand eingefettet wird. Die Eiermischung hineingießen.
5. Im Ofen bei mittlerer Hitze – eine Schiene über der mittleren Schiene – 45–50 Minuten backen, bis das Omelett fest und die Oberseite leicht gebräunt ist. Wenn es noch nicht braun genug ist, kurz unter einen heißen Grill schieben.
6. In Stücke geschnitten mit Joghurt und Fladenbrot heiß servieren. Schmeckt auch kalt gut.

Kukuye Kadou

Zucchini-Omelett

Für 6 Personen
Ofentemperatur: 180° C
Backzeit: 1 Stunde

1 große Zwiebel, gerieben oder fein gehackt
4–5 Zucchini, am besten solche mit dünner Schale
¼ Tasse Ghee
1 Teelöffel Kurkuma
Salz
frisch gemahlener schwarzer Pfeffer
1 Teelöffel Zucker
6 Eier
1 Eßlöffel Ghee oder Öl

1. In einer Bratpfanne die Zwiebeln in Ghee glasig dünsten.
2. Die Zucchini waschen und in 5 mm dicke Scheiben schneiden (etwa 3 Tassen Zucchini-Scheiben).
3. Die Zucchini zu den Zwiebeln in die Pfanne geben, die Hitze höherschalten und bei mittlerer Hitze 15 Minuten dünsten, dabei gelegentlich umrühren, bis alle Feuchtigkeit verdampft ist.
4. Vom Herd nehmen, Kurkuma, etwa 1 Teelöffel Salz, reichlich Pfeffer und den Zucker hineinrühren. Abkühlen lassen.
5. Die Eier mit einem Schneebesen schlagen und leicht salzen und pfeffern. Die abgekühlten Zucchini-Scheiben untermischen.
6. 1 Eßlöffel Ghee oder Öl in einer feuerfesten Form von 20 cm Durchmesser oder Kuchenform mit Antihaftbeschichtung erhitzen und die Form schwenken, damit auch die Seitenwand eingefettet wird.
7. Die Eiermischung hineingeben und im Ofen bei mittlerer Hitze 30 Minuten backen, bis das Omelett fest und auf der Oberseite leicht gebräunt ist. Wenn es noch nicht braun genug ist, kurz unter einen heißen Grill schieben.
6. Auf eine Platte stürzen und in Stücke geschnitten heiß oder kalt mit Joghurt und Fladenbrot servieren.

Zubereitung in der Bratpfanne: 1 Eßlöffel Ghee in der Bratpfanne erhitzen und Pfanne schwenken. Die Eiermischung hineingeben, zudecken und bei mittlerer Hitze 10–15 Minuten backen, bis das Omelett fest und in der Mitte aufgebläht ist. Unter einen heißen Grill schieben, damit sich die Oberseite bräunt, das Omelett von der Pfanne lösen und auf eine Platte gleiten lassen.

Kukuye Bademjan
Auberginen-Omelett

Für 4 Personen
Ofentemperatur: 180° C
Backzeit: 1 Stunde

500 g Auberginen
⅓ Tasse Ghee oder Öl
2 Frühlingszwiebeln, gehackt
6 Eier
1 Teelöffel Salz
frisch gemahlener schwarzer Pfeffer
1 Eßlöffel Ghee
Joghurt zum Servieren

1. Die Auberginen erthäuten und in große Würfel schneiden.
2. Das Ghee oder Öl in einer Bratpfanne erhitzen, die Auberginenstücke zugeben und bei mittlerer Hitze darin braten, bis sie leicht gebräunt und gar sind.
3. Den Pfanneninhalt in eine Schüssel geben, mit einer Gabel zerquetschen und die Frühlingszwiebeln zugeben. Abkühlen lassen.
4. Die Eier mit einer Gabel oder einem Schneebesen gründlich schlagen. Salz und Pfeffer hineinrühren und zu den Auberginen geben.
5. In einer 23 cm breiten, runden feuerfesten Form oder Kuchenform 1 Eßlöffel Ghee zerlassen, dann die Form schwenken, damit auch die Seitenwand von Fett überzogen ist.
6. Die Eiermischung hineingießen und im Ofen bei mittlerer Hitze backen, bis das Omelett fest und auf der Oberseite leicht gebräunt ist. Wenn es Ihnen noch nicht braun genug ist, können Sie es noch kurz unter einen heißen Grill schieben.
7. In Stücke geschnitten mit Joghurt und Fladenbrot heiß servieren. Aber auch kalt schmeckt das Omelett gut.

Eskaneh
Zwiebelsuppe

Von dieser Suppe werden im Iran viele Versionen zubereitet. Im Grund ist es eine fleischlose Suppe mit Zwiebeln und einem sauren Saft als Hauptzutaten. Um der Suppe mehr Substanz zu geben, werden noch Walnüsse, Spinat oder gewürfelte Kartoffeln zugegeben. Der Saft kann Limetten-, Zitronen-, Granatapfelsaft oder Most aus unreifen Trauben sein. Die Schärfe wird durch die Zugabe von Zucker gemildert. Manchmal werden anstelle von Fruchtsäften Aprikosen oder Sauerkirschen verwendet. Mit anderen Worten: die Suppe besteht aus Zutaten, die die Hausfrau selbst zusammenstellen kann. Wenn Sie die nachstehende Version ausprobiert haben, können Sie mit anderen Zusammenstellungen experimentieren. Die Eier sind unerläßlich und können auf eine der beiden angegebenen Arten zubereitet werden.

Für 5–6 Personen
Kochzeit: 50–60 Minuten

5 mittelgroße Zwiebeln
⅓ Tasse Ghee
⅓ Tasse Weizenmehl
½ Tasse fein gehackte Walnüsse (oder 2 Tassen fein gehackter Spinat oder gewürfelte Kartoffeln)
½ Teelöffel Kurkuma
5 Tassen Wasser
½ Tasse Limetten- oder Zitronensaft
etwa ½ Tasse brauner Zucker
Salz
frisch gemahlener schwarzer Pfeffer
Nano Dok (Seite 292)
2–6 Eier

1. Die Zwiebeln der Länge nach halbieren und in dünne Scheiben schneiden.
2. 1 Eßlöffel Ghee in einem Topf erhitzen, etwa ½ Tasse der Zwiebeln zugeben und bei mittlerer Hitze rösten. Herausnehmen und zum Garnieren aufbewahren.
3. Das restliche Ghee bei mittlerer Hitze zerlassen und die restlichen Zwiebeln hineingeben. Glasig dünsten, dann das Mehl einrühren und goldgelb dünsten.
4. Die Walnüsse, den Spinat oder die Kartoffeln und Kurkuma zugeben und 2 Minuten rühren. Das Wasser hineinrühren und aufkochen, dabei gelegentlich rühren. Zugedeckt 20 Minuten schwach kochen lassen.
5. Den Limetten- oder Zitronensaft, Zucker, Salz und Pfeffer nach Geschmack zugeben. Zugedeckt noch 15 Minuten schwach kochen lassen.
6. Nano Dok nach Anleitung zubereiten und zur Suppe geben.
7. 2 Eier leicht verquirlen und langsam in die Suppe geben. Die Suppe leicht umrühren, bis das Ei stockt. Oder 5–6 Eier in die siedende Suppe schlagen und schwach kochen lassen, bis die ganzen Eier gestockt sind.
8. In Suppenschalen servieren; bei Verwendung von ganzen Eiern jeweils eins in jede Schale geben und mit Suppe auffüllen. Mit den aufbewahrten Röstzwiebeln garnieren und mit Brot, am besten Fladenbrot, servieren.

Mohi Shekumpour

Gefüllter Fisch

Für 4–5 Personen
Backzeit: 40–50 Minuten
Ofentemperatur: 190° C

1 ganzer Fisch zum Backen, etwa 1,5 kg schwer
Salz
frisch gemahlener schwarzer Pfeffer
½ Tasse fein gehackte Frühlingszwiebeln
2 Tassen gehackte frische Kräuter – Petersilie, Koriander, Dill, Wasserkresse, vermischt
Saft von 1 Zitrone
¼ Tasse Olivenöl
Kräuterzweige und Zitronenschnitze zum Garnieren

1. Den Fisch säubern und abschuppen, falls erforderlich. Innen und außen mit Salz und Pfeffer einreiben und beiseitestellen.
2. Die Frühlingszwiebeln und Kräuter mit je 1 Eßlöffel Zitronensaft und Olivenöl vermischen und leicht salzen und pfeffern. Die Höhlung des Fisches mit der Mischung füllen und die Öffnung mit Cocktailspießchen oder einem Faden sichern.
3. Den Fisch auf beiden Seiten dreimal diagonal einschlitzen. In eine gut geölte Bratenform setzen und den restlichen Zitronensaft und das restliche Öl über den Fisch gießen.
4. Im Ofen bei mittlerer Hitze 40–50 Minuten backen, bis der Fisch gar ist. Prüfen Sie ihn an der dicksten Stelle mit einer Gabel. Während des Backens ab und zu mit dem Bratensaft bestreichen.
5. Den Fisch vorsichtig auf eine Servierplatte heben und mit Kräuterzweigen und Zitronenschnitzen servieren. Dazu Chelou und einen Borani (persischen Salat) reichen.

Mohi Polou

Fisch mit Kräuterreis

Für 6 Personen
Kochzeit: 1 Stunde

750 g Fischsteaks
Salz
¼ Tasse Ghee
1 Teelöffel Kurkuma
1 Tasse gehacktes Frühlingszwiebelgrün
1½ Tassen gehackter Spinat
¼ Tasse gehackte Korianderblätter
¼ Tasse gehackte Petersilie
2 Eßlöffel gehackter Dill
frisch gemahlener schwarzer Pfeffer
1 Portion Chelou (Seite 297)

1. Die Fischsteaks mit Küchenkrepp abtupfen und leicht mit Salz bestreuen. 15 Minuten stehenlassen.
2. Das Ghee in einer Bratpfanne erhitzen und die Fischsteaks auf beiden Seiten schnell bräunen – sie brauchen nicht gar zu werden. Auf einen Teller legen.
3. Das Kurkumapulver in die Pfanne geben, 2 Minuten dünsten und vom Herd nehmen.
4. Chelou nach Anleitung bis Schritt 3 einschließlich vorbereiten und den Reis nach dem Abtropfen in eine Schüssel geben. Die vorbereiteten Kräuter und Gemüse zugeben und nach Geschmack salzen und pfeffern; gründlich durchmischen.
5. Schritt 4 und 5 des Rezepts für Chelou ausführen und die Mischung aus Reis und Kräutern verwenden. Die Fischsteaks auf dem Reis anordnen und das mit Kurkuma gewürzte Ghee über den Fisch träufeln. Den restlichen Reis über dem Fisch verteilen und die restliche Butter oder die Ghee-Mischung vom Rezept für Chelou, Schritt 6, über den Reis gießen.
6. Den Topf mit 2 Lagen Küchenkrepp bedecken, den Deckel fest aufsetzen und bei schwacher Hitze 45 Minuten dünsten.
7. Die obere Reislage aus dem Topf nehmen und ringförmig auf einer Servierschale anordnen. Den Fisch auf einen Teller geben. Den restlichen Reis in die Mitte der Schale geben und die Fischsteaks darauf verteilen. Heiß servieren, garniert mit frischen Kräuterzweigen, wenn gewünscht.

Kukuye Mohi

Fisch-Omelett

Für 4–6 Personen
Ofentemperatur: 180° C
Backzeit: 50 Minuten

500 g weißes Fischfilet
Salz
⅓ Tasse Ghee
1 kleine Zwiebel, fein gehackt
½ Teelöffel Kurkuma
1 Eßlöffel fein gehackte Korianderblätter
1 Eßlöffel Weizenmehl
6 Eier
frisch gemahlener schwarzer Pfeffer

1. Die Haut vom Fischfilet entfernen und den Fisch mit Küchenkrepp trockentupfen. Mit etwas Salz bestreuen und 10 Minuten stehenlassen.
2. In einer Bratpfanne ¼ Tasse Ghee erhitzen und das Fischfilet schnell auf allen Seiten braten, bis es gar ist – es muß nicht gebräunt sein. Auf eine Platte legen und mit einer Gabel zerpflücken, dabei alle Gräten entfernen. In eine Schüssel geben.
3. Die Zwiebel dünsten. Wenn sie glasig ist, das Kurkumapulver einrühren und 2 Minuten weiterdünsten. Dann zusammen mit dem Mehl und dem Koriander unter den Fisch mischen.
4. Die Eier mit einer Gabel gründlich schlagen und mit Salz und Pfeffer nach Geschmack unter den Fisch mischen.
5. Das restliche Ghee in einer Kuchenform oder feuerfesten Form von 20 cm Durchmesser mit Antihaftbeschichtung erhitzen und schwenken, damit die Seitenwand eingefettet wird. Die Eiermischung hineingießen und im Ofen bei mittlerer Hitze 30 Minuten backen, bis das Omelett fest ist. Bei Bedarf die Oberseite unter einem heißen Grill bräunen lassen.
6. Das Omelett auf eine Servierplatte stürzen und in Stücke geschnitten heiß oder kalt servieren.

Morgh Shekumpour

Gefülltes Hühnchen

Für 5–6 Personen
Ofentemperatur: 190° C
Garzeit: 2 Stunden

1 mittelgroße Zwiebel, fein gehackt
⅓ Tasse Ghee oder Butter
½ Tasse gehackte, entsteinte Backpflaumen
¼ Tasse Sultaninen
½ Tasse getrocknete Aprikosenhälften
¼ Tasse Wasser
1 Apfel, geschält und in Würfel geschnitten
1 Teelöffel Zimt
Salz
frisch gemahlener schwarzer Pfeffer
brauner Zucker nach Geschmack
1 Huhn, etwa 1,5 kg schwer
½ Zitrone
Chelou als Beilage

1. In einer Bratpfanne die Zwiebel in der Hälfte des Ghee oder der Butter glasig dünsten. Die Pflaumen, Sultaninen und Aprikosen zugeben und 2 Minuten rühren.
2. Das Wasser zugeben und zugedeckt 10 Minuten schwach kochen lassen, bis die Flüssigkeit aufgesogen ist und die Früchte gequollen sind. Den Apfel und den Zimt einrühren und das Salz, Pfeffer und Zucker nach Geschmack zugeben.
3. Das Huhn innen und außen gut säubern und mit Küchenkrepp trockentupfen. Das Waschen des Huhns ist nicht notwendig, es führt nur zum Verlust von Fleischsaft.
4. Das Huhn mit der Früchtemischung füllen und die Höhlung zunähen. Außen mit der zerschnittenen Zitrone und Salz und Pfeffer einreiben.
5. Das Huhn in eine gefettete Bratenform legen und mit dem restlichen Ghee oder der restlichen Butter beträufeln. 2 Stunden im Ofen bei mäßiger Hitze braten. Zwischendurch wenden, damit es gleichmäßig bräunt, und häufig mit dem Bratensaft bestreichen.
6. Vor dem Zerlegen des Huhns die Füllung herausholen und auf den Chelou geben. Unmittelbar vor dem Servieren untermischen. Nach Belieben kann ½ Teelöffel voll Safranfäden 10 Minuten in etwas heißem Wasser eingeweicht werden und dies dann über den Reis geträufelt werden.

Joojeh Kabab

Gegrilltes Huhn am Spieß

Für 6 Personen
Garzeit: 15 Minuten

2 Hühnchen zu je 1 kg
½ Tasse Zitronensaft
1 große Zwiebel, gerieben
2 Teelöffel Salz
frisch gemahlener schwarzer Pfeffer
¼ Tasse zerlassenes Ghee oder Butter
1 Teelöffel Paprikapulver
Chelou (Seite 297) als Beilage
Kirschtomaten zum Garnieren

1. Die Hühnchen halbieren und das Rückgrat entfernen. Jede Hälfte in 6 etwa gleichgroße Stücke teilen – die Bruststücke und Keulen teilen, den Unterschenkelknochen abhacken und die Flügel ganz lassen.
2. In einer Glas-, oder Keramikschüssel den Zitronensaft, die geriebene Zwiebel, Salz und Pfeffer verrühren und die Hühnerteile darin wenden. 3–4 Stunden im Kühlschrank marinieren, dabei gelegentlich wenden.
3. Die Stücke auf 6 lange flache Spieße aufziehen, die dickeren Stücke in der Mitte. Eng zusammenschieben.
6. Das zerlassene Ghee oder die Butter mit dem Paprikapulver vermischen und die Hühnerstücke damit bestreichen. Über glühender Holzkohle oder im Grill bei starker Hitze, die dann auf mittlere Hitze reduziert wird, grillen. Während des Grillens häufig mit der Ghee-Mischung bestreichen und wenden.
5. 12–15 Minuten grillen und die Hitze gegen Ende auf die Mittelstücke konzentrieren.
6. Wenn das Fleisch gar ist, von den Spießen schieben und mit Chelou servieren. Mit gegrillten Kirschtomaten garnieren.

Gegrillte Kirschtomaten: Die Tomaten kreuzweise einschneiden, mit Butter bestreichen und über Holzkohle oder im Grill grillen, bis die Haut Blasen wirft und leicht gebräunt ist.

Dolmeh Beh

Gefüllte Quitten

Für 6 Personen
Kochzeit: 2 Stunden

1 mittelgroße Zwiebel, fein gehackt
¼ Tasse Ghee oder Butter
500 g mageres Hackfleisch vom Rind oder Kalb
¼ Tasse Wasser
2 Eßlöffel Reis
½ Teelöffel Zimt
Salz
frisch gemahlener schwarzer Pfeffer
6 mittelgroße Quitten
2 Teelöffel Zucker
1 Tasse Wasser
¼ Tasse Apfelessig oder Zitronensaft
¼ Tasse brauner Zucker

1. In einer Bratpfanne die Zwiebel in der Hälfte des Ghee oder der Butter glasig dünsten, das Fleisch zugeben und bei starker Hitze rühren, bis der Saft verdampft und das Fleisch zu bräunen beginnt. Salz und Pfeffer nach Geschmack zugeben und vom Herd nehmen.
2. Die Quitten gründlich waschen und den Pelz abreiben. Trockentupfen und den Stielansatz abschneiden und beiseitelegen. Das Kerngehäuse und den größten Teil des Fruchtfleisches mit einem kugelförmigen Löffel ausstechen, so daß eine ziemlich große Höhlung entsteht. Die Höhlungen mit Zucker bestreuen und mit der Fleischmischung füllen. Die Deckel aufsetzen.
3. In eine große Pfanne, in der alle Quitten nebeneinander Platz haben, ¼ Tasse Wasser geben und die Quitten aufrecht hineinsetzen. Auf jede Quitte etwas vom restlichen Butterfett geben. Etwa eine Tasse von dem Quittenfleisch um die Quitten herum verteilen.
4. Die Pfanne mit 2 Lagen Küchenkrepp bedecken und fest den Deckel daraufsetzen. Bei mittlerer Hitze zum Kochen bringen, dann die Hitze herunterschalten und 1 Stunde schwach dünsten.
5. Den Essig oder Zitronensaft zur Kochflüssigkeit geben, den Zucker hineinstreuen und die Pfanne etwas schwenken, damit sich alles vermischt, dann die Quitten mit der Sauce bestreichen. Weitere 45 Minuten dünsten, bis die Quitten gar sind, und zwischendurch gelegentlich mit der Sauce bestreichen.
6. Die Quitten vorsichtig auf eine Servierschale heben und warmhalten. Die Kochflüssigkeit mit dem Quittenfleisch durch ein Sieb passieren und wieder in die Pfanne geben. Zur Hälfte einkochen und den süß-sauren Geschmack mit Zucker und Essig oder Zitronensaft abschmecken. Die Sauce über die Quitten gießen und mit Fladenbrot als 1. Gang servieren.

Dolmeh Sib

Gefüllte Äpfel

Die Anleitung für Dolmeh Beh befolgen, anstelle der Quitten jedoch 12 Äpfel verwenden. Die gefüllten Äpfel in eine Backform setzen und die Hälfte des Fruchtfleisches zum Wasser geben. Die Äpfel mit Butter betupfen, die Backform mit Folie abdecken und im Ofen bei mittlerer Hitze (180° C) 30 Minuten backen. Die Folie abnehmen und bei Schritt 5 weiterfahren und die Äpfel unbedeckt noch 15–20 Minuten backen.

Anmerkung: Tafeläpfel neigen beim Backen weniger zum Zerfallen – wählen Sie eine saure Sorte.

Khoreshe Albaloo

Fleischsauce mit Sauerkirschen

Nicht überall gibt es schwarze Sauerkirschen. Meiner Meinung nach ergibt die Tafelkirsche fast den gleichen Geschmack, wenn man mehr Limetten- oder Zitronensaft nimmt. Vielleicht wird das Aroma nicht genau das gleiche sein, es ist aber ebenso wohlschmeckend. Es können auch Schattenmorellen – obwohl sie nicht mit den schwarzen Sauerkirschen in Persien identisch sind – verwendet werden (man nimmt an, daß die Schattenmorelle ein Abkömmling der persischen Sauerkirsche ist).

Wenn man pedantisch wäre, müßte man das Gericht Khoreshe Guillass nennen, wenn man die süße Tafelkirsche verwendet. Ein Perser hat jedoch von einem solchen Gericht noch nie gehört.

Für 6 Personen
Kochzeit: 1½ Stunden

500 g mageres Schmorfleisch vom Lamm oder Kalb
¼ Tasse Ghee oder Öl
1 große Zwiebel, fein gehackt
½ Teelöffel Kurkuma
½ Teelöffel Zimt
½ Tasse Wasser
Salz
frisch gemahlener schwarzer Pfeffer
250 g entsteinte schwarze Kirschen, möglichst Sauerkirschen
1–3 Eßlöffel Limetten- oder Zitronensaft
brauner Zucker nach Geschmack

1. Das Fleisch von Fett und Sehnen befreien und in 2 cm dicke Würfel schneiden.
2. Die Hälfte des Ghee oder Öls in einer schweren Pfanne erhitzen und die Fleischwürfel auf allen Seiten darin bräunen. Das Fleisch auf einen Teller geben und die Hitze herunterschalten.
3. Die Zwiebel mit dem restlichen Ghee oder Öl in die Pfanne geben und glasig dünsten. Dann das Kurkumapulver hineinrühren und noch 2 Minuten dünsten.
4. Das Fleisch wieder in die Pfanne geben und den Zimt, das Wasser und Salz und Pfeffer nach Geschmack zugeben. Zugedeckt bei schwacher Hitze 40 Minuten dünsten.
5. Die entsteinten Kirschen zugeben und 10 Minuten mitdünsten, so daß sich ihr Aroma ausbreiten kann, dann die Sauce probieren. Wenn die Kirschen genügend Säure haben, 1 Eßlöffel Limetten- oder Zitronensaft und genug braunen Zucker zugeben, um einen angenehmen süß-sauren Geschmack zu erhalten; bei Verwendung von Süßkirschen mehr Limetten- oder Zitronensaft und bei Bedarf Zucker zugeben, um das richtige Aroma zu erhalten.
6. Zugedeckt noch weitere 20 Minuten dünsten, bis das Fleisch gar ist. Dazu Chelou, Polou oder Kateh servieren (siehe den Abschnitt mit Reisgerichten in diesem Kapitel).

Dolmeh Kalam

Gefüllte Kohlblätter mit süß-saurer Sauce

Für 6 Personen
Kochzeit: 1½ Stunden

18 Kohlblätter
Wasser
750 g fein gehacktes Rind- oder Lammfleisch
1 große Zwiebel, fein gehackt
¼ Tasse Rundkornreis
¼ Tasse fein gehackte Petersilie
2 Eßlöffel fein gehackter Koriander
1 Teelöffel Kurkuma
Salz
frisch gemahlener schwarzer Pfeffer
½ Tasse brauner Zucker
½ Tasse Apfelessig

1. Die Blätter vorsichtig vom Kohlkopf lösen. Größere Blätter können halbiert und als 2 Blätter gezählt werden. In einem großen Topf mit kochendem Wasser 5 Minuten blanchieren, bis sie weich sind – nicht zu lange kochen. In einem Durchschlag abtropfen lassen. Die Rippen am unteren Ende herausschneiden.
2. Das Hackfleisch mit der Zwiebel, dem Reis, den Kräutern und dem Kurkuma vermischen und 1½ Teelöffel Salz und Pfeffer nach Geschmack zugeben. Die Mischung in 18 Portionen aufteilen.
3. Ein Kohlblatt auf der Arbeitsfläche ausbreiten und eine Portion der Füllung auf das untere Ende des Blattes legen. Einmal rollen, dann die Seiten nach innen klappen und das Blatt mit der Füllung zu einem festen Päckchen aufrollen. Die restlichen Zutaten ebenso verarbeiten.
4. Einen schweren Topf mit den Kohlresten oder einem gründlich gewaschenen äußeren Blatt auslegen. Die Kohlrollen dicht nebeneinander hineinschichten. 1 Tasse kaltes Wasser zugeben und einen schweren Teller umgedreht auf die Rollen legen.
5. Den Topf zudecken und die Kohlrollen bei schwacher Hitze 45 Minuten dünsten.
6. Den Zucker mit dem Essig vermischen und in den Topf gießen. Den Topf schwenken, damit sich der Essig und der Zucker mit der Kochbrühe vermischen. Wieder zudecken und weitere 30 Minuten dünsten. Dazu Chelou oder Fladenbrot reichen.

Tah Chin

Lammfleisch mit Joghurt und Reis

Für 6 Personen
Ofentemperatur: 160° C
Garzeit: 1¾ Stunden

1 kg mageres Lammfleisch von der Keule
2½ Tassen Joghurt
Salz
frisch gemahlener schwarzer Pfeffer
1 Teelöffel Kurkuma oder ½ Teelöffel Safranfäden
3 Tassen Basmati oder anderer guter Langkornreis
8 Tassen Wasser
2 Eigelb
¼ Tasse zerlassenes Ghee oder Butter
1 Eßlöffel heißes Wasser

1. Das Lammfleisch in 3 cm dicke Würfel schneiden. In einer Schüssel mit 2 Tassen Joghurt, 2 Teelöffel Salz, reichlich frisch gemahlenem schwarzen Pfeffer und dem Kurkuma oder den Safranfäden vermischen. Zugedeckt im Kühlschrank 6 Stunden oder über Nacht marinieren.
2. Den Reis verlesen und gründlich waschen, bis das Wasser klar abläuft. Das Wasser aufkochen, 2 Eßlöffel Salz und den Reis zugeben, umrühren und wieder zum Kochen bringen. Im offenen Topf 5 Minuten kochen. Dann den Reis in einem Durchschlag oder einem großen Sieb abtropfen lassen.
3. Die Eigelb in einer Schüssel schlagen, ½ Tasse Joghurt und 1½ Tassen von dem vorgekochten Reis unterrühren.
4. Das zerlassene Ghee und 1 Eßlöffel heißes Wasser in eine feuerfeste Form mit 10 Tassen Inhalt oder einen »Holländischen Ofen« (Bräter) geben und schwenken, damit auch die Seiten mit Fett überzogen werden. Die Mischung aus Reis, Joghurt und Ei gleichmäßig auf dem Boden der Form verteilen.
5. Darüber die Hälfte der Lammfleischwürfel mit einem Teil der Joghurtmarinade verteilen. Darauf folgt eine Schicht Reis, dann die restlichen Fleischwürfel und die restliche Marinade bis auf ½ Tasse. Mit dem restlichen Reis abschließen und das zurückbehaltene Joghurt darübergeben.
6. Die feuerfeste Form oder den Bräter mit Deckel verschließen und das Gericht im Ofen bei mittlerer Hitze 1½ Stunden backen.
7. Den Reis und das Lammfleisch in die Mitte einer Servierschüssel füllen. Die Reiskruste vom Boden der Form lösen und in große Stücke brechen. Diese um das Reisgericht herum anordnen. Bei Verwendung des Bräters diesen auf eine kalte Unterlage oder 5–10 Minuten in kaltes Wasser stellen, mit dem Messer am Rand herumfahren und das Gericht auf eine Platte stürzen. Zum Servieren in Stücke schneiden.

Chelou Kabab

Gegrillte Lammlenden mit Tomaten und Reis

Für 6 Personen
Garzeit: 5 Minuten

3 Lammlenden
1 Tasse geriebene oder sehr fein gehackte Zwiebel
¾ Tasse Zitronensaft
frisch gemahlener schwarzer Pfeffer
zerlassenes Ghee
Salz
6–8 kleine Tomaten
Zum Servieren:
Chelou (Seite 297), 2 oder 3 Tassen Reis je nach Anzahl der erforderlichen Portionen verwenden
6–8 Eigelb in der halben Schale
Butterflöckchen
Sumach (siehe Glossar)
Joghurt

1. Lassen Sie sich vom Metzger die Knochen von den Lenden entfernen, oder tun Sie das selbst mit Hilfe eines entsprechenden Messers. Jede Lende sollte etwa 20 cm (6 Rippen) lang sein.
2. Die Filets von den Lenden entfernen. Alles Fett und alle Knorpel von den Hauptmuskeln entfernen. Jedes Stück der Länge nach in drei Teile schneiden; es ergeben sich Fleischstreifen von 8 cm Breite, 20 cm Länge und 8 mm Dicke. Jedes Filet spalten, ohne es ganz durchzuschneiden, und auseinanderklappen.
3. Das Fleisch mit einem breiten Messerrücken leicht klopfen, so daß sich der Länge nach flache Einschnitte im Fleisch ergeben.
4. Die geriebene oder fein gehackte Zwiebel in ein Sieb über einer Schüssel geben und soviel Saft wie möglich herausdrücken. Den zurückbleibenden Brei wegwerfen. Den Zitronensaft und reichlich frisch gemahlenen Pfeffer zum Zwiebelsaft geben.
5. Die Fleischstücke in diese Marinade legen und wenden. Dann zugedeckt im Kühlschrank mindestens 12 Stunden in der Marinade stehenlassen. Gelegentlich das Fleisch wenden.
6. Einen flachen, schwertartigen Spieß der Länge nach durch jeden Fleischstreifen stecken.
7. Das Fleisch leicht mit zerlassenem Butterfett bestreichen und etwa 5 Minuten über glühenden Holzkohlen grillen, dabei häufig wenden, bis das Fleisch hellbraun und gerade gar ist. Das Fleisch wird zu Anfang etwas herunterhängen, beim Grillen aber wieder gerade werden – das ist das Zeichen, daß es fertig ist.
8. Die Tomaten oben kreuzweise einschneiden, auf einen Spieß geben und mit Ghee bestreichen. Über der Glut grillen, bis die Haut Blasen wirft – etwa 4 Minuten.
9. Das Lammfleisch von den Spießen nehmen und auf heißem Chelou oder auf einzelnen Tellern mit einer Tomate als Garnierung servieren.
10. Jeder Gast nimmt sich ein Eigelb und verrührt es mit seiner Portion Reis. Dann werden Butter, Sumach, Salz und Pfeffer in den Reis gerührt. Auf Wunsch kann auch noch Joghurt dazugegeben werden. Bei diesem Gericht kommt es auf die schnelle Zubereitung an – es schmeckt sehr heiß am besten.

Anmerkung: Wenn man sparsamer sein will, kann Chelou Kabab auch mit Lammkeule zubereitet werden, obwohl das nicht dem ursprünglichen Rezept entspricht. Von der Keule den Knochen entfernen, alles Fett und feine Sehnen entfernen und in 8 cm dicke Stücke schneiden. Wie in Schritt 3 beschrieben klopfen. Auf jeden Spieß 4 Stücke stecken. Für 8 Personen.

Luleh Kabab

Hackfleischwürstchen am Spieß

Für 4–6 Personen
Garzeit: 5–7 Minuten

500 g mageres Lammfleisch ohne Knochen
1 große Zwiebel
1 Teelöffel Salz
frisch gemahlener Pfeffer nach Geschmack
½ Teelöffel Zimt, nach Belieben
zerlassenes Ghee oder Butter
4–6 kleine Tomaten
1 Portion Chelou (Seite 297)
4–6 Eigelb in den halben Schalen
Sumach
Butter zum Servieren

1. Das Lammfleisch zweimal durch den Fleischwolf drehen, dann die Zwiebel durchdrehen.
2. Das Salz, den Pfeffer und Zimt, falls verwendet, zugeben und mit einem Holzlöffel zu einer glatten Paste schlagen.
3. Die Fleischmischung in 12 gleiche Portionen teilen und diese um angefeuchtete, lange schwertähnliche Spieße formen, so daß würstchenartige Gebilde von etwa 12 cm Länge entstehen. Die Hände häufig anfeuchten, dann läßt sich das Fleisch besser verarbeiten.
4. Die Spieße über einen Grill mit glühenden Holzkohlen legen und, wenn möglich, den Rost herausnehmen. Die Spieße häufig drehen, damit das Fleisch gleichmäßig bräunt. Etwa 5–7 Minuten grillen und gelegentlich mit Ghee bestreichen.
5. Die Tomaten oben kreuzweise einschneiden, mit Ghee bestreichen, auf einen Spieß legen und neben den Fleischspießen grillen.
6. Die Kebabs von den Spießen schieben und sofort mit heißem Chelou servieren, der mit einer Tomate garniert wird. Vor dem Essen werden ein Eigelb, ein oder zwei Teelöffel Sumach und ein Stück Butter in den heißen Reis gerührt.

Abgusht

Die wörtliche Übersetzung von Abgusht lautet ›das Wasser des Fleisches‹. Auf die persische Küche bezogen kann es sich dabei um eine gehaltvolle Suppe oder ein Fleischgericht handeln. Ein Fleischgericht könnte auch als Suppe enden, wenn sich unerwartete Gäste zur Essenszeit einfinden. Dann wieder kann es auch für zwei Gänge verwendet werden, indem man die aromatische Brühe in Schälchen füllt und als Suppe serviert und soviel Flüssigkeit im Topf läßt, daß der Rest als Fleisch mit Sauce serviert werden kann.

Ich habe Abgusht-Rezepte sowohl im Abschnitt über Suppen als auch bei den Fleischrezepten untergebracht, Sie können bei allen mehr oder weniger Wasser zufügen, je nach den jeweiligen Bedürfnissen.

Welches Abgusht auch zubereitet wird, das Wesentliche dabei ist das langsame Garen. Obwohl meine Kochzeiten wesentlich kürzer als die im Iran üblichen sind, habe ich die Beschaffenheit der Zutaten, wie sie der westlichen Hausfrau zur Verfügung stehen, berücksichtigt. Unser Lamm- und Rindfleisch ist erheblich zarter, getrocknete Hülsenfrüchte und Trockenobst brauchen weniger Zeit zum Garen als früher – dazu kommt noch, daß wir dazu neigen, die Dinge wesentlich zu beschleunigen.

Wie ich jedoch in der Einleitung bereits bemerkt habe, haben wir einen vollen Kreis geschlossen und nähern uns wieder einer Zeit, in der das langsame Garen populär wird.

Obwohl ich nicht in allen Rezepten darauf hingewiesen habe, nimmt das Kochen von Agusht in einem Langzeitkocher ganz verschiedene Dimensionen an. Als Anleitung für die Verwendung eines solches Gerätes siehe Anmerkung am Ende des Rezeptes für Abushte Lubia Ghermez (unten).

Abbildung Seite 321:
Khoreshe Fesenjan (Ente mit Walnuß- und Granatapfel-Sauce), Rezept Seite 306;
Chelou (Gedämpfter Reis), Rezept Seite 297
Abbildung Seite 322:
Abgushte Miveh (Suppe mit Trockenobst), Rezept Seite 309
Abbildung Seite 323:
Kukuye Sabzi (Kräuteromelett), Rezept Seite 312, mit beliebten persischen Kräutern
Abbildung Seite 324:
Dolmeh Beh (Gefüllte Quitten), Rezept Seite 316

Abgushte Lubia Ghermez

Geschmortes Lammfleisch mit Bohnen

Für 6 Personen
Kochzeit: 2½ Stunden

1 Tasse rote Bohnen (Lubia Ghermez)
Wasser
1,5 kg Lammschulter mit Knochen oder
6 Vorderschenkel vom Lamm
1 große Zwiebel, fein gehackt
½ Tasse Ghee oder Butter
1 Teelöffel Kurkuma
½ Tasse Tomatenpüree
1 Limu Omani (getrocknete Limette) oder
1 Eßlöffel Zitronensaft
Salz
frsich gemahlener schwarzer Pfeffer

1. Die Bohnen gründlich waschen und mit 3 Tassen Wasser in einem Topf zum Kochen bringen. 2 Minuten kochen, dann den Topf zudecken und neben dem Herd 30 Minuten stehenlassen, bis die Bohnen aufgequollen sind.
2. Vom Metzger die Lammschulter in 6 Stücke schneiden lassen. Überschüssiges Fett abschneiden. Wenn Sie Lammbeine nehmen, lassen Sie diese spalten. Die Hälfte des Ghee in einem hohen Topf erhitzen und das Fleisch auf allen Seiten darin bräunen, dann auf einen Teller legen.
3. Das restliche Ghee in den Topf geben und die Zwiebel darin glasig dünsten. Das Kurkumapulver hineinrühren und 2 Minuten mitdünsten.
4. Das Lammfleisch mit den gequollenen Bohnen samt ihrem Einweichwasser in den Topf geben und das Tomatenpüree und die getrocknete Limette (die zweimal mit einem Spieß durchstochen wurde) oder den Zitronensaft zugeben. 2 weitere Tassen Wasser zugeben und zum Kochen bringen.
5. Zugedeckt bei schwacher Hitze 1 Stunde kochen lassen. Mit Salz und Pfeffer abschmecken und eine weitere Stunde kochen, bis das Fleisch und die Bohnen gar sind. Die getrocknete Limette – falls verwendet – herausnehmen.
6. In tiefen Tellern servieren, in jeden Teller ein Stück Lammfleisch legen. Als Beilagen sollten Essiggemüse, frische Kräuter, gehackte Zwiebel, Radieschen und Fladenbrot gereicht werden.

Verwendung eines »Langzeitkochers«: Bei Schritt 4 alle Zutaten in einen Langzeitkocher geben und auf niedriger Stufe in 9–10 Stunden oder auf hoher Stufe 5–6 Stunden garen. Etwas weniger Wasser verwenden, da in diesem Gerät weniger Wasser verdampft.

Abgushte Bademjan

Geschmortes Lammfleisch mit Auberginen

Das Rezept für Abgushte Lubia Ghermez befolgen, jedoch anstelle der roten Bohnen und der 3 Tassen Einweichwasser 2 mittelgroße Auberginen verwenden. Diese mit Haut in grobe Stücke schneiden. Reichlich mit Salz bestreuen und 30 Minuten stehenlassen. Mit Küchenkrepp abtupfen und in etwas Ghee dünsten, bis die Auberginenstücke leicht Farbe angenommen haben. Bei Schritt 4 das Lammfleisch mit allen Zutaten (außer den Bohnen natürlich) in den Topf geben und salzen und pfeffern.1½ Stunden schmoren, dann die Auberginen zugeben und weitere 30 Minuten schmoren, bis das Fleisch und die Auberginen gar sind. Wasser nur noch bei Bedarf zufügen. Bei Verwendung eines Langzeitkochers die Auberginen nach 8 Stunden bei niedriger Einstellung bzw. nach 4 Stunden bei hoher Einstellung zufügen.

Kharboozeh va Holoo Makhloot

Melonen- und Pfirsich-Dessert

Für 8 Personen

1 persische oder Honigmelone
1 Steinmelone (Kantalupe)
½ Tasse feiner Zucker
½ Teelöffel Salz
4 reife, feste Pfirsiche
¼ Tasse Zitronensaft
2–3 Eßlöffel Rosenwasser
Eissplitter zum Servieren

1. Die Melonen halbieren und die Samen herauslösen. Die Samen in ein Sieb über einer Schüssel geben und abtropfen lassen, dann die Samen wegwerfen.
2. Die Melonenhälften über eine Schüssel halten und das Fruchtfleisch mit einem kugelförmigen Melonenlöffel ausstechen und den Saft mit den Melonenbällchen in die Schüssel tropfen lassen.
3. Zucker und Salz zufügen und vorsichtig umrühren.
4. Die Pfirsiche enthäuten, halbieren und in eine Schüssel mit dem Zitronensaft schneiden. Ab und zu die Pfirsichstücke im Zitronensaft wenden, damit sie sich nicht verfärben.
5. Wenn alle Pfirsiche geschnitten sind, diese mit dem Zitronensaft in die Schüssel mit den Melonenbällchen geben. Vorsichtig untermischen, Rosenwasser nach Geschmack zugeben (je nach Stärke des verwendeten Rosenwassers). Die Schüssel zugedeckt mehrere Stunden kaltstellen.
6. Zum Servieren in einzelne Dessertgläser füllen, mit ein paar Eissplittern bestreuen und sofort servieren.

Baqlawa
Mandelgebäck mit Kardamon

Obwohl Baklava als ein griechisches Gebäck betrachtet wird, erstreckt sich seine Popularität über den ganzen Mittleren Osten. Die persische Version weicht insofern von der griechischen ab, als sie eine größere Menge Mandeln im Verhältnis zum Teig verwendet und mit Rosenwasser und Kardamon aromatisiert wird.
Für den Perser gehören Baqlawa und die Feier des persischen Neujahrs eng zusammen. Es wird für dieses Fest in großen Mengen hergestellt.

Etwa 10 Stück
Ofentemperatur: 180° C
Backzeit: 35–40 Minuten

3 Tassen gemahlene Mandeln
1 Tasse fein gehackte Mandeln
1 Tasse feiner Zucker
1 Teelöffel gemahlener Kardamon
10 Lagen Strudelteig
¾ Tasse zerlassene geklärte Butter oder Ghee
Sirup:
2 Tassen Zucker
1½ Tassen Wasser
1 Teelöffel Zitronensaft
½ Teelöffel gemahlener Kardamon
1 Eßlöffel Rosenwasser

1. Die gemahlenen und gehackten Mandeln mit dem Zucker und dem Kardamon vermischen. Für ein gutes Aroma verwenden Sie am besten frisch gemahlenen oder zerstoßenen Kardamon, wenn die Qualität des fertig gemahlenen Kardamons nicht wirklich gut ist.
2. Eine Backform von 25×33 cm Größe mit geklärter Butter oder Ghee bestreichen. 3 Lagen Strudelteig, die jeweils mit Butter eingepinselt werden, in die Form legen.
3. Die obere Lage Strudelteig mit Butter bestreichen und ein Drittel der Mandelmasse daraufstreuen. 2 weitere mit Butter bestrichene Teiglagen darüberlegen, dann noch jeweils zwei Schichten Mandeln abwechselnd mit 2 Lagen Strudelteig darübergeben.
4. Die letzte Mandelschicht mit 3 Lagen Strudelteig bedecken, die wieder wie die vorigen jeweils mit Butter bepinselt wurden, einschließlich der obersten Lage.
5. Die Ränder mit einem scharfen Messer geradeschneiden und die Teigschichten in rautenförmige Stücke schneiden. Die restliche Butter darüberträufeln, die zwischen den Stücken und an den Seiten herunterrinnt.
6. Auf der mittleren Schiene im Ofen bei mäßiger Hitze 35–40 Minuten backen, nach 30 Minuten eine Schiene höher stellen.
7. Inzwischen den Sirup vorbereiten. In einem schweren Topf bei mittlerer Hitze den Zucker im Wasser auflösen, dabei gelegentlich rühren. Aufkochen, den Zitronensaft und Kardamon zugeben und 15 Minuten sprudelnd kochen lassen, bis der Sirup dick wird, wenn man ihn auf einer kalten Untertasse testet. Das Rosenwasser zugeben und den Sirup vom Herd nehmen. Beiseitestellen, bis das Gebäck fertig gebacken ist.
8. Wenn das Baqlawa goldbraun ist, aus dem Ofen nehmen und den warmen Sirup gleichmäßig darüberträufeln. Mindestens 2 Stunden stehenlassen, bevor das Gebäck noch einmal durchgeschnitten und aus der Form genommen wird. Das Gebäck kann in der Form bleiben, mit einem dünnen Tuch als Schutz vor Staub usw., und bleibt 3–4 Tage knusprig. Übrige Stücke können einige Tage in einem geschlossenen Behälter aufbewahrt werden, sie werden allerdings weicher. Nicht in den Kühlschrank stellen.

Halvaye Shir
Milchpudding

Für 5–6 Personen
Kochzeit: 15 Minuten

¼ Tasse Ghee oder Butter
½ Tasse gemahlener Reis
1½ Tassen Milch
¼ Tasse grobkörniger Zucker
3 Teelöffel Rosenwasser
¼–½ Teelöffel gemahlener Kardamon
¼ Tasse gehackte, blanchierte Mandeln oder Pistazien

1. Ghee oder Butter in einem schweren Topf, möglichst mit Antihaftbeschichtung, erhitzen. Den gemahlenen Reis hineinrühren und unter häufigem Rühren 3 Minuten dünsten, ohne daß sich das Reismehl verfärbt. Die Hitze auf mittlerer Stufe halten.
2. Die Milch zufügen, ständig dabei rühren, bis die Milch aufwallt und dick wird. Den Zucker, das Rosenwasser und den Kardamon nach Geschmack zugeben. Weitere 5 Minuten auf der heißen Platte rühren.
3. In kleine Schälchen gießen, mit den Mandeln oder Pistazien bestreuen und warm oder mit Zimmertemperatur servieren. Oder in eine leicht gebutterte, 20 cm breite quadratische Kuchenform füllen und mit Nüssen bestreuen. Abkühlen lassen und zum Servieren in Quadrate schneiden.

Shir Berenj
Reispudding

Für 6 Personen
Kochzeit: 1–1¼ Stunden

½ Tasse Rundkornreis
1½ Tassen kaltes Wasser
4 Tassen Milch
1 Prise Salz
¼ Tasse grobkörniger Zucker
2–3 Teelöffel Rosenwasser
½ Teelöffel gemahlener Kardamon
Honig zum Servieren, nach Belieben

1. Den Reis nur waschen, wenn es nötig ist. Den Reis mit dem Wasser in einem schweren Topf zum Kochen bringen, dabei gelegentlich umrühren. 15 Minuten bei schwacher Hitze im offenen Topf kochen, bis das Wasser vom Reis aufgenommen worden ist.
2. Die Milch hineinrühren, das Salz zufügen und bei schwacher Hitze 40 Minuten kochen lassen, bis der Pudding dick ist. Geben Sie acht, daß der Pudding nicht anbrennt. Gelegentlich mit einem Holzlöffel rühren.
3. Den Zucker, das Rosenwasser nach Geschmack und den Kardamon zugeben. Umrühren und den Reispudding in kleine Schalen füllen. Warm oder gekühlt mit etwas Honig darauf servieren (nach Belieben).

Lauze Badam
Mandelkonfekt

Im Iran liebt man Konfekt sehr, und seine Herstellung ist eine langwierige und alte Kunst. Um dazu beizutragen, daß die westliche Hausfrau bei der Zubereitung Erfolg hat, habe ich die Grundmethode zur Bonbonherstellung befolgt, ohne das persische Aroma des Konfekts zu opfern. Das folgende Rezept benutzt eine Grundlage, die der für Bonbons so ähnlich ist, daß ich vom Grundrezept für Bonbons ausgegangen bin.

Etwa 45 Stück
Kochzeit: 40–45 Minuten

Bonbonmasse:
½ Tasse Wasser
2 Tassen grobkörniger Zucker
¼ Teelöffel gereinigter Weinstein
Zur Fertigstellung:
2 Tassen fein gemahlene Mandeln
½ Teelöffel Vanille-Essenz

1. Das Wasser in einen schweren Topf geben, den Zucker zugeben und auf niedriger Hitze stehenlassen, damit sich der Zucker auflöst – nicht rühren.
2. Wenn sich der Zucker vollständig aufgelöst hat, zum Kochen bringen, den gereinigten Weinstein zufügen und 20–25 Minuten bei 115° C (mit Bonbonthermometer) kochen.
3. 1¾ Tassen der gemahlenen Mandeln in eine hitzebeständige Schüssel geben und die Hälfte der restlichen Mandeln auf den Boden einer 18 cm breiten, quadratischen Kuchenform streuen.
4. Den Sirup über die Mandeln in der Schüssel gießen und etwa 15 Minuten stehenlassen, bis sich am Rand eine Haut bildet.
5. Mit einem Spatel die Sirupmasse in Achter-Bewegungen durcharbeiten, bis sie körnig zu werden beginnt. Während dieses Vorgangs die Vanille-Essenz zugeben.
6. Wenn die Masse kühl genug ist, zu einer Kugel kneten.
7. Die Masse auf einer Arbeitsfläche flachdrücken und auf die Mandeln in der Kuchenform geben. So auseinanderdrücken, daß die Masse die Form ausfüllt. Die restlichen Mandeln darüberstreuen und andrücken.
8. In etwa 3 Stunden fest werden lassen, dann mit einem geölten Messer in kleine Rauten schneiden.

Lauze Narjeel
Kokosnuß-Konfekt

Das Rezept für Lauze Badan befolgen und die gemahlenen Mandeln durch 2 Tassen getrocknete Kokosraspeln ersetzen.

Lauze Toot
Maulbeerkonfekt

Hier gibt mehr die Form als der Inhalt dem Konfekt den Namen. Befolgen Sie das Rezept für Lauze Badam und geben Sie die ganze Mandelmenge in die Bonbonmasse. Die Masse zu maulbeerförmigen Gebilden formen und in grobem Zucker wälzen. In jedes Konfektstück einen blanchierten Pistazienstift stecken (als Stiel).

Kaluchen Berenj

Reisplätzchen

Etwa 60 Stück
Ofentemperatur: 180° C
Backzeit: 15 Minuten

1 Tasse Butter
1 Tasse Puderzucker, gesiebt
2 Eigelb
2½ Tassen gemahlener Reis
½–1 Teelöffel gemahlener Kardamon
1 Eiweiß, leicht geschlagen
½ Tasse fein gehackte Pistazien oder Mandeln

1. Die Butter mit dem Zucker schaumig schlagen. Nach und nach das Eigelb zugeben und kräftig schlagen.
2. Den gemahlenen Reis mit dem Kardamon durchsieben und mit der Buttermischung zu einem weichen Teig verrühren. 2 Minuten kneten, dann die Schüssel zugedeckt 1 Stunde stehenlassen.
3. Jeweils 1 gehäuften Teelöffel Teig zu einer Kugel formen und auf ein ungefettetes Backblech legen. Mit einem Fingerhut drei halbmondförmige Eindrücke in die Plätzchen drücken.
4. Die Plätzchen mit etwas Eiweiß bestreichen und mit gehackten Pistazien bestreuen. Im Ofen bei mäßiger Hitze 15 Minuten backen. Die Oberseiten sollen hell bleiben, die Unterseiten sollten goldbraun sein.
5. Noch 5 Minuten auf dem Backblech lassen, dann auf einen Drahtrost zum Abkühlen setzen. In einem geschlossenen Behälter aufbewahren.

Morabaye Hendevaneh

Kompott aus Wassermelonenschalen

Kochzeit: 1¾ Stunden

750 g Wassermelonenschalen
Wasser
3 Tassen Zucker
1 Eßlöffel Zitronensaft
1 Teelöffel Kardamonkörner

1. Von der Schale die grüne Haut abschälen und alle rosa Fleischreste entfernen. Nach dem Schälen wiegen oder nach dem Schneiden in 2 cm dicke Würfel abmessen. Man braucht 4 Tassen von diesen Würfeln.
2. Die Würfel in einen Einmachtopf geben und mit kaltem Wasser bedecken. Aufkochen und 1 Stunde bei schwacher Hitze kochen lassen, bis die Schale gar und durchscheinend ist. In einem Durchschlag abtropfen lassen.
3. Den Zucker im selben Topf in 2 Tassen Wasser auflösen. Den Zitronensaft zufügen und aufkochen.
4. Die abgetropften Schalenstücke zugeben und wieder zum Kochen bringen. 15 Minuten kochen lassen, bei Bedarf den Schaum abschöpfen.
5. Die Kardamonkörner in einem Mörser zerstoßen und zum Kompott geben, 1 Minute kochen lassen und vom Herd nehmen. Zugedeckt 12 Stunden oder über Nacht kochen lassen.
6. Den Deckel abnehmen und den Topf auf mittlere Hitze stellen. Zum Kochen bringen und 15–30 Minuten schwach kochen lassen, bis der Sirup dick ist. Etwas Sirup auf einer kalten Untertasse prüfen.
7. In warme, sterilisierte Gläser füllen und nach dem Abkühlen verschließen.

Sharbat Albaloo

Kirschgetränk

Für dieses Getränk werden die schwarzen Sauerkirschen Persiens verwendet. Wenn Sauerkirschen wie z. B. Schattenmorellen nicht erhältlich sind, kann man Tafelkirschen verwenden und die Zitronensaftmenge erhöhen, um den charakteristischen sauren Geschmack zu erhalten.

500 g Sauerkirschen oder andere Kirschen
1½ Tassen Wasser
grobkörniger Zucker
durchgeseihter Zitronensaft

1. Die Kirschen waschen, entstielen und entsteinen. Mit dem Wasser in einen Topf geben und aufkochen. Zugedeckt bei schwacher Hitze 15 Minuten kochen lassen, bis die Kirschen weich sind.
2. Die Kirschen durch ein Sieb in eine Schüssel drücken. 30 Minuten stehenlassen, damit die Kirschen gründlich abtropfen können.
3. Den Saft abmessen, wieder in den Topf geben und die gleiche Menge Zucker zugeben, d. h. 1 Tasse Zucker auf 1 Tasse Kirschsaft. Den Zitronensaft zugeben und bei mittlerer Hitze aufkochen, dabei gelegentlich umrühren, damit sich der Zucker auflöst. Dann im offenen Topf 8–10 Minuten ohne zu rühren kochen. Bei Bedarf den Schaum abschöpfen. Abkühlen und in Flaschen füllen. Bei Zimmertemperatur aufbewahren.
4. Zum Servieren 2–3 Eßlöffel Kirschsirup in ein Glas geben, Eiswürfel und kaltes Wasser nach Geschmack zugeben. Vorsichtig umrühren.

Sharbat Beh

Quittengetränk

Nach der Tradition wird dieses Getränk hergestellt, indem man die Frucht in ein Gefäß mit Wasser reibt. Man muß aufpassen, daß sich die Quitte nicht verfärbt, daher wird die Frucht mit Zitronensaft eingerieben, der auch dem Wasser zugefügt wird. Das sieht nach viel Arbeit aus, wenn der Saft sowieso gekocht wird. Die von mir angeführte Methode eignet sich genauso gut und verleiht dem Sirup noch eine schönere Farbe.

2 große Quitten
2 Tassen Wasser
grobkörniger Zucker
Saft ½ Zitrone

1. Die Quitten schälen und vom Kerngehäuse befreien. In kleine Stücke hacken, in einen Edelstahl- oder Emailletopf geben und Wasser zufügen.
2. Langsam zum Kochen bringen und bei schwacher Hitze 40 Minuten kochen lassen, bis die Frucht sehr weich ist und eine rosa Färbung angenommen hat.
3. Eine doppelte Lage Buttermusselin in eine Schüssel legen und die Ränder etwas überhängen lassen. Den Topfinhalt in die Schüssel gießen, die Zipfel des Tuchs hochnehmen und mit einer Schnur zusammenbinden. Den Beutel hochnehmen und über der Schüssel aufhängen. Mehrere Stunden so hängenlassen, damit der Saft abtropft.
4. Den Saft abmessen und in einen Topf geben. Dieselbe Menge Zucker sowie den Zitronensaft zugeben und zum Kochen bringen; gelegentlich rühren, damit sich der Zucker auflöst. 10 Minuten kochen lassen, bei Bedarf den Schaum abschöpfen. Abkühlen lassen und in Flaschen füllen.
5. Zum Servieren 2 bis 3 Eßlöffel Sirup in ein Glas geben und Eiswürfel und kaltes Wasser nach Geschmack zugeben. Vorsichtig umrühren.

Anmerkung: Der Quittenbrei kann zur Herstellung von Quittenmark (Seite 75) verwendet werden.

Sekanjabin

Süß-saurer Minze-Sirup

Die persische Vorliebe für süß-saures Aroma erstreckt sich auch auf Desserts und Getränke. Sekanjabin, ein süß-saurer Sirup mit einem Aroma, das an Minzen-Sauce erinnert, spielt im persischen Haushalt mehr als eine Rolle: er kann als Tunke für knackige Sommerendivienblätter als ein ungewöhnliches Dessert angeboten werden; mit Brot dazu wird daraus eine leichte Zwischenmahlzeit; mit Wasser oder Sodawasser und Eis kann man einen wohlschmeckenden Punsch herstellen – diese Neuerung geht auf westliche Einflüsse zurück.
In der Medizin behandelten die Perser in der Vergangenheit die Gelbsucht mit einer Diät aus Sekanjabin und Salat – ohne Brot –, bis sich der Patient erholte.

Etwa 1½ Tassen

2 Tassen grobkörniger Zucker
1 Tasse Wasser
½ Tasse weißer Essig
Saft ½ Zitrone
6 große Zweige frische Minze

1. In einem Topf den Zucker mit dem Wasser bei mittlerer Hitze aufsetzen und rühren, bis sich der Zucker aufgelöst hat. Zum Kochen bringen.
2. Den Essig und den Zitronensaft zufügen und bei mittlerer Hitze 15–18 Minuten kochen, bis der Sirup dick ist; bei Bedarf den Schaum abschöpfen. Etwas Sirup auf einer kalten Untertasse prüfen – abgekühlt sollte er die Konsistenz von dünnem Honig haben.
3. Die Minzenzweige gründlich waschen und abtropfen und zum kochenden Sirup geben. 1 Minute mitkochen, dann den Topf vom Herd nehmen und abkühlen lassen.
4. Den Sirup durchseihen, in eine Flasche gießen, verschließen und wegstellen.

Als Dessert: Etwas Sirup in eine flache Schale gießen und nach Belieben Minzenzweige darauf schwimmen lassen. In einer anderen Schale Sommerendivienblätter, gewaschen und gekühlt, anbieten. Das Salatblatt wird zusammengeklappt, in den Sirup getaucht und so gegessen.
Als Getränk: Ein Glas zu einem Drittel mit Sirup füllen, Eiswürfel und Wasser oder Sodawasser zugeben. Vorsichtig umrühren und einen Minzenzweig darauflegen.
Als Punsch: Eine junge, geschälte Gurke in eine Punschschüssel reiben. Eine Portion Sekanjabin-Sirup, viele Eiswürfel und Sodawasser nach Geschmack zugeben. Mit Minzenzweigen und dünnen Gurkenscheiben garnieren.

Afghanistan

Auf seinem Weg nach Indien eroberte Alexander der Große Afghanistan; das Land wurde von Dschingis Khan und seinen Mongolenhorden bei ihrem Vordringen in den Mittleren und Nahen Osten geplündert, und es wurde von Marco Polo auf seiner Reise nach China durchquert. In diesem Land liegt der Khyber-Paß, der bei den Versuchen der Engländer, ihre Kolonien in Indien zu erhalten, eine Rolle gespielt hat. Babur, der Begründer des Mogulenreiches in Indien und ein direkter Nachkomme von Dschingis Khan, kam zuerst in Kabul zur Macht und kehrte dorthin zurück, um zu sterben.

Erst im 18. Jahrhundert wurde Afghanistan zum unabhängigen Königreich erklärt. Mit der Einführung von Dampfschiffen und Flugzeugen wurde Afghanistan von den modernen Handelskarawanen umgangen und blieb folglich rückständig, in der Tradition verhaftet, streng stammespolitisch ausgerichtet und unterentwickelt. Im Jahr 1973 gründete General Mohammad Daoud die Republik Afghanistan und wurde Präsident des Landes. Es ist ein moslemisches Land, aber obwohl es in seinen Traditionen verhaftet ist, könnte man viele moderne afghanische Frauen als befreit betrachten.

Afghanistan ist ein Land ohne Zugang zum Meer; seine Ernährungsweise zeigt daher Einflüsse seiner Nachbarn Pakistan, Indien und Persien. Obwohl es auch mit Rußland eine gemeinsame Grenze hat, ist ein russischer Einfluß auf die Küche des Landes kaum erkennbar.

Aroma und Würze afghanischer Speisen

Der pakistanisch-indische Einfluß ist bei den afghanischen Gewürzen und Reisgerichten vorherrschend. Ein beliebtes Mischgewürz ist Garam Masala, das sich aus Safran, Zimt, Nelken, Paprika und Chili-Pfeffer zusammensetzt und in dem der pakistanisch-indische Einfluß deutlich wird. Kardamon, Dill, Minze, Kreuzkümmel und Koriander wiederum lassen den persischen und arabischen Einfluß erkennen. Gashneez, frischer Koriander, wird als afghanische Petersilie bezeichnet und sehr reichlich verwendet. Wenn auch die Geschichte deutlich macht, daß in frühen Zeiten die indische Küche von Persien her beeinflußt worden ist, scheint Afghanistan das Beste aus beiden Welten übernommen zu haben. Der mongolische Einfluß wird in nudelartigen Gerichten wie Aushak und Aush deutlich, obwohl es natürlich auch möglich ist, daß in jeder Region mit Getreideerzeugung die Nudel ohne Einfluß von außen hätte erfunden werden können.

Ein notwendiger Bestandteil der afghanischen Küche ist Maust (Joghurt), das häufig entwässert wird und eine dicke, cremige, käseähnliche Masse, Chakah genannt, ergibt. Joghurt oder Sauermilch wird entwässert und zu einem Käse, Quroot, getrocknet, der dann mühsam in Wasser aufgelöst wird, um ihn wieder weich zu machen; Anweisungen zur Herstellung einer ähnlich schmeckenden Käsezutat sind in den Rezepten enthalten.

Die Brote in Afghanistan sind denen in Pakistan, Indien und Persien ähnlich, werden aber etwas anders zubereitet. Naun und Lawash sind zwei verschiedene Brote: Naun entspricht dem nordindischen Naan und Lawash dem Nane Lavash in Persien. Dies beweist die Einflüsse dieser Länder auf die Küche Afghanistans.

Das Chalau und Palau Afghanistans sind wiederum den entsprechenden Reisgerichten Persiens und Pakistans und Indiens ähnlich. In Afghanistan wird Basmati-Reis verwendet, der aber durch einen anderen guten Langkornreis ersetzt werden kann.

Das Korma (Fleischsauce) in Afghanistan hat im Korma Indiens ein Gegenstück, obwohl es nicht so stark gewürzt ist; das entsprechende Gericht in Persien ist Khoreshe Gormeh Sabzi.

Hier wird eine weitere Ähnlichkeit deutlich. Das Sabzee Afghanistans und Sabzi Persiens kommen auch in der Küche Pakistans und Indiens vor. Das persische Sabzi bezieht sich auf grüne Kräuter, das afghanische Sabzee auf Spinat und das pakistanisch-indische Sabzi auf verschiedene Gemüse. Der springende Punkt ist dabei natürlich, daß die indo-iranische Sprachfamilie die Grundlage für die in diesen vier Ländern gesprochenen Sprachen ist. Auch abgesehen von der Sprache weisen ihre Gerichte viele Querverbindungen auf.

Kabaub ist eine bequeme Art, Fleischwürfel zu garen; die Afghaner essen sie gerne zwischen zwei Stücken Lawash. Die bevorzugten Fleischsorten sind Rind und Lamm, ab und zu wird auch Kamel- oder Ziegenfleisch gegessen. Da das meiste Fleisch ziemlich zäh ist, wird viel Hackfleisch verwendet, entweder für Saucen oder Kofta Kabaub.

Sehr beliebt ist das Fett aus dem Schwanz des Awassi-Schafes, das Hackfleisch beigegeben wird oder in gewürfelter Form zu Fleischwürfeln gegeben wird, wenn Kabaubs zubereitet werden. Wenn Sie ein ähnliches Aroma haben wollen, nehmen Sie Lamm mit einem Anteil Fett – Lammschulter eignet sich gut dafür. Die Afghanen mögen ihre Speisen fettig, entweder vom Lammfleisch her oder durch die Verwendung ziemlich großer Mengen von pflanzlichem Öl oder Ghee. Ghee ist das bevorzugte Fett, doch in Afghanistan knapp. Die Fettmengen wurden in den Rezepten reduziert, um den westlichen Geschmack zu berücksichtigen, und können bei Bedarf noch weiter reduziert werden.

Es wird viel Gemüse gegessen, wobei Lauch besonders beliebt ist, feurig gewürzt mit Chili-Pfeffer und als Füllung für gekochte und gebackene Mehlspeisen wie Aushak und Boolawnee verwendet. Häufig werden Gemüse zusammen mit Fleisch zubereitet (Korma); Spinat, Rüben, Kartoffeln und Möhren werden hierfür bevorzugt. Obwohl ich diese Rezepte als Korma Sabzee, Korma Zardak usw. bezeichnet habe, ist der korrekte Name Sabzee Chalau oder Zardak Chalau, wenn Korma mit Reis serviert wird – ziemlich verwirrend, doch so werden diese Gerichte in Afghanistan genannt.

Gelbe Erbsen dienen häufig dazu, Saucen und Suppen anzudicken, genau wie im Iran. Die Verwendung von Mung-Bohnen für Maushawa fand ich interessant, da dies das einzige Rezept mit Verwendung der ganzen Mung-Bohne ist, das ich jemals angetroffen habe. Normalerweise werden diese Bohnen als Bohnensprossen für chinesische Gerichte verwendet oder für asiatische Süßspeisen zu einem Mehl gemahlen.

Choi, der afghanische Tee, ist allgegenwärtig. Meist wird er schwarz und sehr stark serviert, zuweilen mit Kardamon gewürzt, und wird mit oder ohne Zucker getrunken. Die Afghanen sind für ihre Gastfreundschaft bekannt, und wenn sie einem Gast Tee anbieten, geben sie meist sehr reichlich Zucker in den Tee. Wenn Sie Tee bekommen, der sehr, sehr süß ist, können Sie daran erkennen, daß Sie ein sehr willkommener Gast sind. Im allgemeinen wird Tee nach einer Mahlzeit serviert, und jeder bekommt eine eigene Teekanne, eine Tasse und ein Schälchen für die Teeblätter. Tee mit Milch wird meist zu formelleren Gelegenheiten angeboten; hierfür wird grüner Tee verwendet.

Essen auf afghanische Art

Die Speisen werden in großen Platten oder Töpfen serviert, die auf ein Tuch gestellt werden, das auf einer Matte oder einem Teppich ausgebreitet wurde. Manchmal werden auch einzelne Teller oder Schalen hingestellt; dies wird jedoch unterschiedlich gehandhabt, je nachdem ob man sich in einem Zelt oder einem Haus befindet. Als Sitzgelegenheiten werden Kissen verteilt, und die Speisen werden im allgemeinen mit den Fingern der rechten Hand gegessen – nach dem traditionellen Händewaschen. Ein Chalau oder Palau gehört zu jeder Mahlzeit und wird meist mit Korma gereicht. Es könnten auch Kabaub, Huhn oder Aushak, dazu eine dicke Suppe, serviert werden, besonders bei festlichen Gelegenheiten. Die Afghanen sind bekannt dafür, daß sie die Speisen in großen Mengen zubereiten und servieren. Gemüse, Salat, Essiggemüse, Joghurt und Brot werden zu jeder Mahlzeit gereicht. Das Brot wird auch zum Auslöffeln mehr flüssiger Speisen benutzt. Als Getränk zum Essen wird häufig Dug (Joghurt-Getränk) oder Murgh (Buttermilch) angeboten. Frische Früchte sind reichlich vorhanden; sie sind sehr wohlschmekkend und gehören ebenfalls zu jeder Mahlzeit. Oft folgen der Mahlzeit Puddings oder süßes Gebäck, und der Tee wird später serviert.

Kochmethoden

Reis wird in einem traditionellen Topf, dem Degh, gekocht und mit einem Gafgeer umgerührt und serviert. Diese Geräte sind am Beginn dieses Kapitels abgebildet. Kababs werden gerne über der Glut eines Holzfeuers gegart, das auch zum Kochen der anderen Bestandteile des Essens verwendet wird. Der Backofen für Brot ist der Tandour, der bienenkorbförmige Ofen, der auch im Iran, Irak und Asien benutzt wird. Da er sich nicht für Gebäck eignet, gibt sich der Afghane mit in der Pfanne gebackenem Gebäck zufrieden, obwohl auch Baqlawa und Kalucheh Berenj, die Reisplätzchen des Iran, in Bäckerläden erhältlich sind. Ein in der Pfanne zubereitetes Gebäck, Abraysham Kabaub, hat mich besonders fasziniert, das eigentlich eine Art süßes Omelett ist. Vielleicht gefällt Ihnen das Rezept, das ich aufgeführt habe.

Zutaten für die afghanische Küche

Es gibt wenige Zutaten, die Sie nicht bereits in Ihrem Küchenregal oder Ihrem Gemüsekorb hätten. Frischer Koriander ist unbedingt erforderlich und kann aus Samen gezogen werden. Pflücken Sie das Kraut vor der Blüte. Koriander ist ein delikates Kraut, und wenn es gewaschen, gründlich getrocknet und lose in einen Plastikbeutel gefüllt wird, sollte es sich im Kühlschrank etwa vier Tage halten.

Sie brauchen Mengen von Knoblauch, Zwiebeln und getrockneter Minze sowie einige Chilischoten zum Würzen, Lauch für spezielle Rezepte, viel Joghurt – versuchen Sie, Joghurt selbst herzustellen, die Anleitung finden Sie auf Seite 25. Die erforderlichen Gewürze sind Zimt, Nelken, Muskatnuß, Kardamon, Kreuzkümmel, Schwarzkümmel oder das fertige Garam Masala, wenn Sie es nicht selbst zusammenstellen wollen. Für süßes Gebäck brauchen Sie Safranfäden, Rosenwasser, ungesalzene Pistazien, Mandeln und Walnüsse. Zum Kochen nehmen Sie Ghee oder pflanzliches Öl. Weiterhin brauchen Sie frische Limetten und Zitronen.

Quroot
Joghurt-Käse

Dies ist ein kugelförmiger, sehr trockener afghanischer Käse, der aus entwässertem, gesalzenen und getrockneten Joghurt hergestellt wird. Um Quroot zum Servieren zu bestimmten Gerichten vorzubereiten, wird der Käse in heißem Wasser in einer besonderen Schüssel, in der ein Stein liegt, eingeweicht. Der Käse wird dann gegen den Stein und die Seitenwand der Schüssel gerieben und so allmählich in das Wasser eingearbeitet. Es entsteht eine dicke Sauce. Afghanen, die im Ausland leben, haben eine Alternative gefunden, indem sie Chakah (entwässertes Joghurt) und reifen Cheddarkäse kombinieren. Der Käse liefert das erforderliche Aroma. Eine andere Alternative ist die Zusammenstellung von normalem Joghurt, reifem Cheddar und Sauerram.

2 Tassen Chakah (entwässertes Joghurt, Seite 26)
½ Tasse fein geriebener, reifer Cheddar-Käse
Salz nach Geschmack

Etwas Chakah mit dem geriebenen Käse vermischen und die Mischung mit einem Holzlöffel schlagen. Allmählich den restlichen Chakah einarbeiten und nach Geschmack salzen. In ein Schälchen geben oder nach den Anweisungen der Rezepte servieren.

Eine andere mögliche Mischung:
1 Tasse normales Joghurt
½ Tasse geriebener, reifer Cheddar-Käse
1 Tasse Sauerrahm
Salz nach Geschmack

Wie oben angegeben vermischen, das Joghurt in den Käse schlagen, dann den Sauerrahm und Salz nach Geschmack zugeben.

Korma
Fleischsauce

Für 6 Personen
Kochzeit: 1½ bis 2 Stunden

750 g mageres Schmorfleisch vom Rind oder Lamm
½ Tasse Öl
1 große Zwiebel, fein gehackt
2 Knoblauchzehen, zerdrückt
1½ Tassen Wasser
Salz
frisch gemahlener schwarzer Pfeffer
¼–½ Teelöffel Chili-Pfeffer
¼ Tasse Daul Nakhud (gelbe Erbsen)
1 Teelöffel Kreuzkümmel
2–3 Eßlöffel gehackte Korianderblätter
Chalau als Beilage (Seite 338)

1. Das Fleisch in 2 cm dicke Würfel schneiden.
2. Das Öl in einem schweren Topf erhitzen und die Zwiebel darin glasig dünsten. Die Hitze höherschalten, den Knoblauch und die Fleischwürfel zugeben und unter häufigem Rühren dünsten, bis der Saft verdampft ist und das Fleisch zu bräunen beginnt.
3. Das Wasser, Salz und Pfeffer nach Geschmack, den Chili-Pfeffer, die gewaschenen Erbsen und den Kreuzkümmel zugeben. Langsam aufkochen, dann die Hitze herunterschalten. Den Topf zudecken und bei schwacher Hitze 1–1½ Stunden dünsten, bis das Fleisch gar ist. Die Dauer hängt vom verwendeten Fleisch ab.
4. Den Koriander zugeben und weitere 10 Minuten dünsten.
5. Chalau (Reis) auf eine Platte häufen und etwas von der Sauce darüberträufeln. Die übrige Sauce mit dem Fleisch in einer anderen Schüssel servieren.

Korma Sabzee

Fleisch mit Spinatsauce

Korma wie oben angegeben vorbereiten, dabei die Erbsen weglassen. Bei Schritt 4 3 Tassen gehackten frischen Spinat mit dem Koriander zugeben. Weitere 10–15 Minuten dünsten.

Korma Shulgun oder Korma Kachalo

Fleisch mit Rübensauce oder Kartoffelsauce

Korma nach dem Grundrezept vorbereiten, dabei die Erbsen weglassen. Etwa 20 Minuten, bevor das Fleisch gar ist, drei weiße Rüben oder drei mittelgroße Kartoffeln, geschält und in 2 cm dicke Würfel geschnitten, zugeben. Bei Schritt 4 weiterfahren.

Korma Zardak

Fleisch mit Karottensauce

Grundrezept für Korma, Variante Korma Shulgun. Anstelle der Rüben 2 Tassen gewürfelte Karotten zugeben.

Bouranee Baunjaun

Auberginen mit Joghurtsauce

Für 6 Personen
Kochzeit: 30–40 Minuten

4 mittelgroße Auberginen, insgesamt etwa 1 kg
Salz
Öl zum Braten
2 mittelgroße Zwiebeln, in Ringe geschnitten
1 grüne Paprika, entkernt und in Ringe geschnitten
2 große, reife Tomaten, enthäutet
Salz
¼ Teelöffel Chili-Pfeffer
¼ Tasse Wasser
Chakah (Joghurtsauce):
2 Tassen Chakah (entwässertes Joghurt, Seite 26)
2–3 Knoblauchzehen, zerdrückt
Salz nach Geschmack

1. Von den Auberginen die Stengelansätze abschneiden. Mit der Haut in 1 cm dicke Scheiben schneiden. Auf einem Tablett ausbreiten und die Scheiben mit reichlich Salz bestreuen. 30 Minuten stehenlassen, dann mit Küchenkrepp gründlich trockentupfen.
2. Den Boden einer Bratpfanne mit hohem Rand (mit passendem Deckel) mit Öl bedecken. Die Auberginen darin auf beiden Seiten hellbraun braten. Nicht ganz gar werden lassen. Auf einen Teller heben und die restlichen Scheiben braten.
3. Das aus den Auberginen austretende Öl wieder in die Pfanne geben und die Zwiebelringe darin glasig dünsten. Die Zwiebelringe auf einen anderen Teller geben.
4. Eine Schicht Auberginenscheiben in die Pfanne legen und mit einigen Zwiebelringen, grünen Paprikaringen und Tomatenscheiben belegen. Weitere Schichten Auberginenscheiben, Zwiebelringe und Tomatenscheiben darüberlegen, bis alle Zutaten aufgebraucht sind. Das restliche Öl von den Auberginen und Zwiebeln und das Wasser zugießen. Die Pfanne zudecken und 10–15 Minuten bei schwacher Hitze dünsten, bis die Auberginen gar sind.
5. Die Zutaten für die Joghurtsauce vermischen und die Hälfte der Sauce in eine Servierschüssel geben. Darauf das Gemüse geben, die Auberginenscheiben vorsichtig aus der Pfanne heben. Einen Teil des Bratensafts in der Pfanne lassen.
6. Den übrigen Teil der Sauce auf das Gemüse geben und die Kochbrühe darüberträufeln. Mit Kabaub und Lawash (Fladenbrot) servieren.

Garam Masala

Duftende Gewürzmischung

5 Kardamonkapseln
2 Stücke Stangenzimt mit je 8 cm Länge
½ Teelöffel ganze Nelken
2 Eßlöffel Kreuzkümmelkörner
1 Teelöffel Schwarzkümmelkörner
½ Muskatnuß, gerieben

1. Alle Gewürze außer der Muskatnuß in einen kleinen Topf geben und bei mittlerer Hitze unter gelegentlichem Rühren rösten, bis die Gewürze duften. Auf einem Teller abkühlen lassen.
2. Die Kapseln von den Kardamonsamen trennen und wegwerfen. Die gerösteten Gewürze mit den Kardamonsamen im Mixer zu einem feinen Pulver verarbeiten.
3. Die Muskatnuß reiben und zu den gemahlenen Gewürzen geben. In einem verschlossenen Glas aufbewahren.

Boolawnee

Gebackene Lauchtaschen

Etwa 32 Stück

Teig:
2 Tassen Weizenmehl
½ Teelöffel Salz
⅔ Tasse kaltes Wasser
Lauchfüllung:
2 Lauchstangen (3 Tassen gehacker Lauch)
2 Teelöffel Salz
¼ Teelöffel Chili-Pfeffer
3 Teelöffel Öl
Zum Ausbacken:
Öl

1. Das Mehl mit dem Salz in eine Schüssel sieben, eine Mulde eindrücken und das Wasser hineingießen. Zu einem festen Teig vermischen und 5 Minuten kneten, bis er elastisch wird. Bei Bedarf noch etwas Mehl überstäuben. In eine Plastikfolie einwickeln und 30 Minuten ruhen lassen.
2. Von den Lauchstangen den größten Teil der grünen Blätter abschneiden, die Stangen der Länge nach halbieren und gründlich spülen, um alle Erdreste zwischen den Schichten zu entfernen. Die Wurzeln abschneiden und den Lauch mit Küchenkrepp trockentupfen. Jeweils eine halbe Stange flach auf ein Brett legen, der Länge nach in Abständen von 5 mm durchschneiden, dann querdurch in kleine Würfel schneiden. In Tassen abmessen und in eine Schüssel geben.
3. Salz und Chili-Pfeffer zum gehackten Lauch geben und mit der Hand durchdrücken, damit der Lauch weicher wird. Das Öl einrühren.
4. Den Teig in haselnußgroße Stücke teilen und zu Bällchen rollen. Die Bällchen zu dünnen Kreisen mit 10 cm Durchmesser ausrollen. Oder den ganzen Teig ausrollen und 10 cm breite Kreise ausstechen.
5. Etwa 2 Teelöffel Lauch in die Mitte jedes Kreises geben, den Teigrand zur Hälfte mit Wasser bestreichen und den Teig über die Füllung klappen. Die Ränder gut andrücken und mit einem Fingerhut (traditionelle Methode) oder einem Kaffeelöffel halbmondförmige Kerben eindrücken oder mit den Zinken einer Gabel andrücken.
6. Jeweils 3–4 Lauchtaschen in heißem Öl goldbraun backen, zwischendurch wenden, damit sie gleichmäßig bräunen. Auf Küchenkrepp abtropfen lassen und heiß oder warm servieren.

Chatni Gashneez

Koriander-Chutney

1 Tasse grob gehackte Korianderblätter
2 Knoblauchzehen
1 grüne Chilischote
½ Tasse grob gehackte Walnüsse
¼ Tasse Zitronensaft oder Essig
Salz

1. Die gehackten Korianderblätter fest in die Tasse packen, um sie abzumessen. Die Knoblauchzehen enthäuten und grob hacken, die Chilischoten aufschlitzen, die Samen herausnehmen und ebenfalls grob hacken.
2. Die vorbereiteten Zutaten und die Walnüsse in einem Mixer oder der Küchenmaschine zu einer pastenartigen Masse verarbeiten, dann nach und nach bei angestellter Maschine den Zitronensaft oder Essig zugeben.
3. Mit Salz abschmecken, in eine Schüssel geben und bis zum Verbrauch kaltstellen. Zu Kabaubs servieren.

Anmerkung: Wenn Sie keine Küchenmaschine haben, die Zutaten durch einen Fleischwolf mit feinem Vorsatz drehen oder die Zutaten fein hacken, dann mit der Keule im Mörser zerstoßen. Nach und nach den Zitronensaft oder Essig zugeben und mit Salz abschmecken.

Afghanische Brote

Die Brote in Afghanistan sind denen im angrenzenden Iran und in Indien ziemlich ähnlich. Im Grund gibt es zwei Brotsorten, die hauptsächlich gegessen werden: eins ist das große Fladenbrot, Lawash oder Parakee, das auf einem bienenkorbförmigen Backofen, dem Tandoor, gebacken wird, das andere ist Naun, das der Form nach dem Nann im Punjab ähnlich ist.
Im allgemeinen wird Vollkornmehl verwendet, und das Brot wird mit einem fermentierten Triebmittel zubereitet. Da man mit einem solchen Triebmittel wirklich vertraut sein muß, ist es besser, wenn Sie die übliche Hefe verwenden, obwohl der Geschmack nicht ganz der gleiche ist.

Lawash

Fladenbrot aus Vollkornmehl

Befolgen Sie das Rezept für Nane Lavash im Kpaitel über den Iran, Seite 296. Lawash nach den Anweisungen der jeweiligen Rezepte oder als Beilage zu Speisen verwenden. Stattdessen kann auch das leichter erhältliche libanesische Fladenbrot genommen werden. Wenn in den Rezepten Lawash verlangt wird, schneiden Sie ein libanesisches Brot von der flachen Seite her durch und verwenden die beiden Fladen anstelle des Lawash.
Obwohl der Geschmack nicht ganz der gleiche ist, ist der eigentliche Zweck erfüllt.
Um Lawash aufzuwärmen, in Folie wickeln und im Ofen bei mittlerer Hitze 5 Minuten erhitzen.

Naun

Vollkornbrot

8 Brote
Ofentemperatur: 220° C
Backzeit: 15 Minuten

1 Beutel aktive Trockenhefe
2 Tassen warmes Wasser
3 Tassen Vollkornmehl
2 Tassen Weißmehl
1½ Teelöffel Salz
Öl zum Formen

1. Die Hefe in ¼ Tasse warmem Wasser auflösen.
2. Die Mehlsorten und das Salz mischen und in eine Rührschüssel sieben. Etwa 1 Tasse aus der Schüssel beiseitestellen.
3. Das restliche warme Wasser zur Hefemischung geben und in die Mitte des Mehls gießen. Etwas Mehl in die Flüssigkeit rühren, die Schüssel zudecken und an einem warmen Ort 10 Minuten stehenlassen, bis der Vorteig schaumig ist.
4. Das restliche Mehl in der Schüssel mit dem Vorteig vermischen und mit der Hand 20 Minuten schlagen, dabei nach und nach das aufbewahrte Mehl unterkneten. Oder mit den Knethaken eines elektrischen Rührgeräts 15 Minuten schlagen und soviel Mehl zugeben, wie der Teig noch aufnimmt.
5. Die Schüssel zudecken und an einem warmen Ort stehenlassen, bis sich der Teig verdoppelt hat – 30 Minuten bis 1 Stunde.
6. Mit eingeölten Händen den Teig in 8 gleiche Portionen teilen und jede zu einer Kugel rollen. Den Ofen vorheizen.
7. Jede Teigkugel zu einem tropfenförmigen Gebilde von 1 cm Dicke drücken. Auf einem eingeölten Blech arbeiten und die Hände immer wieder leicht ölen. Die fertig geformten Brote auf Backbleche legen und mit einem Tuch bedeckt 15 Minuten stehenlassen.
8. Den Zeigefinger in Öl tauchen und in jedes Brot 3 parallele Kerben ziehen, die jeweils 2 cm vom Rand enden. Sie erhalten gewellte, tropfenförmige Brote mit jeweils 3 Furchen, von denen die mittlere länger ist als die anderen beiden.
9. Die Brote auf der mittleren Schiene im heißen Ofen 15 Minuten backen, bis sie hellbraun und durchgebacken sind. Sofort in ein Tuch wickeln, wenn sie aus dem Ofen genommen werden.

Zarda Palau

Süßer Reis mit Orange und Huhn

Für 5–6 Personen
Ofentemperatur: 150° C
Garzeit: 1 Stunde

dünne Schale von 2 Orangen
Wasser
1 Tasse grobkörniger Zucker
¼ Tasse Ghee oder Öl
½ Tasse blanchierte Mandelstifte
1 kg Hühnerbrust, geviertelt
Salz
frisch gemahlener schwarzer Pfeffer
1 mittelgroße Zwiebel, in Ringe geschnitten
2 Tassen Basmati oder anderer guter Langkornreis
½ Teelöffel Safranfäden
2 Eßlöffel heißes Wasser
¼ Tasse blanchierte Pistazien, nach Belieben

1. Die Orangenschalen in etwa 3 cm lange, feine Streifen schneiden. 5 Minuten in 2 Tassen Wasser kochen, dann abtropfen lassen und abspülen.
2. Den Zucker in 1 Tasse Wasser auflösen, die Orangenschale zugeben und bei schwacher Hitze 5 Minuten kochen, bis der Sirup dick ist. Vom Herd nehmen und beiseitestellen.
3. In einer Bratpfanne 1 Eßlöffel Ghee erhitzen und die Mandelstifte darin goldgelb rösten. Vom Herd nehmen und beiseitestellen.
4. Das restliche Ghee in der Pfanne erhitzen und die Hühnerteile darin auf allen Seiten bräunen. Das Fleisch herausnehmen und das Fett in der Pfanne lassen. Das Fleisch mit Salz und Pfeffer bestreuen.
5. Die Zwiebelringe in der Pfanne weich und hellbraun dünsten. 1 Tasse Wasser zugeben und rühren, damit sich der Bodensatz löst. Die Hühnerteile wieder hineinlegen und zugedeckt bei schwacher Hitze 20 Minuten dünsten.
6. In einem großen Topf 8 Tassen Wasser zum Kochen bringen, den gewaschenen Reis und 1 Eßlöffel Salz zugeben. Wieder aufkochen und 8 Minuten kochen lassen. In einem Durchschlag oder Sieb abtropfen lassen.
7. Den Reis in eine Schüssel geben und den Sirup aus den Orangenschalen über den Reis seihen, die Schalen aufbewahren. Den Reis durchrühren und zur Hälfte in eine gefettete feuerfeste Form füllen.
8. Die Hühnerteile mit den Zwiebeln und der Hälfte der Kochflüssigkeit auf dem Reis verteilen und mit der Hälfte der Schalenstücke und gerösteten Mandelstifte bestreuen.
9. Den restlichen Reis darüber verteilen und die restliche Kochflüssigkeit darüberträufeln. Das Gericht in der geschlossenen Form im Ofen bei schwacher Hitze 40 Minuten backen.
10. Inzwischen die zerstoßenen Safranfäden in heißem Wasser quellen lassen.
11. Wenn der Reis gar ist, die obere Schicht aus der Form nehmen und ringförmig am Rand einer vorgewärmten Platte verteilen. Die Hühnerteile herausnehmen, beiseitestellen und die untere Reisschicht in die Mitte der Platte füllen. Mit den Hühnerteilen belegen und mit den aufbewahrten Orangenschalenstücken und Mandelstiften garnieren. Die Pistazien – falls verwendet – darüberstreuen. Das Wasser mit den Safranfäden über den Reisring gießen und das Gericht sofort servieren.

Kabab-e-Murgh

Gebratenes Huhn

Für 5–6 Personen
Ofentemperatur: 190° C
Garzeit: 2–2½ Stunden

1 Huhn, etwa 1,5 kg schwer
1–2 Knoblauchzehen, zerdrückt
Salz
frisch gemahlener schwarzer Pfeffer
½ Tasse zerlassenes Ghee oder Öl
1 Zwiebel, fein gehackt
1 Tasse enthäutete und gehackte Tomaten
Zum Servieren:
2 Lawash (Seite 336)
3 hartgekochte Eier, in Scheiben geschnitten
frischer Koriander

1. Bei Bedarf das Huhn innen säubern und außen und innen mit Küchenkrepp abwischen.
2. Das Huhn innen mit Salz und Pfeffer würzen und außen mit Salz, Pfeffer und zerdrücktem Knoblauch einreiben. Nach Belieben zusammenbinden.
3. Das Huhn überall mit Ghee oder Öl bestreichen und in eine Bratenform legen. Im Ofen bei mittelstarker Hitze 1½ Stunden braten, dabei gelegentlich mit Ghee bestreichen. Zwischendurch wenden, damit es gleichmäßig bräunt.
4. In der Zwischenzeit die Zwiebel in 1 Eßlöffel Ghee weich dünsten und die Tomaten zugeben. Mit Salz und Pfeffer abschmecken. Unbedeckt 15 Minuten dünsten, dann durch ein Sieb drücken.
5. Den Rest Ghee zur Sauce geben und damit das Huhn während der letzten 30–45 Minuten häufig bestreichen.
6. Zum Servieren 1 Fladenbrot auf eine Platte legen und das Huhn daraufsetzen. Mit Eischeiben und Korianderblättern garnieren und mit dem zweiten Fladenbrot belegen. Das Huhn am Tisch zerlegen. Jedes Fladenbrot in Viertel teilen und mit dem Huhn servieren.

Anmerkung: Wenn Sie einen Grill mit Drehspieß haben, stecken Sie das Huhn auf den Spieß und grillen es; zuerst mit Ghee bestreichen, später mit der Tomatensauce.

Chalau

Gedünsteter Reis

Für 6–8 Personen
Kochzeit: 40 Minuten

3 Tassen Basmati oder anderer guter Langkornreis
¼ Tasse Öl
Wasser
2 Teelöffel Salz

1. Den Reis verlesen, wenn erforderlich, und in ein Sieb geben. Unter fließendem kalten Wasser waschen, bis das Wasser klar abläuft. 30 Minuten in einem Sieb abtropfen lassen.
2. Das Öl in einem schweren Topf erhitzen und den Reis zugeben. Bei mittlerer Hitze 5 Minuten rühren.
3. Kaltes Wasser bis zu einer Höhe von 2 cm über dem Reis zugeben (wenn Sie den Zeigefinger hineinhalten und das Wasser über dem Reis den 1. Knöchel erreicht, ist das ein zuverlässiger Anhaltspunkt). Das Salz hineinrühren.
4. Zum Kochen bringen und dabei gelegentlich rühren, dann die Hitze herunterschalten. Den Topf mit einem Tuch oder 2 Lagen Küchenkrepp bedecken und den Deckel fest aufsetzen.
5. Bei schwacher Hitze 30 Minuten dünsten. Dann mit einer Gabel auflockern und zum Servieren auf einer Platte aufhäufen.

Alternative Methode:

1. Den Reis nur waschen, wenn das nötig ist. In einem schweren Topf 8 Tassen Wasser zum Kochen bringen und den Reis und 1 Eßlöffel Salz zugeben. Rühren, bis das Wasser wieder kocht, und den Reis im offenen Topf 8 Minuten kochen lassen.
2. Den Reis in einem Sieb oder einem Durchschlag abtropfen lassen.
3. Den Reis in eine feuerfeste Form geben, das Öl zugeben und umrühren, so daß alle Reiskörner mit Öl überzogen sind. Dann 1 Teelöffel Salz und ½ Tasse kaltes Wasser zufügen.
4. Den Rand der Form mit einem Tuch oder 2 Lagen Küchenkrepp bedecken und fest den Deckel aufsetzen.
5. Im Ofen bei niedriger Hitze (150° C) 30 Minuten backen.

Maushawa

Bohnensuppe mit Fleischbällchen

Für 6 Personen
Kochzeit: 2½ Stunden

½ Tasse Lubia (rote Trockenbohnen), gewaschen und über Nacht eingeweicht
Wasser
½ Tasse Daul Nakhud (gelbe Erbsen)
½ Tasse Maush (Mung-Bohnen)
½ Tasse Rundkornreis
Salz
Fleischbällchen:
250 g fein gehacktes Rind- oder Lammfleisch
½ Teelöffel Salz
½ Teelöffel frisch gemahlener schwarzer Pfeffer
¼ Teelöffel Chili-Pfeffer
¼ Teelöffel Zimt
Zur Fertigstellung:
½ Tasse Öl
1 große Zwiebel, fein gehackt
Wasser
½ Tasse enthäutete und gehackte Tomaten
1 Teelöffel Shabit (Dillkraut) oder 1 Eßlöffel gehackter frischer Dill
1 Tasse Joghurt

1. Die roten Bohnen mit ihrem Einweichwasser in einen großen Topf geben. Aufkochen und zugedeckt 1 Stunde schwach kochen lassen.
2. Die Erbsen und Mung-Bohnen waschen und mit 2 Tassen Wasser zu den Bohnen geben. Wieder zum Kochen bringen und 30 Minuten sieden lassen.
3. Den Reis waschen und mit 2 Teelöffeln Salz in den Topf geben. Weitere 30 Minuten sieden lassen, bis alle Zutaten gar sind.
4. Das Hackfleisch mit den Gewürzen vermischen und zu haselnußgroßen Bällchen formen.
5. Das Öl in einem großen, schweren Topf erhitzen und die Zwiebel darin glasig bis hellbraun dünsten. Die Fleischbällchen zugeben und unter häufigem Rühren bräunen. Das Wasser und die gehackten Tomaten zugeben und zugedeckt 30 Minuten dünsten.
6. Die gekochten Bohnen in den Topf mit den Fleischbällchen geben, noch 2 Tassen Wasser und den Dill zugeben. Aufkochen, dann das Joghurt zugeben und bei schwacher Hitze rühren, bis die Suppe beinahe kocht. Mit Salz und Chili-Pfeffer – wenn gewünscht – abschmecken. Heiß in tiefen Tellern mit Lawash oder Naun (Brot) servieren.

Kofta Kabaub Surkh Shuda

Gebratenes Lamm-Kebab aus Hackfleisch

Für 6 Personen
Garzeit 1½ Stunden

1 kg Schmorfleisch vom Lamm ohne Knochen
2 Tassen Wasser
2 mittelgroße Zwiebeln, gehackt
½ Tasse Daul Nakhud (gelbe Erbsen)
Salz
¼ Tasse gehackte Korianderblätter
1 Knoblauchzehe, nach Belieben
½ Teelöffel Garam Masala (Seite 335)
1 Ei, verquirlt
½ Teelöffel frisch gemahlener schwarzer Pfeffer
etwa ¼ Tasse Vollkornmehl
Öl zum Braten
4 mittelgroße Kartoffeln, geschält und in je 8 Schnitze geschnitten
Zum Servieren:
2 Lawash (Seite 336), nach Belieben
Zitronen- oder Limettenspalten
Korianderblätter

1. Das Lammfleisch in Würfel schneiden und mit dem Wasser in einen Topf geben. 1 gehackte Zwiebel zugeben und langsam zum Kochen bringen, dabei nach Bedarf den Schaum abschöpfen. Zugedeckt 30 Minuten sieden lassen.
2. Die Erbsen abspülen und mit 2 Teelöffeln Salz in den Topf geben, zudecken und weitere 30 Minuten kochen, bis das Fleisch und die Erbsen gar sind und das Wasser eingezogen ist. Im offenen Topf bei mittlerer Hitze noch ein paar Minuten kochen, damit der größte Teil der Feuchtigkeit verdampft.
3. Etwas abkühlen lassen, dann mit der restlichen gehackten Zwiebel, dem Koriander und dem gehackten Knoblauch – falls verwendet – vermischen. Durch den Fleischwolf mit feinem Vorsatz drehen oder in der Küchenmaschine zerkleinern.
4. In eine Schüssel geben und abkühlen lassen. Dann das Garam Masala, das verquirlte Ei, Salz nach Geschmack und den Pfeffer untermischen. Soviel Mehl unterkneten, daß man eine formbare Paste erhält.
5. Mit angefeuchteten Händen je 2 Eßlöffel der Fleischpaste zu Würstchen von 10 cm Länge formen.
6. Reichlich Öl in eine Bratpfanne geben (5 mm hoch) und die Kabaubs darin auf allen Seiten goldbraun braten. Abtropfen lassen und warmhalten.
7. Während die Kabaubs braten, die Kartoffeln in einer anderen Pfanne in Öl ausbacken, bis sie goldbraun und gar sind. Abtropfen lassen.
8. Die Kabaubs auf einem Fladenbrot, das auf einer Platte liegt, anordnen und mit Zitronen- oder Limettenschnitzen und Koriander garnieren. Mit dem zweiten Brot bedecken und die Kartoffeln auf der Platte anordnen. Wenn kein Lawash verwendet wird, die Kabaubs, Kartoffeln und Garnierung auf eine Platte geben und mit anderem Fladenbrot servieren.

Aush

Nudeln mit Hülsenfrüchten, Fleisch und Joghurt

Für 6 Personen
Kochzeit: 1–1¼ Stunden

Nudelteig:
2 Tassen Weizenmehl
1 Teelöffel Salz
⅔ Tasse kaltes Wasser
zusätzliches Mehl
Hülsenfrüchte
½ Tasse Daul Nakhud (gelbe Erbsen)
kaltes Wasser
1 Tasse rote Bohnen aus der Dose mit der Flüssigkeit
Salz
1 Eßlöffel Öl
2 Tassen fein gehackter Spinat
Keema (Fleischsauce):
½ Tasse Öl
1 mittelgroße Zwiebel, fein gehackt
750 g Gehacktes vom Lamm oder Rind
Salz
frisch gemahlener schwarzer Pfeffer
½ Tasse Tomatenpüree
½ Tasse Wasser
Chakah (Joghurtsauce):
1½ Tassen entwässertes Joghurt (siehe Seite 26)
3 Teelöffel getrocknete Minze, zerrieben
¼–½ Teelöffel Chili-Pfeffer
¼ Tasse fein gehackte Korianderblätter
Salz nach Geschmack

1. Das Mehl mit dem Salz in eine Schüssel sieben, das Wasser zugeben und zu einem festen Teig rühren, bei Bedarf noch Mehl zugeben. In zwei Portionen aufteilen und in Plastikfolie eingewickelt 30 Minuten ruhen lassen.
2. Jedes Teigstück auf einem bemehlten Brett sehr dünn ausrollen. Den Teig in 5 mm breite Streifen schneiden.
3. Die Nudeln auf ein bemehltes Tuch legen, mit Mehl bestäuben und ca. 30 Minuten trocknen lassen.
4. Die Erbsen gründlich waschen und mit 1½ Tassen kaltem Wasser in einen Topf geben. Aufkochen und 30 Minuten schwach kochen lassen, bis sie gar sind. Die roten Bohnen mit ihrer Einmachflüssigkeit zugeben und warmhalten.
5. In einem großen Topf 8 Tassen Wasser zum Kochen bringen und 2 Teelöffel Salz, das Öl und die Nudeln hineingeben. Die Nudeln in mehreren Portionen ins Wasser geben und jedesmal rühren, damit sie nicht aneinanderkleben. Wieder zum Kochen bringen und unbedeckt 5 Minuten kochen lassen. Dann den Spinat zugeben und weitere 5 Minuten kochen. In einem Durchschlag abtropfen lassen und wieder in den Topf geben.
6. Die Hülsenfrüchte mit ihrer Flüssigkeit zugeben und vorsichtig mit den Nudeln vermischen. Bei schwacher Hitze warmhalten.
7. In einer Bratpfanne die ½ Tasse Öl erhitzen und die Zwiebel darin weich dünsten, dann das Hackfleisch zugeben. Bei starker Hitze rühren, bis der Saft verdampft und das Fleisch leicht gebräunt ist. Nach Geschmack salzen und pfeffern, das Tomatenpüree und Wasser zugeben und zugedeckt 10 Minuten dünsten, dann den Deckel abnehmen und die Flüssigkeit verdampfen lassen. Die Sauce sollte ölig sein.
8. Die Zutaten zur Joghurtsauce vermischen, zu den Nudeln geben und gründlich vermengen. Die Mischung sollte saftig sein.
9. Die Nudelmischung in eine hohe Schüssel geben und die Fleischsauce darauf verteilen. Bei Tisch die Fleischsauce unter die Nudeln rühren und das Gericht in tiefen Tellern servieren.

Aushak

Gekochte Lauchtaschen mit Joghurt und Fleischsauce

Es wird allgemein angenommen, daß Marco Polo die Nudeln nach Italien von China her einführte. Etwa 50 Jahre vor seinen Reisen aßen die Araber und Inder schon Nudeln, die auf arabisch Rishta genannt wurden (eine Bezeichnung, die noch heute verwendet wird und vom persischen Wort für »Faden« abgeleitet worden ist) und von den Indern Sevika. Es kann angenommen werden, daß der Nudelteig, wenn er frisch zubereitet wurde, auch auf andere Art verwendet wurde. Da Afghanistan die natürliche Landroute von einer Region in die andere war, kann sich jeder selbst zusammenreimen, woher Rishta, Sevika oder Aush (Seite 339) stammen.

Ich habe diese lange Einleitung vorangestellt, da die Engländer Aushak meist als Lauch-Ravioli mit Joghurt und Fleischsauce bezeichnen! Bei allem Respekt für die Italiener habe ich doch auf italienische Begriffe verzichtet, um Mißverständnisse zu vermeiden. Dieses Rezept ist alten Ursprungs und ohne Zweifel afghanisch. Lediglich die Tomate ist eine relative Neuerung und ersetzte wahrscheinlich die Tamarinde oder eine ähnliche saure Zutat.

Für 6 Personen
Kochzeit: 1¼ Stunden

1 Portion Aush-Teig (Seite 339)
2 Stangen Lauch (gehackt etwa 3 Tassen)
1 Teelöffel Salz
¼ Teelöffel Chili-Pfeffer
1 Eßlöffel Öl
Keema (Fleischsauce):
½ Tasse Öl
1 große Zwiebel, fein gehackt
500 g mageres Hackfleisch vom Lamm oder Rind
½ Tasse Tomatenpüree
1 Tasse Wasser
Salz
frisch gemahlener schwarzer Pfeffer
Chakah (Joghurt-Sauce)
2 Tassen entwässertes Joghurt (Seite 26)
3–4 Knoblauchzehen, zerdrückt
1 Teelöffel Salz
Zur Fertigstellung:
8 Tassen Wasser
1 Teelöffel Salz
1 Eßlöffel Öl
2–3 Teelöffel getrocknete Minze

1. Den Teig nach Anleitung herstellen, in Plastikfolie einwickeln und 30 Minuten ruhen lassen.
2. Von den Lauchstangen die Wurzeln und den größten Teil der grünen Blätter entfernen, der Länge nach halbieren und gründlich waschen. Mit Küchenkrepp trockentupfen, fein hacken und abmessen; bei Bedarf noch Lauch zufügen.
3. Den Lauch in einer Schüssel mit Salz, Chili-Pfeffer und Öl vermischen. Wenn gewünscht, kann der Lauch auch in Öl weich gedünstet werden.
4. Den Teig in zwei Stücke teilen und auf einem leicht bemehlten Brett sehr dünn ausrollen. 5 cm breite Kreise oder Quadrate ausstechen, stapeln und zudecken, sobald sie ausgestochen sind; die Reste verkneten, ausrollen und ebenfalls ausstechen.
5. 1 Teelöffel der Lauchfüllung auf ein Teigstück legen, den Teigrand mit Wasser befeuchten und den Teig zu einem Halbkreis zusammenklappen; Quadrate zu Dreiecken falten. Die Ränder fest mit dem Rand eines Fingerhutes oder den Zinken einer Gabel andrücken. Die fertig vorbereiteten Lauchtaschen auf ein Tuch legen und mit einem anderen Tuch bedecken.
6. In einer Pfanne das Öl erhitzen und die Zwiebel darin glasig dünsten. Die Hitze heraufschalten, das Fleisch zufügen und rühren, bis es krümelig ist; solange dünsten, bis der Saft verdampft und das Fleisch bräunt. Die Hitze herunterschalten und die restlichen Zutaten für die Fleischsauce zugeben. Zugedeckt 20 Minuten schwach dünsten, dann den Deckel abnehmen und noch solange dünsten, bis die Feuchtigkeit verdampft und die Mischung ölig ist. Warmhalten.
7. Die Zutaten für die Joghurtsauce in einer Schüssel vermischen und beiseitestellen.
8. In einem großen Topf 8 Tassen Wasser zum Kochen bringen und das Salz und das Öl zugeben. Etwa 20 Lauchtaschen ins kochende Wasser geben und 10 Minuten kochen. Mit einem Schaumlöffel herausnehmen und in einen Durchschlag geben, der in einem Topf über siedendem Wasser hängt. Zugedeckt warmhalten, während die restlichen Lauchtaschen gekocht werden.
9. Die Hälfte der Joghurtsauce auf einer ovalen Platte verteilen. Mit den heißen Lauchtaschen belegen und mit der restlichen Joghurtsauce bedecken. Die getrocknete Minze zerreiben und über die Joghurtsauce streuen. Über das Ganze die heiße Fleischsauce verteilen uns sofort servieren.

Abbildung Seite 341:
Chelou Kebab (Gegrilltes Lamm mit Reis), Rezept Seite 319
Abbildung Seite 342:
Baqlawa (Mandelgebäck mit Kardamon), Rezept Seite 326
Abbildung Seite 343:
Sharbat Beh (Quittengetränk), Rezept Seite 329;
Sharbat Albaloo (Kirschgetränk), Rezept Seite 328;
Kharboozeh va Holoo Makhloot (Melonen- und Pfirsichdessert), Rezept Seite 325;
Sekanjabin (Süß-saurer Minze-Sirup), Rezept Seite 329
Abbildung Seite 344:
Boolawnee (Gebackene Lauchtaschen), Rezept Seite 335

Kabaub

Lamm-Kebabs mit Joghurtmarinade

Normalerweise wird dieses Kebab mit Stücken von magerem Lammfleisch zubereitet, das abwechselnd mit gleichgroßen Stücken Lammfett vom Schwanz auf Spieße gesteckt wird. Da diese Sorte Lammfleisch vom Awassi- oder Fettschwanzschaf außerhalb des Nahen Ostens nicht erhältlich ist, habe ich Lammschulter verwendet. Die Fleischwürfel enthalten dann selbst Fett, das zu dem gewünschten Resultat führt. Das Fett gibt dem Fleisch Aroma und Saft.

Für 5–6 Personen
Grillzeit: etwa 15 Minuten

750 g Lammschulter ohne Knochen
1 Tasse Joghurt
2 Knoblauchzehen, zerdrückt
1 Teelöffel Salz
frisch gemahlener schwarzer Pfeffer
Zum Servieren:
5–6 Lawash (Seite 336) oder anderes Fladenbrot
Tomatenscheiben
Zwiebelringe
Zitronenschnitze und Korianderzweige

1. Das Lammfleisch in 3 cm dicke Würfel schneiden.
2. Das Joghurt in einer Glas- oder Keramikschüssel mit dem Knoblauch, dem Salz und reichlich frisch gemahlenem Pfeffer vermischen. Das Fleisch hineingeben und in der Joghurtmarinade wenden. Dann zudecken und 4–5 Stunden oder über Nacht in den Kühlschrank stellen.
3. Wenn alles zum Grillen vorbereitet ist, jeweils 5–6 Stücke Lammfleisch auf 5 oder 6 Spieße stecken und etwas Platz dazwischen lassen. Überschüssige Marinade abstreifen, das Fleisch sollte aber noch mit einer dünnen Marinadeschicht überzogen sein.
4. Über glühender Holzkohle grillen. Wenn möglich, die Spieße über die Seitenwände des Grills legen, so daß das Fleisch nicht den Rost berührt. Der Rost sollte möglichst herausgenommen werden. Während des Grillens die Spieße häufig wenden.
5. Das fertig gegrillte Fleisch auf eine Hälfte des Fladenbrots schieben und Tomaten- und Zwiebelringe darüberlegen. Das Brot darüberklappen, damit das Fleisch warm bleibt, und sofort servieren, garniert mit Zitronenschnitzen und Koriander.

Khabli Palau

Würziges Lamm-Pilav

Für 4–5 Personen
Kochzeit: 2 Stunden

¼ Tasse Ghee oder Öl
2 mittelgroße Zwiebeln, gehackt
500 g Lammfleisch ohne Knochen
½ Teelöffel Garam Masala (Seite 335)
¼ Teelöffel gemahlener Kardamon
¼ Teelöffel Zimt
¼ Teelöffel gemahlener schwarzer Pfeffer
1 Teelöffel Salz
1½ Tassen Wasser
¼ Tasse Butter oder Ghee
¼ Tasse blanchierte Mandelstifte
2 mittelgroße Möhren, in streichholzlange Stücke geschnitten
1 Tasse Rosinen ohne Kerne
2 Teelöffel Zucker
2 Tassen Langkornreis
6 Tassen Wasser
Salz

1. Die Hälfte des Ghee oder Öls in einem schweren, hohen Topf erhitzen und die Zwiebeln bei mittlerer Hitze in 15 Minuten goldbraun rösten. Aus dem Topf nehmen und beiseitestellen.
2. Das Lammfleisch von Fett und Sehnen befreien und in 2 cm dicke Würfel schneiden. Mit dem restlichen Ghee in den Topf geben und bei starker Hitze bräunen, dabei häufig umrühren. Mit den Gewürzen und Salz bestreuen, noch eine Minute rühren, dann 1½ Tassen Wasser zugeben und die Zwiebel wieder in den Topf geben. Zugedeckt 1 Stunde dünsten.
3. Währenddessen die Mandelstifte in Butter oder Ghee in einer Pfanne hellbraun dünsten. Die Mandeln herausnehmen und die Möhren in die Pfanne geben. Bei mittlerer Hitze unter häufigem Rühren dünsten, bis die Möhren etwas Farbe angenommen haben. Dann die Rosinen zugeben und mitdünsten, bis sie aufgequollen sind. Mit Zucker bestreuen und beiseitestellen.
4. Den Reis gründlich waschen und abtropfen lassen. 6 Tassen Wasser mit 1 Eßlöffel Salz zum Kochen bringen, den Reis zugeben und 6 Minuten kochen. Dann in einem Sieb abtropfen lassen.
5. Das fertig gegarte Fleisch und etwa ½ Tasse Flüssigkeit aus dem Topf nehmen und den vorgekochten Reis und 1 Teelöffel Salz in die Kochflüssigkeit im Topf rühren. Mit dem Stiel eines Holzlöffels 3 oder 4 Löcher in den Reis drücken. Die Fleischwürfel auf die eine Hälfte auf den Reis geben, die Möhren-Rosinen-Mischung auf der anderen Hälfte verteilen. Darüber die aufbewahrte Flüssigkeit vom Schmoren träufeln.
6. Den Topfrand mit 2 Lagen Küchenkrepp bedecken und den Topf fest mit dem Deckel verschließen. Bei mittlerer Hitze dünsten, dann die Hitze niedrigschalten und weitere 25 Minuten dünsten. Dann noch zugedeckt 5 Minuten nehmen dem Herd stehenlassen.
7. Die Fleischwürfel in die Mitte einer Platte häufen und mit der Möhren-Rosinenmischung belegen. Den Reis mit einer Gabel auflockern und um das Fleisch herum legen. Den Reis mit den gerösteten Mandelstiften bestreuen und servieren.

Kecheree Quroot-e-Kofta

Reis und Mung-Bohnen mit Joghurt- und Fleischbällchensauce

Für 6 Personen
Kochzeit: 1 Stunde

Kofta (Fleischbällchensauce):
750 g fein gehacktes Lammfleisch
1 mittelgroße Zwiebel, gerieben
1 Teelöffel gemahlener Koriander
1 Teelöffel gemahlener Kreuzkümmel
½ Teelöffel Chili-Pfeffer
Salz
1 große Zwiebel, fein gehackt
½ Tasse Öl oder Ghee
1½ Tasse enthäutete und gehackte Tomaten
1 Tasse Wasser
Kecheree (Reis und Mung-Bohnen):
1 Tasse Maush (Mung-Bohnen)
1½ Tassen Rundkornreis
½ Tasse Öl oder Ghee
2 mittelgroße Zwiebeln, gehackt
4 Tassen Wasser
2 Teelöffel Salz
frisch gemahlener schwarzer Pfeffer
½ Teelöffel Garam Masala (Seite 335)
1 Teelöffel getrocknete Minze, zerrieben
Zum Servieren:
¼ Tasse Ghee oder Butter
3 Knoblauchzehen, fein gehackt
Quroot (Joghurt-Käse-Sauce, Seite 333)

1. Das gehackte Lammfleisch mit der geriebenen Zwiebel, dem Koriander, Kreuzkümmel, Chili-Pfeffer und 1½ Teelöffel Salz vermischen. Zu walnußgroßen Bällchen formen.
2. Die gehackte Zwiebel in Öl oder Ghee hellbraun dünsten, die Tomaten, Wasser und Salz nach Geschmack zugeben und zum Kochen bringen. Die Fleischbällchen in die kochende Flüssigkeit geben und zugedeckt 30 Minuten sieden lassen, dann den Deckel abnehmen und dünsten, bis die meiste Flüssigkeit verdampft ist. Dabei gelegentlich rühren.
3. Inzwischen die Mung-Bohnen und den Reis getrennt waschen und abtropfen lassen.
4. Das Öl oder Ghee in einem schweren Topf erhitzen und die Zwiebel darin hellbraun dünsten.
5. 4 Tassen Wasser in den Topf geben und zum Kochen bringen, die Mung-Bohnen hineinrühren und 10 Minuten im geschlossenen Topf kochen lassen.
6. Den Reis, Salz, Pfeffer, Garam Masala und Minze zugeben, aufkochen und dann die Hitze herunterschalten. Den Topf mit einem Tuch und dem Deckel verschließen und bei schwacher Hitze 30 Minuten dünsten.
7. Die Reismischung auf eine Platte häufen und in die Mitte eine Mulde drücken. Ein paar Fleischbällchen mit Sauce hineingeben. Die restliche Sauce mit den Fleischbällchen in einer anderen Schüssel servieren.
8. In einer kleinen Kasserolle Ghee oder Butter erhitzen und den Knoblauch darin dünsten, bis er etwas Farbe angenommen hat. Die Joghurt-Käse-Sauce in eine Schale geben und den heißen Knoblauch mit dem Fett darübergießen. Sofort zum Hauptgericht servieren, damit sich jeder nach Belieben davon nehmen kann.

Halwau-e Aurd-e Sujee

Grießkonfekt

Dieses Halwau ist in der Zubereitung dem griechischen Halva sehr ähnlich, das ich seit Jahren zubereite. Das Ghee, Kardamon und Rosenwasser verleihen ihm einen typischen orientalischen Geschmack.

Kochzeit: 30–35 Minuten

1 Tasse Zucker
2 Tassen Wasser
¾ Tasse Ghee
1 Tasse grobkörniger Grieß
¼ Tasse blanchierte Pistazien
¼ Tasse blanchierte Mandelstifte
½–1 Teelöffel gemahlener Kardamon
1–2 Teelöffel Rosenwasser
zusätzliche Pistazien oder Mandeln zum Garnieren

1. Den Zucker bei mittlerer Hitze in einem Topf in Wasser auflösen, dabei gelegentlich umrühren. Aufkochen, dann 5 Minuten ohne zu rühren sprudelnd kochen lassen. Vom Herd nehmen und im Topf beiseitestellen.
2. In einem schweren, hohen Topf das Ghee erhitzen und den Grieß zugeben. Bei mittlerer Hitze 5 Minuten rühren. Der Grieß sollte sich nicht verfärben.
3. Den heißen Sirup unter ständigem Rühren in den Grieß laufen lassen. Wenn eine glatte Mischung entstanden ist, die Hitze etwas herunterschalten und unbedeckt kochen lassen, bis die Flüssigkeit aufgesogen ist. Die Mischung sollte in diesem Stadium dick, aber noch feucht sein. Die Pistazien, Mandeln und Kardamon und Rosenwasser nach Geschmack hineinrühren.
4. Den Topfrand mit einem Tuch oder 2 Lagen Küchenkrepp bedecken, den Deckel fest aufsetzen und den Topf bei schwacher Hitze 5 Minuten auf der Platte stehenlassen. Dann die Platte abstellen und den Topf noch 10 Minuten ungestört stehenlassen.
5. Das Halwau auf eine flache, leicht eingeölte Platte geben und mit Pistazien oder Mandeln garnieren. Rautenformige oder quadratische Stücke schneiden und warm oder kalt servieren.

Sambosay Goshti

Fritierte Fleischtaschen

40 Stück
Backzeit: etwa 1 Minute pro Partie

Füllung: 500 g mageres Rind- oder Lammfleisch
Salz
1 Tasse Wasser
¼ Tasse Öl
1 kleine Zwiebel, fein gehackt
frisch gemahlener schwarzer Pfeffer
½ Teelöffel Garam Masala (Seite 335)
Teig:
2 Tassen Weizenmehl
1 Teelöffel Salz
¼ Tasse Butter oder Ghee
1 Ei
kaltes Wasser
Öl zum Fritieren

1. Das Fleisch in Würfel schneiden und in einem Topf mit etwa 1 Teelöffel Salz und dem Wasser langsam zum Kochen bringen und 1–1½ Stunden dünsten, bis das Fleisch gar ist.
2. Das Fleisch herausnehmen und fein hacken oder durch den Fleischwolf mit grobem Vorsatz drehen.
3. Das Öl in einer Pfanne erhitzen und die Zwiebel darin glasig dünsten. Das Fleisch zugeben, die Hitze höherschalten und das Fleisch braten, bis es hellbraun ist. Etwas von der Kochbrühe zufügen, so daß das Fleisch gerade angefeuchtet ist, und Pfeffer, Garam Masala und bei Bedarf noch Salz zugeben. Vom Herd nehmen und abkühlen lassen.
4. Das Mehl mit dem Salz in eine Schüssel sieben. Die Butter oder das Ghee zugeben und mit den Fingerspitzen in das Mehl einarbeiten. Das Ei leicht in einer Tasse verquirlen und mit kaltem Wasser zu einer Menge von ½ Tasse auffüllen.
5. Das mit Wasser verquirlte Ei in die Mehlmischung gießen und zu einem weichen Teig verarbeiten. Mit Haushaltsfolie bedecken und 15 Minuten ruhen lassen.
6. Die Hälfte des Teigs dünn ausrollen, nach der auf Seite 18 beschriebenen Methode vorgehen. Der ausgerollte Kreis sollte etwa 50 cm breit sein.
7. Den Teig in Abständen von jeweils 8 cm einschlagen, bis Sie einen Streifen von dieser Breite und der Länge des ausgerollten Kreises erhalten. Leicht mit dem Rollholz andrücken und zur leichteren Weiterverarbeitung den Streifen halbieren.
8. Jeden Streifen zu einem Stück von etwa 75 cm Länge und 9 cm Breite ausrollen. In Quadrate schneiden und stapeln. Dann den anderen Streifen und schließlich die andere Teighälfte ebenso verarbeiten.
9. Auf jedes Teigquadrat einen gehäuften Teelöffel Füllung geben, zwei aneinanderstoßende Ränder mit Wasser befeuchten und eine Teighälfte über die andere klappen, so daß ein Dreieck entsteht. Die Ränder erst mit den Fingern zusammendrücken, dann mit einem Fingerhut oder einer Gabel eindrücken. Die fertig vorbereiten Fleischtaschen auf ein Tablett legen.
10. Jeweils 3–4 Stück in heißem Öl ausbacken, zwischendurch wenden, damit sie gleichmäßig garen. Goldbraun backen, dann herausnehmen und auf Küchenkrepp abtropfen lassen.

Sambosay Sheereen

Fritiertes Gebäck

40 Stück
Backzeit: etwa 1 Minute pro Partie

1 Portion Teig (siehe Sambosay Goshti, oben)
½ Tasse Puderzucker
½ Tasse gemahlene, blanchierte Pistazien, nach Belieben
Öl zum Fritieren
Füllung:
1 Tasse gemahlene Walnüsse
1 Tasse gemahlene kernlose Rosinen

1. Den Teig nach Anleitung herstellen (Schritt 4 und 5 des vorigen Rezeptes). Gemäß Schritt 6, 7 und 8 ausrollen und in Quadrate schneiden; den Puderzucker mit den Pistazien vermischen und beiseitestellen.
2. Die Walnüsse und gemahlenen Rosinen zu einer groben Paste vermischen.
3. In die Mitte eines Teigquadrates 1 gehäuften Teelöffel geben, zwei aneinanderstoßende Teigränder befeuchten und das Teigstück diagonal zusammenklappen; es entsteht ein Dreieck. Die Ränder andrücken, dann mit einem Fingerhut oder mit einer Gabel verzieren. Die fertig vorbereiteten Gebäckstücke auf ein Tablett legen.
4. Jeweils 3–4 Stück in heißem Öl ausbacken und zwischendurch wenden, damit sie gleichmäßig bräunen. Goldbraun backen, herausnehmen und auf Küchenkrepp abtropfen lassen.
5. Die warmen Gebäckstücke mit der Mischung aus Puderzucker und Pistazien bestreuen und warm oder kalt servieren. Übriggebliebenes Gebäck in einem verschlossenen Behälter aufbewahren.

Abraysham Kabaub

Seiden-Kebab

Dieses faszinierende Gebäck ist eigentlich ein süßes Omelett, das auf eine ganz ungewöhnliche Art zubereitet wird. Afghanische Hausfrauen sind verschiedener Meinung darüber, wie das »Seidenfaden«-Omelett zuzubereiten ist. Ich habe die Methode angegeben, die für mich am besten funktioniert – Sie können sich auch eine einfachere Methode ausdenken.
Diese Speise wird als eine der großartigen Delikatessen der afghanischen Küche betrachtet, doch das »Kabaub« in der Bezeichnung ist meiner Meinung nach irreführend. Vielleicht sollen die fertigen Stücke Fleisch-Kebabs ähnlich sehen, was ich allerdings nicht finden kann.

Etwa 30 Stück
Backzeit: 20–30 Minuten

Sirup: 1½ Tassen grobkörniger Zucker
1 Tasse Wasser
1 Teelöffel Zitronensaft
¼ Teelöffel Safranfäden, nach Belieben
Omelett:
8 Eier
1 Prise Salz
Zur Fertigstellung:
2 Tassen Öl
¾ Tassen fein gehackte Pistazien oder Walnüsse
½ Teelöffel gemahlener Kardamon

1. In einem schweren Topf bei mittlerer Hitze den Zucker im Wasser auflösen. Zum Kochen bringen, den Zitronensaft und die Safranfäden zugeben und 10 Minuten kochen lassen. Abkühlen lassen und in einen Kuchenteller mit 25 cm Durchmesser seihen. Beiseitestellen.
2. Die Eier in eine Edelstahlschüssel von etwa 20 cm Durchmesser schlagen. Die Größe und der flache Boden sind wichtig. Das Salz zugeben und die Eier mit einer Gabel rühren, bis die Eier gründlich vermischt sind – nicht schaumig schlagen.
3. Das Öl in einer Elektropfanne auf 190° C oder in einer Bratpfanne mit 25 cm Durchmesser auf einer mit Thermostat geregelten Heizplatte erhitzen.
4. Einen Bratenwender, den Teller mit Sirup, ein Backblech und die mit Kardamon gemischten Pistazien oder Walnüsse bereitstellen, ebenso eine Schüssel Wasser und ein Tuch zum Abtrocknen der Hände.
5. Die Schüssel mit den verrührten Eiern in der einen Hand über die Pfanne mit dem heißen Öl halten. Die andere Hand in die Eier tauchen, mit der Handfläche nach unten, bis der Handrücken mit Ei bedeckt ist. Die Hand herausnehmen, die Finger etwas nach innen biegen, dann über dem heißen Öl öffnen und die Finger nach unten hängen lassen. Das Ei von den Fingern in die Pfanne laufen lassen und dabei die Hand quer über die Pfanne bewegen, so daß sich lange Fäden in der Pfanne bilden. Die Hand wieder in die Eimasse tauchen und diese jetzt quer zur ersten Schicht in die Pfanne laufen lassen. Dies drei- oder viermal wiederholen, bis etwa die Menge von 1 Ei verbraucht ist. In der Pfanne sollte dann eine engmaschige Schicht von Eifäden sein. Rasch arbeiten, so daß die letzten Eifäden nicht lange nach den ersten in die Pfanne kommt.
6. Die Hand rasch abspülen und abtrocknen. Mit dem Bratenwender das Omelett hochnehmen und wenden, damit die andere Seite etwas bräunen kann. Die Oberseite wird blasig, die Unterseite etwas glatter. Wenn das Omelett goldbraun ist, mit dem Bratenwender aus der Pfanne nehmen und über der Pfanne abtropfen lassen.
7. Das Omelett flach in den Sirup legen, Sirup darüber löffeln und das Omelett mit dem Bratenwender auf ein Backblech legen. Mit der blasigen Seite nach innen aufrollen. Die fertige Rolle sollte etwa 3 cm dick sein. Auf eine Seite legen und mit den gehackten Pistazien oder Walnüssen bestreuen.
8. Die restliche Eimasse ebenso verarbeiten, es ergeben sich 7 oder 8 Rollen insgesamt. Obwohl die Eimasse in der Schüssel abnimmt, werden Sie mit der Zeit so geschickt sein, daß Sie sie in feinen Fäden in die Pfanne bekommen.
9. Nach dem Abkühlen die Kabaubs in 4–5 cm lange Stücke schneiden und servieren. Sie halten sich in einem verschlossenen Behälter an einem kühlen Ort eine Weile.

Firnee

Cremepudding mit Mandeln und Kardamon

Für 6–8 Personen
Kochzeit: 15 Minuten

3 Tassen Milch
1 Prise Salz
⅓ Tasse grobkörniger Zucker
½ Tasse Maismehl (Mondamin)
¼ Tasse kaltes Wasser
½ Tasse blanchierte gehackte Mandeln oder Mandelstifte
¼–½ Teelöffel gemahlener Kardamon
¼ Teelöffel Safranfäden, zerstoßen
¼ Tasse fein gehackte blanchierte Pistazien

1. Die Milch bis auf ½ Tasse in einen schweren Topf geben und Salz und Zucker zufügen. Langsam erhitzen und umrühren, damit sich der Zucker auflöst.
2. Das Maismehl mit der restlichen Milch und ¼ Tasse Wasser verrühren und unter ständigem Rühren in die warme Milch gießen. Die Mandeln zugeben und weiterrühren, bis die Masse dick wird und aufwallt. Wenn die Masse klumpig wird, einen Schneebesen benutzen.
3. Kardamon nach Geschmack und den zerstoßenen Safran zugeben. Bei schwacher Hitze 5 Minuten kochen lassen und gelegentlich umrühren.
4. Den Pudding in 6 oder 8 Dessertschalen gießen und jede Portion rundherum mit Pistazien bestreuen. Nach der Tradition wird Firnee in zwei Teller gegossen, mit Pistazien garniert und in je vier Teile geschnitten.

Gosh Feel

Elefantenohren

Etwa 40
Backzeit: etwa 45 Sekunden pro Partie

2 Eier
2 Teelöffel feiner Zucker
¼ Teelöffel Salz
½ Tasse Milch
4 Teelöffel Öl
2½ Tassen Weizenmehl, zusätzlich ¼ Tasse zum Kneten
½ Teelöffel gemahlener Kardamon
Öl zum Fritieren
Zur Fertigstellung:
1 Tasse Puderzucker
½ Teelöffel gemahlener Kardamon, nach Belieben
½ Tasse fein gehackte, blanchierte Pistazien oder ½ Tasse fein gehackte Walnüsse

1. Die Eier schaumig schlagen, dann den Zucker und das Salz hineinschlagen. Die Milch und das Öl hineinrühren. Das Mehl sieben und die Hälfte davon mit einem Holzlöffel in die Eiermischung rühren. Nach und nach das restliche Mehl einrühren, jedoch ½ Tasse Mehl zurückbehalten.
2. Den Teig auf ein bemehltes Brett legen und mit etwas Mehl bestäuben. 10 Minuten kneten, bis der Teig glatt und glänzend ist – nach Bedarf noch Mehl unterkneten. Der Teig ist etwas klebrig. Mit Plastikfolie bedecken und 2 Stunden ruhen lassen.
3. Ein etwa haselnußgroßes Stück Teig auf dem bemehlten Brett zu einem Kreis von etwa 8–10 cm Durchmesser ausrollen. Den Teig auf einer Seite hochnehmen und einkneifen, so daß man die Form eines Elefantenohrs erhält. Auf ein Tuch legen und zudecken. Den restlichen Teig ebenso verarbeiten.
4. Je 1 Gebäckstück in 190° C heißem Öl ausbacken und zwischendurch wenden, damit es gleichmäßig bräunt. Goldgelb backen, nicht zu braun werden lassen. Da der Teig ziemlich elastisch ist, neigt er dazu, sich zusammenzuziehen; ziehen Sie die Teigstücke vor dem Ausbacken mit den Fingern vorsichtig auseinander.
5. Das Gebäck auf Küchenkrepp abtropfen lassen.
6. Den Puderzucker mit dem Kardamon – falls verwendet – sieben und die Elefantenohren damit bestreuen. Mit den gehackten Pistazien oder Walnüssen bestreuen und warm oder kalt servieren. In einem geschlossenen Behälter aufbewahren.

Ein anderer Belag: Aus 1 Tasse Zucker und ½ Tasse Wasser Sirup herstellen. Wenn der Zucker aufgelöst ist, aufkochen und 5 Minuten kochen lassen. Den Sirup auf die warmen Gebäckstücke träufeln und mit Kardamon und Nüssen bestreuen.

Israel

Da ich aus einem ziemlich jungen Land komme und aus erster Hand die Veränderungen in der australischen Küche miterlebt habe, die sich in den letzten dreißig Jahren mit der Ankunft von Einwanderern aus so vielen verschiedenen Ländern ergeben haben, war ich mehr als neugierig auf die israelische Küche. Während es in Australien im allgemeinen keine religiösen Beschränkungen im Hinblick auf die Nahrung gibt, war ich gespannt, wie es einem Land ergeht, das seine Existenz auf dem Judentum begründet, das strenge Ernährungsvorschriften hat.

Nun, den Israelis geht es sehr gut dabei. Ein Besucher ist vielleicht überrascht, daß der Speisesaal eines Hotels in Fleisch- und Milchprodukteabteilungen eingeteilt ist, daß es Restaurants nur für Fleischgerichte, Milchprodukte oder vegetarische Speisen gibt (ein sehr geeignetes Mittel, um das Problem zu umgehen), aber all das funktioniert gut, und die Beschränkungen werden kaum wahrgenommen.

Die Nation ist dabei, mit ihren Bürgern, die aus der ganzen Welt stammen, eine neue Identität zu finden. Die Einwanderer haben ihre Rezepte mitgebracht, die Speisen an das Klima Israels und die dort vorhandenen Nahrungsmittel angepaßt und andere Rezepte aufgegeben, die nicht in das neue Land passen. Als ich mit meinen Nachforschungen begann, mir die Gerichte anschaute und mit den Küchenchefs und anderen Leuten sprach, wurde klar, daß sich eine neue Küche entwikkelt, obwohl von vielen geleugnet wird, daß es so etwas wie eine israelische Küche gibt.

Aus blühenden Obstgärten kommen köstliche Früchte, alle Arten von Zitrusfrüchten, Datteln, Äpfel, Birnen, Quitten, Stein- und Beerenobst, Feigen, Bananen und Avocados; es werden Gänse, Enten, Hühner, Truthähne, Rinder, Kälber und Lämmer gezüchtet; Milchprodukte und Honig gibt es im Überfluß – wirklich das Land, in dem Milch und Honig fließt.

Aroma und Würze israelischer Speisen

Während es die Hausfrau vielleicht vorzieht, die Gerichte des Landes, aus dem sie stammt, zuzubereiten, sind es mehr die Küchenchefs, die an der Entwicklung einer Landesküche arbeiten. Auch sie stammen aus vielen Nationen; mit so unterschiedlichem Hintergrund und einem enormen Stolz auf ihr Land sowie einem angeborenen Schaffensdrang sind sie wirklich dabei, eine neue Küche zu schaffen. Daraus sind herrliche Obstspeisen entstanden, die – obwohl einfach in der Konzeption – eine wahre Freude für das Auge und den Gaumen sind. Obst wird mit anderen Früchten kombiniert, mit Joghurt, Honig, Huhn, Fleisch, Suppen und Salaten.

Israelische Küchenchefs haben viele neue Speisen konzipiert, die es ihnen ermöglichen, beliebte Gerichte anzubieten, ohne gegen die Reinheitsgesetze zu verstoßen. Während sie ihre Kunst in westlichen Küchen ausübten, lernten sie, welche Gerichte bei den Leuten beliebt sind, und da viele Entrees und Cocktail-Snacks Erzeugnisse aus Schweinefleisch verwenden, haben sie in Zusammenarbeit mit Nahrungsmittelherstellern und -verarbeitern ausgezeichnete alternative Speisen entwickelt.

Ein Beispiel ist Haze Egal Ma'ooshan, geräucherte Gänsebrust, die dem feinsten Schinken gleichkommt. Sie wird als Hülle für Datteln und Backpflaumen, die wiederum mit Mandeln gefüllt sind, bei Kalbs- und Huhngerichten verwendet, um diesen Gerichten das Aroma von Schinkenspeck zu geben, ja eigentlich für alle Gerichte, die sonst Schinkenspeck enthalten. Geräuchertes Kalb- und Truthahnfleisch sind andere Erzeugnisse des neuen Israel. Honigsüße Melonen werden mit feinen Scheiben geräuchertem Kalbfleisch als Ersatz für Schinken serviert.

In Israel wird ausgezeichnetes Geflügel erzeugt; Gänse und Enten werden mit Getreide ernährt, was der Gänse- und Entenleber einen viel besseren Geschmack gibt, als es bei Geflügel der Fall ist, das mit Fischmehl aufgezogen wird. Der größte Teil der in Israel erzeugten Gänseleber wird nach Straßburg exportiert, der Heimat der Pâté de Fois Gras – was natürlich zugunsten von Israels Gänsen spricht.

Truthahnbrust gibt es in Israel so leicht zu kaufen wie woanders Hühnerbrust. Es lohnt sich, von einem frischen Truthahn die Brust herauszuschneiden, um Chiboot me Hodoo, Truthahn am Spieß, auszuprobieren. Küchenchefs wie Herr Avi Brueh und Herr Alen Feron vom Jerusalem Hilton und Herr Moise Peer vom Mishkenot Shaananim Restaurant sind drei der Pioniere der israelischen Küche. Die israelische Hausfrau hat alle Zutaten für Gerichte aus der ganzen Welt zur Hand. Die Küche Israels ist jedoch eine Verbindung aus den Erzeugnissen des Landes, des Könnens der Hausfrau, der mit ins Land gebrachten Traditionen sowie der Tradition des Landes selbst mit den arabischen Einflüssen. Und während das ganze Spektrum der jüdischen Kochkunst in Israel möglich ist, sind alle Zutaten für eine Küche eigener nationaler Identität vorhanden. Tatsächlich ist das israelische Nationalgericht arabischen Ursprungs, es wird an Straßenecken, in Basaren und Geschäften verkauft. Es handelt sich um Felafel, Kichererbsenkroketten, die in Pita-Brot mit Salat und Tahini-Sauce angeboten werden. Auch die orientalische Küche der sephardischen und Sabra-Juden gehört zur israelischen Küche. Ich habe mich auf die neuen Speisen Israels und einige überlieferte Rezepte konzentriert und habe nur ein oder zwei Beispiele für einheimische Gerichte angegeben, da der Rest des Buches eine große Anzahl von Rezepten enthält, die auch in vielen israelischen Haushalten beliebt sind.

Das Reinheitsgebot (Kashrut)

Die Ernährungsgebote Israels beruhen auf den Lehren der Tora. Die Gesetze scheinen sehr streng zu sein, aber wenn man sich klar macht, daß die ursprünglichen Gesetze vor Tausenden von Jahren niedergelegt wurden, um die Gesundheit der Menschen zu schützen, erkennt man, warum solche Gesetze formuliert wurden. Der erste Grundsatz besteht darin, daß kein Fleisch von einem Tier mit gespaltenen Füßen gegessen werden darf (bis vor kurzem war das Schwein gegenüber vielen Krankheiten anfällig, die auch den Menschen gefährlich werden können); ein Tier muß gespaltene Hufe haben und Wiederkäuer sein.

Nach dem Reinheitsgebot gibt es vier Gesetze über die Zubereitung von Fleisch. Erstens muß das Tier auf humane Art geschlachtet werden, um sein Leiden zu vermindern. Zweitens ist es verboten, Blut zu sich zu nehmen, daher muß das Fleisch vor dem Kochen gereinigt werden. Drittens erfordert die Vorbereitung koscheren Fleisches durch den Metzger handwerkliches Geschick; bestimmte Fette, besonders das Nierenfett, sind nicht erlaubt und müssen entfernt werden. Auch der Ischiasnerv sollte entfernt werden (d. h., das Fleisch muß gereinigt werden), aber da wenige Metzger die Zeit und das erforderliche Geschick haben, werden meist Fleischstücke von der Vorhand verwendet. Schließlich darf Fleisch nicht mit Milch zusammen gekocht, kombiniert oder gegessen werden, da das Gesetz sagt: »Du sollst das Junge nicht in der Milch seiner Mutter kochen«. Dieses Gesetz ist die Erklärung für die Trennung zwischen Fleisch und Molkereiprodukten.

Die Anweisung, daß man den Ischiasnerv nicht verwenden darf, hat seinen Ursprung in der Geschichte von Jakob. Dieser war einmal in einen Kampf mit einem Fremden verwickelt und bekam einen Schlag auf die Hüfte; von da an humpelte er. Das Resultat dieser Auseinandersetzung war, daß Jakob seinen Namen in Israel änderte, und im Gedenken an dieses Ereignis essen die Kinder Israel nicht den Ischiasnerv.

Zubereitung von Fleisch und Geflügel gemäß dem Reinheitsgebot

Alle Geräte und Gegenstände, die für die Zubereitung von irgendeinem Fleisch oder Geflügel verwendet werden, werden nur für diesen bestimmten Zweck benutzt. Das Fleisch wird in eine Schüssel gelegt und vollständig mit Wasser bedeckt. Nachdem es 30 Minuten im Wasser gelegen hat, muß jeder Rest von Blut vom Fleisch entfernt werden, bevor man es aus dem Wasser nimmt. Es wird dann auf ein durchlöchertes Holzbrett gelegt und auf allen Seiten mit Salz bestreut. Dann wird es eine Stunde liegengelassen und anschließend gründlich mit kaltem Wasser abgespült. Befolgen Sie diese Regeln bei allen angegebenen Fleischrezepten, bevor Sie mit der Zubereitung beginnen.

Molkereierzeugnisse und Parveh (neutrale Speisen)

Alle Speisen aus Molkereiprodukten können mit Speisen der Erde und mit Fisch kombiniert werden, da diese als »parveh« oder neutral angesehen werden. Die anglizierte Form dieses Begriffes ist »pareve«, und da dieses Wort auf Nahrungsmittelpackungen erscheint, wird es auch so in den Rezepten verwendet. Die Israelis und Orthodoxen Juden in anderen Teilen der Welt haben Substanzen mit den Merkmalen von Molkereiprodukten entwickelt, die bei der Zubereitung von Fleischspeisen verwendet werden können, zum Beispiel nicht milchhaltige Sahne in Pulver- oder flüssiger Form oder die Instant-Schlagsahne in Dosen. Die flüssige Form ist ungesüßt und kann anstelle von Rahm oder Sauerrahm für Suppen, Fleischgerichte oder Gerichte auf Fleischgrundlage oder mit Fleisch- oder Hühnerbrühe verwendet werden. Vor dieser Neuerung pflegten jüdische Hausfrauen für diesen Zweck geschlagene Eier zu verwenden, da Eier auch als »parveh« betrachtet werden.

Da Käse normalerweise mit Lab hergestellt wird, eine Substanz aus den Mägen von Tieren, wird spezieller koscherer Käse hergestellt, für den eine Substanz aus einer erlaubten Quelle genommen wird.

Meerestiere

Andere verbotene Speisen sind Schellfisch und Krustentiere sowie Fische ohne Schuppen und Flossen.

Diese Richtlinien sind keineswegs vollständig und sollen Sie nur über das Reinheitsgebot aufklären, damit Sie die Anweisungen in den Rezepten verstehen. Aus diesem Grund wurden auch pflanzliche Margarine oder Öl in allen Rezepten verwendet, denn wenn Butter verwendet wird, ist dadurch das Gericht auf Milchspeisen beschränkt, wenn das Gesetz beachtet werden soll. Natürlich brauchen Sie sich nicht daran zu halten und können in dieser Hinsicht zu passendem Ersatz greifen.

Essen auf israelische Art

Die vorstehenden Ausführungen haben Sie schon mit der Art einer israelischen Mahlzeit vertraut gemacht. Fleisch, Gemüse, Reis, Nudeln, Fisch, Salate, Brot, Margarine, Früchte und Gewürze können zu ein und derselben Mahlzeit angeboten werden. Wenn ein Nachtisch auf Milchgrundlage serviert wird, darf dies erst drei Stunden nach dem Verzehr von Fleisch erfolgen. Ein Essen mit Speisen aus Molkereiprodukten kann alle Nahrungsmittel enthalten, außer Fleisch, Geflügel oder irgendeinem Produkt daraus. Es darf Butter und Fisch enthalten.

Kochmethoden

Diese wurden mehr oder weniger bereits im Abschnitt über das Reinheitsgebot abgehandelt. Drei Tage vor dem jüdischen Osterfest wird ein jüdisches Haus von allen Produkten gereinigt, die gesäuert werden können, also Mehl und Getreideprodukte. Kartoffeln und Matzen sind die einzigen stärkehaltigen Speisen, die in den Schränken bleiben dürfen. Um sicherzustellen, daß kein Küchengerät, Teller, keine Schüssel oder Schale irgendeine Spur einer verbotenen Substanz aufweist, werden diese aus der Küche entfernt oder fest in Schränken verschlossen, die während der Dauer des Passahfestes nicht berührt werden dürfen. Daher besitzen alle Häuser, in denen streng auf die Einhaltung des Reinheitsgesetzes geachtet wird, getrennte Kochgeräte und Geschirre in einem besonderen Schrank, die nur während dieser Zeit benutzt werden.

Zutaten für die israelische Küche

Wenn man die Reinheitsgebote befolgt, muß man Fleisch und Geflügel von einem koscheren Metzger beziehen. Koschere Läden haben eine Vielfalt von Lebensmitteln vorrätig, einschließlich koscherem Käse, koscherer Wurst und geräuchertem Fleisch.

Matzen und Matzenmehl (feines oder grobes), Pflanzenmargarine oder Öl und ein reichlicher Vorrat an Trockenobst und Nüssen, Trockenbohnen und -erbsen, Burghul und Pinienkernen sind wichtig. Die meisten Zutaten für mittelöstliche Speisen werden auch für die israelische Küche verwendet. Mit glattblättriger Petersilie und frischem Obst und Gemüsen sind Sie dann gut ausgerüstet für die Zubereitung von israelischen Gerichten.

Ich danke Herrn Zve Koren, Frau Miriam Harrould, Frau Rachel Levine und Fräulein La'reine Newman für ihre Hilfe bei den hebräischen Namen für die Rezepte. Mein Dank gilt ebenso Rabbi Brasch für seine Geduld, mit der er meine vielen Fragen beantwortete.

Haogen Milon

Melonencocktail

Für 6 Personen

1 Granatapfel, nach Belieben
2 Orangen
1 Grapefruit
¼ Tasse Granatapfelsirup
2 Teelöffel fein gehackte Minze
1–2 Teelöffel Kirschwasser, nach Belieben
3 kleine Kantalupen (Steinmelonen)
Minzezweige zum Garnieren

1. Den Granatapfel, falls verwendet, halbieren und die Kerne entfernen. (Weitere Einzelheiten über Granatäpfel siehe Glossar.)
2. Die Orangen und die Grapefruit schälen, die einzelnen Stücke auseinanderteilen und Kerne und Häute entfernen.
3. Die Granatapfelkerne mit den Orangen- und Grapefruitstücken in eine Schüssel geben, den Granatapfelsirup, die Minze und das Kirschwasser, falls verwendet, zugeben und alles leicht miteinander vermengen. Zudecken und im Kühlschrank 4–5 Stunden durchziehen lassen.
4. Die Melonen gründlich waschen und quer durchschneiden. Die Samen herausholen. Die Obstmischung in die Melonenhälften geben und jede auf einen Dessertteller setzen. Mit Minzezweigen garnieren und servieren.

Anmerkung: Haogen Milon ergibt auch ein ausgezeichnetes Dessert. Anstelle des Kirschwasseres 2 Eßlöffel Orange-Curaçao-Likör verwenden und je nach Geschmack zuckern.

Felafel

Kichererbsenkroketten

Etwa 25
Backzeit: 5 Minuten

1 Tasse Kichererbsen
Wasser
½ Tasse Burghul
2 Knoblauchzehen, zerdrückt
2 Eßlöffel gehackte Petersilie
1 Teelöffel Backpulver
¼ Tasse Weizenmehl
1 Teelöffel gemahlener Koriander
1 Teelöffel gemahlener Kreuzkümmel
¼ Teelöffel Chilipulver
3 Teelöffel Zitronensaft
2 Teelöffel Salz
frisch gemahlener schwarzer Pfeffer
Öl zum Ausbacken

1. Die Kichererbsen waschen und mit 3 Tassen kaltem Wasser bedecken. 12–15 Stunden einweichen.
2. Den Burghul 10 Minuten in 1 Tasse kochendem Wasser einweichen. Durch ein feines Sieb abtropfen lassen und mit einem Löffelrücken fest ausdrücken.
3. Die Kichererbsen abtropfen lassen und mit dem Knoblauch und der Petersilie durch den Fleischwolf mit feinem Vorsatz drehen.
4. Das eingeweichte Burghul zu den Kichererbsen geben, damit vermischen und noch einmal durch den Fleischwolf drehen.
5. Die restlichen Zutaten gründlich untermischen.
6. Jeweils 1 Eßlöffel der Masse zu walnußgroßen Bällchen formen. Zwischendurch die Hände anfeuchten. Wenn alle Bällchen fertig geschmort sind, noch 30 Minuten vor dem Ausbacken ruhen lassen.
7. Das Öl auf 180° C erhitzen (bei dieser Hitze wird ein Brotwürfel in 1 Minute goldgelb). Die Felafel in 5 Minuten ausbacken und zwischendurch wenden, damit sie gleichmäßig bräunen. 6 oder 7 gleichzeitig backen. Wenn Sie einen großen Fritiertopf haben, können Sie auch mehr zugeben und die Backzeit entsprechend verlängern. Die Felafel sind tief goldbraun, wenn sie gar sind.
8. Heiß als Vorspeise oder als Füllung zu Fladenbrot mit Salat und Essiggemüse servieren.

Verwendung der Küchenmaschine: Alle Zutaten außer dem Backpulver und dem Mehl in die Schüssel der Maschine geben. Mit der Maschine zu einer feinen Paste verarbeiten. Dann die Masse in eine Rührschüssel geben und das mit dem Backpulver vermischte Mehl damit verrühren. Bei Schritt 6 weiterfahren.

Avocado im Dvasch

Avocados mit Honigsauce

Für 6 Personen

1 kleine Zwiebel
1 Teelöffel Senfpulver
¼ Tasse Honig
¼ Tasse Zitronensaft
⅓ Tasse Olivenöl
1 Grapefruit, gekühlt

1. Die Zwiebel grob hacken und mit dem Senfpulver, dem Honig und dem Zitronensaft in den Mixeraufsatz geben. Zu einer glatten Masse mixen, dann allmählich das Olivenöl zugeben. In einen Krug gießen und kaltstellen.
2. Die Grapefruit schälen, in Stücke teilen und die Kerne entfernen.
3. Die Avocados halbieren, die Kerne entfernen und schälen. In Stücke schneiden, die etwa so groß sind wie die Grapefruitspalten. Die Avocadostücke leicht mit Zitronensaft einreiben, um die Farbe zu erhalten.
4. Die Avocadostücke und Grapefruitspalten abwechselnd auf kleinen Tellern anordnen. Die Honigsauce mit einem dicken Strahl über die Früchte gießen und sofort servieren.

Kaved Katoutz

Gehackte Leber

Für 6 Personen
Garzeit: 20–25 Minuten

500 g Hühner- oder Kalbsleber
grobes Salz
2 Eßlöffel ausgelassenes Hühnerfett
1 große Zwiebel, gehackt
2 hartgekochte Eier
frisch gemahlener schwarzer Pfeffer

1. Die Hühnerleber säubern, bei Kalbsleber die feine Haut abziehen und in dünne Scheiben schneiden. Gründlich abspülen, abtropfen lassen und auf einen Rost in die mit Folie ausgelegte Grillpfanne legen. Reichlich mit grobkörnigem Salz bestreuen und 2–3 Minuten grillen. Umdrehen, die andere Seite bestreuen und weitere 2–3 Minuten grillen, bis die Leber gerade gar ist; nicht zu lange grillen. Das Salz zieht das Blut heraus.
2. Die Leber rasch unter fließendem kalten Wasser abspülen, um überschüssiges Salz zu entfernen, abtropfen lassen und mit Küchenkrepp trockentupfen.
3. Das Hühnerfett in einer Bratpfanne erhitzen und die Zwiebel darin glasig dünsten. Mit einem Schaumlöffel herausnehmen und das Fett in der Pfanne aufbewahren.
4. Die Leber mit der Zwiebel durch den Fleischwolf mit feinem Vorsatz drehen oder in der Küchenmaschine zerkleinern.
5. Das Fett aus der Pfanne untermischen und nach Geschmack salzen und pfeffern. In eine Schüssel geben und zugedeckt kaltstellen. Mit knusprigem Toast oder Crackern servieren.

Anmerkung: Wenn man die Reinheitsvorschrift nicht befolgt, kann die ungesalzene Leber rasch in 1 Eßlöffel Fett gebraten werden. Aus der Pfanne nehmen, noch etwas Hühnerfett hineingeben, die Zwiebel darin dünsten und wie oben beschrieben fortfahren.

Tmarin Memoula'im

Gefüllte Datteln

Für 6 Personen
Ofentemperatur: 190° C
Kochzeit: 8–10 Minuten

24 frische Datteln
24 blanchierte Mandeln
125 g geräuchertes Kalbfleisch in dünnen Scheiben
¼ Tasse zerlassene Pflanzenmargarine

1. Die Datteln von den Stielen befreien und entsteinen, indem man den Stein mit einem dicken Spieß herausstößt.
2. In jede Dattel eine blanchierte Mandel stecken.
3. Die Kalbfleischscheiben in 10 cm lange Streifen schneiden, die breit genug sind, um eine Dattel einzuwickeln. Um jede Dattel einen Streifen wickeln und mit einem hölzernen Cocktailstäbchen sichern.
4. Die vorbereiteten Datteln auf ein leicht gefettetes Backblech legen. Mit zerlassener Margarine bestreichen und im Ofen bei mittelstarker Hitze 8–10 Minuten backen. Nach 4 Minuten noch einmal mit Margarine bestreichen. Heiß zum Aperitif reichen.

Anmerkung: Statt der frischen Datteln können entsteinte Backpflaumen verwendet werden

Melafefonim Kavush

Eissiggurken in Dill

1 kg kleine Einlegegurken
3 Tassen Wasser
1½ Tassen weißer Essig
¼ Tasse Pökelsalz
1 Teelöffel schwarzer Pfeffer, ganze Körner
4 Chilischoten
4 Knoblauchzehen
2 Dillzweige, möglichst mit Blüte
2 Lorbeerblätter

1. Die Gurken gründlich waschen und abtropfen lassen.
2. Das Wasser mit dem Essig und dem Salz in einen Edelstahl- oder Emailletopf geben, die Pfefferkörner zufügen und aufkochen, dabei umrühren, bis sich das Salz aufgelöst hat. Abkühlen lassen.
3. Die Gurken in 1 großen oder 2 kleineren sterilisierten Gläsern anordnen und die Chilischoten, geschälten Knoblauchzehen, den Dill und die Lorbeerblätter dazwischen verteilen.
4. Die kühle Lake darübergießen und die Pfefferkörner gleichmäßig verteilen, wenn 2 Gläser verwendet werden. Mit Glas- oder Plastikdeckeln verschließen und vor dem Verbrauch 1–2 Wochen stehenlassen. Einmal geöffnet im Kühlschrank aufbewahren. Innerhalb von 2 Monaten aufbrauchen.

Pita

Fladenbrot

12 Stück
Ofentemperatur: 260° C
Backzeit: 4 Minuten pro Partie

4 Tassen Weizenmehl
1 Teelöffel Salz
1 Beutel aktive Trockenhefe
1½ Tassen warmes Wasser
2 Teelöffel Zucker

1. Das Mehl mit dem Salz in eine Rührschüssel sieben und im Ofen etwas anwärmen. 1 Tasse Mehl aus der Schüssel nehmen und beiseitestellen.
2. Die Hefe in ¼ Tasse des warmen Wassers auflösen. Das restliche Wasser und den Zucker unterrühren.
3. In das Mehl eine Mulde drücken und die Hefemischung hineingießen. Etwas Mehl in die Flüssigkeit rühren und zugedeckt an einem warmen Ort stehenlassen, bis der Vorteig schaumig ist.
4. Das restliche Mehl in der Schüssel in den Vorteig rühren und mit einem Holzlöffel schlagen. Etwas von dem aufbewahrten Mehl hineinrühren, dann den Rest mit der Hand unterkneten. 5–10 Minuten kneten und nur noch Mehl zugeben, wenn der Teig noch klebt.
5. Wenn der Teig glatt und glänzend ist, zu einer Kugel formen und mit etwas Mehl bestreuen. Die Schüssel zugedeckt an einem warmen Ort 30 Minuten stehenlassen, bis sich der Teig verdoppelt hat. Den Ofen vorheizen.
6. Den Teig auf ein bemehltes Brett legen und noch einmal 1 Minute durchkneten. In 12 gleiche Portionen teilen und jede Portion zu einer Kugel formen. Mit einem Tuch bedecken und 20 Minuten ruhen lassen.
7. Jeden Teigball zu einem Kreis mit 15 cm Durchmesser ausrollen und vorsichtig auf ein bemehltes Tuch legen. Wenn der Teig einmal ausgerollt ist, darf die Oberfläche nicht mehr beschädigt werden, da sich dann beim Backen vielleicht keine Lufttasche bildet. Noch einmal zugedeckt 20 Minuten ruhen lassen.
8. Einen schweren Rost oder ein Backblech auf die niedrigste Schiene des Backofens (Elektroherd) oder in den heißesten Teil des Gasofens schieben. 10 Minuten erhitzen und mit einem in Öl getauchten Küchenkreppbausch einfetten.
9. Vorsichtig zwei Fladen auf ein bemehltes, flaches Backblech mit einem flachen Rand oder ein Sperrholzbrett legen und auf den vorgeheizten Rost oder das Backblech gleiten lassen.
10. Die Fladenbrote im sehr heißen Ofen 2 Minuten backen, bis sie sich wie Ballons aufblähen, dann mit einem Pfannkuchenwender umdrehen, damit die Oberseite bräunt. Noch 2 Minuten backen und dann aus dem Ofen nehmen.
11. Die restlichen Pitas ebenso backen. Erst in den Ofen schieben, wenn dieser wieder die vorgegebene Temperatur erreicht hat.
12. Sowie die Brote gebacken sind, in ein Tuch einwickeln, um sie weich zu halten.

Anmerkung: Pita kann auch in der Elektropfanne gebacken werden. Diese mit dem Deckel darauf auf der höchsten Stufe vorheizen, den Boden einfetten und jeweils 1 Fladenbrot darin backen. Zugedeckt 3 Minuten backen, wenden und noch einmal 2 Minuten backen.

Limonim Hamoutzim

Eingelegte Zitronen

12 Zitronen mit dicker Schale
¼ Tasse grobkörniges Salz
3 Teelöffel Paprikapulver
Lorbeerblätter
½ Teelöffel ganze Pfefferkörner
1½ Tassen Maisöl
½ Tasse Olivenöl

1. Die Zitronen gründlich waschen und in 3 mm dicke Scheiben schneiden.
2. Die Scheiben in einen Edelstahl- oder Plastikdurchschlag geben und schichtweise dick mit Salz bestreuen. Über einem Becken 24 Stunden abtropfen lassen. Dies zieht die Bitterstoffe heraus und macht die Zitronen weicher.
3. Nach den ersten 12 Stunden den Durchschlag ab und zu schütteln.
4. Wenn die Zitronenscheiben weich sind, in eine Schüssel geben und mit Paprika bestreuen. Gleichmäßig untermischen.
5. Die Zitronenscheiben in sterilisierte Gläser packen und in jedes Glas einige Pfefferkörner und 1 Lorbeerblatt geben.
6. Die beiden Ölsorten mischen und die Gläser füllen. Luftblasen mit einem feinen Spieß entfernen. Die Gläser mit Glas- oder Plastikdeckel verschließen. Vor dem Verbrauch die Gläser 3 Wochen an einem kühlen Ort aufbewahren.

Challah

Sabbat-Brot

Von Challah (Hallah ausgesprochen) werden für das Abendessen am Sabbat immer 2 Laibe gebacken. Als die Israeliten in der Wildnis waren, bekamen sie eine doppelte Portion Manna am sechsten Tag, um für den folgenden Sabbat vorzusorgen.

2 Brote
Ofentemperatur: 190° C
Backzeit: 30–35 Minuten

2 Beutel aktive Trockenhefe
1½ Tassen warmes Wasser
6 Tassen Weizenmehl
1 Teelöffel Salz
1 Eßlöffel feiner Zucker
2 Eier, leicht verquirlt
¼ Tasse Pflanzenmargarine, zerlassen und wieder abgekühlt
Zur Fertigstellung:
1 kleines Ei
1 Eßlöffel Wasser
Sesam- oder Mohnkörner

1. Die Hefe in ½ Tasse warmem Wasser einweichen, dann umrühren, bis sie sich auflöst.
2. Das Mehl in eine Rührschüssel sieben und etwa 1½ Tassen davon beiseitestellen.
3. Das restliche warme Wasser zur Hefe zusammen mit dem Salz und dem Zucker geben und umrühren, damit sich der Zucker auflöst.
4. Die Hefeflüssigkeit mit den verquirlten Eiern in die Mitte des Mehls gießen und mit etwas Mehl verrühren. Zugedeckt 10 Minuten an einem warmen Ort stehenlassen, bis der Vorteig schaumig ist.
5. Das restliche Mehl in der Schüssel mit dem Vorteig verrühren und glattschlagen. Dann allmählich die Margarine zusammen mit etwas von dem aufbewahrten Mehl hineinschlagen. Mit der Hand 10 Minuten oder mit dem Knethaken des Rührgeräts 5 Minuten schlagen.
6. Ein Brett mit etwas von dem übrigbehaltenen Mehl bestäuben und den Teig darauflegen. Mit Mehl bestäuben und etwa 10 Minuten kneten, bis der Teig glatt ist, dabei genug Mehl zufügen, damit der Teig nicht mehr klebt. Wenn er gründlich durchgeknetet, glatt und glänzend ist, zu einer Kugel formen.
7. Eine Schüssel leicht einfetten, die Teigkugel hineinlegen und wenden, um die ganze Oberfläche einzufetten. Die Schüssel mit Haushaltsfolie bedecken und an einem warmen Ort ruhen lassen, bis sich der Teig verdoppelt hat – etwa 45–60 Minuten.
8. Den Teig niederschlagen und auf ein leicht bemehltes Brett legen. Ein wenig kneten, dann in 2 gleiche Portionen teilen und jede Portion in 3 Stücke aufteilen.
9. 3 Teigstücke zu langen Strängen von 3 cm Dicke rollen. Nebeneinander auf eine Hälfte eines eingefetteten Backblechs legen und von der Mitte aus zu einem Zopf flechten, dann das Backblech umdrehen und zum anderen Ende hin flechten. Die Teigenden unterschlagen. Die andere Teighälfte ebenso verarbeiten und neben das 1. Brot legen; dazwischen einen Zwischenraum lassen.
10. Die Brote mit einem trockenen Tuch bedecken und etwa 45–60 Minuten an einem warmen Ort stehenlassen, bis sie sich im Umfang verdoppelt haben. Den Ofen inzwischen vorheizen.
11. Die Eier mit Wasser verquirlen und die Brote gleichmäßig damit einpinseln. Dann noch mit Sesam- oder Mohnkörnern bestreuen und im Ofen bei mittlerer Hitze 30–35 Minuten backen, bis sie goldbraun sind und hohl klingen, wenn man auf die Unterseite klopft. Auf einem Rost abkühlen lassen.

Marak Jaffa

Orangensuppe

Für 6 Personen

2 Orangen
4 Tassen Joghurt
1 Tasse kaltes Wasser
Salz
frisch gemahlener weißer Pfeffer
1 Eßlöffel Zucker
2 Teelöffel fein gehackte frische Minze
Minzenzweige zum Garnieren

1. Die Schale einer Orange fein reiben und mit dem kalten Wasser ins Joghurt rühren.
2. Die Orangen schälen und in Stücke teilen. Von den Stücken Häute und Kerne entfernen und in 2 oder 3 Stückchen schneiden.
3. Die Orangenstücke ins Joghurt geben und Minze, Salz und Pfeffer nach Geschmack sowie den Zucker zugeben. Zugedeckt kaltstellen.
4. In Schalen servieren, garniert mit Minzezweigen.

Marak Avocado

Avocadosuppe

Für 6 Personen
Kochzeit: 15–20 Minuten

2 Frühlingszwiebeln, fein gehackt
¼ Tasse Margarine
¼ Tasse Weizenmehl
5 Tassen Hühnerbrühe
2 große Avocados
Salz
frisch gemahlener weißer Pfeffer
2 Eigelb
Saft von ½ Zitrone
Zitronenscheiben zum Garnieren

1. Die gehackten Frühlingszwiebeln in Margarine weich dünsten. Das Mehl hineinrühren und 2 Minuten dünsten, ohne daß das Mehl sich verfärbt.
2. Nach und nach die Hälfte der Brühe einrühren und zum Kochen bringen, dabei ständig rühren.
3. Die Avocados schälen und hacken und mit der restlichen Brühe im Mixer glattrühren. Dann zur Suppe im Topf geben. Mit Salz und Pfeffer abschmekken und langsam zum Kochen bringen.
4. Die Eigelbe mit dem Zitronensaft verquirlen und 1 Tasse heiße Suppe hineinschlagen. Diese Mischung in die siedende Suppe gießen und bei schwacher Hitze 1–2 Minuten rühren, damit das Ei gar wird. Nicht kochen lassen.
5. Heiß servieren, mit Zitronenscheiben garniert.

Marak Hamtzitz oder Schav

Sauerampfersuppe

Für 6 Personen
Kochzeit: 40 Minuten

3 Tassen gehackte Sauerampferblätter
2 Eßlöffel Margarine
¼ Tasse fein gehackte Petersilie
6 Tassen Hühnerbrühe
1 Sellerieblatt
2 Teelöffel Zucker
Salz
frisch gemahlener schwarzer Pfeffer
½ Tasse Sauerrahm
Zum Garnieren:
2 hartgekochte Eier, in Scheiben geschnitten
Petersilienblätter

1. Die Sauerampferblätter vor dem Zerkleinern und Abmessen verlesen und gründlich waschen.
2. Die Margarine in einem Suppentopf (nicht aus Aluminium) erhitzen und den Sauerampfer und die Petersilie 10 Minuten unter häufigem Rühren dünsten. Die Brühe und das Selleriegrün zugeben und zugedeckt 30 Minuten sieden lassen. Das Selleriegrün herausnehmen.
3. Den Zucker, Salz nach Geschmack und reichlich frisch gemahlenen Pfeffer zugeben. Die Suppe durch ein Sieb drücken oder im Mixer pürieren. In eine Schüssel geben und zugedeckt kaltstellen.
4. Unmittelbar vor dem Servieren den Sauerrahm in die Suppe geben. In einzelnen Tellern servieren und mit Eierscheiben und Petersilienblättern garnieren.

Anmerkung: Dies ist keine koschere Suppe. Um sie koscher zuzubereiten, sollte entweder eine Gemüsebrühe oder Pareve-Creme, eine fetthaltige Creme, die nicht vom Tier stammt, verwendet werden.

Marak Peyrot

Fruchtsuppe

Fruchtsuppen sind in Israel sehr beliebt; sie wurden wahrscheinlich aus Nordeuropa mit nach Israel gebracht. Dieses Rezept ist eine Kombination aus Sommerfrüchten. Je nach Saison können auch andere Früchte wie zum Beispiel Maulbeeren, Feigen und Melonen verwendet werden. Im Winter kann die Suppe mit Äpfeln, Quitten und Birnen hergestellt werden, zu denen noch getrocknete Aprikosen, Pfirsiche und Backpflaumen zugegeben werden können. Es sind viele Kombinationen möglich, und das Rezept kann leicht an die jeweilige Jahreszeit angepaßt werden. Wenn festere Früchte verwendet werden, können sie geschält und in kleine Würfel geschnitten werden. Nicht pürieren. Die Suppe wird mit angerührtem Maismehl angedickt.

Für 6–8 Personen
Kochzeit: 40–45 Minuten

2 Pfirsiche
4 Pflaumen
4 Aprikosen
1 Tasse Trauben
1 Tasse Kirschen oder Beeren der Saison
4 Tassen Wasser
Saft ½ Zitrone
Zucker nach Geschmack
1 Apfel
1 Birne
½ Tasse Weißwein
Sauerrahm oder Pareve-Creme zum Servieren

1. Die Früchte gründlich waschen. Das Steinobst halbieren und die Steine entfernen. Die Pfirsiche, Pflaumen, Aprikosen und Beeren zusammen mit dem Wasser und dem Zitronensaft in einen Topf geben und zugedeckt etwa 20 Minuten schwach kochen lassen, bis sie gar sind.
2. Die Früchte dutrch ein Sieb drücken oder im Mixer pürieren. Wieder in den Topf geben und mit Zucker abschmecken. Erneut zum Kochen bringen, 2 Minuten kochen lassen, dann vom Herd nehmen. Abkühlen lassen, in eine Schüssel gießen, dann zugedeckt kaltstellen.
3. Den Apfel und die Brine schälen und vom Kerngehäuse befreien. In schmale Schnitze oder kleine Würfel schneiden. In einem kleinen Topf mit dem Weißwein bei schwacher Hitze garen. In einer separaten Schüssel kühlen.
4. Vor dem Auftragen den Wein von dem Apfel und der Birne in die Fruchtsuppe seihen und umrühren. Die Suppe in einzelne Schälchen füllen und jede Portion mit Apfel- und Birnenstücken garnieren. Dazu Sauerrahm oder Pareve-Creme in einer gesonderten Schale servieren.

Marak Duvdivanim

Kirschsuppe

Für 6 Personen
Kochzeit: 25–30 Minuten

1 kg rote oder schwarze Kirschen
2½ Tassen Wasser
½ Tasse grobkörniger Zucker oder nach Geschmack
1 dünner Streifen Zitronenschale
1 Stück Stangenzimt
1 Tasse trockener Rotwein
1 Eßlöffel Pfeilwurzmehl oder Kartoffelmehl
2 Teelöffel Zitronensaft
Sauerrahm oder Pareve-Creme zum Servieren

1. Die Kirschen waschen, von den Stengeln befreien und entsteinen. Mit dem Wasser, der Hälfte des Zuckers, der Zitronenschale und dem Zimt in einem Topf zum Kochen bringen.
2. Zugedeckt 15 Minuten schwach kochen lassen, bis die Kirschen weich sind. Die Zitronenschale und den Stangenzimt entfernen und die Suppe durch ein Sieb drücken oder im Mixer pürieren. (Das Sieb ist besser, da im Mixer zuviel Luft erzeugt wird, wodurch die Suppe eine hellere Farbe bekommt.)
3. Die Suppe wieder in den Topf geben. Das Mehl mit dem Wein anrühren und unter ständigem Rühren in die Suppe geben. Abschmecken und bei Bedarf noch Zucker zugeben. Dann den Zitronensaft hineinrühren. Abkühlen lassen.
4. Die Suppe in eine Schüssel gießen und einige Stunden kaltstellen. In einzelnen Tellern mit Sauerrahm oder Pareve-Creme servieren, wenn die Suppe zu einer koscheren Mahlzeit mit Fleisch gehört.

Anmerkung: Die Kirschen kann man auch ganz lassen, doch die Suppe schmeckt püriert viel besser.

Marak off Kadouray Matza

Goldene Hühnersuppe mit Matzenklößchen

Für 8 Personen
Kochzeit: 3½–4 Stunden

Hühnersuppe:
2 kg Hühnerteile für Suppe (Rücken, Hälse, Flügelspitzen) oder 1 zerlegtes Suppenhuhn
10 Tassen Wasser
1 große Zwiebel, geviertelt
2 mittelgroße Karotten, geviertelt
1 Staudensellerie
½ Teelöffel ganze schwarze Pfefferkörner
3 Petersilienstengel
Salz nach Geschmack
Matzenknödel:
1 mittelgroße Zwiebel, fein gehackt
¼ Tasse ausgelassenes Hühnerfett oder Öl
3 Eier
¼ Tasse Wasser
1 Tasse feines Matzenmehl
1 Prise gemahlene Muskatnuß
1 Eßlöffel fein gehackte Petersilie
½ Teelöffel Salz
Pfeffer nach Geschmack

1. Die Hühnerteile mit dem Wasser in einem Suppentopf langsam zum Kochen bringen und bei Bedarf den Schaum abschöpfen.
2. Wenn die Brühe gut abgeschöpft ist und kocht, die restlichen Suppenzutaten zugeben; den Sellerie in kurze Stücke schneiden. Erneut aufkochen, dann zugedeckt bei schwacher Hitze 2½ bis 3 Stunden kochen lassen.
3. Die Suppe in einen großen, sauberen Topf durchseihen und die Zutaten herausnehmen. (Bei Verwendung eines Suppenhuhns das Fleisch ablösen und im Kühlschrank für ein Gericht aufbewahren, das Hühnerfleisch erfordert. Da das Aroma des Huhns in die Suppe zieht, sollte das Fleisch mit würzigen Zutaten kombiniert werden.)
4. Während die Suppe kocht, die Matzenknödel zubereiten. Die Zwiebel in Hühnerfett oder Öl glasig dünsten, vom Herd nehmen und abkühlen lassen.
5. Die Eier leicht verquirlen und das Wasser, die gedünsteten Zwiebeln mit dem Fett, das Matzenmehl, Muskat, Petersilie, Salz und Pfeffer nach Geschmack hineinrühren. Zu einer weichen Paste rühren und zugedeckt 2 Stunden oder länger in den Kühlschrank stellen.
6. Mit angefeuchteten Händen jeweils einen knappen Eßlöffel der Mischung zu Bällchen formen.
7. Die durchgeseihte Suppe zum Kochen bringen und die Matzenknödel hineingeben. Den Topf zudecken und bei mittlerer Hitze 45 Minuten kochen lassen. Die Knödel werden sich im Umfang verdoppeln. Die Suppe mit 2 Knödeln pro Portion servieren.
Anmerkung: Anstelle der Matzenknödel können Reis oder Nudeln wie zum Beispiel Lokshen in der durchgeseihten Suppe gekocht werden(½ Tasse reicht).

Tfihat Kishurim

Zucchini-Soufflé

Für 4 Personen
Ofentemperatur: 180° C
Garzeit: 1 Stunde

2 Tassen grob geriebene Zucchini
Salz
¼ Tasse Butter
¼ Tasse fein gehackte Frühlingszwiebel
¼ Tasse Weizenmehl
1 Tasse Milch
¼ Tasse fein zerkrümelter Ziegenkäse (Feta)
frisch gemahlener schwarzer Pfeffer
4 Eigelb
5 Eiweiß
1 Eßlöffel geriebener Parmesan

1. Die geriebenen Zucchini in eine Schüssel geben und 1 Teelöffel Salz unterrühren, 15 Minuten stehenlassen, dann durch ein Sieb abtropfen lassen und den Saft mit einem Löffelrücken ausdrücken.
2. Die Butter in einem großen Topf zerlassen und die Frühlingszwiebel 1 Minute dünsten, dann das Mehl einrühren und bei mittlerer Hitze noch 2 Minuten dünsten; das Mehl sollte sich nicht dabei verfärben.
3. Die Milch unter ständigem Rühren auf einmal hineingießen. Solange rühren, bis die Sauce dick wird und aufwallt. Vom Herd nehmen, den Käse zugeben und glattrühren.
4. Die vorbereiteten Zucchini, bei Bedarf noch Salz und Pfeffer nach Geschmack zugeben. Das Eigelb auf einmal unterrühren.
5. Das Eiweiß steifschlagen und mit einem Metallöffel unter die Zucchini-Mischung heben. Die Zutaten sollen schnell und gründlich vermischt werden.
6. Die Masse in eine gefettete Souffléform oder eine feuerfeste Form mit geraden Wänden von 20 cm Durchmesser gießen. Den Parmesan darüberstreuen und im Ofen bei mittlerer Hitze 45 Minuten backen, bis das Soufflé aufgebläht und goldbraun ist. Sofort als 1. Gang oder leichte Mahlzeit servieren.

Abbildung Seite 361
Zarda Palau (Süßer Reis mit Orange und Huhn), Rezept Seite 33
Abbildung Seite 362
Aushak (Gekochte Lauchtaschen mit Joghurt und Fleischsauce), Rezept Seite 34

Dag Memoula oder Gefilte Fisch
Fischbällchen

Für 6 Personen
Kochzeit: 2½ Stunden

Fischbrühe:
750 g Fischköpfe und -abfälle
3 Tassen Wasser
1 große Zwiebel, in Ringe geschnitten
2 mittelgroße Karotten, in Scheiben geschnitten
½ Tasse gehackte Sellerie, einschließlich Blätter
2 Petersilienzweige
½ Teelöffel grob zerstoßene weiße Pfefferkörner
Salz nach Geschmack
Fischbällchen:
750 g Fischfilets, 2 oder 3 Sorten, z. B. Brassen, Kabeljau, Seehecht
1 kleine Zwiebel
¼ Tasse grob gehackte Petersilie
¼ Tasse gehackter Staudensellerie
¼ Tasse feines Matzenmehl
2 Eier
Salz
frisch gemahlener weißer Pfeffer
Zum Servieren:
Chrain (Seite 368)

1. Die Fischköpfe und -abfälle in kaltem Wasser abspülen, in einen hohen Topf geben und die restlichen Zutaten für die Fischbrühe zugeben. Langsam zum Kochen bringen, dann zugedeckt 1 Stunde schwach kochen lassen.
2. Die Brühe in eine Schüssel seihen und beiseitestellen. Die Karottenstücke aufbewahren, die restlichen Zutaten wegwerfen.
3. Prüfen, ob keine Gräten in den Fischfilets sind, und enthäuten. Den Fisch mit der Zwiebel, Petersilie und Sellerie zerkleinern. Dazu den Fleischwolf oder die Küchenmaschine benutzen. Dann in eine Schüssel geben.
4. Das Matzenmehl, die Eier, etwa 1 Teelöffel Salz und Pfeffer nach Geschmack zugeben und gründlich miteinander vermengen. Die Masse sollte fest genug zum Formen sein – also notfalls noch etwas Matzenmehl zugeben.
5. Mit angefeuchteten Händen die Fischmasse zu Bällchen formen; für 1 Bällchen etwa 2 Eßlöffel Fischmasse nehmen.
6. Die aufbewahrte Brühe in einen breiten Topf geben, die Fischbällchen in einer einzigen Schicht hineingeben und zugedeckt bei schwacher Hitze 1 Stunde in der Brühe sieden lassen.
7. Die Fischbällchen aus der Brühe nehmen und auf einer Platte anordnen. Auf jedes Bällchen wird eine Karottenscheibe gelegt. Zugedeckt kaltstellen.
8. Die Brühe in einen Krug durchseihen und kaltstellen, aber nicht fest werden lassen. Über die Fischbällchen gießen und kaltstellen, bis die Brühe fest geworden ist. Kalt mit Chrain (Meerrettichsauce) servieren.

Dag Kavush
Eingelegter Fisch

Für diesen würzigen eingelegten Fisch können Süßwasser- oder Meeresfische verwendet werden. Obwohl der ganze Fisch normalerweise in Stücke geschnitten wird und mit den Würzzutaten gekocht wird, kann ein noch besseres Ergebnis erzielt werden, wenn zuerst eine Fischbrühe zubereitet wird. Nehmen Sie Fisch mit weißem, festen Fleisch.

1 kg Fischköpfe und -abfälle
1½ Tassen weißer Essig
1½ Tassen Wasser
1 große Zwiebel, in Ringe geschnitten
3 Teelöffel Salz
½ Teelöffel schwarze Pfefferkörner
½ Teelöffel Piment, ganz
2 Lorbeerblätter
Blattgrün von 1 Selleriestengel
1 kg Fischfilets

1. Die Fischköpfe und -abfälle in kaltem Wasser abspülen und in einen Emaille-oder Edelstahltopf geben. Alle Zutaten außer den Fischfilets zugeben und langsam zum Kochen bringen. Zugedeckt 1 Stunde schwach kochen lassen.
2. Die Brühe durch ein feines Sieb in eine Schüssel seihen. Die Zutaten der Brühe wegwerfen.
3. Den Topf reinigen, in dem die Brühe gekocht wurde, und die durchgeseihte Brühe hineingeben. Bei Bedarf noch mit Salz abschmecken.
4. Die Fischfilets in je 2 oder 3 Stücke schneiden und die Haut daranlassen, wenn sie nicht sehr zäh ist. Die Fischstücke in die Brühe geben und langsam zum Kochen bringen. Im offenen Topf bei schwacher Hitze 15–20 Minuten kochen lassen, bis der Fisch sich leicht abblättern läßt.
5. Den Fisch in der Brühe 15 Minuten abkühlen lassen, dann die Fischstücke in eine Schüssel geben und die Brühe darübergießen. Zudecken und in den Kühlschrank stellen. Der Fisch wird sich bis zu 4 Wochen halten. Kalt als Vorspeise oder als Teil einer Hauptmahlzeit servieren.

Abbildung Seite 363:
Gosh Feel (Elefantenohren), Rezept Seite 349
Samboosay Sheereen (Fritiertes Gebäck), Rezept Seite 347;
Abraysham Kabaub (Seiden-Kebab), Rezept Seite 348
Abbildung Seite 364:
Felafel (Kichererbsenkroketten), Rezept Seite 354,
mit Salat in Pita (Fladenbrot), Rezept Seite 356

Levitot (Latkes)

Gebratene Kartoffelplätzchen

20 Stück
Bratzeit: 4–6 Minuten pro Partie

2 Tassen grob geriebene Kartoffeln
Wasser
1 kleine Zwiebel, gerieben
¼ Tasse Mehl
2 Eier, leicht verquirlt
Salz
frisch gemahlener schwarzer Pfeffer
Öl zum Braten

1. Die geriebenen Kartoffeln in eine Schüssel geben, mit kaltem Wasser bedecken und 20 Minuten einweichen lassen. Durch ein Sieb abtropfen lassen und die Kartoffeln gut ausdrücken.
2. In einer Schüssel die Kartoffeln mit der Zwiebel und dem Mehl vermischen. Die Eier und Salz und Pfeffer nach Geschmack zugeben und alles gründlich vermischen.
3. Das Öl in einer Bratpfanne erhitzen und die Kartoffelmasse eßlöffelweise hineingeben. Mit dem Löffelrücken etwas auseinanderstreichen. Bei ziemlich starker Hitze 2–3 Minuten braten, bis sie goldbraun sind, dann wenden und auf der anderen Seite braten. Auf Küchenkrepp abtropfen lassen und heiß als Beilage zu Fleisch- und Geflügelgerichten servieren. Die Kartoffelplätzchen werden auch oft allein mit Apfelmus oder Sauerrahm serviert.

Dag Mitougahn

Gebratene Fischfilets

Für 6 Personen
Bratzeit: 6–10 Minuten

1 kg weiße Fischfilets
Salz
1 großes Ei
2 Eßlöffel Milch
frisch gemahlener schwarzer Pfeffer
1 Teelöffel Paprika
feines Matzenmehl zum Panieren
Öl zum Braten
Zitronenspalten zum Servieren

1. Von den Fischfilets die Haut entfernen. Trockentupfen, dann den Fisch mit etwas Salz bestreuen und zugedeckt 1 Stunde im Kühlschrank stehenlassen.
2. Das Ei mit der Milch verquirlen und den Pfeffer nach Geschmack sowie das Paprikapulver hineinrühren.
3. Die Fischfilets in das verquirlte Ei tauchen, dann mit Matzenmehl panieren. Wenn die Zeit es zuläßt, noch einmal kaltstellen, damit die Panade fest wird.
4. Den Boden einer Bratpfanne mit einer 5 mm hohen Ölschicht bedecken. Auf mittlere Hitze stellen und die Fischfilets hineingeben, wenn das Öl heiß ist. Auf jeder Seite goldbraun braten. Die Dauer hängt von der Dicke der Fischfilets ab.
5. Den Fisch auf Küchenkrepp abtropfen lassen und mit Zitronenspalten auf einer vorgewärmten Platte anrichten. Sofort servieren.

Dag Mitzri Karoosh

Fisch in Gelee

Für 6 Personen
Kochzeit: 1½ Stunden

Fischbrühe:
750 g Fischköpe und -abfälle
1½ Tassen Wasser
½ Tasse trockener Weißwein
1 Sellerieblatt
2 Petersilienzweige
1 kleine Zwiebel, geviertelt
½ Teelöffel schwarze Pfefferkörner
dünne Schale von ½ Zitrone
Salz nach Geschmack
2 Eßlöffel Olivenöl
Zur Fertigstellung:
1 kg weiße Fischfilets, enthäutet
Zitronensaft nach Geschmack
Zitronenscheiben und Petersilienzweige zum Garnieren

1. Die Fischköpfe und -abfälle in kaltem Wasser abspülen und in einen hohen Topf geben. Das Wasser und die restlichen Zutaten für die Fischbrühe zugeben und langsam zum Kochen bringen. Zugedeckt 1 Stunde schwach kochen lassen.
2. Die Brühe durch ein feines Sieb in einen sauberen Topf seihen und die Zutaten entfernen.
3. Die enthäuteten Fischfilets in die Brühe geben, Zitronensaft nach Geschmack zugeben und langsam zum Kochen bringen. Zugedeckt 15–20 Minuten kochen lassen, bis der Fisch gar ist. Vorsichtig mit einer Gabel prüfen.
4. Den Fisch in der Brühe 15 Minuten abkühlen lassen und mit einem Fischheber vorsichtig herausheben und in einer tiefen Servierschale anordnen. Zudecken, damit der Fisch nicht austrocknet.
5. Die Brühe mit Salz und Pfeffer abschmecken und über die Fischfilets gießen, bis sie völlig mit Brühe bedeckt sind. Zudecken und im Kühlschrank kaltstellen, bis die Brühe festgeworden ist. Mit Zitronenscheiben und Petersilie garnieren und kalt servieren.

Dag Afuye

Gebackener Fisch

Für 4–6 Personen
Ofentemperatur: 180° C
Garzeit: 50–60 Minuten

2 Meerwasser-Backfische zu je 1 kg
Salz
½ Teelöffel Kurkuma
½ Tasse Olivenöl
⅓ Tasse Pinienkerne
4 mittelgroße Zwiebeln, in Ringe geschnitten
1 Chilischote, gehackt (ohne Kerne)
2 Knoblauchzehen, fein gehackt
Saft 1 Zitrone
¼ Tasse fein gehackte Petersilie
2 Tassen enthäutete und gehackte Tomaten
frisch gemahlener schwarzer Pfeffer
Wasser, nach Belieben
Petersilienzweige zum Garnieren

1. Die Fische putzen und die Köpfe daranlassen. Abspülen und trockentupfen. Die Fische mit Kurkuma einreiben, dann mit Salz bestreuen. 20 Minuten ruhen lassen.
2. 1 Eßlöffel Öl in einer Bratpfanne erhitzen und die Pinienkerne darin goldbraun rösten, dabei häufig umrühren. Dann die Pinienkerne herausnehmen und beiseitestellen.
3. Das restliche Öl in die Pfanne geben und die Zwiebelringe darin glasig dünsten. Die gehackte Chilischote und den Knoblauch zugeben und noch 1 Minute dünsten.
4. Die Hälfte der Zwiebelmischung in eine feuerfeste Form geben. Den vorbereiteten Fisch darauflegen, mit Zitronensaft beträufeln und mit den restlichen Zwiebeln und der gehackten Petersilie belegen.
5. Die gehackten Tomaten gleichmäßig auf den Fischen verteilen und mit Salz und Pfeffer bestreuen. Im Ofen bei mittlerer Hitze 30–40 Minuten backen, bis die Fische gar sind (an der dicksten Stelle mit einer Gabel prüfen). Während des Backens mit dem Bratensaft bestreichen und nur dann noch Wasser nachfüllen, wenn der Fisch anzubrennen droht.
6. Die Fische auf eine Servierplatte heben und die Zwiebel-Tomatenmischung drumherum verteilen. Die Fische mit den gerösteten Pinienkernen bestreuen und mit Petersilienzweigen garnieren. Heiß servieren.

Mushat B'shalem

Gegrillter Petersfisch

Der See von Galiläa, ein Süßwassersee, der etwa 210 m unter dem Meeresspiegel liegt, birgt große Mengen eines Fisches, »Mushat« genannt, den die Christen Petersfisch nennen (Telapia galilaea). Für beide Religionen ist dieser Fisch mit einer Legende verbunden: für die Juden ist der Fisch deshalb so flach, weil seine Vorfahren mittendurch gespalten wurden, als das Rote Meer durchquert wurde; für die Christen ist es der Fisch, der Simon ins Netz ging, der später Petrus genannt wurde, nachdem Christus ihm versichert hatte, daß er die für die Zahlung ihrer Steuern erforderlichen Schekel enthielt (Matthäus 17,23). Dieser brassenartige Fisch wird in Israel häufig gegessen, und seine Zubereitung hat sich im Lauf der Zeit wenig geändert. Er kann durch andere Süßwasserfische ersetzt werden.

Für 6 Personen

6 Mushat (Petersfisch) oder andere Süßwasserfische wie Forelle oder Barsch, jeder etwa 375–500 g schwer
Salz
frisch gemahlener schwarzer Pfeffer
2 mittelgroße Zwiebeln, in dünne Ringe geschnitten
6 Petersilienzweige
¼ Tasse Olivenöl
¼ Tasse Zitronensaft

1. Die Fische ausnehmen und schuppen, die Köpfe daranlassen. Abspülen und trockentupfen. Die Fische auf jeder Seite zwei- bis dreimal diagonal einschlitzen. Innen und außen mit Salz und Pfeffer bestreuen und zugedeckt 20 Minuten ruhen lassen.
2. In jeden Fisch Zwiebelringe und einen Petersilienzweig geben und die Höhlung mit hölzernen Cocktailspießchen sichern.
3. Einen Grillrost mit etwas Öl bestreichen. Auch die Fische mit Öl einpinseln und den Rost über glühende Holzkohle legen.
4. Das restliche Öl mit dem Zitronensaft mischen und die Fische damit öfters bepinseln. Vor dem Wenden die Fische richtig braun werden lassen. Die Fische sollten nicht zu scharf gegrillt werden, da die Haut verbrennt, bevor die Fische innen gar werden, also muß die Hitze reguliert oder der Rost in der Höhe verstellt werden. Die Dauer hängt von der Dicke der verwendeten Fische ab.
5. Sofort servieren, wenn die Fische gar sind.

Hazeret oder Chrain

Meerrettichsauce

3 mittelgroße Rote Beete
Wasser
Salz
½ Tasse geriebener frischer Meerrettich
½ Tasse weißer Essig
frisch gemahlener schwarzer Pfeffer
2–3 Eßlöffel Zucker

1. Von den Roten Beeten die Blätter abschneiden und etwa 4 cm von den Stielen daranlassen. Gründlich waschen und in einen Topf geben. Mit Wasser bedecken und 2 Teelöffel Salz zufügen. Zugedeckt zum Kochen bringen. In 45 Minuten gar kochen.
2. Die Roten Beete abtropfen lassen, rasch mit kaltem Wasser abspülen und die Haut, die Wurzeln und die Stengel abschneiden. Abkühlen lassen, dann reiben.
3. Die geriebenen Roten Beete und den Meerrettich in einer Schüssel vermischen und den Essig, etwas Pfeffer und Zucker nach Geschmack einrühren. Bei Bedarf etwas Salz zufügen. In einem verschlossenen Glas im Kühlschrank aufbewahren. Zu »Gefilte Fisch« oder als Sauce zu Hauptgerichten servieren.

Off Tapuzim

Huhn mit Orange

Für 4–5 Personen
Ofentemperatur: 170° C
Bratzeit: 2 Stunden

1 großes Huhn, etwa 1,8 kg schwer
geriebene Schale von 2 Orangen
geriebene Schale von 1 Zitrone
1½ Teelöffel Salz
1 Teelöffel Senfpulver
¼ Tasse brauner Zucker
¼ Tasse zerlassene Pflanzenmargarine
1½ Tassen frischer Orangensaft
3 Teelöffel Maismehl
1 Eßlöffel kaltes Wasser
Orangenscheiben zum Garnieren

1. Das Huhn zerlegen und mit Küchenkrepp trockentupfen.
2. Die geriebenen Orangen- und Zitronenschalen mit dem Salz, dem Senfpulver und 1 Eßlöffel braunem Zucker vermischen. Damit die Hühnerteile einreiben und diese 30 Minuten stehenlassen.
3. Die Hälfte der Margarine in eine flache feuerfeste Form geben. Die Hühnerteile mit der Haut nach oben nebeneinander in die Form geben.
4. Den Orangensaft mit dem restlichen braunen Zucker vermischen und mit der restlichen Margarine über die Hühnerteile gießen.
5. Die Form mit den Hühnerteilen im Ofen bei mittelschwacher Hitze 2 Stunden backen. Häufig mit dem Bratensaft bestreichen. Nach einer Stunde die Hühnerteile wenden und während der letzten 15 Minuten wieder mit der Haut nach oben backen, damit sie knusprig wird.
6. Die Hühnerteile auf eine vorgewärmte Platte legen und warmhalten. Den Bratensaft in eine kleine Kasserolle durchseihen, erhitzen und mit angerührtem Maismehl andicken. Zwei Minuten kochen lassen und über die Hühnerteile gießen.
7. Die Platte mit Orangenscheiben garnieren und servieren.

Off Sum-Sum

Gebratenes Huhn mit Sesam

Für 6 Personen
Ofentemperatur: 170° C
Garzeit: 45–50 Minuten

1,5 kg Hühnerteile
½ Tasse Sesamkörner
½ Tasse Weizenmehl
1½ Teelöffel Salz
frisch gemahlener weißer Pfeffer
1 Teelöffel Paprika
1 großes Ei
⅓ Tasse Wasser oder Hühnerbrühe
Öl zum Braten

1. Die Hühnerteile mit Küchenkrepp trockentupfen.
2. Die Sesamkörner mit dem Mehl, Salz, Pfeffer nach Geschmack und Paprika in einem Teller vermischen und die Hühnerteile leicht darin wälzen.
3. In einem anderen Teller das Ei verquirlen und das Wasser oder die Brühe unterrühren. Die Hühnerteile in das verquirlte Ei tauchen, dann noch einmal mit der Sesamkörnermischung überziehen. (Mit der einen Hand die Stücke ins verquirlte Ei tauchen und mit der anderen in der Sesamkörnermischung wälzen).
4. Das Öl in einer großen Bratpfanne erhitzen und die Hühnerteile bei mittlerer Hitze auf allen Seiten leicht goldbraun braten. Nicht zu heiß braten, da die Panade anbrennen könnte. Das Hühnerfleisch braucht nicht durchgebraten zu sein.
5. Die Hühnerteile in eine Bratenform geben und im Ofen bei mittelschwacher Hitze in 35–40 Minuten garen.

Chiboot me Hodoo

Truthahn am Spieß

Für 6 Personen
Garzeit: 15–20 Minuten

1 kg Truthahnbrust
½ Tasse Olivenöl
¼ Tasse Zitronensaft
1 Teelöffel getrockneter Oregano
1 Lorbeerblatt, zerkrümelt
½ Teelöffel weiße Pfefferkörner, zerstoßen
3 mittelgroße Zwiebeln
1 grüne Paprikaschote
1 rote Paprikaschote
2 Knoblauchzehen, zerdrückt

1. Die Truthahnbrust sollte ohne Knochen sein; mit Knochen müssen Sie mehr kaufen. Das Fleisch in 3 cm dicke Würfel schneiden.
2. In einer Glas- oder Keramikschüssel das Öl mit dem Zitronensaft, Oregano, Lorbeerblatt, Knoblauch und den Pfefferkörnern verrühren. Die Fleischwürfel hineingeben und wenden, so daß sie rundum mit der Marinade überzogen sind, und zugedeckt 1 bis 3 Tage in den Kühlschrank stellen – je länger, desto besser. Die Fleischwürfel zwischendurch gelegentlich wenden.
3. Die Zwiebeln schälen und vorsichtig den Wurzelansatz abschneiden, so daß die Zwiebel ganz bleibt. Die Zwiebeln vierteln. Die Paprikaschoten putzen, Kerne und weiße Häute entfernen und in 3 cm dicke Quadrate schneiden.
4. Das Truthahnfleisch auf 6 Spieße stecken und dazwischen 2 Zwiebel- und vier Paprikastücke verteilen.
5. Über glühender Holzkohle grillen, dabei häufig mit der Marinade bestreichen und wenden. Das Fleisch sollte nicht zu schnell garen, also die Höhe der Spieße entsprechend einstellen.

Off Zeytum

Huhn mit Oliven

Dieses Gericht wurde von marokkanischen Juden nach Israel gebracht, wo es dank des reichlichen Angebots an Hühnern, Oliven und Zitrusfrüchten kein Problem war, es in den nationalen Speisezettel aufzunehmen.

Für 6 Personen
Garzeit: 1¼ Stunden

1,5 kg Hühnerteile
½ Teelöffel Zimt
¼ Teelöffel gemahlener Ingwer
½ Teelöffel Kurkuma
1½ Teelöffel Salz
½ Teelöffel frisch gemahlener schwarzer Pfeffer
¼ Tasse Olivenöl
1 mittelgroße Zwiebel, fein gehackt
¼ Tasse fein gehackte Petersilie
1½ Tassen Wasser
6 Scheiben Limonium Hamoutzim (eingelegte Zitronen, Seite 357)
¾ Tasse grüne Oliven, 30 Minuten in Wasser eingeweicht
1 Eßlöffel Maismehl
fein gehackte Petersilie zum Garnieren

1. Die Hühnerteile mit Küchenkrepp trockentupfen.
2. Die Gewürze mit Salz und Pfeffer vermischen und über die Hühnerteile streuen. 10 Minuten stehenlassen.
3. Das Öl in einer schweren Pfanne erhitzen und die Hühnerteile auf allen Seiten bräunen. Jeweils nur 1 Lage Hühnerteile gleichzeitig braten. Dann auf einen Teller geben.
4. Die Zwiebel in die Pfanne geben und glasig dünsten. Die Petersilie und das Wasser hineinrühren, fast zum Kochen bringen und die Hühnerteile wieder in die Pfanne legen. Zugedeckt bei schwacher Hitze 40 Minuten dünsten, bis das Fleisch gar ist.
5. Die Zitronenscheiben in Viertel schneiden und mit den abgetropften Oliven (und entsteint, wenn Sie wollen) zum Hühnerfleisch geben. Noch einmal 10 Minuten dünsten.
6. Die Hühnerteile herausnehmen und auf einer Servierplatte anordnen. Die Oliven und Zitronenstücke über dem Fleisch verteilen. Zugedeckt warmstellen.
7. Die Flüssigkeit in der Pfanne mit angerührtem Maismehl andicken. 2 Minuten kochen, dann über das Hühnerfleisch gießen und mit gehackter Petersilie bestreuen.

Cholent

Sabbat-Schmortopf

Damit man am Sabbat eine warme Mahlzeit zur Hand hat, bereitet die israelische Hausfrau ihr Cholent am Freitag vor Sonnenuntergang zu. Dann steht es im Ofen und schmort langsam bis zum nächsten Tag. Cholent kann in vielen Varianten zubereitet werden: die vorliegende Variante ist eine der ältesten, nur die Kartoffel ist eine Zutat aus neuerer Zeit. Der Langzeitkocher ist ein ideales Gerät für diese Art Zubereitung, denn beim langsamen Garen ergibt sich ein viel besseres Aroma als beim Kochen mit starker Hitze

Für 6 Personen
Kochzeit: 12 Stunden

1 Tasse getrocknete Lima- oder andere Bohnen
3 Tassen Wasser
1 kg falsche Rippe vom Rind
(Vorbereitung siehe S. 351/352)
2 Eßlöffel Rinder- oder Hühnerfett
3 mittelgroße Zwiebeln, gehackt
1 Knoblauchzehe, gehackt
⅓ Tasse Perlgerste
Salz
frisch gemahlener schwarzer Pfeffer
1 Teelöffel Paprika
6 mittelgroße neue Kartoffeln

1. Die Bohnen gründlich waschen, in einen Topf geben und mit dem Wasser auffüllen. Zum Kochen bringen, die Hitze abschalten und die Bohnen stehenlassen, bis sie aufgequollen sind.
2. Das Rindfleisch nach dem Reinheitsgebot – falls erforderlich – vorbereiten.
3. In einer Bratpfanne das Fleisch auf allen Seiten anbraten. Dann in einen Langzeitkocher oder eine große feuerfeste Form legen.
4. Die Zwiebel in das Fett in der Pfanne geben und weich dünsten, dann den Knoblauch zugeben, noch 1 Minute dünsten und vom Herd nehmen.
5. Die Gerste waschen und über das Fleisch streuen. 1 Teelöffel Salz, Pfeffer nach Geschmack und das Paprikapulver zugeben. Mit der Hälfte der Zwiebeln belegen.
6. Die eingeweichten Bohnen mit ihrer Flüssigkeit zugeben und mit den restlichen Zwiebeln belegen; mit Salz und Pfeffer bestreuen.
7. Die Kartoffeln schälen und ganz lassen. Auf die Bohnen legen und soviel Wasser zugeben, daß der Topfinhalt bedeckt ist.
8. Zudecken und den Langzeitkocher auf niedrige Stufe stellen oder die feuerfeste Form in einen Ofen mit niedriger Hitze 110° C) schieben und über Nacht oder 10–12 Stunden schmoren. Das Fett abschöpfen und in tiefen Tellern mit Essiggemüse und Salat servieren.

Larshon Kar

Kalte Zunge

Für 6 Personen
Kochzeit: 2–4 Stunden

1 Ochsenzunge oder 12 Lammzungen, frisch oder gepökelt
Wasser
Lorbeerblätter
1 mittelgroße Zwiebel
3 Nelken
¼ Teelöffel Piment, ganz
½ Teelöffel schwarze Pfefferkörner
2 Teelöffel Salz, nach Belieben

1. Die Zunge waschen und notfalls abkratzen. Frische Zunge 2–3 Stunden, gepökelte Zunge 1 Stunde in kaltem Wasser einweichen. Abtropfen lassen und in einen hohen Topf geben. Mit warmem Wasser bedecken und die Lorbeerblätter, die mit den Nelken gespickte Zwiebel und die Piment- und Pfefferkörner zugeben.
2. Langsam zum Kochen bringen und bei Bedarf den Schaum abschöpfen. Wenn die Brühe abgeschöpft ist und fast kocht, bei frischer Zunge Salz zufügen. Zugedeckt bei schwacher Hitze 1½–2 Stunden (Lammzungen) bzw. 3–4 Stunden (Ochsenzunge) kochen lassen. Mit einem Spieß am Zungenansatz prüfen – die Zunge ist gar, wenn er sich leicht hineinschieben läßt.
3. Die Zunge aus der Brühe nehmen und die Haut abziehen, solange sie heiß ist. Knorpel und Knochen am Zungenansatz entfernen. Die Zunge in eine hohe, 15 cm breite Kuchenform oder ein ähnliches Gefäß legen und soviel Brühe darüberfüllen, daß die Zunge zur Hälfte bedeckt ist.
4. Einen flachen Teller umgedreht auf die Zunge legen und mit einem Gewicht beschweren. 24 Stunden kaltstellen. Aus der Form nehmen und in Scheiben geschnitten servieren.

Larshon im Roteff

Zunge mit Rosinensauce

Für 6 Personen
Kochzeit: 2½ bis 4½ Stunden

Zutaten wie für Larshon Kar (Seite 370), frische Zunge verwenden
Rosinensauce:
1 kleine Zwiebel, fein gehackt
¼ Tasse Hühnerfett oder Pflanzenmargarine
¼ Tasse Weizenmehl
1½ Tassen durchgeseihte Brühe von der Zunge
¼ Tasse brauner Zucker
¼ trockener Weißwein
1 Eßlöffel Essig
¼ Tasse Rosinen ohne Kerne
½ Teelöffel gemahlener Ingwer

1. Die Zunge abbürsten, einweichen und kochen, wie im Rezept für Larshon Kar, Schritt 1 und 2 beschrieben. Wenn die Zunge gar ist, im Topf lassen, um sie warmzuhalten.
2. In einer Kasserolle die Zwiebel im Fett glasig dünsten, das Mehl zufügen und bei schwacher Hitze 2 Minuten dünsten. 1½ Tassen durchgeseihte Brühe von der Zunge abmessen und unter ständigem Rühren in die Kasserolle gießen. Weiterrühren, bis die Sauce aufwallt, dann den braunen Zucker, den Wein, Essig, die Rosinen und den Ingwer zugeben. Die Sauce 5 Minuten schwach kochen lassen. Vom Herd nehmen und die Zunge weiter vorbereiten.
3. Die Zunge enthäuten und Knorpel und Knochen vom Zungenansatz entfernen. Ochsenzunge in 5 mm dicke Scheiben schneiden; Lammzungen der Länge nach in zwei Hälften schneiden.
4. Die geschnittene Zunge in die Sauce geben, vorsichtig umrühren und bei schwacher Hitze im zugedeckten Topf 10 Minuten sieden lassen. Heiß servieren.

Blintzes

Pfannkuchen mit Quarkfüllung

Etwa 16 Stück

Pfannkuchen:
1 Tasse Weizenmehl
¼ Teelöffel Salz
3 Eier
1½ Tassen Milch
2 Eßlöffel zerlassene Butter
Quarkfüllung:
2 Tassen Quark
2 Eigelb
¼ Tasse feiner Zucker
¼ Tasse Sauerrahm
¼ Tasse Sultaninen, nach Belieben
1 Prise Salz
1 Teelöffel Vanille-Essenz
Zur Fertigstellung:
¼ Tasse Butter
Sauerrahm
Beeren- oder Steinobstkompott, nach Belieben

1. Das Mehl mit dem Salz in eine Rührschüssel sieben und die Eier in die Mitte des Mehls schlagen. Wenn die Hälfte des Mehls eingerührt ist, die Hälfte der Milch zugeben und zu einem weichen Teig rühren. Die zerlassene Butter und die restliche Milch hineinschlagen und den Teig zugedeckt 30 Minuten stehenlassen.
2. Eine erhitzte, 15 cm breite Crêpe-Pfanne mit Butter bestreichen und etwa 2–3 Eßlöffel Teig hineingießen. Die Pfanne schwenken, damit sich der Teig gleichmäßig auf dem Boden verteilt, und den Pfannkuchen bei mittlerer Hitze backen, bis er auf der Unterseite leicht gebräunt und auf der Oberseite trocken ist. Mit der braunen Seite nach oben auf ein Tuch legen. Die restlichen Pfannkuchen herstellen, die Pfanne gelegentlich einfetten.
3. Den Quark in einem Sieb 30 Minuten abtropfen lassen. In eine Schüssel geben und die restlichen Zutaten zur Füllung dazugeben. Die Rosinen untermischen, wenn die Pfannkuchen nicht mit Kompott serviert werden sollen.
4. Etwa 2 Eßlöffel auf die Mitte der gebräunten Seite eines Pfannkuchens legen und den Pfannkuchen darüber wie ein Paket einschlagen. Die restlichen Pfannkuchen ebenso füllen.
5. Die Hälfte der Butter in einer Bratpfanne erhitzen und die gefüllten Pfannkuchen auf allen Seiten hellbraun braten. Auf eine vorgewärmte Platte geben und warmhalten. Die restliche Butter in die Pfanne geben und die restlichen gefüllten Pfannkuchen braten.
6. Die Pfannkuchen mit Sauerrahm krönen und mit einer Schüssel Kompott servieren, von dem sich jeder nach Belieben bedienen kann.

Listan Sabra

Feigen-Dessert

Für 6 Personen
Kochzeit: 25–30 Minuten

2 kg Sabrat (stachelige Feige)
Wasser
1 Tasse grobkörniger Zucker
dünne Schale ½ Zitrone
¼ Tasse Zitronensaft
4 Nelken
1 großes Stück Stangenzimt
¼ Tasse Maismehl

1. Mit den Feigen vorsichtig umgehen, da sie sehr feine, scharfe Stacheln haben. Lassen Sie Ihren Gemüsehändler die Feigen aussuchen, verlangen Sie feste Früchte, deren Farbe beinahe orange ist. Normalerweise hat 1 kg 12 Feigen.
2. Für die Zubereitung der Früchte Gummihandschuhe anziehen. Unter fließendem kalten Wasser waschen und die Früchte gründlich abreiben, um alle Stacheln zu entfernen. Mit einem scharfen Messer schälen und in dicke Scheiben schneiden.
3. 2 Tassen Wasser mit dem Zucker in einem Topf verrühren und die Zitronenschale und den Zitronensaft, die Nelken und den Zimt zugeben. Zum Kochen bringen und gelegentlich dabei rühren, damit sich der Zucker auflöst.
4. Die Feigenscheiben hineingeben und im offenen Topf 15–20 Minuten kochen, bis sie sehr weich sind. Die Zitronenschale, Nelken und die Zimtstange herausnehmen.
5. Die Feigenscheiben mit dem Sirup in ein Sieb geben und mit einem Holzlöffel durchdrücken, um die harten Kerne vom Fruchtfleisch zu trennen.
6. Das Feigenpüree in den Topf geben. Das Maismehl mit ¼ Tasse kaltem Wasser anrühren, zum Püree geben und bei mittlerer Hitze rühren, bis es dick wird und aufwallt. Das Püree 1 Minute aufkochen lassen, dann in 6 Dessertgläser gießen. Kaltstellen und mit Schlagsahne oder Vanille-Eis servieren.

Shtrudel peyrot Yivehshim

Strudel mit Trockenobst

Ofentemperatur: 190° C
Backzeit: 30–35 Minuten

Füllung:
geriebene Schale von 1 Zitrone
2 Eßlöffel feiner Zucker
½ Tasse entkernte Rosinen
½ Tasse gehackte Datteln
3 Dessertfeigen, gehackt
¼ Tasse glasierte Kirschen
½ Tasse gehackte Walnüsse
¼ Tasse zerlassene Pflanzenmargarine
¼ Tasse weiche Weißbrotkrumen
½ Tasse gemahlene Mandeln
½ Teelöffel Zimt
Zur Fertigstellung:
5 Lagen Strudelteig
¼ Tasse zerlassene Pflanzenmargarine
Puderzucker zum Bestäuben

1. Die geriebene Zitronenschale mit feinem Zucker vermischen. Die Früchte vorbereiten und in einer Schüssel mit den gehackten Walnüssen mischen. Die anderen Zutaten zur Füllung bereitstellen.
2. 1 Lage Strudelteig ausbreiten und mit zerlassener Margarine bestreichen. 4 weitere Lagen darüberlegen und jede davon ebenfalls mit Margarine bestreichen. Den Teig so hinlegen, daß die längere Seite Ihnen zugewandt ist.
3. Die Brotkrumen auf den Teig streuen und ringsum einen 4 cm breiten Rand freilassen. Eine gleichmäßige Schicht gemahlener Mandeln darüberstreuen und die Hälfte der zerlassenen Margarine (von den Zutaten zur Füllung) darüberträufeln.
4. Die Mischung aus den Früchten und Walnüssen gleichmäßig darauf verteilen – am oberen Ende etwa 8 cm freilassen. Den Zucker mit der geriebenen Zitronenschale sowie den Zimt darüberstreuen und die restliche Margarine über die Füllung träufeln.
5. Den unteren Rand des Strudelteigs über die Füllung klappen und die Seiten einschlagen. Die Seiten mit Margarine bestreichen und den Strudel fest aufrollen.
6. Den Strudel vorsichtig auf ein eingefettetes Backblech heben – die Verbindungsstelle nach unten – und mit Margarine bestreichen. Mit einem scharfen Messer flache, diagonale Schlitze in den Strudel schneiden, etwa 2 cm voneinander entfernt.
7. Im Ofen bei mittlerer Hitze 30–35 Minuten backen, bis er goldbraun ist. Auf dem Backblech abkühlen lassen.
8. Vor dem Auftragen mit Puderzucker bestäuben und an den eingeschlitzten Stellen diagonal in Scheiben schneiden. Übriggebliebene Stücke halten sich eine Weile in einem geschlossenen Behälter bei Zimmertemperatur.

Toporagh Ets im Tapuzim
Äpfel in Orangensaft

Für 6 Personen
Kochzeit: 25–30 Minuten

2 Tassen frischer Orangensaft
¼ Tasse kernlose Rosinen
¼ Tasse Margarine oder Butter
6 mittelgroße, saure Eßäpfel
1 Eßlöffel Maismehl
2 Eßlöffel kaltes Wasser

1. Den Orangensaft mit den Rosinen und der Margarine oder Butter in einen Topf geben und zum Kochen bringen.
2. Die Äpfel schälen, vom Kerngehäuse befreien und zur Hälfte durchschneiden. Zu der Orangensaftmischung in den Topf geben und zugedeckt bei schwacher Hitze kochen lassen, bis die Äpfel gar, aber nicht zerfallen sind.
3. Das Maismehl mit kaltem Wasser anrühren und damit die kochende Flüssigkeit andicken. Zu gebratenem oder gegrilltem Fisch oder Huhn geben. (Die Äpfel sehen wie Pfirsiche aus, wenn sie gekocht sind.)

Kugel Gezzer
Möhrenpudding

Für 6–8 Personen
Ofentemperatur: 180° C
Backzeit: 1 Stunde

½ Tasse Pflanzenmargarine
½ Tasse brauner Zucker
geriebene Schale von 1 Zitrone
2 Eier, getrennt
1 Tasse feines Matzenmehl
1½ Teelöffel Backpulver
¼ Tasse Kartoffelmehl
1 Teelöffel Zimt
¼ Teelöffel Salz
¼ Tasse süßer Sherry oder Weißwein
2 Tassen geriebene rohe Möhren
¼ Tasse kernlose Rosinen
zusätzliches Matzenmehl

1. Die Margarine mit dem braunen Zucker und der Zitronenschale schaumig schlagen, dann die Eigelbe zugeben und gründlich schlagen.
2. Das Matzenmehl mit Backpulver sowie dem Kartoffelmehl, Zimt und Salz vermischen.
3. Die Mehlmischung abwechselnd mit dem Sherry oder dem Wein in die Margarinemischung rühren.
4. Dann die geriebenen Möhren und die Rosinen untermengen. Das Eiweiß steifschlagen und unter den Teig heben.
5. Den Teig in eine eingefettete Ringform füllen, die mit feinem Matzenmehl bestäubt ist, und im Ofen bei mittlerer Hitze 1 Stunde backen. Warm servieren.

Listan Tapuzim
Orangenpudding

Für 6 Personen
Kochzeit: 10–12 Minuten

fein geriebene Schale von 1 Orange
⅓ Tasse grobkörniger Zucker
⅓ Tasse Maismehl
1 Prise Salz
2 große Eier, getrennt
2½ Tassen durchgeseihter Orangensaft

1. Die geriebene Orangenschale mit dem Zucker vermischen, in einen schweren Topf geben und das Maismehl und das Salz dazugeben.
2. Die Eigelbe in einer Schüssel schlagen und den Orangensaft hineinführen. Diese Mischung nach und nach in den Topf mit der Maismehlmischung gießen und dabei mit einem Holzlöffel umrühren.
3. Den Topf bei mittlerer Hitze auf den Herd stellen und ständig rühren, bis der Pudding dick wird und aufwallt. Wenn die Masse klumpig wird, kräftig mit einem Schneebesen schlagen.
4. Den Pudding 1 Minute schwach kochen lassen, dann vom Herd nehmen und den Topf einige Minuten in kaltes Wasser stellen; dabei gelegentlich rühren, damit der Pudding etwas abkühlt.
5. Das Eiweiß steifschlagen und unter den Pudding heben, gut untermischen. Den Pudding in 6 kleine Dessertgläser füllen und vor dem Servieren kaltstellen. Schmeckt besonders gut mit Schlagsahne oder Pareve-Creme.

Agasim Memoula'im
Gefüllte Birnen

Für 6 Personen
Ofentemperatur: 180° C
Kochzeit: 1¼–1¾ Stunden

6 mittelgroße, feste Birnen
⅓ Tasse Sultaninen
⅓ Tasse grob gehackte Walnüsse
½ Teelöffel Zimt
½ Tasse Wasser
½ Tasse grobkörniger Zucker
1 Tasse trockener Rotwein
1 dünner Streifen Zitronenschale
1 Stück Stangenzimt
3 Nelken

1. Die Birnen schälen, dabei die Stiele dranlassen. Mit einem spitzen Messer um die Blüte herum ein Stück von etwa 1 cm Durchmesser ausschneiden. Diese Stücke beiseitelegen, sie werden später zum Verschließen der Birnen gebraucht.
2. Das Kerngehäuse mit einem Teelöffel herauslösen und die Höhlung etwas erweitern.
3. Die Sultaninen mit den Walnüssen und dem Zimt mischen und die Birnen damit füllen. Mit den ausgeschnittenen Stücken verschließen. Durch den Boden der Birnen einen hölzernen Zahnstocher stecken, um den Verschluß zu sichern. Die Birnen in eine Kasserolle stellen, die gerade groß genug für die 6 Birnen ist.
4. Das Wasser mit dem Zucker und dem Wein zum Kochen brinngen und solange rühren, bis sich der Zucker aufgelöst hat. Die Zitronenschale, Zimtstange und die Nelken zugeben und 2 Minuten kochen.
5. Den Weinsirup über die Birnen gießen, die Form verschließen und für 1–1½ Stunden bei mittlerer Hitze in den Ofen schieben, bis die Birnen gar sind. Während des Backens gelegentlich mit dem Sirup bestreichen.
6. Wenn die Birnen gar sind, aus dem Sirup heben und die Zahnstocher entfernen. Aufrecht in eine Servierschale setzen. Den Sirup in eine Kasserolle gießen und auf dem Herd einkochen, bis er dick ist. Dann über die Birnen gießen. Abkühlen, dann vor dem Servieren noch gründlich kaltstellen.

Ugat Dvasch
Honigkuchen

Ofentemperatur: 160° C
Backzeit: 1 Stunde 10 Minuten

3 Eier, getrennt
½ Tasse brauner Zucker
½ Tasse Honig
¼ Tasse pflanzliches Öl
½ Teelöffel Natron
¼ Tasse sehr starker Kaffee
2 Tassen Weizenmehl
2 Teelöffel Backpulver
1 Teelöffel Piment, gemahlen
1 Prise gemahlene Nelken
¼ Tasse gehacktes Zitronat
½ Tasse gehackte, kernlose Rosinen
blanchierte Mandelstifte zum Garnieren

1. Die Eigelbe mit dem braunen Zucker kräftig schlagen. Nach und nach den Honig und das Öl hineinschlagen.
2. Das Natron im kalten Kaffee auflösen und beiseitestellen.
3. Das Mehl zusammen mit dem Backpulver und den Gewürzen zweimal durchsieben. Das gehackte Zitronat und die Rosinen mit 1 Teelöffel des Mehls vermischen.
4. Das Mehl abwechselnd mit dem Kaffee in die Honigmischung rühren.
5. Das Eiweiß steifschlagen und mit einem Metallöffel unter den Teig heben.
6. Eine Brotform von 15×25 cm Größe mit Pflanzenmargarine einfetten und leicht mit Mehl bestäuben. Den fertigen Teig hineingeben und mit blanchierten Mandelstiften garnieren.
7. Im Ofen bei mittelschwacher Hitze 1 Stunde und 10 Minuten backen, bis er gar ist. Auf einen mit einem zusammengefalteten Tuch bedeckten Rost stürzen und 10 Minuten stehenlassen. Dann die Form hochnehmen und den Kuchen aufrecht auf einen anderen Rost setzen, damit er ganz abkühlt. In Scheiben geschnitten servieren, auf Wunsch mit Margarine oder Butter bestrichen.

Ugat Gezzer

Möhrenkuchen

Ofentemperatur: 190° C
Backzeit: 50 Minuten

4 Eier, getrennt
1 Tasse feiner Zucker
geriebene Schale von 1 Zitrone
1½ Tasse geriebene rohe Möhren
2 Tassen gemahlene Mandeln
½ Tasse Weizenmehl
1 Teelöffel Backpulver
1 Prise Salz
durchgesiebter Puderzucker zum Bestäuben

1. Eine 23 cm lange Rehrückenform oder eine Ringform mit Margarine einfetten, kaltstellen, dann leicht mit Mehl bestäuben und überschüssiges Mehl abschütteln.
2. Die Eigelbe mit dem Zucker cremig schlagen. Die geriebene Zitronenschale zufügen und kräftig schlagen.
3. Diese Masse mit den geriebenen Möhren und gemahlenen Mandeln vermischen.
4. Das Mehl mit dem Backpulver und dem Salz durchsieben und in den Möhrenteig rühren.
5. Das Eiweiß steifschlagen und schnell und gründlich unter den Teig heben, dazu einen großen Metallöffel benutzen.
6. Den Teig in die vorbereitete Form gießen und im Ofen bei mittlerer Hitze 50 Minuten backen, bis er durchgebacken ist.
7. 5 Minuten in der Form abkühlen lassen, dann auf ein Kuchengitter legen. Kaltwerden lassen und 1 Tag in einem geschlossenen Behälter aufbewahren, bevor er angeschnitten wird. Mit durchgesiebtem Puderzucker bestreuen.

Mandlebrodt

Mandelbrot

Ofentemperatur: 180° C
Backzeit: 35–40 Minuten

4 Eier
¾ Tasse feiner Zucker
¼ Teelöffel Mandel-Essenz
1 Tasse Weizenmehl
1 Teelöffel Backpulver
½ Teelöffel Zimt
1 Prise Salz
1 Eßlöffel Margarine, zerlassen und abgekühlt
1½ Tassen grob gemahlene oder fein gehackte Mandeln

1. Eine 20 cm breite, quadratische, hohe Backform oder eine Kastenkuchenform mit Margarine einfetten, kaltstellen, dann mit Mehl bestäuben.
2. Die Eier schaumig schlagen und allmählich den Zucker zugeben, kräftig schlagen. Wenn die Masse leicht und locker ist, die Mandel-Essenz zugeben.
3. Das Mehl mit dem Backpulver, dem Zimt und dem Salz sieben und mit der Eiermasse verrühren.
4. Die zerlassene Margarine abwechselnd mit den Mandeln zugeben.
5. Den Teig in die Kuchenform füllen und im Ofen bei mittlerer Hitze 35–40 Minuten backen.
6. Auf ein Gitter stürzen und abkühlen lassen.
7. Wenn das Brot abgekühlt ist, in 1 cm dicke Scheiben schneiden und jede Scheibe in 3 Stücke schneiden. Nebeneinander auf Backbleche legen. 10 Minuten in den mittelheißen Ofen schieben, dann die Stücke umdrehen und den Ofen abstellen. 10 Minuten im geschlossenen Ofen lassen, bis die Stücke knusprig sind. Abkühlen lassen und in einem verschlossenen Behälter aufbewahren; sie halten sich gut.

Anhang

Bahar

Siehe Piment.

Baharat

Eine Gewürzmischung, die in den Golfstaaten und im Irak verwendet wird; es ist eine Kombination aus Zimt, Nelken, Muskatnuß, Kreuzkümmel, Koriander und Pfeffer, der Paprika als Färbemittel zugegeben wird.

Bakaliaros

Gepökelter und getrockneter Kabeljau. In Griechenland und Zypern beliebt. Erfordert stundenlanges Einweichen mit mehrmaligem Wasserwechsel. Normalerweise gebrüht, mit einem Teig überzogen und gebraten, dazu eine Knoblauchsauce als wesentliche Beilage. Auch für Schmortöpfe oder Frikadellen verwendet.

Bockshornklee
Bot.: *Trigonella foenum-graecum*
Fam.: *Leguminosae*
Arabisch: *hulba, hilbeh*
Armenisch: *chaiman*
Iranisch: *shambalileh*

Obwohl in den östlichen Mittelmeerländern beheimatet, wird der hellbraune, dreikantige Samen in der jemenitischen Küche für eine gehaltvolle, cremige Suppe, Hulba oder Hilbeh genannt, verwendet; er ist auch ein Hauptbestandteil bei Pastourma (getrocknetes und gewürztes Rindfleisch). Die Samen haben einen leicht bitteren Geschmack und sind ein wesentlicher Bestandteil indischer Curry-Mischungen.
Die kleinen, ovalen Blätter werden im Iran in Gerichten wie Sabzi Khordan, Kukuye Sabzi und Khoreshe Gormeh Sabzi verwendet. Obwohl einige Rezepte das Kraut nicht enthalten, da es nicht so leicht zu bekommen ist, geben Sie es zu diesen Gerichten, wenn Sie es gerade bei der Hand haben.

Bohnen, getrocknete

Siehe die Anmerkungen zu Dicke Bohnen, »Schwarzäugige« Bohnen und Mung-Bohnen. Hier werden nur die weniger bekannten Bohnensorten behandelt.

Schwarzäugige Bohnen
Bot.: *Vigna unguiculata*
Fam.: *Leguminosae*
Arabisch: *lubyi msallat*
Griechisch: *fassoulia mavromati /*
Griechisch-zyprisch: louvi mavromati

Die »Schwarzäugige Bohne« ist in Zentralafrika heimisch. Sie sollte nicht mit der Vigna sesquipendalis verwechselt werden, die in unreifem Zustand die ca. 30 cm lange Spargel- oder Schlangenbohne ist, die in den Mittelmeerländern so beliebt ist. Schwarzäugige Bohnen haben einen angenehmen, leicht süßen Geschmack und werden schneller gar als andere Trockenbohnen. Obwohl sie die Flüssigkeit verfärben, in der sie gekocht werden, ziehe ich diese Bohnen allen anderen für die Zubereitung von Fassoulatha (Bohnensuppe) vor.

Dicke Bohnen
Bot.: *Vicia faba*
Fam.: *Leguminosae*
Arabisch: *ful nabed*
Persisch: *bhagala*
Griechisch: *Koukia*
Türkisch: *fava*

Diese werden in Griechenland, Zypern, der Türkei und den arabischen Ländern frisch verwendet. Wenn sie sehr jung sind, wird die ganze Schote verwendet, von der die Spitze, der Stielansatz und die Fäden entfernt werden. Reife Bohnen werden ohne Schoten verwendet und werden in den meisten Ländern der Region gegessen. Sie sind sehr gut, wenn sie mit Artischockenherzen zusammen gekocht werden. Bei persischen Gerichten wird von den Bohnen noch die Haut entfernt. Tiefgefrorene Dicke Bohnen sind das ganze Jahr über eine gute Reserve und lassen sich leicht enthäuten.
Getrocknete Dicke Bohnen schwanken in der Färbung von olivgrün bis purpurrot. Die grünen Bohnen sind normalerweise die ersten Bohnen der Saison und brauchen weniger Einweich- und Garzeit als die dunkler gefärbten Bohnen. Sie werden für die ägyptische und arabische Küche für Ful Nabed, Tameya und Falafel verwendet.

Kleine Dicke Bohnen
Bot.: *Vicia faba, var. equina*
Fam.: *Leguminosae*
Arabisch: *ful*
Griechisch: *fava*
Türkisch: *bakla*

Auch ägyptische braune Bohnen, Tick-, Pferde-, Fava- und Ful-Bohnen genannt, werden sie nur in getrocknetem Zustand verwendet. Sie sind der Hauptbestandteil für das ägyptische Ful Medamis, ein Gericht, das beinahe in der ganzen Region beliebt ist, obwohl der Name gelegentlich anders lautet. In der Farbe schwanken sie zwischen beige und purpurrot und müssen eingeweicht und sehr langsam gegart werden. Sie sind in der Mittelmeerregion heimisch, und ihre Verwendung geht bis in vorgeschichtliche Zeiten zurück.

Mung-Bohnen
Bot.: *Vigna radiata*
Fam.: Leguminosae
Afghanisch: *maush*

Auch als grüne Bohnen, goldene oder grüne Erbsen bekannt, werden Bung-Bohnen seit Jahrhunderten in Asien angebaut. Sie werden hauptsächlich als Bohnensprossen verwendet oder für asiatische Süßspeisen zu Mehl gemahlen; in Afghanistan werden sie auch ganz als Gemüse gekocht. Mung-Bohnen brauchen nicht eingeweicht zu werden, da sie schnell gar werden.

Burghul
Arabisch: *burghul, bulkar*
Griechisch: *pourgouri*
Türkisch: *bulgar*

Enthülster Weizen, halbgar gedämpft, dann getrocknet und gemahlen. Erhältlich in feinen und groben Graden. In den Rezepten wird vermerkt, welche Sorte zu verwenden ist. Burghul hat einen nußähnlichen Geschmack und ist bei Leuten beliebt, die sich natürlich ernähren wollen. Er wird weitverbreitet im Libanon, in Syrien und in benachbarten Ländern verwendet. Erhältlich in mittelöstlichen, griechischen und armenischen sowie in speziellen Lebensmittelgeschäften.

Capsicum

Siehe Paprika

Chili
Bot.: *Capsicum frutescens*
Fam.: *Solanaceae*
Arabisch: *felfel, bisbas*
Afghanisch: *murgh*

Die lange, schmale grüne oder rote scharfe Chilischote wird in den Golfstaaten und im Jemen häufig verwendet. Oft wird die ganze Schote einschließlich der Kerne, genommen; da diese aber sehr scharf sind, sollte man sie lieber entfernen. Wenn man Chilischoten verarbeitet, sollte man nicht mit den Fingern an Mund und Augen kommen. Anstelle der frischen Schoten können getrocknete Schoten oder gemahlener Chili-Pfeffer genommen werden. Entfernen Sie die Kerne aus getrockneten Chilischoten und weichen Sie diese 5 Minuten in heißem Wasser ein. Verwenden Sie ihn sparsam, geben Sie jeweils nur eine kleine Menge zu, bis Sie die gewünschte Schärfe erreicht haben.

Dibs

Ein Sirup aus der Schote des Johannisbrotbaumes mit einem schokoladenartigen Aroma. Im Libanon und in Syrien beliebt, wo er mit Tahini zu einem Brotaufstrich vermischt wird.

Dibs Roman

Granatapfelmelasse oder -sirup, der im Libanon und in Syrien zum Kochen verwendet wird. Siehe Granatapfel.

Dill
Bot.: *Anethum graveolens*
Fam.: *Umbelliferae*
Afghanisch: *shabit*
Armenisch: *samit*
Griechisch: *anitho*
Türkisch: *dereotu*

In der Mittelmeerregion beheimatet, wurde Dill in alten Zeiten als Heilkraut hoch geschätzt. Die gefiederten Blätter sind blaugrün und verleihen Fleisch-, Gemüse- und Reisgerichten einen erkennbaren, leicht anisartigen Geschmack. Ausgezeichnet für Artischocken. Dill kann auch durch Fenchel ersetzt werden.

Edelkastanie
Bot.: *Castanea sativa*
Fam.: *Fagaceae*
Arabisch: *kestani, abu farwe*
Griechisch: *kastana*
Türkisch: *kestane*

Die Edelkastanie ist in der Mittelmeerregion heimisch und wird dort von alters her verwendet. In den Städten rund um das Mittelmeer gehen die Maronenverkäufer mit ihren Holzkohlenöfchen ihrem Gewerbe nach – allerdings werden sie heutzutage seltener, da die Ernten infolge von Pilzerkrankungen der Bäume nachlassen. Edelkastanien werden für Füllungen in Geflügel verwendet; in Griechenland ist Kastanienpüree ein beliebtes Dessert, und der Zaharoplasti (Bonbonmacher) übertrifft sich selbst mit seinen kandierten Maronen. Um die Kastanien zum Kochen vorzubereiten, schneiden Sie die Schale auf beiden Seiten durch und kochen Sie die Kastanien 10 Minuten in Wasser. Nehmen Sie jeweils einige Kastanien gleichzeitig aus dem Wasser und entfernen die Schale und die Haut. Zum Rösten die Schale an einer Stelle kreuzweise einschneiden und die Kastanien im Ofen bei mittlerer Hitze 10–15 Minuten backen. Solange sie heiß sind, die Schale entfernen.

Fenchel
Bot.: *Foeniculum vulgare*
Fam.: *Umbelliferae*
Griechisch: *maratho*
Türkisch: *rezene*

Ein feines, gefiedertes Kraut, das häufig anstelle von Dill verwendet wird; von manchen für delikater im Aroma gehalten.

Feta

Feta ist ein weicher, krümeliger weißer Käse aus Ziegen- oder Schafmilch griechischen Ursprungs. Der Beyaz Peynir in der Türkei und der iranische Panir sind ähnliche Käsearten; da sie nicht exportiert werden, ist Feta der einzige Ersatz dafür. Feta wird in vielen anderen Ländern hergestellt, und seine Qualität hängt von der verwendeten Milch ab. Die besten Fetas für Vorspeisen oder Salate sind die griechischen, bulgarischen und rumänischen. Aus Kuhmilch zubereitete Fetas sind fester, meistens preiswerter und zum Kochen geeignet. Um Feta für längere Zeit aufbewahren zu können, nehmen Sie ein Glas mit weiter Öffnung zum Einkauf mit, damit der Feta mit der Molke bedeckt werden kann, in der er geliefert wird. Eine andere Möglichkeit ist, bei der Zubereitung von Mizithra (Seite 30) die Molke aufzubewahren. Diese wird dann gekocht, abgekühlt und über den Feta-Käse gegossen. Der Behälter ist dann verschlossen im Kühlschrank aufzubewahren.

Garam Masala

Eine Gewürzmischung, die in Afghanistan und Indien populär ist.

Garbanzo-Bohnen

Siehe Kichererbsen.

Gelblupine (Troumis)
Bot.: *Lupinus luteus*
Fam.: *Leguminosae*

Bestimmte Lupinensorten wurden in der Mittelmeerregion schon seit 2000 v. Chr. als Nahrungsmittel verwendet. Angesichts des reichen Angebots an Hülsenfrüchten heutzutage werden Lupinen nur noch für Snacks verwendet. Troumis ist die arabische Bezeichnung für getrocknete weiße Lupinen, und da diese ziemlich stark getrockneten Lima-Bohnen ähneln (obwohl man bei näherem Augenschein den Unterschied bemerkt), ist eine Erklärung nötig. Da sie Bitterstoffe enthalten, sollten sie nicht wie andere Hülsenfrüchte zubereitet werden. Weichen Sie sie 4 Tage in kaltem Wasser ein und wechseln Sie das Wasser zweimal täglich. Gar kochen, nach 1½ Stunden Salz zufügen. Abtropfen lassen und kalt mit Olivenöl und Zitronensaft als Vorspeise anbieten.

Ghee
Afghanisch: *roghan*
Arabisch: *samneh*
Iranisch: *roghani kare*

Reines Butterfett. Wegen des Fehlens fester Milchbestandteile kann Ghee ohne zu verbrennen auf hohe Temperaturen erhitzt werden und verleiht den Speisen ein besonderes Aroma. Wenn Ghee erhitzt wird, findet eine gewisse Oxidation statt, die sich in der weißen Farbe des Ghee bemerkbar macht, wenn es fest wird. Die Lebensmittelgesetze sind nicht überall gleich streng, und Ghee enthält oft andere Fette oder pflanzliche Öle; aus diesem Grund wird in den Rezepten, wo es auf das Aroma von Ghee ankommt, als Alternative geklärte Butter angegeben.

Granatapfel
Bot.: *Punica granatum*
Fam.: *Punicaceae*
Arabisch: *roman*
Iranisch: *anar*

Eine Frucht, die von alters her bekannt ist und im südwestlichen Asien beheimatet ist. Wenn sie vor Erreichen der vollen Reife gepflückt werden, halten sich Granatäpfel an einem kühlen, trockenen Ort monatelang. Sie werden viel im Iran verwendet, wo ihr saurer Saft hoch geschätzt wird. Da einige Sorten nicht sehr sauer sind, kann der Zusatz von Limetten- oder Zitronensaft erforderlich sein. Im Libanon und in Syrien wird der Saft beim Kochen verwendet, und die farbenprächtigen Kerne dienen häufig als Garnierung. Um den Saft zu erhalten, eine Handvoll Kerne in ein Tuch geben und über einer Schüssel ausdrücken. In Eiswürfelbehältern einfrieren, dann die Würfel in Plastiktüten füllen und im Gefrierschrank aufbewahren. Die Kerne lassen sich ebenfalls gut einfrieren. Wenn frischer Granatapfelsaft nicht verfügbar ist, nehmen Sie Granatapfelmelasse oder -sirup (Dibs roman), der in mittelöstlichen Lebensmittelläden erhältlich ist. Nehmen Sie 3–4 Teelöffel Sirup auf 1 Tasse Wasser für 1 Tasse Granatapfelsaft. Der Sirup »Grenadine« ist aus Granatäpfeln hergestellt, kann aber nicht für pikante Gerichte verwendet werden.

Haloumy

Ein salziger Schafskäse in Zypern und im Libanon, der in Molke zum Reifen gebracht wird. Er hat eine fadenartige Beschaffenheit, wenn er geknetet wird, nachdem der abgetropfte Quark in der Molke gekocht wurde. Der zyprische Haloumy wird mit getrockneter Minze gewürzt, während beim libanesischen Schwarzkümmel verwendet wird. Der Käse kann mit Kuhmilch selbst hergestellt werden; das Rezept erhält genaue Angaben darüber.

Halva

Halva gibt es in vielen verschiedenen Schreibweisen und bedeutet allgemein Süßigkeit; häufig ist es ein angedickter Pudding oder ein Konfekt. Das Konfekt wird aus gemahlenen, rohen Sesamkörnern hergestellt; da die Zubereitung das Kochen unter Druck und die Geschicklichkeit eines professionellen Konfektherstellers erfordert, ist es nicht möglich, Halva selbst herzustellen. Es enthält oft auch Mandeln oder Pistazien. Es ist ein köstliches Konfekt, enthält viele Kalorien, hat dabei einen hohen Nährwert und wird sehr empfohlen, wenn man zunehmen soll.

Hilopites

Kleine, quadratische Nudeln, die in Griechenland und Zypern für Gerichte wie Yiouvetsi verwendet werden. Sie werden auch einfach gekocht und mit einer Tomaten-oder Fleischsauce und geriebenem Käse serviert.

Joghurtgetränk
Afghanisch: *dugh*
Arabisch: *aryaan, laban bi sikkar*
Armenisch: *tan*
Iranisch: *abdug*
Türkisch: *ayran*

Joghurt mit kaltem Wasser vermischt, meist 2 Teile Joghurt auf 1 Teil Wasser, das hängt jedoch von der Konsistenz des Joghurts ab. Meist wird es etwas gesalzen, im Libanon, in Syrien und Jordanien wird allerdings auch manchmal Zucker verwendet (laban bi sikkar). Im Iran wird Abdug kommerziell hergestellt, mit Kohlensäure versetzt und in Flaschen abgefüllt.

Kardamon
Bot.: *Elettaria cardamomum*
Fam.: *Zingiberceae*
Afghanisch: *hale*
Arabisch: *hell, hail*
Persisch: *hell*

Ein teures Gewürz, aber erforderlich für arabische, iranische und afghanische Gerichte. Erhältlich in Kapseln, Körnern oder gemahlen. Wo gemahlener Kardamon verlangt wird, ist es besser, frisch gemahlenen zu verwenden, besonders für Süßspeisen, da das Aroma besser ist. Für arabischen Kaffee ein notwendiges Gewürz.

Karobe, Johannisbrot
Bot.: *Ceratonia siliqua*
Fam.: *Leguminosae*
Arabisch: *kharrub*

Ein immergrüner Baum, heimisch in der Mittelmeerregion, der lange, fleischige Hülsen hervorbringt. Die getrockneten Hülsen werden im Orient als Imbiß verkauft – der leicht süße, schokoladenartige Geschmack kommt besonders bei Kindern an. In der Karobe hat der westliche Befürworter für natürliche Ernährung einen Ersatz für Schokolade gefunden, der viel weniger Fett enthält. Siehe auch Dibs.

Kasseri

Ein griechischer Schafs-oder Ziegenkäse, cremig-weiß, mit fester Beschaffenheit und wenigen kleinen Löchern. Er ist ein guter Tafelkäse, ausgezeichnet, wenn er in Butter oder Olivenöl gebacken und mit etwas Zitronensaft beträufelt serviert wird; häufig wird er auch in Würfeln auf geschmorte Lammgerichte gegeben. Kaşer, ein türkischer Käse, und Kashkaval, ein rumänischer Käse, können anstelle von Kasseri verwendet werden.

Kassie, Kaneel
Bot.: *Cinnamomum cassia*
Fam.: *Lauraceae*
Arabisch: *darseen, kerfee*
Griechisch: *kanella*

Auch als chinesisches Kaneel bekannt wird es dem Zimt gegenüber als zweitrangig betrachtet. Die dicken Rindenstücke werden weitverbreitet für arabische und griechische Gerichte, sowohl für pikante als auch süße Sirups verwendet. Wenn Zimt verlangt wird, kann entweder Kaneel oder Zimt verwendet werden.

Kefalotiri

Wörtlich bedeutet dies »Kopfkäse«. Ein beliebter griechischer Käse zum Reiben. An seiner Stelle kann italienischer Parmesan verwendet werden.

Kichererbsen, Garbanzo-Bohnen
Bot.: *Cicer arietinum*
Fam.: *Leguminosae*
Arabisch: *hummus*
Armenisch: *siser-noghud*
Griechisch: *revithia*
Iranisch: *nakhod*
Türkisch: *nohut*

Von alters her in Ägypten und Griechenland als Nahrungsmittel genutzt, sind sie in der ganzen Region beliebt. Vor dem Kochen müssen die Kichererbsen eingeweicht werden; einige Rezepte verlangen enthäutete Kichererbsen – siehe Seite 15. Sie werden auch geröstet zum Knabbern angeboten.

Kishk

Burghul, das mit Milch und Joghurt in einem langwierigen Prozeß fermentiert wird. Danach wird er gesalzen, auf einem Tuch zum Trocknen ausgebreitet, dann zu einem feinen Pulver gemahlen und für den Verbrauch im Winter aufbewahrt. Mit Wasser gekocht ist Kishk ein gehaltvolles Frühstück; es wird auch zu Suppen gegeben, um sie gehaltvoller zu machen. Kishk wird im Libanon und in Syrien, weniger im Iran verwendet, wo es Kashk genannt wird.

Knoblauch
Bot.: *Allium sativum*
Fam.: *Liliaceae*
Afghanisch: *seer*
Arabisch: *tum*
Armenisch: *sekhdor*
Griechisch: *skortho*
Iranisch: *sir*
Türkisch: *sarmisak*

Seit alters her wegen der ihm zugeschriebenen Heilkräfte bekannt und verwendet, ist Knoblauch ein wesentlicher Bestandteil mittelöstlicher Speisen und sollte bei den Rezepten, die ihn verlangen, nicht weggelassen werden. Denken Sie daran, daß das Aroma von Knoblauch beim Rösten stärker wird; vermeiden Sie also das Rösten, wenn kein starkes Aroma verlangt wird. Häufig wird roher Knoblauch fein gehackt unter gekochtes Gemüse gemischt. Von jedem Essen mit rohem Knoblauch bekommt man einen unangenehmen Mundgeruch. Als Gegenmittel gelten das Kauen einer Nelke oder das Trinken von Milch.

Knoblauchgrün
Bot.: *Allium tuberosum*
Fam.: *Liliaceae*
Iranisch: *tareh*

Dieses grüne Kraut mit flachen Halmen wird in der iranischen Küche reichlich verwendet und hat ein knoblauchartiges Aroma. Wenn es nicht erhältlich ist, kann es bei den Rezepten weggelassen werden oder durch Zwiebelgrün und eine halbe zerdrückte Knoblauchzehe ersetzt werden.

Koriander
Bot.: *Coriandrum sativum*
Fam.: *Umbelliferae*
Afghanisch: *gashneez*
Arabisch: *kazbarah*
Griechisch-zyprisch: *koliandros*
Iranisch: *geshniez*
Türkisch: *kişniş*

Gehört zur Familie der Petersiliengewächse. Sowohl die grünen Blätter als auch die Körner werden im Mittleren Osten weitverbreitet verwendet. Das Aroma der Blätter ist streng – der Name für dieses Kraut stammt aus dem Griechischen: »koris« bedeutet Wanze und bezieht sich auf den wanzenartigen Geruch der Blätter. Das Aroma ähnelt jedoch auch dem von getrockneten Orangenschalen – ein annehmbarer Vergleich. Koriander wird vielfach für Gerichte in Afghanistan, dem Iran, den Golfstaaten, im Jemen und auf Zypern verwendet.
Gemahlene Korianderkörner werden ebenfalls häufig verwendet und sind Bestandteil des Baharat der Golfstaaten und des Irak. Die zerstoßenen Körner sind wesentlicher Bestandteil der »Afelias« auf Zypern.

Kresse
Bot.: *Arabis caucasia*
Fam.: *Cruciferae*
Arabisch: *barbeen*
Iranisch: *shahat*

Ein grünes Kraut, das im Iran, Irak und in den Golfstaaten viel für Salate verwendet wird. Im Iran wird es auch für Eintopf gebraucht. Es ist in Erscheinung und Geschmack der Brunnenkresse sehr ähnlich, obwohl die Blätter größer sind und enger zusammen an den Stengeln sitzen.

Kreuzkümmel
Bot.: *Cuminum cyminum*
Fam.: *Umbelliferae*
Afghanisch: *zeera*
Arabisch: *kamoon*
Armenisch: *kimion*
Griechisch: *kimino*
Iranisch: *zire*
Türkisch: *cemen*

In Ägypten beheimatet, sind die Körner von alters her weitverbreitet bei der Zubereitung von Speisen in Ägypten und im östlichen Mittelmeerraum verwendet worden. In Zypern wird ein Korn mit dem Namen »Artisha« für Tavas benutzt, und obwohl es in der Erscheinung und im Aroma dem Kreuzkümmel ähnlich ist, behauptet man in Zypern, dies sei ein anderes Gewürz; es ist außerhalb Zyperns kaum erhältlich. Einige Kräuter und Gewürze unterscheiden sich tatsächlich im Aroma, wenn sie in verschiedenen klimatischen Gegenden und auf verschiedenen Böden wachsen; vielleicht erklärt dies den Unterschied.

Schwarzkümmel
Bot.: *Nigella sativa*
Fam.: *Ranunculaceae*
Afghanisch: *kala zeera*
Arabisch: *habet el sauda*
Armenisch: *shoushma*
griechisch: *mavrokoko*

Dieses kleine schwarze, aromatische Korn ist nicht mit Kreuzkümmel verwandt. Es wird für süße Hefebrote und Kuchen in Zypern, im Libanon, Syrien und Armenien, zum Würzen von Haloumy-Käse im Libanon verwandt und gehört zur Gewürzmischung Garam Masala in Afghanistan.

Kurkuma
Bot.: *Curcuma domestica*
Fam.: *Zingiberaceae*
Afghanisch: *zarchoba*
Arabisch: *kurkum*
Iranisch: *zarchubeh*

Obwohl oft als Gewürz betrachtet, das mehr der Farbe als des Aromas wegen verwendet wird, gibt Kurkuma den entsprechenden Gerichten ein angenehmes, leicht scharfes Aroma. Es wird in den Golfstaaten und im Iran nur in kleinen Mengen verwendet und ist ein wesentlicher Bestandteil indischer Currymischungen.

Getrocknete Limetten
Arabisch: *loomi, noomi, noomi besra*
Iranisch: *limu omani*

Auch schwarze Limetten genannt, gibt es sie in den Golfstaaten entweder hell graubraun oder beinahe schwarz zu kaufen. Im Iran und Irak werden die helleren Limetten verwendet. Sie kommen aus Oman und Thailand und werden auf den Bäumen getrocknet. Da sie in westlichen Ländern wahrscheinlich nicht leicht zu bekommen sind, ist eine Anleitung zur Trocknung von Limetten angegeben, siehe Seite 237.

Limu Omani

Siehe Getrocknete Limetten.

Linsen
Bot.: *Lens esculenta*
Fam.: *Leguminosae*
Arabisch: *adas, ads, ads asfar (rote Linsen)*
Griechisch: *fakes*
Iranisch: *adas*
Türkisch: *mercimek*

Linsen sind entweder grün oder braun mit ganzer Haut; es gibt auch eine kleinere rote Sorte ohne Haut. Linsen wurden in Ägypten und Indien seit der Bronzezeit als Nahrungsmittel genutzt. Bei Linsen ist vorheriges Einweichen nicht erforderlich, nur in den Golfstaaten gibt es eine Art der Linsenzubereitung (Muaddas), für die man die Linsen über Nacht einweicht und dann die Haut entfernt (Anleitung Seite 14 f.). Ich bevorzuge allerdings moderne Kochmethoden und entferne die Haut nur, wenn es nötig ist.

Loomi

Siehe Getrocknete Limetten.

Abbildung Seite 381:
Haogen Milon (Melonencocktail), Rezept Seite 354;
Avocado im Dvasch (Avocado mit Honigsauce), Rezept Seite 355
Abbildung Seite 382:
Cholent (Sabbat-Schmortopf), Rezept Seite 370

Lorbeerblatt
Bot.: *Laurus nobilis*
Fam.: *Lauraceae*
Arabisch: *warak al gar*
Griechisch: *thaphne*
Türkisch: *dafne yapregi*

In der griechischen, türkischen und zyprischen Küche als würzendes Kraut für Schmorfleisch und in Marinaden für Lamm und Fisch verwendet. Stücke vom Lorbeerblatt werden häufig zwischen Fleisch- oder Fischstücke beim Grillen auf den Spieß gesteckt. Gelegentlich auch für arabische Gerichte verwendet.

Mahlab
Griechisch: *mahlepi*

Ein syrisches Gewürz aus dem Inneren des Steins der Schwarzkirsche mit einem süß-pikanten Aroma. Das Gewürz wird immer ganz verkauft und ist ein kleines, enthülstes Korn, hellbraun und etwas kleiner als ein Korianderkorn. In einem Mörser zerstoßen, bevor es für süße Hefebrote verwendet wird.

Maisstärke

Maisstärke, eine weiße Stärke, die zum Andicken von Milchpuddings und für das Konfekt »Türkische Wonne« verwendet wird. Nicht zu verwechseln mit gelbem Maismehl.

Mastix
Bot.: *Pistacia lentiscus*
Fam.: *Anacardiaceae*
Arabisch: *mistki*
Griechisch: *masticha*

Mastix ist ein Harz von einem kleinen, immergrünen Braum. Der größte Teil der Welternte kommt von der griechischen Insel Chios. Schon in früheren Zeiten wurde es als Kaugummi verwendet. Das pulverisierte Harz wird zum Würzen von süßen Hefebroten und einen griechischen Likör desselben Namens verwendet. In Ägypten wird häufig ein kleines Stück Mastix beim Kochen von Huhn beigegeben, um unerwünschte Gerüche zu neutralisieren.

Melokhia
Bot.: *Corchorus olitorius*
Fam.: *Tiliaceae*

Eine juteähnliche Pflanze, die in Ägypten und Indien angebaut wird. In Ägypten werden die jungen Sprossen geerntet und die ovalen Blätter, die 4–8 cm lang sind, von den langen Stielen gestreift und für eine Suppe desselben Namens verwendet. Die Pflanze hat die Viskosität von Okra und wird mehr aus diesem Grund als wegen ihres Geschmacks verwendet. Manchmal erscheint Melokhia auf den Märkten westlicher Städte im späten Frühjahr und Sommer. Streifen Sie die Blätter von den Stielen, waschen Sie sie gründlich und schneiden sie nach dem Abtropfen in feine Streifen. Verwenden Sie etwa 500 g Blätter anstelle der 1½ Tassen getrockneter Blätter, die im Rezept angegeben sind (Seite 285). Getrocknetes Melokhia ist in griechischen Lebensmittelläden erhältlich.

Minze
Bot.: *Mentha spicata oder Mentha viridis*
Fam.: *Labiatae*
Afghanisch: *nauna*
Arabisch: *na 'na*
Armenisch: *ananough*
Griechisch: *thiosmos*
Iranisch: *nano*
Türkisch: *nane*

Minze wird in der ganzen Region in frischer oder getrockneter Form verwendet, und zwar für Fleisch- und Gemüsegerichte, aromatisch duftend, wenn sie in Butter oder Ghee für Joghurtsuppen und Salate gedünstet wird. Sie verleiht mittelöstlichen Gerichten ein deutliches, angenehmes Aroma. Getrocknete Minze ist in allen Läden erhältlich, die ein großes Angebot an getrockneten Kräutern haben.

Muskatnuß
Bot.: *Myristica fragrans*
Fam.: *Myristicaceae*
Arabisch: *josat al teeb*
Griechisch: *mostokaritho*
Türkisch: *küçük hindistancevizi*

Der harte innere Kern der Frucht eines tropischen Baumes, der in der Karibik, Ceylon und südostasiatischen Ländern angebaut wird. Ein wesentlicher Bestandteil des Mischgewürzes Baharat in den Golfstaaten. In der griechischen Küche werden kleine Mengen gemahlener Muskatnuß in cremige und fleischhaltige Saucen sowie Spinatpasteten gegeben.

Abbildung Seite 383:
Marak Peyrot (Fruchtsuppe), Rezept Seite 359;
Marak Hamtzitz oder Schav (Sauerampfersuppe), Rezept Seite 358
Abbildung Seite 384:
Off Tapuzim (Huhn mit Orange), Rezept Seite 368

Nelken
Bot.: *Syzygium aromaticum*
Syn.: *Eugenia aromatica*
Fam.: *Myrtaceae*
Afghanisch: *kala*
Arabisch: *habahan, gharanful-mesmar*
Griechisch: *garifala*
Iranisch: *nebos*
Türkisch: *karinfil*

Die getrocknete Blütenknopse eines immergrünen Baumes, der im tropischen Asien beheimatet ist. Nelken werden für pikante und süße Gerichte verwendet. Manchmal wird eine Nelke zu einem schmorenden Huhn gegeben, um unerwünschte Aromen zu entfernen; das ist vielleicht bei Hühnern und Geflügel aus Massentierhaltungen erforderlich, nicht aber bei speziell gefüttertem Geflügel. Nelken sollen auch den Atem nach dem Genuß von Knoblauch mildern. In den Golfstaaten wird daraus ein würziger Tee gebraut.

Noomi

Siehe Getrocknete Limetten.

Okra
Bot.: *Abelmoschus esculentus oder Hibiscus esculentus*
Fam.: *Malvaceae*
Arabisch: *bamia*
Griechisch: *bamye*
Türkisch: *bamya*

Auch Ladyfinger und Gumbo genannt. In Afrika beheimatet, ist es eine kantige Schote, die spitz zuläuft. Junge Schoten werden bevorzugt verwendet. Das Gemüse hat ein klebriges Fleisch, und während es in der westlichen Küche aus diesem Grund verwendet wird, wird das Gemüse im Mittleren Osten, vor allem in Griechenland, so zubereitet, daß diese Eigenschaft vermindert wird. Siehe Seite 13 wegen der Zubereitung. Wenn Sie die klebrige Beschaffenheit mögen, lassen Sie die angegebene Behandlung mit Essig weg, obwohl ein kurzes Blanchieren das Gemüse fester macht. Okra ist auch in getrockneter Form sowie in Dosen und tiefgefroren erhältlich.

Oliven
Bot.: *Olea europaea*
Fam.: *Oleaceae*
Arabisch: *zaytun*
Griechisch: *elies*
Türkisch: *zeytin*

Die Olive ist im östlichen Mittelmerraum beheimatet und wird seit alten Zeiten als Frucht und wegen ihres Öls geschätzt. Die frische Frucht ist bitter und muß vorbehandelt werden, um sie genießbar zu machen. Bei den empfohlenen Methoden wird zu Anfang eine Laugenbehandlung angewendet; selbst zubereitete Oliven werden jedoch anders behandelt. Reife Oliven werden in Weidenkörben mit trockenem Salz einige Tage stehengelassen, bis die bitteren Säfte herausgelaufen sind, dann werden sie in Holzfässer zum Reifen gefüllt. Sie bekommen dann ein runzliges Aussehen. Man kann auch die reifen oder grünen Oliven 3–7 Tage (die grünen Oliven die längere Zeit) einweichen, wobei täglich das Wasser gewechselt wird; dann läßt man sie in Lake reifen. Das Aufschlitzen oder Aufschlagen der Oliven beschleunigt den Prozeß.
Das Öl wird durch Auspressen gewonnen. Das feinste Öl, das einen grünlichen Farbton aufweist, wird beim ersten Auspressen gewonnen. Dann wird das Fruchtfleisch behandelt und noch mehrmals ausgedrückt. Die besseren Öle halten am längsten. Wenn Ihnen das erstklassige Öl ein zu strenges Aroma hat, mischen Sie jedesmal eine kleine Menge mit neutralem Salatöl.

Orangenblütenwasser
Arabisch: *ma'ez zahr*
Griechisch: *meroli*
Türkisch: *portakal çiçegi suyu*

Eine aromatische Flüssigkeit, die aus Orangenblüten destilliert und zum Aromatisieren von Sirups und Gebäck verwendet wird. Erhätlich in mittelöstlichen und griechischen Lebensmittelläden. In Apotheken oder Drogerien wird eine konzentrierte Essenz verkauft; wenn Sie nur diese bekommen können, verwenden Sie sie tropfenweise anstatt teelöffel- oder eßlöffelweise.

Orzo

Flache, ovale Nudeln, die in der Form Reiskörnern ähnlich sind. Für Suppen oder Yiouvetsi verwendet.

Petersilie
Bot.: *Petroselinum crispum neapolitanum*
Fam.: *Umbelliferae*
Arabisch: *bakdounis*
Armenisch: *azadkegh*
Griechisch: *maidano*
Iranisch: *jafari*
Türkisch: *maydanoz*

Im Mittleren Osten wird nur die glattblättrige Petersilie verwendet, die mehr Würzkraft als die krause Petersilie haben soll. Wenn in den Rezepten kleine Mengen verlangt werden, nehmen Sie krause Petersilie, wenn Sie keine glattblättrige bekommen können, und verwenden einige fein gehackte Stiele mit, um ein stärkeres Aroma zu erhalten. Für Gerichte wie Tabouleh sowie iranische Rezepte, bei denen große Mengen verlangt werden, ist die glattblättrige Petersilie wesentlich. Sie ist heutzutage bei Gemüsehändlern häufiger zu erhalten und kann leicht aus Samen gezogen werden.

Pastourma
Armenisch: *basderma, arboukht*
Griechisch: *pastourma*
Türkisch: *pastirma*

Getrocknetes und stark gewürztes Rindfleisch, das in der Türkei, in Griechenland und Armenien hergestellt wird. Pastourma ist die gebräuchlichste Bezeichnung, da es allgemein in griechischen Läden verkauft wird. Bockshornklee, Knoblauch, Paprika, schwarzer Pfeffer und Chili-Pfeffer sind die Hauptbestandteile des dicken Gewürzüberzuges. Essen Sie Pastourma sehr dünn geschnitten mit Brot oder in Butter gebraten zu Spiegeleiern.

Paprika
Bot.: *Capsicum*
Fam.: *Solanaceae*
Arabisch: *felfel, felfel bard*
Armenisch: *ganantch biber*
Griechisch: *piperies*
Iranisch: *felfel sabz*

Grüne Früchte, die im reifen Zustand tiefrot werden, wobei sich auch der Geschmack ändert. Gewürzpaprika wird aus der reifen Paprika hergestellt. Obwohl sie im tropischen Amerika heimisch ist, ist sie im ganzen Mittleren Osten sehr beliebt.

Piment
Bot.: *Pimenta officinalis*
Fam.: *Myrtaceae*
Arabisch: *bhar hub wa na'im, bahar*
Türkisch: *yeni bahar*

Obwohl dies ein Gewürz aus der Neuen Welt ist, wurde Piment in die orientalische Küche wegen seiner Ähnlichkeit mit dem kombinierten Aroma aus Nelken, Zimt und Muskatnuß übernommen. Es wird allgemein Bahar genannt.

Pinienkerne
Bot.: *Pinus pinea*
Fam.: *Pinaceae*
Arabisch: *snoober*
Griechisch: *koukounaria*
Türkisch: *çam sistigi*

Das sind die Kerne aus den Zapfen der Stein- oder Schirmpinie der Mittelmeerregion. Pinienkerne sind gleichmäßig oval und schlank; es gibt noch eine andere Sorte Pinienkerne, die tropfenförmiges Aussehen hat und von den Kiefern in Nordwestamerika stammt. Diese Pinienkerne sind nicht so teuer wie die erste Art.

Pourgouri

Siehe Burghul

Portulak
Bot.: *Portulaca oleracea*
Fam.: *Portulacaceae*
Arabisch: *ba'le, bakli, farfhin*
Armenisch: *perper*
Griechisch: *glystiritha*

Ein verwildertes Kraut mit fleischigen Blättchen, beliebt als Salatzutat für den Fattoush in Syrien und im Libanon. In Armenien wird Portulak mit Gurke und Joghurt zu einem erfrischenden Salat zubereitet; in Griechenland und Zypern wird er in Salaten aus rohen Gemüsen verwendet. Nehmen Sie die jungen und zarten Blattspitzen von den rötlichen Stielen.

Rigani (griechischer wilder Majoran)
Bot.: *Origanum vulgare*
Fam.: *Labiatae*

Ein scharfes griechisches Gewürzkraut, das vielen griechischen Gerichten mit Lammfleisch ein ganz besonderes Aroma verleiht. Es ist wilder Majoran, der in diesem heißen und trockenen Klima besonders scharf wird. Er wird kurz vor der Blüte gepflückt und dann getrocknet. Obwohl auch woanders Oregano wächst und im selben Stadium gepflückt und getrocknet wird und ein ausreichender Ersatz für Rigani ist, fehlt ihm doch dessen besonderes, scharfes Aroma. Rigani gibt es in griechischen Lebensmittelläden entweder in getrockneten Bündeln oder als Blättchen.

Rosmarin
Bot.: *Rosmarinus officinalis*
Fam.: *Libiatae*
Griechisch: *thendrolivano*
Türkisch: *biberiye*

Rosmarin wurde in alten Zeiten viel verwendet, man schrieb ihm eine günstige Wirkung auf den Kopf zu – was vom Kurieren von Kopfschmerzen bis zur Unterstützung des Gedächtnisses reichte. Er wird gelegentlich in griechischen, türkischen und zyprischen Gerichten mit Lammfleisch oder Fisch verwendet.

Rosenwasser
Arabisch: *ma'el ward*
Iranisch: *golab*
Türkisch: *gul suyu*

Aus duftenden Blütenblättern der Rose destilliert wird Rosenwasser sowohl für pikante als auch süße Speisen verwendet. Da die Stärke von der verwendeten Qualität abhängt, seien Sie vorsichtig, wenn Sie eine neue Sorte ausprobieren, und schmecken Sie ab um festzustellen, wieviel Rosenwasser erforderlich ist. Normalerweise ist der Preis ein Anzeichen für die Qualität – die teureren Marken sind stärker. Rosenwasseressenz ist ein Konzentrat, das bei Apotheken und Drogerien erhältlich ist; es sollte nur in Tropfen verwendet werden. Rosenwasser gibt es in mittelöstlichen und griechischen Lebensmittelläden zu kaufen.

Safran
Bot.: *Crocus sativus*
Fam.: *Iridaceae*
Afghanisch: *zaffaron*
Arabisch: *zaffaran*
Iranisch: *zaffaron*

Wenn man die Narbenäste von beinahe einer Viertelmillion Blüten braucht, um 500 g Safran zu erhalten, braucht man sich nicht zu wundern, daß Safran das teuerste Gewürz der Welt ist. Die Verwendung von Safran ging von Kleinasien aus. Kaufen Sie eine verläßliche Marke, da es billigere Versionen gibt, die aber kein echtes Safran sind. Die Fäden werden in einem Mörser zerstoßen und in der angegebenen Flüssigkeit eingeweicht, wo sie ihre Farbe und ihr Aroma entfalten.

Salep
Arabisch: *sahlab*
Griechisch: *salepi*
Iranisch: *neshasteh*
Türkisch: *salep*

Ein braunes Pulver aus den getrockneten Wurzelknollen verschiedener Orchideenarten. Es hat eine gelatinierende Wirkung, ähnlich der von Maismehl oder Pfeilwurz. In Griechenland und der Türkei wird daraus ein heißes Getränk mit Milch und Zucker bereitet (1 Teelöffel Salep auf 1 Tasse kalte Milch, umrühren und bis zum Siedepunkt erhitzen), das mit Zimt bestäubt angeboten wird. Im Libanon und in Syrien dient Salep als Bindemittel für Buza (Eiskrem). Das Falooda im Iran ist ein Cremepudding, der mit Salep angedickt wird und mit Obstsirup und zerstoßenem Eis serviert wird.

Sesamkörner
Bot.: *Sesamum indicum oder S. orientale*
Fam.: *Pedaliaceae*
Arabisch: *simsum*
Armenisch: *sousma*
Griechisch: *sousame*
Türkisch: *susam*

Hell cremefarbene Samenkörner einer Pflanze, die weitverbreitet in tropischen Regionen angebaut wird. Sesamkörner sind ölhaltig und sehr nahrhaft und werden seit alten Zeiten im Mittleren Osten verwendet: auf Broten und Kuchen, für Pastelli, ein Konfekt mit Honig, für Halva, ein anderes Konfekt, und für Tahini (siehe Glossar).

Sumach

Die getrockneten, zerstoßenen roten Beeren eines Sumachbaumes. Es hat einen angenehmen, sauren Geschmack und ein zitronenartiges Aroma. Da viele Bäume verwandter Arten giftig sind, habe ich absichtlich den botanischen Namen weggelassen – Sumach sollte als fertiges Gewürz in mittelöstlichen und armenischen Lebensmittelläden gekauft werden.

Tahini

In einigen Ländern auch Tahina genannt, ist dies eine ölhaltige Paste aus gerösteten Sesamkörnern. Das Aroma der verschiedenen Marken ist unterschiedlich. Sie sollten verschiedene Sorten ausprobieren, um sich eine nach Ihrem Geschmack auszuwählen. Als Ersatz wird oft glatte Erdnußbutter angegeben; dies ist zwar ein guter Ersatz für Kuchen und Plätzchen, doch für andere Rezepte sollte nur Tahini verwendet werden. Nach längerem Stehen trennt sich Tahini in seine Bestandteile und erfordert vor dem Gebrauch ein kräftiges Umrühren. Wenn man die ungeöffneten Dosen einige Tage umgekehrt hinstellt, erleichtert dies das Umrühren.

Tamarinde
Bot.: *Tamarindus indica*
Fam.: *Leguminosae*
Arabisch: *shar, tamar hindi*

Das Wort Tamarinde kommt aus dem Arabischen und bedeutet wörtlich »Dattel von Indien«. Die große, bohnenartige Schote dieses tropischen Baumes ist sehr scharf und wird wegen dieser Eigenschaft geschätzt. Getrocknete Schoten, zusammengepreßt und verpackt, sind in asiatischen Lebensmittelläden zu kaufen und erfordern ein vorheriges Einweichen und Durchseihen, um das Fruchtfleisch von den Samen und Fasern zu trennen. Tamarinde wird in den Golfstaaten und dem Irak für Gerichte verwendet, die Okra enthalten, darüberhinaus auch in anderen Gerichten in den Golfstaaten. Tamarindenfleisch wird in Ägypten mit einem Sirup zu einem Erfrischungsgetränk kombiniert und ist dort sehr beliebt.

Taro
Bot.: *Colocasia esculenta*
Fam.: *Araceae*
Arabisch: *kolkas*
Griechisch-zyprisch: *kolokassi*

Obwohl es Sorten der Colocasia gibt, die im tropischen Asien und Afrika heimisch sind, ist die in Zypern verwendete »Kolokassi« mit der auf den Pazifischen Inseln beheimateten Sorte identisch. Es ist eine große, stärkehaltige Knolle mit Tochterknollen. Roh gegessen ist Taro giftig; die Giftstoffe werden beim Erhitzen zerstört.

Walnußöl

Um das Öl aus Walnüssen zu gewinnen, die Nußkerne grob hacken und jeweils ein paar Brocken in einer Knoblauchpresse ausdrücken. Für 1 Eßlöffel Öl benötigen Sie 6–7 Walnüsse. In der Türkei werden die gehackten Nüsse in Buttermusselin ausgedrückt, doch mit der Knoblauchpresse geht es viel leichter. Walnußöl wird mit Paprika zusammen als Garnierung für Çerkes Tavügü verwendet. Walnußöl ist im Handel erhältlich, ist jedoch sehr teuer. Es kann durch ein neutrales Salatöl ersetzt werden.

Za'tar

Eine Mischung aus pulverisierten Kräutern, einschließlich Thymian, Majoran und Sumach, dazu etwas Salz. Bestreuen Sie ein mit Öl bestrichenes Fladenbrot vor dem Backen damit, und Sie erhalten ein würziges Fladenbrot; gelegentlich wird es auch für gekochte Fleischgerichte verwendet. Za'tar ist auch Bezeichnung für Thymian.

Zimt
Bot.: *Cinnamomum zeylanicum*
Fam.: *Lauraceae*
Afghanisch: *dolchini*
Arabisch: *darseen, kerfee*
Armenisch: *darchin*
Griechisch: *kanella*
Iranisch: *derchin*
Türkisch: *tarcin*

Ein beliebtes Gewürz sowohl für pikante als auch süße Gerichte; es wird entweder gemahlener Zimt oder Stangenzimt verwendet. Er ist ein wesentlicher Bestandteil in den Mischgewürzen Baharat der Golfstaaten und des Irak und Garam Masala in Afghanistan und Indien. Stangen bestehen aus feinen Lagen der inneren Rindenschicht, die getrocknet sind. Wenn in den Rezepten ein kleines Stück Stangenzimt angegeben ist, bezieht sich das auf eine etwa 4 cm lange Stange (ein großes Stück hat die doppelte Länge); es kommt dabei aber nicht so sehr auf ein genaues Maß an.

Maße und Gewichte

Gewichtsangaben werden in den Rezepten nur für Zutaten wie Fleisch, Fisch, Geflügel und einige Gemüse gemacht, die auch für den Einkauf von Bedeutung sind. Einige Gramm mehr oder weniger jedoch werden den Erfolg der Gerichte nicht schmälern.
Als Tassenmaß gilt eine Tasse mit 250 ml (¼ Liter) Inhalt, darüberhinaus sind die Mengen in Eßlöffeln und Teelöffeln angegeben.

Register

Jedes Land hat ein eigenes Register. – Die Reihenfolge der Länder entspricht dem Rezeptteil.

Allgemeines

Griechenland

Zypern

Türkei

Armenien

Syrien, Libanon, Jordanien

Irak

Die Golfstaaten
Bahrain – Kuwait – Saudi Arabien – Vereinigte Arabische Emirate – Katar – Oman

Jemen

Ägypten

Iran (Persien)

Afghanistan

Israel

Danksagung

Ohne die Unterstützung von vielen Seiten hätte ich ein Buch wie dieses nicht schreiben können. Firmen und unzählige Einzelpersonen waren an dieser Unterstützung beteiligt, denen ich allen an dieser Stelle herzlich danken möchte.

An erster Stelle möchte ich meiner Familie meine tiefe Dankbarkeit aussprechen. Mein Mann John und ich sind nun fast ein Vierteljahrhundert zusammen – und nichts ist ein härterer Test für eine Partnerschaft, als ein Buch dieser Größenordnung zu schreiben. Wenn dieses Buch irgendetwas versinnbildlicht, dann ist es die Stärke der familiären Bande. Bei den ständigen Mühen, die mit dem Ausprobieren, Forschen und Schreiben verbunden waren, hatte ich kaum Zeit, um am Familienleben teilzunehmen; sie waren jedoch immer da, aufmunternde, hilfsbereite und sehr willige Probe-Esser – vielleicht war diese Bereitschaft auch auf puren Hunger zurückzuführen!

Mein aufrichtiger Dank gilt den Singapore Airlines, die mir die Reisen zu ihren nahöstlichen Bestimmungsorten und nach Griechenland ermöglichten, wo ich die unbedingt nötigen Forschungsarbeiten an Ort und Stelle unternehmen konnte.

Ich danke meiner Schwägerin Irene Harris, die sich um unsere Familie kümmerte, wenn John und ich zu diesen exotischen und aufregenden Orten unterwegs waren.

Ich danke der Australian Meat and Live-stock Corporation (Fleisch- und Viehverband von Australien) und ihren Vertretern in den mittelöstlichen Ländern, ohne deren wertvolle Hilfe und Unterstützung viele dieser Forschungsarbeiten nicht möglich gewesen wären.

Das Ethnic Communities Council of New South Wales (Rat für Volksgruppen) stand voll hinter meiner Aufgabe und vermittelte mir Kontakte zu den verschiedenen Volksgruppen in Sydney.

Die Leistung des Photographen Reg Morrison ist augenscheinlich, und ich danke ihm für seine Geduld und Kreativität. Im Lauf meiner langen Karriere habe ich mit vielen Photographen zusammengearbeitet, von denen alle über beträchtliche professionelle Fähigkeiten und die modernste Ausrüstung verfügten. Reg Morrison hat gezeigt, was mit den besten Fähigkeiten und einer minimalen Ausrüstung erreicht werden kann – er sagt, er brauche keine umfangreichere Ausrüstung als die, die er habe, und das glaube ich ihm gern.

Das Zubereiten der Gerichte für photographische Zwecke ist eine schwierige Aufgabe, und ich bin Maggie Williams für ihre Unterstützung dankbar.

Ich danke Sue Wagner, meiner Redakteurin, die seit langem eine Anhängerin der nahöstlichen Küche ist. Ihre Unterstützung, redaktionellen Fähigkeiten, Geduld, Anleitung und Freundschaft sind nicht hoch genug zu schätzen.

Ich danke der Designerin Robin James für ihren Enthusiasmus und ihre Leistungen bei der Gestaltung des Buches und Walter Stackpool für seine ausgezeichnete künstlerische Arbeit, die dem Buch eine ganz besondere Dimension verleiht.

Stirling Macoboy, einem langjährigen Freund und Autor von Gartenbüchern, ist für seine Unterstützung bei den botanischen Details für das Glossar zu danken. Die Dondurmas im Kapitel über die Türkei sind ihm gewidmet.

Meinen Herausgebern, der Paul Hamlyn Pty Ltd., und ganz besonders Max Henry, dem Leiter der Buchabteilung, danke ich für ihr Vertrauen in meine Fähigkeit, ein solches Buch zu schreiben.

Darüberhinaus gilt mein Dank auch denen, die mich im Hinblick auf die verschiedenen Länder, ihre Gerichte, Namen und Zutaten beraten haben und allgemeine Informationen zur Verfügung stellten.

Griechenland: Meine Kenntnisse der griechischen Küche beruhen zum großen Teil auf den lebenslangen Kontakten mit ausgezeichneten griechischen Köchen, beginnend mit meiner Mutter, Kaliope Calopades, dann meine Schwiegermutter Marika Mallos. Meine Schwester, Eleni Argyriou in Athen, lieferte mir viele Informationen, durch sie erlernte ich vor Jahren die Fähigkeit, die für die Rezeptentwicklung und die Zubereitung von Speisen für photographische Aufnahmen erforderlich sind. Sylvia Glytsos, Efthalia Serafim, Koula Simos und Zoe Cominato danke ich für die Korrekturen der griechischen Transkriptionen.

Zypern: Tatia Phillipides in Nikosia; Sophia Agathocleous, Olga Constantine, Erato Christoforou, Anna Adamon, Socrates Andoniou und Chris Jacovides.

Türkei: Gulcin Incekara, der mir eine wertvolle Hilfe war, und Ayse Oztunc.

Armenien: Chake und Berdj Sebefdjian, Anny und Joyce Tshaglassian.

Libanon: Len Obeid und George Habib von der Firma Lebanese Import Export, Generalvertreter für mittelöstliche Lebensmittel, beantworteten unzählige Fragen über die Nahrungsmittel, die sie verkaufen, und liehen mir libanesisches Material für die Gestaltung der Photos; Evelyn Bobb.

Syrien: Jimmy Antoun und Laudy Jammal vom Al-Sahara-Restaurant, Chatswood, Sydney; Rene Jammal.

Jordanien: Idlid Arida und ihr Schwager Nazih Arida.

Ägypten: Solange Mattar und Nargus Youssof.

Jemen: Zdenka Unterwood in Perth, West-Australien, die mit ihrem Mann, Dr. Peter Unterwood, zwei Jahre lang im Nordjemen arbeitete. Zdenka wurde zu einem Mann »ehrenhalber« erklärt, wodurch es ihr möglich war, an vielen besonderen Festen teilzunehmen und so die Sitten und Bräuche der Jemeniten noch besser kennenzulernen. Doreen Ingrams Buch »A Time in Arabia« (Eine Zeit in Arabien) war eine Quelle für viele Anekdoten und umfangreiche Informationen über den Südjemen.

Iran: Akhtar Ostowari, eine ausgezeichnete Köchin mit gründlichen Kenntnissen der iranischen Küche, obwohl sie einen großen Teil ihres Lebens in anderen Ländern zugebracht hat. Helen und Keith Weymouth, jetzt Melbourne, die 10 Jahre im Iran verbrachten, waren sehr hilfreich bei der Beschaffung von Informationen und Material für die Photos.

Afghanistan: Faizi und Fahima Seddiq; Anwar und Pari Afzali vom Shah Restaurant, Manhattan Beach, Kalifornien.

Für allgemeine Unterstützung, die Überlassung von Material für Photos gilt mein Dank: Chris und Judy Jacovides; Howard Ewins; Bernard King, König der Fernsehküche, zuverlässiger Freund und emsiger Sammler; Carol Wilkinson von den Darling Street Antiques, Balmain; Dr. Peter Lansky von der Galerie elle, Paddington, Sydney; Chaudhary's Oriental Carpet Palace, Melbourne, June Hazel vom Bay Tree, Woollahra; Saywell Imports; Breville, Thorn Kenwood, Email Westinghouse und Hotpoint für die Elektrogeräte; Kevin Moses und Doreen Badger vom Brotforschungsinstitut von Australien; dem australischen Molkereiverband; der Dairy Farmers Pty Ltd.

TESS MALLOS